DIEU QUI VIENT
À L'HOMME

DU MÊME AUTEUR
dans la même collection

L'homme qui venait de Dieu, Cogitatio Fidei 176, 1999 (1re éd. 1993).

JOSEPH MOINGT, s.j.

DIEU QUI VIENT À L'HOMME

Du deuil
au dévoilement de Dieu

LES ÉDITIONS DU CERF
PARIS
2002

Tous droits réservés. La loi du 11 mars 1957 interdit les copies ou reproductions destinées à une utilisation collective. Toute représentation ou reproduction intégrale ou partielle faite par quelque procédé que ce soit, sans le consentement de l'auteur et de l'éditeur, est illicite et constitue une contrefaçon sanctionnée par les articles 425 et suivants du Code pénal.

© *Les Éditions du Cerf,* 2002
(29, boulevard La Tour-Maubourg
75340 Paris Cedex 07)

ISBN 2-204-06909-4
ISSN 0587-6036

INTRODUCTION

Mon problème avec Dieu.

Je crois en Dieu, je peux dire qui il est : le père de Jésus Christ. – Quel est donc mon problème avec Dieu ? En toute première approximation, au moment où j'entreprends cette recherche, suite et fruit cependant d'une déjà longue interrogation, je répondrai : c'est de pouvoir rendre compte de ma foi en termes de savoir, je veux dire en termes de connaissance raisonnée, comme il en est de tout ce que nous affirmons avec certitude, sur la base de l'expérience ou du raisonnement ou, de préférence, des deux à la fois, quand cela est possible. – Mais en rendre compte à qui ? Avant tout à moi-même : répondre de ma foi par-devant le discernement critique de la raison. – Mais encore, que signifie la mise en cause de la foi au regard de la raison ? Est-ce à dire que ma foi est mal assurée d'elle-même, et de quelles autres assurances aurait-elle besoin ? C'est peut-être la question préalable à résoudre pour éprouver la fiabilité de cette recherche et, avant cela, pour être au clair sur son objet exact.

Par définition, la foi chrétienne est l'assentiment donné à la Parole de Dieu reçue d'une révélation consignée dans des Écritures authentifiées par tradition orale. Il serait donc injurieux d'accueillir cette parole avec suspicion et de prétendre la soumettre à des contrôles extérieurs qui donneraient plus de certitude à ce qui est cru. Pour le moment, la question ne concerne pas le contenu de la révélation, mais celui qui en est le sujet et l'objet principal, celui qui s'exprime et se donne à connaître en parlant. Comment savons-nous que c'est Dieu qui parle ? La foi ne vient pas de l'audition d'une parole que Dieu m'adresserait aujourd'hui ; nous la tenons de la tradition qui affirme que Dieu a parlé jadis à Abraham, aux patriarches, qu'il a parlé plus tard aux hommes par Moïse, par les prophètes, dernièrement par Jésus Christ. Quelle garantie en avons-nous ? Le concile Vatican I déclare que les signes et arguments historiques de la révélation ne manquent pas, quoique les croyants adhèrent à elle expressément à cause de l'autorité de Dieu qui parle. Sans entrer dans la subtilité d'un débat théologique, admettons *a priori* que ces signes ne sont pas des preuves et ne donnent pas d'évidence immédiate, sinon la foi ne se discuterait pas ; admettons encore que, avant d'adhérer à une parole transmise de la part de Dieu, il faudrait avoir l'assurance que Dieu existe, et examiner comment Dieu peut parler et comment nous pouvons comprendre ce qu'il dit.

La foi serait-elle donc par essence incertaine et aveugle ? Vieille question, dont les premiers théologiens discutaient déjà avec les philosophes de culture grecque, pour qui toute croyance relevait de l'«opinion» et non de la «science». Contentons-nous une fois de plus, dans ce premier abord du problème, d'une réponse préjugée. La foi en Dieu est d'ordre existentiel et événementiel, comme la rencontre de quelqu'un qui inspire confiance et autorité, sans hésitation possible. La foi tire donc sa certitude d'elle-même, de l'expérience d'une communication intérieure par laquelle Dieu se fait reconnaître de celui qui, réciproquement, s'ouvre et se livre à lui. Quand j'adhère à la foi, reçue de la tradition, qui me dit que Dieu a parlé par Jésus Christ, j'ai le sentiment que Dieu m'adresse aujourd'hui la parole à moi-même. Cette foi, éprouvée dans un sentir, est-elle à ranger dans le rationnel ou l'irrationnel ? L'épistèmè de notre temps invite plutôt à éviter ces distinctions trop tranchées et volontiers soupçonneuses. Si la foi donne sens à ma vie, je la trouve accordée à mon être rationnel, d'autant plus que je me l'approprie davantage, et de quel droit me convaincrait-on du contraire ?

Il reste cependant que, pour bien consentir à la rationalité de ma foi, j'éprouve le besoin de l'exprimer dans un discours universellement communicable. Là peut-être commence le problème. Voudrais-je, par hypothèse, que tout le monde partage ma foi sous peine de ne plus pouvoir la tenir pour vraie ? Non. L'observation d'une si grande diversité de

INTRODUCTION 9

croyances, comme d'incroyances, me convainc facilement de l'impossibilité pratique, sinon théorique, de parvenir à un tel résultat. Du moins devrais-je pouvoir communiquer à d'autres mes raisons de croire pour m'assurer de la rationalité de ma foi. Pour m'assurer que j'ai raison de croire, ou que je crois raisonnablement ? La subtilité de la grammaire cache ici une vraie question : dans le premier cas, je me situe au plan d'une démonstrabilité objective ; dans le second, je m'en tiens à la subjectivité de l'acte de croire et j'affirme modestement qu'il n'est pas irréfléchi. Dans le premier terme de l'alternative, je me rendrai vite compte que la foi n'est pas transmissible par des arguments rationnels, car elle suppose un engagement personnel et une rencontre avec Dieu ; dans le second, je ne chercherai pas à imposer mes convictions, mais je ne serai pas dispensé pour autant d'en indiquer les motifs.

De quelque conviction qu'il s'agisse, tout individu réfléchi accordera aisément qu'il ne peut pas avoir raison tout seul. Non qu'il se sente obligé d'abandonner ses convictions s'il ne trouve aucune personne qualifiée pour les partager. Mais il ne pourra pas se persuader d'y adhérer raisonnablement s'il est incapable de les exprimer et de les soutenir devant un interlocuteur ou s'il n'en a pas le courage. Telle est la structure de notre rationalité qu'elle ne consiste pas dans la seule capacité de penser et d'argumenter en soi-même, mais qu'elle requiert le passage au discours et la recherche d'un interlocuteur. En définitive, la première finalité du discours n'est pas impérialiste : soumettre les autres à nos propres pensées, ou mettre en scène la vigueur de nos raisonnements ou de nos convictions ; elle est à usage interne et témoigne plutôt de la fragilité de toute pensée qui se sent solitaire : c'est pour se convaincre soi-même de la cohérence réfléchie de notre pensée qu'on a besoin moins de l'approbation d'autrui que de le prendre à témoin de notre effort de penser comme il se doit.

Il n'en va pas autrement de la foi. Elle n'est pas susceptible de recevoir des vérifications et justifications extérieures à elle-même. Si donc elle se met en discours, ce n'est pas pour se donner des raisons, moins encore pour les imposer à d'autres, c'est pour éprouver la force et la modalité de l'assentiment de la raison en quoi consiste l'intériorité de l'acte de croire. Justement parce qu'elle ne repose pas sur des évidences ni sur des démonstrations, la foi est en danger de retomber à l'état d'opinion, de simple croyance, de sentiment irréfléchi, dès qu'elle cesse de se tenir discours à elle-même ou de témoigner de soi devant d'autres. Telle pourrait être la première motivation de cette recherche sur Dieu que j'entreprends ici.

Son premier objectif ne sera pas de me démontrer à moi-même que Dieu existe, puisque je crois d'avance en lui sur révélation, ni d'entreprendre de le démontrer à ceux qui ne croient pas en lui, pour leur demander d'accorder du crédit à la suite de mon discours. De nombreux philosophes et théologiens se sont employés à de telles démonstrations, ce qui n'a pas empêché l'incroyance de se répandre ; non que leurs arguments manquassent de poids ou leurs lecteurs d'intelligence pour les apprécier, mais parce que Dieu n'est pas un objet du monde dont l'existence pourrait être prouvée par l'expérience ni par des raisons nécessaires. Pour le même motif, mais en sens inverse, des philosophes ont déployé de grands efforts de réelle intelligence pour prouver que Dieu n'existe pas, et n'ont pas empêché la croyance en lui de se maintenir. Dieu a été cru avant toute démonstration, sa croyance subsiste sans y recourir et, quand elle se perd, c'est rarement par la force d'un discours contraire. Dieu est le partenaire de l'histoire humaine ; on ne le trouve pas à la façon d'un objet dont on constate le lieu ou le non-lieu ; on le rencontre à la façon d'un interlocuteur historique de l'homme dont on éprouve la présence ou l'absence. Présent ou absent, Dieu se raconte : à première vue, c'est l'approche qui semble convenir au problème de Dieu, un problème qui est donc lui-même à « raconter » plus qu'à « traiter ».

Cette méthode se recommande plus encore quand il s'agit du Dieu de la révélation juive et chrétienne, qui s'est faite dans le cours d'une histoire. Il pourrait sembler qu'on donne congé à la raison dès qu'on parle de révélation. C'est en réalité à ce moment-là qu'une foi qui veut se raisonner, c'est-à-dire, comme il a déjà été précisé, qui cherche à éprouver sa rationalité, doit se montrer le plus vigilante. Dieu qui se révèle se donne à voir et à entendre dans un discours qui parle de lui en le montrant agissant et en le faisant parler dans l'histoire d'un peuple ou d'un homme. Comment peut alors s'opérer un contrôle rationnel de ce qui nous est présenté comme une intervention de Dieu en actes ou en paroles ? Aucune vérification de l'événement rapporté n'a jamais été faite ni n'est aujourd'hui possible par les procédures scientifiques de l'historiographie. Les phénomènes merveilleux et autres témoi-

INTRODUCTION 11

gnages censés l'accréditer appartiennent eux-mêmes au récit ; la tradition du peuple qui colporte le récit en fait elle aussi partie, et la signature de Dieu apposée sur les livres saints ne fait qu'attester leur réception par le peuple héritier de cette tradition. Aucune autre vérification ne peut se faire que de l'intérieur du récit, si l'on réussit à s'y impliquer et à comprendre comment il a été tenu pour révélation de Dieu et comment il peut l'être maintenant encore pour ceux qui ne font pas partie de ses destinataires historiques. Le contrôle ne porte pas directement sur l'événement rapporté, ni même sinon très difficilement sur la rédaction du récit, mais sur sa lecture ; il relève d'une herméneutique exercée sur la subjectivité de la réception croyante du récit et non sur l'objectivité des faits. La rationalité du contrôle consiste à expliquer pourquoi on se sent impliqué dans le récit au point d'y faire, sous des modalités toutes différentes, la même expérience de Dieu que celle qui y est racontée. La révélation de Dieu s'expose à la lumière du jugement critique en se laissant raconter comme l'histoire de la foi en elle.

Au principe de cette histoire, il y a le récit d'un événement qui, sans contestation possible, n'a pas eu de témoin, celui de la création de notre univers. Avant toute démonstration métaphysique de la nécessité d'un acte originant, en preuve de l'existence non moins nécessaire de Dieu, la création a été racontée comme un haut fait d'un être divin, et elle l'est dans toutes les traditions religieuses du monde. La Bible la pose au commencement d'un récit de salut comme base de la constitution d'un peuple et de son histoire. La foi au Dieu créateur et fédérateur tisse le lien de l'individu à son habitat et à sa communauté, elle intègre l'espace au temps de l'histoire, l'homme à sa société naturelle, à la façon d'un environnement protecteur. Elle est aussi fondamentale – au sens de primitive et de structurale – que la relation à l'espace et au temps. C'est pourquoi on ne peut pas lui assigner une place au terme d'une démonstration rationnelle ou historique : elle se tient au-dessous, au lieu des initiatives inaugurales, des réseaux signifiants qui sont constitutifs de la rationalité. Raisonner la foi en Dieu, c'est accepter qu'elle prenne place dans une histoire à laquelle elle donne du sens.

Au terme de cette histoire, selon la foi chrétienne, il y a Jésus, achèvement de la révélation de Dieu à l'humanité, mais, dans un certain sens, recommencement, car Dieu prend en Jésus une nouvelle identité, et même commencement, car Dieu

12 DIEU QUI VIENT À L'HOMME

ne lui parle pas du dehors mais en lui en qui il se rend présent en personne. La difficulté de rendre raison de la foi en Dieu se redouble, quand elle est rapportée à sa révélation en Jésus, dans la mesure où Dieu se rapproche de l'homme et se montre à lui, et où il semble défier l'identité que notre raison lui assigne en l'*altérant* dans une figure du monde et un moment du temps, sans que cette révélation cesse de prétendre à l'universalité ni à l'unicité. À nouveau, la rationalité de la foi est renvoyée au sens de l'histoire, c'est-à-dire – à ce point de notre recherche – au sens que nous pouvons lui reconnaître quand Dieu vient y réclamer sa place, si nous la lui accordons.

J'avais écrit voici plusieurs années *L'homme qui venait de Dieu*[1], avec la préoccupation d'y étudier comment l'homme de notre modernité incroyante pouvait recevoir de l'histoire de Jésus la révélation de Dieu. Plus récemment, j'ai publié une contribution à *La Plus Belle Histoire de Dieu*[2] intitulée *Le Dieu des chrétiens*, dans l'intention de montrer ce que la foi chrétienne au Dieu de la Bible a de commun et de spécifique par rapport à la foi juive. Ma présente recherche voudrait creuser en amont de ces deux ouvrages et aussi leur apporter un prolongement. Elle y renvoie par son titre *Dieu qui vient à l'homme*, d'un côté par le substantif singulier *l'homme*, qui désigne à la fois l'individu Jésus en qui Dieu est venu se révéler aux hommes et le genre humain avec qui il venait faire histoire en Jésus, d'un autre côté par le verbe *venir*, qui indique que ma considération de Dieu sera, comme les précédentes, du genre narratif plus que métaphysique et qui, surtout, introduit dans la définition de Dieu une proposition relative, *Dieu qui vient*.

Je garde, en effet, la conviction, qui guidait le premier de ces deux livres, que la culture occidentale contemporaine, qui a perdu depuis longtemps déjà la trace de Dieu, ne la retrouvera pas sur le chemin de quelque *méditation métaphysique*, mais sur les pas de l'homme de Nazareth de qui elle avait appris dans sa jeunesse à connaître Dieu, celui de la Bible avant qu'il ne devienne celui des philosophes. Je voudrais cependant, dans ce nouvel ouvrage, donner plus d'épaisseur au problème de

---

1. Paris, Éd. du Cerf, 1993, dans la même collection « Cogitatio fidei ».

2. Paris, Éd. du Seuil, 1997, en collaboration avec Jean BOTTÉRO et Marc-Alain OUAKNIN.

INTRODUCTION

Dieu tel qu'il se présente sur le fond d'incroyance caractéristique de la culture de notre temps, tel qu'il se pose, je ne dis pas à l'incroyant à la place duquel je ne chercherai pas à me mettre fictivement, mais au croyant lui-même qui se sent interpellé par le phénomène de l'incroyance, non qu'il veuille la réfuter, mais parce qu'il ne peut pas ne pas être questionné par elle au plus profond de sa foi. Le recours à la Bible, quelque lumière qu'elle apporte sur les attributs de l'être divin à celui qui confesse qu'*il est*, ne fait qu'accroître le questionnement, puisqu'il ajoute aux difficultés venues de la philosophie sur la possibilité de connaître Dieu, celles que fait l'histoire (ou la phénoménologie, ou la sociologie) des religions à l'authentification d'une manifestation historique de Dieu. Cette prospection en amont des deux livres précédents nous reconduira donc à la révélation de Dieu en Jésus, qui était leur objet commun, et qui s'exposera à notre enquête comme l'énigme suprême de la venue de Dieu jusqu'à nous, dans l'un de nous.

Mon intention n'est pas de recommencer la même recherche sur l'événement de Jésus en termes nouveaux. Ce retour au Christ sera dégagé autant qu'il se pourra des questions exégétiques et dogmatiques propres à la christologie, pour concentrer l'attention sur les réponses qu'il propose au problème de Dieu, tel que celui-ci se présentera à nous au terme de notre première exploration. Ce qui change ici notre regard sur Dieu, c'est qu'il ne se donne pas à connaître comme *celui qui est*, un être qui réclame notre adoration tout en se dérobant à nos prises et dont il faudrait d'abord prouver qu'il existe vraiment, mais comme *celui qui vient*, quelqu'un qui nous fait moins la grâce de venir jusqu'à nous qu'il ne nous demande la faveur de l'accueillir chez nous. Du coup, l'épreuve de la rationalité de la foi n'est plus de rassembler les arguments de l'existence d'un être inaccessible, ni les signes de l'intervention d'un souverain protecteur, elle est de discerner les dispositions par lesquelles on se prépare ou, au contraire, se dérobe à la venue du Dieu qui s'annonce en Jésus, et de reconnaître l'identité qu'il revêt et dévoile à la fois en venant à nous du seul fait de nous révéler ainsi celle qu'il nous reconnaît en retour, une identité d'enfants de Dieu.

Ce qu'il y a de perturbant pour la raison dans cet événement révélateur, c'est que nous étions partis à la recherche d'un Dieu dont le critère de vérité était l'unicité, et que nous découvrons au terme qu'il est trois : celui qui s'approche de

nous sur l'élan de son geste créateur, celui en qui il se tient
là parmi nous comme dans un autre lui-même qui est l'un de
nous, celui par qui l'un et l'autre se donnent à nous pour
demeurer en nous comme en soi-même. La foi chrétienne
s'empresse de déclarer que les trois sont un seul et même Dieu.
Il n'empêche que le nombre est caractéristique de l'identité
de l'unique vrai Dieu, et qu'il ne la définit pas simplement en
elle-même mais également dans sa relation à nous, puisqu'il
se manifeste pour faire reconnaître qu'il est tel qu'il apparaît.
Un concept nouveau de Dieu se dévoile, celui d'un Dieu qui
est-pour-nous, dont le pour-nous appartient au pour-soi. La
raison y dénonce aussitôt un anthropocentrisme, dont la foi
voudrait se préserver, dans la mesure où il serait erroné, sans
pouvoir s'en dégager totalement, puisqu'il est inséparable
de la révélation. On s'était habitué à penser Dieu sous la
raison de nécessité, il faut s'accoutumer à le concevoir sous
l'idée de gratuité.

Un nouveau parcours de reconnaissance commence quand
on se décide à apprendre de Jésus qui est Dieu au lieu de laisser
la raison philosophique en construire le concept à son gré. Ce
n'est plus de l'être de Dieu en soi et pour soi qu'il s'agit,
mais de son devenir dans l'acte de venir à nous. C'est donc
à la raison narrative de se mettre au travail, celle qui raconte
l'histoire de Dieu avec nous. J'avais entrepris d'esquisser ce
parcours dans les dernières pages de *L'homme qui venait de
Dieu*, mais sous forme d'*épilogue*. J'en reprends ici le projet
en me situant dans le prolongement de cet ouvrage, ce qui
reconduit cependant en amont de la venue du Christ. En effet,
une fois Jésus proclamé Fils de Dieu en vertu de sa résurrection d'entre les morts, il restait à le reconnaître Fils éternel de
Dieu. Mais, dès qu'on parle d'éternité, on dépasse les limites
épistémologiques d'une christologie narrative et ascendante,
on voit Jésus entrer dans l'éternité de Dieu, on ne le voit pas
en sortir. C'est pourquoi je n'avais pu aborder ce dernier point
de mon étude que par mode d'*épilogue*, comme de surcroît.
Pour le développer, il fallait passer du côté de la théologie
trinitaire proprement dite, ce que je voudrais faire dans la suite
de cette nouvelle recherche.

Précisons davantage. S'avancer en direction d'une théologie trinitaire purement métaphysique ne serait pas d'un grand
secours, car elle ne nous fournirait pas l'idée d'un devenir, ni
d'un venir de Dieu à nous. Pour fonder et développer une telle

INTRODUCTION 15

idée, il faut chercher du côté d'une théologie de l'*économie* trinitaire, capable d'intégrer à l'être de Dieu sa relation au monde, principe éternel de son histoire avec nous. La théologie classique, qui reçoit de l'histoire l'idée du nombre et de la relation en Dieu, s'empresse de l'en retirer pour placer le nombre sous la loi de l'unité et la relation sous celle de l'immuabilité, avec ce résultat que la trinité, reconstruite sous la contrainte d'*a priori* rationnels, ne semble plus pouvoir retrouver d'elle-même le chemin de l'histoire ni nous restituer l'être-pour-nous de Dieu que promettait sa révélation dans le Christ. Si nous voulons l'honorer, nous devons inversement accepter de placer l'être de Dieu sous l'horizon de l'histoire.

Au commencement de cette histoire, nous ne pouvons pas ne pas retrouver la création, non plus comme postulation de l'être souverainement nécessaire, mais comme première donation due à la gratuité de Dieu, extériorisation de l'altérité qui le constitue en son être pluriel en le mettant en relation avec le monde de la différence. Nous tenterons de dire l'être de Dieu en racontant cette histoire, qui est la nôtre, celle de notre monde, comme étant celle de Dieu avec nous. Tout ce qui fait obstacle au sens de la vie, le mal et la violence, la souffrance et la mort, tout ce qui nous sert à incriminer Dieu et à le nier, tout cela doit trouver dans ce récit explication et solution, par la destination que Dieu donne à la condition humaine et par l'aide qu'il lui propose en la respectant et en l'assumant. Le sens qu'il y a du point de vue de la raison à dire Dieu est lié au sens que prend l'histoire humaine quand on laisse Dieu la dérouler comme la sienne propre. La connaissance de Dieu ne peut être de notre part, par hypothèse de réciprocité, que reconnaissance de l'altérité qu'il imprime à notre existence, acte de gratitude, démarche de gratuité, non démonstration par raisons nécessaires.

Le terme de ce parcours nous ramènera inévitablement à l'incarnation du Verbe de Dieu et à la donation de son Esprit d'incorruptibilité, promesse de la transfiguration du cosmos. Le même Esprit répandu au terme en participation de la vie éternelle de Dieu est celui qui inaugure la création en tant que source de vie. Déployer la trinité en direction de l'Esprit qui donne la vie au monde et à l'homme, permet de concevoir Dieu dans la catégorie du don et de raconter ce don comme une histoire de Dieu en lui-même et avec nous. C'est le récit que nous allons entreprendre.

16   DIEU QUI VIENT À L'HOMME

Présentation de l'ouvrage.

22 septembre 2001. Les pages qui précèdent ont été écrites, d'après la date enregistrée sur mon ordinateur, en décembre 1998. J'avais trouvé, en effet, cette année-là et la suivante, quelques mois espacés de loisirs ou de congés au cours desquels j'avais mis en chantier le présent ouvrage et rédigé une ébauche des deux chapitres ici présentés, plus d'une centaine de pages dont moins d'une vingtaine ont survécu dans la rédaction définitive entreprise depuis environ deux ans. J'avais aussi publié, avant de m'y consacrer, des *Entretiens sur la Trinité* intitulés *Les Trois Visiteurs*[1], qui contribuaient à orienter ma pensée dans la perspective de l'ouvrage projeté. Reprenant cette Introduction au moment de livrer le manuscrit à l'éditeur, je me suis résolu, après quelque hésitation, à maintenir en l'état les pages précédentes, pensant qu'elles éclaireront le lecteur sur les motivations qui m'ont amené à commencer ces recherches et sur les orientations que je voulais leur donner. Car ni les unes ni les autres n'ont fondamentalement changé – même si je serais moins enclin à envisager un « savoir » ou des « solutions » théologiques ; elles ont cependant bougé, soit en se confirmant avec plus de force soit en s'infléchissant dans des directions nouvelles soit en conduisant plus loin ou ailleurs qu'il n'était prévu. Je voudrais donc souligner ou préciser comment je ressens ces motivations et orientations après l'expérience du chemin qu'elles m'ont fait parcourir. Après quoi je donnerai quelques indications plus claires sur le contenu de ce livre, sa documentation, et la suite qu'il appelle.

Il s'est confirmé, tout d'abord, que ma recherche ne se restreint pas à l'objet nommé « Dieu » ou « Trinité » ou « Christ », mais s'étend à la foi en Dieu, inextricablement, sans que l'objet de foi puisse être séparé de la subjectivité de la foi qui se porte sur lui dans le discours qui l'énonce. Autrement dit, toute interrogation sur Dieu requiert d'être dédoublée en questions sur la foi : quel est le spécifique de l'acte

---

1. Propos recueillis par Marc LEBOUCHER, Paris, Desclée de Brouwer, 1999.

INTRODUCTION

de croire, de quelle faculté émane-t-il, quelle est sa visée, à quelles sources la foi puise-t-elle ses connaissances, quels sont ses critères de vérification, quelle certitude donne-t-elle, etc. ? Même les sciences dites « exactes » ou « dures » tiennent de plus en plus compte, de nos jours, des interférences entre l'observateur, le lieu et le moyen de l'observation, l'hypothèse directrice de la recherche, d'une part, et le phénomène observé ou les résultats, plus ou moins certains ou probables, de la recherche, d'autre part. À plus forte raison, l'étude de Dieu (c'est la définition de la « théologie ») doit-elle englober celle de la foi qui l'atteste, puisque le langage courant présuppose volontiers le nom de Dieu dans le mot foi ou croyant et que la connaissance de Dieu, dans les religions dites « révélées », fait essentiellement référence à la foi. Voilà pourquoi des réflexions sur la nature de la foi (ainsi que de la religion) et sur le statut cognitif de ses affirmations se sont imposées fréquemment au cours de cet ouvrage, accentuant du même coup le caractère critique de sa démarche (au sens de la « raison critique »), et donnant lieu à des « relectures », soit pour réévaluer les résultats obtenus soit pour vérifier le parcours qui y a conduit soit pour en faire surgir le non-dit.

J'avais fortement souligné dans les pages précédentes à quel point « ma » foi s'impliquait ou se mettait en cause dans les recherches que je voulais entreprendre, tout en notant qu'il ne pouvait s'agir de ma seule croyance personnelle puisqu'elle est reçue de la tradition chrétienne. Le travail progressant, le rôle de la tradition s'est révélé d'une telle importance dans l'élaboration du contenu de la foi ct dans le façonnement de ses attitudes qu'il devenait inopérant de mettre en question tel point ou tel comportement de la foi sans étendre l'interrogation à la tradition qui la véhicule et qui en constitue l'histoire vivante. Ce rôle est évident dans le cas des dogmes particuliers, mais il est non moins grand en ce qui concerne les notions les plus générales et les plus fondamentales de la foi, comme celles de Dieu, de salut, de révélation, et les attitudes collectives qui traduisent ces notions dans la pratique religieuse. Il en est résulté que j'ai dû, à plusieurs reprises, faire des explorations dans l'histoire du christianisme qui n'étaient pas envisagées au départ, souvent dans la tradition la plus ancienne, dont les impulsions ont été forcément déterminantes, mais également dans la tradition contemporaine. J'entends par là, la théologie du XXe siècle (la nôtre), qui a fait face à une prodigieuse évolution des mentalités et des connaissances, à une prodigieuse vague de fond d'incroyance qui a secoué le christianisme dans ses fondements, une théologie qui s'est faite l'interprète des expériences et des aspirations des chrétiens de notre temps, qui a fourni pour cela un travail considérable de relecture de la tradition antérieure, travail (inachevé) qui se révélera aussi capital pour l'avenir de la foi chrétienne que le fut celui des théologiens des premiers siècles pour son implantation en terres païennes et son expansion dans une culture philosophique et religieuse si étrangère à sa révélation. Aussi m'arrivera-t-il de revendiquer l'autorité de la tradition continuée pour cautionner les avancées de la théologie récente.

Mais quelle est la compréhension entière de l'expression « tradition chrétienne » ? Le langage sourcilleux de l'ortho-doxie en exclut les « hérétiques » – qui en font bien évidemment partie de plein droit du point de vue de l'historiographie. Or, ce point de vue tend à s'imposer à la théologie d'aujourd'hui, non seulement parce qu'il n'est pas possible d'étudier une évolution doctrinale sans leur faire une place, mais parce qu'on reconnaît plus volontiers qu'une pensée hérétique, dans bien des cas, ne relevait pas de la volonté formelle de nier un point de la foi, mais d'une autre vision de foi, d'une sensibi-lité religieuse différente, d'une autre façon d'interpréter les Écritures, d'une culture philosophique particulière. On sait les changements qu'un esprit « œcuménique » a heureusement apportés à l'estimation des composants divers de la pensée chrétienne. Mais il ne s'agit pas ici des divergences doctri-nales proprement dites ; ce dont je veux parler à propos de la tradition chrétienne concerne les rapports de la théologie et de la philosophie, plus précisément de la théologie contem-poraine et de la philosophie de la « modernité ». Cette dernière, surtout celle des XVIIIᵉ et XIXᵉ siècles, est tenue pour large-ment responsable de l'incroyance qui a submergé le monde occidental, et la théologie d'aujourd'hui doit s'affronter à elle pour ce motif. Or, cette philosophie est d'origine chrétienne, elle reste pour une bonne part d'inspiration chrétienne, elle se montre préoccupée de plusieurs points majeurs de la doctrine chrétienne – mais c'est souvent pour les discuter ou en proposer des interprétations divergentes, car elle s'est éman-cipée de la tutelle ecclésiastique. Est-ce une raison pour la rejeter ou l'ignorer comme si elle était devenue totalement étrangère à la foi ? Elle représente en réalité ce qu'est devenue la pensée chrétienne pour une raison qui se voulait totalement autonome. Même affranchie de l'autorité de la tradition, elle n'en représente pas moins un héritage de cette tradition, pour autant que la théologie des temps anciens se voulait rationnelle et en lien avec la philosophie. La pensée de la « modernité » est donc, en définitive, une autre voie, déviée, par laquelle la pensée chrétienne s'est répandue dans notre culture ; et la théologie qui veut rester en dialogue avec l'esprit du temps se doit de garder le contact avec la philosophie qui l'a imprégnée. Cette obligation est particulièrement forte quand il s'agit des idées de Dieu, de révélation, de religion, de salut que la modernité n'a pas cessé d'agiter. Voilà pourquoi le débat philosophique tiendra dans cet ouvrage une place plus large et plus récurrente que ne l'envisageait son projet initial.

Du fait de ces multiples parcours, entrecroisés, de la tradition théologique et philosophique, l'histoire des idées sera partout présente, non sur le mode d'exposés érudits, mais en ce sens qu'elle sera elle-même matière à réflexion, car l'idée perd de sa vitalité et de son intérêt quand elle est abstraite du contexte historique dans lequel elle évolue. Le thème de *Dieu qui vient à l'homme* s'énonce de lui-même comme un sujet historique, qui ne saurait se contenter d'être traité comme un pur concept intellectuel, mais qui requiert d'être déployé sur le fond de l'histoire dans laquelle Dieu vient à la rencontre de l'homme. Or, l'histoire présente de la civilisation occidentale (d'elle seule, peut-être, pour le moment), telle que nous pouvons l'observer sur un espace d'environ trois siècles, montre que l'homme s'éloigne de Dieu qui s'approche de lui. La contrariété de ces deux mouvements s'est de plus en plus imposée à moi, au cours de ce travail, comme l'envers ou l'arrière-fond du sujet que j'avais à traiter, et sa motivation la plus secrète. Parler de *Dieu qui vient à l'homme* en feignant d'ignorer que l'homme (occidental) le fuit, serait traiter ce sujet d'une manière purement académique, irréaliste, qui devrait indisposer le lecteur et qui finirait par se révéler comme une fuite de la vérité. Car il ne s'agit pas de faire état de l'actualité simplement pour planter le décor d'un concept en lui-même intemporel, ni de détourner l'attention du lecteur d'un sujet abstrait vers une actualité préoccupante mais d'autant plus facile à aborder. Il s'agit d'instaurer cette réalité historique au plus profond du problème : quel est donc ce Dieu qui laisse l'homme échapper à sa poursuite ? Telle est la question qui s'est dévoilée progressivement comme le vrai sujet dont j'avais à traiter, un sujet qui introduit l'histoire dans le concept de Dieu : c'est dire, d'un mot, le défi qui est l'enjeu de cette réflexion.

Dans quel esprit vais-je relever ce défi ? Contrairement à ce qu'on pourrait craindre (mais ceci restera à montrer), on dédramatise le débat quand on se résigne à considérer Dieu sous l'angle d'une histoire qui semble lui échapper, car la foi sait voir que Dieu ne laisse pas de s'approcher de l'homme quand il accepte de disparaître dans l'obscurité de cette histoire. Mon intention n'est donc pas apologétique ni alarmiste, elle n'est pas de m'élancer au secours de la foi, si incertain qu'apparaisse son avenir, elle est de comprendre la situation qui est présentement la sienne sous l'éclairage d'un nouveau concept de Dieu qui intègre l'histoire que nous vivons. Du même coup, notre regard ne se referme pas sur l'éternité de l'être de Dieu ; sans se détourner de lui, il se tourne vers l'homme, son éternel souci. Aussi loin qu'on remonte dans le temps, on voyait l'homme à la poursuite de Dieu et quêtant ses faveurs : quel être nouveau sera l'homme sans Dieu qui se pousse en avant de l'histoire, qu'est-ce que la théologie peut en dire, sans se laisser emporter par sa frustration ni par le fanatisme religieux, mais conduite par la foi en ce Dieu qui « n'est pas venu juger le monde, mais le sauver » ? C'est un autre intérêt, anthropologique autant que théologique, qui s'est fait jour et qui refait périodiquement surface dans le déroulement de cette recherche, qui converge avec tant d'interrogations contemporaines sur l'avenir de la civilisation européenne, et qui ne manquera pas d'orienter également la suite que ce travail appelle.

Car cet ouvrage appelle une suite, s'il plaît à Dieu. Quand j'en ébauchais le projet, voici plusieurs années, j'envisageais assez clairement son développement en trois chapitres, moins clairement en quatre, essentiellement destinés, comme l'explique le début de cette Introduction, à combler les silences de *L'homme qui venait de Dieu* et à doter cette christologie des soubassements et prolongements qu'elle suppose ou réclame en théologie trinitaire conformément aux connexions logiques du dogme. Ne voulant pas présumer du temps dont je pouvais disposer, je prévoyais une réflexion presque exclusivement

INTRODUCTION

spéculative, le plus possible allégée des recherches historiques et de la documentation bibliographique, un travail qui aurait pu être « bouclé » en trois ou quatre chapitres de moins de cent pages chacun et dans un espace de temps relativement bref. Mais à mesure que se profilait le parcours dans la tradition théologique et philosophique dont je viens de parler, et que s'allongeaient les recherches en tous genres exigées par un tel parcours, il s'est avéré nécessaire d'envisager la division de l'ouvrage en deux volumes et sa livraison en deux temps suffisamment espacés, le second volume n'existant encore, au moment où je livre le premier, qu'à l'état de programmation. J'ai néanmoins gardé la division, initialement prévue, en quatre chapitres. Je dois demander au lecteur de me pardonner leur longueur : l'allongement de chacun s'est fait tout naturellement, du seul fait que l'étude d'une période ou d'un sujet demandait à se poursuivre sans discontinuité dans la période postérieure ou dans un sujet dépendant du précédent, conformément à la perspective de recherche que je m'étais tracée au départ ; le programme achevé, j'ai préféré ne pas briser l'unité de visée qui avait présidé au développement du chapitre. Chacun est d'ailleurs divisé en plusieurs sections, chaque section à son tour subdivisée par des sous-titres, et je me suis attaché à munir chaque chapitre d'une large introduction, qui en trace la visée d'ensemble et qui jalonne le parcours d'une section à une autre, et chaque section est à nouveau pourvue d'une entrée en matière qui guide le cheminement d'une subdivision à la suivante. Aussi oserai-je espérer que le lecteur sentira le souci de l'auteur de l'accompagner pas à pas dans le dédale de ses recherches, en sachant où il va et en comprenant les raisons de l'itinéraire choisi.

Je dois maintenant préciser le contenu de l'ouvrage, dont la première partie de l'Introduction, à un moment où il était tout juste ébauché, n'a pu indiquer que les intentions de recherches. Je me contenterai d'esquisser à grandes lignes la visée des quatre chapitres, sans avoir besoin d'entrer dans les détails, puisque le sommaire en tête de chacun donne un large aperçu de son contenu, ensuite détaillé section par section, ainsi qu'il vient d'être dit. Pour plus d'information, le lecteur peut se reporter tout de suite aux sommaires des deux premiers chapitres publiés dans le présent volume, et il trouvera annoncé dans les dernières pages du livre le contenu des deux chapitres à suivre qui seront livrés dans un second volume.

Chaque livre ou couple de chapitres a son unité globale, que je vais exposer : le premier conduit *Du deuil au dévoilement de Dieu* ; le second, *De l'apparition à la naissance de Dieu*.

Le premier chapitre, intitulé « Le deuil de Dieu », est un parcours à travers la philosophie à la recherche des causes de l'incroyance. L'enquête commence par le père de la modernité, Descartes, soupçonné d'avoir déstabilisé Dieu en voulant fonder son existence en raison ; elle progresse vers (« l'athée » ?) Spinoza et les déistes du XVIIIᵉ siècle ; après un détour par la sociologie – la « fin de la religion » est-elle en vue ? –, elle s'arrête au débat exemplaire des années 1920-1940 entre Barth et Bultmann autour de la question : la foi doit-elle se mettre en peine des raisons de croire ? – lieu de passage obligé jusqu'à nos jours pour la théologie « fonda-mentale » ; l'enquête repart alors, mais en régressant en direc-tion de Kant et de Hegel, chez qui les traces de Dieu semblaient s'être définitivement perdues ; elle aboutit à l'annonce triom-phale de la « mort de Dieu » par Feuerbach et Nietzsche ; d'où elle rebondit sur l'agnosticisme ou athéisme méthodologique de plusieurs penseurs contemporains, tels Weil ou Heidegger ; elle se termine en faisant entrer en scène d'autres théologiens du XXᵉ siècle qui débattent avec ces philosophes et s'attachent à relever les traces de Dieu au plus intime de l'être et de la pensée de l'homme, ainsi Lubac, Balthasar, Rahner, Bouillard. Quel est le but de ce porche philosophique à une étude sur la révélation de Dieu ? Il n'est pas d'établir des « préambules rationnels à la foi », que Barth jugeait injurieux envers la Parole de Dieu. Mais la théologie ne peut pas entreprendre raisonnablement de penser la foi en Dieu, quand la raison la plus commune de notre temps tient Dieu pour impensable et la foi pour inintelligible, au point que tant de gens l'ont aban-donnée – à moins de s'enquérir des causes de la perte de Dieu, en sorte que la compréhension de cette perte devienne partie prenante de la pensée de la foi en quête de ce Dieu repoussé. L'enjeu est de traverser la pensée de l'incroyance pour s'adresser aux esprits d'aujourd'hui et de discerner de quel Dieu l'on parle et en quel langage : quand il s'avère que le Dieu dont la mort est annoncée est le Dieu « bien-connu » des religions et des philosophies, alors le croyant est renvoyé à l'Évangile, non pour y trouver un abri contre l'incroyance du temps, mais pour y découvrir la vraie identité du Dieu qui

INTRODUCTION

s'est révélé en Jésus. Un tel discernement, partout à l'œuvre dans ce parcours, est acte théologique.

Le deuxième chapitre peut maintenant œuvrer, en connaissance de cause, au « Dévoilement de Dieu dans le corps du Christ ». Le mot « dévoilement » signifie que Dieu se dépouille des voiles de la religion pour se manifester dans la chair d'un homme, et l'expression « corps du Christ », que cette manifestation ne revêt pas la visibilité des phénomènes du monde mais s'accomplit dans la foi qui rassemble la communauté des croyants pour se faire annoncer au monde, ce qui est l'œuvre de l'Esprit. Après une première section consacrée à la notion, philosophique et théologique, de « révélation », le chapitre part à la recherche des faits et des signes qui ont permis et permettent toujours de reconnaître Jésus comme vrai révélateur de Dieu : figure donnée par les évangiles à son personnage historique (sa « judaïté »), interprétation de ses paroles et de ses gestes (les « miracles »), causes de son échec et de sa mort (débuts de l'antijudaïsme chrétien ?), la résurrection, le don du Saint-Esprit et la naissance de l'Église (séparée du judaïsme). Cette deuxième section du chapitre campe donc sur le terrain de la christologie qui était celui de mes précédents ouvrages ; elle aura pour spécificité d'être centrée, d'une part, sur le fait de la révélation qui se produit en Jésus, d'autre part, sur le visage que Dieu prend à travers les paroles, les gestes, les signes de Jésus, et tout ce qui lui arrive. Mais nous ne prendrons pas immédiatement connaissance de l'identité de ce Dieu : nous devrons attendre, pour la déchiffrer, qu'elle soit portée jusqu'à nous par l'annonce de la foi et qu'elle se laisse reconnaître sous l'horizon d'intelligibilité qui est aujourd'hui le nôtre. Une troisième section entreprend donc de descendre le cours de la tradition pour rejoindre notre actualité historique. Or il apparaîtra que la tradition chrétienne, soit en se constituant héritière de la religion d'Israël, soit en convoquant la philosophie pour énoncer l'*être* commun au Père et au Fils, a très tôt revêtu le Dieu de Jésus des notions communes au Dieu de la religion et à celui de la philosophie, ce « bien-connu » de Dieu rejeté par les penseurs de la modernité, mais pareillement désavoué par de nombreux théologiens contemporains qui, à la suite de Jüngel et de Moltmann, et à la lumière de l'histoire récente, proclament « l'humanité » du « Dieu crucifié ». Sous cet éclairage nouveau, il nous sera possible, revenant dans une dernière section à l'événement de mort et de résurrection de Jésus, de découvrir la nouveauté du Dieu qui s'y révèle dans son être-pour-nous, tel un jaillissement de vie et un lien d'altérité. Alors aussi se découvrira la logique – mais c'est celle de la croix – qui fait l'unité dialectique de ces deux chapitres : c'est quand la foi a assez de lucidité pour porter le deuil de Dieu que se dévoile à ses yeux la vérité de celui qui se révèle en prenant sur lui la mort de l'homme son fils, et la nôtre.

La présentation des deux autres chapitres ne doit pas viser à trop de rigueur pour la raison évidente et déjà dite qu'ils ne sont encore qu'ébauchés dans mon esprit, aussi en parlerai-je sous le mode de l'intention plus que de l'annonce. Le « cahier des charges » du troisième chapitre est clair et se laisse énoncer dans les termes d'une dogmatique classique ; l'articulation de ces matières entre elles est moins claire et la façon d'en traiter sera vraisemblablement moins classique. Il s'agira d'abord du dogme trinitaire strictement dit, de tout ce qui manquait à mon livre *L'homme qui venait de Dieu* pour établir avec suffisamment d'explications la filiation divine et éternelle de cet homme : origines ou « processions » internes et « missions » externes des « personnes » divines, unité et structures relationnelles de l'être trinitaire. Mais, partant de la manifestation de Dieu dans la mort et la résurrection de Jésus, à savoir formellement de son être-pour-nous, nous ne pourrons pas nous satisfaire d'analyses purement métaphysiques et nous nous sentirons obligé, par fidélité à la révélation, d'introduire ce « pour-nous », et donc le rapport aux hommes, au monde et à l'histoire, dans la considération de Dieu Trinité tel qu'il est en lui-même, indissociablement dans son éternité et dans le temps du monde. Cela nous conduira à parler parallèlement de la création de l'univers et de l'homme, et d'autres sujets anthropologiques : le mal, l'image de Dieu dans l'homme, la liberté, le péché. Et puisque la création est « dans l'attente de la révélation des fils de Dieu » (saint Paul), nous devrons aussi examiner comment la réalisation de ce grand « dessein », conçu par Dieu « en lui avant la fondation du monde » (toujours saint Paul), se réalise dans l'incarnation et la rédemption – deux dogmes que la théologie classique étudie d'un point de vue étroitement christocentrique et que nous devrons aborder dans la même perspective trinitaire. Ce chapitre aura pour titre « Le déploiement de la Trinité de Dieu dans la chair du monde ». Cette dernière

INTRODUCTION

expression est celle d'un philosophe contemporain qui désigne par là la compénétration de l'univers et du corps humain au niveau des perceptions qu'elle engendre, « l'entrelacs d'espace et de temps » où les choses du monde se mêlent aux phénomènes de la conscience. J'utiliserai cette formule pour camper la présence de l'éternité au temps et de Dieu au monde, à partir de laquelle la révélation monte à la rencontre de l'homme, présence qui fait que l'homme est de tout temps et structurellement « à l'écoute du Verbe », ainsi que le dit Rahner. J'ai bien conscience des difficultés qu'entraîneront cette imbrication du temps et de l'éternité et cet entrecroisement des divers aspects du dogme trinitaire, mais c'est la dignité de la théologie de courir de tels risques, pourvu qu'elle sache les mesurer.

Le dernier chapitre, moins « classique » dans son objet pour autant qu'il se livrera à la prospective, sera intitulé « La naissance de Dieu ». Ce titre fait allusion à la superposition, évoquée plus haut, du temps de la « mort de Dieu », où nous vivons, et de celui de la mort de Jésus, auquel nous aura reconduits la fin du chapitre précédent, en tant que la surimpression de l'une sur l'autre produit dans l'esprit du croyant, pour nous aujourd'hui, l'« irruption » de la nouveauté de Dieu tel qu'il se révèle en vérité dans le corps du Christ. En termes différents, j'entends par « naissance de Dieu » la révélation qui s'est produite une fois pour toutes dans l'histoire quand l'Esprit Saint a jailli du corps crucifié de Jésus pour se répandre « en toute chair » et celle qui se reproduit en quiconque « renaît » de l'Esprit quand il confesse que Dieu était avec Jésus sur la croix pour se réconcilier le monde. Ce chapitre se propose donc d'étudier la révélation de Dieu telle qu'elle se fait spécifiquement sous la conduite de l'Esprit, que Jésus, selon l'évangile de Jean, a envoyé au monde pour le remplacer, achever son œuvre et guider ses disciples « vers la vérité tout entière ». Dans cette perspective je voudrais aborder plusieurs problèmes d'irritante actualité : l'avenir de l'Église dans son présent état de déclin en Occident, l'avenir de sa mission universelle, l'annonce de Dieu à notre monde incroyant, le rapport du christianisme aux autres religions, le rapport au salut d'un monde sorti de religion ; et élargir notre regard à la venue de la révélation promise pour la fin des temps, quand Dieu se manifestera, selon les termes énigmatiques de Paul, comme « le Tout présent en tout ce qui est ».

26   DIEU QUI VIENT À L'HOMME

Ces deux derniers chapitres s'articuleront l'un à l'autre
sous le titre et dans le sens *De l'apparition à la naissance de
Dieu*. Le livre qui les rassemblera aura pour tâche de raconter
l'histoire de Dieu, en montrant son unité sans solution de continuité, depuis sa première manifestation au monde pour le créer
par son Verbe jusqu'à la venue du Verbe en Jésus, et depuis la
diffusion de l'Esprit du Christ dans le monde jusqu'à « la révélation des fils de Dieu », et de Dieu en eux, attendue « depuis
la fondation du monde ». C'est l'histoire que racontent, chacun
à sa façon, le Prologue de l'évangile de Jean et l'hymne de
Paul dans sa lettre aux Philippiens ; les Pères de l'Église la
déployaient sous le nom d'« économie » ou disposition trinitaire ; les Sommes théologiques du Moyen Âge la dédoublaient
savamment en termes d'*exitus* et de *reditus*, de sortie et de
retour. Sans doute finit-on toujours par retrouver les chemins
classiques dont on pensait s'être éloigné ; encore a-t-il fallu
oser s'en écarter pour y revenir par un autre chemin.

Une dernière explication, de moindre importance, concer-
nera les notes bibliographiques de cet ouvrage. Elles sont
nombreuses dans le premier chapitre, vu l'éventail des œuvres,
principalement philosophiques, que j'ai dû citer, et parce que
j'ai tenu à faire référence aux jugements de commentateurs
autorisés, dans un domaine où les interprétations divergent et
où je ne me sentais pas qualifié pour imposer la mienne. Les
notes sont moins nombreuses dans le deuxième chapitre, où
la présence de la philosophie se fait plus discrète ; mais il m'a
fallu renvoyer à beaucoup d'autres œuvres, soit théologiques
– pour ne pas penser en solitaire –, soit surtout exégétiques
– autre domaine dont je ne suis pas spécialiste et où abondent
des interprétations variées. Je ne puis naturellement pas
prévoir ce qu'il en sera dans les deux chapitres à venir. Mais
je ne tiens pas tant à m'expliquer sur le nombre de ces références que sur le caractère éclectique que des spécialistes
pourront légitimement leur reprocher. En effet, j'ai voulu faire
avant tout une œuvre de réflexion personnelle, bien documentée
sans doute, par respect tant de mes lecteurs que des sujets
traités, mais sans jamais ambitionner, sur aucun point, l'érudition la plus exhaustive et la plus à jour qu'il me serait
possible. Aussi me suis-je contenté des livres et des auteurs
que j'avais l'habitude de fréquenter dans mes années d'enseignement et de ceux qu'il m'était le plus facile de consulter,

INTRODUCTION 27

sans m'obliger à des recherches dans des bibliothèques éloignées, qui auraient démesurément allongé le temps de la rédaction et donc sans m'imposer de citer la plus récente édition des œuvres anciennes ou leurs interprètes les plus récents. À défaut de pouvoir faire le tour d'une question, j'ai préféré y tracer le chemin de mes propres pérégrinations[1].

Au moment de refermer ce manuscrit, j'adresse une pensée fervente à un ami très cher récemment disparu, François Courel, qui en a suivi la progression, étape par étape, avec une attention exigeante et une disponibilité jamais démentie. J'y joins le souvenir, lui aussi inspirant, d'autres absents dont la pensée m'accompagne fidèlement : Michel de Certeau, Henri de Lavalette, René Marlé, Michel Guervel. Je remercie mes compagnons jésuites de la rue Monsieur, à Paris, dont l'amitié et les entretiens ont encouragé et soutenu mon travail ; en particulier deux d'entre eux, maintenant au Pérou, Pierre Corset et Bernard Haour, tour à tour interlocuteurs et lecteurs critiques et stimulants. L'Introduction à *L'homme qui venait de Dieu* nommait des amis bordelais qui m'avaient hébergé à plusieurs reprises en cours de rédaction ; je leur renouvelle ma gratitude pour leur hospitalité continuée.

---

1. J'ajoute deux autres précisions : 1 – J'utiliserai les traductions françaises, tantôt de la Bible de Jérusalem, surtout pour l'Ancien Testament, tantôt, de préférence pour le Nouveau, la traduction dite œcuménique, ou encore celle de Osty et Trinquet, non sans les modifier à l'occasion. 2 – En fait d'articles de revues, je cite le plus souvent les *Recherches de science religieuse*, dont j'ai une longue pratique, sous le sigle : *RechScRel*.

CHAPITRE PREMIER

LE DEUIL DE DIEU

I. La perte de la croyance

II. Le retrait de la religion

III. La pensée de Dieu en question

IV. Du rejet à l'attente de Dieu

V. Relecture : la levée du voile

Dieu existe-t-il ? C'est apparemment la première question qu'on doive se poser, celle du moins qui se présente en premier lieu, dès qu'on soulève le problème de Dieu. La question suppose un objet bien connu des personnes qui en discutent, sinon même universellement connu, du moins facilement identifiable. De fait, on ne discuterait pas de l'existence d'un objet dont on n'aurait aucune idée. Mais on peut en avoir une, et douter cependant de sa réalité : peut-être n'existe-t-il que dans notre esprit ou notre imagination, peut-être Dieu n'est-il qu'une idée à laquelle rien ne correspondrait dans le réel ? Quelle idée ? À cette seconde question, un individu déterminé ne peut répondre plus ou moins spontanément qu'en rassemblant des éléments reçus de sa tradition culturelle, plus ou moins clairs et nombreux selon qu'il a gardé ou perdu l'habitude de penser à Dieu, ou que cette pensée lui est souvent ou rarement rappelée par son entourage ou son environnement socioculturel. Dans nos pays d'Europe, l'idée de Dieu vient de la tradition dite judéo-chrétienne, mais elle peut avoir été mêlée dès ses origines ou recouverte dans le cours de sa transmission d'idées venues d'une autre provenance. En toute hypothèse, quand on pose des questions sur l'existence de Dieu, on s'en pose également sur sa nature ou ses attributs : on sait qu'il est invisible, qu'il vit très loin de nous, s'il existe, mais on demande pourquoi il ne se montre pas ; on le suppose tout différent de nous, irreprésentable, et on examine s'il est une personne, un être distinct, un esprit infini, ou quelque énergie éparse dans le cosmos ; on le dit bon et tout-puissant, mais on doute qu'il s'occupe sérieusement de nous ; on nie qu'il intervienne dans nos affaires et on lui reproche de ne pas le faire ; on peut même se vanter de s'être débarrassé de lui, et redouter de se trouver en face de lui après la mort. Il n'y a pas lieu de s'étonner que des idées aussi confuses sinon contradictoires se prêtent à mettre en doute l'existence de Dieu ni, inversement, que l'incertitude sur son existence n'engendre à la longue toutes sortes d'interrogations troubles sur son être.

La question de l'existence de Dieu relève, au plan théorique, de la philosophie, ou de cette partie de la théologie qu'on appelle, avec des significations variées, « philosophique » ou « naturelle » ou « fondamentale ». Mon intention, dans cet ouvrage, est de parler de la révélation de Dieu en Jésus Christ, non du problème de Dieu en général. Je pourrais donc me dispenser de discuter *a priori* de son existence et en venir tout de suite à sa manifestation au croyant, si un appel trop immédiat à la foi ne risquait le soupçon de masquer nos incertitudes présentes. Il ne s'agit pas de savoir si le terme « exister » convient proprement à Dieu, ou s'il ne vaudrait pas mieux parler de son « être », ou peut-être même s'abstenir à son propos du langage de l'être – questions spéculatives agitées, encore aujourd'hui, par des philosophes et des théologiens. J'emploie ce terme au sens courant où l'on oppose réalité et fiction et où l'on se demande si le nom de Dieu recouvre une réalité (est-il « quelque chose » ?) ou seulement l'objet fictif de la croyance religieuse. La question ne se posait pas ou à peine quand Dieu jouissait d'un assentiment largement répandu dans les esprits et d'une représentation assurée dans les langages de la culture. On admettait alors tacitement que cette notoriété garantissait la réalité du Dieu de la révélation chrétienne, seulement chargée d'en déterminer l'identité ; et si des philosophes et des théologiens s'employaient à prouver son existence, c'était davantage pour montrer la rationalité de la croyance que pour l'inculquer à ceux qui l'auraient ignorée ou mise en doute. La question de Dieu se pose très différemment quand il a perdu sa notoriété. Certes, la foi dans la révélation, sitôt acquise, devrait, par hypothèse, dissiper les inquiétudes sur l'existence de Dieu. Mais le problème qui trouble les esprits aujourd'hui n'est pas que théorique, il porte sur le fait que la croyance chrétienne elle-même, toute révélée qu'elle se dise, présente des signes manifestes d'épuisement, de telle sorte qu'un doute surgit, avant même d'inventorier son contenu, sur le crédit qu'on peut raisonnablement lui accorder. La question, en effet, ne consiste plus à interroger, absolument, si Dieu existe, mais s'il existe *encore* ou s'il n'est pas *disparu* ou en voie de l'être. La situation présente

LE DEUIL DE DIEU

du christianisme impose cette question, qui tourmente même les croyants, car beaucoup de gens autour d'eux portent le deuil de Dieu, soit qu'ils l'aient abandonné et se résignent à l'idée de sa mort, soit qu'ils s'inquiètent et s'attristent de sa disparition et craignent qu'il ne revienne pas. C'est pourquoi, avant d'interroger la révélation, il importe de s'enquérir de ce qu'il est advenu de la foi révélée en Dieu. Cela importe à la crédibilité de notre propos autant qu'à la suite de notre réflexion, non pour se donner Dieu d'avance, ni pour se rassurer sur nos chances de le trouver, mais tant pour écarter le soupçon de partir à la recherche d'un Dieu déjà mort et dont nous ignorerions la mort, que pour orienter notre approche de sa révélation, à savoir celle d'un Dieu qui se fait connaître précisément en s'effaçant de lui-même de l'histoire par laquelle il vient à nous.

Périodiquement, on publie des sondages d'opinion sur la croyance en Dieu et on mesure, à l'aune de son emprise sur les populations, son degré de vitalité, ses chances de survie, la probabilité de son existence ou de son inexistence. D'une façon assez générale, il a été délogé, dans l'esprit de beaucoup de gens, des espaces du savoir d'où il régentait les phénomènes de l'univers, des espaces du pouvoir d'où il ordonnait les mouvements de l'histoire, il n'habite plus le quotidien de la vie où il était le compagnon inévitable et souvent souhaité de l'existence des humains, il se laisse encore pressentir à l'horizon de la mort comme un au-delà vaguement redoutable, à l'horizon du futur plutôt que du présent, relégué dans la zone d'un possible improbable, comme une sorte de réserve de sens ou peut-être même de non-sens, ce qui permet de lui imputer catastrophes ou déceptions alors qu'on se vante de ne plus croire en lui. On parle plus souvent de lui au passé qu'au présent. C'est dans son absence plus que dans son actualité évanescente qu'on trouve les signes de son existence sous le mode de l'avoir été ; mais on prévoit, on craint de voir venir le moment où ces signes ne seront plus lisibles, où la mémoire collective ne saura plus les interpréter, où l'absence ne sera plus ressentie comme absence, ni vide, ni manque. C'est sous cet horizon que nous entreprenons de jalonner le parcours qui a conduit la croyance en Dieu, depuis ses lointaines origines religieuses, jusqu'au seuil de la modernité occidentale, où elle commence à décliner, et jusqu'à la fin du XXe siècle, où les chrétiens contemplent sa perte avec désolation, à travers deux ou trois siècles d'affrontement entre les « Lumières » de la raison et celle de la foi. Le croyant qui s'engage dans ce voyage ne le fait pas en simple historien pour reconstituer l'histoire d'événements qui lui seraient étrangers. Il se sait sur les traces du Dieu vivant, du Dieu de l'Évangile qui ne cesse de venir aux hommes, et il se porte à sa rencontre ; se libérant des voiles, et peut-être des idoles, du passé, il fraie les chemins d'avenir de sa foi.

Nous allons donc interroger le phénomène moderne de la disparition de la croyance en Dieu. « Moderne », en ce sens qu'il commence avec le début de la « pensée moderne » ou « modernité », début que les historiens situent généralement au XVIIᵉ siècle ou au tournant du XVIIᵉ au XVIIIᵉ siècle. Même si nos contemporains se réclament volontiers de la « postmodernité », parce que notre époque a vu s'écrouler beaucoup des illusions de la rationalité triomphante de la modernité, cela ne signifie pas que le travail accompli sur elle-même par la raison au long de cette période serait réduit à néant et que la pensée reprendrait son cours antérieur comme si rien ne s'était passé entre-temps : la disparition (relative !) du dogmatisme de la raison n'a pas restauré l'ancienne domination de la religion sur la scène de l'histoire. Le devenir de la « pensée moderne » ne cesse d'habiter et d'orienter la nôtre. Or, cette pensée est, dans une très large mesure, une pensée de Dieu ou sur Dieu, qui a sa source dans la tradition biblique et chrétienne et qui, alors même qu'elle s'en éloignait ou la combattait, restait en lien avec cette tradition. La preuve en est que Karl Barth mentionne longuement la plupart des philosophes que nous citerons bientôt, et d'autres encore, dans son histoire de *La Théologie allemande au dix-neuvième siècle*, parce qu'il considère qu'ils lui appartiennent de plein droit et quoiqu'il conteste leur droit de cité dans ce qu'il estime être la vraie théologie chrétienne. La pensée moderne appartient au passé de la foi chrétienne, elle est sa trace en voie de s'effacer dans la culture occidentale. S'il nous importe de la repérer et de la suivre dans son effacement de l'histoire, ce n'est pas par goût d'érudition philosophique, c'est parce que la théologie a le droit et le devoir de rendre compte de l'histoire de la foi, pour puiser le courage d'affronter l'avenir en répondant du passé avec lucidité. L'idée de Dieu vient à nous par la tradition religieuse, elle vient aussi à nous, de toute façon, sous mode d'interrogation ou de doute ou de négation ou de transposition dans un autre langage, par la tradition philosophique qui informe notre pensée, que nous le voulions ou non ; la foi qui recueille cette idée d'un côté ne peut feindre d'ignorer celle qui lui parvient par un autre chemin, elle ne peut pas rendre légitimement raison d'elle-même si elle a peur de regarder ce qui est arrivé à la pensée de Dieu, et qui la menace toujours, sur l'autre versant de la tradition occidentale. Elle a le droit de dire que le Dieu des philosophes, accepté ou nié par eux, n'est pas le Dieu de Jésus Christ, mais seulement après avoir reconnu et admis qu'il en est un substitut et après avoir compris comment s'est faite cette substitution et quelle leçon elle doit en retirer.

Je précise tout de suite que je ne m'intéresse pas au discours philosophique sur Dieu en général, mais seulement à la pensée de l'incroyance en tant qu'elle est imputée, à tort ou à raison, à tel ou tel philosophe et qu'elle se développe au long d'un courant de pensée philosophique. Mon intention n'est pas de munir d'arguments rationnels la croyance en Dieu pas plus que de combattre l'incroyance sur le même terrain. Elle est de fortifier la foi en elle-même et d'éclairer l'intelligence de la foi par la prise en compte réfléchie de l'incroyance. La foi en Dieu se purifie et se conforte de regarder en face ce qui la repousse. Inversement, elle ne peut trouver aucune vigueur, et peut-être même manque-t-elle de véracité, si elle fuit ce qui est susceptible de la nier. En termes plus positifs, mon intention est de déblayer le chemin qui nous conduira à l'accueil de la révélation. Non que celle-ci requière absolument des préalables rationnels – nous en discuterons en son temps. Quiconque ouvre l'Évangile peut y trouver la grâce de rencontrer Dieu. Mais la recherche de la foi est un acte rationnel qui n'est pas indemne du contexte culturel. Admettre l'éventualité d'une révélation de Dieu exige une disposition d'esprit favorable, même de la part de quelqu'un qui croit déjà en lui ; à plus forte raison si sa croyance est dubitative ou inquiète et s'il n'a de Dieu que l'image embrouillée que lui renvoie un environnement incroyant. C'est pourquoi il n'est pas inutile, avant d'examiner le problème de l'adhésion à la révélation, de se demander comment l'idée de Dieu se présente à l'homme des sociétés occidentales dans ce climat généralisé d'incroyance, comment il peut encore se mettre à l'écoute d'un Dieu qui lui parle, dont la pensée moderne semble se désintéresser de plus en plus depuis qu'elle est, dit-on, sortie de minorité.

Tels sont les motifs de parler de la disparition de Dieu avant de nous situer face à l'éventualité de sa révélation, pour nous intéresser et nous préparer d'avance à une venue si discrète que l'histoire semble l'avoir oubliée ou s'en être détournée ou peut-être avoir intentionnellement travaillé à s'en libérer. Cette recherche sera entreprise sur le terrain de l'histoire des idées et des croyances religieuses, et non directement du point de vue intemporel des argumentations abstraites. Nous regarderons comment l'idée de Dieu, sortie de la révélation chrétienne et s'émancipant du terroir de la religion chrétienne, a cheminé au gré des évolutions de la pensée philosophique et des mentalités et structures sociales et politiques, et comment, ayant traversé l'angoisse religieuse et le désespoir de l'athéisme, elle revient interpeller les individus de notre temps sur le sens de l'être-au-monde et de la destinée humaine, interrogation dont nous pourrons alors renvoyer la solution, en toute lucidité rationnelle, à la révélation. Ce parcours nous fera porter le « deuil de Dieu », si nous en avons la « patience », le temps nécessaire pour retrouver l'espérance que Dieu habite toujours l'invisible de l'histoire.

Nous ferons ce parcours en *quatre étapes*, suivies d'une *relecture*. Je les indiquerai sommairement, le trajet de chacune d'elles devant être précisé à mesure de nos avancées. – Le *point de départ* sera pris aux origines de la pensée moderne, incriminée, en la personne de Descartes, d'avoir frayé les voies à l'athéisme en s'emparant de l'idée de Dieu. Il nous paraîtra plus exact de juger, sur le cas de Spinoza, autre fondateur de la modernité, que l'incroyance a partie liée avec la revendication, contrariée par la religion, de la liberté de philosopher. – Une *deuxième étape* étudiera le même processus de la perte des croyances sur le plan, non plus de la philosophie, mais de la religion elle-même, considérée sociologiquement en tant que « culte et communauté » (selon une définition de Troeltsch, que nous retrouverons au chapitre suivant). Le diagnostic de la « sortie de la religion », naguère établi par Marcel Gauchet, conduira à interroger l'Évangile sur l'avenir du christianisme. – Au terme de cette double enquête, comment se présente le problème des rapports de la raison et de la foi ? Cette question sera l'objet de la *troisième étape*. Nous la poserons d'abord à un théologien éminent de la première moitié du xxᵉ siècle, Karl Barth, qui porte un jugement négatif sur la théologie « éclairée » du siècle précédent. Puis, revenant sur nos pas, nous poserons la même question aux deux géants de la philosophie, Kant et Hegel, qui ont achevé le travail des Lumières en plaçant, très différemment l'un de l'autre, le rapport de la raison et de la foi au centre de leurs réflexions, ce pour quoi ils demeurent tous deux les interlocuteurs obligés de la théologie, y compris de celle d'aujourd'hui. – Notre *quatrième étape* mènera à la position contemporaine du débat, telle qu'elle résulte de cette longue histoire, à savoir à l'affrontement entre la pensée de l'athéisme ou de la « mort de Dieu », qui s'affirme chez un Feuerbach ou un Nietzsche, et la pensée de l'existence humaine ouverte sur une transcendance, laquelle, esquissée par Kierkegaard et diversement reprise chez plusieurs philosophes du xxᵉ siècle (Blondel, par exemple, ou Heidegger), servira à quelques théologiens de notre temps (surtout catholiques, ainsi Rahner en Allemagne, ou Bouillard en France) à renouveler les « voies » d'accès de l'esprit humain à Dieu. – Une *relecture* de ce parcours montrera enfin comment, en levant le voile du « bien-connu » de Dieu, il remplit la fonction de « prolégomènes » à la révélation.

Je donne enfin deux précisions au sujet de la méthode qui sera mise en œuvre dans cette enquête.

La première a trait à l'étendue et aux limites de ma recherche dans le domaine philosophique. Je n'ai pas l'ambition de passer en revue tous les penseurs qui ont agité la question de Dieu, pour l'affirmer ou pour le nier, et j'ai bien conscience d'en laisser de côté le plus grand nombre et des plus grands. Les noms que je viens de citer, et je n'en ajouterai pas beaucoup d'autres, indiquent par eux-mêmes que j'ai résolu de m'en tenir à ceux dont la pensée a exercé une influence particulièrement décisive et unanimement reconnue sur les rapports entre la foi et la raison et demeure, pour ce motif, la plus fréquemment mise en discussion par les théologiens. Je ne m'occuperai pas non plus de l'ensemble de leur pensée, mais seulement de ce qu'ils ont à nous dire sur la question de Dieu. Et, pour restreindre plus encore mon enquête, je ne cherche pas à faire le tour de cette question chez les quelques philosophes dont j'ai retenu les noms ni même plus simplement à tracer les articulations et les contours de leur traitement de l'idée de Dieu, mais je borne mon attention à ce qu'ils peuvent nous apprendre sur la genèse de l'incroyance, le refoulement de l'idée de Dieu hors de l'entendement ou sa dissolution dans la raison, et sur le cheminement de ces pensées et de ces processus dans la philosophie jusqu'à ce qu'ait retenti le grand cri de la mort de Dieu et que son écho se soit assourdi chez nos contemporains. Ce parti pris a commandé mes choix et mes silences. À l'inverse, je ferai assez largement appel aux commentateurs récents de ces philosophes, non certes à tous, ni forcément aux plus actuels ni aux plus méritants, mais à un nombre suffisant pour ouvrir un éventail d'interprétations significatives. Je le ferai parce qu'on se doute que ces grands penseurs ont fait l'objet d'appréciations divergentes sur un sujet d'une telle gravité, et je ne voudrais pas imposer une interprétation partisane, moins encore la mienne, en laissant croire qu'elle est la seule ou la plus qualifiée de toutes. D'autre part et surtout, je tiens à me référer aux lectures récentes des philosophes du passé pour ne pas m'enfermer dans des manières de penser anciennes et pour entrer en débat, à travers eux, avec les courants de pensée de notre temps dont ces commentaires sont le reflet, étant donné que la philosophie progresse, aujourd'hui comme hier, en reprenant à la base les problématiques du passé.

Ma seconde remarque concerne ma position de théologien dans cette enquête. Ce que je viens de dire de ses choix et de ses limites, comme ce que j'ai dit auparavant de ses intérêts et de ses motivations, manifeste que la réflexion théologique y sera partout présente et à tout moment en exercice. Le bénéfice que la théologie de la foi peut y trouver sera la raison majeure d'ouvrir un débat et de le refermer, de prolonger mon séjour chez un auteur ou de l'abréger, et de passer de l'un à l'autre sur la lancée d'un même questionnement. La théologie interviendra aussi à tout propos pour instruire une délibération et porter un jugement. S'il ne s'agissait que de raconter l'histoire d'un mouvement d'idées ou de décrire une situation religieuse, des analyses d'ordre historiographique, philosophique, sociologique ou autre seraient tout à fait suffisantes. Mais mon ambition est de comprendre et de juger cette histoire et cette situation du point de vue du croyant chrétien, c'est pourquoi la théologie a sa place et la tiendra dans cette recherche. Par exemple, c'est à elle qu'il appartient de dire si l'idée de Dieu que développe tel ou tel philosophe reproduit bien les traits du Dieu qui se révèle dans l'Écriture ; si les critiques qu'on trouve chez eux sur la religion chrétienne sont bien justifiées, s'ils l'atteignent au plus vif de sa foi ou seulement dans ses manifestations extérieures ; si l'annonce de la fin du christianisme est valable pour son annonce de l'Évangile comme pour ses formes institutionnelles ; si la foi peut se satisfaire d'être refoulée dans le sentiment pour être mise à l'abri de la raison critique ou si elle ne doit pas davantage s'inquiéter, au contraire, de voir son essence transmuée en savoir absolu. C'est à elle aussi, bien évidemment, de prendre position en face de l'athéisme ou de l'agnosticisme et de décider si elle a le droit d'accepter ou le devoir de refuser l'aide que la philosophie serait susceptible de proposer à la foi. Toutefois, arrivé à cette quatrième étape, je m'en tiendrai à signaler dans quelles directions les théologiens d'aujourd'hui cherchent à renouer le dialogue avec les philosophies de leur temps, sans entreprendre de développer leurs réflexions pour mon propre compte. Il me suffira d'avoir vérifié et expérimenté, en parcourant les chemins de l'incroyance, la légitimité rationnelle du passage à la révélation, ainsi que le conclura la *relecture* finale.

Nous ne sommes pas à la recherche d'arguments rationnels pour affirmer, rassurer ou consolider notre foi, non plus que pour la valoriser au regard des savants ou repousser l'incroyance. Mais nous avons besoin de croire raisonnablement, car la foi est un acte de l'intelligence. Ce n'est pas l'accord de notre foi avec la raison des autres qui est en cause, mais avec notre propre raison, sans quoi la foi ne serait pas un acte intégralement humain ; mais pour sentir cet accord, nous devons aussi parler le langage des autres, car il est de la nature de la raison de communiquer, il est aussi de la nature de la foi de se dire. La rationalité de la foi ne consiste pas à se fier à la raison ni à se munir de raisons, elle est de savoir parler raison et d'oser communiquer avec ceux qui n'usent que du langage de la raison. Tenir discours dans la foi avec la raison philosophique, c'est cela même, et non le poids des arguments, qui réconcilie la foi du croyant avec sa propre raison, et qui la fortifie d'autant. C'est le seul préalable dont elle ait besoin et auquel elle doit recourir quand le croyant vit dans un monde devenu si étranger à la foi que le langage de la foi risque de lui paraître à lui-même étranger. La foi accepte alors de parler le langage des autres, avec les autres, et c'est ainsi que tombent ses voiles de deuil.

I

LA PERTE DE LA CROYANCE

Quand nous remontons aux origines de la croyance en Dieu, à ces temps où la religion régnait partout, incontestée, nous ne trouvons la réalité de Dieu ni mise en question ni soumise à démonstration : Dieu impose son évidence, c'est lui qui explique tout ce qui est et tout ce qui se passe. La première tentative de fonder son existence sur des certitudes rationnelles dûment argumentées signe l'acte de naissance de la pensée moderne au XVIIᵉ siècle. Elle apparaît, rétrospectivement, troublante : signale-t-elle la soudaine émergence d'une pensée athée, qu'on s'empresserait d'étouffer, ou la volonté prométhéenne de la philosophie de dérober l'idée de Dieu à la révélation ? Ce dernier soupçon, émis de nos jours à l'encontre de Descartes, traduit le sentiment de méfiance et de rivalité que la théologie éprouvait dès ce temps-là envers la philosophie, dès lors que celle-ci s'émancipait de sa tutelle. Il est vrai que la philosophie, désormais plus à l'écoute de la science que de la théologie, ne se sentait plus à l'aise, de son côté, avec son ancienne maîtresse, qui ne lui permettait pas de penser librement ni l'homme ni le monde ni le rapport de l'un à l'autre. Plus audacieux que Descartes, quoiqu'il ne divulgue pas sa pensée à visage découvert, Spinoza oppose sa conception philosophique de Dieu aux conceptions religieuses fondées sur une lecture non critique de la Bible ; il ne dit pas que Dieu est impensable, mais il n'admet pas que la théologie lui permette d'intervenir dans le monde selon ses propres fins à l'encontre de l'ordre de la nature, au point de rendre l'univers impensable à notre raison. Nous sommes ici au fond du problème de l'incroyance, au cœur du conflit qui va opposer la raison et la foi, des siècles durant : la philosophie revendique la liberté de penser que la foi tient pour athéisme, puisque cette revendication s'oppose à l'autorité sacrée des Écritures et de la religion. Mais le pouvoir politique s'appuie sur la religion et la protège : l'ordre social en son entier est perturbé par ce conflit, qui devient, de ce fait, et manifeste une fracture de l'histoire et de la société, comme nous le verrons mieux quand nous traiterons de la religion comme telle. C'est dans ce phénomène complexe que l'incroyance naît et croît.

Nous commençons le récit de ce conflit en évoquant, en quelques brèves pages, les origines de la croyance en Dieu au plus lointain des plus vieilles religions du monde, et aussi la naissance des premières spéculations philosophiques sur l'existence de Dieu au cœur de la théologie chrétienne du Moyen Âge.

De la croyance religieuse
à la croyance philosophique.

Autant que le permettent nos investigations dans le passé de l'humanité, la croyance au divin, à des forces surnaturelles, des esprits, des êtres divins plus ou moins personnifiés, à du religieux paraît universelle et primitive, à condition de laisser les mots « religieux » ou « divin » dans l'acception large et mal définie où les laissent la plupart des chercheurs actuels en sciences humaines. L'origine de ces croyances n'est évidemment pas atteignable. Cependant aussi loin qu'on remonte dans le temps, des traces de sépultures, de représentations artistiques, de cultes, les mythes conservés dans les traditions orales montrent nos ancêtres en relation avec un monde « autre » mais pour eux bien réel, un invisible qui ne se laisse pas saisir, mais qui est présent et perceptible dans le monde où ils vivent. L'analyse des mythes et des rites, surtout dès qu'apparaissent l'art et l'écriture, suggère avec une grande vraisemblance que les hommes des anciens temps ont attribué à des forces surnaturelles les phénomènes physiques qu'ils ne comprenaient pas et qui les terrifiaient ou, au contraire, les comblaient de béatitude, qu'ils ont peu à peu personnifié ces forces et leur ont voué un culte pour les utiliser à leur service, mais aussi pour y trouver un sens, et que ces cultes, qui exprimaient et réglaient leurs relations avec la nature et avec eux-mêmes, leur ont progressivement servi à organiser leur vie en société, se transformant ainsi en religions instituées[1].

_____

1. Sur les temps préhistoriques et les religions prébibliques, voir Robert ARON, _Histoire de Dieu. Le Dieu des origines, des cavernes au_

LE DEUIL DE DIEU   43

C'est en Mésopotamie, dans le courant du III[c] millénaire avant notre ère, qu'apparaissent les premières traces historiques et écrites de représentations et d'institutions religieuses[1]. Inspiré par la transcendance de la divinité, le culte manifeste surtout la crainte des dieux et le besoin de leur protection[2], il atteste aussi la tendance spontanée à ne s'attacher qu'à un seul dieu parmi toutes les divinités du panthéon[3]. Beaucoup plus tard, les littératures archaïques, puis classiques de la Grèce ancienne témoignent semblablement de la croyance générale et incontestée à des dieux, qui étaient l'objet d'une dévotion personnelle en même temps que d'un culte public ; l'idée d'un dieu unique tend à s'exprimer dans la tragédie et la philosophie ; elle semble avoir été préparée, dans la mythologie, par la notion d'un dieu souverain, père et seigneur des autres dieux[4]. Dans le monde romain, au début

---

Sinaï, Paris, Libr. acad. Perrin, 1963, p. 15-95 ; d'après lui, « à travers toutes les races d'hommes et en tous les continents, on finit toujours par trouver une amorce de monothéisme », p. 41 ; « Il y a dans les cultes primitifs beaucoup de pressentiments de nos religions actuelles », p. 47. – Mircea ELIADE, *Histoire des croyances et des idées religieuses*, vol. I, Paris, Payot, 1976, p. 1-174.

1. D'après Jean BOTTÉRO, *La Plus Vieille Religion : en Mésopotamie*, Paris, Gallimard, 1998, p. 63.

2. « D'emblée, le Divin faisait peur et paralysait. » « On se soumettait à Eux (aux dieux), on Les redoutait, on s'abaissait et on tremblait devant Eux – on ne Les aimait pas. » *Ibid.,* p. 88-89.

3. *Ibid.,* p. 97-98 : c'est ainsi que l'auteur définit « l'hénothéisme », qui est au principe de l'organisation de plus en plus monarchique du panthéon mésopotamien.

4. É. DES PLACES, *La Religion grecque*, Paris, Picard, 1969, note chez Xénophane et Eschyle « un monothéisme latent » (p. 184) ; « Comme tant de païens à toutes les époques, Socrate tendait au Dieu inconnu » (p. 243) ; « Platon a jeté les fondements de la religion monothéiste » (p. 259) ; mais la crainte de l'anthropomorphisme a empêché les Grecs de déboucher dans le culte d'un Dieu strictement personnel et unique, conclut-il en citant A.-J. Festugière (p. 324-326). – A.-J. FESTUGIÈRE, *L'Idéal religieux des Grecs et l'Évangile*, Paris, Libr. Lecoffre, 1932, p. 175, estime que ce fragment de Xénophane : « Un seul dieu, le plus grand parmi les dieux et les hommes » donne « la juste mesure » de la pensée grecque et platonicienne.

de l'ère chrétienne, plusieurs écoles philosophiques sont monothéistes de doctrine et de tendance et travaillent à hiérarchiser et unifier le polythéisme gréco-romain, qui s'achemine lentement vers la forme de monothéisme solaire qu'il prendra au IIIe siècle[1], sans jamais atteindre à la pureté doctrinale et cultuelle du monothéisme judéo-chrétien, qui ne tardera pas à le supplanter.

La foi au Dieu unique a pris naissance dans le peuple juif; le nom du législateur de la religion juive, Moïse, est resté associé à sa première personnalisation sous le nom de Yahvé[2]. D'abord adoré comme le dieu unique du peuple juif, mais au milieu des autres dieux des nations, il fut ensuite proclamé, en tant que créateur et maître de l'univers, seul Dieu véritable, Dieu et Seigneur des hommes de tous les pays et de tous les temps, celui qui s'est fait connaître par sa parole et sa loi, qui convainc tous les autres dieux, eux qui n'ont rien créé et ne parlent pas, de n'être que des «idoles», des fictions inventées par leurs adorateurs[3]. Toutefois, ce fut le christia-

---

1. J. BEAUJEU, *La Religion romaine à l'apogée de l'Empire. I. La politique religieuse des Antonins (96-192)*, Paris, «Les Belles Lettres», 1955, p. 30 («il semble que par une sorte de loi d'évolution interne tout polythéisme tende vers le monothéisme»), p. 234 (influence de Plutarque). L'auteur note que Marc Aurèle n'a pas réussi, au plan théorique, «la conciliation entre le monisme philosophique et la multiplicité des personnifications divines» que sa pensée impliquait (p. 336). Sous Commode, Jupiter Exsuperantissimus entrera dans le panthéon romain en qualité de Dieu unique au-dessus de tous les autres êtres (p. 389).

2. Voir J. BOTTÉRO, *Naissance de Dieu: la Bible et l'historien*, Paris, Gallimard, 1986, p. 44-48. Du même, *Le Dieu de la Bible*: au XIIIe siècle avant notre ère, dans le nord de l'Égypte, s'est levé un Israélite nommé Moïse. «Il a, je ne dis pas "inventé" l'idée qu'il n'y avait qu'un seul Dieu, mais du moins jeté les bases d'une doctrine qui, au bout de quatre ou cinq siècles [...], est devenue le monothéisme», in J. BOTTÉRO, M.-A. OUAKNIN, J. MOINGT, *La Plus Belle Histoire de Dieu*, Paris, Éd. du Seuil, 1997, p. 16; le nom de Yahvé pourrait venir du dieu mésopotamien Ea, Ya, Yaou (p. 20), sans que cela implique une accointance avec la religion mésopotamienne restée au stade de l'hénothéisme (p. 22).

3. ID., *Naissance de Dieu*, p. 81; *Le Dieu de la Bible*, p. 21: c'est avec le prophétisme que l'hénothéisme juif exprime le monothéisme absolu qui se cachait en lui et qui s'énoncera en Dt 4, 35.

LE DEUIL DE DIEU 45

nisme, s'avançant sur la lancée du judaïsme, puis l'évinçant, qui remporta la victoire décisive sur le paganisme, non sans en appeler aux « semences » de monothéisme que contenait sa philosophie, sinon son culte, et qui fit triompher, dans le bassin méditerranéen d'abord, puis en Europe et en d'autres pays, la foi au Dieu unique, reconnu comme le père de Jésus. Si consciente et si fière qu'elle fût de sa « nouveauté », la foi chrétienne n'en était pas moins le fruit tardif d'une terre ensemencée depuis longtemps de nombreuses religions.

Quelles conclusions peut-on tirer de cette sommaire évocation de faits au demeurant bien connus ? Sans se lancer dans des interprétations de type métaphysique, et sans faire intervenir à ce stade l'idée d'une révélation positive, on admettra que la religion est une acquisition progressive de la culture, et même que la religion juive, comme la chrétienne, malgré leur caractère singulier et historique, sont elles aussi tributaires de la culture religieuse de l'humanité. On évitera l'interprétation péjorative, pour ne pas dire méprisante, qui ne voit dans les religions que le fruit de l'ignorance et de la terreur des premières populations humaines face aux phénomènes naturels qu'elles étaient impuissantes à maîtriser ; même si la peur est liée à l'appréhension du divin, de même que l'intérêt au culte, ces sentiments sont toujours mêlés à la révérence et à l'admiration, au saisissement face à la sainteté des dieux[1]. Sans méconnaître l'importance du facteur sociologique (et donc économique) dans le phénomène religieux, on renoncera également à n'y voir que le produit de l'organisation des premières sociétés, qui avaient besoin de ritualiser et de sacraliser le lien social, à l'exclusion de toute intuition du « sacré » ou du « surnaturel », comme si le sentiment du divin n'était que la projection de la socialité humaine[2]. On relèvera, au

---

1. Pour R. ARON, « ce n'est pas la peur, mais le besoin de certitude, ce n'est pas l'anormal, mais le normal » qui fut l'éveil religieux de l'homme de la préhistoire, p. 26. J. BOTTÉRO, *La Plus Vieille Religion...*, p. 87-95, tout en qualifiant le sentiment religieux de « révérence » et de « transcendance », et même de confiance dans la bonté des dieux, estime que « l'inquiétude foncière » envers les « Seigneurs et maîtres » n'inclinait pas les croyants à se rapprocher de la divinité.

2. Au début du XXe siècle, deux tentatives d'explication de l'origine des religions s'affrontent. En Allemagne d'une part, des théologiens libéraux, issus de l'École d'histoire des religions et se réclamant

contraire, le caractère de haute spiritualité, facteur de progrès spirituel, dont le phénomène religieux affecte l'histoire humaine et sur lequel nous reviendrons à la fin de ce chapitre. On notera cependant, au cœur de la religion et dès ses origines, une faiblesse interne, une contradiction secrète, ce mélange d'attraction et de répulsion qu'elle provoque, d'adoration et de cupidité qu'elle inspire, de théocentrisme et d'anthropomorphismes, reflet sans doute du conflit de l'Un et du multiple et germe de décomposition à venir. Il reste en toute hypothèse que la croyance dans l'existence de Dieu est liée au culte et s'est imposée du fait des traditions familiales et politiques, indépendamment de toute spéculation rationnelle : elle vient de la religion, elle est une donnée première du sentiment religieux, elle est pratiquement immémoriale [1].

Quand la philosophie commence à s'y appliquer, chez les Grecs, c'est pour étudier la nature de l'être divin, son rôle dans l'univers, ce n'est pas formellement pour prouver son existence, que rien ne menaçait. Ce ne fut pas davantage la préoccupation de la théologie chrétienne à ses débuts ; elle soutenait l'unicité de Dieu contre le polythéisme, elle discutait de sa nature avec des philosophes païens, dont certaines théories pouvaient être comprises, il est vrai, comme destructrices de son être, mais elle n'entreprenait pas de démontrer son exis-

---

à des degrés divers de Schleiermacher, mettent en avant l'intuition innée du mystère, du surnaturel, du sacré, du divin (du *numineux*), toutes catégories *a priori* irrationnelles relevant du jugement esthétique : « La religion commence par elle-même et est déjà en action aux "degrés préliminaires" du mythique et du démoniaque », écrit R. OTTO, *Le Sacré* (1917), trad. fr., Paris, Payot, 1929, p. 181. En France d'autre part, l'École de sociologie, sur le fondement d'analyses ethnographiques du totémisme, fait des premières manifestations de la vie religieuse, avant toute idée de Dieu, l'expression collective de sentiments collectifs ordonnés à la vie collective : « Si la religion a engendré tout ce qu'il y a d'essentiel dans la société, c'est que l'idée de la société est l'âme de la religion », écrit Émile DURKHEIM, *Les Formes élémentaires de la vie religieuse*, Paris, Libr. Alcan, 1912, p. 598-599. – L'origine sociale de la religion n'empêche pas toute idée transcendante du divin.

1. Platon disait que l'adoration partout rendue aux dieux « ne laissait même pas concevoir » aux petits enfants grecs ou barbares « la possibilité de la non-existence des dieux » (*Lois,* X, 887 d-e, cité par E. DES PLACES, p. 150).

LE DEUIL DE DIEU 47

tence, puisqu'elle relevait d'une croyance commune, attestée de surcroît par les Livres saints. Les premiers prédicateurs chrétiens ne se réclament pas d'un Dieu qui leur aurait été propre, leur affaire est d'annoncer Jésus Christ, non d'enseigner une nouvelle doctrine sur Dieu ; ils adoptent spontanément le Dieu de Jésus, celui de la Bible, le Dieu créateur et unique, dont les philosophes païens, éclairés par le Verbe, aimaient-ils dire, ont eu eux-mêmes le pressentiment, à tout le moins depuis Socrate[1]. L'hypothèse qu'un dieu nouveau et non créateur, inconnu jusque-là, se serait manifesté en Jésus se fit jour au IIᵉ siècle dans les gnoses ; elle séduisit de nombreux chrétiens, parce qu'elle apportait des solutions nouvelles au problème du mal et des origines, mais sans évacuer l'idée de création, simplement rejetée dans un dieu inférieur et mauvais. Ce phénomène est symptomatique du bouillonnement d'idées culturelles et religieuses dans lequel naquit le christianisme et qu'il contribua à alimenter. Combattu aussitôt qu'apparu, le dualisme n'acquit pas droit de cité chez les chrétiens, malgré de nombreuses et longues survivances, assurément parce qu'ils restaient attachés à l'enseignement de la Bible, mais aussi parce qu'ils trouvaient plus naturel de réserver leurs adorations au seul Dieu qui se donnait à connaître depuis toujours à l'ensemble des humains par ses œuvres et ses bienfaits[2]. C'est en effet par le recours à ce « bien-connu » de Dieu que prédicateurs et théologiens chrétiens repoussaient alternativement le paganisme, qui multipliait les offrandes à des dieux auxquels les hommes ne devaient rien,

---

1. Voir Justin, *Apologie*, V, 4 ; XX, 4-5 ; *2ᵉ Ap.*, X, XIII ; *Dialogue avec Tryphon*, II, 6 ; III, 5-7 ; V, 4.

2. Le dualisme gnostique, qui se répand dans le bassin méditerranéen au début du IIᵉ siècle à partir de la Syrie (principalement), provient vraisemblablement, non de l'hellénisation d'un christianisme philosophique, comme on l'a longtemps cru (Harnack), mais de traditions religieuses (astrales) orientales (surtout iraniennes) qui se seraient mêlées à des sectes judéo-hellénistiques (les *minim*) et auraient envahi des écoles philosophiques (néo-platoniciennes). Il aurait pour signification essentielle de séparer la pure essence divine (le Dieu inconnu) de la fonction créatrice (le Démiurge). Dans sa version chrétienne, combattue par les Pères, il oppose le Père de Jésus au Dieu (juif) de la création et de la loi : d'après Henri-Charles Puech, *En quête de la Gnose*, vol. I, Paris, Gallimard, 1978, voir notamment p. 44-54 et 158-176.

48   DIEU QUI VIENT À L'HOMME

l'idée philosophique d'un «dieu oisif», qui ne s'intéressait pas aux affaires des hommes, et l'idée gnostique du «dieu inconnu», uniquement occupé à préserver sa solitude et sa pureté[1]. Ce raisonnement très simple, qui accompagnait l'annonce de l'Évangile, consolida la victoire du Dieu de la Bible sur les dieux du panthéon gréco-romain d'abord, sur ceux des peuples «barbares» ensuite, sans qu'il fût jamais besoin de démontrer l'existence de Dieu ; en tout lieu, au contraire, un bien-connu de Dieu était là, à la disposition des prédicateurs, pour accueillir et cautionner la nouveauté évangélique.

Il faut attendre le Moyen Âge pour voir la démonstration systématique de l'existence de Dieu entrer dans le projet universitaire d'un enseignement global de la philosophie et de la théologie, qui a pour ambition de déployer l'intelligence de la foi dans sa totalité au regard de la raison. Anselme de Cantorbéry, encore moine du Bec, inaugure cette recherche dans les dernières décennies du XIᵉ siècle. Dans une contemplation de style augustinien, inspirée par «la foi cherchant l'intelligence», mais aussi par un goût nouveau pour la logique, il projette de «découvrir un argument unique qui n'eût besoin de rien d'autre que de lui seul pour se prouver et pour garantir à lui seul que Dieu est vraiment, qu'il est le bien suréminent, n'ayant besoin de nul autre», et il fait ce raisonnement que «Dieu est quelque chose de tel que rien de plus grand ne peut être pensé», ce qui implique «qu'il existe à la fois dans l'esprit et dans la réalité»[2]. Prière et sommation de foi plutôt que démonstration systématique[3], cet argument, appelé «ontologique» après Descartes

---

1. Exemples chez TERTULLIEN, *Ad Nationes*, II, 13 ; *Apologeticum*, 17 ; 24, 10 ; *De Testimonio animae*, 2 ; 5 ; *Ad Scapulam*, 2 ; *Contra Marcionem*, I, 3 ; 10, 4 ; 11-12 ; 18, 2.

2. S. ANSELME DE CANTORBÉRY, *Proslogion*, Proem. et c. II, Éd. M. Corbin, Paris, Éd. du Cerf, 1986, p. 229 et 245.

3. «Il va de soi», écrit Alain DE LIBÉRA, «que la preuve anselmienne n'est pas vraiment destinée à convaincre l'insensé (voir Ps 13, 1). Il s'agit plutôt de *l'épreuve suprême de la foi en quête d'intelligence*. La preuve est destinée à me faire comprendre ce que je crois, non à me forcer de croire à ce que je ne comprends pas», *La Philosophie médiévale*, Paris, PUF, 1993, p. 303. – Pour Karl BARTH également, Anselme cherche seulement à montrer «le caractère raisonnable et nécessaire de la vérité divine. [...] Mais en aucun cas il ne saurait être interprété comme une

(et « ontothéologique » depuis Heidegger) [1], n'a pas cessé de questionner les plus grands philosophes, les uns le tenant pour irréfutable, la seule vraie preuve de l'existence de Dieu, les autres y dénonçant un sophisme subtil ou une illusion de la raison transcendantale [2]. Les scolastiques les plus nombreux n'ont pas accepté cet argument, estimant selon la Bible que Dieu ne peut être connu que par ses œuvres. Ainsi en va-t-il pour saint Thomas d'Aquin : il est évident *en soi* que « Dieu est », dit-il, puisque son essence n'est pas autre chose que son être, mais ce n'est pas une évidence *pour nous*, qui ne connaissons

---

justification de la théologie naturelle », à preuve son insistance sur « l'incognito » de Dieu : *Dogmatique*, vol. II, t. I*, Genève, Labor et Fides, 1956, p. 91-92 et 191-196 ; voir du même auteur, *Saint Anselme. Fides quaerens intellectum. La preuve de l'existence de Dieu*, trad. M. Corbin, 1985. (H. Bouillard sera d'un avis différent, voir p. 150, n. 1.)

1. Selon Jean-Luc MARION, *Questions cartésiennes*, VII « L'argument relève-t-il de l'ontologie ? La preuve anselmienne et les deux démonstrations de l'existence de Dieu dans les *Méditations* », Paris, PUF, 1991, p. 221-258, on peut parler d'argument ontologique chez Descartes (avec une réserve), Malebranche, Leibniz surtout, et Hegel (p. 221-231), mais pas chez Anselme, qui ne part pas d'un concept de l'essence pour atteindre l'existence de Dieu (p. 231) et n'identifie pas cette essence à l'être par excellence (p. 244), mais au souverain bien – *id quo nihil melius cogitari potest* (p. 244, trop rapidement assimilé – même chez Augustin, p. 251, à la *caritas* paulinienne, p. 254) : « L'argument ne relève pas de l'ontologie, parce que d'abord il n'appartient pas à l'onto-théo-logie » (p. 258).

2. J. JALABERT, *Le Dieu de Leibniz*, Paris, PUF, 1960, p. 69-92, retrace l'histoire de « la preuve ontologique », d'Anselme à Bonaventure et à Thomas d'Aquin (qui la combat), puis à Descartes (qui « reprend à son compte la preuve de saint Anselme »), à Malebranche et enfin à Leibniz, qui l'admet mais la tient pour insuffisante si elle n'est pas complétée par le principe de possibilité. KANT entend démontrer en 1791 « l'impossibilité d'une preuve ontologique de l'existence de Dieu », vu que « le concept d'un être absolument nécessaire est un concept pur de la raison, c'est-à-dire une simple idée dont la réalité objective est bien loin d'être encore prouvée par cela seul que la raison en a besoin », *Critique de la raison pure*, trad. fr., Paris, Alcan, 1905, p. 490. HEGEL, au contraire, en 1831, la tient pour « la seule preuve véritable », et ajoute : « Ceux qui trouvent mauvais que la philosophie pense la religion ne savent pas ce qu'ils désirent » : *Les Preuves de l'existence de Dieu*, trad. H. Niel, Paris, Aubier, 1947.

50   DIEU QUI VIENT À L'HOMME

pas son essence, et qui avons donc besoin de démontrer qu'il
est, ce qui ne peut se faire que par ses effets, qui sont ses créatures. Thomas énumère cinq preuves (par le mouvement, l'effi-
cience, la contingence, les degrés de perfection, l'ordre du
monde), mais il les expose en théologien qui reçoit l'être de
Dieu de la révélation, qui n'a donc pas le souci de le démontrer avec rigueur, mais seulement de montrer combien il est
raisonnable de le tenir pour vrai [1]. Ces «preuves» sont plutôt
des «voies», ainsi qu'il les appelait, propres à explorer la rationalité de la foi, la connaissance naturelle s'élevant par le
moyen du sensible jusqu'à Dieu, de qui descend par la révélation la connaissance de foi, «et la voie de la remontée est
la même que celle de la descente»: c'est une démarche qui
tire sa clarté et sa sérénité de la révélation du Sinaï, *« Je suis
qui je suis »*, et non de quelque axiome philosophique [2].

La volonté inquiète de prouver que Dieu existe à une
raison censée en douter apparaîtra plus tard, différemment,
quand la science naissante découvre des connaissances igno-
rées de la révélation, quand la vision de l'univers commence
à se séculariser et que l'homme perd l'assurance d'en être le
centre ; la philosophie, suivant le mouvement d'autonomisation de l'esprit, entreprend alors de se séparer de la théologie,
mais sans pouvoir tout de suite se passer du fondement qu'elle

---

    1. THOMAS D'AQUIN, *Summa theologica, Ia, qaest. 2.* – Laurence
RENAULT, *Dieu et les créatures selon Thomas d'Aquin*, Paris, PUF,
1995, p. 31-38 ; sa démarche n'est pas purement philosophique, elle est
la «reprise rationnelle» d'une vérité reçue de la révélation (p. 34).

    2. W. J. HANKEY, *God in Himself. Aquina's Doctrine of God as
expounded in the* Summa Theologiae, Oxford, 1987, «II. Eadem via
ascensus et descensus : *the Place of the Proof of God's Existence*»,
p. 36-56 (le titre latin est de Thomas, *Somme contre les Gentils* IV, 1) :
il s'agit bien d'une démonstration rationnelle – que Thomas, contrairement à la théologie antérieure, juge nécessaire (pas d'accès immédiat à Dieu) et possible (par la médiation du sensible) –, qui systématise
la théorie aristotélicienne des quatre causes, mais introduite dans un
contexte qui lui était étranger, dans le néo-platonisme des Pères (issu
de Proclus par Denys et Érigène), à savoir dans une vision mystique
et religieuse, anthropocentrique, de l'homme et du monde, tous les deux
tournés vers Dieu l'un par l'autre. «Les cinq voies démontrent un objet
d'avance donné à la foi. [...] Thomas permet au sujet de la théologie
métaphysique d'être à la fois donné et démontré» (p. 67).

LE DEUIL DE DIEU 51

avait dans l'idée de Dieu et dont elle devra trouver la garantie ailleurs que dans la révélation. Deux penseurs du XVIIᵉ siècle sont principalement tenus pour responsables du transfert de l'idée de Dieu de la théologie dans la philosophie, Descartes et Spinoza. Je ne parlerai du second qu'après avoir exposé le procès intenté au premier.

L'idée de l'Infini dans le moi pensant (Descartes).

On considère couramment Descartes comme le représentant et même l'initiateur de cette nouvelle manière de penser. Dans ses *Règles pour la direction de l'esprit* (1628) comme dans le *Discours de la méthode* (1637), il entend rompre avec un enseignement fondé sur la tradition et les autorités du passé et il expose son projet de chercher la vérité par ses propres moyens, en appuyant ses certitudes sur des évidences rationnelles, des idées «claires et distinctes», acquises par la pratique du doute systématique [1]. Prenant pour «premier principe de la philosophie» qu'il cherchait, l'intuition que «*je pense, donc je suis*», il s'avise que l'idée de l'imperfection de notre être, sujet au doute, impliquait, mise en nous par Dieu même, l'idée d'un Être parfait, de qui vient tout ce qui est en nous, en qui l'existence est comprise, et qui est la seule garantie de la vérité de nos idées claires et distinctes [2]. Dans les six *Méditations* de 1641, Descartes développe son projet de prouver l'existence de Dieu par «de très évidentes et très certaines démonstrations», à l'intention de gens qu'il appelle «infidèles» ou «impies» ou «athées», des gens qu'on ne saurait convaincre par le seul recours à la foi et aux Écritures [3]. Il considère qu'«il n'y a que deux voies par lesquelles on puisse prouver qu'il y a un Dieu, savoir l'une par ses effets et l'autre par son essence ou sa nature même», que la seconde

---

1. DESCARTES, *Œuvres et Lettres*, Paris, Gallimard, coll. «La Pléiade», 1937, *Règles* 3 et 10, p. 10 et 37; *Discours,* IIᵉ Partie, p. 102-125.
2. *Discours,* IVᵉ Partie, p. 113-119.
3. *Méditations,* Adresse, p. 151-155. La traduction française, révisée par Descartes, est estimée plus sûre que l'original latin (d'après l'Éd. de La Pléiade, p. 150: de même pour les *Principes*).

52 DIEU QUI VIENT À L'HOMME

est très claire pour des esprits « libres de tous préjugés », mais
que la première est plus démonstrative, et il commence par
elle pour ce motif[1]. La preuve *a posteriori*, exposée par la
IIIe *Méditation*, part des idées des choses créées qui sont en
nous, de celle de notre être propre et de notre idée d'un être
parfait pour « conclure que, de cela seul que j'existe, et que
l'idée d'un être souverainement parfait (c'est-à-dire de Dieu)
est en moi, l'existence de Dieu est très évidemment démontrée », « car il ne serait pas possible que ma nature fût telle
qu'elle est, c'est-à-dire que j'eusse en moi l'idée d'un Dieu,
si Dieu n'existait véritablement[2] ». La preuve *a priori*, celle
de la Ve *Méditation*, qui s'apparente à l'argument d'Anselme,
considère l'idée de Dieu sur le modèle des idées mathématiques et y appréhende avec évidence « qu'une actuelle et éternelle existence appartient à sa nature », car « l'existence ne peut
non plus être séparée de l'essence de Dieu, que de l'essence
d'un triangle rectiligne la grandeur de ses trois angles égaux
à deux droits, ou bien de l'idée d'une montagne l'idée d'une
vallée[3] ». Le traité des *Principes de la philosophie* (1644)
reprend les mêmes affirmations : l'idée d'un être tout parfait
implique que l'existence nécessaire et éternelle appartient à cet
être, et à lui seul, et cela peut être prouvé, malgré les soupçons que provoque cette attribution, par le fait que cette idée
ne peut venir que de celui qui nous a créés à l'exemple des
perfections qui sont en lui[4]. Ainsi se trouvait fondé le nouveau
discours de la philosophie sur Dieu, non que les raisonnements de Descartes s'imposeront unanimement aux philosophes qui viendront après lui, il s'en faut de beaucoup, mais
en ce sens qu'il a ouvert à la raison philosophique une voie
pour penser Dieu à l'écart de la théologie et de la révélation.

Je n'ai rappelé ces argumentations de Descartes, si
succinctement que je l'aie fait, que parce que, tenu pour l'initiateur de la pensée moderne, il est du même coup soupçonné
ou accusé d'être responsable de la « mort de Dieu » dont la
modernité accouchera avec Feuerbach et Nietzsche. L'accusa-

―――――――

1. *Méditation, Réponses aux 1res et aux 2es Objections,* p. 249 et
286-287.
2. IIIe *Méditation*, p. 183-190, cité p. 191-192.
3. Ve *Méditation*, p. 203-208, cité p. 203-204.
4. *Principes,* 14-18, p. 439-441.

LE DEUIL DE DIEU   53

tion a été soutenue avec vigueur par un grand théologien allemand de notre temps, Eberhard Jüngel[1], à la suite d'ailleurs
de Karl Barth, et recoupe le reproche fait également de nos
jours à la tradition occidentale de l'argument ontologique par
un autre penseur estimé, Jean-Luc Marion[2]. Je vais l'examiner,
non expressément pour prendre parti au sujet de Descartes,
mais pour instruire notre réflexion théologique sur la perte
de la croyance en Dieu, que nous poursuivrons à propos de
Spinoza, premier héritier de la pensée de Descartes.

« Les temps modernes, dit Jüngel, ont fait leur apparition
chez Descartes par une preuve de la nécessité de Dieu au profit
de la certitude humaine de soi. » Mais la volonté de fonder le
Cogito sur l'être de Dieu fournit « la condition de possibilité
d'une contestation toute nouvelle et radicale de la nécessité de
Dieu pour l'homme. Cette preuve de la nécessité de Dieu est
l'accoucheuse de l'athéisme moderne[3] ». Alors que le « Je
pense » dévoile l'autonomie de la raison pratique, l'idée de la
nécessité de Dieu produit la représentation d'un Dieu absolu-
tiste que rejette l'homme des temps modernes, conscient justement de sa liberté[4]. « Le "je pense" humain devient le garant
de l'existence de l'essence divine », détruisant l'idée même de
Dieu en les dissociant l'une de l'autre : « Au terme, cela signifie
donc : Dieu est mort[5]. » Ainsi « la fondation moderne de la
pensée sur le *cogito* cartésien s'avère être le point de départ
de la désagrégation de la certitude de Dieu métaphysiquement
établie[6] ». La volonté de fonder la compréhension de l'homme

---

1. E. Jüngel, *Dieu mystère du monde*, t. I, chap. II « De la possibilité de penser Dieu. II. L'autofondation moderne de la pensée sur le
"Je pense" cartésien : point de départ de la destruction de la certitude
de Dieu métaphysiquement établie », trad. fr., Paris, Éd. du Cerf, 1983,
p. 170-193. L'original allemand est de 1977.
2. Cet auteur reprend dans les *Questions cartésiennes* déjà citées
(p. 49, n. 1) et dans *Dieu sans l'être*, Paris, Communio/Fayard, 1982,
la dénonciation de « l'idolâtrie » philosophique déjà faite dans *L'Idole
et la Distance*, Paris, Grasset, 1977. Mais nous noterons que son jugement sur Descartes diffère de celui de Jüngel.
3. E. Jüngel, *ibid.,* Introduction, p. 27.
4. *Ibid.,* p. 28-30 et 60-61.
5. *Ibid.,* p. 158-159.
6. *Ibid.,* p. 167.

par lui-même sur sa pensée, et d'établir la certitude de l'affirmation « je pense, je suis » sur le doute méthodique, étendu même à l'existence de Dieu par l'hypothèse « monstrueuse » du « Dieu trompeur » – « révocation en doute de l'essence de Dieu » –, oblige Descartes à concevoir Dieu au titre d'*ens necessarium* « pour garantir la continuité du moi », « comme contre-assurance de mon propre doute » ; « Qu'il faille ainsi mettre en doute l'existence de Dieu pour garantir la continuité de l'existence humaine, [...] comporte, par le fait même, une "volonté méthodique d'athéisme"[1]. » L'idée de Dieu est relativisée par l'idée que l'homme a de soi ; Dieu devient dépendant de l'homme qui le « prend en charge et qui ne se rapporte à Dieu que par cette prise en charge » ; « en démontrant l'existence de Dieu, l'homme manque exactement l'essence dont il prouve l'existence » ; et l'être de Dieu est « désagrégé » par le « *Je pense* qui s'installe entre son essence et son existence », au point que « dans cet horizon du "je pense", le concept métaphysique de Dieu [...] devient toujours moins pensable, et finalement impensable[2] ».

Cette analyse de la pensée de Descartes soulève bien des questions et des réserves, que je résumerai en m'aidant de quelques-uns de ses interprètes, Martial Gueroult, Jean-Luc Marion ou Alexandre Koyré[3]. Pour le fond, elle ne paraît pas tenir compte de la distinction qu'il pratique systématiquement entre l'ordre de l'analyse *(ratio cognoscendi)* et l'ordre de la synthèse *(ratio essendi)*[4] : si l'évidence de Dieu paraît dépendante de celle du *Cogito* du premier point de vue, il en va inversement du second. Ce « nœud de rapports » fait « cercle »,

---

1. Jean-Luc MARION, *Questions cartésiennes,* p. 170-186 (la dernière phrase citée, p. 186, contient une citation de W. Schulz).

2. *Ibid.,* p. 187-193 ; cité p. 191 et 193.

3. Inspirée par M. Heidegger (comme le reconnaît sans ambages Jean-Luc MARION, *Dieu sans l'être,* p. 52-56), cette critique s'appuie sur deux ouvrages d'histoire de la pensée moderne (W. Schulz et H. Blumenfeld), mais ne cite pas les interprètes qualifiés des textes cartésiens ni les discussions abondantes qui ont eu lieu à leur sujet en France au long du XXe siècle. Elle porte principalement sur la IIIe *Méditation.*

4. M. GUEROULT, *Descartes selon l'ordre des raisons.* I. *L'âme et Dieu,* Paris, Aubier, 1968, p. 22-29, insiste sur cette distinction dont la méconnaissance, dit-il, est cause de beaucoup d'erreurs d'interprétation.

LE DEUIL DE DIEU

apparemment, et cela pose problème, mais ces interférences devraient détourner de soutenir unilatéralement que Descartes ruine la certitude de Dieu en conditionnant sa nécessité au profit de la certitude du moi[1]. D'ailleurs, ce n'est pas l'idée de Dieu comme être nécessaire qu'il met le plus en avant, ainsi que le soutient Jüngel, c'est celle de l'être parfait et infini[2], idée qui inclut l'absolue liberté de Dieu et l'incompréhensibilité de son être[3], d'où il suit que Dieu n'est pas seulement cause efficiente mais aussi archétype, conjointement, de l'idée de son être en moi et de l'idée du moi « produit à son image et ressemblance »[4]. La nature de l'homme pour Descartes, dit M. Gueroult, « n'est pas seulement d'être un être pensant, se pensant comme pensée, mais un être se pensant comme fini et par conséquent pensant l'infini. [...] La certitude de Dieu

---

1. C'est ce que montre M. GUEROULT en analysant « la nature du rapport qui unit selon l'ordre des raisons le *Cogito* et *Dieu*», p. 221-237, et le « cercle » qui semble en résulter entre la certitude de l'un et celle de l'autre, p. 237-247 : « il n'y a cercle que pour celui qui, faute de posséder l'évidence de l'infini, croit voir interférer deux critères distincts là où il n'y a que le développement d'une seule et même intuition » (p. 240).

2. Pour Jean-Luc MARION, *Questions cartésiennes*, « Descartes s'en tient à une définition de Dieu comme l'étant suprême ou suprêmement parfait », et c'est Leibniz qui identifiera formellement l'essence divine avec le concept de l'être nécessaire, p. 226 et 228.

3. J.-L. MARION dénote un « dédoublement » de l'argumentation de Descartes qui, dans la *Méditation V*, tend à inscrire la pensée d'Anselme dans une ligne ontothéologique en la tirant du côté de la *causa sui*, mais qui en retrouve la véritable inspiration dans la *Méditation III* (celle qui est la plus fortement incriminée par Jüngel) « lorsqu'elle développe la preuve *a posteriori* à partir de l'idée en moi, esprit fini, de l'infini », car « il savait respecter les droits de l'infini à l'incompréhensibilité », p. 255-256.

4. IIIe *Méditation*, p. 191. – Voir M. GUEROULT, p. 205-206. Cette idée du Dieu archétype (ignorée de bien des interprètes, dit-il) garantit la vérité de notre liberté face à la toute-puissance divine. – A. KOYRÉ, *Essai sur l'idée de Dieu et les preuves de son existence chez Descartes*, Paris, 2d. E. Leroux, 1922, estime semblablement que l'idée de Dieu chez Descartes est dominée par l'idée de l'infini, p. 10-18, p. 134-148, « idée innée », comme chez Augustin, sur laquelle il insiste peut-être contre Suarez, pense-t-il, p. 170.

56   DIEU QUI VIENT À L'HOMME

constitue donc la certitude définitive de la vérité du *Cogito*[1] ». Les exigences de la démonstration obscurcissent la pensée de Descartes en l'amenant à poser le *Cogito* comme conscience de soi séparée de la conscience de Dieu ; les difficultés s'éclairent dès qu'on prend le point de vue de la *ratio essendi*, de « l'existence de Dieu infiniment parfait », poursuit le même auteur : « Le vrai *Cogito*, c'est le *Cogito* attaché à Dieu. [...] Tout devient aisé, si l'on part du moi voyant Dieu, ou si l'on restitue le *Cogito* dans son authenticité comme union du fini et de l'infini[2]. » Il ne paraît pas fondé non plus de dire que Descartes rend aléatoire l'existence de Dieu en la séparant de son essence. L'argument *a priori*, auquel Jüngel ne s'intéresse pas, affirme formellement que l'existence éternelle appartient nécessairement à l'essence de Dieu. Il est vrai que cet argument, chez Descartes, est subordonné à la preuve par les effets[3] ; il n'en est pas moins significatif, si l'on admet qu'il n'est pas vraiment une preuve, pour lui, mais une « intuition directe », « comme le résultat d'une libre révélation faite par Dieu à ma raison », révélation à la fois de son existence nécessaire, de sa liberté inconditionnée et de son incompréhensibilité à mon esprit fini[4]. Enfin, même si la récurrence incessante du doute méthodique n'est pas propre à clarifier la pensée de Descartes, il n'est pas justifié de dénoncer « la mise en question de la divinité de Dieu » dans la référence au malin génie (Dieu trompeur), « fiction hyperbolique » que Descartes

---

1. M. GUEROULT, p. 229 et 231.
2. *Ibid.*, p. 244-245. – Jean-Luc MARION, *Sur la théologie blanche de Descartes*, Paris, PUF, 1981, p. 394 : « En se découvrant lui-même, l'ego s'ouvre immédiatement sur l'infini comme un chemin s'ouvre sur un abîme. Le moment où l'ego s'appréhende lui-même s'identifie au moment où il appréhende l'infini antérieur qui le comprend ; la coïncidence parfaite de ces deux moments ne doit pas étonner, puisqu'ils résultent d'un même acte. [...] Avant même que l'ego ne perçoive et lui-même et sa finitude, l'infini le précédait... »
3. M. GUEROULT, p. 345-346, ce qui ruine, note-t-il, l'objection de Kant qui lui « dénie toute valeur objective » et son reproche « d'enfermer la nature de Dieu dans les nécessités de notre entendement », p. 360.
4. *Ibid.*, p. 362, 367, 373, 382. – A. KOYRÉ, p. 179 : « L'argument cartésien se base sur la contemplation de la nature de Dieu : c'est l'intuition d'un rapport synthétique entre cette nature immuable et l'existence. [...] L'existence nécessaire est contenue dans l'idée de Dieu. »

LE DEUIL DE DIEU 57

impute aux sceptiques ou aux impies, sans se l'approprier, et que repousse sa théorie des vérités éternelles[1].

Par cet arrêt sur Descartes, j'ai voulu éclairer l'introduction de l'idée de Dieu dans la « pensée moderne », sans avoir l'ambition d'en suivre les développements et les déplacements, rien que pour chercher en quoi le rejet futur de Dieu y serait précontenu. Toujours en discussion, la pensée de Dieu de Descartes peut être critiquée de divers points de vue. On constatera, par exemple, avec J.-L. Marion[2], qu'en s'écartant – mais pas complètement – de la théorie scolastique de l'analogie et en définissant Dieu par la notion de *causa sui*, Descartes astreignait Dieu à « répondre de sa cause devant la lumière naturelle », ce qui « ouvrait la métaphysique sur sa modernité » ; mais que, à l'opposé, en y « inscrivant l'idée incompréhensible de l'infini », il laissait « la métaphysique ouverte *malgré* sa modernité : ouverte sur la transcendance, ou plutôt ouverte au non-refermement de l'analogie[3] ». Qu'est-ce donc qui justifie, en fin de compte, l'accusation, quelque peu provocante, d'être « l'accoucheur de l'athéisme moderne », faite à un homme principalement soucieux de prouver l'existence de Dieu devant la raison philosophique ? Tout initiateur qu'il est de la pensée moderne, Descartes reste, par bien des côtés, le continuateur d'une tradition qui a traversé tout le Moyen Âge depuis Augustin[4]. Jüngel ne le conteste d'ailleurs pas : Descartes,

---

1. M. GUEROULT, p. 42-49, p. 183, 293-308. – Jean-Luc MARION, *Sur la théologie...* : « D'où notre insistance à souligner que l'argument du doute hyperbolique suppose un Dieu qui peut tout, aucunement un Dieu trompeur » (p. 342), « locution que les textes cartésiens n'emploient jamais » (p. 343).
2. *Ibid.,* p. 426-444, en conclusion d'une analyse minutieuse de « l'analogie d'un fondement : *causa sui* » ; les citations qui suivent sont prises à la p. 443.
3. J.-L. MARION achève son livre, p. 456, en montrant Descartes tel « une sentinelle, elle aussi contournée mais toujours debout, sur les marches de la métaphysique, au seuil de la distance ».
4. C'est le thème favori d'A. KOYRÉ : « L'idée de Dieu de Descartes est l'idée traditionnelle de la théologie chrétienne », p. 5, même en ce qui concerne les preuves de l'existence de Dieu, p. 123 ; ses sources sont Augustin, Thomas d'Aquin, Bonaventure, Duns Scot, p. 61-117, Anselme, p. 174-177, p. 191-192. – M. GUEROULT souligne davantage

58 DIEU QUI VIENT À L'HOMME

dit-il, a hérité d'un « concept métaphysique de l'essence divine » transmis par « la tradition dogmatique du christianisme depuis Thomas d'Aquin », mais conçu à l'écart de la révélation trinitaire et christologique, et sa responsabilité propre est d'avoir lié ce concept de Dieu à celui du moi et d'en avoir accentué la désagrégation en y faisant pénétrer le « je pense », avec ce résultat que « la compréhension de Dieu se transforma en théologie naturelle »[1]. De cette interpénétration, poursuit-il, Fichte conclura qu'on doit renoncer à se représenter Dieu pour sauver la foi en lui ; Feuerbach, que « à parler rigoureusement, tu ne penses que là où tu penses Dieu », de telle sorte que l'homme se fait dieu ; et Nietzsche, que la pensée se supprime elle-même si elle doit penser Dieu tel que « rien de plus grand ne peut être pensé ». Et Jüngel de conclure : « L'idée métaphysique de Dieu, soumise aux prémisses de la pensée se fondant soi-même sur le "je pense", est devenue de fait impensable. Désormais, cette idée de Dieu se contredit soi-même[2]. » Il s'ensuit que la théologie devra « apprendre à penser de manière nouvelle et Dieu et la pensée », renoncer au rationalisme de la « théologie philosophique » et se convertir à une « théologie évangélique », qui lui apprendra à rencontrer Dieu dans l'histoire et à penser « Dieu en tant que Dieu » dans la foi et à partir du Christ[3].

Cette dernière conclusion n'est pas contestable, mais comment ne pas observer qu'elle est fondée sur des prémisses qui ont eu une lourde responsabilité dans la perte de la croyance

---

les contrastes, p. 383-384. – J.-L. MARION, *Sur la théologie...*, plus réservé que Koyré, admet que « depuis longtemps, le modèle caricatural d'une inauguration radicale, par Descartes, de la métaphysique moderne a perdu sa pertinence. Et le lien apparaît de plus en plus grand, qui tisse une continuité (même déchirée de ruptures) entre lui et la pensée du Moyen Âge », p. 17-18. Xavier TILLIETTE conclut une étude *Sur la preuve ontothéologique* par ce jugement prudent : « Et en ce qui concerne Descartes, le fondateur de l'ontothéologie moderne, nous ajouterons que la discussion n'est pas close et qu'il est sans doute plus proche d'Augustin et d'Anselme que de Spinoza et de Kant », dans *RechScRelig*. 50 (1962) 206-221, cité p. 221.

1. E. JÜNGEL, p. 193 et 223.
2. *Ibid.,* p. 197-235, cité p. 233.
3. *Ibid.,* p. 235-238.

LE DEUIL DE DIEU 59

en Dieu : sur l'orgueil de la théologie qui prétend régenter l'univers de la pensée au nom de la révélation, au point de dénier à la raison philosophique la compétence de parler de Dieu ? Il est bien établi que la pensée de Descartes, dont l'influence était considérable dès la fin du XVIIe siècle, a été utilisée contre la religion ; mais ce n'est pas à cause de son idée métaphysique de Dieu, c'est simplement à cause de son esprit et de sa méthode qui invitait la raison à « oser penser par soi-même », ce qui fut la devise des Lumières, on le sait. Le déisme ne l'avait pas attendu pour apparaître en Italie, se répandre en France dès le XVIe siècle, s'installer en Angleterre au début du XVIIe siècle, d'où il repassera en France ; les déistes, dans l'ensemble, rejettent la religion révélée mais gardent une croyance rationnelle en Dieu, ils se flattent surtout de « penser librement » [1].

Ce qui alimente le déisme, et plus tard l'incroyance ou, plus rarement et encore plus tard, l'athéisme, ce n'est pas d'abord le rejet de la foi ni des Écritures, c'est fondamentalement l'aspiration à un savoir raisonné et critiqué et à la liberté de penser et de parler, et cette aspiration est exacerbée par le contrôle vigilant que les autorités théologiques et religieuses exercent sur tous domaines du savoir. Depuis Galilée, la science a ébranlé l'autorité des Écritures et de l'Église ; avec Descartes, la philosophie s'émancipe de la théologie et produit un nouveau discours sur Dieu, dans les limites de la raison, qui va concurrencer celui que tenait la théologie dans les limites de la révélation ; dépossédée de ses anciens domaines et mise sur la défensive, la théologie se montre agressive à l'égard de ces nouveaux discours, et les réactions de l'orthodoxie, imputées au fanatisme religieux, renforcent les revendications d'un christianisme raisonnable, d'une religion naturelle et tolérante, d'une raison qui n'ait à répondre que d'elle-même devant elle seule ; les titres des livres de Locke, *Le christianisme raisonnable tel qu'il est annoncé dans les Écritures* (1695), de Toland, *Le christianisme sans mystère, traité montrant qu'il n'y a rien dans l'Évangile qui soit contraire à la raison ou au-dessus d'elle* (1696), de Collins, *Un discours sur la liberté de penser* (1713), sont

---

1. Voir Paul HAZARD, *La Crise de la conscience européenne, 1680-1715*, Paris, Fayard, 1961, p. 119-121, 235-247.

60   DIEU QUI VIENT À L'HOMME

symptomatiques de ces aspirations, qui déferleront tout au long du XVIIIᵉ siècle : la raison revendique des espaces affranchis de tout contrôle extérieur et ne reconnaît pas d'espaces sacrés qui seraient soustraits à ses investigations[1].

Finalement, le «crime» de Descartes – dont Thomas d'Aquin ne serait pas totalement exempt[2] – serait d'avoir inauguré la théologie naturelle ou philosophique, c'est-à-dire d'avoir élaboré une idée de Dieu qui ne vient pas de la révélation, qui ne pouvait donc que s'écarter de la vraie notion chrétienne de Dieu, au point d'en devenir «impensable». Doit-on accepter ce verdict brutal qui frapperait *a priori* d'irrecevabilité, aux yeux de la théologie, le discours philosophique sur Dieu ? C'est une question que nous aurons à reprendre. Dans la perspective historique où nous nous sommes engagés, la vraie question serait : pouvait-on empêcher la philosophie de s'emparer de la question de Dieu, et que signifie le fait qu'elle s'en soit saisie ? Descartes avoue une double intention : d'une part, fonder le nouveau discours des sciences sur la véracité divine ; d'autre part, soutenir la cause de Dieu par les armes de la raison contre ceux qui n'acceptaient plus l'autorité de la révélation. La première motivation est un héritage de l'épistémologie médiévale qui faisait du concept de Dieu la clé de voûte du système du savoir, mais trahit aussi l'aspiration à un savoir rationnel totalement indépendant de la théologie. Le second motif montre que l'incroyance était déjà répandue à cette époque, à tout le moins sous la forme d'une défiance à l'égard de la révélation, en tant que celle-ci était invoquée pour soumettre la raison à l'autorité de la religion et de la théologie, ainsi qu'on le sait par tant d'autres exemples. À l'origine de «la crise de la conscience européenne», il y a

---

1. D'après Georges GUSDORF, *Dieu, la nature, l'homme au siècle des lumières*, Paris, Payot, 1972, p. 86-100 ; «le déisme apparaît comme le centre de ralliement de tous ceux qui réclament le désarmement en matière religieuse» (p. 128).

2. Ni pour Jüngel (p. 193) ni pour Marion (*Dieu sans l'être*, p. 50), malgré les explications fournies par ses modernes commentateurs (voir ici p. 50, n. 1 et 2). La visée néo-platonicienne de l'être et du souverain bien, qu'on détecte chez Augustin et Anselme, mais qui n'est pas absente chez Thomas d'Aquin, est curieusement exonérée du vice «ontothéologique» imputé à la métaphysique aristotélicienne de ce dernier.

la volonté de la raison de se constituer un domaine où elle serait exempte de cette tutelle. Voilà qui explique l'entrée en scène de Descartes, en philosophe *et* en chrétien. Mais, si soucieux qu'il soit ou qu'il se dise de ne pas empiéter sur le domaine des Écritures ou du dogme, son intervention aura pour résultat inévitable, en retirant à la théologie « révélée » le monopole de son discours sur Dieu, de fortifier l'indépendance de la raison naturelle même à l'égard de la révélation et de favoriser ainsi le glissement des esprits vers l'incroyance. Le reproche lui en sera fait, mais il dissimule une interrogation plus radicale, qui donne tout son sens à cette « crise » : la foi au Dieu de la révélation tolère-t-elle ou non la liberté de la raison ?

Penser Dieu sans mettre la nature à l'envers (Spinoza).

Implicite mais contournée chez Descartes, la question s'impose dès qu'on aborde Spinoza, qui ne peut être tenu à l'écart de ce débat, puisqu'il est, lui aussi, un père incontesté de la modernité, lui aussi accusé d'athéisme, déjà de son vivant, et que les causes de l'un et de l'autre ont été liées par la polémique à partir de la seconde moitié du XVIIe siècle. L'examen des accusations portées contre lui – et auxquelles sa pensée se prête sans aucun doute, mais avec des réserves que plusieurs de ses commentateurs oublient de faire – confirmera et fournira l'occasion de prolonger les réflexions que nous avons commencé de faire à propos de Descartes sur la crise de la croyance. Ici encore, je renverrai brièvement à quelques interprètes autorisés, Roland Caillois, Martial Gueroult, Pierre Macherey surtout.

Spinoza commente *Les Principes de la Philosophie de Descartes* dans l'un de ses premiers ouvrages, le seul qu'il ait publié de son vivant et sous son nom, en 1663, et auquel il dut sa première célébrité avec une réputation de cartésien. Il le loue d'avoir « posé les fondements inébranlables de la philosophie qui permettaient de construire la plupart des vérités selon l'ordre des mathématiques et avec leur certitude [1] »,

---

1. B. SPINOZA, *Œuvres complètes*, Paris, Gallimard, coll. « La Pléiade », 1954, p. 149.

62   DIEU QUI VIENT À L'HOMME

parmi lesquelles celles dont s'occupe la théologie, l'existence et la nature de Dieu[1]. Quand il entreprend, peu après, d'exposer systématiquement sa propre pensée, dans *L'Éthique*, dont la première partie s'intitule *De Deo*, l'influence de Descartes se fait sentir dans le projet général d'une démonstration « selon l'ordre géométrique » compris comme *ordo philosophandi*[2], mais non dans l'approche du problème de Dieu, puisque Spinoza n'argumente pas en donnant la priorité à l'ordre de l'analyse sur celui de la synthèse[3], ni surtout ne prend son point de départ dans le *Cogito*[4], et ne peut être soupçonné de chercher à dissocier l'essence et l'existence de Dieu. Il commence par donner une définition de Dieu – conçu comme « une substance consistant en une infinité d'attributs dont chacun exprime une essence éternelle et infinie », la substance étant « ce qui est en soi et est conçu par soi », ce qui implique qu'elle est « cause de soi, autrement dit ce dont la nature ne peut être conçue qu'existante » –, avant d'en venir à la *Proposition* XI qui, reprenant la définition de la substance, affirme que « Dieu existe nécessairement »[5]. Cette proposition ne porte pas directement sur l'existence de Dieu, qui appartient à la définition préconçue de son essence, mais sur

---

1. R. CAILLOIS, traducteur et annotateur de ce volume d'*Œuvres*, note que Descartes « fournissait à Spinoza l'instrument intellectuel grâce auquel la théologie allait être convertie, comme de l'intérieur, en philosophie du Dieu infini ou philosophie de la Raison », p. XVII.

2. P. MACHEREY, *Introduction à l'Éthique de Spinoza. La première partie : la nature des choses*, Paris, PUF, 1998, p. 14-18 : l'Auteur note : « Le rapport de Spinoza à Descartes offre un champ d'études qui demeure aujourd'hui encore largement ouvert », p. 16 n. 2. On aura remarqué la traduction interprétative du titre *de Deo* par « *la nature des choses* », nous allons y revenir.

3. *Ibid.,* p. 18 (Hegel reprochera à Spinoza son mode d'exposition).

4. Je cite à nouveau R. CAILLOIS : « Il y a une tradition philosophique qui veut que toute certitude initiale ait sa source dans l'expérience originelle du sujet pensant prenant conscience de soi : elle va de Descartes à Kant, de Kant à la phénoménologie ; elle ne passe pas par Spinoza pour qui le *Cogito* est une vérité d'expérience mieux exprimée sous la forme universelle : "L'homme pense". [...] Le véritable *Cogito* spinoziste (... c'est) la position de la totalité de l'être, de Dieu être intelligible et intelligibilité de l'être », p. XIX.

5. *Éthique,* Iʳᵉ Partie, p. 309-310 et 317.

LE DEUIL DE DIEU 63

sa nécessité, qui n'a pas vraiment besoin d'être démontrée, et ne le sera que sous le mode d'une démonstration par l'absurde[1], puisque l'existence est intrinsèque à l'éternité, qui est « l'existence elle-même », absolue[2].

Cette manière de procéder de Spinoza se prête à des interprétations très différentes. Ou bien l'on pense qu'il a voulu reprendre à sa façon le problème classique des preuves de l'existence de Dieu, et, quand il en vient aux *Propositions* XIV et XV : « En dehors de Dieu, nulle substance ne peut être, ni être conçue », « Tout ce qui est, est en Dieu, et rien, sans Dieu, ne peut être conçu »[3], et surtout quand il semble identifier Dieu à la Nature, en disant par exemple : « Cet Être éternel et infini, que nous appelons *Dieu ou la nature*, agit avec la même nécessité qu'il existe[4] », on se sent obligé de penser qu'il n'a pas évité de tomber dans le panthéisme[5], compris soit comme « panenthéisme »[6], soit comme « athéisme de système »[7]. – Ou bien, en observant qu'il pose les fondements d'une « ontologie générale » sous le nom de Dieu avant d'en venir à une affirmation sur la nécessité de son existence, on conclura que son traité « de Dieu » doit en réalité être compris comme un traité « de la nature des choses », une introduction purement philosophique au développement de sa pensée, dans les parties suivantes de l'*Éthique*, sur la vie intellectuelle et affective et

---

1. *Ibid.,* Prop. XI, p. 318 ; P. MACHEREY, p. 98-101.
2. *Ibid.,* Définition 8, p. 310 ; P. MACHEREY, p. 53-54.
3. *Éthique,* Ire Partie, p. 322.
4. *Éthique,* Préface de la IVe Partie, p. 488 (voir ici p. 64, n. 6).
5. P. MACHEREY signale que le néologisme « panthéisme » n'a été associé au nom de Spinoza qu'à la fin du XVIIIe siècle dans le cadre du *Pantheismusstreit*, p. 13 (et n. 2) et 123 (en note).
6. Pour Martial GUEROULT, *Spinoza * Dieu (Éthique, 1)*, Paris, Aubier, 1968, p. 222-223, à propos des Prop. XIV et XV, au sens d'une double immanence, de toutes choses à Dieu, et de Dieu à toutes choses (selon sa causalité), mais, précise-t-il, « ce n'est pas le panthéisme proprement dit, car tout n'est pas Dieu ».
7. La formule est de R. CAILLOIS, p. XVII-XVIII : chez Spinoza, dit-il (mais non chez Descartes), « l'athéisme devenait *la pensée vraie de Dieu,* [...] la théologie devenant philosophie par la rigueur même de la pensée, le discours sans contradiction sur Dieu » ; il reconnaît cependant (en note) « paradoxal d'appeler athéisme une doctrine où Dieu est tout ».

64 DIEU QUI VIENT À L'HOMME

sur les voies qui conduisent l'homme de la servitude à la libération[1]. Dans cette seconde perspective, Spinoza ne saurait
être accusé d'un projet proprement dit d'athéisme : il nomme
Dieu pour parler de la nature des choses, parce que les gens
ont coutume de les considérer en tant que créatures de Dieu,
mais il n'en fait pas un étant particulier, le concevant plutôt
comme « la chose même ou la choséité telle qu'elle se retrouve
par définition dans toutes les choses[2] ». Dire que « toutes
choses sont en Dieu » n'implique alors aucun immanentisme
ni panthéisme, mais signifie simplement que « la réalité de
Dieu », c'est-à-dire le réel pensé dans sa « globalité » et dans
« l'intimité de son rapport à soi », « est ce qui fait être absolument toutes les choses »[3]. L'athéisme, pour n'être pas le but
visé, n'en est pas moins implicite : dès qu'il est pensé philo-
sophiquement comme cause du tout, le Dieu de la théologie
disparaît dans l'être des choses comme le principe immanent
de tout ce qui est[4].

Il reste cependant la possibilité d'une autre interprétation[5],
à laquelle Spinoza ouvre lui-même les voies quand il entreprend, dans les « autres démonstrations » et le « scolie » de la
Proposition XI, de démontrer la nécessité de l'existence de
Dieu, non plus sous la raison de substance, comme il l'avait
fait jusque-là, mais sous la désignation traditionnelle de « l'Être
absolument infini et souverainement parfait », que « nulle
raison ni cause n'empêche d'exister », dès là qu'il « a par soi-
même une puissance absolue d'exister », de telle sorte que
« nous ne pouvons être plus certains de l'existence d'aucune
chose que de l'existence de l'Être absolument infini ou parfait,
c'est-à-dire de Dieu »[6]. La célèbre formule *Deus sive natura*

---

1. C'est le jugement de P. MACHEREY, qui explique ainsi le titre,
repris intentionnellement de Lucrèce, par lequel il traduit celui de
Spinoza, p. 10-13, 14 (n. 1) et 66. – R. CAILLOIS, p. XXXIV, parle également de sa « sagesse stoïcienne » : « c'était la même adhésion à la totalité organique de l'Être ».
2. P. MACHEREY, p. 50, n. 1.
3. *Ibid.,* p. 122-124.
4. À cet égard, l'interprétation de P. Macherey et celle de R. Caillois
me paraissent se rejoindre.
5. Je continue à suivre les explications de P. MACHEREY, p. 102.
6. *Éthique,* Iʳᵉ Partie, Prop. XI, p. 318-320. Le scolie explique que
l'existence d'êtres finis, qui postule *a posteriori* la nécessité de l'Être

n'impose donc pas absolument l'identification de Dieu à la nature des choses[1]. Il serait sans doute excessif de dire qu'elle laisse *positivement* la place à d'autres conceptions de Dieu, du moins ne les interdit-elle pas[2]. Encore doit-on tenir compte de l'*Appendice* à la Ire Partie de l'*Éthique* qui s'en prend vivement à tous les «préjugés» finalistes selon lesquels les hommes conçoivent Dieu, à leur image, comme une personne qui a des besoins et des désirs, qui prend des moyens en vue de certaines fins, Maître tout-puissant et vigilant qui intervient dans le cours des choses et des temps pour protéger,

---

infini, renvoie à l'évidence *a priori* de son existence. – R. Macherey, qui commente ces démonstrations, p. 102-114, souligne «l'inspiration cartésienne» de la troisième preuve *(a posteriori)*, p. 109, sur laquelle Spinoza passe rapidement, p. 110, et le fait que «cette référence à la conception traditionnelle du divin n'apparaisse que dans un scolie, ce qui en relativise d'une certaine manière la portée», mais sans en dénier la légitimité, p. 114.

1. Ou «nature naturante», comprise comme «la nécessité de la nature divine» en tant qu'elle détermine toutes choses, lesquelles «n'ont pu être produites par Dieu autrement qu'elles ne l'ont été, ni dans un autre ordre»: *Éthique*, Prop. XXIX et scolie et Prop. XXXIII, p. 338-339 et 341. Cette formule revient encore dans la IVe Partie de l'*Éthique*, dans la Préface (ci-dessus p. 63, n. 4) et dans la Démonstration de la Prop. IV (toutes choses sont conservées dans leur être par la *puissance même de Dieu, c'est-à-dire de la Nature,* dont la puissance de l'homme, selon son essence actuelle, est une partie (p. 494). Rare au demeurant, et si lourde de sens qu'elle soit, elle laisse place à une alternative *(sive, seu:* ou bien, ou encore), à une indécision que «Spinoza ne tranchera jamais vraiment», observe avec pudeur Guy Petitdemange, dans «L'effet Spinoza aujourd'hui», *Études*, sept. 1995 (n° 3833), p. 199-210 (la citation est à la p. 203).

2. P. Macherey souligne à plusieurs reprises l'ouverture sur des conceptions de Dieu différentes de la sienne, ménagée par Spinoza lui-même au moyen de la référence à l'Être absolument infini: p. 102, 108-109, et à nouveau p. 115 à propos du scolie de la Prop. XI: moins rigide qu'on ne le dit, «Spinoza a lui-même aménagé dans les marges de son exposé démonstratif, et sans en affaiblir du tout la rigueur, la possibilité d'autres approches, moins nettement rationnelles, ouvrant ainsi la voie à des conciliations et des compromis avec les conceptions les plus en usage, du moins certaines d'entre elles, auxquelles, il l'admet parfaitement, on peut reconnaître à la rigueur un certain sens, et qui ne font donc pas de sa part l'objet d'un rejet sans appel.»

punir ou récompenser ses créatures, « car ils disent que Dieu a fait toutes choses en vue de l'homme, mais il a fait l'homme pour en recevoir un culte » ; il convient donc de rejeter cette « doctrine finaliste » qui, d'abord, « met la Nature à l'envers » et, ensuite « détruit la perfection de Dieu »[1]. Compte tenu de cette requête, et sans trancher ce que Spinoza laisse indécis, on peut comprendre qu'il n'accepte de penser Dieu, pour sa part, que dans la catégorie de la substance, en concevant son essence comme la loi immuable et universelle de tout ce qui est, mais qu'il laisse les théologiens libres, quant à eux, de le concevoir comme l'Être infiniment parfait, à la condition de ne pas le laisser perturber l'ordre rationnel et nécessaire des choses, tel que le pense le philosophe. Sur la base de cette analyse, et sans encore donner congé à Spinoza, poursuivons notre enquête sur la perte de la croyance, à partir du procès intenté à la démonstration philosophique de l'existence de Dieu.

Toute démonstration de ce genre, dit Jean-Luc Marion, conduit à « la dissolution de l'essence de Dieu dans le concept où s'accomplit la métaphysique », et donc à la « mort de Dieu »[2], car la définition de Dieu à partir de l'Être l'enferme dans un concept fabriqué par l'homme, donc dans une idole, et engendre un « athéisme conceptuel », qui affecte tous les essais d'apologétique, depuis les « cinq voies » de Thomas d'Aquin jusqu'à la « théodicée » de Leibniz[3]. Martin Heidegger a fait la théorie de cette critique, reprise par J.-L. Marion : quand Dieu est défini comme le fondement du tout, la *causa sui*, la *Ur-sache*, ainsi chez Descartes, Spinoza, Leibniz, « mais aussi » Hegel, il ne peut plus être adoré ni prié par le croyant, qui ne reconnaît plus le Dieu de la religion sous l'image (l'idole) du Dieu des philosophes et abandonne l'un avec

---

1. *Éthique,* p. 346-354 (cité p. 347, 349, 350). P. MACHEREY, p. 205-270 commente longuement cet Appendice. Il y voit un raccourci de « toute une histoire des religions » (p. 224), une genèse des cultes pratiqués « sur le modèle d'un échange de services » (p. 227), qui n'est pas plus favorable au Dieu unique qu'aux dieux des cultes archaïques (p. 228, n. 2).

2. *Questions cartésiennes,* p. 231 et 258.

3. *Dieu sans l'être,* p. 18-21, 44-45, 50.

LE DEUIL DE DIEU 67

l'autre[1]. Il en va ainsi quand la théologie, oublieuse des enseignements de Luther, tirés de saint Paul, sur l'incompatibilité de la sagesse du monde et de celle de Dieu, passe de la révélation à la philosophie, de la Croix à la pensée grecque de l'Être, se constitue en anthropologie – alors qu'elle n'a à répondre que de l'existence croyante, de l'être de l'homme pour Dieu –, pénètre ainsi dans la science de l'Être, qui est le domaine propre de la philosophie, et s'érige en science de Dieu – alors qu'elle n'est proprement que science de la foi – et ne parvient à devenir, dans ses prétentions philosophiques, que « science du divin » (« theiologie »), car Dieu n'est pas l'Être ni ne peut être pensé à partir de l'Être[2]. Heidegger nous apprend donc à libérer Dieu de la pensée de l'Être, de « l'hypothèque ontologique », – insuffisamment, cependant, observe Jean-Luc Marion, car il continue à soumettre la pensée de Dieu à la dimension de l'Être, et la théologie de la foi elle-même à la question de l'Être, à « une irréductible dépendance ontologique ». Il en conclut que Heidegger, ne renonçant pas à concevoir Dieu comme un étant, fût-il le *summum ens*, n'échappe pas à l'idolâtrie du « dieu plus divin »[3] – pas plus que Nietzsche, ayant dénoncé le « Dieu moral » de Kant et annoncé sa mort, n'évite l'idolâtrie des « nouveaux dieux » engendrés par la volonté de puissance[4]. Il ne reste plus, l'Être étant forclos, qu'à penser Dieu dans la catégorie du *summum bonum*, de l'Amour[5].

Appliquons cette critique à Spinoza – sans oublier Descartes dans la mesure où il est légitime de les rapprocher l'un de

---

1. *Ibid.*, p. 51-58 ; p. 62 n. 23 et p. 76-80 : débat au sujet de la *Lettre sur l'humanisme*, publiée en français dans M. HEIDEGGER, *Questions III*, Paris, Gallimard, 1966.

2. *Dieu sans l'être*, p. 91-103. Sont ici cités, entre autres textes de M. HEIDEGGER, une conférence sur *Phénoménologie et théologie*, prononcée à Tübingen en 1927, le *Séminaire de Zürich* de 1951 et un autre exposé de 1953 à Hofgeismar traduits en français par J. Greisch et publiés dans l'ouvrage collectif *Heidegger et la question de Dieu*, Paris, 1980.

3. *Dieu sans l'être*, p. 60-70 et 103-109.

4. *Ibid.*, p. 59-60 et 87-89 (renvoi à *Par-delà le bien et le mal*, II, § 53).

5. *Ibid.*, p. 70-75 et 109-123.

l'autre. Ou bien l'on pense que Spinoza a proprement voulu démontrer l'existence de Dieu, et la critique heideggérienne atteint justement sa conception de Dieu en tant que *causa sui* et *ens necessarium*, fondement de l'être de tout ce qui est (et celle de Descartes qui lui est apparentée). Mais on tombe alors dans une série inextricable de contradictions, car il faudrait donner à la fois tort et raison à Leibniz, qui a accusé Spinoza (et indirectement Descartes) d'athéisme tout en se réclamant lui-même de l'Être absolument nécessaire, approuver Kant d'avoir contredit toutes les preuves *a priori* et *a posteriori* de l'existence de Dieu, mais le blâmer de l'avoir sauvée par le recours à l'ordre moral, louer Hegel d'avoir rendu Dieu à la connaissance de la raison théorique tout en lui reprochant de l'avoir identifié au Concept, adopter une attitude pareillement ambivalente à l'égard de Nietzsche, et accepter de rompre avec toute la tradition de la théologie occidentale, depuis Thomas d'Aquin inclus, au motif du vice d'ontothéologie dénoncé par Heidegger – qu'il faudrait rejeter à son tour dans le camp de l'athéisme conceptuel. Mais le critère dont on se sert pour discréditer cette tradition est lui-même disqualifié par les contradictions qu'il engendre. Ou alors l'on retient l'autre interprétation, solidement argumentée, qui voit dans le *de deo* de Spinoza un traité « de la nature des choses » qui ménage cependant une place pour la conception de Dieu comme « Être absolument infini et souverainement parfait » (qu'on trouve chez les théologiens, mais aussi chez Descartes). Dieu reste ainsi sous l'horizon de l'Être, comme le requiert Heidegger, et on voit mal comment il pourrait être « pensé » autrement, alors que tous nos jugements, même celui que Dieu *est* amour, sont énoncés et arbitrés sous le rapport à l'être[1]. Malgré ce rapport, il reste *pensable* en tant que Dieu, pensable pour un croyant, c'est-à-dire adorable, puisque son incompréhensibilité infinie (comme l'avait noté Descartes à la suite d'Anselme)

---

1. Ainsi que le remarque pertinemment René VIRGOULAY, « Dieu ou l'Être ? Relecture de Heidegger en marge de J.-L. Marion, *Dieu sans l'être* », dans *RechScRelig.* 72 (1984) 163-198 ; voir p. 191 : « C'est la profondeur du penser qui fonde l'amour. C'est le penser qui accorde profondeur à l'amour et le penser est lui-même accordé par l'Être. [...] La tâche qui nous sollicite effectivement, c'est d'établir la circularité de la pensée et de l'amour, du concept et de l'Agapè. »

LE DEUIL DE DIEU

le situe au-delà de tout enfermement dans le concept d'un étant, là où il ne peut être atteint que par l'adoration, hors des conditionnements de la raison philosophique. La seule chose que celle-ci exige de la théologie, c'est de ne pas se servir de ce concept de Dieu pour « mettre la Nature à l'envers », faute de quoi, observe justement Spinoza, la théologie ne manquerait pas de « détruire la perfection de Dieu », le transformant en agent de la nature dont la volonté capricieuse serait mue par la prière de ses fidèles ou provoquée par leurs péchés. Sous cette réserve – hautement justifiable – on n'a pas le droit de reprocher à la tradition occidentale, théologique ou philosophique, d'avoir conduit à l'athéisme en voulant prouver l'existence d'un Dieu ainsi conçu[1].

Mais la religion et la théologie peuvent-elles se satisfaire des reproches qui leur sont adressés et des restrictions qui leur sont imposées par l'Appendice sur la « doctrine finaliste » ? On touche là au fond du problème, qui ne porte pas tant sur la manière de concevoir l'être de Dieu en lui-même que sur la nature et l'étendue de son action dans le monde. La crise de la croyance trouve son véritable site dans le rapport de Dieu au monde, tel qu'il est compris différemment dans une pensée philosophique et dans une pensée religieuse, et non dans le rapport de Dieu à l'Être, ainsi que le voient les critiques de « l'argumentation ontologique ». Dieu n'est pas devenu « impensable » et « introuvable » du seul fait qu'on a voulu prouver son existence, ce qui obligeait à le reléguer dans le ciel des idées pures, sous la garantie du moi pensant[2], il l'est devenu du fait que la théologie, pour maintenir la finalité du rapport de l'homme à Dieu, s'est crue obligée de laisser à Dieu toute liberté d'intervention sur le cours des choses, ce qui rendait impensable l'ordre de la nature et conduisait les philosophes à concevoir l'essence divine comme le pôle immuable et nécessaire de l'Être. La liberté d'intervention de Dieu n'est pas concevable dans un monde soumis à la rigueur des lois, à moins qu'elle ne consiste qu'à « agir d'après les

---

1. E. JÜNGEL ne s'est pas spécialement intéressé à Spinoza de ce point de vue, tenant sa pensée pour du pur panthéisme ; il renvoie à la critique hégélienne de sa conception de Dieu comme substance, p. 124.

2. E. JÜNGEL, faisant allusion à « la question de Nietzsche : Où est Dieu ? », p. 192-193 et 225-231.

seules lois de sa nature[1] » ; pour un esprit formé à penser « selon l'ordre géométrique », Dieu n'est plus pensable s'il rend le monde impensable. Mais un Dieu privé de liberté en ce monde et qui ne répondrait pas aux demandes de ses fidèles serait-il encore pensable pour eux en tant que Dieu ? C'est en ces termes que va se poser le débat autour du spinozisme, mais on remarquera qu'il se déplace des frontières de la philosophie et de la théologie spéculative, où se cantonnait le problème de l'existence de Dieu, vers le terrain, plus large, de la religion, des rapports de la foi et de la raison, du philosophe et de l'institution croyante, et c'est en représentant de cette institution que le théologien y interviendra, et non simplement en théoricien de la pensée de Dieu. La philosophie s'y présente en attitude défensive, demandant que lui soit reconnue la liberté de penser dans le domaine des choses de la nature, mais la religion ne peut manquer de se sentir agressée, puisque c'est l'imaginaire religieux qui se sent mis en cause, tel qu'il s'est développé depuis ses origines, et la révélation elle-même, qui est pleine de récits d'interventions de Dieu dans le monde et l'histoire. Et si la religion est attaquée, c'est tout l'ordre public qui se sent en danger, et le conflit, théologique ou philosophique, prend aussitôt une dimension politique.

Abordons ce nouveau débat, qui donne son éclairage définitif à la crise de la croyance. Nous y retrouverons Spinoza, dans un nouveau traité qui pénètre délibérément cette fois sur le terrain de la théologie biblique et qui pose le problème des conflits entre philosophie et théologie sur le plan des rapports entre autorités religieuses et autorités politiques, tel qu'il sera discuté à l'époque des Lumières et repris au XIXᵉ siècle.

La liberté de philosopher (Spinoza, suite).

Les bruits qui circulent en Hollande autour de la réflexion de Spinoza (*L'Éthique* ne sera publiée qu'après sa mort en 1677) attirent sur lui des accusations véhémentes, et des menaces, de la part de la communauté juive d'où il avait été

---

1. *Éthique,* Prop. XVII, p. 327. E. JÜNGEL, renvoie à l'Appendice dans le IIᵉ vol., p. 89-90.

LE DEUIL DE DIEU 71

plus tôt excommunié, de calvinistes hollandais et de quelques «papistes». Cette opposition le convainc de la nécessité, pour obtenir la pleine liberté de la philosophie, de lutter contre le fanatisme religieux et de donner, pour cela, à sa pensée une orientation plus théologique et plus politique. Ainsi naquit le projet du *Tractatus theologico-politicus*, qu'il publiera en 1670 mais sans nom d'auteur. Je m'en tiendrai aux motivations de ce projet, ainsi énoncées dans la Préface à la suite de ses plaintes contre l'arrogance des autorités religieuses et théologiques : «Non seulement la lumière naturelle est méprisée, mais elle est condamnée souvent comme une source d'irréligion ; des inventions humaines se font passer pour des enseignements divins ; la crédulité est prise pour la foi [...]. C'est pourquoi j'ai fermement résolu de reprendre à nouveau, en toute sincérité et liberté d'esprit, l'examen de l'Écriture, puis de n'en plus rien affirmer et de ne plus rien accepter comme faisant partie de son enseignement, qui ne puisse être tiré de ses textes avec une parfaite certitude. Sans jamais me départir de cette règle de prudence, je me suis formé une méthode d'interprétation des Livres saints[1].» Il énonce ensuite les convictions qu'il a acquises au cours de cet examen et qu'il développe dans son traité : «Or, dans ce que l'Écriture enseigne en termes exprès, je n'ai rien trouvé qui soit en désaccord, ni en contradiction avec l'intelligence. [...] Ma conviction profonde est donc que l'Écriture laisse à la raison toute sa liberté et qu'elle n'a rien de commun avec la philosophie ; mais l'une comme l'autre se tiennent chacune sur son terrain. [...] Ces deux connaissances (de foi et de raison), n'ayant rien en commun, peuvent dès lors exercer chacune leur règne sans se contredire le moins du monde, sans, non plus, qu'aucune des deux doive se mettre au service de l'autre.» Les rapports de la foi et de la raison étant ainsi réglés, il en découle un principe de liberté, de pensée et d'expression, privée et publique, que l'autorité politique doit respecter et faire respecter : «Chacun doit conserver, et la liberté de son jugement, et son pouvoir d'interpréter la foi comme il la comprend. [...] La liberté individuelle peut et même doit être accordée à tous par la communauté politique. [...] La souveraine Puissance

---

1. *Traité des Autorités théologique et politique* (titre de la trad. fr. dans la coll. «La Pléiade»), Préface, trad. Madeleine Francès, p. 612.

72 DIEU QUI VIENT À L'HOMME

doit laisser chacun libre de penser ce qu'il veut et d'exprimer sa pensée[1]. »

Spinoza a donc fait le pas que Descartes n'avait pas eu l'audace de franchir : il a osé pénétrer dans le domaine de la théologie, interpréter l'Écriture, la confronter aux dogmes de l'Église, non qu'il prétende soumettre la révélation à la philosophie, il s'en défend au contraire : « On doit expliquer l'Écriture par l'Écriture », mais en donnant libre cours aux requêtes légitimes d'une exégèse scientifique et de la réflexion critique : « Mais, une fois trouvée la vraie signification d'un passage, on doit nécessairement faire jouer son jugement et sa raison, pour décider si l'on y donnera son assentiment ou non[2]. » Il revendique donc le droit de chacun au libre examen des articles de la foi, l'autonomie entière de la philosophie à l'égard de la théologie, la compétence de la raison naturelle même en matière de croyance, puisqu'« il n'y a pas de lumière supérieure à la nature, il n'y a pas d'autorité extérieure aux hommes[3] ». Il veut dire qu'aucune connaissance ne peut nous venir de Dieu, même dans l'Écriture, que par la voie de la raison, car « toute révélation de Dieu à l'homme a pour cause première la nature de l'esprit humain[4] ». On n'en comprend pas moins que de telles requêtes aient paru subversives de la religion et de la révélation. Toutefois, même si tous les principes de l'*Éthique* sont contenus implicitement dans le *Tractatus*, au jugement des commentateurs, le lecteur du second ouvrage, même prévenu par le premier, ne pouvait que malaisément y déceler un enseignement sur Dieu aux connotations athées. Il y trouvait la « liste exhaustive » des sept « dogmes exprès de

---

1. B. SPINOZA, *Traité des Autorités théologique et politique,* Préface, p. 613-615 (« la souveraine Puissance » est le nom donné par Spinoza à l'autorité politique). Ces conclusions sont développées dans les derniers chapitres, par exemple chap. XV, « La théologie n'est pas au service de la raison, ni la raison au service de la théologie », p. 813 ; chap. XX, « Dans une libre République chacun a toute latitude de penser et de s'exprimer », p. 896.

2. *Ibid.,* chap. XV, p. 815. Voir le commentaire de ce principe par Sylvain ZAC, *Spinoza et l'interprétation de l'Écriture,* Paris, PUF, 1965, p. 15-41 (« Il rejette entièrement la tradition de l'enseignement oral », p. 39).

3. *Ibid.,* chap. VII, p. 734.

4. *Ibid.,* chap. premier, p. 619.

LE DEUIL DE DIEU 73

la foi universelle » : il existe un Dieu souverainement bon, unique, partout présent, souverain dominateur, qui réclame pour tout culte l'amour du prochain, qui sauve ceux qui pratiquent cette loi et pardonne à ceux qui se repentent[1]. Mais, pour ceux qui étaient capables d'en juger, l'autorité de la raison s'imposait à l'interprétation de la révélation, et ils ne trouvaient rien dans les Écritures qu'ils n'eussent pu découvrir, peut-être plus facilement et plus sûrement, par le seul usage de leur raison.

Sitôt paru, le *Tractatus* est dénoncé unanimement comme un traité « de la liberté de philosopher », et donc comme athéisme, puisque cette liberté est réclamée à l'encontre de l'autorité divine de la révélation ; la « fureur théologique » se déchaîne autour de Spinoza, attaqué même par le clan des philosophes cartésiens, qui éprouvent le besoin de se démarquer de lui pour n'être pas enveloppés dans la même réprobation, que leur attirait d'avance leur revendication de la *libertas philosophandi* ; même les déistes et autres partisans d'une « religion naturelle » le désavouent, et partout en Europe les libelles se multiplient pour le réfuter : « Son nom devint synonyme d'ennemi de la religion, de la morale, de l'ordre dans l'État, d'homme sans foi ni loi. [...] On maudissait Spinoza sans le comprendre et même sans le connaître[2]. » Leibniz, homme très répandu dans les cours, dans les cercles philosophiques et les milieux ecclésiastiques de toutes confessions, et dont la célébrité s'accroît en même temps que le renom de Spinoza, s'illustre dans cette lutte. Autant dans le *Tractatus*, auquel il s'intéresse dès 1670, que dans l'*Éthique*, dont il ne prend connaissance qu'en 1678, il voit un système de pensée dangereux pour la religion chrétienne, qu'il avait résolu très tôt de défendre contre les athées[3]. Cependant, il

---

1. *Ibid.,* chap. XIV, p. 809-810.

2. D'après Georges FRIEDMANN, *Leibniz et Spinoza*, Paris, Gallimard, 1962 (2ᵉ éd.), p. 62-64 et 203-214, cité p. 214 ; l'Auteur note que Bayle lui-même se crut obligé de désavouer Spinoza. – E. Jüngel ne cite pas le *Tractatus* et n'a donc pas analysé le rapport à l'athéisme de la critique de la religion qui y est faite.

3. G. FRIEDMANN, p. 48-55, 64, 70, 99. Leibniz n'avait qu'une connaissance très superficielle de la pensée de Spinoza avant de le rencontrer en Hollande en 1676, et n'a donc que très peu été influencé par lui, p. 57, 76, et guère plus par Descartes, p. 41, 54.

74 DIEU QUI VIENT À L'HOMME

attaque Descartes plus que Spinoza, mais en imputant au premier les idées du second et en reprochant à celui-ci d'être resté dépendant de celui-là, dénonçant chez l'un comme chez l'autre des « doctrines inquiétantes pour l'Ordre politique, moral et religieux »[1]. Ce qu'il vise donc comme athéisme, dans l'un et l'autre système de pensée, c'est une revendication du droit de penser librement qu'il juge subversive de l'institution religieuse, et partant de l'ordre social tout entier qui lui est lié, et non explicitement telle ou telle manière de concevoir l'être ou l'existence de Dieu. Au sujet proprement dit de Dieu, il vise chez l'un comme chez l'autre le rapport de Dieu au monde, estimant que leur idée de la création sous la raison du parfait au lieu du bien, leur refus des causes finales et de la providence soumet le monde à une nécessité aveugle de saveur « stoïcienne », à laquelle il opposera, dans sa *Théodicée* publiée en 1710, l'idée de « l'Harmonie préétablie »[2]. Leibniz a mûri sa pensée dans le même climat intellectuel que ses deux adversaires, il utilise leurs idées même quand il les combat, il manifeste un penchant croissant au déisme rationaliste, au panthéisme, à la religion naturelle, alors même qu'il soutient avec véhémence les dogmes chrétiens[3]. Son idée de Dieu comme Être nécessaire, sa démonstration *a priori* et *a posteriori* de l'existence de Dieu ont des points communs avec celles de Descartes et de Spinoza, au milieu de divergences qu'il préfère souligner[4] : ce n'est manifestement pas cela qui

---

1. G. FRIEDMANN, *Leibniz et Spinoza,* p. 67, 125-127, 130 (pour Leibniz, « Descartes pense tout bas ce que Spinoza dit tout haut [...] Spinoza est, à cette époque, le boulet que Leibniz attache à Descartes pour plus sûrement le couler »), 140 (« C'est par souci de servir la religion que Leibniz fait rebondir de plus belle, en 1697, la polémique anticartésienne »), 154 (phrase citée).
2. *Ibid.,* p. 111, 129, 114-130, 140-144, 180-189.
3. *Ibid.,* p. 20, 97-99, 156-157, 165-166, 200, 270 ; G. Friedmann parle à ce propos, « sans former aucun jugement moral », de la « duplicité » de Leibniz : p. 195, 214-216, et l'Avant-propos de la 2ᵉ éd., p. 26-28.
4. J. JALABERT, *Le Dieu de Leibniz,* Voir notamment p. 78-92 sur l'argument ontologique, et p. 119-122 sur la preuve par les vérités éternelles. Tout en notant que « son rationalisme pénètre sa vie religieuse » (p. 207), l'Auteur répond à la question finale, « Le Dieu de Leibniz est-il le Dieu des chrétiens ? » (p. 217-222), avec le même « optimisme »

LE DEUIL DE DIEU

est en question quand il dénonce ou flaire l'athéisme chez l'un et chez l'autre.

Comme il en est pour de nombreux penseurs de cette époque, l'athéisme s'avance « masqué », pour ne pas déchaîner la violence des « Autorités théologiques et politiques », que Spinoza s'est vainement efforcé de désarmer[1]. Non qu'il cherche à se dissimuler comme tel, car, dans la plupart des cas, il n'est ni pensé ni poursuivi intentionnellement, mais il se répand sous le voile du déisme, de la religion naturelle, d'une aspiration générale à la liberté de penser, dont on attend l'apaisement des fanatismes religieux[2]. Parce que cette liberté doit être arrachée aux pouvoirs religieux et politiques, et que la raison philosophique doit interpréter ou réfuter les textes sacrés qui lui sont opposés, le philosophe est facilement accusé de vouloir se substituer à l'autorité de la révélation, c'est-à-dire de Dieu même : l'athéisme gîte dans cette attitude jugée irréligieuse, non encore une fois qu'il se cache, mais en ce sens qu'il résultera des coups portés par la philosophie contre la religion, et tout autant des coups qu'elle recevra en retour et qui ne feront que renforcer son animosité et son indépendance[3]. Depuis Galilée (son procès devant l'Inquisition a lieu en 1633, juste quelques années avant le *Discours de la méthode*), la théologie, qui régentait jusque-là tous les espaces du savoir, n'a cessé de perdre du terrain et de l'autorité au profit de la philosophie, arbitre des débats entre les nouvelles sciences et la Bible, qui doit rendre des comptes à la raison[4]. La philosophie elle-même doit se mettre au diapason de la

---

qu'il loue chez celui-ci (p. 216). – E. Jüngel, p. 42-46, commente le principe de « raison suffisante » de Leibniz au regard de sa célèbre question « Pourquoi y a-t-il quelque chose plutôt que rien ? »

1. G. Friedmann, p. 19 : il y a au XVIIe siècle « un problème social du masque ». – G. Petitdemange, art. cité, p. 201 : « La philosophie de Spinoza naît (et renaît) dans un *monde* de grande violence et de déchirement. »

2. G. Gusdorf, *Dieu, la nature...*, p. 88-91 (voir une lettre de Leibniz, p. 99).

3. *Ibid.*, p. 52 : la réaction anticléricale que suscite l'autoritarisme de l'Église est censée être une marque d'athéisme. – Leibniz lui-même eut du mal à sauver sa réputation, dit Friedmann, p. 214-216.

4. *Ibid.*, p. 86-88.

science, suivre et soutenir ses avancées, et, dans la mesure où la science doit conquérir son espace de liberté contre la Bible, elle doit faire montre d'une toujours plus grande audace de pensée. Dès les dernières années du XVIIe siècle, le «modèle newtonien» s'impose (Newton publie ses *Principia* en 1687, dix ans après la mort de Spinoza). Descartes en sera la première victime, lui qu'on accuse d'être «l'accoucheur de l'athéisme» : ses *Méditations* ne sont pas rééditées entre 1724 et 1824 ; on lui reste reconnaissant d'avoir secoué le joug de la philosophie scolastique et plaidé la liberté de juger par soi-même, mais on le trouve encore trop dépendant de la pensée des Anciens et dépassé par les initiatives de la science, notamment dans le domaine de la physique et de la biologie ; on loue Newton, au contraire, d'avoir jeté les bases d'une nouvelle philosophie naturelle, dégagée de la révélation : une nouvelle épistémologie est apparue, libre d'allégeance envers tant la théologie que la métaphysique[1].

Dans l'espace qui se creuse entre la science et la philosophie, d'un côté, la religion et la théologie, de l'autre, la pensée de Dieu s'obscurcit, la croyance en Dieu se perd : «De Newton à Laplace, en passant par Voltaire et d'Alembert, Dieu est victime d'un effacement progressif. [...] L'âge des Lumières accepte le défi de ce nouveau rapport au monde, et se fait fort de meubler par de nouvelles certitudes le vide épistémologique laissé par le retrait de Dieu[2].» Dieu est devenu l'*impensé* de ces nouvelles sciences, qui ne rencontrent pas dans le monde qu'elles explorent ses traces enseignées par la révélation ; et, dans la mesure où la théologie, parlant de la création ou de l'action de Dieu sur le cours des choses, rend le monde *impensable* à ceux qui le découvrent avec les yeux nouveaux de la science, Dieu leur devient à son tour *impensable*. Dans cette nouvelle vision de l'univers, l'homme pense différemment son rapport au monde, et lui qui se pensait auparavant en rapport à Dieu, se pense maintenant en fonction d'un

---

1. D'après Georges GUSDORF, *Les Principes de la pensée au siècle des Lumières*, Paris, Payot, 1971, p. 151-160, qui cite les jugements de philosophes des Lumières.
2. *Ibid.,* p. 162 et 163. L'Auteur rappelle la célèbre déclaration de Laplace, disant qu'il n'a pas eu besoin, dans ses travaux scientifiques, de «l'hypothèse-Dieu», p. 156.

LE DEUIL DE DIEU

monde vide de Dieu. Le *Cogito* cartésien n'y est pas pour grand-chose, sinon que l'homme qui s'est habitué à penser par lui-même, tolère de plus en plus mal que la vérité des choses qui sont du domaine de la nature et qui sont accessibles à la raison naturelle lui soit imposée du dehors à l'encontre de ses évidences. À celui-là aussi, le Dieu de la révélation devient bientôt *impensable*, puisqu'il ne permet plus de *penser* librement.

Telle nous apparaît être la genèse de la perte de la croyance en Dieu, causée par la prise d'autonomie de la raison humaine, et permise par la théologie qui n'a pas réussi à laisser la raison advenir à la liberté de penser dans la foi. Le siècle des Lumières abonde en discussions sur la Bible, les miracles, les religions, beaucoup plus – après Leibniz – que sur le concept de Dieu et les preuves de son existence. La théologie ne réussit pas à purifier l'imaginaire des fidèles des préjugés finalistes dénoncés par Spinoza, ni à élaborer une herméneutique critique capable d'expliquer de façon satisfaisante pour la foi et pour la raison les textes bibliques incriminés au nom de la science[1]. L'Église, sentant l'autorité de la Parole de Dieu ébranlée à travers la sienne, se mure dans une attitude défensive et hostile, et prend figure d'adversaire de la raison et de la liberté de parole[2]. Peu à peu, les esprits qui partagent la culture et l'épistémologie de leur siècle s'écartent de l'Église, de sa révélation et de sa religion, et se vident du même coup de la pensée de Dieu. Dieu se retire de l'espace libéré par la religion.

---

1. Malgré Richard Simon dont les principes exégétiques ne seront pas reçus par l'ensemble des théologiens de son temps (l'*Histoire critique du Vieux Testament* paraît en 1678, moins de dix ans après le *Tractatus*).

2. Le combat de Spinoza pour affranchir la philosophie de la tutelle de la théologie sera repris par Kant, tout à la fin du XVIIIᵉ siècle, dans *Le Conflit des facultés* (1798), après qu'il eut publié *La Religion dans les limites de la simple raison* (1793) et qu'il lui fut reproché par Frédéric-Guillaume de Prusse d'«abuser de votre philosophie pour déformer et abaisser maints dogmes capitaux et fondamentaux des Saintes Écritures et du christianisme» (*Conflit...*, Préface, Paris, Gallimard, coll. «La Pléiade», 1986, p. 806): voilà encore qui situe bien le débat.

78 DIEU QUI VIENT À L'HOMME

En s'éloignant de la religion, l'homme apprend à se passer de Dieu, à penser et à vivre dans l'absence de Dieu, comme s'il était inexistant, – *etsi Deus non daretur*. Dans sa prison de Tegel, peu avant son exécution en 1944, Dietrich Bonhoeffer réfléchissait à cette vague d'incroyance qui déferlait sur la société européenne, et il l'attribuait à un mouvement d'émancipation de la raison à l'égard de la connaissance religieuse, qu'il voyait s'amorcer, bien avant les Lumières des XVIIe et XVIIIe siècles, avant même la Réforme et la Renaissance, dès le XIIIe siècle[1]. Sortie de son enclos sacré, la théologie scolastique s'articulait à la pensée aristotélicienne, récemment redécouverte, et se dégageait de la tradition, le droit naturel s'affranchissait du droit sacré, la morale cherchait un fondement dans la loi naturelle en deçà de la loi de Dieu ; laïcisé, le savoir échappait aux clercs et à l'autorité ecclésiastique ; livrée à l'observation et à l'expérimentation, la nature perdait le mystère dans lequel la révélation l'avait enveloppée depuis ses origines ; soustraite à la Providence et aux libres interventions de Dieu, l'histoire était enfin abandonnée aux mains de l'homme. Parallèlement à cet essor de la pensée, et soutenu par lui, un mouvement d'autonomisation, de « sécularisation », de « laïcisation » s'amorçait dans la société : l'État moderne, desserrant ses liens anciens à l'Église, jetait les bases de sa souveraineté, qu'il étendait au droit, à la justice, à l'instruction, à la santé publique, etc., au détriment de l'Église qui en exerçait auparavant les prérogatives ou le contrôle ; l'Église elle-même connaissait des soubresauts, tentatives de laïcs d'échapper aux médiations cléricales, luttes d'Églises locales contre le pouvoir central, etc., qui allaient aboutir au drame de la Réforme[2]. En tous domaines se faisait jour la volonté d'émancipation que nous avons vue exploser à l'époque des Lumières et qui aboutira au XIXe siècle à l'athéisme déclaré de Ludwig Feuerbach, invitant la théologie, cette « croyance

---

1. D. BONHOEFFER, *Résistance et soumission. Lettres et notes de captivité*, éd. par E. BETHGE, Genève, Labor et Fides, 1973 : *Lettres* du 29 mai 1944, p. 321-322, du 16 juillet 1944, p. 365-366.

2. H. ZAHRNT, *Dans l'attente de Dieu* (1961), trad. fr. Paris, Casterman, 1970, a analysé finement les mouvements d'émancipation des XIVe et XVe siècles, notamment dans un chapitre dont le titre rappelle D. Bonhoeffer : « Un monde devenu majeur », p. 69-97.

LE DEUIL DE DIEU

aux fantômes », à libérer « la vérité nouvelle et autonome de l'humanité » qui est « l'essence du christianisme » – car « l'essence de la théologie est l'essence de l'homme, transcendante, projetée hors de l'homme » – et appelant pour cela la philosophie à substituer à son ancienne alliance avec la théologie une nouvelle alliance avec les sciences de la nature [1].

C'est dans ce processus historique très concret – plutôt que dans l'abstraction du concept – que Dieu a perdu peu à peu son être-là au monde et pour l'homme, qu'il devait à l'inscription de son nom par la religion dans la culture et dans la société ; quand ce nom disparaît des divers cantons du savoir et des formes publiques de la vie sociale, Dieu perd la visibilité que lui conférait cette reconnaissance et la « notoriété » qui ne permettait à personne de se passer de lui, il perd l'« évidence » dont il bénéficiait depuis les origines de l'humanité du côté de la nature comme de la société. Telle est l'évolution que Dietrich Bonhoeffer analysait avec lucidité : « Le mouvement vers l'autonomie humaine (j'entends par là la découverte des lois selon lesquelles le monde vit et se suffit à lui-même dans les domaines de la science, de la vie sociale et politique, de l'art, de l'éthique et de la religion), qui commence au XIIIᵉ siècle environ [...], a atteint un certain achèvement de nos jours. L'homme a appris à venir à bout de toutes les questions importantes sans faire appel à "l'hypothèse Dieu". Cela va de soi dans les questions scientifiques, artistiques et même éthiques, et personne n'en doute ; depuis environ cent ans, ceci est de plus en plus valable pour les questions religieuses elles-mêmes ; il apparaît que tout va sans "Dieu" aussi bien qu'auparavant. Tout comme dans le domaine scientifique, "Dieu", dans le domaine humain, est repoussé toujours plus loin hors de la vie : il perd du terrain [2]. »

---

1. L. FEUERBACH, *Manifestes philosophiques. Thèses provisoires pour la réforme de la philosophie (1842)*, trad. L. Althusser, Paris, PUF, 1960, p. 104-126 (*Thèses 13, 19, 66, 68*). – Sur « l'anthropothéisme » de Feuerbach, qui est pour lui « la religion consciente de soi » (*Thèse 49*) : E. JÜNGEL, p. 217-225.

2. D. BONHOEFFER, *Résistance et soumission*, lettre du 8 juin 1944, p. 336. – E. JÜNGEL, p. 86-96, fait une bonne analyse de la pensée de Bonhoeffer (*« etsi Deus non daretur »*), sur laquelle j'aurai l'occasion de revenir : p. 91-93 et p. 97, n. 1.

II

LE RETRAIT DE LA RELIGION

Le retrait de Dieu s'effectue donc dans le retrait de la religion, voilà le phénomène qu'il nous faut maintenant examiner. Nous l'avons fait, d'une certaine manière, en analysant la perte de la croyance en Dieu. Mais cette croyance ne se réduit pas à l'idée de Dieu qui est dans l'esprit, ainsi dans la philosophie où nous l'avons appréhendée et que nous avons vue se lancer à l'assaut de la religion. Elle s'exprime avant tout dans un ensemble de représentations et de pratiques qui ont un site historique et social dans la religion. C'est dans et par la religion que nous avons vu la croyance en Dieu naître aux origines de l'humanité et se répandre dans l'histoire jusqu'à l'aube de la « modernité », à partir de laquelle la pensée de Dieu, émigrée dans la philosophie, a commencé de dépérir hors de son site naturel, et la religion de se retirer du monde. Cette migration explique cette régression, mais incomplètement, sous la figure d'une agression subie du dehors. Mais la perte de la croyance est d'abord une déperdition de substance de la religion, une dévitalisation qui a une cause interne, qui affecte son être même, qui demande donc à être expliquée du dedans. La sociologie a ses instruments propres pour analyser les évolutions des croyances et des pratiques religieuses, celles du christianisme au même titre que celles d'autres religions, qu'elle étudie comme un phénomène empirique, observable et quantifiable. Mais la foi chrétienne a une intériorité spécifique qui relève de son propre regard : elle a conscience de soi comme d'une réalité « surnaturelle », elle est don de Dieu, née de la Parole de Dieu, d'un événement de révélation, liée par origine et par essence à la personne de Jésus Christ, soutenue par la puissance de sa « grâce ». Sans se soustraire aux analyses du dehors, elle a le devoir de répondre de ce qui lui arrive, et aucune autre science n'est habilitée à lui en dénier la compétence ou à se substituer à elle pour ce faire. Comment est-il arrivé à la croyance chrétienne de perdre sa spécificité et sa vitalité, et que signifie pour elle ce crépuscule de la religion qui point à l'horizon ? La théologie, en tant que « science de la foi », doit répondre aux interrogations qui lui sont renvoyées par les observations et les analyses sociologiques. Nous allons essayer de comprendre et de juger la situation présente du christianisme en entrecroisant ces deux points de vue.

Nous commencerons par examiner les traits caractéristiques de la foi chrétienne : son lien à la Parole de Dieu, à la personne du Christ, à l'Évangile, et nous en conclurons que l'abandon présent des croyances et pratiques religieuses de la part d'un grand nombre de chrétiens ne doit pas être imputé directement à une perte ou une déficience de la foi. Beaucoup y dénoncent, il est vrai, la disparition de Dieu ; nous répondrons que le Dieu qui meurt est le Dieu commun des religions, le bien-connu de Dieu, celui que Bonhoeffer appelait « le dieu bouche-trou », et non celui qui se révèle dans l'Évangile. Il n'empêche que c'est la religion qui donne à Dieu de la visibilité dans le monde ; quand donc le christianisme disparaît de la société, le Dieu de l'Évangile disparaît lui aussi de l'histoire. Comment comprendre ce phénomène si troublant pour les croyants ? Nous en donnerons deux explications, différentes de nature l'une de l'autre. D'abord une analyse de sociologie historique : Marcel Gauchet explique que l'histoire est entrée, depuis la période des Lumières, dans l'ère de « la sortie de la religion », et que le christianisme a été l'élément moteur de la fracture qui s'est alors produite entre la société et la religion et dont nous observons les effets. La seconde explication sera d'ordre théologique : l'Évangile est par lui-même un ferment de nouveauté et d'émancipation, même à l'égard du religieux, et l'Esprit Saint a été donné à l'Église comme une force pour remplir dans le monde une mission de libération ; là est la ressource d'avenir du christianisme.

Foi et croyance, Évangile et religion.

On s'étonne et on se scandalise que le christianisme, fondé sur la Parole révélée de Dieu, se soit laissé à ce point détériorer par l'évolution de la science et des formes de la vie sociale. La théologie commence ici par recueillir une leçon de l'histoire des religions : aucune ne jouit d'un commencement absolu, aucune ne naît dans un espace auparavant vide et rigoureusement clos, alors même que leur origine est dûment

LE DEUIL DE DIEU

datée et située dans le temps et le lieu. Toute religion nouvelle surgit dans des populations où étaient déjà implantés des croyances et des cultes, qu'elle ne supplante pas totalement d'un seul coup, au milieu desquels elle doit se faire une place, qu'elle réussit lentement à évincer ou à transformer en ce qu'ils lui ont de contraire, non sans leur faire des emprunts plus ou moins importants et durables, mais sans parvenir à les éradiquer complètement, sans éliminer les racines profondes par lesquelles l'idée de la divinité reste attachée à la culture d'un peuple et à son organisation sociale. On connaît de nombreux cas où une religion a été remplacée par une autre, et on observe généralement que la nouvelle ne remplace pas l'ancienne par destruction brutale mais, au contraire, par imprégnation et contamination, par un long processus d'incubation, de telle sorte que l'ancienne religion ne laisse pas de survivre dans celle qui l'a détrônée ; aussi a-t-on pu dire que les dieux meurent mais que leurs cultes demeurent. La Bible permet d'observer ce phénomène dans le cas de la religion israélite : les anciennes tribus adoraient plusieurs dieux, dont le Dieu d'Abraham, d'Isaac et de Jacob qui finit par détrôner ses rivaux, qui prit ensuite le nom de Yahvé, dont le culte fut plus tard concurrencé par les dieux autochtones des pays conquis par Israël, puis par ceux des peuples conquérants ; plusieurs traits déconcertants du Dieu de la Bible, despotique et vindicatif, plusieurs croyances aberrantes, par exemple dans la transmission des fautes et des châtiments, s'expliquent par ces héritages et ces voisinages, et on voit les prophètes s'efforcer de corriger ces pensées, de même que leurs critiques du culte mosaïque sont motivées par les survivances ou les innovations idolâtriques qui avaient réussi à s'y abriter. La religion chrétienne ne fait pas exception à cette loi de l'histoire. Elle naît au sein de la religion israélite, elle adopte ses livres sacrés, elle lui emprunte plusieurs de ses croyances et des éléments de son culte. Dès qu'elle se répand dans le monde gréco-romain, elle assimile sa culture, son anthropologie, avec les représentations religieuses qui s'y trouvent mêlées, elle organise ses institutions à l'aide de lois issues de l'ancien droit sacré de ce monde païen, et le processus se répète quand le christianisme passe chez les « Barbares » : il recueille un héritage religieux venu du fond des âges et d'une grande variété de cultures, à travers de multiples et profondes transformations, sur lesquelles « travaillera » à son tour son génie propre, – et dans

84   DIEU QUI VIENT À L'HOMME

cet héritage il accueille aussi un bien-connu de Dieu qui ne vient pas de son fonds propre.

C'est pourquoi la foi chrétienne ne s'identifie pas absolument avec la religion qui la véhicule, avant tout parce que son origine n'est pas un fait religieux proprement dit. À bien des égards, Jésus peut être considéré comme un homme de religion : c'était un croyant, il appartenait à la religion israélite, il rassemblait des disciples pour en faire ses émissaires, il porte plusieurs traits communs à d'autres personnages religieux connus. (Max Weber a tracé de lui le portrait d'un prophète charismatique[1], que l'historiographie postérieure a redessiné de larges et épais traits d'ombre[2].) À d'autres égards, il échappe à cette classification : il s'écarte du passé religieux de son peuple, il est rejeté par sa communauté religieuse, il n'est pas le fondateur d'une institution cultuelle, ne léguant à ses disciples ni rituel, ni code, ni même de credo, il est tourné vers l'avenir, il annonce du nouveau, une « bonne nouvelle », celle du Royaume de Dieu qui survient, qui est là, tout proche, simplement à accueillir dans la foi. La foi qu'il préconise est la confiance en lui comme représentant de Dieu, l'accueil de sa parole comme Parole de Dieu, l'engagement à suivre sa voie comme chemin qui conduit à Dieu, le partage de son espérance comme accès à la maison de son Père ; à cause de tous ces traits insolites, la foi en lui est moins née directement de sa prédication et de son action que de sa mort annoncée comme résurrection et réinterprétant son passé, c'est-à-dire d'un arrachement à son passé charnel retourné et transfiguré en passage de Dieu et en avenir de vie éternelle.

Aussi la foi chrétienne prendra-t-elle conscience de soi comme d'un don, gratuit et imprévu, reçu de l'Esprit de Dieu et non d'un héritage charnel, comme d'une inspiration à jamais jaillissante, principe de relecture de l'histoire et des Écritures, de rénovation et d'innovation (2 Co 3, 6-18 ; 5, 16-17), comme d'une libération de tout héritage religieux, afin que l'homme, répudiant la justice qui vient du culte, se présente devant Dieu dans une attitude pareillement gratuite, mettant sa confiance

---

1. M. WEBER, *Économie et société*, trad. fr., Paris, Plon, 1971, p. 464-474, 630-632.

2. Voir Daniel MARGUERAT, « La "troisième quête" du Jésus de l'histoire », dans *RechScRel.* 87 (1999) 397-421.

LE DEUIL DE DIEU

uniquement dans la mort du Christ par amour pour les hommes et dans la foi qu'elle inspire (Ga 3, 1-5 ; 5, 1-6). C'est pour-quoi encore la foi chrétienne ne s'identifie pas aux gestes cultuels ni même à la confession doctrinale par lesquels et dans laquelle elle s'exprime, car elle n'est jamais assurée de soi mais toujours en projection au-delà d'elle-même ; fondée sur la charte des « Béatitudes » – Heureux les pauvres, les doux, les miséricordieux, les pacifiques... (Mt 5, 1-11) –, elle se sent obligée au service du prochain, dépassée par la charité (1 Co 13, 1 ; 1 Jn 4, 20-21), invitée à se porter à la rencontre de son Seigneur, sachant que ce n'est pas de l'invoquer dans son temple qui sauve, ni d'avoir parlé et agi en son nom (Mt 7, 21-23), mais de pardonner à ses ennemis et de donner un verre d'eau à un pauvre inconnu, car Dieu pardonne à qui pardonne (Mt 6, 14-15) et le Christ se reconnaît en tout homme souffrant (Mt 25, 34-40). Une telle foi ne peut pas se loca-liser dans des temps ni des lieux sacrés ; jamais possédée, toujours en migration, elle ne peut que se recevoir à tout moment directement de l'Esprit de Dieu ; en ce sens, elle trans-cende la religion qui la porte.

Un des traits distinctifs de la foi chrétienne est d'être la réponse personnelle de l'homme à un appel personnel de Dieu, trait qui découle de la particularité du Dieu des juifs et des chrétiens d'être un Dieu qui parle, non qu'il tienne des discours, mais en ce sens qu'il appelle et se communique à l'intérieur des cœurs. Cela apparaît tout au long de la Bible et dès les premières pages : Dieu interpelle l'homme qu'il vient de créer, il invite Abraham au départ, il lui fait des promesses, il charge Moïse de guider le peuple qu'il veut libérer, il donne sa loi à ce peuple, il fait alliance avec lui, il ne cesse de lui adresser la parole, de lui rappeler ses préceptes et ses promesses par l'intermédiaire de ses envoyés les prophètes ; et il juge la foi du peuple et de chaque croyant à l'obéissance et plus encore à la confiance en sa parole, malgré les adversités qui survien-nent à chacun et les apparences contraires de l'histoire. Il en va pareillement du christianisme, fondé, pour le dire en deux mots, sur l'annonce du Royaume de Dieu par Jésus, puis sur l'annonce de Jésus Christ reconnu en sa personne Parole vivante de Dieu et guide des croyants vers ce Royaume. Cette particularité du Dieu révélé se double d'une autre caractéris-tique, manifeste dans la Bible comme dans l'Évangile : le Dieu qui parle se fait le compagnon des hommes et de leur histoire

86   DIEU QUI VIENT À L'HOMME

et les appelle à faire histoire avec lui, il les entraîne sur des
chemins de libération ; Jésus prend pour disciples ceux qui
acceptent de le « suivre » et d'aller partout dans le monde
porter sa Bonne Nouvelle et mettre les hommes en route vers
son Royaume, il leur confie un « ministère de réconciliation »
(2 Co 5, 18). Fondée sur un tel message, sur une Écriture
toujours à déchiffrer et à réinterpréter, sur l'interpellation, claire
et impérieuse, d'une parole toujours à écouter et à remettre en
circulation avec tous autres interlocuteurs, sur un événement
de parole, dûment situé dans une histoire mais qui ne cesse de
se réactualiser dans la nôtre depuis l'horizon de la fin des
temps, sur une tâche éthique d'humanisation à mener dans la
sécularité de l'histoire avec toutes personnes de bonne volonté,
la foi dans la révélation échappe à la fascination du sacré où
les autres religions prennent naissance et transcende les rites
et observances où elles cherchent leur accomplissement[1].

Ces caractéristiques que la foi chrétienne tient de son
origine dans la personne du Christ sont bien mises en lumière
dans les commencements historiques du christianisme. Même
si on y accédait par le geste rituel du baptême suivi de l'eucharistie, cet accès était généralement réservé à des personnes
adultes, justement parce que le rite n'était pas censé suppléer
à l'acte responsable du candidat, et cela essentiellement parce
que cette nouvelle religion était tenue pour conversion au vrai
Dieu, profession de foi au Christ, engagement à vivre selon
ses préceptes, et qu'elle exigeait en conséquence des décisions
personnelles, entraînant l'arrachement au passé et à des liens
familiaux et sociaux[2], qui se signifiait dans l'immersion

_____

1. C'est ainsi qu'un théologien juif d'aujourd'hui peut revendiquer pour le croyant la liberté d'interprétation de l'Écriture comme une
marque de respect envers la liberté de la Parole de Dieu et pointe la
finalité de la Loi de Dieu en direction de l'éthique considérée comme
respect de l'autre. Voir Marc-Alain OUAKNIN, *Le Dieu des Juifs*, dans
Le Dieu de la Bible, p. 49-106, par exemple p. 73-77, 92-93. Avec une
herméneutique tout autre et des présupposés philosophiques différents,
ces réflexions ne me paraissent pas inconciliables avec celles de
Baruch-Benoît Spinoza.

2. CLÉMENT D'ALEXANDRIE, *Le Protreptique* : le « chant nouveau »
du Logos (1-10) appelle les hommes à la liberté (82-88), à « fuir la
coutume » (89, 99, 101, 118), à « se rajeunir (pour) atteindre la vraie

LE DEUIL DE DIEU

baptismale, et l'entrée dans une vie nouvelle et une nouvelle socialité, qui prenait figure dans le repas eucharistique. Toute marquée qu'elle était de signes rituels, cette entrée en christianisme était le fait d'un engagement réfléchi et délibéré, d'un acte de liberté, réponse à un appel intérieur, acte laborieux et souvent douloureux auquel le néophyte se sentait porté par la puissante attraction de l'Esprit. Les premiers chrétiens se glorifiaient de n'être pas nés chrétiens, à la différence des tenants des autres religions, mais de l'être devenus, par un acte de liberté suprême, par le choix du Dieu qu'ils s'étaient donné pour Père, un choix qui les affrontait souvent à la mort[1]. Ce caractère initial de liberté marquait forcément l'esprit et la pratique de la religion chrétienne, dans son ensemble et dans sa durée, et la différenciait de la piété cultuelle des autres religions[2]. Ce trait s'atténuera très fortement à partir de l'époque, vers le VIe siècle, où se généralisera la coutume de baptiser les enfants dès leur naissance, et il finira même par disparaître quand le baptême s'imposera par la force de la coutume sociale et de la tradition familiale, et la pratique religieuse sous la même pression. Ce trait disparaîtra, s'entend, dans l'extériorité de la vie collective de la population chrétienne, sans préjuger de la vigueur de la foi des individus croyants ; mais la religion chrétienne en viendra alors à se propager comme toutes les autres, non plus par la contagion de la liberté de la foi mais par la force d'une tradition sociale, elle perdra son originalité première pour se réduire à un phénomène de transmission, mettant du coup la foi, prise globalement, en danger de n'être plus qu'une croyance du même genre que celle des autres religions, en tant que toute croyance est transmissible, mais non la foi chrétienne, réponse à l'appel personnel du Christ, à l'invitation intérieure de l'Esprit.

Ce rappel du fondement de la foi chrétienne et cette évocation de l'histoire du christianisme fournissent et illustrent le

---

religion » (108, 3), Paris, Éd. du Cerf, coll. « Sources chrétiennes » 2, 1949.

1. On lit des déclarations de ce genre chez TERTULLIEN, *v.g. Apologétique*, 50.

2. Les chrétiens de cette époque se flattaient d'avoir une religion aussi peu ritualisée que possible, différente en cela même de la religion juive, ainsi ARISTIDE, *Apologie*, 4 ; *À Diognète*, III-IV.

88 DIEU QUI VIENT À L'HOMME

principe théologique d'une distinction entre foi et croyance, Évangile et religion, dont une simple observation empirique ne permet généralement pas de rendre compte. La foi ou croyance-*pistis*, que la philosophie grecque avait laissée dans le registre inférieur de l'opinion-*doxa* – assentiment faible à des préjugés ou à des témoignages non vérifiés, soumission aux opinions dominantes, sentiment de confiance fort mais aveugle et non contrôlé –, a été élevée par l'Évangile à la dignité d'une sagesse éclairée par l'Esprit de Dieu, d'une conviction fortifiée par lui, d'un principe de jugement critique et de conduite morale (Mt 10, 19-20; Rm 8, 5-9; 1 Co 2, 10-16)[1]. Cet anoblissement présuppose qu'elle reste sous la mouvance de l'Esprit, force d'attachement au Christ et lumière d'intelligence de l'Évangile. Mais la foi qui négligerait de se ressourcer à l'Écriture et à l'Évangile dans la force et la lumière de l'Esprit, ne serait bientôt plus qu'attachement à des pratiques rituelles, obser-vation de traditions, entraînement collectif, piété sentimen-tale, confiance accordée à des signes; elle perdrait la force de s'affirmer comme un «je crois», pour se dissimuler dans un «nous croyons», voire dans un vague «on croit»[2]; elle se ravalerait alors au rang de «simple croyance», au sens d'une opinion qui se propage et se transmet et qu'on se contente de suivre.

Dans la vie d'un chrétien, foi et simple croyance sont souvent mélangées dans des proportions variées ou dominent alternativement; ce mélange et cette alternance peuvent être considérés comme normaux, jusqu'au point où la simple croyance deviendrait prédominante et s'installerait durable-ment: un tel chrétien perdrait alors la «vie de la foi», qui est réalité surnaturelle, vie de l'Esprit en lui, et sa foi ne serait

---

1. CLÉMENT D'ALEXANDRIE définit la foi *(pistis)* au moyen des mots connaissance *(gnôsis)* et science *(epistèmè)*, v.g. *Stromates* VII, 10, 55-57. J'ai commenté ce texte dans «La gnose de Clément d'Alexandrie dans ses rapports avec la foi et la philosophie», dans *RecScRel.* 37-38 (1950-1951). – Max WEBER décrit les «religions de la foi» plutôt (mais pas uniquement) en termes de religiosité irrationnelle, p. 573-584.

2. Je fais ici référence à l'analyse du «nous» – «je dilué et amplifié» – et de la troisième personne comme «non-personne», par Émile BENVENISTE, *Problèmes de linguistique générale*, t. I, Paris, Gallimard («Tel»), 1966, p. 225-236, 251-257, et t. II, Gallimard NRF, 1974, 197-214.

pas essentiellement différente de la croyance naturelle d'autres religions. On peut même préjuger que, privée de l'attachement au Christ et de la lumière de l'Esprit, de la méditation de l'Écriture et de la référence à l'histoire de la révélation, la foi en Dieu de ce chrétien ne différerait pas formellement du bien-connu de Dieu qui est le fond commun de toutes les religions, pour ce motif que la croyance, quand elle n'est plus qu'attachement à des rites et coutumes, se soumet d'instinct à la même finalité qui a institué en tout lieu des pratiques analogues depuis le début de l'humanité : elle est mue par le désir obscur de conjurer les châtiments du Tout-Puissant, d'attirer sa protection, de provoquer ses interventions – par tous ces «préjugés finalistes» que Spinoza tenait pour super-stitions et échange de biens et services entre la divinité et les hommes [1]. L'évolution de la foi en simple croyance qui se produit dans la vie d'un chrétien, sa pratique restant par hypo-thèse plus ou moins égale (parce que soutenue par l'habitude ou l'environnement), ne tombe pas sous l'observation empi-rique : chacun, seul, peut en répondre au for de sa conscience. Si elle se généralisait dans une large fraction de la population de dénomination chrétienne, la pratique étant toujours supposée sensiblement égale (parce que maintenue par la force de la tradition et de l'opinion publique), l'observation socio-logique, qui analyse les comportements publics et collectifs, ne serait pas davantage en mesure d'enregistrer cette évolu-tion, dont le discernement relève d'un jugement théologique, sauf quand ces comportements viennent à varier, qualitative-ment ou quantitativement : on dit alors que la religion change, ou qu'elle diminue, ou qu'elle menace de disparaître. Nous sommes ici ramenés au point où nous avait conduits l'analyse philosophique de la perte de la croyance.

---

1. La parenté fonctionnelle montrée par Marcel Mauss entre le rituel des sacrifices hindous et celui de la messe catholique illustre l'assimilation que le ritualisme opère par son propre fonctionnement entre les rites de diverses religions alors même qu'elles ne se sont pas contaminées mutuellement dans un voisinage historique. M. Mauss, *Œuvres*, t. I, *Les Fonctions sociales du sacré, Essai sur le sacrifice*, Paris, Éd. de Minuit, 1968, p. 300. Il en va ainsi quand la foi est impuis-sante à réactiver le «mémorial de la Passion» et que la croyance se rabat sur la causalité automatique du rite (l'*ex opere operato* de la théologie scolastique).

La même distinction entre foi et simple croyance, Évangile et religion, nous aidera à compléter, mais du dedans, l'analyse de cette perte. Le chrétien dont la foi se réduit à l'état de simple croyance devient fatalement plus dépendant des courants d'opinion qui circulent dans son environnement social, des nouveaux modes de penser qui décrédibilisent les anciens discours religieux et le rendent bientôt incapable de penser sa religion comme avant, des nouveautés culturelles et des nouvelles mœurs qu'elles entraînent, qui bousculent les traditions religieuses et en rendent la pratique de plus en plus archaïque. En étudiant la crise des XVIIᵉ et XVIIIᵉ siècles, nous avions remarqué l'apparition d'une nouvelle compréhension de l'univers et de la relation de l'homme au monde, qui mettait en question l'intelligence de la Bible et l'idée de Dieu liée à la vision religieuse de l'ordre du monde. Les croyants de cette époque dont la mentalité avait changé ont fatalement ressenti le désaccord entre cette nouvelle rationalité et leurs pratiques religieuses, d'autant plus vivement que ces dernières, dans la mesure où elles étaient mues par la simple croyance, visaient un type de relation de Dieu au monde en contradiction avec le nouvel ordre de la science. Si nous poursuivions notre enquête, nous verrions ce divorce s'accroître au XIXᵉ siècle avec la maîtrise technologique de la nature et l'instauration de nouveaux rapports économiques. On comprend facilement la perte des croyances et des pratiques religieuses qui a résulté d'un tel changement historique de civilisation : le croyant s'éprouve en porte-à-faux entre la vision du monde qui s'exprime dans son comportement religieux et celle qui est pensée et vécue autour de lui, et de plus en plus partagée par lui-même. Si donc ne se produit pas en lui un sursaut de foi capable de réaccorder son idée de Dieu avec le nouvel ordre de vérité et de valeurs dans lequel il est entré, il abandonnera sans trop s'en rendre compte un comportement religieux qui n'a plus pour lui de vérité ni de valeur et ne peut plus que l'empêcher d'assumer la nouveauté de l'histoire et de la vivre avec les autres. Quand ce phénomène se généralise, la pratique religieuse qui s'était instituée dans la nuit des temps, d'un consentement spontané et universel, parce qu'elle servait à penser et à vivre le monde, disparaît massivement et sans bruit, parce qu'elle perd la capacité de remplir son office.

On parle alors d'une perte de la foi. On n'a pas tort du point de vue de l'observation empirique : la foi perd sa visibilité dans le monde quand diminuent ou disparaissent les pratiques par lesquelles elle se signifiait. Je préférerai parler, en théologien, d'une perte de la croyance. Non pour masquer la réalité, ou en chercher quelque explication rassurante, ou se donner l'illusion de lendemains nouveaux, ou se consoler du deuil de Dieu, mais pour respecter le secret de la foi, en tant qu'elle est le mystère de la liberté de l'homme et de celle de Dieu, et de la relation de chaque personne humaine à Dieu et de Dieu à l'histoire humaine. Quand nous évoquons les temps de « chrétienté », avant l'invasion des Lumières, nous pensons que c'était un temps de foi intense parce que les pratiques religieuses étaient ferventes et abondantes. Nous avons peut-être raison, mais peut-être pas autant que nous ne l'imaginons : beaucoup de ces pratiques pouvaient être routinières, ou n'être que des superstitions, ou des survivances d'anciens cultes païens, ou inspirées par un imaginaire religieux archaïque – savons-nous toujours à quel Dieu s'adressent nos prières ? Inversement, les pratiques qui résistaient à l'abandon généralisé des croyances pouvaient témoigner d'une vitalité de la foi plus grande qu'à l'époque antérieure ; mais peut-être pas, car plusieurs d'entre elles pouvaient n'être qu'attachement obstiné à une tradition familiale, ou refus des changements de la société. Et si nous regardons le monde qui s'est vidé de pratiques religieuses, que savons-nous qu'il soit absolument vide de foi ? Dietrich Bonhoeffer, réfléchissant que « l'acte *religieux* est toujours partiel » alors que « la *foi* est un tout, un acte vital », et que « Jésus n'appelle pas à une religion nouvelle, mais à la vie », et évoquant ensuite « l'athéisme du monde », ajoute cette phrase troublante, sinon choquante : « Le monde adulte est plus impie et, peut-être justement pour cette raison, plus près de Dieu que ne l'était le monde mineur[1]. » Il voulait dire ceci : si l'on accepte l'idée que c'est la volonté de Dieu que l'homme atteigne la maturité de la raison (l'idéal des Lumières !), fût-ce en prenant sa liberté à son égard, on ne peut pas exclure que Dieu, qui juge le fond des cœurs, trouve la *vie* de cet homme plus pleine de *foi* qu'au

---

1. D. BONHOEFFER, *Résistance...*, *Lettre* du 18 juillet 1944, p. 368. (Voir plus loin p. 97, n. 1.)

temps de sa pratique religieuse, parce qu'il s'est débarrassé de ses idoles et a entrepris la recherche de Dieu « en esprit et en vérité » (voir Jn 4, 24 et Ga 4, 1-5).

Mais pouvons-nous accepter cette idée ? Elle renvoie à Dieu, le premier intéressé, le problème de la perte de la foi, et il est normal que le croyant, troublé, se retourne du côté de Dieu pour lui en demander raison. Mettant Dieu en cause, ce problème est mystère, non seulement sous l'aspect de la relation de Dieu à un individu, mais aussi et plus encore au plan universel, et il rejoint alors le mystère de l'histoire du salut. Car toute cette histoire est mystère : au temps des Patriarches, Dieu se laisse adorer sous d'autres noms que le sien ; au temps de l'exode au désert, il ne cesse de reprocher à son peuple ses infidélités ; plus tard, il lui fait dire par ses prophètes qu'il ne prend pas plaisir aux sacrifices qui lui sont offerts dans son Temple ; il envoie des envahisseurs païens le punir, comme s'ils étaient chargés d'accomplir ses volontés : et le peuple hébreu n'a cessé de relire ses Écritures, dans la foi et l'action de grâce, comme une histoire de salut, une histoire « sainte », reconnaissant que Dieu, en tout cela, « visitait son peuple ». De cette même histoire, Jésus, mal accueilli par les siens dès le début de sa prédication, n'a semblé retenir que des épisodes où Dieu avait préféré gratifier des païens étrangers plutôt que des membres de son peuple (Lc 4, 24-29) ; il déclarait trouver plus de foi chez les païens qu'en Israël (Lc 7, 9 ; Mt 15, 28), ou chez les « pécheurs » que chez les « justes » (Lc 19, 9 ; Mc 2, 17) ; il annonçait que le Royaume de Dieu serait ouvert à « beaucoup » de païens alors qu'il serait fermé à ses « héritiers » naturels (Mt 8, 11-12) ; il n'en continuait pas moins l'histoire de son peuple dans la sienne, présageant, puis subissant l'échec de sa mission, jusqu'à se sentir finalement « abandonné » par Dieu (Mc 15, 34). L'histoire de la foi est une tragédie divine, tragédie des rapports de Dieu avec les hommes, d'un Dieu rejeté par ceux qu'il poursuit de son amour, histoire également dramatique du côté des hommes appelés à prendre leur liberté en se confiant à lui. Comment un chrétien qui s'attriste de la situation présente du christianisme pourrait-il oublier toute cette histoire et méconnaître que la foi chrétienne ne peut pas ne pas en porter l'effet et le signe ? C'est encore Bonhoeffer qui nous renvoie à cette épreuve de vérité ; remarquant que « le Dieu qui est avec nous est celui qui nous abandonne (Mc 15, 34) », il poursuit avec lucidité : « Voilà la différence décisive d'avec les autres religions. La religiosité de l'homme le renvoie dans sa misère à la puissance de Dieu dans le monde, Dieu est le *Deus ex machina*. La Bible le renvoie à la souffrance et à la faiblesse de Dieu ; seul le Dieu souffrant peut aider. Dans ce sens on peut dire que l'évolution du monde vers l'âge adulte [...], faisant table rase d'une fausse image de Dieu, libère le regard de l'homme pour le diriger vers le Dieu de la Bible qui acquiert sa puissance et sa place dans le monde par son impuissance [1]. » Cette réflexion jette une lumière crue sur la différence que je cherche à établir entre foi chrétienne et croyance religieuse ; elle n'ajoute rien à l'explication du phénomène de l'incroyance que peut fournir la sociologie historique, pas plus qu'elle n'y contredit, elle n'apporte au chrétien ni consolation ni espoir, mais elle lui permet de *penser* et de vivre dans la vérité de la foi ce phénomène de « la mort de Dieu ».

Du « père tout-puissant » au « dieu bouche-trou ».

Mais quel est ce Dieu qui meurt ? Revenons à un point auquel nous avons touché à propos de la notion chrétienne de Dieu. J'avais dit que la prédication évangélique, à ses origines, ne s'était pas préoccupée d'élaborer un enseignement propre sur Dieu, mais s'était bornée à reprendre celui de la Bible – un seul Dieu et Seigneur, le Créateur de l'univers, Juge des vivants et des morts – et à ajouter que c'est lui qui est le père de Jésus. Ce fait est bien compréhensible : la prédication concentrait ses efforts sur ce qu'elle avait de plus neuf à apporter aux païens, et qui concernait Jésus Christ, tandis qu'elle n'avait pas à annoncer Dieu comme s'il était totalement inconnu de ces peuples, tous très religieux. Au contraire elle s'appuyait sur leur croyance en Dieu présumée, après l'avoir corrigée par l'enseignement biblique – un seul Dieu, le Créateur –, pour leur annoncer la nouveauté de Jésus Christ, Fils de Dieu. Tout en comprenant cette pédagogie, nous n'en remarquons pas moins que l'idée de Dieu transmise par le christianisme n'avait pas été et ne sera pas de longtemps réinterprétée selon la nouveauté de sa manifestation en Jésus, Fils

---

1. D. BONHOEFFER, *Résistance...*, *Lettre* du 16 juillet 1944, p. 366-368.

de Dieu incarné, mort et ressuscité. L'Incarnation ainsi que la Trinité seront certes au centre de l'enseignement chrétien et ces deux doctrines se répercuteront sur celle de Dieu, cela n'est pas contestable. Mais à quelle profondeur vont-elles modifier l'idée de Dieu, c'est-à-dire le sens de sa relation au monde et aux hommes ? Elles mettent en lumière sa bonté et la manière dont il accomplit historiquement l'œuvre du salut. Mais elles ne touchent pas radicalement à ce qui est, dans la pensée des croyants de toutes religions, le plus fondamental de la relation de Dieu au monde, et qui est sa toute-puissance, la domination qu'il exerce sur l'univers et sur les hommes au titre de Créateur et de Juge et qui fonde son droit d'intervenir sur le cours de la nature et de l'histoire – ce droit d'intervention qui est le fondement du culte comme échange entre Dieu et les hommes, ainsi que le notait Spinoza. Les doctrines de l'Incarnation et de la Trinité étaient de nature à transformer cette idée – nous aurons évidemment à en reparler –, mais la théologie classique ne s'en avisera pas de sitôt et s'emploiera plutôt à montrer comment la mort et la résurrection de Jésus attestent et rehaussent, l'une la justice, l'autre la puissance souveraine de Dieu. Il en résultera que l'idée chrétienne de Dieu restera déterminée pour l'essentiel par un bien-connu venu du plus lointain des âges et du plus commun des religions du monde : l'idée d'un Dieu « tout-puissant » et « père », « Père tout-puissant », appellation issue des traditions patriarcales, donnée aux dieux immortels et à Zeus dans les mythologies grecques et les cultes orientaux, à Yahvé dans les traductions grecques de la Bible hébraïque, à Jupiter chez les écrivains latins antérieurs à l'ère chrétienne, et devenue très tôt l'expression favorite des chrétiens qui l'introduiront dans le premier article du Credo[1].

---

1. Sur l'origine des termes « pater » et « omnipotens » et leur association dans le vocabulaire biblique, puis chrétien, voir l'étude érudite de René BRAUN, « *Deus Christianorum* » *Recherches sur le vocabulaire doctrinal de Tertullien*, Paris, PUF, 1962, p. 97-104 ; – les origines patriarcales de l'idée biblique de Dieu : E. DHORME, *L'Évolution religieuse d'Israël*, t. I, *La Religion des Hébreux nomades*, Bruxelles, Nouvelle Société d'Édition, 1937, p. 313-349 (en particulier 318, 332, 343) ; – Zeus *paterfamilias* : Martin P. NILSSON, *La Religion populaire dans la Grèce antique*, Paris, Plon, 1954, p. 118-119 ; – sur la toute-puissance du *pater familias* des sociétés grecques antiques transposée

LE DEUIL DE DIEU

Quand ils lisent cette expression dans le Credo, les chrétiens isolent volontiers le substantif « Père », qu'ils entendent de la relation de paternité de Dieu envers Jésus, de l'adjectif « tout-puissant », qui viendrait déterminer la première personne de la Trinité, méconnaissant ainsi que les deux termes font corps pour désigner Dieu en tant que Dieu, la divinité de Dieu, selon son acception première, comme source et matrice de toute vie et maître souverain de toutes choses et de tous les êtres[1]. Ce nom évoque un Dieu dominateur, dont la paternité cosmique s'exerce précisément sous forme de pouvoir absolu, comme il en était du pouvoir du chef de clan ou de famille dans les sociétés traditionnelles, Dieu interventionniste et justicier, souvent représenté par la statuaire de nos cathédrales dans la pose d'un Dieu en gloire qui trône au-dessus de l'univers et dont la royauté s'exerce par le jugement redoutable qui envoie les hommes, les uns au ciel, les autres en enfer. Telle est l'idée de Dieu, ne disons pas qui portait la foi, mais qui était véhiculée par la croyance de beaucoup de fidèles, dont la piété n'est pas en cause, dans les temps dits chrétiens, croyance dont nous observons l'effondrement. C'est ce bien-connu de Dieu, empli de nos ignorances et de nos peurs, qui se vide de son contenu, à mesure que les savoirs sécularisés dénient la capacité de Dieu d'intervenir dans les choses de l'univers comme dans les affaires des hommes, que les mentalités nouvelles d'hommes devenus majeurs refusent des attitudes religieuses ressenties comme serviles et infantiles, et que les instruments de la puissance politique n'ont plus le souci de se référer à la souveraineté divine. Voilà le Dieu qui est mort, non formellement le Dieu de l'Évangile, mais celui de la religion.

---

en Zeus et sur le sentiment de culpabilité (des offenses commises envers le père) et de peur (des vengeances) qui va en conséquence affecter le sentiment religieux : E. R. DODDS, *Les Grecs et l'irrationnel* (1959), trad. fr., Paris, Aubier, 1965, p. 55-59.

1. Le nom divin *kurios* viendrait de *Kuein* (être enceinte) d'après Émile BENVENISTE, *Le Vocabulaire des institutions indo-européennes*, t. II, p. 183. Voir E. DHORME, p. 318 : le nom biblique « Dieu ouvre » (le sein) devenu nom de lieu (Yiphtah-El) dans Jos 19, 14-27.

Un bref retour sur les origines et l'histoire du christianisme, du point de vue de son culte, confirmera cette conclusion. Si on laisse de côté l'Évangile qui relève de la foi et qui est ce par quoi le christianisme n'est pas une religion comme les autres, le bagage religieux, strictement dit, du christianisme naissant était fort maigre, nous l'avons vu, puisque Jésus n'avait légué à ses disciples ni code législatif ni rituel, hormis le baptême (mais il était couramment pratiqué dans d'autres groupes juifs plus ou moins marginaux ou dissidents) et l'eucharistie (mais elle reproduisait la coutume des repas juifs festifs). Le reste du religieux chrétien sera constitué d'emprunts postérieurs, au rituel juif ancien ou rabbinique principalement, et aussi plus tard aux cultes et au droit sacré des peuples païens baptisés. Ces emprunts seront, certes, authentifiés par des références expresses à la personne de Jésus, à ses paroles et à ses gestes, ou aux Écritures, et à la tradition considérée comme « apostolique » – références bien propres à faire de l'institution chrétienne la religion authentique de l'Évangile, cela n'est pas mis en doute. Mais plus la foi s'altérera en croyance et se réduira à des pratiques sociales ou traditionnelles qui auront perdu, dans les esprits, leur référence évangélique consciente et vécue – plus le baptême, par exemple, sera pratiqué comme rite de naissance et d'intégration au groupe, ou l'eucharistie à la manière des sacrifices expiatoires destinés à satisfaire à la justice divine, ou la pénitence sur le modèle d'un jugement d'excommunication et de réconciliation –, plus la pratique du christianisme deviendra conforme à celle d'autres religions, et plus elle renverra en conséquence au « Dieu commun » des religions davantage qu'au Dieu de l'Évangile.

Les ethnologues et historiens expliquent par leurs affinités cultuelles le fait qu'une population passe massivement ou progressivement d'une religion à une autre sur un laps de temps plus ou moins court. Cela s'est produit dans l'histoire du christianisme, parfois à son profit, quand un peuple entier acceptait le baptême, d'autres fois à son détriment, ainsi du passage à l'islam des peuples de l'ancien Orient chrétien. Il en va ainsi parce que toutes les religions, malgré la diversité de leurs signifiants, remplissent pour leurs fidèles des fonctions identiques : en donnant satisfaction à leurs aspirations spiri-tuelles, elles aident les gens à s'intégrer à leur environnement naturel, culturel et social, à leur passé et à leur peuple, à leurs morts aussi, de telle sorte que la relation au divin qu'elles insti-

LE DEUIL DE DIEU

tuent se redouble immédiatement d'une relation à la nature et à la société qu'elles sacralisent. De toutes ces manières, la religion est un produit culturel qui se recommande d'une relation symbolique au « Père tout-puissant », commune et implicite référence de tous les « besoins » religieux. Mais le même principe qui explique le remplacement d'une religion par une autre, laisse aussi prévoir leur disparition, quand ne s'imposeraient plus à la société les besoins pour lesquels elles étaient pratiquées et que leur fonctionnement perdrait son utilité au jugement même de leurs fidèles. Le christianisme n'échappe pas à ces conditionnements : il a pu prospérer pour des motifs qui ne venaient pas directement de la foi mais de « besoins » de repères religieux, car là où il est question de religion, ce n'est pas immédiatement l'Évangile qui est en cause ; et il court le risque de disparaître, dans la mesure où il s'est réduit à une pratique religieuse, quand disparaissent les besoins auxquels celle-ci répondait antérieurement. Le besoin du religieux, quand il l'emporte sur la recherche de l'Évangile, quand la fonction utilitaire du culte rendu au Père tout-puissant l'emporte sur la relation gratuite au Dieu qui est Esprit, sur l'accueil du don de l'Esprit, prépare la dissolution de la religion.

À l'époque de la modernité, le christianisme ne disparaît pas dans une autre religion, mais dans la culture, qui est finalement parvenue à débusquer Dieu des différents lieux où son nom servait de « bouche-trou », pour remplir le vide de nos connaissances scientifiques ou pour nous dispenser de répondre à nos problèmes humains[1]. Mais est-ce bien le christianisme comme tel qui disparaît ? Ce n'est pas lui tel que nous l'avons défini par son rapport à la personne du Christ, à la foi en lui, à la Parole de Dieu, à l'Évangile ; c'est le besoin de religion

---

1. D. BONHOEFFER, *Résistance...*, *Lettre* du 29 mai 1944 : «... Nous n'avons pas le droit dans notre connaissance imparfaite d'utiliser Dieu comme bouche-trou, car lorsque les limites de la connaissance reculent – ce qui arrive nécessairement – Dieu est aussi repoussé sur une ligne de retraite continuelle. [...] Ceci est valable [...] également pour les problèmes simplement humains de la mort, de la souffrance et de la faute. Aujourd'hui, il existe des réponses humaines à ces questions qui peuvent faire abstraction de Dieu. [...] Ici non plus, Dieu n'est pas bouche-trou : il doit être reconnu, non à la limite de nos possibilités, mais au centre de notre vie », p. 322-323.

auquel il avait d'abord répondu, en tant qu'institution cultuelle, quand il s'était substitué aux anciennes religions des populations qui recevaient le baptême, et auquel il s'est ensuite réduit, à mesure que sa fonction cultuelle l'emportait dans l'esprit des fidèles sur la foi et la vie évangéliques. La religion se dissout dans la culture comme l'ombre dans la lumière (et c'est bien ce que voulait signifier le nom «Lumières»), pour les mêmes raisons qui avaient contribué à son emprise sur les esprits: parce que la culture se prête maintenant à rendre les services autrefois demandés à la religion, non absolument tous ni les mêmes, mais ceux pour lesquels sa fonction «utilitaire» était le plus estimée: pour obtenir la maîtrise de la nature, assurer la cohésion de la société, gérer les rapports de chacun avec un monde longtemps tenu pour sacré, et maintenant désacralisé du fait qu'il est approché par la raison «critique» au lieu de la croyance. Nous avions naguère conclu que le Dieu qui disparaît dans cet effondrement n'est pas le Dieu de l'Évangile, mais celui de la religion. Nous pouvons compléter cette conclusion en ajoutant: ce qui disparaît ici, ce n'est pas le christianisme pris en ce qu'il a de spécifique, c'est la religion comme telle.

Le phénomène est d'une importance considérable et même difficilement imaginable, si l'on songe que, dans les limites des observations possibles, l'humanité n'a vécu en aucun temps ni aucun lieu sans religion, ou du moins sans signes religieux, pour ne pas préjuger de l'apparition des institutions cultuelles. Si ce fait est capital du point de vue anthropologique, il ne l'est pas moins au plan théologique. Tertullien disait, contre les théoriciens du Dieu inconnu, que Dieu n'existe pas s'il n'est pas connu, parce qu'il est de sa nature de se donner à connaître pour être reconnu dans son incomparable grandeur, ce qu'il fait au moyen de ses grandes œuvres qui emplissent tous les hommes de crainte, d'admiration et de gratitude[1]. En termes différents, Dieu est essentiellement

---

1. Cette démonstration se développe du chapitre x au chapitre xxi du livre I du traité de Tertullien *Contre Marcion*, ainsi introduite: «Dès le commencement des choses, leur Créateur s'est manifesté en même temps qu'elles, qui avaient été produites précisément pour que Dieu soit connu» (X, 1).

adorable ; le sentiment d'adoration par lequel le croyant s'approche de Dieu, conduit le philosophe ou le théologien à le concevoir et le définir, comme le fera Anselme, tel que « rien de plus grand (ou de meilleur) ne se puisse concevoir »[1], ce concept étant la version métaphysique de l'idée de Dieu dont « l'adorabilité » (le « sacré », avec son double caractère de fascination et d'effroi[2]) serait la version religieuse ; selon l'une et l'autre version, prises ensemble, l'existence de Dieu est inhérente à son essence et liée à l'adoration qui lui est rendue et dans laquelle il se manifeste. À supposer qu'il soit possible de prouver son existence à partir des créatures, selon la voie traditionnelle, une démonstration rationnelle ne suffirait pas à imposer la croyance en lui à l'ensemble des hommes en l'absence de quelque signe de « notoriété » propre à inspirer le respect, l'adoration, c'est-à-dire des sentiments religieux, dont le caractère propre est précisément de se communiquer en procurant la communion au divin. C'est donc le rôle de la religion de donner à Dieu de la visibilité par l'adoration qu'elle lui rend, et c'est ainsi qu'elle témoigne de son existence et, peut-on dire, qu'elle le fait exister dans notre monde. Qu'advient-il de Dieu quand elle disparaît ? La question est aujourd'hui posée, et la théologie ne peut s'y dérober.

Avant d'examiner la signification du phénomène, il convient d'en mesurer l'ampleur. L'entreprise n'est pas des plus faciles, car il ne paraît pas possible de mesurer le fait de cette disparition en recourant seulement à des données quantifiables sans déjà l'interpréter. Le phénomène religieux dans

---

1. J.-L. MARION, *Questions cartésiennes*, p. 250-253, cite en notes plusieurs auteurs anciens, païens (Cicéron, Sénèque) ou chrétiens (Augustin assurément, et Boèce), chez qui se trouvent des formulations proches de celles d'Anselme et qui ont pu l'inspirer. On peut y ajouter ce texte de Tertullien : « Ce qui fait apprécier *(aestimari)* Dieu, c'est l'incapacité de l'apprécier, en telle sorte que la force de sa grandeur le rend et connu et inconnu aux hommes. Et le comble de la faute de ceux qui ne veulent pas le reconnaître, c'est de ne pas pouvoir l'ignorer » (*Apologétique* XVII, 3). – Cette « filière » est intéressante pour montrer la provenance religieuse, mais aussi l'ambition philosophique de l'argument « ontologique » : raison de plus de ne pas incriminer ce dernier d'avoir été le fourrier de l'athéisme.

2. Voir R. OTTO, *Le Sacré* (1917), trad. fr., Paris, Payot, 1929, p. 28-68.

100   DIEU QUI VIENT À L'HOMME

nos pays est devenu si labile, si fluide qu'on ne sait comment
l'appréhender, à plus forte raison le définir[1] : on parle de « religions civiles » ou « politiques » et même de « religions sans
Dieu »[2], on est hésitant sur les traits distinctifs de la « religion » et de la « secte », on dénote du « religieux » dans toutes
sortes de comportements ritualisés (sportifs...) ou bien on ne
parlera plus que du « cérémoniel » pour n'avoir pas à se
prononcer sur la « nature » du « religieux »[3]. Pour clarifier le
problème, essayons de distinguer les deux mots « religion » et
« religieux », le substantif et l'adjectif. La dualité des étymologies du mot *religio* chez les auteurs latins, païens et chrétiens, de l'Antiquité paraît fournir une base acceptable à cette
distinction sémantique, que je crois susceptible d'éclairer les
ambiguïtés de la situation présente. Ce substantif est rattaché
à *relegere* ou *religere* par les païens (Cicéron), à *religare* par
les chrétiens (Tertullien, Lactance)[4]. La première étymologie
porte sur l'acte de « cueillir » en « se recueillant », par exemple,

---

1. M. DE CERTEAU a souvent et vigoureusement fait la remarque
que les « sciences religieuses » de notre époque ne savent plus désigner
exactement leur objet au point de renoncer même à l'usage du mot
« religieux » ou « religion ». Voir *La Faiblesse de croire*, Paris, Éd. du
Seuil, 1987, p. 191-198, 227-238. – De même Émile POULAT, *L'Ère
postchrétienne*, Paris, Flammarion, 1994, p. 36 : « La situation épistémologique des "sciences religieuses" n'est pas encore pleinement clari-
fiée. Leur objet positif n'est pas exactement délimité. »
2. La revue *Esprit* de juin 1997 a publié une enquête sur la religiosité française sous le titre *Le Temps des religions sans Dieu*, en
remarquant que le « retour du religieux » des années 1970-1980
« accompagne le retrait de la culture judéo-chrétienne et l'affaiblisse-
ment des confessions et des Églises » (p. 6).
3. Voir l'article de Claude RIVIÈRE, « Rites profanes, bribes de sacré »
dans *Enjeux du rite dans la modernité, RechScRel.* 78 (1990) 373-385.
4. É. BENVENISTE, *Le vocabulaire...*, p. 265-272, indique ces deux
étymologies en faisant observer que les langues indo-européennes
anciennes ont des mots différents pour signifier la religion et que
plusieurs en sont dépourvues, ce qui ne doit pas étonner dans des civilisations où la religion n'a pas de domaine particulier mais est partout.
Il tient l'étymologie fournie par les chrétiens pour une fausse interprétation, qui porte une marque spécifiquement chrétienne. *Le Robert
– Dictionnaire historique de la langue française* (1992), au mot « Religion », renvoie à Benveniste et suit l'évolution sémantique du mot dans
la langue française.

LE DEUIL DE DIEU

sur l'attention scrupuleuse avec laquelle on observe une tradition (que l'on « cueille ») ou une célébration (où l'on « se recueille ») ou avec laquelle on « relit » et « répète » un rituel ; ce sens peut s'appliquer à n'importe quelle attitude de respect, de ferveur, de méticulosité, mais convient particulièrement à tout ce qui touche au « sacré », usage auquel il a fini par être réservé pour signifier la « religiosité » qui se rassemble et s'exprime dans une « religion ». La seconde étymologie met l'accent sur l'acte de « lier » et de « relier », sur le lien des croyants à Dieu, leur dépendance à son égard, l'obligation qui en résulte pour eux, lien qui les rassemble en les reliant entre eux dans le même culte. Ce second sens admet le caractère subjectif fourni par la première étymologie, mais vise particulièrement l'objectivité du lien et se prête donc à désigner le lien social qui lie les croyants à et dans une même institution cultuelle ; si l'on remarque que c'est Dieu même « qui se lie l'homme et l'attache par la piété » (Lactance), on peut en déduire que la religion a une vocation de rassemblement universel, pour étendre son lien à toute la société. Sur cette base, on comprendra, d'une part, que la « religion » est une forme instituée d'organisation sociale du « religieux » en lien avec la vie globale de la société, et qu'elle est en perdition quand cette forme se désagrège et que ce lien se rompt ; d'autre part, que le « religieux » peut émigrer en dehors de la « religion » et s'exprimer sous de tout autres formes, même dépourvues de référence au sacré, sans que cette dispersion vienne conjurer la déperdition de la religion, dont elle est au contraire une manifestation symptomatique. Tel est le phénomène qui se passe sous nos yeux, et dont nous cherchons à rendre compte : on observe une prolifération du religieux dans sa dimension individuelle en même temps qu'une extinction de la religion au plan de l'insertion sociale.

Les Églises chrétiennes, toutes dénominations confondues, se sont vidées et continuent à se vider de leurs fidèles, le christianisme a perdu son empire sur la société qui s'est laïcisée, il n'a plus de lien de subsistance avec elle, hormis des modalités juridiques de coexistence sinon de simple tolérance. Ce qui disparaît ainsi, c'est la religion, d'abord sous sa forme « publique » ou collective de société croyante (qui avait eu une existence « politique » dans la « chrétienté » du Moyen Âge et, plus tard, en divers lieux, sous la modalité des « religions

102 DIEU QUI VIENT À L'HOMME

d'État»), en ce sens qu'elle a perdu sa figure globale et totalisante avec son dynamisme intégrateur ; et c'est ensuite la religion sous sa forme institutionnelle, en tant que lien d'appartenance à une institution à laquelle des individus s'agrègent, font allégeance, s'identifient, à laquelle ils font tous ensemble confiance pour se relier organiquement à Dieu à travers un corpus d'Écritures, de traditions, de dogmes, de rites et d'autorités constituées – lien qui se brise quand des chrétiens désertent en masse l'institution, que d'autres contestent de l'intérieur. Le religieux ne disparaît pas pour autant : les chrétiens qui ont quitté leurs églises passent rarement à une autre confession, parfois à une autre religion, plus souvent à une secte qui se désigne par une certaine croyance ou recherche spirituelle ou ritualité mystique, ou à quelque groupement (ou «école» ou nouvelle «gnose») dans lequel ils trouvent à satisfaire librement leur «religiosité» ; le plus grand nombre ne va nulle part ailleurs, renonçant à toute expression collective de quelque sentiment religieux que ce soit, quitte à fixer sur quelque objet «profane» (la politique, l'art, le sport...) la «ferveur inquiète» (le «scrupule») qui leur reste de leur ancienne «religiosité». Le religieux demeure donc, non en attestation mais en contestation de la religion d'où il a essaimé, au même titre que le phénomène majoritaire de l'incroyance ou de l'agnosticisme.

Comment définir ce religieux hors religion ? Il se dérobe en fait aux tentatives de le définir, précisément parce qu'il a défait ses liens à la religion et n'est plus capable de «relier» des gens ensemble, solidement et durablement, n'étant plus lui-même relié à une tradition ni lié en système, il n'est plus qu'un «lieu de transit»[1]. Après les premiers constats désolés du «déclin de la religion», l'effervescence des sectes, des recherches ésotériques et des groupes charismatiques (toutes choses à ne pas confondre) avait fait naître l'espoir d'un «retour du religieux». On espérait en effet que le religieux ramènerait à la religion, cela ne s'est pas produit : il ne

---

1. M. DE CERTEAU, p. 246-249, définissait ainsi les diverses manifestations religieuses de notre époque ainsi que les sciences religieuses qui s'en occupent, en tant qu'«opérations de passage» remplissant une «fonction de transition», et il parlait aussi, p. 267-283, du «transit chrétien» pour désigner la dissémination du langage chrétien qui a perdu le rapport au corps ecclésial.

l'avait pas quittée pour y revenir. Voici la première leçon à tirer de ces observations : ce qui s'est détruit dans la religion, c'est exactement le lien, social et religieux, tout ce qui a pour fonction de lier et de relier, le principe d'autorité et d'identité, le pouvoir de l'institution d'obliger l'individu, la loi de la répétition du même, ce qui fait système et enferme. Le même constat, sans les mêmes résultats, est d'ailleurs à faire à l'intérieur des Églises, surtout de l'Église catholique dont l'édifice se lézarde : des lignes de fracture apparaissent entre groupes intégristes, traditionalistes, conciliaires, charismatiques, progressistes, qui ont bien du mal à se reconnaître identiquement chrétiens, le Credo dogmatique ne fait plus l'unanimité, l'autorité est discutée de plusieurs côtés adverses à la fois, même le rite échoue dans bien des cas à remplir son rôle « initiatique » d'intégrer l'individu à un corps. Rupture des appartenances ou fragilisation du lien qui fait exister la religion, ce phénomène se donne à lire de part et d'autre comme une victoire sur elle de la volonté d'émancipation qui caractérise l'esprit de la modernité. Même ceux qui ont salué dans le retour du religieux l'aurore d'une postmodernité doivent y reconnaître le dépassement de la modernité dans sa propre ligne, celle de l'individualisme et de la subjectivité : à chacun sa religion, à chacun sa façon de vivre sa religiosité.

Le lien observable entre la modernité, dont les revendications d'indépendance à l'égard de la religion nous sont apparues dans la philosophie du XVIIe siècle, et la situation présente du christianisme, que nous avons commencé d'analyser sur le double plan de la sociologie et de la théologie, donne au phénomène de retrait de la religion une dimension historique qui demande à être étudiée formellement sous cet aspect. Il semble qu'il y ait une poussée de l'histoire qui tend inexorablement à chasser hors d'elle la religion : comment interpréter ce mouvement tel qu'il s'est produit dans le *passé* ? Quel rôle y a joué le christianisme et sur quel *avenir* peut-il compter ? La première question relève de la sociologie historique, la théologie doit fournir sa réponse à la seconde.

L'ère de « la sortie de la religion » (Marcel Gauchet).

Ce phénomène a fait l'objet de maintes études, les unes décrivant le dépérissement de la religion, d'autres s'intéressant à la survivance ou à la reviviscence du religieux, quelques-unes

104 DIEU QUI VIENT À L'HOMME

visant à expliquer la conjonction de ces deux aspects. Je me bornerai à en citer quelques exemples. L'un des premiers, au milieu du XXe siècle, le théologien réformé Gabriel Vahanian a analysé avec une courageuse lucidité, sous le titre *La Mort de Dieu*, la double « agonie » du christianisme, interne et externe, religieuse et culturelle, et l'entrée du monde occidental dans une « ère post-chrétienne »[1]. Faisant de cette expression le titre d'un livre récent, sous-titré *Un monde sorti de Dieu*, l'historien bien connu du catholicisme moderne, Émile Poulat, conclut l'évocation du demi-siècle écoulé par une appréciation réaliste mais sans pessimisme : « L'homme contemporain peut rester religieux, ou même le redevenir, mais dans des cadres sociaux et mentaux de culture, d'activité, de valorisation qui ne le sont plus. [...] Ce n'est pas la fin du christianisme, mais c'est bien la fin d'un certain esprit chrétien... C'est en outre la fin d'une histoire, ce n'est sûrement pas la "fin de l'histoire"[2]. » Dans un autre livre récent, Danièle Hervieu-Léger, observatrice attentive du christianisme « en mouvement », note que la préoccupation actuelle de la sociologie des religions est de saisir « le rapport de la modernité à la religion sous le double aspect de la dispersion des croyances et des conduites d'une part, et de la dérégulation institutionnelle du religieux d'autre part[3] ». Elle caractérise cette modernité religieuse par « la tendance générale à l'individualisation et à la subjectivisation des croyances religieuses », qui se démultiplient et se diversifient tandis que « se fissurent les dispositifs de son encadrement institutionnel », concurrencé par un processus « d'autonomisation communautaire »[4] ; des figures

---

1. G. VAHANIAN, *La Mort de Dieu. La culture de notre ère post-chrétienne*, Paris, Buchet-Chastel, 1962, voir par exemple p. 173-174. Ce livre, qui commence par une opposition entre religiosité et foi chrétienne (p. 17-25), n'entend pas annoncer la disparition de la foi en Dieu mais la déchristianisation de l'esprit du monde moderne (p. 173-174 et 207-210).

2. É. POULAT, *L'Ère post-chrétienne*, p. 304 et 306.

3. D. HERVIEU-LÉGER, *Le Pèlerin et le Converti*, Paris, Flammarion, 1999, p. 18. L'auteur ajoute que, dans le cas des sociétés traditionnelles comme dans celui des sociétés modernes, « les sociologues ne savent pas, si l'on ose dire, par quel bout prendre la religion », p. 20.

4. *Ibid.,* p. 43, 45, 54, (p. 157 : ce processus subissant l'influence de l'individualisme de la modernité).

inédites de croyants apparaissent, telles celles des « pèlerins » ou des « convertis », manifestant la « mobilité » et la « fluidité » de la pratique et « la dimension choisie de l'identité religieuse »[1] ; des communautés nouvelles, des réseaux, des groupes se forment, à l'intérieur desquels une régulation mutuelle ou communautaire du croire se substitue à celle de l'institution ecclésiale[2] ; ainsi les institutions sont-elles « travaillées » du dedans par un mouvement de « désinstitutionnalisation » qui résulte des deux tendances contraires à l'individualisme et au particularisme communautaire[3].

Je m'attarderai davantage à un dernier livre, souvent commenté et discuté depuis sa parution en 1985, *Le Désenchantement du monde*, de Marcel Gauchet, qui me paraît bien expliquer la situation présente, dans la ligne d'ailleurs des observations précédentes, et le processus par lequel on en est arrivé là. Ce livre a fait choc, parce qu'il annonçait que notre époque était celle de « la sortie de la religion » et que le christianisme était « la religion de la sortie de la religion », ce que beaucoup comprenaient en ce sens que la religion allait inexorablement disparaître et que le christianisme était lui-même l'agent de cette disparition – ce qui était un contresens, dans la mesure exacte où cela ne représentait que la moitié de la pensée de l'auteur, à savoir que la religion disparaît comme structure sociale, sans préjuger que le religieux disparaisse en tant qu'expérience, pratique ou institution : « Car la religion, ce fut d'abord une économie générale du fait humain, structurant indissolublement la vie matérielle, la vie sociale et la vie mentale. C'est aujourd'hui qu'il n'en reste plus que des expériences singulières et des systèmes de convictions [...]. Et c'est proprement en cela que nous avons d'ores et déjà basculé hors de l'âge des religions. Non parce que l'influence des Églises, le nombre des fidèles et l'intensité de la foi auraient diminué assez pour qu'on les décrète dépourvus dorénavant de signification, voire qu'on puisse prédire leur prochaine

---

1. *Ibid.,* p. 98 s., p. 126 s.

2. *Ibid.,* p. 177-190 (exemple des groupes charismatiques, souvent étudiés par l'auteur).

3. *Ibid.,* p. 196-200. – Voir aussi Hippolyte SIMON, *Vers une France païenne ?*, Paris, Éd. Cana, 1999.

106   DIEU QUI VIENT À L'HOMME

disparition. Mais beaucoup plus sûrement parce que la logique conservatrice de l'intégration dans l'être et de la solidarité avec le donné naturel ou culturel s'est renversée [...] Hormis cela, ce procès de décomposition/recomposition du cadre humain-social mené à son terme, rien n'interdit d'envisager la survivance indéfinie de libres sociétés de croyance et de pensée à l'intérieur d'une société entièrement dégagée de l'emprise structurante de la croyance[1].» La fin ou la sortie de la religion, «ce n'est pas disparition de toute expérience de type religieux», c'est «la fin de [son] rôle de structuration de l'espace social», dans l'ordre de la dépendance à l'égard d'une altérité transcendante, la fin de «l'organisation complète du champ humain-social par la religion». «L'âge de la religion comme structure est terminé», «sa fonction sociale s'efface», il ne reste plus que la «fonction subjective» de l'expérience religieuse[2].

Dans un livre écrit quinze ans après, M. Gauchet confirme à nouveau son diagnostic, en montrant qu'il n'était en rien infirmé par le «retour du religieux» dont on avait tant parlé entre-temps: «Sortie de la religion ne signifie pas sortie de la croyance religieuse, mais sortie d'un monde où la religion est structurante, où elle commande la forme politique des sociétés et où elle définit l'économie du lien social», «c'est le passage dans un monde où les religions continuent d'exister, mais à l'intérieur d'une forme politique et d'un ordre collectif qu'elles ne déterminent plus», c'est «une recomposition d'ensemble du monde humain par ré-absorption, refonte et ré-élaboration de ce qui revêtit en lui, des millénaires durant, le visage de l'altérité religieuse[3]». Ce même processus, poursuit l'auteur, confirmé par «la déroute des substituts de religion élaborés depuis le siècle dernier», qu'on avait appelés «religions séculières», «est en train de transformer la religion elle-même pour ses adeptes», de telle sorte qu'il y a «coexistence de la sortie de la religion et de la réinvention de la religion», mais toujours sous le signe de la fin de son histoire, car «ce qui ramène les religions sur le devant de la

---

1. M. GAUCHET, *Le Désenchantement du monde. Une histoire politique de la religion*, Paris, Gallimard, NRF, 1985, p. 133-134.
2. *Ibid.*, p. 233 et 236.
3. M. GAUCHET, *La Religion dans la démocratie. Parcours de la laïcité*, Paris, Gallimard, «Le débat», 1998, p. 12 et 14.

LE DEUIL DE DIEU   107

scène, si singulier que cela puisse paraître, c'est leur recul
même », et les prétendus « retours du religieux » « me semblent
correspondre à tout sauf à un retour à la religion, dans l'acception rigoureuse du terme – ils procèdent bien davantage d'une
adaptation de la croyance aux conditions modernes de la vie
sociale et personnelle qu'ils ne nous ramènent à la structuration religieuse de l'établissement humain », ils ne font que
« substituer l'ordre de la conviction personnelle à l'empire de
la coutume et de la communauté »[1]. « Les croyances se muent
en identités », les religions en cultures, et c'est à ce titre
qu'elles peuvent jouir d'une reconnaissance publique ; elles ne
sont donc pas reléguées obligatoirement dans la sphère privée,
mais elles restent encloses dans un espace social sécularisé qui
s'accommode fort bien, pour ce motif, du pluralisme religieux ; jadis, l'offre précédait l'adhésion individuelle, aujour-
d'hui, la demande de sens se substitue à la réception d'un
donné transcendant, la foi n'a plus son ressort dans l'objet
révélé, mais dans le sujet : il y a eu « révolution du croire »,
« renversement copernicien de la conscience religieuse »[2].

Revenons au *Désenchantement du monde*. Cette expression, reprise de Max Weber, qui l'appliquait à la disparition
des représentations magiques[3], désigne, chez Marcel Gauchet,
le processus de transfert à l'État représentatif moderne du
pouvoir de structuration de la société primitivement détenu
par la religion. L'observation de la disjonction présentement
accomplie dévoile l'origine, en elle-même inatteignable, et
l'essence de la religion ; et le parcours du passé au présent
éclaire réciproquement notre histoire, qui s'explique par la
religion puisqu'elle en « procède »[4]. La religion pure et
« première » est le dynamisme intégrateur et organisateur de
l'être-ensemble des hommes et de leur être-là au monde en
symbiose avec la nature ; elle fonde ce vivre-avec sur une
altérité invisible, un passé immémorial et immuable dont elle
assure par ses rites la perpétuité dans le présent ; elle est, par

---

1. *Ibid.,* p. 17, 18, 20, 22, 28, 29.
2. *Ibid.,* p. 88, 94-96, 98-102, 105, 108-110.
3. M. WEBER, « Essais sur quelques catégories de la sociologie
compréhensive » (1913), dans *Essais sur la théorie de la science*,
trad. fr. J. Freund, Paris, Plon, 1965, p. 336.
4. *Le Désenchantement du monde,* p. 136-137.

108   DIEU QUI VIENT À L'HOMME

essence, « rapport de négativité de l'homme social à lui-même », « rapport de dépossession entre l'univers des vivants-visibles et son fondement », « principe de mobilité mis au service de l'immobile », elle est « l'énigme de notre entrée à reculons dans l'histoire », « disposition contre l'histoire »[1]. « Coprésence à l'origine et disjonction d'avec le moment d'origine, exacte et constante conformité à ce qui a été une fois pour toutes fondé et séparation d'avec le fondement : on a dans l'articulation de ce conservatisme radical à la fois la clé du rapport religion-société et le secret de la nature du religieux[2]. »

Deux fractures majeures jalonnent le chemin qui conduit de ces origines jusqu'à aujourd'hui ; la première est située « dans le demi-millénaire avant notre ère », « entre 800 et 200 avant Jésus Christ » – c'est l'apparition des religions de la transcendance, notamment du monothéisme mosaïque, « la période axiale de l'histoire universelle » – la seconde, « quelque part autour du XVIIe siècle », « quelque part autour de 1700 », – et c'est là où « s'arrête l'histoire proprement chrétienne »[3] ; mais ces fractures sont préparées par des vagues de fond venues des siècles antérieurs et prolongées par des ondes de choc qui ne crèveront la surface de l'histoire que des siècles plus tard. La première est marquée, conjointement, par « la naissance de l'État », « transformateur sacral », « l'événement qui coupe l'histoire en deux », c'est-à-dire qui « fait entrer les sociétés humaines très précisément dans l'histoire », entendons dans »le mouvement », qui transfère des dieux aux hommes la

---

1. M. GAUCHET, *Le Désenchantement du monde*, p. 12-25.

2. *Ibid.*, p. 15. Ces analyses de l'origine de la religion sont confirmées par cette remarque de M. P. NILSSON, p. 137 : « Dès l'origine, chez les Grecs, la religion et la société – ou l'État – ne furent pas deux entités distinctes, mais bien deux aspects étroitement liés de la même entité » ; et par l'explication donnée par É. BENVENISTE, *Le Vocabulaire...*, t. II, p. 266, à l'absence d'un mot désignant la religion dans plusieurs langues indo-européennes : « S'il est vrai que la religion est une institution, cette institution n'est cependant pas nettement séparée des autres, ni posée hors d'elles. On ne saurait [...] dénommer la religion qu'à partir du moment où elle est délimitée [...]. Or dans les civilisations que nous étudions, tout est imbu de religion, tout est signe ou jeu ou reflet des forces divines. »

3. *Le Désenchantement du monde*, p. 26, 42 (avec référence à Karl Jaspers), 84 et 232.

LE DEUIL DE DIEU 109

maîtrise de la sphère humaine et de la nature, et, d'autre part, par « le passage de l'immanence à la transcendance », par l'émergence du Dieu un et séparé, créateur et révélateur, phénomène qui induit « un double processus de réduction de l'altérité et de promotion de l'intériorité », « comme une loi de l'émancipation humaine par l'affirmation divine », « un saut du passé au présent », « une division du sujet et de l'objet », et qui accomplit ainsi « la transformation du mode de pensée et du statut de l'intelligible »[1]. La seconde fracture est la dislocation du monde plein et hiérarchisé de la chrétienté médiévale en ses deux éléments constitutifs, le spirituel et le temporel, entraînant « l'indépendance de l'ordre humain par rapport à l'ordre divin »; dévaluée par rapport à la sphère céleste et libérée de l'omniprésence du surnaturel, la sphère terrestre devient indépendante du pouvoir religieux et passe sous la domination de l'État par « transfusion de sacralité dans le politique », par « légitimation sacrale du secteur profane »[2]; – parallèlement, la médiation spirituelle de l'Église, conduisant ses fidèles à la foi personnelle et à l'autonomie vis-à-vis du monde, leur apprend cependant à « se consacrer aux tâches de salut en œuvrant (dans le monde) à son accomplissement propre » et leur permet de vivre la liberté et l'intériorité de la foi jusqu'à la « contestation de l'Église dans sa légitimité médiatrice », de sorte que « la réquisition du monde s'accentue de concert avec l'individualisation de la foi », car « plus Dieu s'éloigne en son infini, plus le rapport avec lui tend à devenir purement personnel, jusqu'à exclure pour finir toute médiation institutionnelle »[3].

Entre ces deux fractures, se situe l'événement du Christ, le dogme de l'Incarnation, « l'inséparable mystère nourricier de la séparation et de l'altérité condensées en la figure du Sauveur », unissant en lui les deux ordres de réalité, donnant « pleine consistance » à chacun dans un « irrattrapable écart », que symbolise le sacrement eucharistique; « pleine conjonction d'une humanité complète et d'une divinité intégrale », mais « dans une disjonction complètement maintenue », l'incarnation « fait du chrétien un être indéfiniment écartelé entre

---

1. *Ibid.,* p. 26, 28-29, 53-57.
2. *Ibid.,* p. 118, 103, 226, 229.
3. *Ibid.,* p. 76-79, 98, 107-108, 112, 77.

110   DIEU QUI VIENT À L'HOMME

devoir d'appartenance et devoir de distance, entre alliance
avec le monde et étrangeté au monde », écart qui fonde la
médiation ecclésiale sans pourtant imposer sa nécessité institutionnelle, puisque l'événement médiateur est à jamais révolu
et qu'il permet, « de l'intérieur de la religion », de « sortir de
la logique religieuse de la dépendance »[1]. Au terme, il y a la
situation que nous connaissons, l'émancipation tant du croyant
dans la sphère religieuse que du citoyen dans la sphère politique, la prise en charge par l'individu de tous les liens dont
il s'était à l'origine déchargé sur la religion, l'accomplissement de la « réforme de l'être-au-monde » dont était porteuse
la « révolution chrétienne » et dont la « rupture religieuse »
des XVIe-XVIIe siècles provoque le dénouement par la triple
transformation du mode de pensée, du lien de société et du
cadre d'activité, l'avènement de la société moderne « par
métabolisation de la fonction religieuse », par « résorption de
l'altérité religieuse », le « passage de la société de religion à
la société sujette d'elle-même en tant que structurée hors religion », c'est-à-dire le passage à la démocratie et à la « laïcisation de l'histoire »[2].

Le parcours que nous a fait suivre Marcel Gauchet est
une remise en situation de la religion dans l'histoire des civilisations et du christianisme dans l'espace social. Il laisse
ouvertes bien des interrogations, qu'il soulève d'ailleurs
souvent lui-même, sur l'analyse des éléments structurants[3], la
périodisation proposée[4], ou l'interprétation théologique[5], à

---

1. M. GAUCHET, *Le Désenchantement du monde,* p. 97, 104, 106,
175, 183, 190-191, 228 (ici référence à la Réforme).
2. *Ibid.,* p. 79, 128-130, 202, 231, 234, 239, 248, 267.
3. Ainsi, la magie (*ibid.,* p. X-XI, ou le chamanisme, p. 24) semble
représenter l'essence même de la religion, point discuté par les anthro-
pologues. On pourrait également mettre en question la notion d'État à
la haute époque où paraît située son apparition (p. XI).
4. Les périodes, souvent floues (Xe/XIIIe s., XVIe/XVIIIe s.), risquent
d'enclore des phénomènes assez différents et éloignés les uns des autres,
par exemple *ibid.,* p. 143, l'unification du panthéon mésopotamien et
l'hénothéisme mosaïque, qui n'est pas encore tout à fait le pur monothéisme, comme nous l'avons vu.
5. Les points d'histoire me paraissent mieux interprétés théologiquement (ainsi la conciliation par le Christ de la contradiction inhérente

LE DEUIL DE DIEU   111

laquelle je vais bientôt revenir. Tel quel, il méritait cependant qu'on s'y arrête, principalement pour deux motifs. Il place d'abord sous son véritable éclairage le processus de la perte de la croyance que nous avions commencé par étudier sous son aspect philosophique, car il considère la croyance dans son être concret, qui est social et historique, la religion, qui n'est pas seulement foi, mais « culte et communauté » (comme le disait Ernst Troeltsch, qui sera étudié au chapitre suivant). Cette perte ne peut manifestement pas être imputée au seul maléfice du discours ontothéologique, alors qu'elle suit le cours d'une vaste évolution de la civilisation. La mise en lumière de la « dimension politique » de cette histoire de la religion montre bien que la crise des XVIᵉ-XVIIᵉ siècles a une structure authentiquement religieuse, mais non moins qu'elle ne se réduit pas à un facteur surnaturel, à une défaillance de la foi, puisqu'elle concerne la totalité du vivre-ensemble des hommes dans leur rapport à la société, à la nature et à l'histoire.

En d'autres termes, la société civile subit le contrecoup d'une crise religieuse, mais, réciproquement, la société religieuse subit le choc d'un mouvement de fond qui intéresse globalement l'établissement collectif des hommes dans la sphère terrestre. Ce qui relativise d'autant la responsabilité des Lumières européennes dans cette crise, qui se préparait notamment depuis la fin du Moyen Âge, comme l'avait noté Bonhoeffer[1]. La situation de la foi aujourd'hui est du même coup remise dans de plus justes proportions – et c'est l'autre précieux avantage de ce livre. Parce qu'elle provient du déploiement de l'histoire, soustraite à la domination de sa fin transcendante, dans sa propre temporalité et finitude[2], parce qu'elle n'est donc pas simple avatar de la religion, mais retrait

---

au judaïsme ou au monde païen, *ibid.*, p. 156 et 177) que les points strictement doctrinaux (ainsi du concept d'incarnation, bien expliqué du point de vue de Chalcédoine, moins bien de celui d'Éphèse, qui enclôt la distinction des deux natures du Christ dans l'unité du sujet, *ibid.*, p. 174-175).

1. C'est l'un des mérites de ce livre de mettre en valeur le rôle du XIIIᵉ siècle dans cette histoire : *ibid.*, p. 115-116, 119, 200, 222, 231.

2. M. GAUCHET, *La Religion...*, p. 22 : « Nous vivons très exactement la fin de l'histoire finie – de l'histoire pensable sous le signe de sa fin. »

structurel de l'histoire hors de la religion, cette crise ne s'explique pas par la seule déperdition de substance de la foi. Pour la même raison et dans la même mesure, elle ne sera pas résolue par un simple sursaut de foi, elle est une étape irréversible. Ainsi averti, le chrétien, qui réfléchit à l'impulsion donnée par l'incarnation à l'histoire et qui l'accepte, se trouve renvoyé à la liberté de la foi et invité à la soustraire au déclin de la religion et à prendre son avenir en main – comme tout citoyen est provoqué, par le même mouvement de l'histoire, à prendre en charge l'avenir de la société en son rapport maintenu mais incertain à une énigmatique altérité[1].

Qu'advient-il de Dieu dans cette histoire de la religion dont nous vivons la fin[2], où donne-t-il une attestation de son existence ? Si nous nous tournons vers les lieux d'émigration du « religieux », sa figure ne peut être que confuse. Y verra-t-on un reste de foi, dont les égarements mêmes témoigneraient de l'emprise persistante de Dieu sur les esprits ? Dans bien des cas aberrants, on aurait honte d'en convenir. Dans d'autres cas, qu'on veut espérer nombreux, on dénotera, sans parvenir à en identifier le contenu, des sentiments du sacré, des aspirations à une transcendance, quelque intuition du divin, peut-être des traces de croyance en Dieu. Mais ce religieux disloqué et difforme est impuissant à nommer son Dieu, s'il en a un. Au mieux, on l'interprétera comme la marque d'une énergie spirituelle enfouie dans l'homme, d'une volonté d'autodépassement, instinct d'altérité qui le pousse à chercher la voie de son accomplissement toujours au-delà de lui-même[3]. Il serait téméraire de chercher à en dire plus, du moins pour l'instant. Si l'on regarde maintenant la « religion » chrétienne là où elle

---

1. M. GAUCHET, *Le Désenchantement...*, p. 302 : « Nous sommes voués à vivre désormais à nu et dans l'angoisse ce qui nous fut plus ou moins épargné depuis le début de l'aventure humaine par la grâce des dieux. »

2. *Ibid.,* p. 10 : « La religion est à comprendre, à notre sens, comme un phénomène historique, c'est-à-dire défini par un commencement et une fin, c'est-à-dire correspondant à un âge précis de l'humanité, auquel en succédera un autre. »

3. M. Gauchet parle du « choix » comme d'un acte inconscient mais libre par lequel l'homme ou le corps social assume ou au contraire refuse son histoire, ainsi *ibid.*, p. 20-21.

LE DEUIL DE DIEU   113

est restée ferme et consistante, malgré ses fractures et ses fragilités, un croyant n'hésitera pas à dire que sa force de résistance aux adversités du temps témoigne du Dieu de Jésus, de la puissance qu'il a gardée de rassembler en elle ses fidèles. Mais pour combien de temps encore ? La perte de substance du christianisme l'empêche de donner à son Dieu une visibilité qui imposerait au plus grand nombre de le reconnaître. Dans son Église fissurée et menacée, la figure de Dieu devient plus opaque, lointaine, indécise, comme s'il était parti lui aussi en voyage, partageant l'errance de son peuple, sinon pour émigrer à son tour en dehors de la religion, du moins comme pour en faire éclater les clôtures et se faire voir autrement. Au regard de la culture occidentale, qui a fait reculer si fortement la religion, Dieu semble avoir plus de passé que d'avenir – ou un avenir tout autre que ne le fut son passé au sein de la religion[1].

On ne peut toutefois pas décider de son sort en s'en tenant à la seule religion chrétienne et à la seule société européenne, sur lesquelles ont porté quasi exclusivement les analyses qui précèdent. D'autres religions prospèrent en d'autres pays, cela n'est pas contestable, à tel point même qu'on est allé jusqu'à parler de « la revanche de Dieu[2] ». L'élargissement du regard des chrétiens au-delà de nos frontières serait-il de nature à les rassurer et à redonner de la visibilité à leur Dieu ? C'est peut-être l'espoir secret des tentatives actuelles de rapprochement des Églises chrétiennes avec les autres religions du monde. Mais deux faits au moins démentent cet espoir. Le fait, d'abord, que la situation du christianisme n'est guère plus brillante hors d'Europe, soit dans des pays majoritairement chrétiens, où l'on observe à la fois la même déperdition des croyances et des pratiques et la même prolifération inquiétante du religieux, à relents ésotériques ou sectaires, tant à l'intérieur des Églises qu'à l'extérieur, soit dans des pays majoritairement non chrétiens, où la propagation du christianisme est stoppée

---

1. Voir les réflexions – purement interrogatives – de M. Gauchet sur « le religieux après la religion », *ibid.*, p. 292-303 – confirmation de la distinction que j'avais proposée de faire entre ces deux termes.

2. G. KEPEL, *La Revanche de Dieu. Chrétiens, juifs et musulmans à la reconquête du monde*, Paris, Éd. du Seuil, 1991. J'avais rendu compte de ce livre dans la revue *Études*, n° 3753, de septembre 1991, p. 252-255.

depuis longtemps par la vitalité de ces autres religions ou l'agressivité des cultures autochtones. Le fait, ensuite, que ces religions ne sont pas indemnes des vicissitudes présentes du christianisme partout où elles se trouvent au contact de la culture occidentale, soit en Europe soit sur d'autres continents, contamination qui ne fera que s'accroître, hors d'Europe, avec l'expansion de la technologie et la « globalisation » des économies et des marchés de la culture, avec surtout les progrès de la démocratie, de la laïcité et des libertés civiques, car il y a tout lieu de penser que le desserrement des liens de la religion et des pouvoirs politiques produira dans ces pays des effets semblables à ceux que nous avons observés chez nous. Répétons-le, ce ne sont pas les attaques de quelques philosophes des Lumières contre l'idée de Dieu ou la religion qui ont mis le christianisme en si grand péril, c'est une nouvelle *epistèmè* ou régulation des savoirs, de nouveaux critères de vérité, un nouveau regard sur l'univers, l'histoire, la société, une nouvelle façon pour l'homme d'habiter l'espace et le temps en les maîtrisant, un nouveau vivre-ensemble, une nouvelle organisation de la société en fonction de l'émancipation des individus, une poussée souterraine et irrésistible de l'histoire montant des profondeurs des temps. Il serait, certes, prétentieux de penser que ce qui s'est passé en Europe doit nécessairement se reproduire ailleurs sous la pression de notre culture. Il ne le serait pas moins de croire que cette formidable poussée de l'histoire, venue des lointaines contrées où les « grandes religions » ont pris naissance, cette prodigieuse mobilisation d'une volonté collective d'assumer la destinée humaine n'ait pas d'autre aboutissement que l'installation de la démocratie en Europe. Le phénomène que nous avons étudié n'est finalement pensable que dans sa dimension d'universalité.

La perspective d'une perte de Dieu dans la disparition de la religion s'est désormais installée dans notre paysage culturel, elle ferme l'horizon de la foi. Regarder ailleurs, là où la croyance semble encore vivace, ne peut que troubler la foi : le Dieu des chrétiens aurait-il moins de vitalité que ceux des autres cultes ? Regarder en arrière, avec le désir que le passé refleurisse, c'est pareillement douter du pouvoir de Dieu d'habiter l'histoire que la volonté des hommes s'est tracée à travers le retrait de la religion. Le chrétien soucieux de conserver la foi en harmonie avec la raison n'a pas d'autre issue que de se placer sous l'éclairage de l'Évangile pour évaluer, en croyant, le rôle que le christianisme a joué, peut-être à son corps défendant, dans l'histoire de la religion que nous avons déroulée, et chercher de quelle façon nouvelle en assumer désormais l'avenir – sans méconnaître qu'il est aussi responsable de l'avenir de la société qui se fraie sa route hors religion et dont tous les hommes de ce temps reçoivent solidairement la charge.

De la nouveauté évangélique à la modernité.

Notre analyse se porte donc maintenant sur le présent du christianisme du point de vue de l'avenir qui lui est hypothétiquement ouvert ou fermé par le constat d'une « sortie de la religion », non pour se livrer à des pronostics laissés à la subjectivité de la croyance, mais pour évaluer précisément la ressource d'avenir que le christianisme garderait en lui ou, au contraire, dont il se serait dépouillé en tant que « religion de la sortie de la religion »[1]. En d'autres termes, il s'agit de juger si la théologie accepte ou refuse ce diagnostic, en tant qu'il met expressément le christianisme en cause dans le processus de la fin de la religion, et de quelle manière ou dans quelle mesure elle prend l'un ou l'autre parti. Il s'agit donc de juger, paradoxalement, si le christianisme se reconnaît dans l'héritage de la philosophie des Lumières, responsable de son déclin, puisque la fracture religieuse qui s'est produite « autour de 1700 » serait le dénouement tant des contradictions que des potentialités dont il était porteur depuis ses origines, selon le diagnostic de Marcel Gauchet – sans toutefois se laisser enfermer, comme on le fait trop souvent, dans un débat pour ou contre la « Modernité », puisque, selon le même auteur, les religions de la transcendance véhiculaient dès leur naissance la destination à sortir de l'histoire, dont la prime émergence est elle-même mouvement de sortie de la religion – double

---

1. On lira sur ce thème des réflexions pleines d'intérêt, pareillement liées à l'analyse de la pensée de M. Gauchet, chez Christoph THEOBALD, « l'Écriture, âme de la théologie, ou le christianisme comme religion de l'interprétation », dans l'ouvrage collectif *L'Écriture, âme de la théologie*, Bruxelles, Institut d'Études Théologiques, 1990, p. 109-132.

116   DIEU QUI VIENT À L'HOMME

diagnostic, donc, qui semble faire du christianisme le légataire universel de la religion chargé d'effectuer sa désinstallation. J'accepterai de valider ce jugement en ayant conscience du défi lancé à la théologie, puisqu'il met en cause, en fin de compte, sa capacité à rendre raison de la puissance de négativité qui est dans la foi chrétienne.

Commençons par évaluer cette fracture religieuse – fracture de l'histoire de l'humanité, prise absolument –, que l'historiographie avoue sous le nom de « modernité » donné à l'époque des Lumières et à ses prolongements jusqu'au début, à tout le moins, du XXe siècle. L'autre nom (controversé, mais qui tend à se répandre) de « postmodernité », attribué par plusieurs penseurs à la période contemporaine, datée de la Première ou de la Seconde Guerre mondiale, indique que le moment est venu d'un bilan critique de cette période – ce qui signifie, pour les uns, que l'histoire continue sur sa lancée, mais vers un horizon assombri qui dément les espoirs d'un « éclairement » *(Aufklärung)* du futur de notre civilisation[1] –, tandis que, pour d'autres, ce bilan permettrait de limiter l'étendue et de relativiser l'importance de cette fracture, laissant entrevoir un possible retour à une situation plus heureuse du christianisme[2]. C'est évidemment l'interprétation de la « modernité », surtout au regard de la religion, qui est en cause dans le débat théologique sur la signification de la « postmodernité », soit qu'on trouve le second concept encore trop lié à la mythologie du progrès et à la vision « séculariste » de la religion comme fonction d'intégration à la société, soit qu'il paraisse utile pour échapper au « désenchantement » de la modernité et introduire à la nouvelle vision de la religion

---

1. Ce bilan a été inauguré en Allemagne par le courant dénommé « l'École de Francfort », notamment par T. ADORNO et M. HORKHEIMER (*Dialectic of Enlightenment,* Londres, Verso, 1979).

2. Voir un gros dossier sur *Christianisme et modernité* publié par le Centre Thomas More, Paris, Éd. du Cerf, 1990, auquel ont collaboré théologiens (ainsi Claude GEFFRÉ, « La théologie au sortir de la modernité », p. 189-209, et moi-même sur « Christologie et modernité », p. 169-188) et philosophes (je renvoie en particulier à la contribution de Jean LADRIÈRE, « Le christianisme et le devenir de la raison », p. 211-232, dont le dernier paragraphe [« l'advenir du christianisme », p. 222 s.] porte expressément sur notre sujet).

LE DEUIL DE DIEU   117

permise par notre époque « postséculariste » [1]. Je n'entrerai pas
dans ce débat, trop confiné dans l'opposition mise entre deux
périodes de l'histoire, aux délimitations cependant si incer-
taines, et je m'emploierai plutôt à élargir (et par conséquent
à démythiser) le concept de « modernité », car la rationalité
des Lumières, prise comme force d'émancipation, est à
l'œuvre dans l'histoire depuis aussi longtemps que celle-ci
est aux prises avec la religion, étant par elle-même cette
dialectique de la négativité en quoi consiste l'émergence de
l'histoire à partir de la religion [2].

Deux témoignages historiques illustreront l'élargissement
de ce concept. Le premier sera celui de l'historien Eric Dodds,
qui avait reconnu dans l'âge classique de la Grèce antique
une période d'*Aufklärung*, telle que le règne du rationalisme,
c'est-à-dire, selon lui, l'affranchissement de tous préjugés religieux, de toute référence à quelque transcendance, paraissait
à jamais assuré, mais il s'étonnait que la superstition ait trop
vite recouvert cet espoir, et il n'en trouvait finalement pour
explication que la peur des hommes de ce temps d'assumer
la charge de la liberté, préférant abandonner leur destin au
déterminisme des astres, à la bienveillance des dieux, à la
sécurité des rites [3]. Le second témoignage est celui d'un
spécialiste du judaïsme antique, Gerhard von Rad, qui a décelé
dans la littérature sapientielle de l'Ancien Testament des traces
(ou des présages) d'*Aufklärung*, un nouveau regard, « sécularisé », sur la nature et sur l'histoire, une nouvelle attitude du

───────────

1. C. THEOBALD rend compte de ce débat en Allemagne dans
RechScRel. 82/2 (1994) 288-295 à propos de deux livres : Franz-Xaver
KAUFMANN, *Religion und Modernität*, Tübingen, J. C. B. Mohr, 1989,
et Eugen BISER, *Glaubensprognose. Orientierung in postsäkularisti-
scher Zeit*, Graz, Styria, 1991.

2. M. GAUCHET, *Le Désenchantement du monde*, p. 11, dit que
« le religieux, c'est l'énergie du négatif tout entière retournée au profit
de l'acceptation et de la reconduction de la loi établie ». Il serait plus
simple de dire (et plus conforme à la notion hégélienne de la dialectique) qu'il est la pure positivité de l'affirmation d'un monde holis-
tique et de réserver la négativité à ce qui est précisément refus et rupture
de cette totalité.

3. E. DODDS, *Les Grecs et l'Irrationnel*, p. 226-244 (sous le titre
significatif « La crainte de la liberté »). – On rapprochera ce jugement
de la conclusion de M. Gauchet citée n. 1, p. 112.

connaître, qui n'était certainement pas tournée contre la religion, mais qui impliquait pourtant une «désacralisation» de la nature et de l'histoire, que la raison aspirait à explorer et à conduire par elle-même, libre des contraintes d'un savoir religieux déjà ressenti comme archaïque[1]. Ces deux témoignages d'historiens de l'Antiquité, grecque ou juive, révèlent, aux deux sources de la pensée européenne, une volonté d'émancipation, qui ne procédait pas d'une pensée athée (évidemment pas dans le second cas), mais qui se montrait désireuse de s'approprier les domaines occupés par la religion en attendant que la raison les prît en charge. La référence aux Lumières, expressément faite par ces deux historiens, ne doit pas être soupçonnée de complaisance naïve envers un «mythe» du rationalisme moderne; l'un et l'autre ne font que dévoiler la continuité souterraine d'un cheminement rationnel venu au jour tard mais dont les aspirations étaient déjà perceptibles. L'immense importance de la «modernité» ne tient pas à sa nouveauté, mais à l'achèvement (provisoire) qu'elle apporte aux efforts séculaires des hommes pour libérer leurs ressources de rationalité.

Les Lumières du XVIIIᵉ siècle européen semblent avoir tenu le pari manqué par la rationalité naissante de la Grèce non moins que les promesses plus ténues de la sagesse hébraïque, Alliance qui devait se nouer dans le christianisme. La réussite n'est sans doute pas totale, heureusement ou malheureusement: le savoir sécularisé a repoussé la connaissance religieuse dans ses frontières, sans étouffer les appels d'une altérité transcendante; la pensée politique laïque a desserré l'étau de la religion, sans éteindre la superstition, peut-être même l'a-t-elle fait proliférer pour n'avoir pas su se tempérer; néanmoins, dans ses limites (provisoires?), le triomphe du rationalisme ne laisse pas d'être impressionnant. Pour la première fois dans l'histoire de l'humanité, la vie des

---

1. G. VON RAD, *Israël et la sagesse*, Genève, Labor et Fides, 1971. Il décèle dans les courants sapientiaux d'Israël un «processus de sécularisation», «d'humanisation» (p. 72-77), «d'*Aufklärung*», de «désacralisation», d'accession «critique» à la «majorité» (p. 117-120), une «prise de conscience de l'individu» (p. 193), «une désintégration sotériologique de l'histoire» (p. 319-323), etc.

hommes ne porte plus, sur toutes ses faces, l'empreinte de la religion, la société n'est plus soumise à sa domination. La cité païenne des anciens temps resplendissait des mille feux de la divinité, la cité chrétienne se glorifiait de sa consécration au Dieu unique, la cité moderne s'est dépouillée des signes religieux, elle est sécularisée, laïcisée. L'importance de ces ruptures du tissu religieux, c'est qu'elles se laissent lire, non comme des avatars fortuits, des nouveautés fragiles, mais dans la continuité et la logique de l'histoire. Au point où nous sommes situés, le résultat apparaît dans toute sa brutalité et mérite d'être énoncé, tel qu'il s'est fait, comme un blasphème : l'homme s'est débarrassé de Dieu, il n'est plus courbé sous sa loi, agenouillé devant lui, il s'est même donné la possibilité de le nier, il réussit en tout cas fort bien à se passer de lui, à ne plus penser à lui.

Cela, c'est l'aspect négatif de la modernité, dont la théologie devra rendre compte, puisque le blasphème est refus de l'adoration. Ce négatif a d'ailleurs bien d'autres effets, dans les domaines moral et politique notamment, volontiers dénoncés par les détracteurs de la raison des Lumières (quoiqu'ils se réclament souvent d'une pensée athée ou du moins agnostique), et qui ne sauraient être méconnus ou minimisés. Mais ce même résultat a des effets positifs, un à tout le moins, limité peut-être mais essentiel et indéfini : l'homme a appris à se prendre en charge, à assumer son destin ; il mesure ses limites, mais il a décidé d'aller au bout de ses possibilités ; il a refusé d'enclore le possible dans les limites du permis et du défendu, il veut être maître de ses choix, régner sur la totalité de l'espace humain ; il a rompu des liens, renversé des frontières, entrepris de naître à lui-même. Il a fait tout cela en se dégageant des entraves de la religion et de l'autorité divine dont elle se prévalait : c'est en ce sens, négatif, que l'émancipation de la raison moderne prend l'aspect d'un acte d'incroyance, d'une révolte contre Dieu. Mais l'envers du tableau est positif : c'est la naissance de l'homme en tant que sujet désassujetti qui revendique la maîtrise de ses connaissances et de ses choix moraux, de son histoire et de sa vie en société. Inscrire ce résultat au profit de l'humanité et à l'honneur de la « raison critique », ce n'est pas céder à un enthousiasme irréfléchi ou partisan envers les Lumières, c'est saluer l'inlassable travail de la rationalité sur elle-même, la montée en puissance de la liberté, et c'est marquer le seuil de la responsabilité de soi-même en deçà ou en dessous duquel l'humanité ne doit pas retourner ou retomber. Ce positif, la théologie peut le revendiquer comme un fruit du christianisme, mais elle n'a le droit de le faire qu'en prenant également en compte le négatif de la modernité, car ils sont l'envers l'un de l'autre.

Il est, en effet, riche d'enseignement de réfléchir à ce fait que la modernité est un produit de l'histoire du christianisme, et qu'aucune autre religion n'a accouché d'une culture à ce point marquée par la rationalité ni réussi cet exploit de libérer ses fidèles de son propre joug. Le christianisme y a réussi parce qu'il portait en lui une force d'émancipation de la raison et de la liberté. C'est cela qu'il est permis de saluer dans la modernité : l'avènement, non d'un homme qui aurait réussi à se libérer de Dieu en le mettant à mort, mais d'un homme sorti de son enfance religieuse et émancipé par Dieu même qui lui remet la libre disposition de soi[1]. La collusion entre le christianisme et la modernité est un fait indéniable[2]. Elle peut être interprétée en sens contraires, selon que prévaut l'idée que la modernité est l'œuvre de penseurs qui se sont détachés du christianisme pour l'attaquer du dehors, ou l'idée que ces mêmes penseurs y ont puisé ce qu'ils ont retourné contre lui. Or, ces deux idées sont vraies et n'ont rien de contradictoire, la seconde expliquant la première. Il suffit de se rappeler que le christianisme est à la fois religion et Évangile, pour comprendre la modernité comme le retournement de l'Évangile contre la religion. Encore doit-on faire attention à la façon dont ce retournement est fait : il peut être destructeur du christianisme, s'il est réducteur de toute transcendance, ou bienfaisant, s'il veut le ramener à sa source. On ne peut exclure un mélange

---

1. On est là au cœur de la pensée de D. BONHOEFFER : « En devenant majeurs, nous sommes amenés à reconnaître de façon plus vraie notre situation devant Dieu. Dieu nous fait savoir qu'il nous faut vivre en tant qu'hommes qui parviennent à vivre sans Dieu », *Lettre* du 16 juillet 1944, p. 366.

2. C'est évidemment le fond de la position de Marcel GAUCHET, qui renvoie à son tour à la thèse de Louis Dumont sur « la genèse chrétienne de l'individualisme », qui entendait lui-même prolonger la pensée d'Ernst Troeltsch. Références : *Le Désenchantement...*, p. 182 et n. 1.

LE DEUIL DE DIEU

de ces deux attitudes chez beaucoup de penseurs des XVIIe et XVIIIe siècles, qui se servaient de l'Évangile pour dénoncer l'intolérance religieuse sans souci de ménager le «dogme» chrétien, souvent englobé dans ce reproche. Il n'empêche que plusieurs d'entre eux ont vu très sincèrement en Jésus un maître et un modèle d'esprit religieux, d'élévation morale, de liberté d'esprit, un maître en humanité pour les hommes de tous les temps, ainsi Spinoza[1], Kant[2] ou Hegel[3], et la «théologie libérale» du XIXe siècle se flattait de réconcilier la pensée

---

1. B. SPINOZA, *Traité des Autorités...*, chap. Ier: «Je ne crois pas que personne se soit jamais élevé à une perfection, le plaçant à ce point au-dessus des autres hommes – excepté le Christ. [...] nous pouvons dire que la Sagesse de Dieu, c'est-à-dire une Sagesse surhumaine, s'est incarnée dans le Christ et que le Christ devient voie de salut», p. 624-625; chap. IV: «... Le Christ ne fut pas tant un prophète que la bouche de Dieu [...] il a été envoyé pour enseigner non seulement les Juifs, mais tout le genre humain [...] il a perçu en vérité les choses révélées», p. 674; ou encore p. 681, 691, 719, etc.

2. E. KANT, dans *La Religion dans les limites de la simple raison* (1793), IIe Partie, I A, présente le Christ, sous les noms de Verbe et Fils de Dieu, comme «Idéal de la perfection morale, c'est-à-dire Archétype de l'intention éthique dans sa pureté totale», «l'Idéal de l'humanité agréable à Dieu»; – IVe Partie, chap. Ier, parle de l'enseignement du «Maître de l'Évangile» comme de la «religion parfaite, qui peut être exposée à tous les hommes d'une manière compréhensible et convaincante en faisant appel à leur propre raison», dans *Œuvres philosophiques* III, Gallimard, coll. «La Pléiade», 1986, p. 75-82 (cité p. 76) et p. 187-194 (cité p. 194).

3. G. W. F. HEGEL, *Vie de Jésus* (1795), trad. fr. D. D. Rosca, Paris, J. Gamber, 1928, fait tenir à Jésus, dans ses adieux à ses disciples, un discours de parfait *Aufklärer*: «Je vous laisse en partant un guide en vous-mêmes. J'ai éveillé le germe de bien déposé en vous par la raison [...] Vous êtes devenus des hommes qu'on peut abandonner à eux-mêmes et qui n'ont plus besoin de lisière. Que votre moralité développée vous montre le chemin lorsque je ne serai plus avec vous», ce discours s'adressant aussi à Dieu: «Ô Être parfait, préserve-les afin que la loi suprême en eux, la loi qui les domine, soit l'amour du Bien», etc., p. 139-143.

4. Réconciliation tentée par Adolf HARNACK dans ses célèbres conférences sur *L'Essence du christianisme* (1899-1900), débarrassée de ses dogmes et ramenée à la morale évangélique. Voir la VIIe Conférence où il aborde «la question christologique»: «La sphère de la filialité divine, c'est la connaissance de Dieu», trad. fr., Paris, Libr. Fischbacher, 1907, p. 153-161 (cité p. 157).

122   DIEU QUI VIENT À L'HOMME

moderne et celle de Jésus[4]. On se souviendra enfin, dans la
même ligne, que l'Église a reconnu, au concile Vatican II,
la vérité de plusieurs « idées modernes », les droits de la personne
humaine, le libre exercice de la raison, la liberté d'expression
et même la liberté en matière de religion, et elle n'a pas craint
d'en revendiquer la paternité au profit de l'Évangile[1].

Le christianisme est donc fondé à se glorifier d'avoir
conduit l'humanité qu'il avait prise en charge à la pleine et
libre disposition de ses moyens, malgré les pertes qu'il en a
éprouvées. Il arrive que d'autres religions se flattent de lui être
supérieures parce qu'elles ont mieux réussi à garder leurs
populations sous leur coupe. Elles n'ont pas tort si le succès
d'une religion se mesure en termes de nombre et de pouvoir.
Le christianisme, lui, est en droit de répondre qu'il a reçu une
mission différente, désintéressée, celle d'éduquer les personnes
humaines en vue de leur émancipation, d'aider les individus
à secouer la tutelle où les enfermaient les sociétés anciennes,
d'ouvrir et de rendre plus libérales ces sociétés qui étaient
closes, cloisonnées et inégalitaires, de leur apprendre à sortir
des coutumes du droit sacré et à se gouverner par elles-mêmes
selon les règles d'un droit rationnel ; si ce résultat a été atteint
au prix de la perte de son pouvoir sur la société, le christianisme n'en doit pas moins estimer qu'il n'a pas failli à sa
mission ; s'il a contribué, à un niveau plus matériel, à l'élévation du niveau de vie et de la joie de vivre des hommes, il
peut se féliciter d'avoir atteint sa mission sur ce point également. Que ces objectifs proprement humanistes relèvent de sa
vocation, et au premier plan, voilà qui montre combien il
diffère des autres religions en cela même où il est religion,
dans la mesure où il se laisse pénétrer et lui-même transformer par l'esprit de l'Évangile – à la condition qu'il continue
à faire route avec les hommes alors même qu'ils se sont soustraits à son emprise religieuse.

À ce point de notre réflexion, nous avons reconnu que le
christianisme a fonctionné dans son histoire comme « religion

_____

1. Concile Vatican II, Constitution pastorale « L'Église dans le
monde de ce temps » *(Gaudium et spes)* ; Déclaration sur la liberté religieuse *Dignitatis personae humanae*, 1965.

LE DEUIL DE DIEU

de la sortie de la religion», non seulement parce qu'il a en fait accouché d'une société sécularisée, mais également parce que cette société a tiré de lui le ressort de son émancipation. D'autres exemples ou preuves de la compénétration du christianisme et de la modernité pourraient être apportés, qui appelleraient de nouvelles réserves ou prises de distance, mais cela nous éloignerait de notre propos, qui est théologique avant d'être historique. Nous avons donné une raison proprement théologique de cet état de choses, à savoir que le christianisme n'est pas seulement religion mais aussi et surtout Évangile. S'il n'était que religion, si différent qu'il soit des autres, son rôle spécifique dans cette histoire ne serait pas vraiment marqué, étant admis que la sortie de la religion se met en marche dès que l'histoire entre en mouvement : le christianisme serait seulement, en ce cas, la religion qui s'est trouvée en place et en position dominante juste en fin de parcours, au moment où ce mouvement venait à son accomplissement effectif par l'énergie qu'il tirait de ses sources millénaires. Or, s'il est juste de dire que le christianisme a joué un rôle propre et positif dans cette histoire, ce n'est pas sous l'aspect où il est religion, mais Évangile. À parler avec plus de rigueur encore, l'histoire n'est pas sortie de la religion par la vertu propre de la religion, qui est, au contraire, résistance au mouvement, mais par la vertu d'autres énergies spirituelles, raison, liberté ou appel d'une transcendance. La société moderne ne doit donc pas sa naissance à ce que le christianisme a de commun avec le genre religion – de ce côté-là, elle n'a reçu de lui que contrainte et opposition –, mais à la force explosive de la «Bonne Nouvelle», qui le propulse dans l'histoire précisément pour faire histoire. Voilà la précision théologique que je voudrais ajouter aux analyses, par ailleurs convaincantes, de Marcel Gauchet.

Jésus, de fait, par maints enseignements et exemples, par son événement historique, par sa présence et son action dans la sécularité de l'histoire – et non à l'intérieur de la religion, ni de celle qui devait le rejeter ni de celle qui devait se fonder sur lui mais après sa mort –, a permis la prise de conscience de la personne, de sa dignité et de ses droits et l'a «autorisée» à se libérer des entraves que les traditions et autorités, religieuses, sociales ou politiques opposent à l'affirmation et au développement de l'individu : en lui révélant sa vocation à devenir enfant de Dieu, en l'avertissant qu'il aurait à répondre devant Dieu de chacun de ses actes, en lui apprenant qu'il serait jugé sur son comportement profane envers autrui, y compris sur son manque d'attention et d'assistance aux autres, aux plus petits et aux plus pauvres, en se faisant lui-même le serviteur de ses frères jusqu'à en mourir. En mettant la foi au-dessus de l'obéissance à la loi, en résistant aux pouvoirs, en adoptant dans les choses religieuses un comportement qui lui vaudra d'être condamné au nom de la loi, Jésus posait le principe de la liberté du croyant au sein même de l'institution religieuse. Le christianisme naissant se séparera du judaïsme sur la base de ce principe. Saint Paul justifiera cette rupture en comparant la loi religieuse à un pédagogue dont la mission s'arrête quand l'enfant dont il avait la charge parvient à l'âge d'être émancipé, et en ajoutant que Dieu a envoyé le Christ pour affranchir ceux qui croiraient en lui de l'assujettissement à la loi (Ga 4, 1-5). Sans mettre en doute pour autant la légitimité des institutions chrétiennes, mais sans oublier non plus que Jésus n'a pas voulu charger ses disciples du joug d'un code pesant (Mt 11, 30), on admettra que le christianisme portait en lui le ferment évangélique de l'émancipation religieuse, qui a œuvré pour la laïcisation de la société politique comme il œuvre de nos jours pour exonérer les chrétiens de la tutelle hiérarchique.

Il importe de prendre en compte l'originalité de l'acte de naissance du christianisme. Il n'est pas né d'un acte fondateur et institutionnel, au sens où l'on dit que le judaïsme est né de l'Alliance du Sinaï et du code mosaïque. Jésus n'a pas quitté la religion de ses pères pour fonder une religion bien à lui, il n'a pas fonctionné comme acteur religieux dans un espace religieux, il travaillait sur les marges de son monde religieux, dans les fractures que la société religieuse de son temps laissait à découvert ; l'Évangile qu'il enseignait, avec les préceptes qu'il contenait, s'inscrivait hors cadre religieux, comme l'adoration qu'il préconisait « en esprit et en vérité » (Jn 4, 23), il ne reposait sur aucun passé prestigieux à perpétuer, il n'était que tension vers le futur ; de même que Jésus ne faisait que passer, refusait tout pouvoir qui aurait pu installer son œuvre dans la durée, de même son Évangile n'était qu'annonce de ce qui devait venir : même le Royaume de Dieu qu'il prêchait, ouvert à tout venant, où il faisait entrer

LE DEUIL DE DIEU

pécheurs et païens, ne portait pas la figure d'un enclos sacré. Si donc nous cherchons sur quelle fondation repose le christianisme, nous ne trouvons à lui assigner qu'une absence, la mort du Maître qui, libérant la parole et l'initiative des disciples, leur permet de s'auto-instituer sur le fondement disparu, en tant que «culte et communauté» du souvenir. Toutefois, la communauté vivant dans l'espérance du retour du Maître, le souvenir ne se fixe pas sur un passé figé, il est identiquement attente de ce qui est à venir, projection non hors du temps mais dans l'avant du temps (1 Co 11, 26 : «jusqu'à ce qu'Il vienne»); le culte, qui s'institue dans le récit, en sort pour se déployer en vérité dans la vie de chaque jour et la relation aux autres (Rm 12, 1-2; Jc 1, 27); la communauté, privée de lieu, d'attache ethnique, de droit de cité, s'installe en apatride dans la distance qui séparait les peuples, tel un lien «utopique» destiné à les rassembler en «famille de Dieu» (Ep 2, 11-22).

Dans la ligne d'une «histoire politique» de la fondation chrétienne, on soulignera à nouveau le refus de Jésus de s'investir de quelque «pouvoir» religieux, car sa mission est de «servir», et la mise en garde adressée à ses apôtres contre la tentation d'exercer une «domination», comme le font «les chefs des nations et les grands» (Mc 10, 42-45). Sans doute se réclamait-il et les a-t-il munis à leur tour du «pouvoir» qu'il avait reçu du Père «au ciel et sur la terre» (Mt 26, 18), mais il s'agissait de l'autorité suprême de réconcilier Dieu et les hommes, une autorité qui ne s'exerce pas au moyen de liens hiérarchiques, mais par une mise en relation directe de Dieu et des hommes. Bien entendu, le pouvoir hiérarchique ne tardera pas à se mettre en place, au nom même de la mission apostolique qui n'aurait pu s'installer autrement dans le temps et l'espace. L'Évangile n'en restera pas moins dans l'Église un pôle et une force de résistance soit à l'extension du pouvoir spirituel dans le domaine temporel soit à son expansion au détriment des droits et libertés revendiqués par les fidèles – et cela justement parce que sa finalité est de servir et non d'asservir, et que sa destination, tournée vers le Royaume de Dieu, n'est pas de s'enfermer dans une institution qui assurerait son triomphe et sa permanence dans le monde, mais de traverser ses clôtures.

126   DIEU QUI VIENT À L'HOMME

Autre différence, capitale, entre le christianisme et les autres religions : l'absence de sacrifice[1] – car si la messe est appelée « sacrifice », elle ne remplit pourtant pas la même fonction que ceux des anciennes religions, qui était de renouveler en tout temps la réconciliation, toujours rompue, entre Dieu et les sociétés humaines, alors que la messe ne fait que rappeler celle qui a eu lieu une fois, et qui est définitive parce qu'elle était parfaite. Quand l'Église célèbre l'eucharistie, « mémorial de la passion » du Christ, elle ne peut pas s'installer en position dominante de médiatrice entre ciel et terre, dans un mélange de pouvoirs spirituel et temporel, au moment même où elle rappelle l'absence de l'unique Médiateur, c'est-à-dire son départ. Elle ne perpétue pas non plus ce qui a eu lieu comme si cela demeurait dans l'histoire qu'elle continue, sur le modèle du passé fondateur de la « religion première », car elle ne rappelle la mort du Christ qu'en tant qu'elle est dépassée par sa résurrection, attestant ainsi que le pouvoir du Christ a été transféré de la terre au ciel, car il est essentiellement pouvoir sur la mort[2]. Même en ses structures religieuses, hiérarchique, sacramentelle, cultuelle, le christianisme est la religion de l'Évangile, c'est-à-dire qu'il possède en lui-même, dans son esprit, une puissance de retrait de soi, de ses structures, qui est sa conspiration secrète avec l'histoire en instance de se retirer de lui, preuve qu'il ne tire pas son origine du même terreau que la religion.

Ni cette remarque ni la précédente n'infirment la dialectique de conjonction et de séparation que Marcel Gauchet voit à l'œuvre dans la fonctionnalité médiatrice de l'Église comme

---

1. Je renvoie aux analyses de René GIRARD, *Des choses cachées depuis la fondation du monde*, Paris, Grasset, 1978, sur le sacrifice dans les Écritures chrétiennes et dans le christianisme, p. 165-304, dont j'accepte la thèse pour l'essentiel, même si j'ai eu l'occasion d'en critiquer l'argumentation (dans mon article « La fin du sacrifice », publié dans la revue *Lumière et vie* n° 217, avril 1994, *L'Épître aux Hébreux*, p. 15-31).
2. M. GAUCHET, *Le Désenchantement*, p. 104, dit justement que l'eucharistie est « commémoration d'une absence », mais, précise-t-il, en tant que « réitération mystique de la venue réelle du Sauveur », privilégiant ainsi le concept d'incarnation, mais oubliant sa mort, dont il s'agit ici.

LE DEUIL DE DIEU 127

une suite de l'incarnation, elles la confirment plutôt, mais en dédoublant cette dialectique et en la complexifiant. Car elles l'imputent à la tension entre le pôle évangélique et le pôle religieux du christianisme et elles montrent que l'un et l'autre pôle est force à la fois de conjonction et de séparation, mais en des sens différents : le pôle religieux retire les fidèles du monde en les maintenant sous sa tutelle et en étendant son pouvoir dans le domaine temporel ; le pôle évangélique, inversement, envoie les fidèles au service du monde, en vue du Royaume de Dieu, les affranchissant de la tutelle ecclésiastique du même mouvement par lequel il se retire de toute domination sur le monde. C'est ainsi que le christianisme conserve et propage dans l'histoire l'élan libérateur caractéristique de sa fondation évangélique, travaillant du même élan à la libération des croyants et à l'émancipation de la société séculière. En termes différents, il fallait peut-être moins se fixer sur la conceptualité ontologique de l'incarnation, telle que l'a façonnée le dogme – comme structure de l'être du Christ se prolongeant dans l'être-là de l'Église au monde –, que sur l'événement historique de l'incarnation, et cela, sans chercher à dogmatiser la venue du Christ au monde, mais en s'en tenant à son entrée dans l'histoire par l'Évangile. Le christianisme est, en effet, une « incarnation » de l'annonce évangélique dans une religion par laquelle s'est opérée sa jonction avec les autres religions du monde dans la continuité d'une même histoire, c'est-à-dire, en fait, d'une même résistance à l'histoire, puisque la religion est en soi force d'attachement au passé par la résorption en elle du lien social et du lien à la nature. Mais le discours évangélique, en se propageant dans la prédication de l'Église, a conservé son caractère originel d'événementialité historique, d'événement de parole qui a opéré une fracture dans le tissu religieux de l'humanité. C'est ainsi que le christianisme conspire contre lui-même à libérer l'histoire de sa propre emprise, en « évangélisant » sa propre constitution religieuse, aspirant lui aussi à devenir histoire, à faire l'histoire des hommes en se portant en avant d'elle à la rencontre de Celui qui vient.

Mais on n'a encore rien dit en profondeur de l'originalité du christianisme, on en reste à l'inscription de l'événement fondateur sur la surface mouvante de l'histoire, tant qu'on n'a pas mentionné le nom et le rôle de l'Esprit Saint. L'historien ne peut sans doute pas le prendre en compte à titre d'agent surnaturel. Le récit fondateur lui accorde cependant une place qui ne peut être passée sous silence et que la théologie a le devoir de mettre en lumière, puisque le christianisme ne peut rendre raison de lui-même sans reconnaître qu'il ne serait rien, ou qu'il ne serait pas ce qu'il est, sans l'Esprit. Car l'Esprit est ce qui supplée à ce qui manque au christianisme pour n'être que religion, disons pour être une vraie religion. Le chrétien n'a pas été soumis à une loi ni à la pédagogie d'un maître extérieur, mais il a reçu l'Esprit, qui lui tient lieu de loi (Rm 8, 1-9) et le conduit à toute vérité (Jn 16, 13) ; il n'a pas été muni de sacrifices purificateurs, mais son corps est devenu temple de l'Esprit (1 Co 6, 19). Ou plutôt, il ne faut pas s'en tenir à ces oppositions, comme si l'Esprit ne faisait que remplacer dans le christianisme, selon la même finalité et à la même mesure, ce à quoi subviennent les institutions légales et rituelles dans les autres religions, comme s'il n'était qu'un moyen ; il faut aller plus loin et dire que le christianisme n'a pas été doté par Jésus de tels moyens religieux parce qu'il devait recevoir l'Esprit et pour qu'il puisse le recevoir comme l'Esprit se donne et doit être reçu, en toute liberté, pour agir selon sa nature d'Esprit de liberté (Rm 8, 15 ; 2 Co 3, 17 ; Ga 5, 13-18). Car le chrétien qui aurait été soumis à une loi extérieure et pourvu de purifications rituelles aurait été tenté de se décharger sur cette loi de la responsabilité de ses actes et de mettre sa sécurité dans ces rites, comme le font les croyants des autres religions, sans plus se soucier des appels du Maître intérieur, et il aurait échappé du même coup à sa vocation à la liberté.

Ces observations, disons-le vite, ne sont pas insoupçonnables, puisque la présence de l'Esprit en elle n'a pas détourné l'Église d'imposer lois et rites à ses fidèles, et cela pour leur plus grand bien, car la faiblesse humaine a absolument besoin de tels secours extérieurs. La justesse de cette critique ne dément pas ce que nous disons – ce que nous lisons dans les écrits fondateurs – du rôle de l'Esprit, mais nous rappelle que ce rôle est de l'ordre de la fin et non du moyen. L'Esprit, en effet, anticipe le Royaume de Dieu, qui est la fin de l'histoire, en tant qu'il est le principe de l'habitation de Dieu trinité dans le cœur des fidèles (Jn 14, 23), c'est pourquoi son rôle n'est pas de suppléer aux secours nécessaires à la nature humaine dans sa condition temporelle, mais de conduire infiniment au-delà et de donner déjà aux hommes ce qu'aucun de ces moyens n'a le pouvoir de procurer. Il n'entre pas dans sa manière d'agir d'imposer ni d'interdire ni de suppléer à nos manques, mais d'éveiller, d'orienter, de fortifier la liberté du croyant ; il lui inspire donc de se servir des moyens religieux mis à sa disposition, mais sans contrainte, et non moins de s'en passer, à l'occasion, et de les dépasser, en toutes circonstances, car la volonté de Dieu est au-delà de toute loi, sa vérité au-delà de toute parole humaine, son salut au-delà de toute limite institutionnelle. L'Esprit Saint appelle donc le chrétien à prendre la pleine mesure de sa liberté, y compris au sein de l'Église, qu'il appelle collectivement à ne pas entraver, à seconder, au contraire, l'autonomie de la société et du monde ; et c'est ainsi qu'il conduit le christianisme à se comporter en « religion de la sortie de la religion ».

Ce rôle de l'Esprit dans le monde, c'est la mission que le Christ lui a confiée en se retirant de l'histoire pour lui faire place et y être remplacé par lui (Jn 16, 7). Voilà qui donne l'exacte mesure de l'originalité de la fondation chrétienne, quand le « fondateur » disparaît pour qu'autre chose, qu'il n'avait pas lui-même fait, puisse advenir au lieu de son absence et se fonder sur elle, l'Esprit n'ayant pas pour mission de la combler, mais d'empêcher au contraire qu'elle le soit jamais. Il est donc juste de tenir l'Esprit, conjointement au Christ qui l'envoie, pour principe créateur du christianisme ; c'est lui qui apprend aux chrétiens à ne plus connaître le Christ « selon la chair », mais selon la « nouveauté » de l'Esprit (2 Co 5, 16-17), et à ne pas se replier sur les institutions cultuelles de l'Ancien Testament reproduites à la lettre, mais à les interpréter à la lumière de l'Esprit (2 Co 3, 6). Le christianisme est donc fondé sur le Christ sous le mode d'être propulsé par l'Esprit dans la nouveauté de l'avenir, condamné, si l'on peut dire, à inventer son avenir, ou, plus justement, livré au souffle novateur de l'Esprit, puisqu'il n'a pas de fondation dans une institution du passé. Le récit de ses origines illustre de bien des façons la force de créativité qui était en lui ; sa condition temporelle l'obligera très tôt à s'implanter dans le passé où il avait pris naissance, puis dans sa propre tradition constituante, mais il en sera toujours arraché, moins par l'évolution naturelle du cours des choses que par l'effervescence interne de la vie de l'Esprit, principe en lui d'une « réforme », c'est-à-dire d'une rénovation, perpétuelle. En conséquence, le croyant qui réfléchit à l'histoire passée du christianisme et à sa situation présente, à la lumière de ses origines, n'éprouvera pas l'angoisse de le sentir s'écrouler sur les ruines de son fondement, comme s'il était dépouillé des biens de son héritage, alors que le Christ n'a légué à ses héritiers que son Esprit (Rm 8, 16-17) ; mais il sentira le christianisme remis dans la vérité de ˉson origine, rendu à la pauvreté qui est sa seule richesse (2 Co 8, 9), rejeté dans l'en-avant de l'histoire ; il ne verra pas pour autant l'avenir sous un jour plus riant, car il ne doutera pas que c'est à lui d'imaginer et de construire cet avenir nouveau, qui ne se fera pas sans l'effort de chacun, mais il saura qu'il détient dans l'Esprit une ressource de nouveauté et d'avenir.

III

LA PENSÉE DE DIEU EN QUESTION

Après avoir observé la perte généralisée de la croyance en Dieu dans la culture moderne et l'effacement de la religion des structures profondes de la société, et après avoir réfléchi, d'autre part, au fait que la foi chrétienne ne tire pas son origine des croyances religieuses archaïques de l'humanité, dont elle a puissamment contribué à libérer l'esprit humain, car elle est fondée sur la Parole de Dieu reçue du Christ et tient sa force de l'Esprit Saint, ne reste-t-il plus au croyant qu'à prendre acte du divorce entre foi et raison, entre l'Église et la société contemporaine, et à se retrancher dans la communication que Dieu fait directement de lui-même à la communauté des croyants à partir de la révélation historique du Christ? Mais une telle attitude de retrait n'équivaudrait-elle pas à prendre son deuil de Dieu, je veux dire à se résigner à sa mort dans le monde? Or, il n'est pas demandé au chrétien de recevoir seulement la révélation, mais également de la retransmettre au monde jusqu'à la fin des temps; sa foi n'est vivante et vraie qu'en devenant parole. En quelle langue s'exprimera-t-elle: dans celle qui est propre aux chrétiens ou dans celle qui leur est commune avec les autres personnes de leur temps?

La question s'était posée à l'apôtre Paul, quand les gens auxquels il annonçait l'Évangile lui demandaient, les uns des discours de sagesse, d'autres des signes de puissance, et il répondait ne pas vouloir ni avoir d'autre langage à tenir ni d'autre signe à brandir que ceux de la croix (1 Co 1, 17-25). Mais ses interlocuteurs, juifs ou grecs ou, plus tard, barbares, croyaient tous d'avance en Dieu, et Paul, se flattant de « se faire tout à tous, afin d'en sauver à tout prix quelques-uns » (1 Co 9, 22), savait aussi, à l'occasion, argumenter à la façon tantôt des scribes tantôt des rhéteurs (Ac 17, 11.17-18). Qu'en sera-t-il quand le rapport de l'homme au monde et à l'histoire aura changé au point d'obscurcir profondément sa relation à Dieu, quand le nom de Dieu ne donnera plus rien à penser et n'évoquera rien de réel à un grand nombre de gens? Le

132   DIEU QUI VIENT À L'HOMME

chrétien pourra-t-il s'en tenir au langage de la révélation, qui
n'a plus immédiatement de sens pour la majeure partie de son
entourage, ou ne sera-t-il pas contraint d'employer d'abord le
langage de la raison commune ? Et pourrait-il lui-même
demeurer longtemps ferme dans la foi s'il lui était impossible
d'en « rendre raison », à soi et aux autres, et de l'exprimer dans
la même langue culturelle ?

Telles sont les nouvelles questions qui se sont posées à la
suite des débats philosophiques des XVIIe et XVIIIe siècles,
auxquels nous nous étions intéressés au début de ce chapitre,
et qui n'ont pas cessé d'agiter le débat théologique depuis lors.
Pour mieux s'opposer à la vague d'incroyance que soulevait
l'idéologie rationaliste de l'*Aufklärung*, plusieurs théologiens
ne craignirent pas de faire appel aux ressources de cette
nouvelle rationalité, à sa vision de l'homme et de l'histoire,
à la religiosité aussi qu'elle avait pu conserver ou innover :
ce fut la théologie « libérale », dominante tout au long du
XIXe siècle dans les régions protestantes d'Allemagne. Il apparut
plus tard que ces « compromissions » avec la raison philosophique détournaient la foi des sentiers de la révélation et
risquaient de la dénaturer gravement, et la réaction vint, partie
des mêmes régions dans la première moitié du XXe siècle, de
la théologie « dialectique », qui fit retentir à nouveau les invectives de l'Apôtre contre la « sagesse du monde » et prôna le
retour à la pure Parole de Dieu. Le fossé continuant à se
creuser, ainsi que nous l'avons déjà vu, entre une Église
rétrécie et un monde incroyant, cette position de repli ne tarda
pas à être ressentie comme intenable, d'autant plus que la
tradition théologique, du côté catholique, n'ayant pas oublié
que saint Paul savait aussi faire appel à la connaissance naturelle de Dieu (Rm 1, 19-20) et fortement encouragée par le
concile Vatican I, ne renonçait pas à nouer un dialogue
« apologétique » entre la foi et la raison.

Nous nous intéresserons, dans une première étape, aux
rapports de la raison naturelle et de la foi révélée vus du côté
de la théologie ; puis, en deux autres étapes, à la position philosophique de la croyance en Dieu, successivement chez Kant
et chez Hegel. Dans le premier temps, après une rapide évocation historique de la diffusion des Lumières et des remous
qu'elles ont suscités, nous prendrons pour fil conducteur de
notre recherche la relation privilégiée entre deux figures
emblématiques de la théologie protestante, moderne et contem-

LE DEUIL DE DIEU 133

poraine, de langue allemande, l'un, Friedrich Schleiermacher, initiateur d'un christianisme « libéral », à la charnière des XVIIIᵉ et XIXᵉ siècles, à la charnière aussi de la résistance et de la soumission à l'*Aufklärung*, l'autre, Karl Barth, ardent promoteur, dans la première moitié du XXᵉ siècle, d'une théologie « dialectique » de la Parole de Dieu, lui aussi ouvert à la modernité mais résistant aux prétentions de la raison à ouvrir un chemin vers Dieu ; et nous enchaînerons avec la réaction contre le radicalisme de Karl Barth de deux autres théologiens importants, l'un protestant, Rudolf Bultmann, l'autre catholique, Henri Bouillard, tous deux partisans d'un plus large appel à la raison, réaction significative d'un changement survenu depuis l'époque des Lumières dans les positions réciproques de la foi et de la raison.

Si la théologie d'aujourd'hui se montre disposée à recourir aux services de la raison naturelle, sans se mettre à sa remorque comme le fit la théologie libérale, la philosophie est-elle et s'estime-t-elle capable, de son côté, de s'ouvrir à la pensée de Dieu sans causer la ruine de celle qui vient de la révélation chrétienne ? La question obligera à revenir en arrière et à interroger les deux géants de la pensée philosophique de la seconde moitié du XVIIIᵉ siècle à la première du XIXᵉ, Emmanuel Kant et G. W. Friedrich Hegel, ce que nous ferons dans les deuxième et troisième temps de ce parcours. Nous retrouverons ici le problème débattu au XVIIᵉ siècle par Descartes et Spinoza, abordé maintenant sous un jour nouveau. Kant déplace la question de Dieu : il nie la possibilité pour l'entendement théorique de démontrer sa réalité objective, mais il ouvre à la pensée de Dieu le champ de la raison pratique, de l'anthropologie, de la moralité, de la liberté ; il ne permet sans doute pas de penser le Dieu de la révélation, il conduit cependant, au-delà du théisme, à l'espérance en un Dieu qui donne sens à une éthique de la liberté. Hegel avoue de plus hautes ambitions : il veut réunifier entendement et raison, réconcilier philosophie et religion, déployer l'histoire de la révélation dans celle de l'esprit ; il court, ce faisant, le risque d'absorber l'une dans l'autre, mais ce risque oblige à chercher un sens nouveau au mot Dieu, que philosophie et théologie s'obstinent à penser selon le bien-connu véhiculé par le langage religieux traditionnel, devenu impensable aux esprits modernes.

Comme Descartes et Spinoza, Kant et Hegel ont fait l'objet de nombreuses interprétations contradictoires ; en s'y

134 DIEU QUI VIENT À L'HOMME

confrontant, c'est aussi bien avec la pensée d'aujourd'hui que la théologie entre en dialogue à travers ce retour au passé, car tous les deux, sinon tous les quatre, restent les partenaires privilégiés des débats actuels autour de la question de Dieu. Celle-ci connaîtra un rebondissement dans la seconde moitié du XIXe siècle. Nous l'aborderons dans la prochaine section de ce chapitre, qui nous conduira aux « prolégomènes » à la révélation cherchés par la théologie de notre temps sous l'horizon de la nouvelle vision de l'homme qui s'est élaborée dans la crise de la modernité.

Penser Dieu dans le champ de la raison.

Dans les XVIIIe et XIXe siècles européens, les divers courants de pensée qu'on a coutume de regrouper sous le nom d'*Aufklärung* ou de *Lumières*[1] – et qui ont en commun un plus grand recours à la raison, une exigence plus rigoureuse de scientificité critique en tous domaines, une revendication de la liberté de penser face aux autorités politiques ou religieuses, un intérêt neuf pour l'histoire du phénomène humain, – ne se répandaient pas seulement dans les milieux « laïcs » voués aux sciences « profanes », mais tout autant dans les milieux théologiques et ecclésiastiques, qui constituaient une partie importante du public lettré et érudit des universités et des académies, et donc également de la production d'écrits « savants », d'autant plus que les frontières entre les divers cantons du savoir étaient plus fluides qu'aujourd'hui, souvent franchies dans un sens ou dans l'autre, et que les questions religieuses étaient au centre des intérêts intellectuels et des controverses de l'époque. Ainsi s'était nouée une alliance de fait entre l'*Aufklärung* et la théologie, qui n'excluait pas l'hostilité de part et d'autre, car même ceux des théologiens qui combattaient le plus vivement l'invasion du rationalisme, ou bien s'étaient laissé contaminer de quelque côté par les idées et les mentalités nouvelles ou bien s'en servaient pour mieux défendre la religion[2]. On ne s'étonnera donc pas qu'il y ait

---

1. Pour une présentation globale des « Lumières » : G. GUSDORF, *Les Principes*, p. 293-310.

2. P. GROSOS, *Philosophie et théologie de Kant à Schelling*, Paris, Ellipses (« Philo »), 1999, introduction, p. 1-8 ; et la conclusion, p. 141 :

LE DEUIL DE DIEU   135

des « Lumières catholiques » dans plusieurs pays d'Europe, dont la France[1], ni qu'un Moses Mendelssohn fût un *Aufklärer* indiscuté en même temps qu'un croyant juif sans concession[2].

Jetons d'abord un bref regard sur la situation française, à cause de sa répercussion dans le contexte européen[3], tant sur le plan des idées philosophiques que sur celui des événements politiques[4]. Les Lumières françaises du XVIIIᵉ siècle, dont l'*Encyclopédie* est le représentant le plus connu[5], sont généralement considérées comme plus matérialistes et plus anticléricales qu'en Allemagne ; on les dit même athées, parce qu'elles attaquent la religion, mais l'accusation relève surtout de la polémique, elles sont en fait déistes, au plus agnostiques, toujours « libérales » ; elles inaugurent une mutation de l'espace politique et religieux, un rapport nouveau de l'homme à Dieu, qui ne passe plus par la médiation autoritaire de l'Église[6]. Spinoza, décrié par Bayle, n'exerce pratiquement pas d'influence sur elles[7], tandis que Descartes, réhabilité, est enseigné dans les collèges des jésuites pour mettre la foi à l'abri de la nouvelle philosophie[8]. Face à ces attaques, la théologie catholique, dans son ensemble, se raidit dans la défense de l'autorité, non seulement religieuse, mais

---

« ce à quoi tous se confrontaient, c'est directement à la possibilité d'élaborer une philosophie à partir de la tradition biblique » et les choix opérés « répondaient en fait toujours à une même question : celle de savoir ce que signifie *philosopher* ».

1. B. PLONGERON, « Recherches sur l'Aufklärung catholique en Europe occidentale, 1770-1820 », dans *Revue d'Histoire moderne et contemporaine,* oct.-déc. 1969, p. 556-605.

2. P. GROSOS, p. 59-80.

3. René POMEAU, *L'Europe des lumières*, Paris, Stock, 1966, p. 49-70 (chap. III, « L'Europe française »).

4. G. GUSDORF, *Les Principes...*, p. 414-428 (chap. VIII, « Révolution »).

5. P. HAZARD, *La Pensée...*, p. 200-214.

6. G. GUSDORF, *Dieu, la nature...*, p. 44-57.

7. J. MOREAU, *Spinoza et le spinozisme*, Paris, PUF, 1971, p. 107-108 ; G. FRIEDMANN, *Leibniz et Spinoza*, p. 143.

8. G. GUSDORF, *Les Principes de la pensée...*, p. 173. – B. PLONGERON, « Recherches sur l'Aufklärung... », p. 570 : « D'abord farouchement anticartésiens, les Jésuites des *Mémoires* (de Trévoux) récupérèrent ensuite Descartes pour mieux condamner l'Encyclopédie. »

136 DIEU QUI VIENT À L'HOMME

également politique, et plus précisément encore elle soutient la structure religieuse de ce pouvoir, qui était alors monarchique, et l'alliance étroite entre celui-ci et l'autorité ecclésiastique ; elle se fortifie dans la ligne d'une « théologie politique » qui unit le soutien de la « théocratie » à la défense de la religion ; alors que l'idéologie du progrès, qui est celle des Lumières, est mue par « l'aiguillon de l'inquiétude » et par la revendication des libertés publiques, la théologie se retranche dans une « idéologie de droit divin », principe fixiste d'une « société bloquée », qui ne fait qu'entretenir le ressentiment des philosophes et que déconsidérer davantage la cause de la révélation[1].

La dimension théologico-politique de ce conflit est d'un grand intérêt, parce qu'elle renvoie, d'une part, aux considérations de Spinoza dans son *Traité des autorités théologique et politique*, qui vont bientôt influencer fortement les philosophes allemands pendant et plus encore après la querelle du *Pantheismusstreit* (1785-1787)[2], et qu'elle annonce, d'autre part, l'intervention similaire de Kant dans *Le Conflit des facultés* (1794)[3] en faveur de la liberté de l'enseignement philosophique à l'égard de la théologie et du pouvoir politique ; et non moins parce que tout ce qui s'écrit et se fait en

_____

1. Ce paragraphe s'inspire, et ces expressions sont extraites, de : Bernard PLONGERON, *Théologie et politique au Siècle des Lumières (1770-1820)*, Genève, Droz, 1973, p. 20-45 (notamment p. 28-29, 33), voir p. 43 : « Contrairement à une opinion commune, ce ne sont pas les rationalistes de l'*Aufklärung* qui décident de répudier la théologie, mais les théologiens qui prennent cette initiative. » Cette analyse, à compléter par l'article du même auteur cité ci-dessus (en particulier p. 568-573 sur « l'alliance entre jansénistes politiques et gallicans modérés »), s'étend jusqu'à la « théologie ou philosophie religieuse » de Bonald et Maistre au début du XIXᵉ siècle (p. 297-301), qui restaure un Dieu de la loi et de la raison (p. 301-305), et elle dégage, pour finir, l'apport de la « théologie politique » des Lumières à la sécularisation (p. 326-329). Elle a le grand mérite de mettre en valeur le paramètre théologico-politique de ce conflit, trop souvent négligé, que je vais souligner à mon tour, parce qu'il éclaire la continuité historique d'un conflit qui porte sur la réalité concrète de la religion et non sur la seule idée de Dieu.

2. J. MOREAU, p. 108-114.

3. E. KANT, *Œuvres philosophiques* III, Gallimard, coll. « La Pléiade », p. 805 s.

France – et il s'agit avant tout des dramatiques événements de la fin du siècle –, se répercute dans les milieux intellectuels d'Allemagne, en particulier dans le séminaire de Tübingen où, dans les premières années du siècle suivant, de jeunes étudiants, parmi lesquels Hegel, Fichte, Hölderlin, Schelling, « amoureux de la démocratie athénienne et de la Rome républicaine, lecteurs enthousiastes de Rousseau, purent suivre avec passion la tentative de la Révolution française de restaurer après des siècles de tyrannie la liberté que l'antiquité avait connue[1] ». C'est donc *aussi* des libertés publiques qu'il est question quand on discute de révélation et de religion.

La pensée de l'*Aufklärung* a exercé sa plus forte emprise, directe ou indirecte, sur la théologie de confession protestante, luthérienne ou calviniste, surtout allemande, peut-être aussi pour ce motif que toutes deux avaient pour ennemi commun le dogmatisme catholique romain. Le XVIIIe siècle allemand, tiraillé entre le rationalisme de l'*Aufklärung* et l'expérience religieuse du piétisme, deux courants opposés et cependant mélangés[2] – « deux aspects situés à même distance de la Réforme » –, est, de ses deux côtés à la fois, au jugement de Karl Barth vers 1930 dans son histoire de *La Théologie protestante allemande au dix-neuvième siècle*, le siècle « de la tentative, ou plutôt des débuts de la tentative, d'individualiser ou d'intérioriser le christianisme », au sens d'une entreprise, dit-il encore, d'« humanisation », ou de « moralisation et embourgeoisement » ; c'est la recherche d'un christianisme « naturel », c'est-à-dire « conforme au pouvoir de l'homme », et « rationnel », c'est-à-dire « conçu et affirmé par l'homme conformément à son pouvoir »[3]. Barth s'étonne que ce siècle

---

1. B. BOURGEOIS, *Hegel à Francfort*, Paris, Vrin, 1970, p. 10. – Hegel « était et fut toujours un passionné de l'actualité », note Joseph GAUVIN, « La critique du salut chrétien par l'Aufklärung selon la *Phénoménologie* de Hegel », dans *RechScRel*. 68 (1980) 391-418, qui cite cette phrase de Hegel : « La lecture du journal est une sorte de prière matinale de style réaliste », p. 391.

2. G. GUSDORF, *Dieu, la nature...*, p. 73-86.

3. K. BARTH, *La Théologie protestante au dix-neuvième siècle*, Genève, Labor et Fides, 1969 ; cité dans l'ordre : p. 27, 51, 35, 32, 45. (Ce livre est la publication de deux cours professés à Bâle en 1932-1933 ; le gros premier chapitre est consacré à la théologie du XVIIIe siècle.)

n'ait pas « réellement intronisé Spinoza », qu'il ne soit pas « parvenu au panthéisme ou au panenthéisme » avant l'explosion romantique des dernières décennies, assurément, pense-t-il, parce qu'alors « spinozisme équivalait à athéisme »[1]. En fait, Spinoza, celui de l'*Éthique* comme celui du *Tractatus*, effectue sa percée en Allemagne à travers ces deux courants de pensée à la fois, porté autant par un esprit de rationalisme critique, dans la ligne de Leibniz, que par un sentiment religieux mêlé à celui de la nature : d'un côté à travers Lessing, qui apprécie « l'exégèse purement historique » de Spinoza et sa « libre pensée respectueuse de la religion »[2], et qui influencera les étudiants de Tübingen, tous nourris de l'esprit de l'*Aufklärung*[3] ; de l'autre côté, à travers Herder qui, à Strasbourg, initie Goethe à Spinoza, dont la pensée l'aide à se détacher du moralisme kantien et à faire retour à la religion en qui il voit « l'humanité suprême de l'homme »[4]. Quand Jacobi, qui avait été lui-même très influencé par Spinoza, déclenche la *querelle du panthéisme* en 1785, en dénonçant le spinozisme de Lessing, qu'il interprète comme un athéisme, Hegel et ses amis, en plein accord avec Goethe et Herder, s'emploient aussitôt à repousser ces accusations[5]. Ainsi Spinoza ne laissera pas d'imprimer sa marque, quoique dans des sens différents, sur les philosophies rationalistes et sur celles du sentiment et sur la pensée de Hegel, Fichte et Schelling qui tenteront, eux, de « dépasser » la religion par le concept et d'élaborer une philosophie de la religion, c'est-à-dire une *pensée* spéculative du christianisme[6]. Les théologies qui s'inscriront dans l'une ou l'autre de ces lignes subiront à leur tour la même influence.

---

1. K. BARTH, *La Théologie protestante au XIXᵉ siècle,* p. 67-68.

2. X. LÉON, *Fichte et son temps*, Paris, Armand Colin, 1922, 1ᵉʳ vol., p. 47.

3. *Ibid,* p. 47. – Paul ASVELD, *La pensée religieuse du jeune Hegel*, Louvain-Paris, Publ. Univ.-Desclée de Brouwer, 1953, p. 19-20, 22-28. – P. GROSOS, p. 41-59. – J. MOREAU, p. 112-118.

4. J. MOREAU, p. 110. – K. BARTH, *La Théologie...*, p. 176-178, 186.

5. P. ASVELD, p. 35-36. – J. MOREAU, p. 108-113, 119 ; tandis que Kant, observe-t-il, « se tient à l'écart de la querelle », p. 113.

6. P. GROSOS, p. 113-139. – X. LÉON, p. 55-57, souligne l'influence de Spinoza sur Hegel.

LE DEUIL DE DIEU

Ce sera le cas de Friedrich Schleiermacher (1768-1834), pasteur piétiste d'obédience morave, qui tient Spinoza pour «l'homme religieux par excellence», «un saint qui fut réprouvé», et qui a reçu de lui, par la double filière de Lessing et de Herder, une exigence «hyper-rationaliste» en même temps qu'un sentiment du divin «fusionnel et panthéiste» et une religiosité liée à la nature [1]. On comprend que Karl Barth ait été déconcerté autant que fasciné par un personnage aux traits aussi contradictoires. Il le considère comme un homme de toute première importance, un vrai «Père de l'Église», qui domine de haut la théologie du XIXᵉ siècle sinon même celle du siècle suivant [2]. Il loue son projet apologétique de réconcilier la culture avec la religion, mais il pense que Schleiermacher, «en tant qu'apologète, est moraliste et philosophe de la religion plutôt que théologien chrétien» et, constatant que son souci anthropocentrique obscurcit chez lui la notion de révélation, il se demande s'il «n'a pas sacrifié son dessein théologique à son dessein apologétique» [3]. Revenant sur le sujet, il avoue que son enthousiasme de jeunesse pour Schleiermacher fait place à une profonde méfiance à l'égard de son entreprise apologétique, maintenant qu'il voit celle-ci «renaître» autour de lui dans le «groupe bultmannien», car «Bultmann fut et reste le continuateur de la grande tradition du XIXᵉ siècle et donc, dans un costume neuf, un authentique disciple de Schleiermacher» [4]. Ces accusations se répètent dans le premier volume de sa *Dogmatique*, rédigé sensiblement à la même époque que son histoire de la théologie, et elles sont régulièrement étendues de Schleiermacher à Tillich et Troeltsch, à Gogarten et Bultmann, et à d'autres théologiens protestants contemporains. Elles se résument en termes

---

1. P. Grosos, p. 98-112.

2. K. Barth, *La Théologie...*, p. 233-236; il souligne aussi le rôle capital de Herder, sans qui Schleiermacher serait «impensable», et Troeltsch pareillement, p. 176. F. Schleiermacher a écrit, entre autres livres, les *Discours sur la religion* (1799) et la *Doctrine de la foi* (1821). Sur le rapport de Schleiermacher à Hegel, voir P. Asveld, p. 230-235.

3. K. Barth, p. 241-247, 248, 265.

4. *Ibid.,* Postface, p. 452-454, 455; et Barth de se demander si la philosophie de Schleiermacher ne se rapproche pas de celle de Spinoza, p. 461.

140 DIEU QUI VIENT À L'HOMME

d'anthropologisation et d'humanisation de la théologie, de naturalisation et d'historicisation de la révélation : l'erreur est de partir de l'homme, de sa conscience religieuse, de sa capacité naturelle, du « sentiment », et non de la « dogmatique », c'est-à-dire de la pure Parole révélée de Dieu prêchée dans l'Église, ou alors c'est de comprendre la Parole divine ou l'Église comme l'esprit de la communauté et d'élargir la révélation à la totalité de l'histoire religieuse de l'humanité[1]. Une telle théologie, c'est la *theologia naturalis* de la Renaissance, conçue comme « science des *praeambula fidei*, au sens thomiste ancien » et devenue au XVIIIe siècle « science de la religion », ce qu'elle est restée « jusqu'à nos jours » : « C'est Schleiermacher qui, pour la première fois, rattache cette réalité autonome de la religion à une possibilité anthropologique générale et démontrable ; c'est lui qui, pour la première fois, entreprend d'interpréter le christianisme au moyen d'une analyse historique et concrète de l'existence humaine, dans le cadre d'une doctrine générale de l'homme. Pour lui : 1) la rencontre de l'homme et de Dieu doit être conçue comme une expérience religieuse humaine, historico-psychologique et déterminable ; 2) cette expérience à son tour doit être conçue comme l'actualisation d'une capacité religieuse de l'homme que l'on peut étudier en général[2]. »

On ne s'étonnera pas que ces orientations théologiques, aussi généralisées, aient attiré très tôt les suspicions du Magistère romain, à mesure qu'elles s'infiltraient dans les milieux catholiques. Dès le début de son pontificat (1846), Pie IX multiplie ses interventions en Allemagne, en Italie, en France, pour endiguer le flot montant des « idées nouvelles ». Il les rassemble dans le *Syllabus* de 1864 : panthéisme, naturalisme, rationalisme, libéralisme politique, sécularisme, etc. La France en est la victime notoire : on y décèle, vers le milieu du XIXe siècle, une « philosophie nouvelle », inspirée principa-

---

1. K. BARTH, *Dogmatique*, vol. I, *La Doctrine de la Parole de Dieu. Prolégomènes à la Dogmatique*, t. I/1, Genève, Labor et Fides, 1953 (l'Avant-propos est daté d'août 1932), p. 34-35, 60-61, 123-124, 142, 150, etc. Nos références sont données à l'édition française, d'où sont aussi tirées nos citations.

2. *Ibid.*, p. 186-187.

LE DEUIL DE DIEU 141

lement de Kant (dont l'enseignement devient prédominant),
et aussi de Hegel (encore peu connu) et de Spinoza, et caractérisée comme une théorie évolutionniste et panthéiste; on
pense la retrouver chez un Ernest Renan, avec en plus une
vision des origines chrétiennes influencée par les nouvelles
méthodes exégétiques en honneur chez les *Aufklärer* d'Outre-
Rhin; les papes s'inquiètent de la détérioration du climat religieux et mettent à plusieurs reprises les catholiques de France
en garde contre ces erreurs « d'origine étrangère »[1]. Le concile
Vatican I sera convoqué dans l'intention de confirmer et de
préciser la doctrine de l'Église vis-à-vis de ces erreurs
modernes[2]. La doctrine traditionnelle de la création est réaf-
firmée avec le souci de repousser le panthéisme imputé aux
nouvelles philosophies; celle de la révélation, dans l'intention
de souligner son caractère surnaturel et ses preuves historiques
et miraculeuses et d'écarter l'idée qu'elle serait réductible à la

---

1. L'histoire des interventions romaines en France contre les idées
nouvelles est analysée, avec toute la finesse d'un philosophe, par Pierre
COLIN, *L'Audace et le Soupçon. La crise du modernisme dans le catholicisme français, 1893-1914*, Paris, Desclée de Brouwer, 1997. Sur
l'entrée (« l'invasion », dira-t-on plus tard, p. 236) du kantisme en
France et les accointances de Renan (aussi appelé « hégélien », p. 499)
avec le kantisme et l'exégèse allemande : p. 116-120, 211-212. Voir en
particulier les débats sur le libéralisme politique, assimilé au libéralisme
doctrinal, consécutifs à l'encyclique de Pie IX *Quanta cura* de 1864 et
à celle de Léon XIII *Nobilissima Gallorum Gens* de 1884, p. 49-60 ; et
la *Lettre au Clergé de France « Depuis le jour »* du même pape en 1899,
sur l'exégèse, p. 141, et contre les infiltrations (prétendues) kantiennes
dans l'enseignement des séminaires, p. 204-211 (p. 205 : « la crainte
sous-jacente est celle d'une destruction de cette métaphysique que
présupposent les certitudes de la foi »). – K. BARTH, *La Théologie...*,
p. 335, signale une correspondance suivie entre Renan et Strauss. – Le
danger dénoncé par la *Lettre* de Léon XIII n'était pas illusoire, mais
ne datait pas de Kant, puisque, signale B. PLONGERON, déjà en 1776 on
placardait au séminaire sulpicien d'Orléans une thèse qui présentait
« le dogme fondamental de l'existence de Dieu comme une *opinion*
problématique », art. cité, p. 572.

2. P. COLIN, p. 288-297, résume avec clarté cet enseignements de
Vatican I qu'il met en lien avec la thèse thomiste de l'analogie. Nous
renvoyons à la Session III, « Constitution dogmatique *Dei Filius* au
sujet de la foi catholique », DENZINGER, 3000-3045.

142   DIEU QUI VIENT À L'HOMME

science de l'histoire des religions ou à l'expérience religieuse
naturelle. On remarque surtout la volonté de conjurer les deux
dangers contraires de l'«agnosticisme» kantien et du rationalisme des Lumières : il est expliqué que l'existence de Dieu
est connaissable, à partir des choses créées, par la lumière
naturelle de la raison et que foi et raison se tiennent dans un
rapport de totale distinction mais sans opposition. Même après
le concile, le Magistère romain se montrera inquiet de la diffusion des «idée modernes», à partir du protestantisme libéral,
dans le catholicisme, surtout français, et il les condamnera à
nouveau sous le nom de «modernisme»[1].

    Dans les années 1920-1930, Karl Barth reprend le même
combat, mais sur d'autres bases et avec davantage de radicalité : d'accord avec Rome pour défendre la révélation contre
les mêmes adversaires du XIXᵉ siècle – auxquels il ajoute des
contemporains, surtout Rudolf Bultmann (bien que militant,
lui aussi, de la «théologie dialectique») –, il étend le refus du
rationalisme jusqu'à la thèse catholique de la connaissance
naturelle de Dieu reprise par Vatican I. Dès le début de sa
Dogmatique, qu'il conçoit comme la science des vérités tirées
de l'Écriture et proclamées par l'Église, cherchant à en établir
les «prolégomènes» (les bases, les moyens de connaissance,
les présupposés), il refuse de les chercher ailleurs qu'en elle-
même, et rejette en conséquence toute «apologétique» menée
du dehors de la révélation, toute démarche «préalable» à la
foi, tout «point d'accrochage» pris à une anthropologie natu-
raliste, toute «précompréhension» philosophique[2]. Partant du
principe que la foi est toujours «en lutte avec elle-même»,
c'est-à-dire avec l'hérésie, qui est la voix de «l'incrédulité»
au sein de la foi, il porte le combat sur deux fronts : d'une
part contre le «modernisme piétiste et rationaliste» du protestantisme récent, qu'il fait remonter jusqu'à Descartes, avec sa
preuve de l'existence de Dieu tirée de la conscience de soi,
d'autre part contre la «présupposition ontologique» de la
dogmatique catholique romaine, à savoir «l'analogie de l'être»,

───────────

    1. P. COLIN, p. 239-269, raconte les démêlés de Loisy, Le Roy et
autres théologiens ou philosophes français catholiques à la suite du
Décret *Lamentabili* et de l'Encyclique *Pascendi* (1907) de Pie X.
    2. K. BARTH, *Dogmatique*, vol. I, t. I/1 voir p. 23-34, 123-127, etc.

LE DEUIL DE DIEU 143

l'idée que « la création de l'homme est en même temps révélation de Dieu » (nonobstant le péché toujours présent dans l'homme), préjugé fondateur de la « théologie naturelle » qui remonte aux *praeambula fidei* de Thomas d'Aquin[1].

Quand il en vient à traiter de « la doctrine de Dieu », Barth énonce ce principe que c'est seulement « dans le cadre de la foi que Dieu devient l'objet de la connaissance humaine », par Jésus Christ, quand il se tient devant nous tel qu'il se tient devant lui-même et se donne à connaître tel qu'il se connaît lui-même, c'est-à-dire en tant que Dieu trinitaire ; il n'est connaissable que par son bon plaisir, par grâce, tel qu'il se révèle dans une histoire de salut, en tant que Seigneur, Créateur, Réconciliateur et Rédempteur : il est tout cela dans son être même et indivisiblement, ce qu'aucune analogie ne saurait nous enseigner[2]. De ces principes découle l'opposition fondamentale de Barth à la doctrine romaine de la cognoscibilité divine, telle que l'expose Vatican I : elle isole le premier article du Credo des deux autres, elle divise l'unité de l'être divin qu'elle prétend connaissable sans la révélation au titre de Créateur et Seigneur, mais seulement à ce titre, elle puise donc ailleurs cette connaissance, dans la notion abstraite de l'être en général, qui établit une analogie de participation entre l'être de Dieu et l'être de la créature, dans le désir de « marier » le Dieu de la Bible et celui des philosophes et des païens[3]. Le vice profond de la théologie naturelle chrétienne, c'est de laisser la foi de côté et de prétendre amener l'incroyant à la vérité sans la vérité, feignant d'ignorer que l'homme sans la grâce n'a « aucune disponibilité lui permettant de connaître Dieu dans sa révélation », feignant d'introduire seulement à la révélation alors qu'elle est en train de la « domestiquer »[4].

Abordant ensuite « la doctrine de la création », Barth énonce cette proposition : « [La] connaissance de l'existence créaturelle

---

1. *Ibid.,* p. 29-30, 32, 39, 126, 186, 189, 231. Je ne m'occuperai pas ici des autres aspects du conflit de Barth avec la dogmatique romaine (tradition, infaillibilité pontificale, justification, etc.). On aura reconnu en lui, au passage, l'inspirateur des attaques de Jüngel contre Descartes et la scolastique.

2. *Ibid.,* vol. II, *La Doctrine de Dieu,* t. I/1, vol. 6 de la traduction française (1956), p. 12, 23, 47, 73-77.

3. *Ibid.,* p. 78-84.

4. *Ibid.,* p. 92-95, 133-138.

144   DIEU QUI VIENT À L'HOMME

repose entièrement et exclusivement sur l'autodémonstration
et l'autorévélation de Dieu. Elle est entièrement et exclusivement un écho rendu par la créature, une réponse que celle-
ci donne à ce que son Créateur lui dit. [...] Voilà ce qui la
distingue formellement de toute connaissance basée sur
la conscience de soi, du monde et de Dieu[1]. » Cette considération le rapproche, dit-il, des problèmes traités par René
Descartes ; ayant résumé les six *Méditations*, un examen
rapide l'amène à la même conclusion que Kant : Descartes
n'a pas démontré que Dieu, pas plus que le moi ou le monde,
existe ailleurs que dans ma pensée ; l'esprit ne reçoit la preuve
de l'existence de Dieu que lorsqu'il obéit par la foi à la révélation que Dieu lui donne de lui-même, mais Descartes, ayant
laissé sa foi chrétienne en dehors de sa philosophie, à la différence d'Anselme de Cantorbéry, réussit seulement à montrer,
mais par l'échec de sa démonstration, que la connaissance de
la réalité du monde créé et de nous-mêmes dépend de celle
de Dieu[2].

Quand on a parcouru l'histoire de la théologie au XIXe siècle,
tout chrétien, catholique ou protestant, ne peut que savoir gré
à Karl Barth d'avoir conjuré les dangers mortels qui la menaçaient en opposant un « non » énergique à la soumission de la
pensée chrétienne au rationalisme et au naturalisme de
l'époque. Hegel, déjà, avait déploré la victoire de l'*Aufklärung*
sur la foi qui s'était laissé séduire par elle en voulant se justifier devant elle[3]. À son tour, Franz Rosenzweig a déploré que
la pensée théologique de ce siècle fût devenue, tant du côté
chrétien que du côté juif, une « théologie athée », parce qu'on
a voulu effacer « la dure marque du divin », d'un côté, de la
figure de Jésus devenu « l'idée de l'homme idéal », de l'autre,
de la notion de peuple élu devenu « la communauté idéale de
l'humanité »[4]. Il n'est pas jusqu'à Ernst Troeltsch, si souvent
et si vivement critiqué par Barth, qui n'ait ramené la théologie

---

1. K. BARTH, vol. III, *La Doctrine de la création,* t. I, vol. 10 de
la traduction française (1960), p. 379.

2. *Ibid.,* p. 380-393.

3. Voir J. GAUVIN, « La critique du salut chrétien par l'Aufklärung
selon la *Phénoménologie* de Hegel », *RechScRel.* 68 (1980), p. 403-
404, 414.

4. F. ROSENZWEIG, « Théologie athée » (1914), trad. J.-L. Schlegel,
RechScRel. 74 (1986), p. 545-557.

LE DEUIL DE DIEU   145

de l'*Aufklärung* à « un compromis apologétique » instable,
voué à être « surmonté » par une « combinaison » mieux équilibrée de raison dogmatique et de révélation dogmatique [1].
C'est la tâche qui attendait Karl Barth, mais il est permis de
penser qu'il pouvait s'en acquitter avec moins de radicalité.
On n'oubliera pas qu'il n'est pas le seul représentant de la
théologie dialectique, et que celle-ci n'a pas évité d'hériter de
la théologie libérale qu'elle repoussait, notamment des contradictions que Barth dénotait chez Schleiermacher : un certain
« fidéisme », au sens où la raison est tenue à l'écart de l'acte
de foi, et un certain « modernisme », entendu comme ouverture à la nouvelle vision de l'homme et du monde qui s'exprime
dans les sciences humaines ; ainsi s'explique en grande partie
le conflit entre Barth et Bultmann, le premier ne cessant de
soupçonner « l'héritage » accueilli par le second, cependant
resté fidèle jusqu'au bout à la théologie dialectique ; ainsi
s'explique-t-il aussi que les théologiens protestants d'aujour-
d'hui s'efforcent de dépasser cette dernière, « à qui l'on
reproche un concept autoritaire de Parole, une incapacité à
entrer véritablement en dialogue interdisciplinaire avec les
autres types du savoir humain et, finalement, une position
autarcique et inopérante [2] ».

Rudolf Bultmann, autre grande figure de la théologie du
XXᵉ siècle, représente donc, chez les protestants, une conception des rapports entre foi et raison différente de celle de Barth.
En même temps que celui-ci, il rompt avec la théologie libérale, dans l'intention, précise-t-il, non « de rejeter le passé d'où

---

1. E. TROELTSCH, « *L'Aufklärung* » (1897), trad. P. Corset et
M. Guervel, *RechScRel.* 72 (1984), p. 381-418, cité p. 414. Cette
présentation de la théologie libérale par un théologien de la même
époque, qui cherchait à s'en distancier, est d'un grand intérêt. On lira
dans le même numéro de la même revue un article de Dominique
BOUREL sur « L'Aufklärung de la théologie », p. 333-358, et un autre
de Pierre VALLIN sur « Troeltsch et la théologie libérale », p. 359-380.
    2. Les liens historiques entre théologie libérale et théologie dialec-
tique sont explorés avec érudition par Pierre GISEL, *Vérité et histoire.
La théologie dans la modernité, Ernst Käsemann*, Paris, Beauchesne,
« Théologie historique » 41, 1977, p. 76-85, 467-478, 540, 617 (notre
citation) ; du même auteur, on lira une appréciation pleine de finesse
critique sur « Rudolf Bultmann, illustration d'un "destin protestant"? »
dans *RechScRel.* 83 (1995), p. 585-606, en part. p. 603-606.

146 DIEU QUI VIENT À L'HOMME

nous venons mais de s'expliquer avec lui», et il lui reste reconnaissant de l'avoir formé à la critique historique, «c'est-à-dire à la liberté et à la véracité»[1]; et, écartant les réticences de Barth envers une explication de la révélation qui ne viendrait pas de la foi seule, il maintiendra toujours que «l'exégèse n'est pas sans présupposition, parce que, étant une interprétation historique, elle présuppose la méthode de la recherche historico-critique»[2]. Comme Barth, il tient que nous ne pouvons *connaître* Dieu que par Dieu, mais que nous ne pouvons *parler* de lui sans «parler de soi-même», à partir de l'expérience que nous faisons de le rencontrer, car notre langage vient de notre expérience existentielle[3]; et il en conclura à la nécessité d'appréhender Dieu dans ce monde-ci, sur la base de la mondanité de l'homme moderne qui ne se connaît plus que dans la sécularisation du monde[4] – alors que Barth en redoute une «anthropologisation» de la foi. Toujours comme Barth, Bultmann rejette la légitimité d'une théologie naturelle qui se voudrait chrétienne, mais il y met de fortes réserves: «Le fait que le *message chrétien* quand il atteint un homme, *peut être compris* par lui montre que cet homme en a une *précompréhension*. Car comprendre une chose signifie la comprendre dans son rapport à soi en tant qu'on est celui qui comprend; c'est se comprendre avec ou en elle.» La fonction de la théologie naturelle est précisément de mettre en question cette compréhension antérieure que la foi transformera en nouvelle compréhension de soi; ainsi les missionnaires qui présentent la révélation chrétienne aux païens font référence à l'idée de Dieu impliquée par l'existence incroyante pour les amener à la connaissance du vrai

---

1. R. BULTMANN, «La théologie libérale et le récent mouvement théologique» (1924), dans *Foi et compréhension*, trad. fr., vol. I, Paris, Éd. du Seuil, 1970, p. 9-34, cité p. 9-10.

2. ID., «Une exégèse sans présupposition est-elle possible?» (1957), *ibid.*, vol. II, 1969, p. 167-175, cité p. 174.

3. ID., «Quel sens cela a-t-il de parler de Dieu?» (1925), *ibid.*, vol. I, p. 35-47; voir une explication lumineuse de cet écrit dans un article de Paul CORSET portant le même titre et sous-titré «S'agit-il de libérer une possibilité nouvelle de parler de Dieu?» dans *RechScRel.* 83 (1995), p. 607-620.

4. ID., «L'idée de Dieu et l'homme moderne» (1963), *ibid.*, vol. II, p. 368-383 (avec références à Dietrich Bonhoeffer et Gabriel Vahanian).

Dieu qui se révèle dans la vraie connaissance de soi que procure la foi[1]. Le problème de la théologie naturelle conduit Bultmann à s'interroger sur celui de la révélation naturelle, tant débattu au XIXe siècle ; comme Barth, il rejette une révélation de Dieu dans la nature ou dans l'histoire dont le christianisme serait l'achèvement, mais il ne repousse pas comme idolâtrique l'idée de Dieu, de sa toute-puissance, de sa sainteté, de sa transcendance, qu'on peut trouver hors du christianisme et qui exprime la conscience de la précarité de l'existence humaine ; la foi chrétienne, dit-il, accueille cette idée comme une interrogation sur Dieu à laquelle elle répondra en montrant la vraie grandeur de Dieu et la réelle profondeur des limites de l'homme[2].

L'exemple de Bultmann indique que le refus de la connaissance naturelle de Dieu chez Barth ne s'est pas unanimement imposé aux théologiens protestants de sa génération. Le bilan de la « réception » de sa pensée, tracé par Pierre Gisel, confirme que c'est sur des questions de théologie fondamentale que ceux d'aujourd'hui l'interrogent le plus : sur la prise en compte de la modernité, la consistance de son anthropologie, l'acceptation de l'autonomie du monde et de l'homme, sur la thématique de la subjectivité de Dieu, la question de l'herméneutique, et même celle de l'analogie[3]. Il est significatif également que Eberhard Jüngel, si proche de la pensée de Barth, renvoyant à son écrit de 1956 *L'Humanité de Dieu*, y voit la preuve d'une évolution favorable à l'humanisme des Lumières : «... l'emphase avec laquelle Barth, quarante ans auparavant, avait proclamé unilatéralement la "divinité de Dieu" reçoit une *retractatio* en faveur de la thèse qui fait briller les *particula veri* de la théologie libérale, jadis combattue : "Bien comprise, la *divinité* de Dieu inclut donc son *humanité*"[4]. » Citant encore l'axiome « il n'y a pas de Dieu sans

---

1. ID., « Le problème de la théologie naturelle » (1933), *ibid.*, vol. I, p. 328-348, cité p. 330.

2. ID., « Le problème de la révélation naturelle » (1941), *ibid.*, vol. I, p. 459-486.

3. P. GISEL, « Réceptions protestantes et questions ouvertes », dans collectif *Karl Barth. Genèse et réception de sa théologie*, Genève, Labor et Fides, 1987, p. 248-274, et voir ci-dessus p. 145, n. 2.

4. E. JÜNGEL, « La vie et l'œuvre de Karl Barth », *ibid.*, p. 15-68, cité p. 59.

148   DIEU QUI VIENT À L'HOMME

l'homme», Jüngel en conclut que Barth conçoit la théologie
comme «une Aufklärung à la lumière de l'Évangile» [1].
– Jugement excessif, à mon avis, car Barth ne semble pas avoir
vraiment compris ni accepté, «à la lumière de l'Évangile»
précisément, comme le fit Bonhoeffer, le mouvement d'émancipation de la pensée humaine qui fut le ressort de l'*Aufklärung*,
mais avoir plutôt craint que l'introduction de présupposés
anthropologiques en théologie ne conduisît à vérifier finalement le verdict de Feuerbach, pour qui «le Dieu de l'homme
n'est rien d'autre que l'essence humaine divinisée» [2].

Si nous passons maintenant du côté catholique, nous ne
pouvons attendre qu'une ferme défense des positions traditionnelles sur la connaissance de Dieu rappelées par Vatican
I. Spécialiste réputé de Karl Barth, ayant examiné ce qu'il dit
à ce sujet dans les textes de la *Dogmatique* que nous avons
cités, Henri Bouillard porte ce jugement global: «Tout en
admirant la foi profonde et l'assurance abrupte qui animent
la théologie barthienne, philosophes et théologiens, y compris
nombre de protestants, sont heurtés par ce qu'il y a de restrictif
dans le développement que nous venons d'analyser. Que toute
idée de Dieu puisée à une autre source que la Bible soit nécessairement et sans réserve une idole, que nous n'ayons d'autre
preuve de l'existence de Dieu que son attestation dans l'Écriture,
que le moment humain de la connaissance de foi n'ait pas
d'autonomie propre, ce sont là des paradoxes dont nous
devons nous demander s'ils ne minent pas la vérité chrétienne
qu'ils entendent préserver [3].» Barth rejette la théologie natu-

---

1. E. JÜNGEL, «Pas de Dieu sans l'homme.» La théologie de Karl
Barth entre le théisme et l'athéisme», *ibid.*, p. 195-215, cité p. 215, avec
référence (p. 196) à l'axiome de Barth, *Dogmatique*, IV/3, vol. 23, p.
128. Voir un article de P. CORSET, «Une Aufklärung "à la lumière de
l'Évangile": Karl Barth», dans *RechScRel.* 72 (1984), p. 483-526.
2. K. BARTH, *Dogmatique*, vol. II, *La Doctrine de Dieu*, t. I/2, vol. 7
de la traduction française (1957), p. 40, avec référence à Feuerbach, *Das
Wesen der Religion,* 3ᵉ leçon. La thèse attribuée à ce dernier, selon
laquelle «le sujet humain est le créateur de sa détermination par Dieu»,
est dénoncée comme «un cartésianisme direct», vol. 1, p. 204, 211. Nous
avons trouvé les mêmes liaisons chez Jüngel.
3. H. BOUILLARD, *Karl Barth*, vol. 3, *Parole de Dieu et existence
humaine*, IIᵉ Partie, Paris, Aubier, Théologie 39, 1957, p. 75. Examinant

LE DEUIL DE DIEU   149

relle, explique Bouillard, non par agnosticisme ni en vertu
d'une critique philosophique de la connaissance, « mais au
nom de la Parole de Dieu,... parce qu'elle conduit, d'après
lui, à un dieu que condamne la Révélation, à une idole », car
la Bible dénonce comme un faux dieu toute idée de Dieu qui
ne vient pas d'elle-même, car Dieu n'est connaissable que
dans le Christ et par lui[1]. L'homme a bien la capacité naturelle de connaître Dieu, selon Barth, mais en tant qu'il en
reçoit le pouvoir à chaque instant par la grâce qui l'appelle à
découvrir et à saisir ce pouvoir en Jésus Christ ; – pensée
complexe, objecte Bouillard : ce pouvoir donné par Dieu est-
il vraiment *nôtre* ? Il semble que non, que l'homme, déchu
par le péché de son ordination à Dieu, « ne soit pas vraiment
sujet de son pouvoir de connaître Dieu » – position qu'il est
permis de qualifier de « fidéiste », mais par contrecoup de la
doctrine protestante de la corruption de la nature[2]. Bouillard
explique ensuite que la thèse catholique affirme la possibilité
radicale de connaître Dieu, inhérente à la nature humaine,
non la possibilité effective, contrariée par le péché, et que « la
connaissance de foi *implique* nécessairement le moment
rationnel de la connaissance naturelle », sans laquelle il serait
impossible « de fonder en vérité la reconnaissance d'une révélation divine dans l'histoire »[3]. Ainsi est justifiée la légitimité
de la théologie naturelle : « On doit dire avec Barth, qui rejoint
ici l'enseignement commun des Pères de l'Église : nous ne
pouvons connaître Dieu que par Dieu. À condition toutefois
d'ajouter : mais c'est *nous* qui pouvons le connaître[4]. » Ainsi
est disculpé aussi le « principe fondamental » défendu par
Bultmann : « la foi présuppose une « précompréhension » de
ce dont parle la Bible[5]. » Sur la base de ces prémisses,
Bouillard corrige l'interprétation de Vatican I par Barth[6], son

---

des textes postérieurs, à la recherche d'une éventuelle évolution de
Barth, Bouillard estime qu'ils n'apportent que « quelques nuances à la
rigueur de ses propres négations », p. 132.

1. *Ibid.*, p. 79, 84, 95.
2. *Ibid.*, p. 86-89, 96-97.
3. *Ibid.*, p. 97-102.
4. *Ibid.*, p. 103.
5. *Ibid.*, p. 60.
6. *Ibid.*, p. 105-112 (p. 109 : « Ce n'est pas scinder l'idée de Dieu
que de le nommer Créateur et Seigneur sans ajouter aussitôt après

appréciation de la preuve de saint Anselme[1], son jugement sur Descartes[2], et conclut en justifiant en ces termes la recherche d'une certitude rationnelle de l'existence de Dieu : « Dieu certes n'a pas besoin de nos preuves ; mais *nous* en avons besoin, quand notre certitude se trouve mise en question. Dira-t-on qu'il nous suffit alors de nous reporter à l'attestation que Dieu donne de lui-même par sa Révélation ? En un sens, c'est exact. Mais on ne saurait oublier que c'est *nous* qui la reconnaissons. Le rôle de la preuve est de dégager la structure rationnelle de cette reconnaissance en tant qu'elle est notre acte. Elle thématise l'assurance intime que notre croyance en Dieu n'est pas arbitraire et que notre pensée obéissante est une pensée véritable. Elle explicite cette connaissance naturelle de Dieu qui constitue [...] la condition transcendantale de la connaissance de foi. Si elle ne pouvait jamais poser qu'une idole, il faudrait en dire autant de la foi[3]. »

Les débats théologiques des XIXe et XXe siècles représentent un moment important de la conscience occidentale affrontée à la perte de la croyance et à l'effondrement de la religion. En tant qu'ils sont centrés sur les rapports de la théologie à la philosophie et de la religion à l'histoire, ils mettent en cause la possibilité d'un accès de l'esprit humain à l'Absolu, que cet Absolu soit situé dans une métaphysique ou dans une révélation ; ils posent le problème du sens que la foi peut se faire reconnaître par la raison et qu'elle-même lui reconnaît, sous le mode d'un partenariat entre elles deux. La théologie

---

qu'il est aussi le Réconciliateur et le Rédempteur ») ; Bouillard fait ensuite, p. 112-129, l'exégèse des textes scripturaires dans lesquels Barth refusait de voir l'affirmation d'une connaissance naturelle de Dieu, notamment Rm 1, 18-23 et Ac 17, 16 s.

1. *Ibid.*, p. 145-167 (p. 158 : « S. Anselme entend, comme Descartes, et malgré ce qui les distingue, formuler une démonstration valable aux yeux de l'incroyant » ; p. 167 : « parce qu'elle entend valoir indépendamment de la foi, elle revêt aussi un caractère philosophique »).

2. *Ibid.*, p. 170-177 (p. 173 : Descartes « se meut lui aussi à l'intérieur de la foi chrétienne » ; p. 177 : « C'est un fait que les esprits de culture allemande ont souvent de la peine à saisir la pensée cartésienne »).

3. *Ibid.*, p. 177.

protestante a été la première, avec Schleiermacher, à saisir la nécessité d'un nouveau cours des relations de la foi avec la raison moderne, c'est elle aussi qui lui a opposé, avec Karl Barth, la résistance la plus intransigeante au nom de la révélation. La théologie catholique, qui s'est opposée le plus constamment à la pénétration de la raison moderne, est cependant celle qui lui a finalement manifesté la plus grande ouverture – disons, du moins, d'une ouverture de principe, d'une confiance qui ressemble quelque peu à une sommation. Barth a mis en évidence un point qui ne devrait pas souffrir de contestation : la particularité historique de la révélation du Dieu trinitaire en Jésus Christ ne permet pas d'identifier le Dieu de la philosophie à celui de l'Évangile, l'idée de Dieu élaborée par la raison ne lui donne pas le moyen de reconnaître le Dieu qui se révèle maintenant et ici – l'histoire du déisme du XVIe au XIXe siècle en fournit une démonstration éclatante. Voilà effectivement qui ne facilite pas, du côté de la foi, les rapports de la foi et de la raison. Henri Bouillard est cependant fondé à parler d'un «besoin de preuve» comme d'une requête de la foi elle-même, en tant qu'elle est un acte de l'esprit humain, qui ne serait pas un plein consentement à la Parole de Dieu s'il ne pouvait vérifier la rationalité de son consentement. Mais Bouillard ne parle pas, ici, d'une démonstration antérieure à la venue à la foi, mais d'une preuve qui accompagne la foi, moins d'une preuve au sens strict du terme que d'une démarche de la raison pour s'assurer de la justesse de l'acte par lequel nous reconnaissons l'attestation que Dieu donne de soi en se révélant à nous par sa grâce. – À quoi le reconnaissons-nous, à quel critère ? Rudolf Bultmann a répondu à la question, et Bouillard a fait sienne sa réponse : à la «précompréhension» que nous en avons. Mais il ne s'agit pas d'une idée abstraite de Dieu préalablement élaborée par la raison, que nous comparerions à celle qui se manifeste dans la venue de Dieu en Jésus, ni d'une preuve d'avance acquise de son existence qui trouverait une confirmation dans l'événement de sa révélation : celle-ci n'est ni une conceptualisation ni une évidence, elle ne confirme pas une idée ni une certitude préconçues, car elle n'est pas du même ordre ; relevant d'une pure gratuité, elle est sans commune mesure avec les nécessités auxquelles se rend notre raison. Il s'agit d'une précompréhension de l'action de Dieu que nous faisons par l'expérience des questions vitales de l'existence et qui nous permet de reconnaître sa venue, quand il se révèle à nous, comme la grâce du salut. C'est bien cela qui est visé par Bultmann quand il demande : « Quel sens cela a-t-il de parler de Dieu ? », et qu'il répond : « seulement en parlant de nous », c'est-à-dire seulement lorsque nous avons le sentiment de *devoir* le faire par un *acte libre* qui « n'est rien d'autre que notre existence même » en tant qu'elle est saisie par Dieu, – « Nous ne pouvons parler de lui qu'en parlant de sa parole qui nous atteint, de son action qui nous atteint »[1]. Et c'est bien cela que Bouillard comprend et approuve en résumant en ces termes la pensée de Bultmann : « Au sein de l'être humain vit une connaissance existentielle de Dieu sous la forme d'une question qui peut revêtir des noms différents : celle du bonheur, du salut, du sens de l'histoire, de l'authenticité. [...] La question de Dieu étant identique à celle de la vérité de l'existence humaine, une explication adéquate de cette existence est donc requise. L'élaborer est la tâche de l'analyse philosophique, existentiale, de l'être humain. » Bultmann a-t-il fait le bon choix en choisissant pour cela la pensée de Heidegger ? Peu importe, répond Bouillard, « il faut reconnaître la vérité du principe fondamental qu'il défend : la foi présuppose une "précompréhension" de ce dont parle la Bible, et l'élaboration d'une théologie cohérente implique l'analyse formelle de ce qui constitue cette précompréhension. Aucune foi raisonnable ne serait possible sans l'*a priori* d'une ouverture congénitale à la parole révélatrice. Aucune théologie ne pourrait faire valoir un sens cohérent, si elle ne reprenait à son compte une réflexion philosophique qui soit analyse des conditions formelles de tout sens concret[2]. »

L'accord qui se dégage entre Bultmann et Bouillard sur la position philosophique de la question de Dieu, au regard de la foi, montre qu'elle s'est déplacée, du terrain classique des preuves cosmologique, téléologique et ontologique de l'existence de Dieu, sur celui de l'existence, de l'expérience et de l'anthropologie, terrain redouté par Barth qui avait vu la théologie du XIXᵉ siècle s'y enliser dans l'oubli de la révélation, et qui paraît cependant le plus propice à la rencontre de Dieu, puisqu'elle se fait dans un événement de l'histoire

---

1. R. BULTMANN, *Foi et compréhension*, vol. 1, p. 43-46.
2. H. BOUILLARD, *Karl Barth*, vol. 3, p. 56-57 et 60.

reproduit dans un événement de parole. Nous devons prêter attention à ce déplacement de la problématique, qui éclaire d'un jour nouveau le déferlement de l'incroyance, mais aussi les « prolégomènes » de la théologie. Le moment est donc venu pour nous de remonter plus haut dans les évolutions de la philosophie, pour observer comment se présente le problème de Dieu à l'issue du conflit des Lumières, chez Kant d'abord, chez Hegel ensuite.

L'idée de Dieu à l'horizon d'une éthique de liberté (Kant).

Ce déplacement, en vérité, se préparait depuis longtemps, depuis l'avènement d'une philosophie de la subjectivité. On n'a pas oublié que Descartes avait instauré sa recherche de Dieu à l'intérieur du *Cogito* et que, quand il recourait à la preuve de Dieu par les choses extérieures, il ne manquait pas de faire « réflexion sur moi [qui] suis une chose imparfaite, incomplète et dépendante d'autrui, qui tends et qui aspire sans cesse à quelque chose de meilleur et de plus grand que je ne suis », parce que le moi porte l'image de Celui qui l'a fait[1]. On se rappelle également que Spinoza avait construit toute son *Éthique*, depuis sa considération de la nature de Dieu, dont il niait qu'elle agisse en vertu de fins particulières, dans le but d'affranchir l'homme de la servitude à l'égard de ses senti-ments et d'établir sa liberté sur la puissance de l'esprit[2]. Dès ce moment donc, la réflexion philosophique s'intéressait à l'existence concrète du sujet et tendait à y rattacher, sinon à y subordonner le problème de Dieu. Kant et Hegel, condui-sant l'*Aufklärung* à son achèvement, par des voies divergentes, vont accentuer le glissement de la problématique, de la cosmo-logie vers l'anthropologie, d'une métaphysique objectiviste vers une phénoménologie de la conscience et une logique de l'esprit, et c'est dans ces nouvelles directions que la théologie cherchera à déceler une attente de Dieu. Karl Barth ne cache pas son estime, ni même son admiration envers ces deux

---

1. DESCARTES, *Méditation III*, p. 191.
2. Voir les Introductions aux IVᵉ et Vᵉ Parties de l'*Éthique*, p. 487 s. et 562 s.

154 DIEU QUI VIENT À L'HOMME

philosophes, surtout envers le second dont la pensée, dit-il, « est devenue la voix puissante et impressionnante de toute une époque, la voix de l'homme moderne de 1700 à 1914 [1] ». Il les tient l'un et l'autre pour des croyants sincères, des philosophes de la religion et en particulier du christianisme, qui ont cherché à réconcilier la foi et la raison moderne. Il examine leurs tentatives avec un mélange de bienveillance et de méfiance, mais toujours avec sérieux. S'il ne se satisfait finalement d'aucun des deux, il est permis de se demander s'il ne s'accommode pas plus volontiers du « traité de paix » humiliant proposé par Kant aux théologiens, qui annexe la théologie spéculative à la philosophie, mais réserve à la « théologie biblique » une place séparée et autonome – quoique étroite et « peu séduisante » –, lui laissant la liberté de « prouver qu'il y a un Dieu par les paroles de celui-ci dans la Bible », et pas autrement [2], que de la « réconciliation » préconisée par Hegel entre la religion et la philosophie, qui ouvre à la révélation une place illimitée au sein de la raison et lui reconnaît une valeur absolue, mais à un prix trop élevé, estime-t-il, au prix d'une méconnaissance « de la dialectique réelle de la grâce, qui est fondée sur la liberté de Dieu » [3]. La perplexité avouée par le théologien à propos de Hegel – « une grande désillusion, et peut-être – quand même – une grande promesse [4] » – est symptomatique des jugements contradictoires portés par la postérité sur ces deux philosophes. Je n'entreprendrai pas de trancher entre eux, mais de jalonner le nouveau chemin ouvert à la connaissance de Dieu à travers de nombreux et redoutables obstacles.

Emmanuel Kant a eu l'ambition de révolutionner la démarche de la métaphysique, comme Newton l'avait fait pour les sciences physiques, par un « rétrécissement de l'usage de notre raison », en la débarrassant des « idées transcendantales »

---

1. K. BARTH a écrit un chapitre superbe et enthousiaste (le Xe) de son *Histoire de la théologie protestante au dix-neuvième siècle*, qui a été publié à part en traduction française sous le titre *Hegel*, Neuchâtel, Delachaux et Niestlé, 1955, cité p. 22.
2. K. BARTH, *Histoire...*, p. 167-173.
3. ID., *Hegel*, p. 48-52.
4. *Ibid.,* p. 53 (ce sont les derniers mots de ce chapitre sur Hegel).

LE DEUIL DE DIEU

du monde, de l'âme et de Dieu, rejetées dans la « raison pure »
à titre de simples « principes régulateurs », en dehors de
l'entendement, et donc de toute connaissance objective possible,
puisque ce dernier ne peut former de concepts qu'à partir de
l'expérience sensible. Il pensait ainsi, par sa *Critique de la
raison pure* (1781-1787), mettre fin à la fois au dogmatisme
et au scepticisme de son temps – car il n'est pas possible de
douter de ce qu'on n'a aucun moyen de connaître proprement –,
et également à l'athéisme – car l'existence de Dieu est soustraite à toute négation possible du fait même d'échapper à
toute démonstration : elle est laissée à l'abri de la foi[1]. – Est-
ce à dire que la foi, privée de connaissance, est dépourvue de
certitude ? Nullement, répondra-t-il dans la *Critique de la
raison pratique* (1788). Car la loi morale est un *fait* indubitable qui nous donne la certitude de notre liberté, en nous
faisant l'obligation de tendre au souverain bien, et qui, en
« postulant » l'accord entre cette obligation et le monde naturel
dans lequel elle doit s'accomplir, postule du même coup l'existence d'un Dieu cause suprême de la nature et garant de la
fin morale de l'homme[2]. – Mais quel est le statut épistémologique d'une croyance en Dieu fondée sur la liberté et la loi
morale[3], alors qu'elle est censée dépourvue de connaissance
objective et que la nature aussi est démunie de finalité objective ? Couronnant le système du criticisme kantien, une troisième *Critique*, celle *de la faculté de juger* (1789), a pour
fonction d'articuler la méthodologie de la raison pratique sur
celle de la raison pure, celle-ci présidant à l'ordre du connaître,
celle-là à l'ordre de l'agir moral. Kant réaffirme la *nécessité*
pour l'homme, qui se pense comme « but final de la création

---

1. E. KANT, Préface à la 2ᵉ éd. (1787) de la *Critique de la raison
pure*, dans *Œuvres philosophiques*, t. I, Paris, Gallimard, « La Pléiade »,
1980-1985, p. 743-749. C'est dans cette même Préface que se trouve
la déclaration souvent citée : « Je devais supprimer le savoir pour trouver
une place pour la foi », p. 748.

2. ID., *Critique de la raison pratique* (1788), t. II, p. 759-761.

3. Voir Bernard CARNOIS, *La Cohérence de la doctrine kantienne
de la liberté,* Paris, Éd. du Seuil, 1973, p. 117 : « La liberté est la *ratio
essendi* de la loi morale, qui est elle-même la *ratio cognoscendi* de la
liberté » ; p. 125 : « L'autonomie constitue toute la moralité de la loi
morale. »

156 DIEU QUI VIENT À L'HOMME

en tant qu'être moral », d'admettre l'existence de Dieu comme
« cause morale du monde », mais n'en maintient pas moins que
« cet argument moral ne peut donner une preuve objectivement
valable de l'existence de Dieu » et que l'*effectivité* de Dieu
« est suffisamment démontrée, seulement pour l'usage pratique
de notre raison, sans déterminer théoriquement quelque chose
par rapport à son existence » ; il précise cependant que Dieu
peut être *pensé* analogiquement, qu'il est *connaissable a priori*
en tant qu'affaire de croyance et que « le concept de Dieu
mérite le privilège d'être tenu pour vrai par nous à ce titre,
sans pouvoir « faire valoir son objet comme un fait »[1].

Des explications aussi contrastées, faites d'avancées et de
retours en arrière, appelaient fatalement des interprétations
différentes ; j'en citerai quelques-unes. On peut penser, avec
Fernand Alquié, que la troisième *Critique*, loin de retomber
dans le dogmatisme dénoncé par les deux précédentes, renforce
son opposition autant à celui de la science « qui prétend rendre
compte de la vie par le seul mécanisme » qu'à celui de la théologie pour qui « les fins sont imposées du dehors aux choses
par Dieu », tout en se livrant à des *hypothèses* pour rendre
compte de « l'*apparence* de finalité »[2]. – Allant plus loin,
Gérard Lebrun voit dans cet ouvrage la *fin* ou la *mort* de la
métaphysique, une « *euthanasie* de l'ontothéologie », une
athéologie qui se laisserait définir comme un *spinozisme* – ou
athéisme – *inversé*, une sorte de mort douce parce que Kant
préfère *réinterpréter* la théologie du XVIIᵉ siècle plutôt que la
détruire, il en garde l'*ombre*, une idée de Dieu qui permette
de « comprendre symboliquement la rationalité du monde », de
« fonder systématiquement l'ordre du monde », mais idée
vidée de son contenu et réduite à une *métaphore*: la 2ᵉ *Critique*
avait redonné une *apparence de vie* à la théologie métaphysique, que la 1ʳᵉ n'avait pas réussi à détruire totalement, la 3ᵉ
vient dissiper cette illusion[3]. Dans l'*analytique* des jugements

_____

1. E. KANT, *Critique de la faculté de juger* (1790), t. II, p. 1248,
1257, 1263-1264, 1277-1281.
2. Dans l'introduction à la 3ᵉ *Critique,* t. II, p. 815.
3. G. LEBRUN, *Kant et la fin de la métaphysique*, Paris, A. Colin,
1970 (le titre intérieur remplace *fin* par *mort*), cité: p. 180-181, 202-
206, 222, 227, 233-235.

LE DEUIL DE DIEU   157

du goût et du sublime comme dans la *dialectique* des fins de
la nature, du vivant et de l'homme, Kant transforme patiemment la vieille métaphysique en phénoménologie, remplace
les idées du suprasensible par «les thèmes de la modernité,
vestiges d'une très lente mort de Dieu», *réinterprète* la rationalité théologique plutôt qu'il ne la supprime, mais n'en laisse
plus subsister qu'une *finalité sans fins* qui ne laisse aucune
place au *sens de la vie* pas plus qu'au *sens de l'histoire*[1].
– À l'opposé, François Marty, prenant au sérieux l'intention
de la 2e *Critique* de «mettre l'accent sur la rationalité de
l'affirmation de Dieu», salue dans la 3e, comme plus généralement dans l'ensemble de l'œuvre kantienne, la *naissance* de
la métaphysique, au sens d'un nouveau statut de cette science,
grâce à une double «révolution copernicienne», l'une consistant à faire place à la liberté de l'homme, à la pensée de l'agir,
l'autre à ériger la métaphysique en pensée systématique, en
science rigoureuse, grâce à la reprise de l'*analogie* qui permet
de traiter «des questions essentielles, celles qui portent sur la
situation de l'homme dans le monde et sur Dieu»: «Ainsi se
vérifie une nouvelle fois le statut de la philosophie kantienne:
elle ne cesse de naître, là où l'homme se décide à nouveau
pour sa tâche de liberté»[2]. – En fin de compte, *naissance* ou
mort de la métaphysique? Martin Heidegger paraît vouloir
réconcilier ces thèses en apparence contradictoires, s'il est vrai
que, pour lui, Kant est «à la fois le destructeur et l'initiateur
de la métaphysique», destructeur de celle qui identifiait l'être
et l'étant, initiateur de celle qui veut être compréhension de
l'être, connaissance ontologique, philosophie transcendantale,
plus précisément «anthropologie *pure*»[3]. Kant déclarait en
effet dans la *Critique de la raison pure*[4] que «tout intérêt de
ma raison (tant spéculatif que pratique) se concentre dans les
trois questions suivantes: Que puis-je savoir? Que dois-je

---

1. *Ibid.*, p. 430-433, 456, 496, 500-506.
2. F. MARTY, *La Naissance de la métaphysique chez Kant. Une
étude de la notion kantienne d'analogie*, Paris, Beauchesne, 1980;
cité: p. 299, 428, 510-511, 514, 519, 526-530, 532.
3. M. HEIDEGGER, *Kant et le problème de la métaphysique* (1929),
trad. fr., Paris, Gallimard, 1953. J'ai cité l'Introduction des deux traducteurs, A. de Waehlens et W. Biemel, p. 15-18 et 45.
4. E. KANT, *Critique de la raison pure*, t. I, p. 1365.

158   DIEU QUI VIENT À L'HOMME

faire ? Que m'est-il permis d'espérer ? », trois questions,
commente Heidegger, auxquelles répondaient les trois parties
de l'ancienne *metaphysica specialis*, à savoir la cosmologie,
la psychologie et la théologie ; par là Kant fonde « la possibilité intrinsèque de l'ontologie » en tant que « dévoilement
de la transcendance, c'est-à-dire de la subjectivité du sujet
humain » et « fait découvrir que la métaphysique est une interrogation sur l'homme, est anthropologie »[1]. Or, dans l'introduction de sa *Logique*, Kant a ajouté une quatrième question :
« Qu'est-ce que l'homme ? », en précisant que ces quatre questions correspondent respectivement à la métaphysique, la
morale, la religion et l'anthropologie ; mais il se reprenait
aussitôt en poursuivant : « Mais au fond, on pourrait mettre
tout cela au compte de l'anthropologie, puisque les trois
premières questions se rapportent à la dernière » ; et il concluait
en assignant à la philosophie la triple tâche de « déterminer
1) Les sources du savoir humain, 2) L'étendue de l'usage
possible et utile de tout savoir, et enfin 3) Les limites de la
raison[2] ». La quatrième question « Qu'est-ce que l'homme ? »,
observe Heidegger, n'est donc pas un simple ajout puisque
les trois autres y renvoient, elle s'énonce comme une tâche à
accomplir : tout rapporter à l'anthropologie où « se décide le
sens de toute vérité », car « la problématique philosophique
est telle qu'elle trouve son lieu et son centre dans l'essence
de l'homme » ; les trois questions, qui « mettent en cause un
pouvoir, un devoir et un espoir de la raison humaine » ne sont
rien d'autre que la quatrième, qui est la question fondamentale, celle qui « met en lumière l'imbrication essentielle de
l'être (non pas de l'étant) comme tel et de la finitude dans
l'homme »[3] ; l'analyse de la finitude comme angoisse face au
néant, comme souci surgissant de l'horizon du temps, pose la

_____

1. M. HEIDEGGER, *Kant...*, p. 262-263. – Voir G. LEBRUN, *La fin...*,
p. 502 : « L'autocritique de la métaphysique prend nécessairement la
forme d'une anthropologie. »
2. E. KANT, *Les Derniers Écrits. Note sur la Logique,* t. III,
p. 1296-1297. Kant a publié en 1800 le cours de Logique qu'il avait
enseigné de 1755 à 1797. La Pléiade n'en publie que deux extraits
authentiques. La *Logique* a été traduite *in extenso* par L. Guillermit,
Paris, Vrin, 1966, voir cette Note p. 25.
3. M. HEIDEGGER, *Kant...*, p. 264-269, 272-278.

LE DEUIL DE DIEU

159

question de l'être en tant qu'être, et c'est ainsi, au jugement de Heidegger, que Kant entraîne la pensée philosophique, par-delà Hegel, vers une ontologie existentiale[1].

Or, on aura remarqué que la réduction des quatre questions de la *Logique* à trois a eu pour effet de mettre en troisième position « les limites de la raison » là où s'énonçait la question « Que m'est-il permis d'espérer ? » qui relevait d'après Kant de la religion. Comment comprendre cette substitution ? En ce sens que la religion est désormais totalement « résolue » en anthropologie, entraînant le postulat de Dieu dans sa disparition ? Ou que l'espérance en Dieu est l'ouverture vers le suprasensible qui permet de franchir « les limites » de notre finitude ? – Paul Ricœur répond que les postulats de la raison pratique sont liés à l'espérance, conçue, non comme « extension du savoir », mais comme « ouverture », et qu'elle est d'autant plus nécessaire, pour Kant, que le mal est à la racine de notre vouloir moral, de telle sorte que « la liberté *réelle* ne peut jaillir que comme espérance par-delà ce Vendredi-Saint spéculatif et pratique » de la crise de l'illusion transcendantale et de celle du mal radical[2]. – C'est un fait que la question du sujet moral et de sa liberté, si prégnante dans la philosophie de Kant, entraîne normalement la question de l'Autre, celle de Dieu[3]. François Marty le souligne : « Celui qui se présente comme fin ultime dans le monde a trop de dignité et de densité pour ne pas obliger à poser l'existence de Dieu. Ce poids reconnu à l'homme, mais qui en même temps le décentre vers un Autre, est l'apport propre de la

---

1. *Ibid.,* p. 282-300. C'est une autre manière de voir surgir les « thèmes de la modernité » détectés chez Kant par G. Lebrun (voir plus haut). On reconnaît aussi dans ces dernières lignes l'influence de Kierkegaard.

2. P. RICŒUR, *Le Conflit des interprétations*, « La liberté selon l'espérance », Paris, Éd. du Seuil, 1969, p. 405-415. C'est de ce point de vue, dit-il, que « Kant demeure, et, bien plus, dépasse Hegel », p. 404 ; c'est par là aussi que Ricœur fait le passage de la *Critique de la raison pratique* à *La Religion dans les limites de la simple raison*, à laquelle je ferai seulement allusion plus loin (note 2, p. 163).

3. G. LEBRUN, *Kant...*, p. 495-497, étudiant lui aussi les quatre questions de la *Logique* à la suite de Heidegger, en conclut que Kant n'a pas totalement dissous l'ontothéologie, puisque la question de Dieu resurgit, ne serait-ce que sous forme de « métaphore ».

théologie de la *Critique de la faculté de juger* »[1]. – Ferdinand Alquié en fait aussi la remarque : « Nous sommes toujours ramenés au sujet humain, sujet qui, du reste, sort toujours grandi des analyses kantiennes, sujet qui apparaît avant tout comme un sujet libre et capable de moralité. [...] Et ce n'est qu'à partir de la considération de la liberté humaine que l'on peut s'élever à l'Être suprême[2]. » – Eric Weil juge pareillement que « le fondement dernier de la philosophie kantienne doit être cherché dans sa théorie de l'homme, dans l'anthropologie philosophique » et que l'homme, pour Kant, est un être qui se définit par le besoin de Dieu, qui ne peut se penser comme être dans le monde que par rapport à Dieu ; aussi accepte-t-il de parler à son propos, non d'une théologie car Dieu n'est pas connaissable, mais d'une « preuve morale de l'existence de Dieu [...] fondée sur le fondement même de l'humanité de l'homme », qui est « aussi celui de la philosophie en son sens le plus haut »[3]. – Nous sommes donc fondés à enregistrer ici la confirmation du glissement de sens de la question de Dieu, de la cosmologie vers l'anthropologie, qui va orienter la pensée contemporaine. Les commentateurs de Kant que nous avons consultés sont d'accord sur ce point : c'est à partir du sujet humain et de sa liberté que Dieu est pensable. Mais quelle connaissance de Dieu nous est-elle ainsi offerte ? Nous pressentons des désaccords entre eux à ce sujet. Avant de les évaluer, poursuivons notre lecture d'Eric Weil.

À défaut d'une vraie science de Dieu qui est inaccessible à l'homme, dit Weil, Kant lui accorde un savoir immédiat et une certitude morale de Dieu, car l'homme a conscience de soi comme d'un « être théomorphe », dont l'existence est fondée sur celle d'un Être parfait : « Je pense donc Dieu à partir de l'homme parce que l'homme existe par Dieu : ce qui est premier dans l'ordre de l'être est second dans l'ordre de la connaissance », « L'homme n'est homme que par Dieu, mais Dieu n'existe que pour l'homme » ; celui-ci remonte nécessairement à celui-là pour donner sens à son existence dans le monde : « La foi est le besoin de découvrir la nécessité de

---

1. F. MARTY, p. 410.
2. F. ALQUIÉ, dans KANT, *Œuvres...*, t. I, p. 815.
3. E. WEIL, *Problèmes kantiens*, « Penser et connaître », Paris, Vrin, 1990 (1re éd. 1963), p. 33-36.

penser une structure du monde en sa totalité », « La philosophie selon Kant pose la question du sens du monde et de la vie, du monde pour la vie de l'être libre, raisonnable et toujours fini »[1]. La troisième *Critique* s'est donné pour tâche, estime Weil, d'harmoniser les deux autres, d'accorder ces deux *faits* que sont, d'un côté, un savoir limité aux phénomènes, de l'autre, une loi morale qui dépasse le sensible, règne de la nature et domaine du nécessaire d'un côté, règne des fins et domaine du fortuit de l'autre ; sa tâche est de rendre ces deux faits *sensés*, de « comprendre les faits sensés » au moyen de la pensée *réfléchissante* (mais non *déterminante*). À la recherche d'un sens du monde, d'une finalité du monde comme totalité, l'homme se conçoit comme fin de la nature et même comme sa fin ultime, et c'est alors que la pensée de Dieu se présente pour faire l'unité sensée de ces deux règnes ; l'existence d'êtres raisonnables dans le monde donne « le droit de supposer l'existence d'un Dieu », non en vue d'un bonheur futur, mais pour avoir « la possibilité de s'orienter dans le monde »[2]. Ainsi parvient-on à une « preuve pratique et morale de l'existence de Dieu », qui ne doit pas devenir une preuve théorique telle que nous croirions « *connaître* Dieu comme un fait », mais qui permet de « le *penser* comme le fondement inconnaissable et indubitable de tous les faits » : « On ne trahirait pas le langage kantien en disant que Dieu n'est qu'une idée de l'homme, mais il est ainsi la réalité la plus haute qui soit, celle qui rend possible encore le doute, puisque c'est en vue d'elle que l'homme pose la question du sens et qu'il se comprend soi-même[3]. » Dieu a créé le monde « pour la liberté », c'est-à-dire « afin qu'il y ait des êtres libres et capables de donner une fin et un sens à la création », mais aussi en tant qu'il est Dieu créateur « du point de vue de la liberté à la recherche du sens ». Inconnaissable en lui-même, il est pensé par l'homme comme ce qui est sens du monde pour l'homme : « On pourrait dire que Dieu est la *causa essendi* de l'homme, cependant que l'homme est la *causa cognoscendi* de Dieu, qui, dans une création privée d'êtres libres, serait inconcevable, inconçu et mort. L'homme est bien l'image du Dieu créateur,

---

1. *Ibid.,* p. 43-44, 49, 51, 54-55.
2. *Ibid.,* « Sens et fait », p. 57-64, 79-94.
3. *Ibid.,* p. 97-98.

mais l'image d'un original qui n'existe que pour cette image et, en ce sens, que par cette image de sa propre créativité : en créant l'homme, Dieu se crée lui-même en l'homme, et il serait insensé que l'homme se demandât ce que Dieu pourrait avoir été avant de créer [1]. »

Essayons d'évaluer les résultats de notre enquête à travers Kant, dont les théologiens ne peuvent ignorer la normativité que lui reconnaît largement la pensée contemporaine, comme va bientôt nous le rappeler Paul Ricœur. Dirons-nous qu'il permet d'*affirmer* et de *penser* rationnellement l'existence de Dieu comme fondement d'un sens réel de l'existence de l'être moral, ou seulement de la *supposer* comme la métaphore d'un sens purement apparent [2] ? Mais encore, permet-il de *concevoir* Dieu comme le sens ultime du tout qui existe réellement *en lui-même*, hors du monde et indépendamment de nous qui le pensons, ou seulement de le *penser* comme le sens du monde qui existe *en nous* et pas autrement, qui nous ouvre ainsi la compréhension de notre condition de créature sans autoriser à s'en évader [3] ? À moins encore que Kant n'ouvre immédiatement la porte qu'à la pensée de l'Être qui se dévoile dans la finitude de l'être-au-monde, rejetant la pensée de Dieu dans un *au-delà de l'Être* [4] ? – Ces divergences sont grandes, et je ne chercherai pas à les combler ni à faire un choix entre

---

1. E. WEIL, *Problèmes kantiens,* p. 100-101. La dernière ligne de Weil semble une allusion, *a contrario*, à la célèbre définition donnée par Hegel de la Logique, dont « le contenu est une représentation de Dieu, tel qu'il est dans son essence éternelle, antérieurement à la création de la nature et d'un esprit fini » dans *Science de la Logique* (1812), t. I, *La Logique objective*, trad. S. Jankélévitch, Paris, Aubier-Montaigne, 1947, p. 35.

2. C'est ainsi que je comprends la différence entre Marty et Weil d'un côté, Alquié et Lebrun de l'autre.

3. Telle serait, à mon sens, la distance entre Marty et Weil (*Problèmes kantiens,* p. 104-107).

4. Ce serait la pensée de HEIDEGGER, voir sa *Lettre sur l'humanisme*, trad. R. Munier, Paris, Aubier, 1957, p. 95 : « Or le Sacré, seul espace essentiel de la divinité [...], n'apparaît que lorsque au terme d'une longue préparation, l'Être s'est éclairé lui-même et a été expérimenté dans sa vérité. » Mais ce pourrait être également la pensée inavouée de WEIL : « Il se peut que la révolution copernicienne soit encore à ses débuts », *Problèmes kantiens*, p. 107.

toutes ces lectures. Il ne s'agit après tout que d'interprétations d'« un kantisme post-hégélien » et il ne peut en être autrement, observe Paul Ricœur, car nous lisons Kant à travers Hegel et inversement : « En nous quelque chose de Hegel a vaincu quelque chose de Kant ; mais quelque chose de Kant a vaincu Hegel, parce que nous sommes aussi radicalement post-hégéliens que post-kantiens [1]. » Deux acquis demeurent : Kant ferme les voies à une connaissance objective, conceptuelle de Dieu, à la prétention de démontrer rationnellement son existence par des preuves tirées des causes ou des fins du monde ; mais il ne conduit pas à l'athéisme, car il montre que la pensée de Dieu surgit inexorablement de la question de l'homme, de la recherche du sens du monde, de la conscience de l'obligation morale, de l'expérience d'une liberté faillible. Cette certitude suffit à qui renonce à la prétention dogmatique de « prouver » Dieu, et un chrétien peut et même doit y renoncer : nous l'avons appris de Barth, et nous y avons consenti. Sans être pourtant absolument satisfaits de sa position, car il creuse un fossé trop large entre foi et raison, alors que la foi a besoin des *précompréhensions* et des *vérifications* de la raison : il a été critiqué en cela par Bultmann et Bouillard, et nous les avons approuvés. Mais Kant ménage précisément à la raison une ouverture sur la foi, apte à nous satisfaire. Ouverture sur une croyance de la raison et non sur une foi révélée, nous l'entendons bien ainsi, car aucun appel exprès à la révélation ne se laisse lire chez lui [2]. Nous donnerait-il accès au seul Dieu des philosophes et non au Dieu de Jésus

---

1. P. Ricœur, *Le Conflit...*, p. 403.

2. Sûrement pas dans les trois *Critiques*, mais cela ne signifie pas un rejet. Faisant référence à la 2e question (« Que dois-je faire ? ») et à la 3e (« Que puis-je espérer ? »), Jean-Louis Bruch observe que *La Religion dans les limites de la simple raison* (1793) signifie un dépassement du criticisme en direction de la religion : « C'est en grevant la 2e question de l'hypothèque du mal radical que Kant devait être amené à modifier les conditions de la 3e question et à y incorporer partiellement au moins les dogmes fondamentaux de la révélation chrétienne. » *La Philosophie religieuse de Kant*, Paris, Aubier, 1968, p. 27-28. L'auteur admet que, dans la perspective kantienne, la sphère de la religion révélée, qui relève de la foi, contient en soi et déborde largement le cercle de la religion de la raison, qui est le noyau de rationalité du christianisme épuré par la philosophie, p. 32-33.

164   DIEU QUI VIENT À L'HOMME

Christ ? L'opposition est trop tranchée pour régler le cas de
Kant, qui n'a cessé de se proclamer chrétien. Si nous le soumet-
tons à l'arbitrage de Pascal, nous devrons admettre, certes, que
le Dieu de Kant n'est pas celui que «nous ne connaissons
que par Jésus Christ et en Jésus Christ», mais ce n'est pas non
plus le dieu des métaphysiciens dogmatiques dont Kant récuse
toutes les démonstrations, ce n'est donc pas le dieu du déisme
que combattait Pascal, déisme, disait-il, «presque aussi éloigné
de la religion chrétienne que l'athéisme», dieu «qui se manifeste aux hommes avec toute l'évidence qu'il pourrait faire»,
qui se laisse «prouver par les ouvrages de la nature», «auteur
des vérités géométriques et de l'ordre des éléments». Le sentiment de Dieu, chez Kant, répond à deux des conditions
énoncées par Pascal : c'est «la présence d'un Dieu qui se
cache» au plus secret de notre liberté, et que «nous connaissons en même temps que notre misère», puisque l'idée de
Dieu est liée à l'expérience du mal qui détourne du souverain bien et à l'espérance qui soulève la liberté vers lui[1].
Nous pouvons donc conclure que Kant a inauguré une
démarche philosophique originale pour penser Dieu sur la
base d'une anthropologie et que cette orientation de pensée a
inspiré la théologie protestante jusqu'à Bultmann, et même
jusqu'à Barth, nonobstant leur rejet commun du rationalisme
des Lumières[2]. Grâce aux reprises qui en seront faites par les
philosophes du XXe siècle, il a ouvert une brèche à la théologie de notre temps, à travers son propre criticisme, pour
renouer les liens entre la foi et la raison.

---

1. Voir *Les Pensées de Pascal* éditées par Francis KAPLAN, Paris,
Éd. du Cerf, 1982, IVe Partie, Introduction, n° 444-459, p. 267-273.
On aura noté l'allusion critique à la méthode de démonstration de
Descartes, *more geometrico*. Mais on notera également que la réflexion
de Pascal part, elle aussi, d'une anthropologie (titre du chapitre premier
de la IIe Partie : «La misère de l'homme»).
2. C'est la conclusion de J.-L. BRUCH, p. 255-268, qui ajoute : «En
maintenant entre Dieu et l'homme une distance infinie, Kant prend
place dans une tradition qui traverse le protestantisme, qui va de Luther
et de Calvin à Kierkegaard et à Barth», p. 264.

La révélation dans l'histoire de l'esprit (Hegel).

La conclusion à laquelle nous sommes parvenus à propos de Kant pourrait suffire à notre enquête sur la *pensabilité* de Dieu aujourd'hui : l'ayant interrogé à partir de ses commentateurs actuels, qui le relisent eux-mêmes en remontant l'évolution de la philosophie jusqu'à Hegel, nous savons maintenant que la pensée de Dieu résiste à la raison critique comme aux attaques irréligieuses des Lumières. Nous pourrions donc contourner le massif hégélien sans le traverser, et nous aurions, semble-t-il, de bons motifs de le faire : Hegel est unanimement tenu pour un penseur du christianisme et le problème de Dieu ou de la religion est reconnu comme le problème central de sa philosophie au point d'être lié à l'interprétation de l'ensemble de son « système » et de l'articulation de ses structures ; on sait aussi que ce système a été « démantelé » par ses héritiers et que la phénoménologie contemporaine, malgré l'intérêt qu'elle lui porte inévitablement, s'est écartée de la route de l'Esprit absolu que lui avait frayée la logique hégélienne. Cependant, avertit Karl Barth, « on ne peut pas passer sans s'arrêter devant Hegel, pas plus que devant Kant », et il se montre scandalisé, malgré les réserves que nous avons d'avance signalées, que « la philosophie se soit si tôt écartée de lui » et surtout que « la théologie du XIXᵉ siècle ait passé sans s'arrêter devant la doctrine de Hegel », lui qui aurait dû devenir, pense-t-il, « pour le monde protestant ce que Thomas d'Aquin est devenu pour le monde catholique »[1]. Ce jugement nous met donc en garde contre la tentation d'écarter trop vite Hegel de notre chemin, d'autant que l'attention que continuent de lui porter, malgré les distances prises, les philosophes de notre temps invite les théologiens à la partager. Nous avons un autre motif, plus prégnant – quoique mieux accordé aux reproches qu'aux louanges que lui décerne Barth –, d'aborder Hegel à ce point de notre réflexion. C'est qu'il a été et reste accusé par plusieurs de ses anciens disciples et de ses lecteurs actuels de conduire à son terme l'athéisme qui s'infiltrait dans la pensée moderne depuis ses commencements. À l'opposé de Kant qui repoussait la pensée de Dieu dans la raison transcendantale hors des prises de l'entendement, Hegel a travaillé

---

1. K. BARTH, *Hegel*, p. 21-22, 34-37, 46 et 8.

166   DIEU QUI VIENT À L'HOMME

à les réunir l'une à l'autre, par-delà la séparation du sujet et
de l'objet, mais à tel point que Dieu ne semble plus avoir
d'existence que celle qu'il reçoit de l'esprit humain prenant
conscience de soi. Ce qui redouble l'intérêt en même temps
que la crainte des théologiens à son endroit, c'est qu'il s'agit
incontestablement chez Hegel du Dieu de la révélation chrétienne, du Dieu-Trinité révélé dans l'histoire et la mort de
Jésus, en sorte qu'il propose de lui-même le «prolégomène»
rationnel que nous cherchons pour accéder à la révélation,
mais c'est un accès qui menace d'engloutir la «dogmatique»
chrétienne plus que ne le craignait Barth, à la façon dont la
logique hégélienne s'attribue les dépouilles de l'ancienne
métaphysique. Voilà le vrai motif de ne pas «passer sans
s'arrêter devant Hegel», non pour le défendre ni pour le
réfuter, mais pour affronter la pensée de l'athéisme là où elle
paraît s'infiltrer en quelque approche spéculative de Dieu, en
lui reconnaissant même le droit de se produire éventuellement sur le terrain de la culture philosophique sans que cela
empêche la foi de faire valoir sa rationalité, qu'elle exercera
et exhibera, au contraire, dans cet affrontement.

Dans le cours de sa formation et de sa jeunesse universitaire, vers la fin du XVIIIe siècle, Hegel a subi à la fois
l'influence du rationalisme de l'*Aufklärung*, dont il appréciait
l'esprit libérateur et humaniste, notamment à l'égard des religions, et celle de la religiosité romantique et idéaliste qui
l'inclinait à une certaine forme de panthéisme et de christianisme humanitaire[1]. Cependant, dès ses premiers écrits (*La foi
et le savoir*, 1802), il reproche à Kant, à Jacobi, à Fichte «de
concevoir la foi comme quelque chose d'irrationnel, de ne
pas lui donner le caractère du savoir», et il s'écarte du criticisme kantien sous l'influence de Schelling[2]. Dès ce moment
aussi, il se mesure au «sentiment que Dieu même est mort»
dans la culture moderne et il annonce son projet d'élever cette
douleur à l'expression philosophique du «Vendredi-Saint
spéculatif, qui fut jadis historique[3]». Parallèlement, ses

---

1. P. ASVELD, *La Pensée religieuse du jeune Hegel*, Louvain-Paris,
Publ. Univ. / Desclée de Brouwer, 1953, p. 12-43; sur le panthéisme
du jeune Hegel: p. 111-113, 131, 195, 219, 225.

2. *Ibid.*, p. 204-214, 219, 225.

3. G. W. F. HEGEL, *Premières publications. Foi et savoir* (*Glauben
und Wissen*, 1802), traduction et introduction par Marcel MÉRY, Paris,

réflexions sur la liberté, orientées par les événements politiques du temps et par ses études d'histoire ancienne, le rapprochent et le distancient tout ensemble de Kant, car il doute du pouvoir de la philosophie de conduire à la liberté concrète, que le christianisme lui paraît plus propre à réaliser grâce à sa doctrine de l'amour[1]. Cette double empreinte, dont sa pensée restera marquée, explique que d'aucuns ont vu en Hegel celui qui a couronné le triomphe des Lumières et d'autres, inversement, celui qui en a définitivement conjuré les progrès.

À la fin de sa vie, nous le trouvons toujours préoccupé de cimenter l'unité de la foi et du savoir par ses Leçons sur *Les Preuves de l'existence de Dieu* (1829-1831). Nouvel indice de son rapport contrasté à Kant : il revalide les preuves cosmologique, téléologique et ontologique que celui-ci avait invalidées, mais pas sous la forme d'argumentation syllogistique critiquée par Kant, qui présente Dieu comme un résultat, et il entend donner à la preuve ontologique, «la seule véritable» estime-t-il, celle qui est propre à la révélation chrétienne, la forme démonstrative qu'Anselme n'avait pas su trouver, d'après lui, non plus que Descartes ni Spinoza, à savoir que Dieu est Esprit, Esprit infini, c'est-à-dire unité du concept et de l'être, du savoir de soi-même et de sa manifestation à l'autre. Cette unité, déclare-t-il en conclusion de son examen des «preuves», «est à saisir plutôt comme processus absolu, comme Vie de Dieu, en sorte que les deux côtés sont également distingués en elle, tandis qu'elle est l'absolue activité, production éternelle de soi. Le concept d'Esprit est le concept qui est en-et-pour-soi, le savoir ; ce concept infini est

---

Éd. Ophrys, 1970, p. 298. M. Méry relève l'ambiguïté du projet hégélien déjà sensible dans cet écrit, p. 75-76. On lira un beau et long commentaire du passage final où se trouve l'expression «Dieu est mort» chez E. JÜNGEL, *Dieu mystère du monde*, vol. I, p. 101-116, prolongé dans l'ensemble de l'œuvre de Hegel, p. 116-149. Avec raison, Jüngel le disculpe totalement d'avoir pactisé avec la philosophie athée de «la mort de Dieu». Mais ce soupçon n'est pas lié, il s'en faut, on va le voir, au seul usage de cette expression.

1. B. BOURGEOIS, *Hegel à Francfort. Judaïsme, Christianisme, Hégélianisme*, Paris, Vrin, 1970, p. 9-32. Voir au chapitre suivant p. 346, n. 1 (référence à T. B. PEPERZAK, en plus de P. Asveld et de B. Bourgeois).

168   DIEU QUI VIENT À L'HOMME

la relation négative à soi. [...] Dieu est justement ceci, acte de
se révéler, se révéler et se distinguer – le révélé est justement
ceci, que Dieu est le révélable [1] ». Il s'agit donc moins de
preuves qui constitueraient le fondement objectif de l'existence de Dieu que d'un processus naturel d'élévation de
l'esprit humain vers Dieu, et même d'un processus historique
et gradué qui adapterait telle espèce de preuve à telle sorte de
religion en suivant l'ordre de leur apparition dans le temps
jusqu'à la parfaite manifestation de Dieu comme Esprit dans
le christianisme [2].

        Quel est le Dieu ainsi visé par Hegel ? Sans aucun doute,
c'est celui qui se révèle uni à l'homme dans le Christ en
communiquant son Esprit à la communauté chrétienne : « Dieu

---

1. G. W. F. HEGEL, *Les preuves de l'existence de Dieu*, trad. H. Niel,
Paris, Aubier, 1947, « De la preuve ontologique », p. 241-248, cité
p. 247. – Voir Raymond VANCOURT, *La Pensée religieuse de Hegel*,
Paris, PUF, 1965, p. 62-80 ; – Marcel RÉGNIER, « Logique et théologique hégélienne », dans *Hegel et la pensée moderne*, Séminaire
dirigé par Jean Hyppolite, Paris, PUF, 1970, p. 193-213 ; – Guy
PLANTY-BONJOUR, « La dialectisation hégélienne des preuves de l'existence de Dieu », dans *La Question de Dieu selon Aristote et Hegel*,
Paris, PUF, 1991, p. 358-376.
2. G. W. F. HEGEL, Préface à la *Phénoménologie de l'esprit* (1807),
trad. J. Hyppolite, Paris, Aubier-Montaigne (« Bilingue »), 1966, p. 153 :
« ... essentiellement le vrai est sujet ; comme tel il est seulement le
mouvement dialectique, cette marche s'engendrant elle-même, progressant et retournant en soi-même. Dans la connaissance ordinaire, la preuve
constitue cet aspect de l'expression de l'intériorité. Mais quand la dialectique a été séparée de la preuve, le concept de la preuve philosophique
a en fait été perdu. » – *Encyclopédie des Sciences philosophiques I
La science de la logique* (1827 et 1830), § 50, trad. B. Bourgeois, Paris,
Vrin, 1970, p. 310-311 : « On ne peut regarder ce qu'on appelle les
preuves de l'être-là de Dieu que comme les *descriptions* et analyses du
cheminement en lui-même *de l'esprit*, qui est un esprit *pensant* et pense
le sensible » et note 4 : « Penser, c'est toujours penser l'infini, comme
unité de lui-même et du fini, comme identité de l'identité et de la différence. Ce que l'on appelle une *preuve*, ce que l'on prend pour un *raisonnement*, n'est donc que la déformation par l'entendement de l'acte
même de la *raison*. » – Claude BRUAIRE, *Logique et religion chrétienne
dans la philosophie de Hegel*, Paris, Éd. du Seuil, 1964, p. 59. – Guy
PLANTY-BONJOUR, p. 354-357.

LE DEUIL DE DIEU 169

n'est reconnu comme *esprit* que si l'on sait qu'il est un en trois personnes. Ce nouveau principe est le gond autour duquel tourne l'histoire universelle. L'histoire aboutit là et part de là[1].» Cependant, cette révélation historique, pensée par le philosophe, semble se ramener au processus immanent du développement et dévoilement de l'esprit divin qui s'objective en esprit du monde et prend conscience de soi dans l'esprit humain, à la façon de la lumière qui se diffuse sans rien perdre d'elle-même: «C'est encore davantage le propre de l'Esprit de demeurer lui-même en parfaite possession de ce qui est sien, dans l'acte où il le communique à d'autres. [...] Le plus explicite dans cette révélation est que ce n'est pas la soi-disant raison humaine et ses limites qui connaît Dieu, mais l'Esprit de Dieu dans l'homme [...], c'est la conscience de soi de Dieu qui se sait dans le savoir de l'homme»; étant donné que «la communauté mutuelle de Dieu et de l'homme est une communauté de l'Esprit avec l'Esprit», «l'homme ne connaît Dieu qu'en tant que Dieu se connaît dans l'homme, cette connaissance est conscience que Dieu a de lui-même, mais aussi connaissance que l'homme a de Dieu, n'est rien d'autre que l'Esprit de Dieu lui-même[2].» Dès lors, il est possible de s'arrêter à la transposition philosophique de la révélation en termes d'objectivation et de savoir tels que «l'affirmation de l'absolu se résout dans l'affirmation d'une certaine forme d'unification de l'univers opérée par la raison humaine», et on y dénoncera «une perversion de l'idée de Dieu»: «Malgré le climat religieux où baigne sa pensée, Hegel est, parmi les philosophes, celui qui a le plus contribué à l'établissement et à la victoire de l'athéisme[3].» Mais il est non moins légitime de se rappeler que cette «dialectisation» de l'idée de Dieu,

---

1. G. W. F. HEGEL, *Leçons sur la philosophie de l'histoire* (1837), trad. J. Gibelin, 2e vol., Paris, Vrin, 1937, p. 102-103; p. 106-107: «La nature de Dieu d'être un esprit pur devient *manifeste* pour l'homme dans la *religion chrétienne*. Mais qu'est-ce que l'esprit? C'est l'Un, l'infini égal à lui-même [...] qui se sépare de soi, comme l'existence pour soi et en soi en face de l'universel. [...] Il est alors compris comme l'*Un en trois personnes.*»

2. ID., *Les Preuves...*, 5e et 14e conférence, p. 76-77 et 162.

3. H. NIEL dans son Introduction à la traduction de HEGEL, *Les preuves...*, p. 26.

170 DIEU QUI VIENT À L'HOMME

plus proprement théologique que philosophique, est fondée sur
« le Concept de Dieu révélé en Jésus Christ »[1], et que Hegel,
se situant dans une perspective postcritique (et postkantienne),
renonce à penser Dieu par la seule raison théorique à partir
de la nature, mais cherche à fonder son *existence* sur la base
du postulat éthique, sur la relation de *liberté* mutuelle qui se
révèle et s'effectue entre Dieu et l'homme, de Dieu à l'homme,
par la mort du Fils et le don du Saint-Esprit[2].

Nous retrouvons la même ambivalence (ou ambiguïté?)
en abordant le problème de Dieu par le biais de la religion
dans laquelle se concrétise l'idée de Dieu. Ce n'est pas de la
religion « dans les limites de la simple raison » que parle
Hegel, mais de celle qui s'accomplit dans les religions naturelles et historiques et qui atteint sa plus haute perfection dans
le christianisme, seule religion qu'il considère comme proprement « révélée » et qu'il appelle « absolue », celle où Dieu rend
sa présence « manifeste ». Comme il parle de la religion dans
toutes ses œuvres, à son habitude en historien de la pensée,
c'est toujours le christianisme qu'il a en vue en tant que manifestation vraie et accomplie de Dieu, c'est-à-dire encore de
l'Esprit, de l'Idée ou du Concept, qui est le Savoir de toute
vérité, dans son infinité comme dans sa finitude[3]. Rendant à
Kant l'hommage d'avoir transformé la métaphysique en
logique, ainsi que nous l'avons vu, tout en regrettant qu'il
l'ait laissée dans l'élément de la subjectivité, Hegel entreprend
de poursuivre son travail en construisant une logique objective qui prendrait la place de l'ancienne métaphysique et trai-
terait de l'âme, du monde et de Dieu, tous sujets que Kant
avait exclus du savoir théorique de l'entendement[4]. Logicien,

---

1. G. PLANTY-BONJOUR, dans *La question de Dieu...*, p. 376.
– C. BRUAIRE, *Logique...*, p. 181-183.

2. J. SIMON, « Le concept logique de l'idée absolue et le problème
de l'existence de Dieu », dans *La Question de Dieu...*, p. 377-399.

3. G. W. F. HEGEL, *Esthétique* (1835), t. I, Ire Partie, chap. Ier, trad.
J. G. Paris, Aubier, 1944, p. 126 : « L'esprit appréhende la finitude elle-
même comme étant sa négation et atteint ainsi l'infini. Cette vérité de
l'esprit fini n'est autre que l'esprit absolu. L'esprit absolu est cette
totalité, la vérité suprême. »

4. ID., *Science de la logique* (1812), t. I, *La Logique objective*, trad.
S. Jankélévitch, Paris, Aubier-Montaigne, 1947, p. 36-52. – ID., *Encyclopédie. I. La science de la logique* (Éd. de 1817), § 18-34, p. 191-198.

LE DEUIL DE DIEU   171

ne cessant jamais d'être le penseur de l'histoire de la pensée, il voit le concept s'organiser en savoir dans la pluralité et la diversité de ses moments comme la pensée s'accomplit en histoire à travers la succession de ses figures, « puisque la substance de l'individu, puisque l'esprit du monde lui-même a eu la patience de parcourir ces formes de la longue extension du temps, et de prendre sur soi le prodigieux travail de l'histoire du monde »[1]. La patience du concept dans le temps, c'est l'affrontement à la finitude, à la limite, à la mort, c'est le travail de la négativité par lequel l'esprit parvient à la liberté suprême en même temps qu'au savoir absolu[2]. Et c'est parce que Dieu lui-même est entré dans la patience du temps et s'est affronté à la mort de son Fils, que l'esprit humain, parvenu au savoir absolu, accède du même élan au Royaume de l'Esprit comme au trône sur lequel le souvenir du Calvaire se conserve en effectivité[3]. La Religion prend ainsi place entre l'intuition immédiate de l'unité de la nature et de l'esprit, qui s'exprime dans l'Art, et la pensée consciente de cette unité, de sa nécessité et de sa liberté, qui est le savoir propre à la Philosophie ; en tant que « révélée et révélée par Dieu », la Religion est le mouvement, le passage du fini à l'infini qui appréhende l'Esprit absolu, mais dans la forme de la *représentation*, non encore du *concept* : tels sont les « trois syllogismes » constitutifs de la « révélation de l'esprit »[4]. Hegel expose de la sorte les « trois règnes de l'esprit » dans son *Esthétique* : « Art, religion et philosophie ont ceci de commun que l'esprit fini s'exerce sur un objet absolu, qui est la vérité absolue. Dans la religion, l'homme s'élève au-dessus de ses intérêts particuliers, de ses opinions [...] vers le vrai, c'est-à-dire vers

---

1. G. W. F. HEGEL, Préface à la *Phénoménologie...*, p. 73.
2. *Ibid.,* p. 79. – ID., *Le Savoir absolu*, trad. B. Rousset, Paris, Aubier-Montaigne (Bilingue), 1977, p. 117, § 19 : « Cet acte de se détacher de soi pour sortir de la forme de son Soi est la liberté suprême et la sécurité de son savoir de soi », § 20 : « Savoir sa limite signifie savoir se sacrifier. »
3. *Ibid.,* p. 121 (§ 21).
4. G. W. F. HEGEL, *Encyclopédie des sciences philosophiques en abrégé* (1830). IIIᵉ Partie, *Philosophie de l'esprit*, trad. M. de Gandillac, Paris, Gallimard, 1970, § 554-556 p. 478-479, § 564-565 p. 484-485, § 571-572 p. 487-489. – Raymond PLANT, *Hegel, Religion et Philosophie*, Paris, Éd. du Seuil (« Essais » 438), 2000, p. 43-74.

l'esprit qui est en soi et pour soi. La philosophie a pour objet la même vérité, elle pense le vrai et n'a pas d'autre objet que Dieu ; elle est essentiellement théologie et service divin. On peut, si l'on veut, la désigner sous le nom de théologie rationnelle, de service divin de la pensée. L'art, la religion et la philosophie ne diffèrent que par la forme ; leur objet est le même » ; et encore : « Le domaine le plus proche qui dépasse le règne de l'art est celui de la religion. La conscience de la religion prend la forme de la représentation, l'absolu se déplaçant de l'objectivité de l'art dans l'intériorité du sujet et s'offrant à la représentation d'une façon subjective [...]. La troisième forme enfin de l'esprit absolu est représentée par la philosophie. Car [...] l'intériorité qui caractérise la piété de l'âme et de la représentation n'est pas la forme la plus élevée de l'intériorité. C'est la pensée libre qui est la forme la plus pure du savoir, la pensée grâce à laquelle la science fait sien le même contenu et devient ainsi le culte le plus spirituel [...][1]. »

Ici reprend de plus belle, on s'en doute, le conflit des interprétations déjà évoqué à propos des preuves de l'existence de Dieu : que devient la religion, que reste-t-il d'elle, et donc de Dieu dont elle est la manifestation, quand elle se retire de la finitude de l'art, ou de la naturalité du monde, et passe sous le « règne » de la philosophie ? L'intérêt et l'enjeu de ces questions, c'est de savoir si l'idée de Dieu est condamnée à se dissoudre dans la subjectivité de la conscience, sitôt qu'elle est pensée sérieusement par un philosophe. Recueillons, parmi tant d'autres qui pourraient être cités, les jugements de quelques interprètes, en commençant par les plus négatifs ou dubitatifs ou les plus réservés.

Plusieurs interprètes voient la pensée de Hegel glisser sans équivoque sur la pente ou de l'athéisme ou du panthéisme ou d'une dissolution de l'esprit de Dieu dans l'esprit du monde ou de l'homme. Ernst Bloch, dans ses *Éclaircissements sur Hegel* (1947), est catégorique : « Hegel ne craint pas de voir disparaître la foi, dès lors qu'elle est conceptuellement saisie[2] » ;

---

1. ID., *Esthétique,* p. 127 et 137-138.
2. Ernst BLOCH, *Sujet-Objet. Éclaircissements sur Hegel*, trad. M. de Gandillac, Paris, Gallimard (NRF), 1977, p. 293 ; p. 296 : « Il présente Dieu comme un esprit qui habite dans les esprits, dans la

LE DEUIL DE DIEU   173

plutôt que du panthéisme, il dénote dans sa philosophie de la religion, à travers des réminiscences de Maître Eckhart, une « dissolution subjective du contenu divin » qui deviendra chez Ludwig Feuerbach une « anthropologisation de la religion »[1] ; « Pour Hegel, la *dure parole disant que Dieu est mort* contient également la joyeuse annonce hérétique que ce qui est mort est le Dieu extérieur, et que ce qui ressuscite a nom l'esprit de la communauté chrétienne[2]. » – L'*essai de renouvellement critique* de la pensée de Hegel auquel se livre Theodor Litt (en 1953) va dans le même sens : la démarche de l'esprit, pour Hegel, est « ce dépassement de la limite grâce auquel le fini se transforme en infini et l'infini se leste du fini » ; « l'homme se sait enveloppé et porté par Dieu », Dieu ayant besoin de se savoir dans l'homme autant que celui-ci aspire à se dépasser en Dieu ; « le mouvement qui intègre l'élan individuel au progrès du logos universel n'est rien autre que l'autoréalisation de Dieu dans le monde » ; la philosophie connaît la vérité de la religion, mais sans réciprocité, la seconde restant subordonnée à la première ; finalement Hegel ne laisse pas Dieu se reposer en lui-même, il lui impose de « traverser tout le devenir du monde » jusqu'à s'extérioriser dans l'État[3].

Martin Heidegger, analysant *le concept de l'expérience de Hegel* (1949), ne lui impute pas l'athéisme mais ne voit pas son idée de Dieu se détacher de la mondanité de l'être : « *La Science de la Phénoménologie de l'esprit* est la théologie de l'absolu quant à sa parousie dans le vendredi saint dialectique-spéculatif. Ici meurt l'absolu. Dieu est mort. Ceci veut tout dire sauf : il n'y a pas de Dieu. Quant à la *Science de la Logique*, elle est [...] la théologie de l'absoluité de l'absolu avant la Création. Mais l'une et l'autre théologies sont de l'ontologie, ont trait au monde. Elles pensent la mondialité du

---

profondeur de la subjectivité humainement réalisée, non pas dans les sommets extérieurs. »

1. *Ibid.,* p. 297, 301-302, 307. Nous trouverons le même jugement chez Karl Löwith.

2. *Ibid.,* p. 325. – Léo LUGARINI, « Niveaux de la compréhension hégélienne de Dieu », dans *La Question de Dieu...*, p. 321-351, décèle dans la *Science de la Logique* un « schéma spinoziste » (p. 347), « qui fait revivre le *Deus sive natura* » (p. 351).

3. T. LITT, *Hegel*, trad. fr., Paris, Denoël, 1973, p. 101-121, 126-131.

monde, dans la mesure où monde signifie ici : l'étant en entier... [1] » Ce que Hegel appelle « la Science » renvoie à ce qu'Aristote nommait « la philosophie première », qui serait mieux nommée « theiologie » ou « ontothéologie », science qui considère « l'étant en tant qu'étant » et, en lui, « l'étant suprême » : « Cet étant, τὸ θεῖου, le divin, est appelé aussi, en une étrange ambiguïté, l'Être » [2]. Si donc Dieu, celui que la foi invoque comme Dieu, ne disparaît pas vraiment dans cette vision du monde, c'est simplement qu'il n'y apparaît pas en tant que tel. – En écho à cette interprétation, Pierre Aubenque, spécialiste d'Aristote, examine (en 1991) ce qui advient chez Hegel au concept de Dieu, que la philosophie grecque définissait comme la Pensée de la Pensée ; voyant la Logique absorber l'ontologie et assumer désormais la fonction de la théologie métaphysique, il estime « permis d'identifier Dieu à l'être » chez Hegel « ou, plus probablement, l'être à Dieu à travers leur élément commun qui est la pensée », car, chez lui, « l'ens commune n'est pas fondamentalement différent de l'ens summum » ; il en conclut que Hegel, tout en se préservant du panthéisme par la différence maintenue du premier étant et de l'universel, n'échappe pas au reproche, porté par Heidegger, d'avoir construit une ontothéologie, « à l'opposé d'une tradition pour qui Dieu, principe de l'être, est pour cette raison même au-delà de l'être, de même que, principe de toute pensabilité, il doit être au-delà de la pensée » [3].

Bernard Rousset, traducteur et commentateur en 1977 du Savoir absolu, ne formule pas, lui non plus, le reproche d'athéisme, mais n'en voit pas moins Dieu se « résorber » chez Hegel dans la conscience de l'esprit parvenue à son terme, le « savoir absolu ». Cette expression, dit-il, désigne « l'acte de la conscience de soi qui la fait se comprendre elle-même

---

1. M. HEIDEGGER, Chemins qui ne mènent nulle part (Holzwege, 1949), trad. fr. W. Brokmeier, Paris, Gallimard (« Tel »), 1962, p. 245.

2. Ibid., p. 236. Voir encore ibid., p. 242, 245-246, 248 ; ID., Questions IV. La fin de la philosophie et la tâche de la pensée (1962), trad. fr. J. Beaufret et alii, Paris, Gallimard (NRF), 1976, p. 135 : « Hegel ne s'inquiète nullement [...] de l'être en tant qu'être. »

3. P. AUBENQUE, « La question de l'ontothéologie chez Aristote et Hegel », dans La Question de Dieu..., p. 259-283 (spécialement p. 271-280) : dernier texte cité : p. 280.

LE DEUIL DE DIEU

comme esprit absolu du monde », c'est le savoir de Dieu, « de ce qu'il est, de ce qui le fait exister comme esprit du monde réalisé au sein de la conscience de soi d'une conscience parvenant et parvenue à être un Je[1] ». L'auteur n'oublie pas pour autant que Hegel s'est toujours dit chrétien, mais pas davantage qu'il cherche Dieu « dans la conscience de soi de Dieu qui se connaît dans le savoir de l'homme[2] » ; et le savoir absolu nous apprend « comment l'esprit divin naît au monde et à la conscience de soi, naissance qui le fait être Dieu », car il est esprit qui doit se réaliser en s'incarnant dans le monde « pour exister comme esprit divin pour la conscience de soi du Je » lui-même devenu esprit divin : « Le savoir absolu est effectivement la vérification du contenu de la conscience religieuse dans l'expérience de la conscience de soi, dans la mesure où il est *la résorption de la forme religieuse* de ce contenu par la mise en évidence de son sens philosophique dans l'expérience phénoménologique de la conscience » ; « il est le concept de soi-même qui *résorbe* dans la conscience de soi toute extériorité »[3]. Hegel achève ainsi le programme des Lumières, estime B. Rousset : il conduit la conscience individuelle à l'autonomie de l'âge adulte, il la libère de l'aliénation religieuse par « l'immanentisation de la vérité dans l'expérience de la conscience », par « l'extériorisation de son intériorité » et « la réintériorisation de son extériorité »[4]. Au terme, nous voici « délivrés de la préoccupation religieuse d'un sujet absolu » : « Si Dieu doit exister et s'il doit être esprit, nous savons désormais qu'il existe, puisque nous nous sommes faits esprit[5]. »

---

1. B. ROUSSET, Introduction à HEGEL, *Le Savoir absolu*, p. 64-65.
2. *Ibid.,* p. 65-66 avec renvoi à la 5e Conférence des *Preuves de l'existence de Dieu* citée ici p. 169.
3. *Ibid.,* p. 66-67 (souligné par moi).
4. *Ibid.,* p. 68-71 ; voir p. 75 : « Une telle possession du concept de soi-même évacue l'objectivité de l'esprit du monde représentée dans la religion : le savoir absolu est la conscience de soi philosophique surpassant l'esprit religieux » ; p. 76 : il est « la compréhension de la religion qui résorbe la religiosité » ; p. 78-79 : il donne la clé d'une historicité qui transcende la contingence de l'existence naturelle.
5. *Ibid.,* p. 85.

176   DIEU QUI VIENT À L'HOMME

Mais il y a lieu de se demander si ces analyses tiennent suffisamment compte de la spécificité de la dialectique hégélienne, de la nature de la médiation, de la négativité, de l'*Aufhebung*[1], qui n'est pas la pure et simple dissolution ou résorption d'un terme dans un autre, mais la *conservation* de ce qu'elle *assume* en le *dépassant*, ni la fusion définitive et indifférenciée des termes qu'elle unit (le fini et l'infini, le sujet et l'objet, etc.), mais leur distinction et différence maintenue dans leur unification totalisante[2]. – Jean Hyppolite attirait l'attention sur ce point important à propos de la *Logique* de Hegel (en 1953). Sa pensée, dit-il, peut être «prolongée dans deux directions différentes. L'une conduit à la déification de l'humanité» – c'est celle que suivront Feuerbach et Marx – «l'autre conduit au savoir de soi de l'Absolu à travers l'homme», – et c'est celle qu'adopte l'auteur[3]. Or, c'est «le problème de l'origine de la négation» qui le fait choisir cette voie plutôt que l'autre : «L'Absolu, pour Hegel, ne sera jamais une synthèse immobile. Sa position contiendra toujours la négation, la tension de l'opposition»; «L'hégélianisme, en dépit d'une philosophie de l'histoire, conserve dans son imma-

---

1. Terme justement rendu par «sursomption» dans la traduction de la *Phénoménologie* par G. JARCZYK et P.-J. LABARRIÈRE, Paris, Gallimard (NRF), 1993. Soulignant que la négation, chez Hegel, est «négativement déterminée» et introduit un concept nouveau, qui «élève» et enrichit son contenu, les traducteurs donnent à l'*Aufhebung* «le sens positif d'un accomplissement», en citant Y. Gauthier : «La sursomption définit une opération contraire à celle de la subsomption, qui consiste à poser la partie dans ou sous la totalité ; la sursomption, l'*Aufhebung*, désigne le procès de la totalisation de la partie.» *Présentation*, p. 57-60, cité p. 60.
2. B. ROUSSET, p. 47, ne l'ignore pas, mais précise que «toute naissance d'un esprit nouveau est un *parricide* nécessaire qui *réintériorise* (souligné par l'auteur) l'esprit ancien, qui lui donne sa vérité nouvelle et qui retrouve en lui sa vérité ancienne» : auquel cas, et c'est en fait ce qu'explique l'auteur, la philosophie découvre dans la religion une vérité qui lui appartenait de plein droit, sans rien conserver du contenu proprement religieux de la religion. – Ce qui va à l'encontre de l'explication précédente.
3. J. HYPPOLITE, *Logique et existence. Essai sur la* Logique de *Hegel*, Paris, PUF, 1953, p. 231.

nence la négation au cœur de toute position » ; présente dans
le monde et dans la conscience de soi humaine, la négation
arrache l'existence aux déterminations du monde qui la
tiennent aliénée, elle lui permet d'accéder, si elle est comprise,
à la liberté suprême par la conscience de la mort en tant que
négativité absolue [1]. « L'existence apparaît donc comme
liberté, qui sous-tend toutes les figures de la conscience de soi.
[...] La dialectique hégélienne n'est pas la dissolution de
toutes les déterminations, comme le scepticisme, mais leur
médiation. L'être-pour-soi doit consentir à la médiation, à
l'histoire qui se pense comme l'œuvre commune, l'œuvre de
tous et de chacun [2]. » Chaque individu est donc convoqué à
la recherche d'un sens universel et à son effectuation dans
l'histoire où l'Être s'engendre éternellement de soi-même :
« Logique et Existence se joignent ici, si l'Existence est cette
liberté de l'homme qui est l'universel, la lumière du sens [3]. »
– Plusieurs commentateurs se montrent sensibles à la possibilité, signalée par Hyppolite, d'interpréter Hegel en deux
directions divergentes, et assortissent de réserves plus ou
moins accentuées le jugement bienveillant qu'ils lui rendent
néanmoins, à l'exemple de Dominique Dubarle (en 1976) :
Hegel, d'un côté, couronne le projet de l'*Aufklärung* « par
l'achèvement de la religion en raison » et la « subversion de
la notion théologique traditionnelle de la religion », car il
supprime le mystère de Dieu [4] ; d'un autre côté, c'est incontestablement le Dieu chrétien, le *verbum Crucis* et la Trinité, qu'il
s'est efforcé de penser comme aucun autre système philosophique ne l'avait fait avant lui [5] ; on ne saurait donc dire
Hegel purement et simplement athée ni irréligieux, et un
chrétien croyant ne lui refusera pas la qualité de chrétien,

---

1. *Ibid.,* p. 238-241.
2. *Ibid.,* p. 242.
3. *Ibid.,* p. 245. L'auteur conclut que le passage de l'histoire au
savoir absolu, ou encore la relation entre la *Phénoménologie* et la
Logique est « la difficulté maîtresse de l'hégélianisme » (p. 247).
4. D. DUBARLE, « Révélation de Dieu et manifestation de l'esprit
dans la *Philosophie de la religion* de Hegel », dans *Manifestation et
révélation*, Paris, Beauchesne, 1976, p. 77-206, voir p. 81-85.
5. *Ibid.,* p. 165-171.

sans reconnaître pourtant la foi traditionnelle dans sa manière de parler de Dieu ou de la révélation[1]. – Bernard Bourgeois semblablement, examinant les objections soulevées par Karl Barth, estime (en 1991) que la philosophie hégélienne est bien une pensée chrétienne en tant que philosophie de la création, sans être authentiquement conforme à la tradition judéo-chrétienne du fait qu'elle ne respecte pas pleinement la liberté de l'acte créateur[2].

Les réserves exprimées dans les deux cas précédents émanaient explicitement de points de vue théologiques. D'autres auteurs prennent une position plus franchement favorable à Hegel, sur le plan de la religion, en excipant seulement de l'analyse philosophique de ses textes. Nous venons de voir J. Hyppolite mettre en évidence la pensée de la liberté chez Hegel, qui nous était apparue, chez Kant, comme une voie d'accès à la pensée de Dieu. Ce point de vue justifie une ligne d'interprétation qui laisse toute sa place à la religion. Ainsi fait, avec une ferme discrétion, Gwendoline Jarczyk, dans une autre étude de la *Logique* de Hegel (1980), en prenant appui sur son affirmation constante que « le christianisme présente bien, sous la forme inadéquate de la représentation, ce qui est le contenu vrai de l'Esprit, c'est-à-dire précisément l'identité du rationnel et de l'effectif »[3]. La liberté est toujours à réaliser dans l'histoire, elle s'accomplit à travers les trois étapes de libération que sont l'Art, la Religion et la Philosophie. Sous le règne de l'Art, l'esprit est encore prisonnier de l'immédiateté sensible ; la Religion, « manifestant l'intériorité comme extériorité », conduit « vers la réalisation d'une humanité pleinement libérée à l'égard de l'intériorité comme

---

1. D. DUBARLE, *Manifestation et révélation,* p. 174-176. – On trouverait des réserves allant plus ou moins dans le même sens chez R. VANCOURT, *La Pensée religieuse de Hegel,* p. 108-111 (« la religion n'est capable, selon Hegel, ni de se penser elle-même ni de penser la philosophie ») et chez C. BRUAIRE, *Logique et religion...,* p. 181-183 (en tant que telle, la Logique hégélienne n'est pas une philosophie chrétienne, mais elle « permet un nouveau développement théologique »).

2. B. BOURGEOIS, « Le Dieu de Hegel : concept et création », dans *La Question de Dieu...,* p. 285-320 (spécialement p. 319).

3. G. JARCZYK, *Système et liberté dans la logique de Hegel*, Paris, Aubier, 1980, p. 266.

LE DEUIL DE DIEU 179

de l'extériorité », à condition que l'homme « veuille aller jusqu'au bout des exigences de sa foi religieuse », telles qu'elles sont manifestées par la mort du Christ dans « la souffrance de la négativité » ; alors advient la Philosophie qui, en préservant la religion de déchoir de la liberté et de déserter les combats de l'histoire, conduit l'esprit, au-delà de l'intuition et de la représentation, « à la liberté authentique du penser libre » : dans une telle vision de la Philosophie comme « identité effectuée de la forme et du contenu, de l'extérieur et de l'intérieur, de l'objectif et du subjectif », conclut notre auteur, le contenu de la Religion est *nécessairement* conservé dans la forme du concept[1]. – Pierre-Jean Labarrière, autre lecteur inlassable et traducteur réputé de Hegel, porte un jugement semblable sur la vision hégélienne de l'histoire dont les deux mouvements – élévation de l'homme à la reconnaissance de l'autre sous la motion de la descente de Dieu vers l'homme – s'unifient dans l'incarnation de Dieu dans l'homme, unité qui donne au christianisme d'être l'accomplissement « manifeste » ou « absolu » de tout le passé religieux de l'humanité[2]. Dans un livre au titre significatif, *Croire et comprendre* (1999), s'appuyant sur l'analyse de la sursomption et de la négation[3], il montre « une relation de double présupposition », comme entre « intériorité et extériorité », entre la prise de conscience de l'homme dans la religion et la présence de Dieu dans « sa communauté » : « Cela souligne le fait que Dieu ne se sait lui-même en vérité que dans l'homme, et que le savoir que l'homme a de Dieu est identique à la fois au savoir qu'il a de lui-même en Dieu et à celui que Dieu a de lui-même en l'homme. Comment serait-il alors possible d'opposer encore le croire et le comprendre[4] ? » Il n'y a donc pas davantage d'opposition entre religion et philosophie, « le savoir absolu rassemblant le contenu religieux et la forme de la liberté que l'histoire élabore peu à peu » : « Sous cette dernière perspective,

---

1. *Ibid.,* p. 294-297.

2. P.-J. LABARRIÈRE, *Dieu aujourd'hui*, Paris, Desclée de Brouwer, 1977, p. 210-214.

3. ID., *Croire et comprendre*, Paris, Éd. du Cerf, 1999. Négation : *ibid.*, p. 121-123 ; sursomption : voir ci-dessus n. 1, p. 176.

4. *Ibid.,* p. 80, en commentaire ci-dessus du § 554 de l'*Encyclopédie des sciences philosophiques*.

180 DIEU QUI VIENT À L'HOMME

la religion est appelée, non pas à disparaître ou à s'abîmer sans retour, mais à trouver sa sursomption – ou sa "relève" – dans la philosophie ; celle-ci en effet apparaît alors comme ce qui, à l'ultime, confère une forme adéquate au contenu de la raison, en sorte que celui-ci ne peut être dit *vrai* que par le bénéfice de cette *véri*fication. C'est ainsi que le *comprendre*, assumant le contenu du *croire*, s'avère être l'unité en advenir de ces deux dimensions du tout[1]. »

Penser Dieu dans le champ du langage (Hegel, suite).

Il n'est donc pas simple de fixer la pensée de Hegel par rapport à la tradition du christianisme. Mais il n'appartient pas à un théologien de trancher un conflit d'interprétations philosophiques. C'est pourquoi je terminerai cette prospection en interrogeant un dernier philosophe, que nous avions déjà consulté à propos de Kant, Gérard Lebrun, et qui peut aider le théologien à se situer en tant que tel en ce débat, justement parce qu'il ne cherche ni à opposer ni à réconcilier entre eux christianisme et hégélianisme mais renvoie à la question du langage. Il dénonce le dogmatisme dont on affuble la pensée de Hegel, en oubliant que la philosophie tenait un *langage* nouveau depuis Kant[2]. Il rappelle que son ambition depuis toujours était de faire parvenir le *mot* de Dieu, qui n'est qu'un *nom*, au *concept*, de lui donner un contenu *pensé*[3] ; que Hegel avait lui-même rejeté les accusations d'athéisme ou de panthéisme qui venaient, selon lui, de préjugés relatifs

---

1. *Croire et comprendre,* p. 161-162. La « perspective » indiquée est celle des § 554 et 572 de l'*Encyclopédie.* Sur la conception hégélienne de la philosophie, voir encore, du même auteur, *L'Utopie logique,* Paris, L'Harmattan, 1992, p. 23-28. Et la n. 2, p. 83.

2. G. LEBRUN, *La Patience du Concept. Essai sur le Discours hégélien,* Paris, Gallimard (NRF), 1972, Avant-propos, p. 16 : depuis Kant, « la vérité d'un diagnostic relève d'un autre code que la *vérité-de-jugement* » ; pour le même motif, il refuse l'interprétation de Heidegger qui veut ramener Hegel à la subjectivité cartésienne et l'y enfermer, p. 45-55.

3. G. W. F. HEGEL, Préface à la *Phénoménologie,* p. 155 ; Avant-propos de la 3e éd. de l'*Encyclopédie. La science de la Logique,* p. 142-144 (contre le « formalisme » de la théologie de l'*Aufklärung*).

LE DEUIL DE DIEU

au *bien-connu* de ce nom[1] ; et l'auteur d'inviter les lecteurs de Hegel à la « patience » pour laisser le Concept se dérouler et leur « désapprendre le mot [de Dieu] tel que nous pouvions l'entendre », en ajoutant : « Nous ? Agnostiques, chrétiens, marxistes, etc. Quelle importance ?[2] ». Il poursuit : « Athée ou théologien ? La philosophie hégélienne se dérobe forcément à ces procès. [...] La question indique qu'on n'a pas encore perçu la nécessité de la tâche *qu'il faut avoir terminée* avant de parler de la Religion. Car cette entreprise la dissiperait. C'est décidément comme si rien ne s'était passé avec Kant. On ne voit pas que la mort de la Métaphysique contraint à la critique intégrale des catégories[3]. » D'où vient donc l'équivoque responsable de ce faux débat ? G. Lebrun fait cette réponse : « Panthéisme, athéisme, sentiment de la transcendance, tous ces diagnostics ont en commun ceci qu'ils partent tous du Dieu familier à la conscience religieuse et sous-entendent qu'un philosophe qui ne fait pas profession d'athéisme ne saurait parler du divin qu'en ajustant tant bien que mal à ses concepts la vieille connivence que les religions ont instituée avec *Dieu* sans que, pour l'essentiel, rien ne bouge dans cette représentation. On présuppose que toute philosophie de la religion se règle nécessairement sur la représentation religieuse de Dieu[4]. » La philosophie ne demande pas à la conscience religieuse de changer de discours ni n'altère le sens de son ancien langage, « *car il n'y avait pas de sens immuable* », elle lui demande « de prendre conscience que le *Dieu* dont il est question désormais n'est plus la représentation à laquelle elle faisait crédit jusqu'à maintenant[5] ». Que reproche donc exactement la philosophie hégélienne à la représentation religieuse de Dieu ? De faire de Dieu une essence extramondaine, un objet séparé, un étant lointain, le Tout-Autre, et, pour cela, de

---

1. G. W. F. HEGEL, *Encyclopédie des sciences philosophiques*, III *Philosophie de l'esprit*, 3ᵉ section, § 564 p. 484-485, et § 573 p. 489-492. – Voir G. LEBRUN, *La Patience*..., p. 128-129.

2. G. LEBRUN, *ibid.*, p. 110 et 114.

3. *Ibid.*, p. 170 (la phrase mise en italique est une citation de Hegel).

4. *Ibid.*, p. 133. L'auteur, p. 132, vise nommément H. Niel cité ici p. 169, n. 3. J'ai mis en italique le nom de Dieu que l'auteur met souvent entre guillemets.

5. *Ibid.*, p. 113 (phrase soulignée par l'auteur).

182 DIEU QUI VIENT À L'HOMME

maintenir le monde dans sa finitude et le sujet humain dans
sa solitude, bien à l'écart de Dieu ; la théologie en arrive ainsi
à se méprendre complètement sur le sens de la révélation chrétienne, elle réduit l'incarnation à un événement temporel
contingent, elle ne voit pas que la mort de Jésus est mort de
Dieu, elle ne comprend pas que cette révélation est « l'avènement de la conscience-de-soi de l'Esprit », « la conciliation
du divin et du créé » ; et alors, ou bien elle se résigne avec
l'*Aufklärung* à ne plus connaître Dieu ou bien elle se console
dans la piété en dénonçant l'athéisme des philosophes [1]. C'est
parce que la théologie dogmatique se maintient dans son
archaïsme, séparant le règne du Père et celui du Fils, l'Esprit
et la Nature, la métaphysique et l'histoire, que la philosophie
en prend le relais, avec Hegel, poursuit G. Lebrun, et que,
grâce à elle, « le contenu religieux est rendu à sa pureté dans
la mesure où la critique de la Représentation religieuse est
radicale et, pour cette raison, non destructrice [2] ». Car la philosophie sait que *Dieu* est le processus par lequel l'Esprit
supprime son abstraction, le mouvement qui se déploie dans
un parcours ininterrompu du commencement au terme, le cercle
qui les réunit l'un à l'autre dans la manifestation de son être
et qui ne laisse rien d'autre en dehors de lui, car *Dieu* n'est
pas « un être concurrent du *monde* [3] ». Comprenant le mouvement qui la parcourt, la philosophie « imite ce qu'est *Dieu* »,
elle sait que « *Dieu* (l'ancienne représentation désignée par ce
nom) *était* ce discours circulaire et qu'elle-même *est* le divin
rendu à sa pureté [4] ». La philosophie devient ainsi « théologie
spéculative », bien plus, « *elle est la Religion* au sens totalisant
que Hegel donne maintenant au mot (théologie + Révélation) »,
« la Religion qui s'explicite en théologie » – « de sorte que
Hegel passe pour théiste ou pour athée selon qu'on retrouve
ou non en ce qu'il appelle Dieu les traits d'un Dieu religieux »,
alors qu'il « n'est pas un athée déguisé, mais ce Dieu a quand
même changé d'état civil, et Hegel n'est pas non plus le sauve-
teur pur et simple de la théologie [5] ».

---

1. G. LEBRUN, *La Patience...*, p. 127-131.
2. *Ibid.,* p. 158 (phrase soulignée par l'auteur).
3. *Ibid.,* p. 160-167.
4. *Ibid.,* p. 165 et 167 (les italiques sont de l'auteur).
5. *Ibid.,* p. 168 (les italiques sont de l'auteur).

LE DEUIL DE DIEU   183

Il n'est pas sûr que la théologie se satisfasse des bons soins que la philosophie hégélienne, ainsi présentée, voudrait lui prodiguer, ni que la foi chrétienne sache reconnaître l'événement de la révélation de Dieu en Jésus Christ dans le cercle du savoir absolu malgré l'assurance qui lui est donnée d'y retrouver son bien propre. Nous observerons cependant que la lecture de Hegel ici proposée prend acte avant tout de son refus de se replier sur quelque «pensée finie», qu'elle n'impose aucun choix dogmatique, sinon, dit encore Gérard Lebrun, de prendre conscience avec lui que «la philosophie est de part en part langage», que nous avons donc à nous situer à notre tour dans «ce pur travail du langage sur lui-même», à *le laisser se déployer et nous dépayser*, sans nous arrêter aux représentations bien connues et aux repères accoutumés que la vie du langage n'a cessé de modifier en les entraînant dans son sillage : Hegel ne nous demande pas «qui êtes-vous ? d'où parlez-vous ?» mais «en quel langage parlez-vous en ce moment ?»[1]. Pierre-Jean Labarrière, déjà cité, nous renvoie autrement à la question du langage. La philosophie, dit-il, inscrit son discours dans «trois paramètres simples : Que dis-tu ? À qui t'adresses-tu ? D'où parles-tu, et qui es-tu toi qui parles ?» ; elle est «en quête d'un lieu à partir duquel s'engagent la parole, le langage, le discours» et «*ce lieu est en réalité un non-lieu, – une u-topie structurante*», ce à cause de quoi «la philosophie ne fait pas nombre avec quoi que ce soit» ; «*D'où parles-tu, et qui es-tu toi qui parles ?* Le philosophe ne peut répondre à cette requête que s'il renonce à discourir depuis un "ailleurs" [...] : il lui revient d'être le gestionnaire de l'altérité intérieure constitutive de toute identité à soi»[2]. La théologie, si elle ne doit pas se sentir concurrencée par «l'utopie logique» de la philosophie – alors que la seconde *aussi* tient discours sur Dieu et que la première *aussi* tient un langage de raison, celui du «comprendre» –, doit se mettre pareillement en quête du «lieu» d'où elle parle,

---

1. *Ibid.*, p. 400-411, cité : p. 404, 410, 407, 411. Nous devrons aussi prendre note de cet avertissement : «On ne critique jamais Hegel sans s'exposer à lui adresser des griefs qu'il aurait été vraiment léger de ne pas prévoir», p. 408.

2. P.-J. LABARRIÈRE, *L'Utopie logique*, p. 21-22 (les italiques sont de l'auteur).

et c'est le lieu du « croire », qui est, lui, un vrai lieu, ou mieux un site historique, celui de la Croix. La question du philosophe invite donc le théologien à ne pas demander à la philosophie de vérifier ni de confirmer ce qu'il croit, mais plutôt à se laisser interroger par elle sur la nature et l'origine du *langage* dans lequel la théologie cherche à comprendre la foi et, d'abord, le mot Dieu.

La théologie chrétienne doit se sentir interpellée par cette question sur deux points d'intérêt majeur. Le premier, c'est que le nom de Dieu ne lui appartient pas exclusivement ni même en propre : il était employé dans de nombreux langages religieux avant qu'elle ne le recueille, sans toujours remarquer qu'il véhiculait des contenus étrangers à sa foi, et elle l'a ensuite elle-même introduit dans de nombreuses représentations philosophiques pas toujours bien accordées à la révélation historique dont elle fait profession. Ce mot est donc un bien commun du langage humain, une création de la raison qui s'en est servie pour exprimer sa connaissance du monde et de l'homme ; la théologie n'a pas sur lui de droit de propriété absolu, elle doit accepter que la philosophie remplisse sa fonction à l'égard de ce mot, comme de tous ceux qu'elle a hérités de la raison universelle, et qu'elle se prononce sur la validité et la signification de ses contenus, nécessairement divers et changeants. Il est vrai que la théologie chrétienne n'est pas uniquement dépendante du langage commun dans son usage du nom de Dieu, qu'elle a reçu directement d'une révélation historique particulière, mais c'est le second point sur lequel elle est mise en question par Hegel. Car cette révélation n'a pas manqué de modifier radicalement le contenu et la signification de ce mot, par la doctrine de la création, de l'histoire du salut, de l'incarnation, de la mort libératrice du Christ, du don de l'Esprit aux hommes ; elle a lié Dieu au monde, elle a introduit la nature humaine en lui, elle l'a introduit dans le devenir de l'histoire. La foi chrétienne se montre ainsi liée à l'intelligibilité du monde et de l'histoire, et elle s'en prévaut comme d'une vérité universelle ; c'est pourquoi la théologie ne peut pas faire grief à la philosophie de vouloir incorporer cette vérité à ses propres connaissances rationnelles ni de la soumettre à ses questions critiques ; elle doit, au contraire, accepter le reproche de s'être fixée sur des contenus métaphysiques rendus caducs par la révélation et de n'avoir pas su

LE DEUIL DE DIEU 185

penser la nouveauté et l'historicité du Dieu révélé comme il s'imposait de le faire.

Quels sont donc les résultats de ce parcours hégélien, et comment échapper à ses ambiguïtés ? Premier résultat : Hegel a montré que Dieu est *pensable*, bien qu'il ne soit pas objet d'expérience, pensable comme Esprit infini, comme Sujet absolu, non à la façon des concepts de l'entendement, clos sur leur finitude, mais en tant que Concept vivant, dynamique, qui se déploie en lui-même et dans l'histoire de l'esprit et qui est l'unité du fini et de l'infini. La pensée de Dieu surgit dans la conscience qui cherche à penser le monde et l'homme et le rapport de l'un à l'autre ; chaque fois que se pose la question du sens de ce qui est, elle surgit comme la totalité du sens, sens du tout, vérité absolue. Hegel n'a pas démontré l'existence de Dieu, il n'a pas dit qu'elle est *démontrable* par des preuves – qui lui assigneraient un être-là dans le monde ou au-dessus du monde et qui, du même coup, rendraient son existence dépendante des nécessités que notre entendement lui accorderait pour raison d'être. Dieu se fait connaître de lui-même, il se rend manifeste par l'évidence d'être le Sujet qui est et qui fait toute vérité et toute effectivité ; c'est pourquoi son existence n'est pas connue par une preuve isolée, elle se dévoile par le développement de la dialectique vivante de l'Esprit, elle est elle-même ce Discours du sens qui s'exprime à la fois éternellement en lui-même et historiquement dans l'esprit de l'homme. – Voilà donc un premier acquis, mais il a son prix : en quoi consiste cette existence de Dieu, est-il une « personne », un individu, est-il connu à la façon des étants particuliers ? Non, il ne peut pas l'être, la dialectique du fini et de l'infini ne le permet pas, sous peine de limiter son être par ce qu'il n'est pas, par de l'autre qu'il laisserait nécessairement en dehors de soi. Du coup, si Dieu n'est pensable que sous le mode d'être l'unité de soi-même et de tout autre, sa réalité semble se diluer ou bien dans la pure objectivité du monde ou bien dans la pure subjectivité de l'esprit humain – ce qui, ne disons pas justifie, mais explique les accusations de panthéisme ou d'athéisme qui ont été faites à Hegel. Observons toutefois que cette suspicion ne met pas en cause la seule dialectique hégélienne en tant que telle, comme si l'ambiguïté du résultat était imputable à quelque défectuosité du « système » qu'on pourrait aisément corriger. Relevant le défi de Kant, et plus largement celui des Lumières, Hegel a cherché loyalement à penser Dieu comme un sujet étant-en-soi-et-pour-soi, mais il n'a pas pu éviter de le penser comme unité du fini et de l'infini, c'était le prix à payer pour réconcilier la raison et l'entendement. Sans doute son discours sur Dieu n'est-il pas au-dessus de toute critique, et il en existe d'autres, mais les critiques qui lui ont été faites venaient en général de la révélation ou ne portaient que sur des points particuliers, et les autres discours ont été construits sur la base de l'ancienne métaphysique qui traitait de Dieu *a priori* comme d'un objet séparé, posé d'avance à côté des autres objets de la « métaphysique spéciale » que sont l'âme et le monde. Ces critiques et ces discours ne sortent pas du bien-connu de Dieu, qui permet de tenir des propos contradictoires, au moins dans leur sens immédiat, de ce genre : Dieu est l'être infini et *aussi* un étant particulier, il est partout *mais* n'est contenu nulle part, incompréhensible et *cependant* connaissable, etc., propos qui, depuis Kant, n'ont plus droit de cité dans un langage rationnel. Hegel, lui, a cherché à penser Dieu dans le cadre d'un discours spéculatif systématique qui laisse l'idée de Dieu se déployer dans la totalité du champ du pensable, de telle manière qu'elle est validée ou invalidée en cela même qu'elle réussit ou qu'elle échoue à se laisser penser conjointement aux autres objets de la raison, par le propre développement de la conscience de soi, et à leur donner sens par la lumière de sa propre vérité. Aucune autre tentative d'une telle envergure n'a été faite depuis, et c'est ce qui obligeait à s'y « arrêter ». Car la croyance en Dieu s'affronte ici, sur un terrain manifestement « amical », à une épreuve de vérité radicale : ou bien, fuyant le risque qu'elle courrait en se livrant au discours de la raison, elle se réfugie dans le bien-connu du mot Dieu, tout en sachant qu'il n'appartient plus au langage *présent* ; ou elle décide de s'en tenir à la révélation, en feignant d'oublier que le discours révélé est lui-même tributaire de ce bien-connu ; à moins qu'elle ne cherche un abri dans le sentiment et l'expérience immédiate de Dieu, à la façon de Schleiermacher, mais en abandonnant du même coup la raison commune à l'incroyance ; ou alors, au risque de sa mort et pour ne pas se résigner à cet abandon, elle accepte de parler le langage de la raison et cherche le moyen d'en évincer le danger de l'athéisme et du panthéisme. L'expé-

LE DEUIL DE DIEU

rience de ce danger, la certitude qu'il est inévitable pour la foi qui cherche à se dire en langage de raison, constitue un autre acquis de ce parcours, bienfaisant malgré son ambiguïté, car la foi se fortifie en elle-même en traversant son contraire, la pensée de l'athéisme.

Or, Hegel fournit lui-même le moyen d'échapper à ce danger. Parce qu'il fait dialoguer la voix de la religion avec celle de la raison, Dieu, dans son discours, n'est pas seulement pensé, il est aussi affirmé par la foi et par l'espérance, et donc objet d'une décision de liberté, objet d'un engagement vécu par lequel le croyant se lie à Dieu et personnalise son rapport à Dieu comme à un autre. Nous rappelons l'importance de la liberté dans le discours de Kant sur la religion ; elle n'est pas moins grande chez Hegel, pour qui la liberté parfaite est le fruit du savoir absolu, un fruit qui a mûri sur le calvaire de l'Esprit, c'est-à-dire dans la « patience » (et le sens de ce mot inclut celui de souffrance) des combats de la vie et de l'existence spirituelle. L'affirmation de Dieu ne se présente donc pas dans son discours à la façon de la conclusion d'un syllogisme, elle n'est pas le simple produit intellectuel de l'entendement « plat », rivé à l'immédiateté sensible, elle engage la raison au sens le plus fort, en tant qu'esprit et liberté, elle est « processus » dialectique, non purement pensé, mais également vécu dans l'histoire du sujet conscient de soi. Le discours hégélien peut faire illusion : en tant qu'il *pense* Dieu sous la raison de l'universel et du nécessaire, il paraît en diluer le contenu dans l'esprit du monde ou dans celui de l'homme ; mais le nom de Dieu, en tant qu'il est *cru*, est l'énonciation d'une liberté elle-même engagée dans un procès d'altérité. Le lecteur interprétera ce discours selon ce qu'il y reconnaîtra de sa propre histoire. Le lecteur croyant y trouvera la possibilité d'interpeller Dieu comme un Autre réellement existant ou plutôt d'être interpellé par lui comme un autre lui-même, parce qu'il fait l'expérience que la foi en Dieu lui donne de pouvoir accomplir parfaitement sa liberté de sujet. Pour le même motif, il ne sera pas ébranlé par le fait que d'autres, qui n'ont pas vécu la même histoire ou n'en ont pas encore pris conscience, tiennent Dieu pour un mot vide d'effectivité et de subjectivité et prétendent en fournir la preuve ; accepter la pensée de l'athéisme comme

une éventualité légitime du langage, c'est l'épreuve de la négativité qui fortifie la foi de qui ose s'y affronter, et c'est un
nouvel acquis de ce parcours hégélien.

En voici encore un, particulièrement précieux : la philosophie hégélienne de l'esprit nous renvoie comme à son fondement à l'histoire de la révélation de Dieu dans le Christ par
sa mort et par le don de son Esprit à la communauté des
croyants. Il s'ensuit que Dieu y est « personnalisé » de
plusieurs façons : par son lien à un individu historique, par la
relation de chaque croyant à cet homme, et par leur communion mutuelle au même Esprit, qu'aucun d'eux ne peut
s'approprier en bien exclusif ; et dès lors qu'il s'agit de reconnaître Dieu dans un événement de l'histoire, qui est un événement de mort dans lequel le croyant doit insérer sa propre
histoire, la liberté de la foi ne peut pas être tenue à l'écart du
processus dialectique dans lequel l'esprit divin se dévoile en
s'unisssant à l'esprit de l'homme. Sur ce point encore, le
discours hégélien n'est pas exempt d'ambiguïté, puisqu'il
pense l'histoire de la révélation comme le nécessaire développement de l'esprit en lui-même, de telle sorte qu'elle peut
être lue comme une histoire idéale qui ne s'est pas réellement
passée dans la contingence propre aux événements du temps
du monde, et qui se laisse à nouveau interpréter comme l'extériorisation de l'esprit divin dans l'esprit du monde ou comme
son intériorisation dans l'esprit de l'homme. Mais sur ce point
non plus, la dialectique hégélienne n'est pas démunie de
ressources, car elle sait montrer dans la mort du Christ, et
également dans l'acte créateur, la passion de l'amour par
laquelle la liberté du donateur se concilie avec la nécessité du
don ; c'est pourquoi le savoir absolu lui-même s'exprime à la
façon d'un « culte » divin qui se « recueille » dans la réminiscence et le récit de ce qui s'est passé pour en rendre grâce.
Parce que ceci peut être compris aussi bien que cela, on
n'incriminera pas Hegel de tenir un langage de double vérité,
mais la vérité de son discours s'expose à être diversement
comprise, selon qu'elle est seulement *sue* ou qu'elle est aussi
crue, dans le premier cas comme l'historicisation d'un processus
purement reconstruit, dans le second comme le récit d'une
effectivité revécue par le croyant. Or, le théologien, en parcourant le discours hégélien, fait l'expérience du risque couru par
tout discours théologique qui s'efforce de conjoindre le

LE DEUIL DE DIEU

langage de la croix à celui de la sagesse du monde ; il subit l'épreuve de la « conscience malheureuse », celle d'une foi qui ne réussit pas à s'exprimer en pliant son langage aux critères de vérité admis par la raison commune, ou l'épreuve de la « belle âme », celle d'une foi qui ne doute pas de pouvoir s'imposer à titre de vérité universelle par des raisons contraignantes. Dans le premier cas, la théologie est tentée de s'enclore dans le langage de la ferveur pieuse, inintelligible à ceux qui ne sont pas croyants ; dans le second, elle succombe aux tentations de l'orgueil de l'esprit et de l'idolâtrie, sans réussir pour autant à mieux communiquer au-dehors. Sa marge étroite de vérification est de tenir son discours dans les limites du récit de l'histoire de révélation, mais dans un langage intelligible à tous. C'est pourquoi l'intérêt pour la théologie de passer par Hegel n'était pas de lui demander une garantie pour la foi ni un modèle de pensée à reproduire, mais d'expérimenter l'irréductibilité du discours croyant à un discours de rationalité systématique en même temps que la nécessité de parler un langage éprouvé par la critique philosophique du temps. À l'entrecroisement du langage de la croix et de celui de la raison, la pensée de Dieu est fatalement traversée par la pensée de l'athéisme : tel est le travail de la négativité qui fait la vérité du discours théologique du côté de la foi comme du côté de la raison.

C'est peut-être la même difficulté d'articuler foi et raison, la foi du chrétien luthérien qu'il est resté jusqu'au bout et la raison de l'*Aufklärer* qu'il avait été et qu'il est sans doute demeuré, qui fait claudiquer le discours de Hegel « *entre théisme et athéisme* ». Comprenant cela par sa propre expérience, le théologien s'abstiendra de le faire pencher d'un côté ou de l'autre ou de lui faire grief de son instabilité. Car le discours chrétien soucieux d'authenticité est lui aussi toujours en passe de s'écarter du théisme et de se rapprocher de l'athéisme, l'un risquant de n'être plus que la dépouille vide d'un ancien bien-connu de Dieu, l'autre étant la frontière mouvante entre la nouveauté et l'inconcevabilité de Dieu selon « l'esprit du temps ». L'obligation de concilier la transcendance de l'être divin avec l'historicité de la révélation chrétienne fait la nécessité de ce périlleux voisinage.

IV

DU REJET À L'ATTENTE DE DIEU

Par la relecture que nous avons faite de Kant et de Hegel à travers leurs commentateurs de notre temps, la théologie de la révélation apprend à exercer sa rationalité face aux pensées de la modernité et avec leur aide. Elle surmonte sa mise à l'écart par la raison critique en renonçant à son désir de démonstrations au moyen des causes et des fins du monde, pour établir sa recherche de Dieu dans le champ de la liberté, de l'éthique et du sens de l'existence de l'homme en ce monde. Elle échappe à la menace d'un encerclement par la raison dialectique en acceptant de sortir du bien-connu de Dieu sans se réfugier dans le sentiment et la piété, pour prendre position sur le terrain de l'histoire dans et par laquelle le Dieu de Jésus Christ se révèle en appelant les croyants à combattre pour son Royaume. Se livrant de la sorte au travail de la négativité, elle se rend mieux capable d'affronter l'athéisme qui va surgir du choc de l'ancienne et de la nouvelle métaphysique ainsi que les nouveaux courants de pensée qui conduisent de la modernité à ce que d'aucuns appellent la « postmodernité ».

Tout a été dit chez Kant de l'existence de Dieu au regard de la raison. Tout a été dit chez Hegel de la révélation de Dieu-Trinité dans l'histoire de la culture. Tout a été dit, et tout reste à dire, en ce sens que l'affirmation de Dieu reste une *option* de la liberté raisonnable et que la reconnaissance de « la transformation progressive des choses par l'affleurement de Dieu » dans les « formes religieuses » du devenir humain [1] reste, elle aussi, l'*option* d'une vision raisonnable du monde et de l'histoire. Cela veut dire que l'option contraire, celle de se passer de Dieu, reste raisonnablement possible, et qu'il est logique de s'attendre à ce qu'elle surgisse à tout instant. Le théologien qui a compris cela ne demandera pas à la philosophie

---

1. P.-J. LABARRIÈRE, *Dieu aujourd'hui*, p. 212.

192 DIEU QUI VIENT À L'HOMME

de poser les fondations d'une pensée de la foi et ne lui reprochera pas de s'y refuser – Karl Barth a eu raison de faire opposition à des «préalables» conçus sur le modèle des «raisons nécessaires». Il n'en sera pas moins attentif aux questions toujours renouvelées que la philosophie pose sur Dieu, le monde et l'homme, l'être et la vérité, mais il transportera ces questions sur son propre terrain pour y répondre lui-même, à ses risques et périls, dans le langage de la philosophie mais à la lumière de la foi, en prenant garde de ne pas imposer ses réponses au nom de la simple raison. Ainsi se donnera-t-il la possibilité de tenir un langage nouveau, susceptible d'arracher le mot Dieu au bien-connu du vieux langage religieux. C'est à quoi la théologie s'essaie de nos jours, au sortir des longues luttes qu'elle a soutenues contre un rationalisme d'autant plus agressif qu'elle était elle-même trop demandeuse de «raisons» et qu'elle se sentait en position de force sous le couvert de la religion. La situation nouvelle qui est la sienne dans la société et dans la culture lui permet, et même lui impose, de changer de langage.

Pour achever notre périple du «deuil de Dieu», une dernière étape est à franchir, en gros du milieu du XIXe siècle jusqu'aux dernières décennies du XXe. Nous avions vu le kantisme puis l'hégélianisme se présenter à la fois comme la fin de l'ancienne métaphysique et comme l'inauguration d'une nouvelle métaphysique ou anthropologie. Nous allons maintenant considérer, en premier lieu, la naissance tumultueuse de cette pensée de l'homme; pressée de se dégager de la «philosophie théologique» qui l'enveloppait dans le passé et l'étouffait, elle signale sa venue au monde en poussant le cri «Dieu est mort», et nous examinerons comment la pensée de l'athéisme s'est formée chez Feuerbach et chez Nietzsche. En second lieu, nous esquisserons, en pointillé, le trajet de cette philosophie nouvelle de Kierkegaard à nos jours; nous nous intéresserons à Kierkegaard à un double titre: en tant qu'il a lui aussi annoncé la mort du christianisme mais en sauvegardant sa foi chrétienne, et parce qu'il est gratifié d'avoir introduit le concept d'existence au cœur de la pensée nouvelle; quant aux philosophes contemporains, seuls les plus influents seront mentionnés et dans le seul but de dire ce qu'il advient chez eux de l'idée de Dieu: elle reste une option possible, rien de plus, rien de moins. Nous examinerons enfin, chez quelques-uns de ses représentants, comment la théologie du

LE DEUIL DE DIEU   193

XXe siècle, se situant à son tour sur le terrain de l'anthropologie, prend position dans ces mêmes débats sur les rapports
de la foi et de la raison, que nous avions vus se nouer autour
de Karl Barth, et cherche à montrer l'existence humaine
ouverte sur une transcendance et réceptive de l'éclairage
qu'elle reçoit de la révélation.

La « mort de Dieu » (Feuerbach et Nietzsche).

Quand il recueillait le savoir absolu comme le fruit porté
par l'histoire de l'esprit, le fruit qui prend « la place de la
fleur comme sa vérité », Hegel n'avait pas la prétention naïve
d'arrêter la marche de la pensée ni le cours du temps empirique, il avait au contraire conscience de vivre « un temps de
naissance et de transition à une nouvelle période », une
période où l'Esprit absolu se dévoilerait comme l'inconnu du
bien-connu de Dieu, du Dieu de l'ancienne métaphysique,
car « le bien-connu en général est, justement parce qu'il est
bien connu, inconnu »[1]. Il pensait l'histoire de l'esprit sous
les couleurs eschatologiques du temps chrétien, un temps que
l'Esprit de Dieu conduit à son achèvement universel depuis
la réconciliation survenue dans le Christ entre l'infini et le
fini, le logos chrétien et le logos grec. Une telle vision de
l'histoire reposait sur l'acceptation du christianisme comme
religion absolue. Une génération après sa mort, ses anciens
disciples et ses nouveaux lecteurs ne comprendront plus
cette théologisation de l'histoire, ils auront le sentiment de
vivre la fin d'un monde et de ne pouvoir penser le nouveau
monde en train de naître qu'en démantelant les clôtures du
« système » hégélien, en le tirant de « droite » et de « gauche »,
selon la terminologie reçue, en séparant de nouveau tout ce
qu'il avait patiemment réuni, en rejetant aussi bien ce qu'il
avait critiqué que ce qu'il avait édifié[2]. C'est dans ce contexte
que vont se faire jour des pensées athées jointes à la critique
du christianisme.

---

1. HEGEL, Préface à la *Phénoménologie...*, p. 17, 33, 75.
2. K. LÖWITH, *De Hegel à Nietzsche*, Paris, Gallimard (NRF),
1969, p. 54-65, 162-172, 253. – Ernst BLOCH, *Sujet-Objet*, p. 355-358.
Les réflexions qui suivent continueront à s'inspirer de ces auteurs.

Hegel n'avait pas manqué de ressentir les soubresauts de son époque. Il a souvent dénoncé l'athéisme qui se répandait autour de lui, déploré le renoncement des théologiens à l'effort de penser avec leur temps, il a vibré dans sa jeunesse aux espérances révolutionnaires de sa génération, il s'est montré attentif aux évolutions de la société, de l'industrie, aux revendications sociales des travailleurs, il s'est même intéressé dans son enseignement aux questions nouvelles d'économie politique. Avait-il prévu jusqu'où menaçaient de conduire tous ces bouleversements, avait-il espéré les conjurer par sa réflexion philosophique, ou s'était-il mué dans sa vieillesse en conservateur de l'ordre établi ? Quoi qu'il en soit, la désagrégation du monde ancien, dont la crise des Lumières était porteuse, continuait son chemin après lui, renversant l'une après l'autre les « réconciliations » qu'il avait mises en place. L'homme moderne aspirait plus que jamais à être pensé pour lui-même et non plus en fonction de sa seule destination au Royaume de Dieu, il aspirait à faire son histoire par lui-même au lieu de la confier à quelque obscure Raison ou Providence divine, il affirmait son existence corporelle, dans un monde de choses sensibles, son propre monde, et ne se contentait plus des « réalités » spirituelles, il revendiquait une liberté concrète, une individualité autonome et responsable et ne se résignait plus à s'en remettre à la prétendue rationalité de l'État. Les différentes révolutions qui avaient secoué la France et d'autres pays d'Europe depuis 1789 désagrégeaient l'ordre politique de l'Ancien Régime, qui trouvait ses meilleurs défenseurs auprès des hiérarchies ecclésiastiques, et les différentes Églises se déconsidéraient de plus en plus du fait de leur allégeance aux pouvoirs établis. L'apparition d'industries nouvelles et les convulsions sociales qui en résultaient déstabilisaient la société bourgeoise et les traditions religieuses qui constituaient en surface sa culture. Beaucoup de gens sentaient venir le chaos d'une révolution généralisée.

De toutes ces manières, le mouvement de séparation de la religion et de la société politique, que nous avons étudié à la suite de Marcel Gauchet, s'accentuait et le monde perdait la figure religieuse sous laquelle on avait coutume de penser Dieu. Dans le langage hégélien, le mot « religion » est souvent pris au même sens que son contenu, Dieu, l'Esprit absolu dont elle est la « représentation » ; la perte de substance de la religion équivalait donc à la dissolution de l'idée et de la présence

LE DEUIL DE DIEU 195

de Dieu. L'athéisme qui s'affichait maintenant au grand jour ne signifiait pas que la raison philosophique avait enfin réussi à chasser Dieu, à démontrer son inexistence, mais résultait beaucoup plus du fait que de nombreux esprits voulaient se débarrasser de l'emprise du religieux et que le retrait de la religion, dans laquelle Dieu s'était manifesté, faisait ressentir sa disparition, et c'est alors qu'on commençait à parler de « la mort de Dieu ». C'était le bien-connu de Dieu qui se décomposait, obligeant les croyants à le penser sous un mode nouveau.

Ce vaste phénomène historique est bien illustré par la similitude des attaques portées contre le système hégélien de points de vue aussi opposés que l'humanisme de Feuerbach, le matérialisme de Marx, le spiritualisme chrétien de Kierkegaard ou le nihilisme néo-païen de Nietzsche – pour ne pas mentionner d'autres dissidents de l'hégélianisme. Retraçant son histoire au XIXᵉ siècle, Karl Löwith détaille ces motivations complexes liguées contre la forteresse du Savoir absolu. Anciens disciples ou nouveaux lecteurs de Hegel, continuant à subir son influence alors même qu'ils le critiquaient plus ou moins violemment, continuant même à se réclamer de lui alors qu'ils s'en écartaient radicalement, tous entreprennent de *réaliser* ce que la philosophie du maître n'avait fait que penser, de réaliser avant tout la révolution qu'il annonçait à leurs yeux : ainsi Marx et Kierkegaard s'accordent pour séparer le terrestre et le divin, Kierkegaard et Feuerbach pour refuser l'union du christianisme et de l'État, tous trois ont le même sentiment que la philosophie idéaliste est dépassée par le progrès du monde et se joignent aux « jeunes hégéliens » pour rejeter le monde bourgeois et chrétien, se mettant eux-mêmes en rupture avec ce monde[1]. Feuerbach, Kierkegaard et Marx refusent l'unification du rationnel et du réel, de l'essence et de l'existence, partant du point de vue, l'un de l'existence corporelle de l'être humain et de ses besoins sensibles, l'autre de l'existence spirituelle de l'individu et de ses passions, le troisième de l'existence sociale et économique de la masse[2]. « L'analyse économique de Marx et la psychologie expérimentale de Kierkegaard », dénonçant toutes deux l'aliénation, l'une de

---

1. K. LÖWITH, *De Hegel à Nietzsche*, p. 65-72, 82, 89-96, 203-216.
2. *Ibid.*, p. 174-178, 183-191. – E. BLOCH, p. 362-365.

196   DIEU QUI VIENT À L'HOMME

l'homme, l'autre du chrétien, dans le même monde bourgeois,
« sont, du point de vue historique, parallèles et ne sont qu'une
seule et même antithèse à la pensée de Hegel », une « attaque
commune contre la réalité contemporaine »[1].

Ce parallèle doit être étendu à Nietzsche, qui « fut le seul
après Marx et Kierkegaard à faire de l'écroulement du monde
chrétien bourgeois le sujet d'une analyse fondamentale »
et qui a clos ainsi le renversement de la « théologie philosophique » de Hegel en « philosophie antichrétienne »[2]. De
Hegel à Nietzsche, on peut suivre une évolution dans la considération de l'être humain ; alors qu'elle relève encore chez le
premier d'une théologie philosophique, elle est transformée
par Feuerbach en pure anthropologie, vue principalement à
partir du corps, elle devient chez Marx l'objet d'une analyse
socio-économique de classe, tandis que Kierkegaard ne veut
plus voir que l'individu émancipé du monde et réalisant l'universalité humaine dans un « être-soi-même » retourné vers
Dieu, et que Nietzsche salue le dépassement de l'homme vers
le « surhomme » définitivement libéré par la « mort de Dieu »[3].
Feuerbach, Marx, et Nietzsche s'accordent pour rejeter la religion en général, la chrétienne en particulier, et pour reprocher
à Hegel de ne pas l'avoir fait.

Feuerbach n'accuse pas formellement Hegel de professer
l'athéisme[4], mais il pense que sa philosophie devait logiquement conduire au rejet de la religion et il se séparera de lui
pour construire une anthropologie débarrassée de théologie[5] ;
quand il voit ou croit voir Hegel transmuer la religion en philosophie de l'homme et unir l'Esprit de Dieu et l'esprit de
l'homme dans une même essence universelle, il en conclut
que la religion n'est rien autre que le sentiment de l'homme
d'avoir son essence hors de soi et que l'essence divine, considérée dans ses attributs, n'est autre que l'essence propre de

---

1. K. LÖWITH, p. 191-203, cité p. 202-203 (les italiques sont de
l'auteur) ; voir aussi p. 293-304.

2. *Ibid.,* p. 218 (et voir p. 314-317).

3. *Ibid.,* p. 368-387. – E. BLOCH, p. 378-381, 386.

4. Comme le fera Bruno Bauer, voir K. LÖWITH, p. 405-414.

5. E. BLOCH, p. 375-378 (et voir ci-dessus, p. 173). – Henri ARVON,
Ludwig Feuerbach ou la transformation du sacré, Paris, PUF
(« Épiméthée »), 1957, p. 26-32, 60-65.

LE DEUIL DE DIEU
197

l'homme ; il approuve Schleiermacher, contre Hegel, d'avoir
ramené la religion au sentiment, le blâmant seulement de
n'avoir pas ramené l'objectivité de Dieu à l'essence de ce
sentiment[1] ; cependant, tout en considérant la disparition de
Dieu comme un fait désormais acquis[2], il se défend d'être
vraiment athée et se prétend même fondamentalement d'accord
avec la doctrine luthérienne, en ce qu'elle affirme que Dieu
est « pour nous », c'est-à-dire, selon lui, qu'il existe seulement en nous : « Dieu est un mot dont le *seul* sens est
l'homme », « Dans la foi, Dieu est le toi de l'homme »[3]. Marx
louera Feuerbach d'avoir éclairé les chrétiens sur la véritable
« essence du christianisme », anthropologique et non théologique, tout en lui reprochant de n'être pas allé assez loin dans
sa critique de la religion ; il pense que l'athéisme est seul
capable d'intéresser les hommes à la construction d'un monde
vraiment humain, dont la destruction du christianisme par le
socialisme est la condition préalable[4]. Nietzsche croit, comme
Feuerbach, à l'extinction progressive du christianisme, qu'il
tient, surtout sa morale, pour le règne du mensonge, il attend
de la victoire de l'athéisme le triomphe de la vérité, il voit
dans la mort de Dieu le prélude au nihilisme qui conduira à
« l'éternel retour[5] ». Or, ce n'est pas un mince « paradoxe »
– son mot favori – de voir Kierkegaard approuver chaleureu-
sement, lui aussi, les prises de position de Feuerbach sur le
terrain religieux, même s'il le fait, on s'en doute, dans un
esprit différent, spiritualiste et non matérialiste. Il se déclare
d'accord tant avec sa critique de la pensée hégélienne, à savoir
que la fusion du divin et de l'humain ne peut conduire qu'au
paganisme et à l'incroyance, qu'avec son hostilité envers le

---

1. H. ARVON, *ibid.,* p. 53-57. – K. LÖWITH, p. 397-401. Feuerbach
publie en 1841 *L'Essence du christianisme*, et en 1845 *L'Essence de la
religion*, où se confirme l'influence de Schleiermacher sur lui.

2. H. ARVON, p. 180.

3. K. LÖWITH, p. 402-404 (les deux citations sont de Feuerbach,
p. 404). – H. ARVON, p. 48-50, souligne également que Feuerbach
rattache son anthropologie à Luther dans son écrit de 1844 sur *L'Essence
de la foi selon Luther* et que son athéisme gardera un accent religieux,
p. 68-69.

4. H. ARVON, p. 78-79. – K. LÖWITH, p. 125-127, 415-417.

5. K. LÖWITH, p. 238, 400, 434-439.

198   DIEU QUI VIENT À L'HOMME

christianisme tel qu'il le voyait vivre dans la société de son
temps, devenu un humanisme qui s'ignore, et encore d'accord
avec lui pour revenir à la pensée de Luther, prise comme un
christianisme approprié et intériorisé, ramené à «la subjectivité des rapports personnels de l'individu avec Dieu»[1] ; il ne
voit pas d'avenir au christianisme en dehors du retour individuel des chrétiens à la vie évangélique[2].

Voici donc l'athéisme, qui s'avançait «masqué» aux XVIIᵉ
et XVIIIᵉ siècles, maintenant professé publiquement sous une
forme argumentée (quoiqu'il soit encore dangereux de le
faire), et cela nous permet de mieux analyser ses causes. Nous
connaissons l'explication qui en est donnée par Eberhard
Jüngel et que nous avions discutée à propos de Descartes.
Il la reprend dans le cas de Feuerbach : la séparation de
l'essence et de l'existence de Dieu, à laquelle avait abouti la
volonté de fonder sa réalité sur le «Je pense», et la conception ontologique de Dieu en tant qu'être le plus grand qui se
puisse penser, héritage de la pensée scolastique, fournissent à
Feuerbach le moyen de transférer sur l'homme les prédicats
de l'essence divine, en montrant qu'ils ne sont que les
propriétés de la nature humaine projetées au-delà de ses limites
dans l'idée d'un être infini, «là, en effet, où le moi ne peut
plus se dépasser, il pense Dieu»[3]. On trouve assurément cet
argument chez lui[4], mais mêlé à plusieurs autres facteurs, qui
ne sont pas tous ignorés de Jüngel, mais auxquels il est loin
de donner l'importance qu'ils méritent. Il y a d'abord chez
Feuerbach, comme chez les autres philosophes que nous avons
mentionnés en même temps que lui, une nouvelle manière de

---

1. K. LÖWITH, p. 423-433. – H. ARVON, p. 73-74.
2. K. LÖWITH, p. 428.
3. E. JÜNGEL, *Dieu mystère du monde*, t. 1, p. 224-225.
4. L. FEUERBACH, *L'Essence du christianisme* (1841), dans *Manifestes philosophiques*, Textes choisis, trad. L. Althusser, Paris, PUF
(«Épiméthée»), 1960, par exemple p. 66 : «Aussi loin que porte ton être,
aussi loin que porte le sentiment illimité que tu as de toi, tu es toi-même
Dieu» ; *Principes de la philosophie de l'avenir* (1843), § 24-25, *ibid.*,
p. 163-166 : critique du concept de Dieu pensé comme «un être qui ne
se distingue pas de la pensée», défense contre Hegel de la critique
kantienne de la preuve ontologique, etc.

LE DEUIL DE DIEU   199

penser en général, non plus dans l'abstrait, du point de vue
de l'idée, de la logique, mais dans le concret, à partir de la
réalité empirique, de la singularité sensible, en prenant pour
devise : « Obéis aux sens [1] » ; et une nouvelle manière de penser
l'homme en particulier : dans son individualité sensible, à
partir de son corps, de son sexe, de son lien à la nature, et
non du « Je pense », à partir de l'espèce humaine vivante,
et non de l'idée d'homme, au sein de la communauté humaine,
du point de vue de l'échange entre le moi et le toi, et non de
l'analyse philosophique de la raison, du point de vue du cœur,
du sentiment, de la passion, de la souffrance, et non des vérités
religieuses [2]. Les commentateurs cités plus haut soulignent
l'étonnante modernité de ces thèses, annonciatrices de
la phénoménologie et de l'existentialisme d'aujourd'hui [3] ;
Feuerbach affirme souvent la conscience et la volonté de jeter
les bases d'une « philosophie nouvelle » – « philosophie de
l'avenir », dit-il encore – qui ne serait pas la théorie d'un
penseur abstrait, mais l'expression de « l'esprit du temps » ;
et comme on retrouve les mêmes principes, nous l'avons dit,
chez Kierkegaard, Nietzsche ou Marx, nous devons comprendre
qu'un seuil historique a été franchi, que l'idée que l'homme
occidental se fait de lui-même a considérablement évolué

---

1. Cette phrase revient comme un mot d'ordre dans la défense de
L'Essence du christianisme de 1845, *v.g.*, § 8, p. 227 : « Obéis aux sens !
Là où commence le sens, cessent la religion et la philosophie, mais
en échange t'est donnée la vérité simple et nue » ; § 9, p. 228 ; § 13,
p. 232 ; etc.

2. L. FEUERBACH, *Thèses provisoires pour la réforme de la philosophie* (1842), § 47-49, p. 118 : «... le cœur est le principe purement
antithéologique, le principe incroyant, athée au sens de la théologie.
Car le cœur ne croit à rien d'autre qu'à soi... » ; *La Philosophie de
l'avenir* § 34, p. 180 : « La philosophie nouvelle prend appui sur la
vérité de l'amour, la vérité du sentiment » ; § 36, p. 181 : «... la Philosophie nouvelle commence par la proposition : [...] mon corps est mon
essence même » ; etc.

3. Ainsi H. ARVON, *Ludwig Feuerbach...*, p. 100 : par son évolution vers le sensualisme et sa dialectique du Je et du Tu, « Feuerbach
anticipe de près d'un siècle la consécration que l'existence reçoit, par
exemple, de Martin Heidegger ».

4. Ce n'est évidemment pas à Descartes que se réfère Feuerbach
quand il reconnaît sa connivence envers la philosophie française sur le

200   DIEU QUI VIENT À L'HOMME

depuis Descartes[4] et que c'est cette idée nouvelle qui commande
les positions de ces philosophes à l'égard du concept de Dieu
ou de la religion, et non l'inverse.

Certes, ces idées n'étaient pas toutes récentes, il serait
facile de les détecter déjà chez Kant, plus encore chez Hegel,
mais intégrées à un système critique ou logique qui neutra-
lisait leur virulence révolutionnaire, et surtout, chez le second,
assumées par la «religion manifeste» et donc formellement
pensées comme des idées appartenant au processus de l'Esprit
et transcendées par lui. Après Hegel, penseur absolu, penseur
de l'absolu, il paraissait impossible de philosopher, sinon en
sortant du «système»[1], et donc en repoussant l'emprise de la
religion pour fonder une anthropologie purement anthropocentrique, c'est-à-dire a-théologique ou a-théiste. La critique
de Hegel, entreprise comme une interprétation athée de sa
pensée, est donc un autre facteur de l'athéisme de Feuerbach.
Celui-ci, après une éducation religieuse et des études de théologie à Heidelberg, avait été l'élève favori de Hegel à Berlin,
il avait même pris sa défense lors des premières accusations
portées contre lui, mais il se convainquit de plus en plus que
l'athéisme, auquel l'inclinait la lecture de Bayle, était le sens
profond, non dévoilé, de la pensée de son maître[2]. Il lui reproche
d'être une «philosophie de l'identité», non «génético-critique»,
une «mystique rationnelle», qui identifie l'intuition immédiate
et l'idée absolue, le commencement et le terme, de ne pas
chercher d'où vient le besoin qu'a l'homme de penser Dieu,
et de poser à la fin pour objet réel une simple représentation[3],
faisant illusion, du même coup, sur sa signification véritable :
«La dernière philosophie appartient à la période de la mort
du Christianisme, de sa négation qui se prétendait aussi, en

---

plan du sentiment et du sensualisme : «L'inspiration du cœur (principe
féminin, sens du sensible, siège du matérialisme) est française [...]. Le
cœur fait les révolutions...», *Thèses provisoires...*, § 46-47, dans *Manifestes...*, p. 117. Sur la critique de l'idéalisme cartésien, voir *La Philosophie de l'avenir*, § 17-18, p. 150-156.

1. L. Feuerbach, *Critique de la philosophie de Hegel*, p. 13-14.
– Jean Hyppolite, *Études sur Marx et Hegel*, Paris, Marcel Rivière, 1955,
p. 111.

2. H. Arvon, p. 7-32.

3. L. Feuerbach, *ibid.*, 34-36, 45-47.

LE DEUIL DE DIEU 201

même temps, sa position. La philosophie de Hegel dissimu-lait la négation du Christianisme sous la contradiction de la représentation et de la pensée : elle niait le Christianisme en le posant[1]. » Hegel, selon lui, conduit à son « accomplisse-ment » la « philosophie moderne », inaugurée par Spinoza, qui transformait le théisme en panthéisme, mais il le fait « dans la contradiction », car il « transforme à nouveau en théologie la négation de la théologie » ; c'est pourquoi la « philosophie nouvelle », dont Feuerbach se réclame, se donne pour tâche « la réalisation de la philosophie hégélienne » sous le mode de la négation absolue de la théologie retournée en anthropologie pure et simple[2].

Ce qui justifie, à ses yeux, cette interprétation athée, ce sont, évidemment, les affirmations de Hegel disant que la reli-gion se dépasse dans la philosophie qui la conçoit, ou que la connaissance de Dieu est la conscience de soi de l'homme, ou que le christianisme est la religion absolue parce qu'elle fonde sur le Christ l'union du divin et de l'humain[3]. La dénon-ciation obstinée de la « théologie » de Hegel explique en partie le ton religieux dont les écrits de Feuerbach restent empreints ; mais cette religiosité découle avant tout de la réinterprétation du christianisme à laquelle il se livre, à travers les souvenirs qu'il avait gardés de sa formation religieuse et théologique, et qui constitue une autre source de son athéisme, auquel elle confère, paradoxalement, un caractère spirituel souvent remarqué[4]. L'axiome traditionnel « Dieu s'est fait homme pour que l'homme soit fait dieu », sous-jacent à la conception

---

1. ID., *Nécessité d'une réforme de la philosophie* (1842), p. 98.

2. ID., *Thèses provisoires*, 1-6, p. 104-105 ; *La philosophie de l'avenir*, § 19-21, 52, p. 156-159, 195-196.

3. E. BLOCH, *Sujet-Objet,* p. 297, 302, 375-377. J. HYPPOLITE, *Logique et existence*, p. 232-233, 237-238 : accord de Marx et de Feuerbach pour dénoncer dans le Savoir absolu « une forme d'aliéna-tion, un substitut de la religion ». K. LÖWITH, p. 426. – On dénote encore une réminiscence de Hegel dans ces propositions : « il n'est rien de plus en Dieu que dans la religion », « Dieu, ou, ce qui est tout un, la religion » : L. FEUERBACH, *L'Essence du christianisme*, p. 75 et 79.

4. H. ARVON, p. 68-69. – E. BLOCH, p. 378-381.

5. Feuerbach a pu lire cet axiome directement chez les Pères de l'Église, qu'il lui arrive de citer, *v.g.*, *L'Essence du christianisme*, p. 71,

202   DIEU QUI VIENT À L'HOMME

hégélienne de l'unité de l'infini et du fini[5], a certainement
inspiré la volonté et le sentiment de la «philosophie moderne»,
selon Feuerbach, de «prendre la place de la religion», d'être
«en vérité elle-même religion»: en effet, puisque «la religion
chrétienne a uni le nom de l'homme et le nom de Dieu dans
un seul nom: celui de l'homme-Dieu, elle a donc élevé le
nom de l'homme à l'état d'attribut de l'être suprême»[1]. Sur
ce point se fonde sa prétention (non totalement exempte de
contradiction) de professer un athéisme qui n'est pas purement
et simplement athée, au sens d'irréligieux: «Ce n'est pas moi,
c'est la religion [...] elle-même qui dit: Dieu est homme,
l'homme est Dieu; [...] j'élève plutôt l'anthropologie à l'état
de théologie, tout comme le Christianisme transformait
l'homme en Dieu, en rabaissant Dieu à l'état d'homme [...][2].»

Cette interprétation anthropocentrique du concept d'incarnation porte aussi, de son propre aveu, la marque du luthéranisme, dont il se réclame à plusieurs reprises; annonçant que
«la tâche des temps modernes» sera «l'humanisation de
Dieu», comprise comme «résolution de la théologie en anthropologie», il n'hésite pas à la situer dans le prolongement du
protestantisme: «Le mode *religieux* ou *pratique* de cette
humanisation fut le Protestantisme. Seul *le Dieu* qui est
homme, le Dieu humain, c'est-à-dire le Christ, est le Dieu du
Protestantisme. Le Protestantisme ne se préoccupe plus,
comme le Catholicisme, de ce qu'est Dieu *en lui-même*, mais

73, 88, 91 (en note). – E. JÜNGEL, *Dieu mystère du monde*, p. 144,
reproche à la théologie hégélienne d'aboutir à «la restitution de l'ancienne
doctrine selon laquelle Dieu est devenu homme afin que l'homme soit
divinisé», dans laquelle il dénonce une perversion de la *communicatio
idiomatum*. Il est curieux qu'il manifeste une telle hostilité envers une
doctrine si ancienne et si constante, alors qu'il est si empressé à souligner l'enracinement dans la tradition chrétienne de l'énoncé hégélien
de «la mort de Dieu», expression à vrai dire tardive et restée margi-
nale même si sa signification appartenait à la foi. Bien qu'il sache
montrer l'influence de Hegel sur Feuerbach, Jüngel ne la relève pas sur
le point précis de l'incarnation.

1. L. FEUERBACH, *La Philosophie de l'avenir*, § 64, dans *Manifestes*,
p. 200, et *Thèses provisoires* § 68, p. 125.

2. ID., *L'Essence du christianisme*, Préface à la 2e éd. (1843), p. 209
et 213.

seulement de *ce qu'il est pour l'homme* ; aussi n'a-t-il plus de tendance spéculative ou contemplative, comme le Catholicisme ; il n'est plus *théologie* – il n'est essentiellement que *Christologie*, c'est-à-dire *anthropologie religieuse*[1].» Se refusant à la «distinction irréligieuse» qui sépare «ce que Dieu est *en soi* de ce qu'il est *pour moi*»[2], il voit dans la «philosophie absolue» de Hegel «la résurrection de la philosophie alexandrine», la survivance du Dieu-en-soi néo-platonicien, censé bienheureux, impassible, sans besoins, parce qu'on oublie qu'il n'est rien d'autre que ce qu'il est «pour-nous», la projection de nos besoins et de nos aspirations : «Seule la misère de l'homme est le lieu de naissance de Dieu»[3]. Cette dénonciation de l'«aliénation» religieuse – que Feuerbach appuie sur des arguments psychologiques pour expliquer l'origine des cultes et des représentations du divin, ou la connaissance analogique de Dieu ramenée à des anthropomorphismes[4] – prépare les voies à Nietzsche et à Marx, qui la reprendront chacun de son point de vue[5].

D'autres facteurs historiques, déjà évoqués, annonciateurs d'un monde nouveau, constituent une dernière source, qui n'est pas la moins importante, de l'athéisme de Feuerbach et de ses contemporains ; je les rappelle brièvement : les changements d'ordre économique, technologique, éthique, qui frappent de désuétude l'ancien mode de vivre avec les pratiques et croyances religieuses qui lui étaient liées, les aspirations à un nouvel ordre politique auxquelles s'opposait la liaison entre l'ordre établi et la religion établie, le discrédit

---

1. L. FEUERBACH, *La Philosophie de l'avenir*, 1-2, p. 128 (les italiques et les majuscules sont du traducteur). – Sur le luthéranisme de Feuerbach, voir les auteurs cités ici n. 3, p. 197. Dans *L'Essence du christianisme*, p. 212-216, il couvre de l'autorité de Luther son «analyse historico-philosophique» de la religion, en particulier sur la question des sacrements.

2. ID., *L'Essence...*, p. 75-76.

3. ID., *La Philosophie de l'avenir*, 29, p. 170-174.

4. ID., *L'Essence...*, p. 77-83. – Feuerbach se montre aussi averti des travaux récents d'exégèse scientifique, par exemple sur les origines du christianisme, p. 216-217.

5. Voir les références indiquées ci-dessus n. 4 et 5, p. 197 et n. 1, p. 198.

204 DIEU QUI VIENT À L'HOMME

qui en rejaillissait sur le christianisme, la révolte contre la
misère sociale que la prédication religieuse confortait sous
couleur de la consoler. Tant de changements signifiés par des
« transformations religieuses » font pressentir à Feuerbach le
passage à une nouvelle « ère de l'humanité », « la mort du
christianisme », « allié aux ennemis du besoin fondamental de
l'humanité présente, le besoin de liberté politique » ; « L'incroyance a remplacé la foi, la raison la Bible, la politique la religion et l'Église, la terre a remplacé le ciel, le travail la prière,
la misère matérielle l'Enfer, l'homme a remplacé le Chrétien » ;
il en tire cette conclusion : « il faut que la politique devienne
notre religion », ce qui équivaut, dit-il, à professer « l'athéisme,
l'abandon d'un Dieu distinct de l'homme », un « athéisme
pratique », pour qui « l'État est le Dieu des hommes », car
« ce n'est pas la croyance en Dieu, mais la défiance de Dieu
qui a fondé les États » ; le « réalisme » qui est « l'esprit de ce
temps » commande aux hommes de se détourner de la religion pour construire leur « république » sur terre ; ici se manifeste à nouveau ce qu'il gardait de religiosité protestante :
« Nous voulons maintenant dans le domaine politique ce que
voulait et projetait la Réforme dans le domaine religieux [1]. »
Cette amorce de « théologie politique » rejoint à plusieurs
siècles de distance les revendications de Spinoza dans son
Traité des autorités politique et religieuse et préfigure les
analyses sociologiques d'un Marcel Gauchet : le pouvoir politique usurpe à son profit l'autorité de la religion tout en s'appuyant sur elle, et la démocratie laïque détourne les citoyens de
leurs besoins religieux en les convoquant à s'occuper activement de leurs affaires temporelles. Il s'agit bien d'un athéisme
plus pratique que théorique, même si la nécessité de s'attaquer

---

1. L. FEUERBACH, *Nécessité d'une réforme de la philosophie* (1842),
dans *Manifestes*, p. 96-103. – Voir *Principes de la philosophie de
l'avenir*, Préface : elle a « pour mission [...] de faire descendre la philosophie de la béatitude d'une pensée divine et sans besoins, dans la misère
humaine », p. 127. – Ou encore la référence faite à son livre sur *Philosophie et christianisme* à la fin de la Préface à la 2ᵉ éd. de *L'Essence
du christianisme* : «... le Christianisme est depuis longtemps disparu
non seulement de la raison, mais aussi de la vie de l'humanité, il n'est
plus rien qu'une idée fixe, qui se trouve dans la contradiction la plus
criante avec nos compagnies d'assurances-incendie et-vie, nos chemins
de fer et nos locomotives, etc. », p. 220.

LE DEUIL DE DIEU

à la « philosophie moderne » l'oblige encore à se tenir sur le terrain métaphysique ; il fait porter sa critique moins sur l'idée de Dieu prise en elle-même que sur les comportements qu'elle induit dans l'homme qui pratique la religion, il nie Dieu à travers la religion qui lui donne d'exister pour nous et chez nous ; cet athéisme s'intéresse sans doute au concept de Dieu, mais au « bien-connu » que Hegel appelait l'inconnu de Dieu : un être que sa perfection même oblige à se tenir loin des hommes tout en les dominant de haut. Il n'est pas sans équivoque que Feuerbach oppose, d'un côté, le Dieu pour-nous des chrétiens au Dieu en-soi et pour-soi du théisme et cherche, de l'autre côté, à se débarrasser du pour-nous du Dieu chrétien en s'attaquant à la religion chrétienne prise tant dans son essence religieuse que dans sa situation historique – ce qui annonce la « théologie athée » de la fin du XIXe siècle analysée par Rosenzweig. Le reste de religiosité que garde la philosophie de Feuerbach est la marque de cette contradiction qui l'habite, et peut-être aussi (mais n'est-ce pas la même chose ?) du deuil de Dieu qui s'y cache – car l'humanité ne peut pas se défaire si facilement d'un Nom qu'elle portait depuis les origines de sa pensée consciente. On pressent aussi la possibilité pour le christianisme d'échapper à la mort qui lui est promise s'il réussit à se détourner du Dieu de la métaphysique et à retourner le « pour nous » du Dieu chrétien vers la vraie libération de l'humanité et les vrais besoins des hommes : c'est sur ce terrain que cherchera à se situer la théologie du XXe siècle.

Feuerbach a, en effet, fixé la pensée de l'athéisme sur le site qui restera et qui est encore son terrain de prédilection, celui de l'humanisme : la question de Dieu est devenue celle de l'homme[1]. Même si les débats métaphysiques sur l'existence

---

1. Henri DE LUBAC expose de ce point de vue la doctrine de Feuerbach dans son livre au titre significatif *Le Drame de l'humanisme athée*, Paris, Éd. Spes, 1944 (1re éd.). Dans un ouvrage postérieur, *Athéisme et sens de l'homme*, Paris, Éd. du Cerf (« Foi Vivante » 67), 1968, p. 23-33, il déclare que l'athéisme contemporain, qui n'a pas changé d'orientation du XIXe au XXe siècle, est une « herméneutique athée du christianisme », « déclenchée surtout par Hegel », réinterprétée par Feuerbach, suivi par Marx, qui entreprend « de réaliser de manière profane le fond humain du christianisme » (p. 27).

206   DIEU QUI VIENT À L'HOMME

de Dieu continueront dans le sillage des relectures d'Anselme
et de Descartes, de Spinoza et de Leibniz, de Kant et de Hegel,
les avancées ou les reculs de l'incroyance ou de la croyance
se joueront de façon décisive sur le terrain du « réalisme »
balisé par Feuerbach : la pensée de Dieu rend-elle ou laisse-
t-elle l'homme pensable, le monde habitable, l'existence
vivable ? C'est déjà ainsi que nous avions vu l'athéisme
commencer à se répandre au temps où la nouvelle pensée
scientifique du monde obligeait à se demander si elle était
conciliable avec la notion biblique de Dieu ; maintenant, c'est
la nouvelle conscience historique que l'homme prend de lui-
même dans l'évolution de la culture, des techniques et de
l'économie qui l'amène à douter que la religion lui permette
de prendre en main les destinées de l'espèce humaine. La
pensée de Karl Marx prend son point de départ dans la réflexion
de Feuerbach, dont il se détachera par la suite ; il prolongera
et diversifiera sa critique de la philosophie hégélienne, principalement sur le plan de l'État et de l'histoire, ainsi que son
analyse de l'aliénation religieuse, notamment sur le plan des
relations du travail, de la société et des échanges économiques ; il soutient que l'athéisme et la destruction de la religion chrétienne sont nécessaires pour changer le monde ; mais
ni ce que Marx ajoute à Feuerbach ni ce qu'il critique chez
lui ne modifient sur le fond la pensée de l'athéisme du point
de vue de la théologie [1].

     On ne devrait pas attendre non plus de nouveauté absolue
sur ce point de la part de Friedrich Nietzsche qui, refusant « la
possibilité de penser un Dieu soustrait à la volonté créante de
l'homme », dit Jüngel, « a, au fond, affirmé la même chose

_____

     1. Voir K. LÖWITH, *De Hegel à Nietzsche*, p. 71, 127, 191-198, 374-
378, 414-419. – E. BLOCH, *Sujet-Objet,* p. 379, 382-392. – J. HYPPOLITE,
Logique..., p. 233-238. – ID., *Études sur Marx et Hegel*, p. 114-117,
142-147 ; p. 114 : sur la base de la « critique de l'aliénation religieuse
de l'homme, amorcée par Hegel, achevée par Feuerbach. [...] On peut
considérer que le christianisme ainsi interprété par la philosophie hégélienne est le germe de tout l'Humanisme marxiste » ; p. 147 : « L'idée
fondamentale et comme le germe de toute la pensée marxiste, c'est
l'idée d'*aliénation* empruntée à Hegel et à Feuerbach. » – Sur « Un athée
absolu : Karl Marx », voir Georges MOREL, *Problèmes actuels de religion*, Paris, Aubier-Montaigne, 1968, p. 59-79.

que la thèse de Feuerbach déclarant que la pensée humaine ne parvient à sa perfection que dans l'idée de Dieu[1]». – Le théologien et philosophe moraliste Paul Valadier pense cependant et vigoureusement le contraire : l'athéisme de Nietzsche, selon lui, est à l'opposé de celui de Feuerbach ; sa filiation intellectuelle le rattache à Schopenhauer, à son pesssimisme et à son nihilisme, et non à Feuerbach ni à l'humanisme post-hégélien ; loin donc d'ambitionner de doter l'homme d'attributs divins hypostasiés, il accepte pour point de départ le non-sens de l'existence, le dégoût de vivre, le refus des fausses consolations apportées par les religions ; plus tard, il se dégagera de ce nihilisme, estimant que l'on n'est pas fondé à juger de la non-valeur du monde ni de l'existence au motif que le monde n'est pas finalisé par rapport à l'homme, et il préconisera une attitude de pleine acceptation de l'infinité du monde, porteuse d'un «gai savoir», mais il ne remettra pas en cause le jugement porté par Schopenhauer sur la religion et le déclin du christianisme, jugement qui inclut donc la mort de Dieu[2]. «Toute religion est née de la peur et du besoin», dit Nietzsche (*Humain trop humain* § 110) ; c'est une «maladie», commente Paul Valadier, qui «naît de la réaction de la créature pour faire main-mise sur ce qui la dépasse – et l'effraye à ce titre. La peur est donc peur devant l'inconnu, l'inouï, le neuf, le non-humain, le non-maîtrisé. La religion est l'organisation [...] de cette tentative d'appropriation humaine trop humaine de l'inconnu» ; la critique, précise-t-il, porte moins sur la religion en elle-même, qui n'est pas la cause du mal et ne fait qu'en tirer parti, que sur le besoin de religion qui est en l'homme, «malade de lui-même», et c'est donc une maladie dont l'athéisme ne suffira pas à le guérir : «En un mot, la religion n'est aussi perverse que parce qu'elle est le moyen par lequel le faible s'affirme lui-même par l'intermédiaire de la divinité. Dieu *sert* à l'existence de la créature maladive»[3]. Sur cette base s'édifie la critique spécifique du

_____

1. E. Jüngel, *Dieu...*, p. 225-235, cité : p. 227 et 230.
2. P. Valadier, *Nietzsche l'athée de rigueur*, Paris, Desclée de Brouwer, 1975, p. 38-48.
3. *Ibid.*, p. 48-59, cité : p. 50-51 et 59 ; p. 66 : «Ce n'est donc pas la religion qui crée la maladie, c'est le malade qui croit trouver dans la religion un soutien et une justification à son mal.»

christianisme (du judéo-christianisme), d'autant plus pervers qu'il entretient et accroît cette maladie tant par l'interprétation qu'il en donne (le péché) et la consolation qu'il lui apporte (la vie éternelle) que par le traitement qu'il propose (la médiation sacerdotale, la morale) (*Gai Savoir* § 357), c'est donc lui qui est finalement responsable du « nihilisme décadent » de ce temps[1]. L'« anthropocentrisme religieux » qui caractérise le christianisme est la contradiction interne qui le conduit à sa ruine, c'est-à-dire à « la mort de Dieu », car c'est lui qui « a tué Dieu » (*Gai Savoir* § 19), en le rendant « incroyable » du jour où l'on se rend compte que « sous le mot *Dieu* les religions n'ont en fait jamais adoré autre chose que l'homme – et l'homme malade » et que « l'homme s'est toujours voulu lui-même en voulant Dieu » : « Un Dieu rapporté à l'homme finit, un jour, par devenir un Dieu inutile, dérisoire [...]. En ce sens le judéo-christianisme après avoir tué tous les dieux antiques au profit d'un *seul* Dieu aboutit à détruire la croyance au Dieu unique, devenu lui-même un Dieu trop pauvre, trop humain, bref incroyable en tant que tel[2]. »

Mais l'on ne peut pas ne pas remarquer que Nietzsche, s'il n'a pas pris son point de départ chez Feuerbach, aboutit cependant à la même conclusion : à la critique du « pour-nous » du Dieu chrétien ; que la perspective d'un « divin polythéiste » sur laquelle il débouche (*Inédit de l'année 1888*) a quelque chose de la religiosité reprochée à Feuerbach ; et qu'il soutient que son athéisme n'est pas en opposition avec l'idéal chrétien (*La Généalogie de la morale* III § 27)[3] comme le premier se réclamait de la croyance protestante. Aussi convient-il, sans rien méconnaître de l'originalité de sa réflexion, de ne pas trop l'écarter des courants de pensée qui ont marqué ses contemporains et dont il a inévitablement subi, lui aussi, l'influence[4]. C'est ainsi que Karl Löwith, qui n'ignore pas l'influence de Schopenhauer sur Nietzsche, s'intéresse aussi à sa position vis-à-vis de Hegel et de Goethe, décrit ses liens avec Wagner et Strauss, souligne surtout ses accointances avec Bruno Bauer

---

1. P. VALADIER, *Nietzsche l'athée de rigueur*, p. 60-71.
2. *Ibid.,* p. 84-88, cité p. 84 et 85.
3. *Ibid.,* p. 88-99. Y. LEDURE, *Nietzsche et la religion de l'incroyance*, Paris, Desclée, 1973, p. 161-171.
4. Ces accointances ont été relevées plus haut, p. 195-197.

LE DEUIL DE DIEU

sur le plan de la critique du christianisme, mentionne ses rapports litigieux avec le cercle de Stirner dans lequel circulait déjà le terme de « surhomme », et en conclut que « la voie qui conduit de Hegel à Nietzsche à travers les jeunes hégéliens est particulièrement nette, en ce qui concerne l'idée de la mort de Dieu »[1]. Il résume la pensée de Nietzsche en forme de « système » : « Au début est la *mort de Dieu*, au milieu est le *nihilisme* qui en découle, et à la fin l'autodépassement du nihilisme dans *l'éternel retour*[2]. »

Martin Heidegger a longuement commenté (en 1943) le mot de Nietzsche « *Dieu est mort* » en s'appliquant à décrire le déplacement de l'horizon sous lequel peut désormais s'énoncer le mot Dieu. Dans le cri du « Forcené » : « Dieu est mort ! Dieu reste mort ! Et c'est nous qui l'avons tué » (*Gai Savoir*, n° 125), explique-t-il, le mot « Dieu », quoiqu'il vise bien le Dieu chrétien, « désigne le monde suprasensible, le domaine des Idées et des Idéaux » ; « Ainsi le mot *Dieu est mort* signifie : le monde suprasensible est sans pouvoir efficient. Il ne prodigue aucune vie. La Métaphysique, c'est-à-dire pour Nietzsche la philosophie occidentale comprise comme platonisme, est à son terme » ; si donc « Dieu, comme Cause suprasensible et comme Fin de toute réalité, est mort, [...] l'homme ne sait plus à quoi s'en tenir, et il ne reste plus rien qui puisse l'orienter. [...] Un néant commence à s'étendre.

---

1. K. LÖWITH, *De Hegel à Nietzsche*, p. 217-232, cité : p. 232. Le terme de « surhomme », qui désignait à l'origine le Christ « homme-Dieu », était utilisé d'abord en ce sens que l'homme était appelé à se « surmonter », p. 231. Chez Nietzsche, p. 383-387, il manifeste la volonté de dépasser « l'humanitarisme chrétien » : « le surhomme paraît quand Dieu est mort » (p. 384).

2. *Ibid.*, p. 238 et s. L'auteur revient, p. 434-439, sur la critique du christianisme : Nietzsche, « comme Feuerbach et Kierkegaard », reprochait à Hegel de vouloir concilier la foi chrétienne et le monde moderne, il reprochait à toute la philosophie allemande, Feuerbach compris, d'être infestée de théologie et « démasquait l'athéisme philosophique de la théologie allemande » (p. 437), tout en tenant « son propre "immoralisme" comme une continuation de la tradition protestante chrétienne » (p. 438), qu'il ne prétendait pas dépasser, faisant de sa doctrine de l'éternel retour « un net succédané de religion » (p. 439). – Sur le nihilisme de Nietzsche, voit aussi G. MOREL, p. 168-175.

210 DIEU QUI VIENT À L'HOMME

Néant veut dire ici : absence d'un monde suprasensible à pouvoir d'obligation. Le nihilisme, *le plus inquiétant de tous les hôtes*, est devant la porte »[1]. Le nihilisme, précise Heidegger, ne doit pas être réduit à la proclamation de Nietzsche ni au phénomène de son époque, il est « le mouvement fondamental de l'Histoire de l'Occident », depuis ses origines, il ne se réduit pas à l'athéisme ni à la lutte contre le christianisme, il ne signifie pas qu'il serait devenu impossible de croire au Dieu chrétien, il exprime de façon beaucoup plus large la « décomposition » de la Métaphysique, en tant que référence du sensible au suprasensible, et de tout le système d'idées et de valeurs qui s'imposaient au monde chrétien sous l'autorité de la Bible et de l'Église, autorité maintenant détrônée par celle de la conscience et de la raison, puis par la recherche du progrès historique de l'activité humaine ; l'incroyance n'est donc pas la cause, mais la conséquence du nihilisme[2]. « Avec cette conscience de la mort de Dieu commence la conscience d'une inversion radicale de la valeur des anciennes valeurs suprêmes », c'est l'avènement des Temps modernes, d'une nouvelle figure d'humanité, celle du « Surhomme », « qui dépasse et surpasse l'homme ancien », c'est-à-dire de l'homme qui se détermine à être homme à partir de « la volonté de puissance », de la volonté de prendre lui-même en charge son essence et son destin ; cela ne veut pas dire que l'homme se mette à la place de Dieu, mais qu'il entre « en lutte pour le règne sur la terre », pour penser et réaliser sa nature, pour « instituer des valeurs et estimer tout selon des valeurs » qui se réfèrent, non plus à Dieu, mais à la « subjectité », à l'*ego cogito* ; c'est ainsi que Dieu, non seulement est mort, mais, comme le dit le « Forcené », « a été tué », et tué « par nous », par tous ceux qui l'avaient « érigé en valeur suprême »[3].

Ces réflexions de Heidegger soulignent l'importance historique et l'ampleur du mouvement de pensée qui s'est produit dans la seconde moitié du XIXe siècle. Son commentaire de Nietzsche exprime aussi, à n'en pas douter, au moins

---

1. M. HEIDEGGER, *Chemins qui ne mènent nulle part*, « Le mot de Nietzsche : Dieu est mort », Paris, Gallimard, 1962, p. 253-322, cité p. 261-262 (j'ai mis en italique les deux citations de Nietzsche).
2. *Ibid.*, p. 263-267.
3. *Ibid.*, p. 302-315, cité : p. 303, 311, 313.

LE DEUIL DE DIEU   211

en partie, sa propre façon de poser et de comprendre le problème de Dieu aujourd'hui. Sous la proclamation de la mort de Dieu s'exprime avant tout le sentiment de l'écroulement du monde ancien, de la vision du monde régie par le langage religieux, et, dans ce néant, s'énonce une nouvelle conscience de l'homme, sa volonté d'être conçu pour lui-même, de s'intégrer à son monde, de faire lui-même son histoire, une annonce qui ne peut se faire que dans un langage non religieux, sinon irréligieux. La théologie devra en prendre bonne note, et se rappeler que, lorsqu'on parle de Dieu, soit pour le nier soit pour l'affirmer, quelque chose est d'abord entendu au sujet de l'homme et du monde. D'où il suit que la négation de Dieu n'est pas absolue ni visée pour elle seule, et que son affirmation semblablement donnera à comprendre autre chose, qui aura besoin d'être clarifié. L'athéisme du XIXᵉ siècle, sans doute parce qu'il s'affirme pour la première fois de façon aussi nette et aussi vaste, a un caractère dogmatique et agressif qu'il perdra par la suite le plus habituellement ; il en restera l'expulsion du langage religieux hors de la philosophie, y compris de ce que la négation de Dieu peut garder malgré elle de religieux, comme on a pu le noter chez un Feuerbach. Cet athéisme est constitué de doctrines originales, qui ont germé sur un même terreau culturel et historique, mais traversé de courants divers, qui communiquent toutes ensemble sans dépendre pour autant les unes des autres, et qui présentent donc des points communs parmi de notables divergences. Ce que ces athéismes ont en commun, c'est, négativement, qu'ils ne consistent pas dans des raisonnements métaphysiques sur l'existence et la nature de Dieu, si ce n'est dans la mesure nécessaire pour se dégager de la « théologie » hégélienne, et c'est, positivement, la volonté d'émanciper l'homme de l'hypothèque religieuse, en général, et chrétienne, en particulier. Cette émancipation comporte une part d'explication et de « résolution » du sentiment religieux et des croyances chrétiennes par des facteurs purement anthropologiques[1], et une

---

1. Ainsi en sera-t-il de l'athéisme de Freud, au sujet duquel je me borne à signaler qu'il s'inscrit dans une exploration de la conscience de l'homme, de ses sentiments et passions, de son corps et de son sexe, bref, dans une anthropologie nouvelle que nous avons vue se préparer chez les héritiers de Hegel, Feuerbach, Nietzsche et Kierkegaard.

212   DIEU QUI VIENT À L'HOMME

part de critique du christianisme pris dans sa doctrine et dans
sa situation historique. La « mort de Dieu » proclamée par
Nietzsche n'est rien autre que la mort de la religion et plus
précisément du christianisme affirmée par Feuerbach et la
plupart des jeunes hégéliens. Elle s'énonce sous le mode à
la fois d'un constat – la décomposition et la perte des croyances,
le discrédit des institutions – et d'une tâche à remplir pour la
libération des hommes. « Dieu » est une croyance et une institution qui masque le vide de l'existence humaine, l'insatis-
faction de sa condition mondaine, la peur de l'homme
d'assumer son destin. Ainsi est balisé le terrain sur lequel la
théologie devra entreprendre la défense de la foi. C'est sur ce
terrain que Kierkegaard situera, le premier, la défense, sinon
exactement du christianisme, du moins d'une vision chrétienne
de l'existence.

Une pensée de l'existence ouverte.

La réflexion de Sören Kierkegaard s'est formée dans les
mêmes courants de pensée qui ont nourri les athéismes de
Feuerbach, de Marx et de Nietzsche, il a dû se détacher comme
eux de l'influence de Hegel, il a consonné à une semblable
critique du christianisme de l'époque, il en a pareillement
ressenti le déclin[1] ; c'est ce qui rend intéressant de voir
comment sa foi chrétienne en est ressortie indemne. Il se
définit comme un « penseur subjectif », penseur de la subjectivité, de l'intériorité, de l'existence, et le rapprochement avec
la subjectivité indique qu'il ne conçoit pas l'existence comme
un fait brut, une donnée neutre, mais en tant que phénomène
de conscience. L'existence doit être mise à la base de la pensée
philosophique, or c'est une réalité particulière, non une idée
abstraite, c'est pourquoi elle échappe à la pensée pure, elle ne

_____

1. Voir ci-dessus p. 195-197. – Jean WAHL, *Études Kierkegaar-*
diennes, Paris, Vrin, 1949, après avoir « esquissé », p. 2-47, la vie et
le portrait de Kierkegaard, dont la conscience angoissée n'est évidemment pas sans rapport avec sa pensée, analyse longuement, p. 86-171,
sa lutte contre l'hégélianisme, en particulier sur le plan de la religion,
et aussi ses points de dépendance.

LE DEUIL DE DIEU 213

se laisse pas enfermer dans une logique : « C'est parce que j'existe et suis pensant que je pense que j'existe. Ici l'existence dissocie l'identité idéelle de la pensée et de l'être ; il faut que j'existe pour pouvoir penser, et il faut que je puisse penser (par exemple le bien) pour y exister[1]. » Parti de la même base que Descartes, mais en donnant la priorité à l'exister sur le penser, Kierkegaard fait éclater le « Système » (ainsi qu'il le nomme) auquel la pensée moderne aboutit chez Hegel : « Qui dit système dit monde clos, mais l'existence dit justement le contraire. [...] L'existence sépare les choses et les tient distinctes ; le système les coordonne en un tout fermé », « L'idée propre au Système est celle du sujet-objet, de l'unité de la pensée et de l'être ; l'existence, par contre, est justement ce qui les sépare »[2]. Mais il n'est pas aussi facile qu'on le voudrait d'échapper à Hegel : si la connaissance de l'existence est nécessairement tournée vers la subjectivité, elle ne peut trouver sa vérité que dans l'identité de l'être et de la pensée, du fini et de l'infini ; or, « exister c'est un devenir », cette vérité ne peut donc être que cherchée et poursuivie inlassablement, elle n'est atteinte que par la *passion* et sous le mode du *paradoxe* : « L'individu particulier existant ne peut se trouver que par moments dans la synthèse d'infini et de fini qui dépasse la simple existence. Un pareil moment est celui de la passion » ; « Le plus haut degré de l'intériorité chez un sujet existant, c'est la passion, passion à laquelle correspond la vérité en tant que paradoxe ; et le fait pour la vérité de devenir le paradoxe se fonde précisément dans le rapport qu'elle soutient avec un sujet existant »[3]. Puisque la vérité de notre existence se dérobe sans cesse à nos prises, la passion d'exister s'exprime singulièrement dans l'*angoisse*, qui est le sentiment de la temporalité, de l'incessante dissolution de la

---

1. S. KIERKEGAARD, *Post-Scriptum aux Miettes philosophiques* (1846), vol. II, *Œuvres complètes*, t. XI, trad. P.-H. et E.-M. Tisseau, Paris, Éd. de l'Orante, 1977, p. 28-30, cité : p. 29.

2. *Ibid.,* vol. I, t. X, p. 112 et 117. – Voir K. LÖWITH, p. 142-144, 186-191 ; p. 144 : Kierkegaard reproche à la philosophie de Hegel de conduire au « nivellement de l'existence individuelle dans la généralité du monde historique » ; p. 186-187 : de ce point de vue, il a été séduit par Schelling à Berlin, puis finalement déçu.

3. S. KIERKEGAARD, *Post-Scriptum*, vol. I, t. X, p. 183 et 185.

214 DIEU QUI VIENT À L'HOMME

coexistence du temps et de l'éternité dans l'instant, de l'anticipation de l'avenir par le passé, de la menace de perdre la
possibilité de l'avenir : « Le possible correspond exactement à
l'avenir. Le possible est pour la liberté l'avenir, et l'avenir est
pour le temps le possible. À l'une et à l'autre correspond dans
la vie individuelle l'angoisse. Aussi le langage est-il parfaitement autorisé à rattacher l'angoisse à l'avenir[1]. » En tant que
l'existence est ouverte sur l'infini et sur un avenir qui relève
de la liberté, « seules les connaissances éthique et éthique-
religieuse sont-elles connaissance essentielle » et, réciproquement, il n'est pas de vraie connaissance qui ne « se rapporte
essentiellement au fait que le sujet qui connaît est un existant »[2].

C'est donc sur le plan de l'existence individuelle que doit
être pensé le rapport à Dieu, et cela, pour commencer, exclut
le panthéisme, car, s'il est vrai que « tout système est forcément panthéiste du fait de son achèvement[3] », le sentiment de
l'existence jamais achevée, jamais identique à sa vérité, ne
peut que s'opposer à quelque identification de l'être et du
divin. En second lieu, le problème du rapport à Dieu se pose
inévitablement au « penseur subjectif » qui « a pour tâche de
se comprendre lui-même dans l'existence » : « Abstraitement,
l'on vient vite à bout de la foi, mais le penseur subjectif que
sa pensée n'empêche pas d'être personnellement logé dans
l'existence, trouvera dans la foi une matière inépuisable s'il
doit décliner la foi à tous les multiples cas de la vie » ; « Se
comprendre soi-même dans l'existence, c'est aussi le principe
chrétien, sauf que ce « soi-même » a reçu des déterminations
beaucoup plus riches et profondes qu'il est encore plus diffi-

---

1. ID., *Le Concept d'angoisse* (1844), *Œuvres complètes*, t. VII, trad.
P.-H. et E.-M. Tisseau, Paris, Éd. de l'Orante, 1973, p. 185-191, cité :
p. 190 ; et la suite p. 191 : « Le passé qui m'angoisse doit me réserver
un possible... » ; p. 195 : « L'angoisse : détermination dialectique condui-
sant à la notion de destin ». – K. LÖWITH, p. 190 et 253, voit ces concepts
d'existence et d'angoisse en lutte « contre les impératifs de l'époque »
et les met en rapport avec « la conscience (de K.) de vivre un tournant
de l'histoire » qui a déterminé sa « réaction chrétienne ».

2. S. KIERKEGAARD, *Post-Scriptum*, vol. I, t. X, p. 184 ; voir aussi
p. 116 : « pour l'éthique, l'effort continu, c'est la conscience d'être existant » ; et *ibid.*, vol. II, t. XI, p. 30 : « l'éthique accentue l'existence ».

3. *Ibid.*, vol. I, t. X, p. 116.

LE DEUIL DE DIEU   215

cile de comprendre mêlées à l'existence »[1]. Pour le chrétien, l'angoisse est liée au sentiment du péché ; en tant que phénomène humain universel, elle est la « présupposition du péché héréditaire »[2] ; au plan individuel, elle est la peur du péché et sa conséquence « qui consiste à éviter la conscience du péché »[3]. Mais, à la différence de Nietzsche, Kierkegaard ne conçoit pas la culpabilité comme la maladie religieuse par excellence qui débilite l'être humain ; bien au contraire, il y voit une *école* de liberté, de *décision*, de *lutte* et donc de dépassement de soi mais dans la conscience de sa faiblesse : « Le concept de péché et de faute pose l'Individu comme étant Individu », « L'angoisse est la possibilité de la liberté ; seulement grâce à la foi, cette angoisse possède une valeur éducative absolue », « L'école de l'angoisse est celle de la possibilité, et il faut être instruit par celle-ci pour l'être selon sa propre infinité »[4]. L'angoisse du péché ne conduit pas absolument au sentiment du tragique de l'existence, car si la conscience du péché qui nous empêche de ressembler à Dieu est « la souffrance profonde de la vraie religiosité », elle engendre d'autre part *l'humilité*, « l'humble courage » de ne pas chercher à « dépasser la condition humaine », et l'acceptation de ses limites produit *l'humour* qui est « aux confins de la religiosité » et qui nous apprend à nous rapporter à Dieu même dans le *divertissement*, « parce que la plus humble façon d'exprimer son rapport avec Dieu est d'avouer son humanité et qu'il est humain de se divertir » ; et quand l'individu croyant exprime dans son rapport à Dieu ce qu'il ressent être la vérité de son humanité, il peut être subjectivement certain de la vérité de sa foi en tant qu'elle le maintient dans un vrai rapport à soi-même[5]. C'est sur ce

---

1. *Ibid.,* vol. II, t. XI, p. 51 et 53.

2. ID., *Le Concept d'angoisse*, t. VII, p. 127 (titre du chap. Ier), 147.

3. *Ibid.,* p. 174, 181 (titre du chap. III), 191 (« L'angoisse est l'état psychologique qui précède le péché »), 209 (« L'angoisse du péché ou l'angoisse conséquence du péché dans l'individu », titre du chap. IV).

4. *Ibid.,* p. 197, 251 (« L'angoisse sauvant par la foi » est le titre du chap. V), 252.

5. ID., *Post-Scriptum*, vol. II, t. XI, p. 180-181, 186-187 ; vol. I, t. X, p. 185. – Pour K. LÖWITH, p. 380-383, le principe de « l'individuel » préserve Kierkegaard d'interpréter le christianisme en terme d'« humanitarisme ».

216   DIEU QUI VIENT À L'HOMME

terrain de l'existence croyante individuelle, de la lutte en vue
d'atteindre dans le Royaume de Dieu la vérité définitive de
« l'être soi-même », et non sur le plan des institutions ni des
dogmes, que Kierkegaard situe la vérité du christianisme :
« Au terme de *lutter* répond celui d'*Individu*, à savoir quand
on prend le mot *lutter* au sens spirituel chrétien [...]. Au sens
chrétien, il n'y a jamais de lutte que celle des Individus ; car
le propre de l'esprit, c'est justement que chacun soit un
Individu devant Dieu, que la *communauté* soit une détermination intérieure à celle de l'Individu que chacun peut et doit
être. [...] La communauté appartient donc tout d'abord et
proprement à l'éternité ; elle est dans le repos ce que l'Individu
est dans l'inquiétude[1]. »

Nous nous sommes « arrêté » à Kierkegaard, si brièvement
que nous l'ayons fait, parce qu'il a initié, d'une part, mais
conjointement à Schelling, à Nietzsche, à Feuerbach, la
« philosophie nouvelle » annoncée par ce dernier, « philosophie
de l'avenir », une manière de penser sur la base, non plus d'une
théorie de la connaissance ou de l'être, mais de l'existence
humaine concrète, qui donnera bientôt naissance à diverses
philosophies de l'existence et phénoménologies[2] ; d'autre part,

---

1. S. KIERKEGAARD, *L'École du christianisme* (1850), trad. P.-H. et
E.-M. Tisseau, Paris, Éd. de l'Orante, t. XVII, 1982, p. 197. Dans l'Introduction, p. XXI-XXV, Kierkegaard proteste contre « la confusion du
christianisme et de la chrétienté » dans une religion d'État (p. XXVIII-
XXIX, « qui réduit le christianisme à l'ordre établi ») et justifie Feuerbach
d'avoir attaqué un christianisme qui avait cessé d'être chrétien.
– K. LÖWITH, p. 400, 423-432, souligne, à propos de la critique du christianisme, les accointances de ces deux philosophes, la convergence de
leur référence à Luther et leur opposition commune à Hegel, et pose,
p. 433, la question de la « mélancolie » de Kierkegaard, qui aurait pu
chercher dans le christianisme une issue au désespoir et au nihilisme.
2. L'influence de Kierkegaard est signalée, par rapport à Heidegger
en particulier, et à « l'existentialisme » en général, par E. BLOCH, *Sujet-
Objet*, p. 362-365 ; – par K. LÖWITH, *De Hegel à Nietzsche*, p. 152-153
et 428 (où le nom de Jaspers est ajouté à celui de Heidegger) ; – par
Jean WAHL, *Les Philosophies de l'existence*, Paris, Armand Colin,
1954, p. 7-39 (qui ajoute encore d'autres noms : Gabriel Marcel, Sartre,
Merleau-Ponty, tout en mettant les distances nécessaires, notamment
dans l'usage du mot « existentialisme »). – Jean-Paul RESWEBER, *La Théologie face au défi herméneutique*, Louvain-Paris, Vander/Nauwelaerts,

LE DEUIL DE DIEU

parce qu'il influencera l'apologétique chrétienne et la théologie du XXe siècle, directement ou, plus encore peut-être, par l'intermédiaire de philosophes contemporains, de Martin Heidegger en particulier. Sa « grandeur » – celle d'avoir été, selon ce dernier, « le seul auteur religieux qui soit à la mesure du destin de son époque [1] » – est d'avoir affirmé la foi en Dieu dans cette même période de « l'esprit du temps » où s'énonçait également, du bord opposé, la négation de Dieu – une époque entre deux âges qui était à la fois conscience de l'effondrement du monde chrétien, et donc d'un mode de penser fondé sur Dieu, et attente d'un monde nouveau, ouvert sur l'avenir de l'homme, disponible aux décisions de la liberté, qui pourrait s'enfermer dans le nihilisme nietzschéen et refuser Dieu, mais aussi, inversement, faire le choix de Dieu comme sens possible de l'existence. Le « destin des temps modernes » se présente ainsi symboliquement comme l'alternative entre l'assentiment au Néant entrevu par Nietzsche et l'effort sensé de lutter pour en échapper par la foi en Dieu à la façon de Kierkegaard.

Mais Kierkegaard offre-t-il une issue à la foi qui puisse être considérée et pratiquée comme un accord vrai avec la raison et qui ne soit pas un refuge dans le pur sentiment ? Hegel, dans les dernières années de sa vie, craignait que « l'esprit du

---

s.d., p. 56-59, indique, références à l'appui, les rapprochements à faire (concepts d'existence et d'angoisse) et la distance à maintenir entre Kierkegaard et Heidegger (le second « exclut la solution théologique » du premier).

1. HEIDEGGER, *Chemins...*, p. 301. L'hommage rendu à Kierkegaard est fortement nuancé par l'aveu qu'il « n'est pas un penseur ». Invité à participer à un colloque organisé par l'Unesco en 1964 en l'honneur de ce philosophe, Heidegger envoya un exposé de sa propre pensée *(La fin de la philosophie, Questions IV)* dans lequel le nom de Kierkegaard n'était pas prononcé. Jean Wahl ne l'a trouvé mentionné que dans trois notes de *Sein und Zeit*, dit-il à ce même colloque, dans *Kierkeggard vivant*, Paris, Gallimard (NRF, « Idées » 106), 1966, p. 205-212. – D'après Pierre TROTIGNON, *Heidegger*, Paris, PUF, 1965, p. 36, Heidegger a évolué dans ses jugements sur Kierkegaard et ces changements seraient significatifs de l'« évolution de sa pensée de l'anthropologie à la théodicée ». C'est pourquoi le rapide parcours que je vais esquisser de Kierkegaard à Heidegger ne doit pas être compris comme une ligne de simple continuité.

218   DIEU QUI VIENT À L'HOMME

temps » ne conduisît à l'acceptation résignée du divorce entre les deux anciennes rivales ; conscient des aspirations à la liberté, mais convaincu qu'elle devait être élevée par l'esprit jusqu'à l'Infini, il ne voyait de salut pour la philosophie que dans sa « coïncidence » avec « la sphère de la religion », et pour la foi que dans une théologie elle-même soucieuse de rester en lien avec la philosophie [1]. La réponse de Kierkegaard à notre question sera forcément empreinte de l'ambiguïté qui caractérise, selon lui, la croyance tout comme l'existence : « [sa] théorie de la vérité est, au fond, une théorie de la croyance », explique Jean Wahl, « la croyance, c'est la grâce, elle est croyance en une transcendance et preuve de cette transcendance » [2] ; il rejette la philosophie, au nom de la foi, en tant que « sagesse mondaine », il ne cherche ni à réfuter l'athéisme ni à prouver l'existence de Dieu, il préconise seulement de se mettre en rapport avec Dieu par la foi et l'obéissance à sa Parole [3] ; et c'est en devenant « contemporain » du Christ par la foi que le chrétien fonde son existence sur Dieu [4]. Ces réflexions annoncent celles de Karl Barth, selon lesquelles « l'être humain est un être avec Dieu » et « l'homme est avec Dieu parce qu'il est avec Jésus », en qui « nous avons affaire directement avec l'existence même du Dieu créateur », d'où il suit que « l'être humain est ontologiquement déterminé par le fait qu'entre tous les hommes l'un d'eux est l'homme Jésus » [5].

---

1. HEGEL, *Préface à la Philosophie de la Religion de D. Hinrichs* (1822), trad. fr. de F. Guibal et G. Petitdemange, dans *Archives de Philosophie*, t. XXXIII/4 (1970), p. 885-916, en particulier p. 908-914.

2. J. WAHL, *Études kierkegaardiennes*, p. 289 et 319 ; la croyance est passion, p. 194, elle porte la marque de l'ambiguïté, p. 295, de l'incertitude, p. 301.

3. ID., *Études...*, p. 172-183. – L'accusation faite à la philosophie de n'être que « sagesse mondaine » était connue de HEGEL, *Préface...*, p. 911 ; – BARTH argumente aussi sur Paul, 1 Co 1, 18 – 2, 10, pour dissuader la foi de recourir à elle, *Dogmatique*, t. VII, p. 188-191 ; – HEIDEGGER à son tour, curieuse rencontre, renvoie les théologiens à ce même texte pour qu'ils apprennent « à considérer la philosophie comme une folie », *Qu'est-ce que la métaphysique ?* (1929) dans *Questions I*, trad. fr. Paris, Gallimard (NRF), 1968, p. 41.

4. J. WAHL, *Études...*, p. 296-299. Voir KIERKEGAARD, *Miettes philosophiques, Œuvres*, t. VII, p. 52-66.

5. K. BARTH, *Dogmatique*, t. XI, p. 145-153.

LE DEUIL DE DIEU 219

Kierkegaard semble donc décourager d'avance toute tentative d'apologétique existentielle, que Barth ne saurait évidemment tolérer[1]. Cependant, et là est son « ambiguïté », sa théorie de l'existence va ouvrir la voie (malgré lui ?) à un nouveau mode de philosopher, dans lequel des théologiens iront chercher des préalables anthropologiques à la foi. Il s'agit d'une pensée qui donne la priorité à l'exister sur l'être, à l'être sur le connaître, qui considère l'existence du point de vue de la vie concrète de l'individu, de ses passions et de ses échecs, qui la conçoit comme liberté et possibilité de devenir soi-même, qui la pose dans la temporalité, la singularité, la subjectivité, l'intériorité[2]; et cette philosophie se prête à penser Dieu, à exprimer rationnellement la vérité de la foi en Dieu, parce qu'elle débouche sur de l'ontologique et du transcendant, ainsi que l'explique encore Jean Wahl : à travers passions et échecs, l'existence s'éprouve et se pense en rapport et en tension avec un au-delà de ses possibilités et de ses choix, la liberté s'affronte à l'infini, à l'Autre absolu ; « Nous n'existons et ne sommes qu'en tant qu'il y a autre chose que nous. [...] Nous ne pouvons pas être si la transcendance vers laquelle nous sommes tendus n'est pas », « Notre échec est le signe qu'il y a transcendance. Que l'existence soit toujours tendue vers l'être, c'est le fait même de sa transcendance »[3]. La théologie du XXᵉ siècle cherchera à réparer les déchirures du siècle précédent en réfléchissant sur cette idée d'existence ouverte, tendue vers l'être, vers une transcendance, que développera la « philosophie nouvelle ».

Comment le problème de Dieu se présente-t-il chez les philosophes de notre temps ? Nous interrogerons quelques-uns

---

1. *Ibid.,* t. I, p. 19, p. 37 ; mais Barth n'englobe pas Kierkegaard dans sa critique des prétentions théologiques des philosophies existentielles : t. XI, p. 123 (il vise Jaspers, jusqu'à la p. 132).
2. J. WAHL, *Études...,* p. 257-281.
3. ID., *Les Philosophies de l'existence,* p. 41-72, cité : p. 57 et 65. Ce chapitre porte, au-delà de Kierkegaard seul, sur l'ensemble de ces philosophies (Jaspers, Sartre, Heidegger...), en pointant les accents propres à chacune, notamment les différentes « formes d'être », p. 57-63, et « idées de transcendance », p. 66-72 ; il souligne le rapport de l'existentiel à l'ontologique, p. 55 et 65.

220 DIEU QUI VIENT À L'HOMME

d'entre eux, directement ou par commentateur interposé, en choisissant ceux qui sont comptés parmi les plus marquants ou ceux auxquels les théologiens se sont le plus intéressés. Mais observons d'abord qu'il n'est pas de pensée si nouvelle qu'elle rejetterait celles qui l'ont précédée dans un passé frappé d'insignifiance. Toute philosophie profonde reprend à la base les problématiques sur lesquelles s'étaient édifiées celles d'avant, ainsi que cela s'est fait de Kant par rapport à Descartes et de Hegel vis-à-vis de Kant. Aboutissement de la « philosophie moderne » et naissance d'une métaphysique nouvelle, la pensée hégélienne, écrivait Eric Weil en 1956, est bien « la première philosophie contemporaine, en ce sens qu'elle n'a été remplacée par aucune autre [...], [elle] parle de notre monde et ne parle pas tant *à nous* qu'elle nous parle *de nous* » ; c'est pourquoi « nous continuerons à lui poser *nos* questions, à y chercher des réponses à *nos* problèmes, des solutions à *nos* difficultés », ainsi « c'est de Hegel qu'on attend le renouvellement de toute pensée théologique » ; « et, quoi qu'on en ait, on continuera à vivre dans un monde qui a subi, au plus profond, l'influence de la grande philosophie et de Hegel »[1]. Les réflexions que nous avons faites à son sujet, comme nous avons pu nous en rendre compte à travers ses interprètes actuels, constituent encore pour nous le fond du problème métaphysique de Dieu ; et les options prises par ceux qui sont venus après lui, Feuerbach et Marx, Kierkegaard ou Nietzsche, ont continué à alimenter les débats du siècle postérieur.

Or, la « philosophie nouvelle » naît sous le signe de la dislocation du « grand Tout » dans lequel la « philosophie moderne », surtout de Kant à Hegel, avait unifié les trois objets de la métaphysique spéciale, Dieu, le monde et l'homme. Ce déchirement de l'unité de l'être et de la pensée, réfléchissait le philosophe et théologien juif allemand Franz Rosenzweig, au creux de cet

───────────

1. E. WEIL, *Essais et conférences*, t. I, *Philosophie*, Paris, Vrin, 1991, « Hegel », p. 125-141, cité : p. 127, 129, 141 (les italiques sont de l'auteur). Ce qu'il dit ici s'applique aussi, sans doute à un moindre degré, à la « philosophie moderne », de Descartes à Kant, p. 127. – Voir Maurice MERLEAU-PONTY, *Éloge de la philosophie et autres essais*, Paris, Gallimard (« Essais »), 1960, p. 175 : « Hegel vit aujourd'hui et nous donne à penser [...] ; la philosophie tout entière est, à certains moments, en chacune », car la philosophie entretient « un rapport singulier avec son passé ».

LE DEUIL DE DIEU   221

autre effondrement que fut la Grande Guerre, c'est la révolte
du Soi individuel, chez Kierkegaard, d'un Soi réveillé par
l'angoisse de la mort, qui refuse l'anéantissement dans le Tout,
angoisse qui conduit chez Nietzsche, à travers Schopenhauer,
jusqu'à la révolte contre la liberté infinie de Dieu. Dieu
échappe à la science du monde, l'esprit accepte de penser la
contingence du monde, et l'homme, émancipé du Tout, qui se
pense face à Dieu, est renvoyé au problème éthique de la
liberté, tel qu'il avait été posé par Kant[1]. La philosophie
nouvelle n'est plus unifiée par la pensée de Dieu, qui n'entre
plus nécessairement dans son champ de vision quand elle pense
le monde ou l'homme, l'être ou le connaître. Son morcellement
est accru par l'irruption des sciences de l'homme (histoire,
ethnologie, sociologie, linguistique, psychologie, psycha-
nalyse...), qui limitent et relativisent de plus en plus l'étendue
et la certitude des connaissances auxquelles pouvait aspirer
l'ancienne philosophie, et le développement des sciences de
la vie et des sciences de l'univers s'impose pareillement à la
réflexion philosophique avec le même résultat : il lui devient
difficile de considérer l'homme face à Dieu dans la catégorie
de l'Unique, comme le voulait Kierkegaard[2]. Le mythe déter-
ministe d'une « explication de l'Être par la science » avait
engendré autour de 1900, note Maurice Merleau-Ponty, un
« petit rationalisme » qui aboutissait à « la défaite du sens métaphysique » et à la négation de Dieu, à l'opposé du « grand rationalisme » du XVIIᵉ siècle fondé sur l'idée de l'infini positif, mais
« l'*athéisme* d'aujourd'hui », poursuit-il [il écrivait cela vers
1950], « ne prétend pas, comme celui de 1900, expliquer le
monde *sans Dieu*, il prétend que le monde est inexplicable, et
le rationalisme de 1900 est à ses yeux une théologie sécularisée. Si les cartésiens revenaient parmi nous, ils auraient la
triple surprise de trouver une philosophie et même une théologie qui ont pour thème favori la contingence radicale du
monde, et qui, en cela même, sont rivales »[3].

---

1. F. Rosenzweig, *L'Étoile de la Rédemption* (*Der Stern der
Erlösung,* 1921), trad. fr., A. Derczansky et J.-L. Schlegel, Paris, Éd. du
Seuil, 1982, p. 11-32.

2. J. Wahl, *Études...*, p. 270-274.

3. M. Merleau-Ponty, *Éloge...*, p. 216-217 et 225 (notre citation : en italique les mots mis par l'auteur entre guillemets).

222   DIEU QUI VIENT À L'HOMME

Cette réflexion de Merleau-Ponty est significative de l'évolution de la philosophie au XXᵉ siècle du point de vue de l'effacement de l'idée de Dieu. D'un côté, l'athéisme de Feuerbach,
Engels et Marx se prolonge dans la pensée marxiste[1] ; celui
de Nietzsche, chez des penseurs existentialistes[2] ; la phénoménologie, qui a pu être définie chez Husserl comme un
« athéisme méthodologique »[3], est de nature à écarter la pensée
de Dieu des recherches du philosophe ; et les tragédies du
siècle ont favorisé l'éclosion d'un « athéisme de protestation »
qui s'est répandu bien au-delà des cercles philosophiques ou
littéraires[4]. D'un autre côté cependant, le philosophe, alors
même qu'il ne pose pas Dieu comme objet de sa réflexion,
repousse l'accusation d'athéisme. Pour Merleau-Ponty en effet,
la négation de Dieu, prise comme « antithéisme », « existe bien,
mais, étant une théologie renversée, n'est pas une philosophie[5] » ; en revanche, la philosophie ne doit pas être soup-

_____

1. Par exemple, chez Ernst Bloch, voir Jürgen MOLTMANN,
Théologie de l'espérance (1964), trad. fr., F. et J.-P. Thévenaz, Paris,
Éd. du Cerf-Mame, 1973, p. 367-395.

2. Ainsi, chez Albert CAMUS, « Remarque sur la révolte », dans
L'Existence, Paris, Gallimard (NRF), 1945, p. 9-23, « Or, il y a un au-
delà de l'angoisse hors de l'éternité, et c'est la révolte » (p. 22). Et,
bien sûr, chez Jean-Paul Sartre, lui-même adhérent au marxisme (voir
ci-dessous, n. 5), et qui a subi l'influence du « premier » Heidegger
dont nous parlerons bientôt.

3. J. BENOIST, *Autour de Husserl. L'ego et la raison*, Paris, Vrin,
1994, p. 190.

4. Jürgen MOLTMANN, *Le Dieu crucifié* (1972), Paris, Éd. du Cerf-
Mame, 1974, p. 250-261. – Le lien entre le problème du mal et l'athéisme
est aussi en cause chez Hans JONAS, *Le Concept de Dieu après
Auschwitz*, trad. fr., Paris, Payot (« Rivages poche »), 1994 ; nous en
reparlerons à propos de la Création.

5. M. MERLEAU-PONTY, *Éloge...*, p. 51 : il vise nommément les
accusations d'athéisme lancées par des philosophes chrétiens, comme
Jacques Maritain, ou des théologiens, comme Henri de Lubac, contre
« toute philosophie [qui] n'est pas théologique ». – Dans « la querelle
de l'existentialisme », dans *Sens et non-sens*, Paris, Éd. Nagel, 1948,
p. 141-153, il défend Sartre du reproche de « matérialisme » que lui
adresse Gabriel Marcel, ainsi p. 146 : « Une religion qui affirme l'incarnation de Dieu et la résurrection des corps peut-elle s'étonner que la
conscience, dans tous les sens du mot, *tienne* au monde et que l'être
du monde lui apparaisse toujours comme le type même de l'être ? »

LE DEUIL DE DIEU

çonnée de vouloir étouffer l'idée de Dieu dans la conscience sous prétexte qu'elle n'observe pas son action dans le monde, sur le cours de l'histoire ou sur le plan de la liberté humaine, alors qu'elle laisse « le sacré » là où il se manifeste à elle, « à la jointure des choses ou des mots » [1]. Un agnosticisme philosophique est donc en passe, de nos jours, de se substituer au rationalisme athée. C'est la marque d'un éloignement du problème de Dieu en dehors du champ phénoménal dans lequel s'exercent les philosophies de la subjectivité et, en même temps, de leur ouverture sur un illimité, celui de l'intersubjectivité ou celui du monde, non sur un absolu proprement dit, mais sur une « transcendance » immanente à la conscience, de telle manière, dit encore Maurice Merleau-Ponty, que « la métaphysique ne peut chercher Dieu qu'en arrière de la conscience, en deçà de nos idées, comme la force anonyme qui soutient chacune de nos pensées et de nos expériences » [2].

Son agnosticisme n'empêche pas toutefois le philosophe de reconnaître la légitimité, dans une certaine mesure et à certaines conditions, d'une philosophie qui se dit religieuse ou chrétienne ou qui est tenue pour telle. Nous évoquons ici la grande figure de Maurice Blondel, dont la célèbre thèse sur l'*Action* (1893) aura un profond retentissement chez les théologiens catholiques français du XXe siècle : « Il a tenté *en croyant* un effort de *philosophe* », dira l'un d'eux, Henri Bouillard, à qui nous demanderons bientôt d'expliquer le profit que la théologie peut escompter retirer de la philosophie de Blondel [3]. Pour le moment, nous nous bornons à voir comment elle était appréciée chez les penseurs agnostiques, de plus en plus nombreux, et nous recueillerons à nouveau le jugement de Merleau-Ponty sur ce point. Que le christianisme ait produit une pensée philosophique, attestée par notre culture,

---

1. M. MERLEAU-PONTY, *Éloge*..., p. 55 ; plus loin, p. 68-73, il explique que le philosophe accorde toute son « attention » aux choix de « l'homme sérieux » mais que sa « vertu » est de se tenir en « claudication » entre pensée et action.

2. M. MERLEAU-PONTY, *Sens*..., p. 185-196, cité p. 192 ; p. 193 : « La religion fait partie de la culture, non comme dogme, ni même comme croyance, comme cri ».

3. H. BOUILLARD, « L'intention fondamentale de Maurice Blondel et la théologie », dans *RechScRelig.* 36 (1949) 321-402, cité p. 386.

224 DIEU QUI VIENT À L'HOMME

et de nombreux concepts ou catégories qu'on retrouve un peu partout, cela ne se discute pas, dit-il. Mais n'oblige pas non plus à rallier le camp du christianisme. Si l'on admet que raison et foi s'exercent sur des domaines totalement hétérogènes, il ne saurait y avoir de rivalité entre elles ; il n'y a conflit que lorsqu'on fait intervenir l'une dans le domaine de l'autre. C'est ce qui arrive, selon lui, avec Maurice Blondel chez qui la philosophie, « s'apercevant qu'elle ne peut *boucler* » dans son « interprétation de l'homme et du monde existants », fait appel à la pensée religieuse pour pallier son « insuffisance » : « La philosophie relève des manques, un être décentré, l'attente d'un dépassement ; elle prépare, sans les nécessiter et sans les présupposer, des options positives. Elle est le négatif d'un certain positif... » Mais la philosophie peut-elle accepter, sans se déjuger, interroge-t-il, d'être reléguée dans le négatif et l'interrogatif et de se laisser compléter, dans son ordre propre, par une pensée qui ne vient pas d'elle et qui lui est, par essence, étrangère ? Et il répond : « Cela ne serait possible, à notre sens, que si le chrétien, réserve faite des sources ultimes de son inspiration, dont il juge seul, acceptait sans restriction la tâche de médiation à laquelle la philosophie ne peut renoncer sans se supprimer »[1]. Accepter cette médiation, de la part de la pensée croyante, reviendrait à remplir deux conditions, dans les perspectives de Merleau-Ponty. D'abord, ne pas chercher à s'imposer par des raisons nécessaires auxquelles la philosophie serait sommée de consentir, comme d'aucuns le font, de nos jours où, dit-il, « on ne prouve plus guère Dieu, [...] on se borne à réfuter la négation de Dieu [...] en cherchant quelque fissure par où puisse reparaître la notion toujours supposée de l'Être nécessaire[2] ». Ensuite, accepter de dialoguer avec les philosophies qui ne font pas profession de croire en Dieu, sans les accuser d'athéisme, car « notre rapport avec le vrai passe par les autres. Ou bien nous allons au vrai avec eux, ou ce n'est pas au vrai que nous allons[3]. »

---

1. M. MERLEAU-PONTY, *Éloge...*, p. 201-215, cité : p. 202, 213, 215.
2. *Ibid.*, p. 50.
3. *Ibid.*, p. 39. L'auteur donne ici l'exemple de Bergson renonçant à se convertir au catholicisme pour ne pas abandonner ses frères juifs dans le danger.

LE DEUIL DE DIEU   225

Merleau-Ponty exprime une réserve semblable à propos d'un autre grand philosophe, contemporain de Blondel, Henri Bergson, qui n'était pas issu de la tradition chrétienne mais qui a fini par la rejoindre. Sa pensée, dit-il, est « à certains égards pré-chrétienne », car elle relève d'une expérience mystique qui jaillit de ses premiers travaux sur *Matière et mémoire* et sur l'*Évolution créatrice* pour aboutir, sans réelle discontinuité de visée ni de méthode, estime-t-il, à l'ouvrage tardif des *Deux sources de la morale et de la religion*. D'où Merleau-Ponty conclut que « le Dieu de Bergson est immense plutôt qu'infini », « un immense *ceci* » dont l'affirmation se situe dans « la contingence radicale » du monde existant, loin des solutions de la théodicée classique, « en deçà des accusations comme des justifications »[1]. Le Dieu de Bergson est durée, devenir, conscience cosmologique, force vitale[2] : « Il y a dans la théologie bergsonienne, comme peut-être dans toute théologie depuis le christianisme, une sorte de « bougé » qui fait qu'on ne sait jamais si c'est Dieu qui soutient les hommes dans leur être humain ou si c'est l'inverse, puisque, pour reconnaître son existence, il faut passer par la nôtre, et que ce n'est plus là un détour[3] » ; « Une philosophie de ce genre comprend sa propre étrangeté, car elle n'est jamais tout à fait dans le monde, et jamais cependant hors du monde[4]. »

Après Blondel, c'est principalement dans les philosophies de l'existence que la théologie cherchera à ouvrir une voie d'approche vers le Dieu du christianisme. Chez Edmund Husserl, initiateur de la phénoménologie dans le tournant du XIXᵉ au XXᵉ siècle, on peut craindre de ne trouver qu'une « philosophie sans absolu » et sans véritable altérité, note Paul Ricœur[5], qui observe que Husserl, dans ses *Méditations cartésiennes* (1929), où de fait le nom de Dieu n'est étrangement pas prononcé, « méconnaît totalement la polarité qui supporte toute la philosophie de Descartes [...] entre le *Cogito* [...] et l'existence de Dieu » et la réduit à une « égologie sans ontologie »,

---

1. *Ibid.*, « Bergson se faisant », p. 288-308, cité p. 305-306.
2. *Ibid.*, p. 16-32.
3. *Ibid.*, p. 33-34.
4. *Ibid.*, p. 38.
5. P. RICŒUR, *À l'école de la phénoménologie*, Paris, Vrin, 1986, p. 144.

226 DIEU QUI VIENT À L'HOMME

à une simple «philosophie de l'intersubjectivité»[1]. Il serait
téméraire d'en inférer que sa pensée est radicalement athée
(ce que Ricœur ne fait pas), surtout lorsqu'on lit, dans l'un de
ses manuscrits inédits, qu'il avait espéré que la phénoménologie le conduirait à Dieu. Recueillant cet aveu, Jocelyn Benoist
fait une analyse pénétrante de ces inédits pour voir s'ils
permettraient de dépasser «l'athéisme méthodologique» des
textes publiés[2]. Hésitant à qualifier la recherche de Husserl,
tour à tour, d'onto-théologie, de pensée athée du sacré, d'une
conception de Dieu comme subjectivité transcendantale, ou
comme entéléchie, ou de panthéisme subjectif[3], il la voit tendre
à une «éthisation de Dieu», à la façon de Fichte, qui se précise
en «autodonation du devoir absolu» par «l'ancrage phénoménologique de l'expérience de l'infinité comme infinité du
devoir dans la rencontre de l'altérité d'autrui»[4]. Peut-on
trouver dans cette expérience d'autrui une authentique transcendance? Ce n'est pas impossible, estime Benoist: ce serait
le mouvement originaire qui arrache le moi à lui-même en le
mettant en rapport avec autrui, impulsion qui ne vient pas de
la conscience mais qui la constitue; Dieu serait le «donné»
de la «communauté» originaire que Husserl présente en ces
termes: «Toutes les routes me conduisent à Dieu – mais en
passant par les autres "moi", dont je suis, en tant que moi,
inséparable: Dieu n'est rien d'autre que le pôle – le chemin
qui part de chacun des moi [...] est mon chemin, mais tous
ces chemins conduisent au même pôle, situé au-delà du monde
et au-delà de l'homme: Dieu»[5]. On peut certes hésiter à faire
crédit au Dieu de Husserl, admet Benoist. Reste cependant
l'énigme de la raison qui se dépasse en éthique dans «la
responsabilité de chacun par rapport à cette œuvre commune
qui est celle de l'infini de tous les autres en chacun de nous»
– invitation à tenter l'étude d'une phénoménologie de la raison
sous forme de phénoménologie du sacré[6].

---

1. P. RICŒUR, À l'école de la phénoménologie, «Étude sur les
Méditations cartésiennes de Husserl», p. 161-164.

2. J. BENOIST, Autour de Husserl. L'ego et la raison, p. 189-191.

3. Ibid., p. 191-199 (il parle aussi de «rêveries théologiques», de
«vagabondages métaphysiques»).

4. Ibid., p. 203-212 (cité p. 212).

5. Ibid., p. 214-215 et 216 (la citation de Husserl).

6. Ibid., p. 218.

LE DEUIL DE DIEU 227

Deux autres philosophes de la première moitié du XXᵉ siècle, l'un et l'autre souvent rapprochés de Husserl, l'Allemand Karl Jaspers et le Français Gabriel Marcel, sont également des penseurs de la transcendance, comprise de façon ambiguë par le premier comme existence possible et autodépassement[1], tandis que le second, qui se présente lui-même comme existentialiste chrétien, entend lui garder son sens religieux classique[2]. Pour Karl Jaspers, le sujet et l'être s'englobent l'un l'autre, et « la transcendance est l'englobant de tout englobant », c'est le Tout-Autre qui se manifeste à la conscience par l'expérience de la liberté ouverte à l'illimitation de l'être ; à cette « foi philosophique » au « Dieu lointain » correspond, dans « le royaume des chiffres », la foi révélée[3]. Karl Barth admet que Jaspers ait entrevu la voie qui conduit vers Dieu, mais non qu'il l'ait vraiment ouverte, car le terme Dieu pourrait n'être chez lui qu'un « superconcept indéterminé »[4]. Chez Gabriel Marcel, il n'y a nulle ambiguïté au sujet de la transcendance : il ne connaît que celle du Dieu révélé qui se laisse interpeller comme un Toi infini par toute personne aux prises avec certaines situations existentielles, surtout celle de l'amour[5] ; une philosophie concrète, qui se tient au niveau de l'existence, portant inéluctablement la marque historique du christianisme, ne peut manquer de discerner dans de telles expériences le mystère de l'être d'avance accordé à celui que dévoile la révélation et se rend ainsi capable de préparer les esprits à la recevoir[6]. Mais l'analyse de ces « situations-limites » n'est pas

---

1. J. WAHL, *Les Philosophies de l'existence* (ci-dessus n. 3, p. 219), p. 33-37, 67-69.

2. *Ibid.,* p. 38-39 et 71.

3. K. JASPERS, *Foi philosophique ou foi chrétienne*, trad. fr., M. Méry, Éd. Ophrys (s.l., s.d.), p. 40, 45, 54-56. Voir l'étude de P. Ricœur indiquée ci-dessous n. 6.

4. K. BARTH, *Dogmatique*, t. XI, p. 131 et 139. Il pense qu'il en va de même chez Emil Brunner.

5. M. BERNARD, *La Philosophie religieuse de Gabriel Marcel*, Les Cahiers du Nouvel Humanisme (s.l., s.d.), p. 73-93.

6. P. RICŒUR, *Gabriel Marcel et Karl Jaspers*, Paris, Éd. du Temps Présent, 1947. L'auteur relève les ressemblances, mais surtout les différences, entre ces deux philosophes, ainsi qu'avec Kierkegaard. Il note qu'il n'y a cependant pas eu d'influence ni de ce dernier ni de Jaspers sur Marcel (p. 435-436).

228   DIEU QUI VIENT À L'HOMME

exempte d'ambiguïté : la plupart des philosophes admettront
difficilement l'intrusion de la foi dans la métaphysique[1], tandis
que la théologie, du moins celle de Barth, refuse à de simples
phénomènes humains la capacité de manifester la présence du
Tout-Autre[2].

De tous les phénoménologues ou philosophes existentialistes, Martin Heidegger (qui repoussait pour sa part ces appel-
lations) est celui que le plus grand nombre de théologiens a
le plus fréquenté. Nous l'avons vu s'intéresser à l'anthropologie kantienne en tant qu'elle pointait, selon lui, en direction
d'une ontologie existentiale[3] ; détecter dans la logique hégélienne une « ontothéologie » qui échouait à poser Dieu dans
une radicale absoluité[4] ; commenter le mot de Nietzsche sur
la mort de Dieu en tant qu'il annonçait la fin de la philosophie occidentale et la venue du Surhomme[5]. L'analytique
existentiale qu'il déploie dans son œuvre fondamentale, *Être
et Temps* (*Sein und Zeit*, 1927), insérait la mort dans la structure de l'être[6] et posait la question de la métaphysique comme
question du Néant qui « se dévoile dans l'angoisse »[7]. Revenant plus tard sur cette thèse[8], qui avait suscité « perplexités
et méprises », il se défendait d'avoir voulu instituer une
« philosophie du néant » qui ne pourrait être que « le nihi-

---

1. G. Marcel n'ignorait pas cette difficulté : voir ci-dessus
M. BERNARD, p. 12-15, et P. RICŒUR, p. 38-39.
2. K. BARTH, *Dogmatique*, t. XI, p. 122-127. Il ne vise à cet endroit
que Jaspers (avec référence à Kierkegaard), mais les « situations-
limites » dont il parle sont les mêmes qu'analyse G. Marcel.
3. Voir ci-dessus, p. 157-158.
4. Voir p. 173-174.
5. Voir p. 209-210.
6. M. HEIDEGGER, *Être et temps*, § 52, trad. fr. E. Martineau, Paris,
Authentica, 1985, p. 189 : « La mort comme fin du *Dasein* est la possibilité la plus propre, absolue, certaine et comme telle indéterminée,
indépassable du *Dasein*. La mort est, en tant que fin du *Dasein*, dans
l'être de cet étant pour sa fin. »
7. M. HEIDEGGER, *Questions* I *Qu'est-ce que la métaphysique ?*
(1929), trad. fr. H. Corbin et R. Munier, Paris, Gallimard (NRF), 1968,
p. 60. – Sur le rapport de Heidegger à Kierkegaard (à propos du mot
« angoisse »), voir ici p. 216, n. 2 et p. 217, n. 1.
8. Dans une Postface à la conférence précédente ajoutée en 1943.

LE DEUIL DE DIEU   229

lisme achevé ». Pour lui, déclarait-il, la tâche de la philosophie, la « pensée essentielle », c'est d'écouter, « dans l'angoisse », la voix de l'Être, source du langage humain, voix qui exprime l'unique réalité, à savoir que « l'étant *est* », et qui confie à l'homme, au philosophe en particulier, « la garde de l'Être » ; mais s'il s'agit de nommer le sacré, ajoutait-il (sans nommer Dieu directement), c'est l'affaire du poète, et « quant à savoir [...] si on le pense à partir de l'essence de l'Être, la question ici doit rester ouverte ». Heidegger refusait d'agiter la question de Dieu parce que la tâche de penser l'Être lui paraissait plus urgente et plus fondamentale, mais il indiquait où et quand la question se poserait : dans l'ouverture de l'Être sur un au-delà de lui-même, quand l'homme serait parvenu à penser l'Être en tant que tel, comme pure Donation de l'Être, à travers l'échancrure du néant dans lequel s'engloutit l'existence de tous les étants – non sans envisager que la pensée de l'au-delà de l'Être échappe au philosophe et soit un privilège réservé au poète [1].

Des lecteurs de Heidegger qui en étaient restés à *Être et Temps*, sans prêter attention à l'ouverture du néant sur l'être, gardaient de sa pensée une interprétation nihiliste et donc athée [2]. Karl Rahner, présentant le philosophe allemand au public français en 1940, et insistant sur le caractère inachevé de son œuvre, avouait sa perplexité sans dissimuler l'espoir qu'il mettait dans son développement à venir : « Il dépend de sa solution que le système de Heidegger se trouve être la tentative vraiment philosophique, mais aussi la plus radicale, de philosophie athée, au point que le problème de Dieu ne puisse même plus se poser ; ou bien qu'il ne soit que l'analytique

---

1. *Ibid.*, p. 73-84 ; « On connaît sans doute beaucoup de choses sur les rapports de la philosophie et de la poésie. Mais nous ne savons rien du dialogue entre poète et penseur qui « habitent proches sur les monts les plus séparés », p. 84. – Heidegger s'est expliqué, dès 1927, sur la question de Dieu et de l'athéisme philosophique dans sa conférence *Phénoménologie et théologie*. Je citerai une étude de Jean GREISCH sur cet écrit dans le chapitre suivant (p. 313, n. 1) à propos des rapports du philosophe avec des théologiens (Tillich).

2. J. B. LOTZ, *Martin Heidegger et Thomas d'Aquin*, trad. fr., Paris, PUF, 1988, p. 9 et 19.

230 DIEU QUI VIENT À L'HOMME

existentiale de l'humilité de la créature finie s'opposant au secret et insensé rêve hégélien d'égalité avec Dieu. Nous n'osons trancher la question[1].» Ses incertitudes ne l'avaient pourtant pas empêché, nous le verrons bientôt, de tirer profit de cette analytique, dès cette époque, pour constituer une «anthropologie théologique fondamentale». Profitons de ce détour pour enregistrer, avant de reprendre sa lecture, deux autres réactions à la pensée de Heidegger qui se rapportent l'une et l'autre à cette première période de son œuvre ; l'une émane d'un philosophe juif croyant, Emmanuel Lévinas, l'autre d'un agnostique, Eric Weil, deux penseurs qui ont influencé les milieux théologiques.

Emmanuel Lévinas s'est senti assez tôt mal à l'aise avec le concept heideggérien du *Dasein* (de l'être-là) «compris comme souci» au sens où «la mort en est la condition même», où «être pour la mort est la condition du soi-même, de l'ipséité qui caractérise le Dasein» ; la finitude ontologique, qui est la marque de notre transcendance, «signifie en somme qu'en nous inscrivant dans l'être nous nous inscrivons dans le néant». Cette pensée tragique, estime-t-il, «en renonçant à tout appui dans l'Éternel», «devient le témoignage d'une époque et d'un monde qu'il sera peut-être possible de dépasser demain»[2]. Aussi Lévinas ne tarde-t-il pas à exprimer son «besoin profond de quitter le climat de cette philosophie». La notion de l'*il y a*, censée renvoyer à «l'impersonnalité du sacré dans les religions primitives» (selon Durkheim) «plutôt qu'à Dieu, nous ramène à l'absence de Dieu, à l'absence de tout étant» ; et il préconise, pour échapper à cette vision tragique, de transposer la dialectique du temps, qui est «l'impossibilité de se sauver par soi-même et de se sauver tout seul» en «dialectique de la relation avec autrui»[3], car c'est l'altérité

---

1. K. RAHNER, «Introduction au concept de philosophie existentiale chez Heidegger», dans *RechScRelig.* 30 (1940) 152-171, cité p. 168.
2. E. LÉVINAS, *En découvrant l'existence avec Husserl et Heidegger*, Paris, Vrin, 1967, «L'ontologie dans le temporel», p. 85-89. Cette étude date, semble-t-il, de 1940, ce qui délimite la partie de l'œuvre de Heidegger qu'elle concerne.
3. E. LÉVINAS, *De l'existence à l'existant*, Paris, Éd. Fontaine, 1947, p. 19, 99, 157-161 (il n'y est pas donné de référence aux œuvres de Heidegger).

LE DEUIL DE DIEU 231

de l'autre qui délivre le « je » de la mort. Encore plus tard, abordant directement la question de Dieu, il explique que Dieu doit être pensable, c'est-à-dire avoir sens pour la philosophie, mais sans être pensé en termes d'être, sans être énoncé dans un discours de nature ontologique, car la philosophie est l'immanence même et y ramène tout ce qui est objet d'expérience, y compris toute pensée religieuse qui se réclame d'expériences religieuses[1]. À la recherche d'une porte de sortie hors de l'immanence, Lévinas prend appui sur l'idée de l'Infini en moi, exposée par Descartes dans sa troisième *Méditation* : c'est une idée mise en moi, qui ne vient pas de moi, qui me précède, qui me demeure incompréhensible ; cette idée est donc Désir, désir de l'insaisissable, source inépuisable de l'amour, Désir du Bien, qui « m'ordonne à autrui », appel de Dieu qui m'arrache à moi-même et qui se tient au-delà de l'autre, comme le Il au fond du Tu, pure Transcendance qui m'assigne à autrui, dont la manifestation ne relève pas de l'être mais de l'éthique[2]. Dans l'expérience éthique, Dieu se révèle sous mode « prophétique » ; l'Infini prend un sens, éthique et non ontologique, en tant qu'il donne du sens : « Il *signifie* au sens où l'on dit *signifier un ordre* ; il ordonne »[3]. Lévinas avoue que cette recherche de l'intelligibilité de la Transcendance au-delà de l'être oblige à rompre avec la tradition de la pensée occidentale ou du moins à remonter jusqu'à sa source[4]. Une rupture totale est-elle possible ? Laissons la question aux philosophes, mais admettons que le projet s'inscrit bien dans la ligne de cette « philosophie nouvelle » qui se cherche depuis Hegel et au-delà de lui. Constater cela, c'est reconnaître que

_____

1. E. LÉVINAS, *De Dieu qui vient à l'idée*, « Dieu et la philosophie » (1973), Paris, Vrin, 1982, p. 94-103.

2. *Ibid.*, p. 104-118 (les majuscules sont de l'auteur). L'interprétation de Descartes ici proposée diffère de celle que nous avons étudiée chez Jüngel (et Barth). – Le thème de la responsabilité pour autrui, qui s'énonce également dans celui du visage, est fréquent chez Lévinas, voir *En découvrant l'existence...*, p. 172 « L'idée de l'infini et le visage d'autrui », p. 174 « L'idée de l'infini comme désir », p. 175 « L'idée de l'infini et la conscience morale », etc. ; – *Éthique et Infini*, Paris, Fayard (poche), 1982, p. 78-98.

3. ID., *De Dieu qui vient à l'idée*, p. 123-125 (cité p. 124, les italiques sont de l'auteur).

4. *Ibid.*, p. 95, 107, 124 ; c'est un thème favori de Heidegger.

la métaphysique rationalisante n'épuise pas la recherche du sens et que celle-ci, même quand elle n'aboutit pas à poser Dieu ou à le penser comme il doit l'être, n'en témoigne pas moins du désir de transcendance qui l'habite. Nous relèverons encore que cette recherche du sens se transporte volontiers dans le domaine éthique où l'appel de la transcendance émerge de l'illimitation de la liberté et de la relation à autrui [1].

Eric Weil ne s'est jamais situé dans le sillage de Heidegger et il n'y aurait aucune pertinence à l'étudier dans cette perspective. Mais sa *Logique de la philosophie* (1950), qui entretient des liens complexes avec l'histoire de la philosophie, fait une place à la pensée de Heidegger et s'efforce de la comprendre par rapport à la tradition du discours philosophique. Le souci qui est le sien de tenir un «discours cohérent» l'entraîne également en direction de l'éthique, mais dans un sens différent de Lévinas : «le secret de la philosophie», écrit-il au début de son livre, c'est que «le philosophe veut que la violence disparaisse du monde», et il dira dans les dernières pages que la sagesse, terme de la philosophie, est «la possibilité de la Vérité de l'homme dans la liberté de l'individu» [2]. Nous avions vu Weil s'intéresser chez Kant au problème de Dieu en lien précisément avec la liberté de l'homme et admettre que celle-ci, dans l'esprit de Kant, fournit une base pratique, non pour *connaître* Dieu, à proprement parler, mais pour le *penser* «sur le fondement même de l'humanité de l'homme» [3]. Il ne manque donc pas d'accueillir la «catégorie» Dieu dans cette *Logique*, telle que la philosophie l'a comprise dans le cours de son histoire, à savoir en ce double sens : «c'est en Dieu que l'homme se voit, et ce que l'homme voit en Dieu, c'est lui-même» ; la seconde proposition n'est pas «athée», s'empresse-t-il d'ajouter : elle ne nie pas Dieu, elle le considère simplement comme «le fond de l'existence» «théomorphe» de l'homme «image de Dieu» [4].

---

1. Nous avons observé cette orientation (avec des différences), avant Lévinas, chez Husserl (très fortement) et Jaspers, chez Marcel aussi. Nous allons la retrouver, non moins forte, chez Weil.

2. E. WEIL, *Logique de la philosophie*, Paris, Vrin, 1950, p. 20 et 439.

3. Voir ci-dessus p. 160-162 (citation p. 160, n. 3).

4. E. WEIL, *Logique de la philosophie*, p. 190.

LE DEUIL DE DIEU

La tradition philosophique, constituée depuis le début par la catégorie de l'Absolu, parvient à son achèvement, à sa parfaite cohérence dans le système hégélien sous la forme du savoir absolu qui supprime et concilie les oppositions entre le fini et l'infini, « car dans cette science l'Être se sait Raison, et la Raison se sait Être. Le cercle de la réflexion est parcouru, et l'homme dans la totalité de son être s'est reconnu comme l'Être en sa totalité, comme le dé-veloppement de Dieu » ; en arrivant à l'Absolu, « la philosophie s'achève : elle a compris tout et soi-même » [1]. Après Hegel, poursuit Weil, il y a eu deux révoltes de l'individualité, deux tentatives de rompre l'encerclement de l'Absolu : celle de Marx, qui préconise le langage de « l'Œuvre », d'où « aucun chemin ne mène à l'Absolu », et qui recouvre une attitude « sciemment antiphilosophique », et celle de Heidegger, qui conçoit l'homme comme un « être fini », un être « en projet » mais dans un monde fini, être « pour lequel il n'y a ni œuvre ni discours cohérent », de telle sorte que le projet ne peut aller qu'à l'échec : « Le projet n'aboutit pas, il n'a pas de bout, parce que l'homme est temporalité dans le monde » [2]. L'incohérence s'installe alors dans le discours de l'homme qui cherche à penser sa finitude, « parce que c'est la finitude qui révèle l'infini comme la possibilité impossible », et la question de l'Être surgit comme la question ultime mais qui n'a pas de réponse, car « l'homme est projet dans le monde, et c'est pourquoi l'Être se révèle et n'est jamais révélé » : « Dans son discours ouvert, l'homme est libre comme la possibilité qu'il est en fait ; dans le discours qui révèle l'incohérence du discours humain, il est lui-même, parce que, en acceptant sa finitude, il se rend libre pour l'échec qui est plus sien que toute chose dans le monde » [3]. Pour le philosophe qui ne se résigne pas à l'incohérence, conclut Weil, la seule issue au discours de la finitude est celle de l'action raisonnable,

---

1. *Ibid.,* p. 334, 344 ; p. 341 : « Hegel a été le dernier dans la brève série des grands philosophes : il a découvert la catégorie philosophique de la philosophie même » ; p. 440 : « En établissant la circularité comme le critère de la philosophie, Hegel [...] marque la fin d'une époque de la conscience occidentale ».

2. *Ibid.,* p. 360-362, 370-377 (cité p. 377). Weil nomme Heidegger seul (dans le texte) p. 377 et ajoute le nom de Jaspers (en note) p. 391.

3. *Ibid.,* p. 383, 384, 385.

234   DIEU QUI VIENT À L'HOMME

qui « cherche à unir le *discours cohérent* avec la *condition*
dans une *œuvre* satisfaisante pour l'*être fini*, dans le risque de
sa finitude, (et) à exclure la violence par la force de la raison
sur le plan même de la violence » ; action dans laquelle il
trouve « le Sens », « l'unité de la vie et du discours », et accède
ainsi à la Sagesse, terme de sa course philosophique, présence
de la Vérité de tout ce qui est : « Il est sage, parce qu'il sait
que le discours saisit tout sens [...] : il sait que, toujours, il
réalise l'universel qui est toujours, puisque lui, il a choisi la
liberté dans le monde, la raison » [1].

Mais le nom de Dieu n'a-t-il pas disparu de cette dernière
étape du discours philosophique ? De fait, il ne semble plus y
avoir d'avenir, puisqu'il y est d'avance *compris* et que la question de Dieu a trouvé sa solution dans le discours cohérent de
la raison. Eric Weil admet cependant que l'intelligence dispose
d'un autre langage, celui de la poésie, qu'il voit surgir au
moment où se révèle le mystère de l'Être, à la fin du discours
de la finitude, au même endroit où Heidegger fait appel à la
poésie : « L'homme n'est philosophe que pour reconnaître le
fond de son existence dans la *poésie* : son discours philosophique le mène, le ramène à la poésie. [...] La poésie est la
révélation qui révèle le mystère comme mystère, qui ne le
trahit pas, ne le *résout* pas [...]. Cependant la poésie n'est
philosophie qu'à sa source, projet qui ne se connaît comme
tel qu'à la condition de se retourner sur lui-même [...]. C'est
pourquoi la poésie possède une dignité unique : elle est parente
du discours ; elle est discours incohérent se projetant de la
cohérence originale dans l'Être [...] [2]. » Quand le discours
cohérent s'achève en action raisonnable, « la philosophie
n'arrête pas la création concrète de sens », « elle se tourne

---

1. E. WEIL, *Logique de la philosophie*, p. 396 (les italiques sont
de l'auteur), 413 et 439.

2. *Ibid.*, p. 388, 389, 390 (les italiques sont de l'auteur). Weil a pu
prendre connaissance de l'écrit de Heidegger *Sur l'humanisme*, écrit
en 1946, qui fait largement appel à la poésie, comme nous allons le
voir. Il semble cependant s'en tenir à la problématique de l'existence
finie (« le fond de l'existence »), alors que cet écrit ouvrira une perspective différente sur « l'au-delà de l'Être ». Je n'ose en décider en
l'absence de références textuelles précises. La place de la poésie était
déjà marquée dans la Postface (de 1943) à la conférence de Heidegger
Qu'est-ce que la métaphysique ?, voir ci-dessus p. 229, n. 1.

LE DEUIL DE DIEU   235

vers la poésie », qui est par essence spontanéité et création de langage, car « l'homme est poète avant d'être philosophe, et après l'avoir été », et donc elle fait place aussi bien au langage de la foi, puisque « la poésie est reliée au sacré » et que « la religion – non point la théologie ou le dogme ! – est poésie dans ce sens fondamental »[1]. La foi pourra donc entrer en dialogue avec la sagesse, comme le fait la poésie qui « est l'*autre* de la philosophie sans lequel celle-ci ne se comprend pas »[2], mais ce ne sera pas pour composer avec elle un nouveau discours philosophique sur Dieu puisque son propre discours est *incohérent* ; la foi révèle « le fond de la cohérence de tout ce qui est », mais « ce fond n'est pas objet du discours », il n'est pas de l'ordre du « connaissable », de l'universel, du « langage de tout le monde » : « Mais toute tentative de saisir l'Un en soi est condamnée à l'échec, car l'Un qui transcende le discours n'*est* pas en dehors du discours (cohérent), à moins que l'homme ne choisisse le silence », « En un mot, il n'y a pas de philosophie du point de vue de Dieu, et s'il y a une sagesse, elle sera silence »[3]. – La pensée d'Eric Weil est typique d'un nouveau « grand rationalisme », pour reprendre l'expression de Merleau-Ponty (qui n'est pas sans convergence avec lui sur ce point), qui a renoncé à tenir discours sur Dieu, qui est respectueux de celui du passé, qui admet la pleine légitimité du langage religieux, mais à condition que celui-ci renonce de son côté aux catégories de l'ancien discours ontothéologique, qui n'a plus rien à nous dire.

Revenons maintenant à Heidegger pour terminer avec lui notre parcours philosophique. Cherchant à dissiper les obscurités qu'on lui objectait, il s'attache désormais à montrer que la pensée de l'existence finie, dans *Sein und Zeit*, loin de se refermer sur le néant, se dépasse dans une nouvelle ontologie, une pensée de l'Être en tant qu'Être, qui vise même un au-delà de l'Être. Sa *Lettre sur l'humanisme* (1946), qui veut

---

1. *Ibid.*, p. 420-423 (dernier texte cité, p. 423). – Étude pénétrante de la pensée de la foi chez E. Weil par Jean GREISCH, « L'analyse de l'acte de croire entre histoire et épistémologie », dans *RechScRel.* 77/1 (1989) 13-44.

2. *Ibid.*, p. 435.

3. *Ibid.*, p. 48, 65-68 et 69 (les deux citations finales).

236 DIEU QUI VIENT À L'HOMME

préciser sa conception de l'essence de l'homme, entend placer l'homme, « berger de l'Être », au-dessus de l'humanisme courant, « dans la proximité de l'Être » : mais qu'est-ce que l'Être ? La métaphysique traditionnelle, dit-il, n'a jamais su penser que l'Être de l'étant, elle s'est faite dans l'oubli de l'Être ; aussi doit-on remonter à la source de la pensée occidentale, jusqu'à l'énoncé fondateur de Parménide : « Il y a de l'Être », l'Être est, « il est le transcendant pur et simple » [1]. Pour exprimer l'approche de l'Être au-delà de tout ce qui est, Heidegger s'adresse à la poésie : comme a su le dire Hölderlin, familier des anciens penseurs grecs, « la patrie de l'homme » est « la proximité de l'Être », qui ouvre sur l'espace du Sacré, et c'est là « que doit se décider si une apparition du dieu ou des dieux peut à nouveau commencer et comment » [2]. C'est donc ici que le langage religieux pourra entrer en scène. Définir l'homme comme « être-au-monde », « jeté dans le monde », ce n'est pas le poser à l'écart du Transcendant, prévient Heidegger, c'est dire qu'il est « ek-sistant », qu'il « surgit dans l'ouverture de l'Être, cette ouverture qui est l'Être lui-même » ; le rapport de l'homme à Dieu, et donc la question de l'existence de Dieu ne peut se poser que sous l'éclairage de l'Être : « Ce n'est qu'à partir de la vérité de l'Être qu'on peut penser l'essence du Sacré. Ce n'est qu'à partir de l'essence du Sacré qu'il faut penser l'essence de la Divinité. Ce n'est que dans la lumière de l'essence de la Divinité qu'on peut penser et dire ce que doit désigner le mot *Dieu* » ; – cette réflexion, ajoute-t-il, « ne peut pas plus être théiste qu'athée » [3]. Dans l'un de ses tout derniers écrits, *Le Temps et l'Être* (1962) [4], Heidegger esquisse un pas en avant. Méditant à nouveau l'énoncé de Parménide « Il y a de l'Être » (*Es gibt :* « Il donne »), il se demande : « Comment penser le *Il* qui *donne* être ? », – car ce n'est pas l'homme qui donne le temps, ni le temps qui donne l'être ; ce « Il » ne vient pas du temps, c'est

_____

1. M. HEIDEGGER, *Lettre sur l'humanisme*, trad. fr., R. Munier, Paris, Aubier-Montaigne, 1957, p. 73-91.

2. *Ibid.,* p. 93-97.

3. *Ibid.,* p. 125-133 (cité : p. 127, 131 et 133).

4. ID., *Questions* IV, trad. fr. F. Fédier, Paris, Gallimard (NRF), 1976, p. 14-48. Il s'agit d'une conférence qui reprend le projet ancien d'une seconde partie de *Sein und Zeit*.

LE DEUIL DE DIEU 237

un avènement d'être *(Ereignis)*, qui se déploie à partir de son absence et vient à notre rencontre ; ce « Il y a » s'énonce comme le « donner » d'une présence qui s'annonce et s'avance à travers son absence ; c'est un « Il énigmatique », « qui ne doit pas nécessairement être un sujet au sens d'un Je ou d'une personne », mais qui se signifie comme « une avancée d'être », c'est ce qui « laisse advenir jusqu'à soi »[1]. Heidegger ne lèvera pas le voile de cette énigme. Dans un autre écrit de la même époque, *Le Tournant (Die Kehre)*, nous lisons : « Le dieu vit-il ou reste-t-il mort ? N'en décident ni la religiosité des hommes ni, encore moins, les aspirations théologiques de la philosophie et des sciences de la nature. Si dieu est dieu, il advient à partir de la constellation de l'être et à l'intérieur de celle-ci[2]. » Sa recherche sur la pensée de l'Être a-t-elle fini par sombrer dans une religiosité irrationnelle, ou panthéiste[3] ? Il est significatif de noter que Heidegger évoque habituellement la poésie de Hölderlin quand il scrute l'apparition du Sacré dans l'ouverture de l'Être[4], et qu'il s'est aussi intéressé à la célèbre déclaration d'Héraclite « L'Un est le Tout » (ἕν πάντα), qu'il commentait en ces termes : « Le Λόγος, le Ἕν πάντα ne serait donc rien d'autre que le Dieu suprême. L'être du Λόγος nous ferait entrevoir la divinité du Dieu[5] ». – Or, on se rappellera que Hegel, Hölderlin et leurs amis, dans leurs années de séminaire à Tübingen autour de 1790, tous

---

1. *Ibid.,* p. 30, 36-39, 41-44.

2. *Ibid.,* trad. fr. J. Lauxerois et C. Roëls, p. 154.

3. Religiosité irrationnelle, c'est le jugement, peut-être marqué d'un rationalisme agressif, de Pierre TROTIGNON, *Heidegger*, Paris, PUF, 1965, p. 38-39 (il fait le rapprochement avec Schelling). Panthéiste,ou encore païenne, c'est ce que pourraient suggérer le vocabulaire (le sacré, le dieu, les dieux...) et l'appel à Hölderlin et aux anciens Grecs.

4. Voir encore de HEIDEGGER, *Essais et Conférences*, trad. fr. A. Préau, Paris, Gallimard (NRF « Essais » LXC), 1958, « L'homme habite en poète », p. 224-245, sur un poème de Hölderlin qui évoque la manifestation du « Dieu inconnu », p. 236-237 en particulier.

5. *Ibid.,* « Logos (Héraclite, Fragment 50) », p. 249-277, cité p. 269. Heidegger disculpe Héraclite de panthéisme : « Comme penseur, il donne seulement à penser » (p. 269). – Sur le Logos d'Héraclite, voir Abel JEANNIÈRE, « En archê ên o Logos », dans *RechScRel.* 83/2 (1995) 241-247. Il traduit le Frag. 50 par « tout est un » : *Héraclite*, Paris, Aubier, 1985, p. 111.

238   DIEU QUI VIENT À L'HOMME

férus de spinozisme et de la Grèce ancienne, rapprochaient la
pensée de Spinoza, *Deus sive natura*, de celle d'Héraclite,
Ἓν καὶ Πᾶν[1]. Heidegger n'est donc pas totalement sans point
d'attache dans la tradition occidentale avec laquelle il voulait
rompre, et l'appel à la poésie pourrait signifier chez lui,
comme chez d'autres philosophes, l'aveu de la raison métaphysique de ne pas pouvoir conduire la pensée aussi loin
qu'elle se sent cependant poussée à le faire, le désir d'apaiser
les plus profondes questions sur l'Être dans le silence de la
contemplation, comme si la raison était elle aussi ouverte sur
un au-delà d'elle-même[2].

L'homme ouvert à l'appel de Dieu.

Après tant de péripéties, étirées sur plusieurs siècles,
comment se présentent, de nos jours, les rapports entre raison
et foi, vus maintenant du côté de la foi ? Avant d'examiner la
question sur son versant théologique, tentons une rapide
évaluation critique de ces rapports sur le plan philosophique.

Plusieurs philosophies ouvertement spiritualistes et même
chrétiennes témoignent du fait que l'idée de Dieu a survécu
aux coups qui lui avaient été portés par le rationalisme athée
et mettent en lumière dans l'homme une « capacité de dépassement » qui le « conduit à l'affirmation d'un Esprit infini
personnel, que nous appelons Dieu[3] ». Certes, il existe toujours

---

1. P. ASVELD, *La Pensée religieuse du jeune Hegel*, (ci-dessus
p. 166, n. 1), p. 36.

2. Y. DE ANDIA, *Présence et eschatologie dans la pensée de Martin
Heidegger*, Paris, Éd. Univ. (PUL), 1975, p. 196-199, pense que le
dialogue de Heidegger avec Hölderlin représente « le tournant » de sa
pensée et se demande « si la tentative du dernier Heidegger de penser
l'absence du divin dans les catégories du sacré n'est pas la véritable
"philosophie première" » selon laquelle « le *logos* de la théologie (serait)
le *logos* apophatique d'une théologie négative, qui ne peut nommer
Dieu que dans la détresse extrême de son absence » (p. 198). Et elle
ajoute : « Mais nommer Dieu est une décision. Le passage de la philosophie à la philosophie première est un acte de la liberté » (p. 199).

3. J. DELANGLADE, *Le Problème de Dieu*, Paris, Aubier (« Foi
Vivante » 92), 1968, p. 102, qui renvoie p. 158 à Jules LAGNEAU, *De
l'existence de Dieu* (Paris, 1925) et p. 193 à Bergson.

LE DEUIL DE DIEU 239

un discours athée, mais cet athéisme est censé exprimer un refus pratique plus qu'une négation argumentée de Dieu, sous peine de passer pour une « théologie sécularisée », selon le jugement de Merleau-Ponty. L'agnosticisme déclaré de ce dernier, si répandu chez les philosophes de notre temps, pourrait n'être qu'un athéisme déguisé, en ce sens qu'il passe Dieu sous silence comme s'il n'y avait pas de raison d'en parler ; mais l'apparence est trompeuse dans la mesure où ce discours, nous l'avons vu, se défend d'être athée et tient la question de Dieu pour une question réservée, revers obscur de la question de l'homme, qui peut légitimement se poser, à tout le moins sous la forme d'un « cri »[1]. La foi pourra-t-elle se satisfaire de cette tolérance ? La phénoménologie, prise dans son ensemble, lui ouvre une porte plus large ; même conduit d'un point de vue méthodologique athée, comme le disait Ricœur, le procédé de « réduction » mis en œuvre par Husserl, estime Henry Duméry, « oriente la liberté vers la seule issue où une liberté prise dans une nature puisse espérer s'élargir au-delà de toute nature ; de la perception à l'"extase" : telle est son envergure[2] » ; la philosophie de la religion, par exemple celle de Blondel, dit-il encore, loin de dissoudre « l'intentionnalité déiforme de la foi », « prépare tout au plus la restauration du point de vue de la foi en apercevant un sens manifeste dans le donné chrétien. [...] Et cette indication est déjà un préambule de la foi[3] ». L'expérience de la liberté finie, à laquelle nous invitent Kant et Hegel, écrit à son tour Georges Morel, est identiquement l'expérience, libre et finie, de l'ultime fondement que les philosophies et les religions nomment

---

1. C'est pour protester contre ce mot de Merleau-Ponty (voir ci-dessus n. 2, p. 223) que Henry DUMÉRY a écrit son livre *La foi n'est pas un cri*, Paris, Éd. du Seuil, 1959 (2e éd.), p. 166.

2. H. DUMÉRY, *Le Problème de Dieu en philosophie de la religion*, s.l., Desclée de Brouwer, 1957, p. 69 (l'auteur précise en note : « extase » « au sens d'union à Dieu ») ; ainsi comprise et pratiquée, la méthode conduit à la « théologie négative » (p. 115 : en maintenant « notre visée bien axée sur le Dieu de l'inconnaissance »), au-delà de l'agnosticisme (p. 121 : « dans la mesure où elle fait la preuve que l'esprit est liaison à Dieu »).

3. ID., *La foi n'est pas un cri*, p. 387 (Blondel, dont Duméry fut un interprète reconnu, est nommé à plusieurs reprises dans les pages précédentes à propos de controverses qui ne nous retiendront pas).

240 DIEU QUI VIENT À L'HOMME

Dieu : « C'est pourquoi, dans son rapport au fondement
dernier, la raison est toujours raison dans l'inconnu et dans la
nuit : elle n'est pas intuition, elle est foi. Foi et raison. C'est
pourquoi aussi jusqu'à la mort la preuve de Dieu ne cesse
jamais d'être une épreuve [1]... » Plus tard, reprenant la question
des preuves de l'existence de Dieu, qu'il appellera l'Autre à
la manière de Lévinas, le même auteur reproche à Hegel de
n'avoir pas bien réussi, malgré ses efforts, à situer exactement Dieu et l'homme dans un juste rapport d'indépendance
réciproque, et il fait remarquer que cette ambiguïté se répercute dans la question des rapports entre foi et raison, théologie et philosophie ; il en cite pour exemple – parmi d'autres,
comme Thomas d'Aquin et Descartes, Jaspers et Berdiaeff –
le cas de Heidegger admettant la possibilité d'une compréhension entre elles après avoir déclaré que la foi est l'enne-
mie mortelle de la raison et que la théologie est incapable de
comprendre quoi que ce soit à la philosophie [2]. Faisant ensuite
sa propre analyse de « la corrélation de l'homme et de l'Autre »
comme rapport relevant, des deux côtés, de la liberté et de la
générosité, car « l'amour est l'essence de l'Autre », rapport qui
maintient leur différence réelle comme « différence d'amour » [3],
Morel revient à la seconde question pour dénoncer, chez
Heidegger et les philosophes ci-dessus nommés, le danger de
succomber à la tentation de « la double vérité, pratique et théorique » dès lors qu'on distingue deux sortes de connaissance
de Dieu différentes en nature et en degré : «... une philosophie
digne de ce nom se propose d'interroger sur une expérience
qui, ni en extension ni en compréhension, ne peut concevoir
de limites interdites. [...] Il n'y a pas deux essences de l'expérience dans ses perspectives intégrales (l'une qui serait par
exemple rationnelle, et l'autre révélée) ; il n'y a pas non plus
deux essences de la théorie touchant cette expérience (l'une
qui serait par exemple philosophique ou métaphysique, et
l'autre théologique) [4]. » Par cette argumentation, l'affirmation
de Dieu est bien fondée, dans la ligne d'un kantisme posthé-

---

1. G. MOREL, *Problèmes actuels de religion*, Paris, Aubier-
Montaigne, 1968, p. 128-131 (cité p. 131).
2. ID., *Questions d'homme : l'Autre*, Paris, Aubier-Montaigne,
1977, p. 26-35, 48, 56-61.
3. *Ibid.*, p. 195 et 269.
4. *Ibid.*, p. 275-293, cité p. 292-293.

LE DEUIL DE DIEU 241

gélien réinterprété par Weil, relu aussi à travers des mystiques d'inspirations religieuses différentes, mais elle est retirée à la théologie et confiée à la garde de la philosophie [1]. Chez Weil comme chez Heidegger, cependant, la philosophie ne craint pas de passer la parole à un autre partenaire, qu'ils appellent poésie, foi ou religion, pour exprimer le mystère ou l'énigme qu'ils désignent, l'un comme le fond de l'existence, l'autre comme l'au-delà de l'Être ; il est vrai que ni l'un ni l'autre n'ont de complaisance envers la théologie, surtout quand elle chasse sur les terres de la philosophie, et peut-être préféreraient-ils que la foi se confine dans le silence de l'extase ; il n'empêche qu'ils lui reconnaissent un droit à la parole et l'invitent même à un dialogue avec la philosophie, qui serait inintelligible s'il ne se déroulait pas dans le langage de la raison. Si la foi entend la voix de l'Autre s'exprimer dans ce mystère de l'être, que la philosophie lui abandonne comme une zone où il lui est impossible de pénétrer, pourquoi la théologie se sentirait-elle exclue de l'autre source de connaissance à laquelle puise la foi et qu'elle lui ouvre ? Et de quel droit serait-il interdit à la foi de tenir discours sur l'être ou déclarerait-on son discours incohérent, comme s'il y avait un seul langage de rationalité, uniforme et univoque, celui dont la philosophie contrôle les cohérences, ou plutôt comme s'il n'y avait pas des philosophies très diverses dotées chacune de son propre système de cohérence ? – Ainsi ont pensé les théologiens du XXe siècle qui se sont avancés sur les terrains déclarés « ouverts » par les philosophes de leur temps. Je citerai quelques-uns d'entre eux, qui ont fait un usage spécifique de la philosophie, soit de celles de Blondel, en France, ou de Heidegger, dans les pays germaniques, mais sans développer les « théologies fondamentales » ou « naturelles » ou les « philosophies de la religion » qu'ils ont édifiées sur ces bases philosophiques.

L'ambiance d'incroyance générale du siècle a eu pour contrecoup de susciter dans le camp des théologiens catholiques français une abondante littérature « apologétique » qui ambitionnait de munir la foi de preuves et de préambules rationnels et qui recourait à cet effet à la *philosophia perennis*, du néo-platonisme à Augustin, à Anselme, à Thomas d'Aquin

---

1. G. Morel fait preuve d'un bel optimisme en demandant à Karl Barth de cautionner sa thèse p. 86-91 !

242 DIEU QUI VIENT À L'HOMME

et à la scolastique postérieure, avant de faire appel aux représentants modernes de la « philosophie chrétienne » ou « spiritualiste ». Henri de Lubac est l'exemple le plus illustre de cette tendance classique, lui pour qui « le problème de l'existence de Dieu », malgré les aspects nouveaux dont il se revêt au cours des âges, « est toujours le même au fond, comme l'esprit de l'homme est toujours le même[1] ». Il ne voit dans l'idéalisme allemand, de Kant à Hegel, à Feuerbach et à Marx, qu'une « apostasie » continue, une « herméneutique athée du christianisme »[2], et il se félicite de l'aide apportée par le philosophe jésuite belge Joseph Maréchal pour se libérer du criticisme kantien[3]. H. de Lubac n'en est cependant pas troublé : « Le Dieu de "l'ontologie classique" est mort ? Il se peut. Je m'en soucie peu », « Mais c'était le Dieu des rationalistes. Soufflez, et dissipez cette vapeur. Nous n'en serons pas troublés. Nous respirerons plus à l'aise »[4]. Lecteur attentif et admiratif de Maurice Blondel, il aime retrouver chez lui la « philosophie catholique », dont celui-ci se réclamait d'ailleurs, et Blondel le conforte dans le sentiment que la pensée de Dieu est invincible parce que consubstantielle à l'esprit humain où elle surgit de son propre mouvement[5] : « L'idée du Dieu unique surgit

---

1. H. DE LUBAC, *Sur les chemins de Dieu* (1re éd. 1945), Paris, Aubier (« Foi Vivante » 22), 1966, p. 256. Dans la Postface de cette œuvre, p. 241-257, l'auteur, injustement soupçonné de nouveautés, se met à l'abri des « vérités éternelles » de la *philosophia perennis*, de saint Thomas en particulier. Dans le cours de l'œuvre, il cite de nombreux penseurs chrétiens de l'époque : Alquié, Forest, Gilson, Jolivet, Lagneau, Madinier, Marcel, Maritain, Trouillard...
2. *Ibid.,* p. 204, 208-211, etc. ID., *Athéisme et sens de l'homme*, Paris, Éd. du Cerf (« Foi Vivante » 67), 1968, p. 23-33 ; p. 36 : l'athéisme de Freud est un produit du scientisme.
3. ID., *Sur les chemins...*, p. 283 note 13. Maréchal est abondamment cité, par exemple p. 293-295.
4. *Ibid.,* p. 202 et 204.
5. J.-P. WAGNER, *La Théologie fondamentale selon Henri de Lubac*, Paris, Éd. du Cerf (« Cogitatio Fidei » 199), 1997, p. 36-53, 176-189 ; p. 196-197 : « *Sur les chemins de Dieu* s'inscrit résolument dans le cadre de la théologie naturelle : de Lubac est en harmonie avec l'ambiance théologique de l'époque. Mais il a peu théorisé sa conception et sa pratique de la théologie naturelle. » ; p. 198-199 : il préfère renvoyer aux travaux de H. Bouillard ; p. 251-255 : comme l'a dit Claude Geffré, il reste « prémoderne ».

LE DEUIL DE DIEU 243

d'elle-même au sein de la conscience, que ce soit par une exigence rationnelle ou par quelque illumination surnaturelle, et elle s'impose à l'esprit par elle-même, en vertu de sa nécessité propre», «Dieu est la réalité qui domine, enveloppe et mesure notre pensée, et non l'inverse», «Avant tout raisonnement explicite comme avant tout concept objectif [...], Dieu doit être déjà présent à l'esprit; il doit y être secrètement affirmé et pensé», «L'*intelligence* est *faculté* de l'être parce que l'*esprit* est *capacité* de Dieu», «Les voies qu'emprunte la raison pour aller à Dieu sont des preuves, et, en revanche, ces preuves sont des voies», «Nous avons une puissance d'affirmation qui dépasse et notre puissance de concevoir et même notre puissance d'argumenter», «L'idée de Dieu est indéracinable, parce qu'elle est en son fond la Présence même de Dieu à l'homme. Il n'est pas possible de se débarrasser de cette Présence»[1]. L'athée n'y arrive-t-il pas cependant? Pour H. de Lubac, le désir de voir Dieu soulève l'être humain et pareillement l'effort philosophique; mais s'il n'y est pas répondu par un sursaut du cœur et de l'esprit, l'élan retombe et la présence de Dieu se dissipe: «Dieu n'est point réellement pensé, réellement reconnu comme Dieu, sans un *sursum*, que toute preuve est impuissante à susciter»; la perte de l'élan mystique explique l'athéisme, mais il sera légitime de répondre à l'athée qu'il ne s'est pas réellement débarrassé de Dieu, puisqu'il ne le connaît pas vraiment[2]. Les théologiens catholiques qui vont être cités ont tous reconnu leur dette envers Henri de Lubac sur le chapitre de l'apologétique.

Dans les pays de langue allemande, avons-nous dit, l'influence dominante est celle de Martin Heidegger, mais il convient de mentionner en premier lieu celle de Kierkegaard, souvent mélangée à la précédente. Hans Urs von Balthasar, qui lui a consacré un petit livre, explique pourquoi le concept d'angoisse s'est imposé comme point de passage entre

---

1. H. DE LUBAC, *Sur les chemins...*, cité successivement: p. 40, 48, 69, 89 (souligné par l'auteur), 92, 133, 221.

2. *Ibid.,* p. 179 et 208. Merleau-Ponty est, pour Lubac, l'exemple typique de l'athée. L'ayant cité, il commente, p. 205: «Les faux dieux, avec lui, auront encore de beaux jours!» Voir *Athéisme...*, p. 23, 29, 30, 42, 44...

l'homme moderne et le christianisme. Kierkegaard a su le premier, dit-il, parler, à la fois en théologien et en psychologue, du sentiment d'angoisse qui a déferlé de lui à Freud et à Heidegger et qui est caractéristique de l'homme moderne, et aussi de la philosophie moderne : « Les rapports étroits qui existent entre l'admiration et l'étonnement ont conduit Hegel, Kierkegaard et Heidegger à faire de l'horreur, du vertige, de l'angoisse, l'acte fondamental de la philosophie, c'est-à-dire de l'esprit lui-même », car l'angoisse se situe à la charnière de la transcendance et de la contingence, qui correspond à la « différence ontologique » entre l'être et l'étant, laquelle ne peut s'exprimer dans l'esprit autrement que sous forme d'angoisse [1]. Or, la Bible également fait de l'angoisse une donnée fondamentale de l'existence humaine, dont le christianisme vient libérer l'homme, et Kierkegaard a montré la réciprocité entre le péché et l'angoisse, établissant ainsi un lien entre Luther et Heidegger ; puisque l'éloignement de Dieu, qui vient du péché, crée en l'homme un vide, source de son angoisse, la révélation chrétienne peut lui être présentée pour éclairer les analyses des philosophes [2]. Henri Bouillard s'est intéressé, de son côté, à l'idée de la foi du philosophe danois, qu'il résume ainsi : « La foi n'est pas une spéculation [...], mais un rapport entre personnes, la relation d'une existence avec une existence. C'est une décision du sujet et une transcendance vers l'Autre absolu. C'est la relation de la subjectivité humaine avec le paradoxe de l'Homme-Dieu » ; il regrette toutefois que « Kierkegaard ne sait pas rendre justice au caractère éminemment raisonnable de la foi » [3].

Chez Rudolf Bultmann, « foncièrement luthérien, kierke-gaardien et barthien », dit Ricœur, l'influence de Heidegger est considérable ; nous l'avions rencontré en vive discussion avec Karl Barth [4], qui lui reprochait un souci anthropologique

---

1. Hans Urs von BALTHASAR, *Le Chrétien et l'Angoisse*, trad. fr. C. Champollion, Desclée de Brouwer, 1954, p. 9-10, 112-113 (la citation), 120-121, 127.

2. *Ibid.,* p. 21-22, 85, 91-92, 130-139.

3. H. BOUILLARD, « La Foi d'après Kierkegaard » dans *Bulletin de Littérature Ecclésiastique*, Toulouse, 48 (1947) 18-30, cité p. 19 et 23 ; reproduit dans *Logique de la foi*, Paris, Aubier (« Théologie » 60), 1964.

4. Voir ci-dessus p. 139 et 145-147.

excessif ; Ricœur lui fait le reproche – inverse, mais pas forcément contradictoire – « de n'avoir pas assez suivi le "chemin" heideggérien, d'avoir pris un raccourci pour s'emparer de ses "existentiaux" sans prendre le long détour de la question de l'être »[1]. Bultmann emprunte en effet expressément à Heidegger (et à Kierkegaard) les principaux thèmes de l'analyse existentiale – ouverture, décision, angoisse, implication de l'existence dans la compréhension – dont il se servira pour interpréter le Nouveau Testament dans la ligne d'une herméneutique de la démythologisation[2]. L'exégèse bultmannienne ne nous intéresse pas directement, si ce n'est que son principe d'interprétation existentiale tiré de la pensée heideggérienne a été comparé à l'apologétique blondélienne : se substituant à l'ancienne ontologie, objectivante, essentialiste, note le théologien jésuite L. Malevez, cette philosophie « procure les concepts appropriés à l'expression de Dieu et de sa rencontre historique éventuelle avec l'homme » ; elle fait percevoir l'appel de Dieu qui invite l'homme à l'existence authentique et qui sera éclairé par la révélation : « La parole de Dieu nous provoque à la foi, mais d'une manière telle qu'elle nous ouvre la possibilité de nous comprendre nous-mêmes » ; et c'est ainsi que Bultmann « restaure l'idée d'une certaine apologétique d'immanence, il renonce au fidéisme si caractéristique de plusieurs théologies protestantes »[3]. De fait, Bultmann justifie par les analyses existentiales prises chez

---

1. P. RICŒUR, *Le Conflit des interprétations*, Paris, Éd. du Seuil, 1969, « Préface à Bultmann », p. 373-392, cité : p. 387 et 391.

2. Voir les analyses pertinentes de René MARLÉ, *Bultmann et l'interprétation du Nouveau Testament*, Paris, Aubier (« Théologie » 33), 1956, p. 38, 76-81, 86-94 ; rapport à Kierkegaard : p. 100-104, 117-118. – Jean-Paul RESWEBER, *La Théologie face au défi herméneutique*, s. d., Louvain-Paris, Vander-Nauwelaerts, p. 148-156. – André MALET, *Bultmann et la mort de Dieu*, Paris, Seghers, 1968, p. 22-29, dresse une liste des catégories existentiales dont use Bultmann, sans nommer Heidegger.

3. L. MALEVEZ, *Le Message chrétien et le mythe. La théologie de Rudolf Bultmann*, Bruxelles, Desclée de Brouwer (Museum Lessianum 51), 1954, p. 25-45, cité : p. 38 et 45. Le jugement de Malevez sur Heidegger, p. 143-144 consonne de près avec celui de Rahner cité ci-dessus p. 229-230. Marlé, cité plus haut, s'est intéressé au rapprochement fait entre Bultmann et Blondel (*Bultmann...,* p. 83-84).

246 DIEU QUI VIENT À L'HOMME

Heidegger (et aussi chez Kierkegaard) la légitimité de la
«théologie naturelle»: «C'est justement l'interprétation, à
partir de la foi, de l'existence précroyante et de sa compréhension de soi qui est *théologie naturelle*», elle ne vise pas à
fournir un soubassement à la foi mais à entretenir «une perpétuelle discussion avec l'existant naturel», aussi est-elle «un
élément permanent du travail dogmatique lui-même»[1]. L'idée
de «révélation naturelle» renvoie au même type d'explication: «La connaissance de Dieu est d'abord la connaissance
que l'homme a de soi, de ses limites, et Dieu est considéré
comme la puissance qui brise ces dernières et qui élève
l'homme jusqu'à son être authentique[2].» Quant à la révélation écrite, elle doit pareillement être interrogée à partir de
l'analyse heideggérienne de «l'historicité de l'existant»: «La
présupposition de toute interprétation compréhensive est *le
rapport vital préalable à la chose* qui est directement ou indirectement exprimée dans le texte et qui oriente la visée de
l'interrogation. [...] C'est dire que toute interprétation est
nécessairement portée par une *précompréhension* de la chose
dont il est question ou qui est mise en question. De l'intérêt
qu'on porte à la chose naît *la nature de la question, la visée
de l'interrogation* et par là même le principe herméneutique
du moment»; «Si la visée de l'interprétation est l'interrogation sur Dieu, sur la révélation de Dieu, cela signifie qu'elle
est l'interrogation sur la vérité de l'existence humaine. Dès
lors l'interprétation doit se préoccuper de la conceptualité de
la compréhension existentiale de l'existence[3].»

L'intérêt pour la pensée de Heidegger n'est pas moindre
chez les catholiques que chez les protestants. Malgré les
réserves et les craintes qu'elle lui inspirait, Karl Rahner en
fait usage dans l'un de ses premiers livres, en 1941, de visée
expressément apologétique, *L'Homme à l'écoute du Verbe*.
En fait, s'il use volontiers du vocabulaire, il est plus malaisé

---

1. R. BULTMANN, «Le problème de la théologie naturelle» (1933),
dans *Foi et compréhension*, vol. I (ouvrage cité ci-dessus, p. 146, n. 1),
p. 346-347.
2. ID., «Le problème de la révélation naturelle» (1941), p. 466.
3. ID., «Le problème de l'herméneutique» (1950), p. 616-617 (les
italiques sont dans le texte) et 622-623.

LE DEUIL DE DIEU 247

de déceler jusqu'à quel point il subit l'influence de la pensée heideggérienne, car il est profondément marqué, comme Henri de Lubac, par la *philosophia perennis* : « Rahner relit saint Thomas à la lumière de Kant », observe un commentateur (ce qui ne pourrait pas se dire de Lubac), « ce dernier étant à son tour interprété par Heidegger », mais aussi et peut-être avant tout par J. Maréchal (et P. Rousselot) [1], ce qui ne facilite pas le discernement, d'autant que les références expresses sont rares. Ce projet apologétique présente l'ambition (déclarée dans le sous-titre du livre) de poser les *Fondements d'une philosophie de la religion*. Celle-ci, précise Rahner (à la fin du livre), est une « philosophie chrétienne », « une anthropologie théologique fondamentale », qui doit précéder la théologie dogmatique en tant que « théologie naturelle », « dont le fin mot est l'explicitation de l'impératif d'écouter la parole de Dieu » [2]. Puisque nous retrouverons la même ambition chez Henri Bouillard, nous devons enregistrer ce fait nouveau, – caractéristique d'une époque d'incroyance et significatif de la volonté de la foi d'exhiber sa rationalité –, d'une sorte de dédoublement de la théologie (car Rahner comme Bouillard sont d'abord des théologiens) qui se projette dans le champ philosophique pour y établir ses postes avancés, ses « prolégomènes ». Tout au long du XIXᵉ siècle en effet, la philosophie de la religion était l'œuvre des philosophes, et les théologiens qui s'y aventuraient faisaient figure de transfuges, pour ce motif que la théologie de la révélation en retirait plus de dommages que de profits, ce qui explique (entre autres motifs) la répudiation

---

1. J.-P. RESWEBER, *La Théologie...*, p. 197-210, spécialement p. 201-204 (l'essentiel de l'analyse porte sur le livre de Rahner dont nous allons parler). (Voir note suivante.)

2. K. RAHNER, *L'Homme à l'écoute du Verbe*, trad. fr., J. Hofbeck, s.l., Mame, 1968, p. 291-305, cité p. 300. L'Avant-propos du traducteur (qui signale p. 8 l'influence du jésuite français Pierre Rousselot sur Rahner) explique que cet ouvrage est la refonte, faite en 1963 par J. B. Metz en accord avec K. Rahner (les deux noms figurent ensemble sur la page intérieure de titre), d'un livre publié en 1941, *Hörer des Wortes*, qui reproduisait des leçons prononcées en 1937. Rahner avait publié un peu plus tôt, en 1939, *Geist in Welt*, une analyse de la théorie thomiste de la connaissance, qui reste au fondement de la pensée métaphysique de *Hörer des Wortes*, où la marque de Heidegger, absente du livre antérieur, est finalement réduite.

248   DIEU QUI VIENT À L'HOMME

par Karl Barth de toute entreprise de prolégomènes à une
dogmatique. Ses positions sont prises à revers quand des théologiens s'emparent de la philosophie de la religion dans l'intention déclarée de faire œuvre de philosophes en tant que
croyants, ainsi que Bouillard le disait à propos de Blondel. Ils
profitent du fait, nouveau, que cet ancien domaine philosophique est maintenant largement investi par les sciences
humaines et que la plupart des philosophes qui découvrent du
« transcendant » ou du « sacré », dans leurs investigations de
l'être humain et de son rapport au monde, au temps et à l'être,
renoncent à l'explorer par leurs propres méthodes d'analyse,
mais reconnaissent à d'autres, au poète, au prophète, au croyant,
le droit de l'interpréter en toute légitimité pour répondre aux
besoins illimités de comprendre de la raison humaine. C'est
ce qui permet à la théologie de revendiquer l'assentiment tacite
de la philosophie. L'illimitation du connaître est précisément
le fond de l'argumentation de Rahner, sous le nom d'« anticipation » qu'il définit comme « la faculté d'auto-mouvement
dynamique de l'esprit vers l'étendue absolue de tous les objets
possibles » ; elle ne peut signifier, explique-t-il, ni une illimitation seulement relative de l'être, comme le pense Kant, car
la finitude intrinsèque du monde de l'homme ne peut pas être
saisie comme telle sans une anticipation sur un au-delà de cette
finitude, ni une illimitation absolue mais qui déboucherait sur
le néant, comme le veut Heidegger, car le néant n'est pas
antérieur à la négation et c'est la visée positive de l'infinité
de l'être (le oui à l'étant) « qui dévoile la finitude de tout donné
immédiat » [1]. « L'anticipation, qui est la condition transcendantale de possibilité de l'objectivation et ainsi de la position-
sur-soi de l'homme, est une anticipation sur l'être en soi
illimité » et contient l'affirmation implicite de l'existence d'un
être absolu ; « L'anticipation transcende vers l'être absolu de
Dieu » et fournit, « en termes de métaphysique de la connaissance » l'équivalent des preuves traditionnelles de l'existence
de Dieu formulées « en termes d'ontologie du réel » [2]. Dans le

---

1. K. RAHNER, *L'Homme à l'écoute du Verbe,* p. 113 et 116-118
(on voit que Rahner en reste à sa première conception de Heidegger).
    2. *Ibid.,* p. 119-121. Les pages ainsi résumées sont les seules où
se décèle une référence explicite à Heidegger ; dans la suite du livre,
on n'en trouve guère que deux autres mentions p. 154 et 263.

LE DEUIL DE DIEU   249

fond obscur de l'existence scruté par les philosophies nouvelles, la *philosophia perennis* dévoile ce qu'elle connaissait depuis toujours, «l'ouverture de l'homme sur Dieu» décrite par Henri de Lubac: «L'homme est esprit: c'est-à-dire qu'il vit sa vie dans une constante extension-de-soi vers l'Absolu, dans une ouverture sur Dieu. [...] Il est homme uniquement parce qu'il est dès toujours sur les chemins de Dieu; qu'il le sache explicitement ou non, qu'il le veuille ou non, car il est toujours l'ouverture infinie du fini sur Dieu[1].» Il se trouve devant Dieu comme devant l'être absolu qui, de lui-même, *s'ouvre* librement à notre appréhension, qui est donc toujours en instance de se révéler, aussi bien par son silence que par une éventuelle parole, en sorte que l'homme prend aussi conscience d'être «essentiellement à l'écoute d'une révélation éventuelle de Dieu»[2].

Dans un ouvrage postérieur (1956) de même visée apologétique, Hans Urs von Balthasar se dit d'accord avec Rahner pour affirmer que «l'homme est, comme esprit, ouvert à Dieu», devant qui il se tient, en «libre auditeur de la parole», «dans l'attente d'une révélation possible»[3]. Malgré son souci d'orthodoxie bien connu, il étend généreusement cette ouverture sur une transcendance «de Platon à l'idéalisme allemand», et jusqu'à Heidegger et à Jaspers qui «au cours de leur itinéraire, se sont toujours rapprochés davantage du fond religieux où la philosophie prend sa source», comme en témoigne, précise-t-il, «l'interprétation heideggérienne d'Hölderlin», ce qui donne l'espoir que «malgré toutes les transformations de structure de la pensée, nous ne sommes pas détachés du sol

---

1. *Ibid.,* p. 124. On aura reconnu au passage l'expression dont Henri de Lubac a fait le titre du livre cité plus haut (p. 242, n. 1; mais on n'y trouve pas de référence à Rahner).

2. *Ibid.,* p. 160-165. – Dans l'ouvrage collectif *Théologie d'aujourd'hui et de demain*, Paris, Éd. du Cerf («Cogitatio Fidei» 23), 1967, dans «Théologie et anthropologie», p. 99-120, K. Rahner soutient la nécessité de donner à la théologie dogmatique une orientation résolument anthropocentrique (p. 99-100), pour qu'elle soit mieux accordée à la philosophie moderne (p. 112), et aussi d'introduire la théologie naturelle dans la théologie de la révélation (p. 106-107), principes qu'il mettra en œuvre dans son *Traité fondamental de la foi* (1976).

3. Hans Urs von BALTHASAR, *Dieu et l'homme d'aujourd'hui*, trad. fr. R. Givord, s.l., Desclée de Brouwer, 1958, p. 103 et 146-147.

250 DIEU QUI VIENT À L'HOMME

maternel de la tradition spirituelle »[1]. Ce qui est constitutif de
cette tradition, c'est la méditation du mystère de l'esprit
humain en dialogue avec l'esprit divin : « Le jeune Hegel
connaissait ce mystère et Schleiermacher aussi, et Schelling
en prit conscience dans une mesure croissante, Goethe le
possédait, Stifter et Jean Paul en vivaient, Novalis et Hölderlin
y parvinrent à la fin : cet acte de don, cette ouverture de soi-
même pour "entendre", comme s'exprime saint Augustin, est
la formule suprême de salut de l'idéalisme allemand, qui n'est
traversé et obscurci qu'en premier plan par une idéologie
panthéistique. De là le message vient retentir dans notre philosophie d'aujourd'hui, on en peut donner pour preuve presque
chaque nom – sans parler de ceux qui sont proprement chrétiens : Heidegger et Jaspers tout d'abord, et naturellement
Martin Buber et Ortega, Croce, Bergson, Huxley, Kassner,
Rilke... Que ces penseurs, du reste, parviennent à une révélation venant d'en haut, ou qu'ils interprètent seulement la
raison humaine comme un état d'ouverture pour l'inconnu,
pour l'indicible, comme une attention au silence, au caractère
salutaire et sacré de l'être en général – comme le fait Heidegger,
se rattachant consciemment à Hölderlin –, c'est pour le moment
d'importance secondaire. Ce qui importe, c'est l'expérience
fondamentale que [...] l'esprit, pour connaître, [...] est renvoyé
à une "grâce", à une révélation et à un dévoilement. C'est là
le signe que l'esprit est sur le point de franchir les limites du
profane pour entrer dans le domaine où Dieu devient visible
– bien que ce soit seulement la *possibilité* de son apparition
qui soit pressentie d'abord[2]. » Cette belle page de Balthasar,

---

1. Hans Urs VON BALTHASAR *Dieu et l'homme d'aujourd'hui,*
p. 103-104, 26 (la citation), 74 (ces deux penseurs dénoncent les
dangers du matérialisme).
2. *Ibid.,* p. 106-107. Dans un ouvrage encore postérieur, *La Gloire
et la Croix*, vol. IV *Le Domaine de la métaphysique *** Les héritages*,
trad. fr. R. Givord et H. Engelmann, Paris, Aubier (« Théologie » 86),
1983, Balthasar se montre plus critique envers Hölderlin (p. 86-111),
chez qui « la kénose chrétienne de Dieu s'absorbe en une kénose divine
cosmique et panthéistique » (p. 88) et aussi envers Heidegger (p. 180-
194), à cause de son apparentement à Hölderlin (p. 182), de l'indis-
tinction « entre l'être illimité non subsistant et l'être illimité subsistant »
(p. 191), et de sa retombée dans le panthéisme d'Hölderlin (p. 193). Mais,
ayant noté la correspondance entre la *doxa* de l'Être chez Heidegger et
la catégorie biblique de la *gloire* de Dieu, il conclut sur cette note plus

LE DEUIL DE DIEU   251

qui tisse des liens entre la poésie, le sacré, la pensée de l'être
et la foi, à la manière de Heidegger, illustre l'intérêt avec lequel
de nombreux théologiens lisent ce philosophe : ils se réconci-
lient avec la philosophie du temps en saluant les valeurs de
tradition spirituelle dont elle reste porteuse et ils rendent
témoignage à la rationalité de la foi en faisant valoir ses connivences avec les plus profondes aspirations de l'esprit et les
recherches les plus constantes de la philosophie. Balthasar,
plus tard, s'inspirera de ces principes et de ces objectifs pour
construire une « phénoménologie de la vérité » destinée à
montrer que l'activité créatrice de la connaissance humaine
participe à celle de la connaissance divine, que la vérité intra-
mondaine « contient implicitement un rapport à l'arrière-fond
de la vérité éternelle », et que « l'immanence d'une attitude de
foi à l'intérieur du processus de connaissance » révèle « l'enveloppement de l'évidence humaine en celle de Dieu » ; ce qui
le conduit à cette conclusion : « La créature n'a aucune possibilité de se considérer ou de se comprendre en dehors de Dieu.
Bref, elle n'est ce qu'elle est que dans les bras du Créateur.
À aucun moment elle ne saurait se penser indépendamment
de la pensée qui est celle de Dieu sur elle »[1]. – Mais les phénoménologies qui laissaient une ouverture à la foi ne sont-elles
pas, du coup, sans la foi, dépossédées de tout accès à la vérité ?

Henri Bouillard sera la dernière étape de ce parcours où
nous cherchons à préciser comment les théologiens de la
seconde moitié du XXe siècle envisagent les rapports de la raison
et de la foi. Il offre un profil de carrière exemplaire à cet
égard : nous avons suivi ses débats avec Karl Barth sur la théologie naturelle, débats qui l'amenèrent à défendre les positions
de Bultmann sur ce point[2] ; ami du père de Lubac, il avait été

---

positive : « L'essai de Heidegger n'en reste pas moins aujourd'hui le
plus fructueux pour une philosophie possible de la gloire », de même
qu'il est le plus sûr rempart contre « la technocratie et le nihilisme philosophique » d'aujourd'hui (p. 193) – et même, ajoute-t-il, mais on n'est
pas obligé de le suivre jusque-là, contre le naturalisme dans lequel
Teilhard de Chardin entraîne la chrétienté (p. 194).
    1. ID., *La Théologique*. I. *Vérité du monde* (1985), trad. fr.
C. Dumont, Namur, Culture et Vérité, 1994, p. 79, 237, 272, 276 et
278 (la dernière citation).
    2. Voir ci-dessus p. 148-150.

252 DIEU QUI VIENT À L'HOMME

impliqué avec lui, du fait de ses recherches historiques sur
la théologie de saint Thomas, dans la querelle autour de la
« nouvelle théologie »[1] ; féru de philosophie, lecteur enthousiaste de Blondel dès ses années de formation théologique, il
avait fréquenté à Paris de nombreux philosophes, en particulier Gabriel Marcel qui l'avait initié à l'existentialisme, il
avait rendu visite par deux fois à Heidegger en 1947 et 1950,
il avait noué des relations étroites avec Eric Weil à qui il
rendait encore un hommage émouvant l'année même de sa
mort en 1981[2] ; enfin, parmi ses nombreux travaux, il se donna
pour tâche particulière de penser la nature et les objectifs d'une
théologie fondamentale à une époque où on parlait davantage
(lui le premier) d'apologétique. Voyons d'abord comment il
présente dans les *Recherches de science religieuse* en 1949
« l'intention fondamentale » du philosophe de *l'Action*, auquel
nous ne nous étions pas attardé plus haut pour laisser à son
meilleur interprète le soin de résumer sa pensée. Il le fait en
ces termes : « La volonté humaine a traversé sans s'épuiser
l'ordre des phénomènes. Il faut maintenant qu'elle se veuille
et se ratifie elle-même. Or elle ne peut s'atteindre directement, et cependant elle se veut nécessairement. De ce conflit
jaillit l'idée de l'unique nécessaire, l'idée de Dieu. Celle-ci
amène l'homme en face du point où il doit opter pour ou
contre l'accueil du transcendant. Option inévitable, qui
constitue le cœur de la philosophie de *l'Action*. [...] L'homme
ne peut vivre s'il ne consent à introduire Dieu dans sa vie.
Mais Dieu est celui qui échappe absolument aux prises de
l'homme. Nous ne pouvons donc atteindre par nos forces
seules à notre fin nécessaire. Absolument impossible et absolument nécessaire, notre destinée est surnaturelle. Tout ce que
nous pouvons faire est d'attendre, dans une action généreuse,
le messie inconnu, le médiateur ignoré ; encore cette attente
elle-même est-elle déjà un don. Notre action ne peut donc
s'achever sans une révélation et une rédemption. [...] La philosophie conduit ainsi à l'idée du surnaturel comme à une hypo-

---

1. Lire dans Henri BOUILLARD, *Vérité du christianisme*, Paris,
Desclée de Brouwer (« Théologie »), 1989, la contribution finale de
l'éditeur du livre, Karl H. Neufeld, p. 365-380.
2. Voir la Préface de K. H. Neufeld dans l'ouvrage ci-dessus,
spécialement p. 9-13, 23-27, 46-49.

LE DEUIL DE DIEU   253

thèse nécessaire. [...] C'est seulement dans l'acceptation de
notre destinée surnaturelle que notre connaissance devient
possession réelle de l'être. La science de l'action établit qu'on
ne supplée pas à l'action. L'option religieuse est la véritable
solution du problème de l'être. Voilà la marche du premier
ouvrage de Blondel. C'est une phénoménologie de l'action [1]. »
   Bouillard trouve à la pensée de Blondel des « analogies »
avec Hegel, Kierkegaard, Jaspers, Marcel ; c'est une « philosophie religieuse ou plus précisément chrétienne », qui retrace
la genèse nécessaire de l'idée chrétienne de Dieu : « Ayant sous
les yeux le donné chrétien, admettant, comme *croyant*, qu'*il
en est ainsi*, il montre, comme *philosophe*, qu'*il doit en être
ainsi*. Voilà en quel sens sa philosophie est, par nature et non
par accident ni préjugé, une philosophie chrétienne » [2]. Au
courant (et au cœur) des remous qu'elle suscitait, du côté tant
des théologiens, qui craignent que l'idée du surnaturel n'apparaisse « comme une exigence et un prolongement de la nature »,
que des philosophes, censés « admettre que la pure philosophie
aboutisse normalement à reconnaître son incomplétude »,
Bouillard soutient l'authenticité et de la rigueur philosophique
et de la vision chrétienne de Blondel, qui « a tenté en croyant
un effort de philosophe », selon la formule qu'il affectionne ; il
admet cependant que sa pensée « mérite le nom de théologie »,
qu'elle n'est « ni philosophie pure, ni théologie au sens strict »,
mais « intelligence de la foi », qui a le grand mérite « d'avoir
mis en relief que le christianisme a une signification pour
l'homme, et qu'en conséquence il y a toujours lieu de tendre
à une vision chrétienne du monde » [3].

   Sur cette base, Bouillard échafaude le projet d'une
« apologétique », qui aurait pour but de montrer que « le christianisme est la révélation du sens de notre existence », à partir

_____

   1. H. BOUILLARD, « L'intention fondamentale de Maurice Blondel
et la théologie » (1949), p. 326-327, article cité ci-dessus n. 3, p. 223.
   2. *Ibid.,* p. 331-333 et 334 (la citation, les italiques sont de l'auteur).
   3. *Ibid.,* p. 383, 386, 387, 394, 401. – Blondel a été interprété en
termes nouveaux par Christoph THEOBALD, dont l'ouvrage (écrit
en allemand, 1988) est présenté par Jean GREISCH sous le titre « De
l'Action à la Pragmatique. Une nouvelle interprétation de Blondel »,
dans *RechScRel.* 78/2 (1990) 175-197.

254 DIEU QUI VIENT À L'HOMME

d'une analyse de la finitude dont « nous n'aurions pas conscience, si nous ne portions en nous quelque chose par quoi nous la dépassons » [1]. En 1964, il publie une *Logique de la foi*, dont il définit ainsi les objectifs : « Faire ressortir la secrète correspondance entre la logique de l'existence humaine et l'appel du mystère chrétien, dégager ainsi la structure intelligible du mouvement qui conduit à la foi chrétienne, bref, manifester la logique de la foi [...], souligner l'enracinement de la foi dans l'existence humaine » ; « Par logique de la foi », précise-t-il encore, « nous entendons la logique de la libre adhésion au mystère chrétien. Elle réside dans la correspondance, à la fois perçue et librement reconnue, entre le sens du message évangélique et la logique de l'existence humaine » [2]. Cette « apologétique », qui serait « mieux nommée théologie fondamentale », réfléchit Bouillard, a l'ambition d'être un « discours cohérent à visée universelle » ; elle repose sur l'analyse philosophique des attitudes fondamentales de l'existence humaine, déterminées comme « attitudes religieuses » ouvertes à une « attitude de foi » en vertu de la conscience de la finitude qui s'y manifeste ; elle se prétend démonstrative : « On peut montrer à l'incroyant qu'il accepte déjà en fait une part au moins de ce qu'il dit refuser, ou bien que quelque chose en lui juge, et blâme peut-être son attitude de refus » [3]. L'argumentation se déroule en deux temps. Le premier va de « l'analyse de la condition humaine » à l'affirmation de Dieu par le dévoilement de la transcendance qui se cache sous la finitude : « Une fois admis que l'existence doit avoir un sens, on peut être tenté de le chercher au cœur de l'activité elle-même, en deçà de toute transcendance, dans un humanisme athée. [...] Il faut montrer qu'au cœur de l'humanisme athée vit un besoin d'absolu qui le déborde, une sorte de foi qui a le caractère d'un pari non couvert. » Le second temps conduira de la rencontre avec l'Absolu à la reconnaissance du mystère chrétien comme révélation de l'énigme de la destinée humaine : « Une fois qu'on a montré ce qu'est et ce que doit être notre

---

1. H. BOUILLARD, *Vérité du christianisme*, « Approches du christianisme » (1963), p. 119-130, cité p. 128.

2. ID., *Logique de la foi*, Paris, Aubier (« Théologie » 60), 1964, p. 7-9.

3. *Ibid.*, p. 15-17, 23-26 (cité p. 24).

LE DEUIL DE DIEU 255

rapport à l'Absolu, il reste à faire voir que le christianisme est la détermination historique de ce rapport. C'est à ce titre que la foi chrétienne apparaîtra comme la condition nécessaire de l'achèvement de l'homme. [...] La démonstration apologétique aura du moins établi qu'il n'est pas raisonnable de se refuser à l'expérience de la foi »[1].

Dix ans plus tard, en diverses occasions, Henri Bouillard tenait encore à rendre hommage à la fécondité de la pensée de Maurice Blondel, dont avaient profité, disait-il, beaucoup de théologiens à qui elle avait « rouvert les chemins de la grande tradition chrétienne » en posant « les principes d'une nouvelle théologie fondamentale qui ferait fructifier dans l'espace contemporain l'antique intelligence de la foi[2] ». Il reconnaissait le même souci nouveau de rétablir « un lien entre la pensée profane et la pensée théologale » chez plusieurs grands théologiens catholiques de son temps : Lubac, Rahner, Balthasar, mais aussi, fait significatif sous l'horizon de la « théologie dialectique », chez des protestants, avec qui il se sentait donc en communion de recherche : Tillich, Ebeling, Pannenberg[3]. Il gratifiait réciproquement Blondel d'avoir rouvert des chemins, au sein de la pensée contemporaine, en direction de la foi, par sa volonté de « construire une philosophie qui [...], par la logique de son mouvement rationnel, se porterait d'elle-même au-devant du christianisme », mais, tout en reconnaissant son « influence profonde sur la théologie catholique durant la première moitié de notre siècle », il se demandait curieusement : « Un tel dessein ne nous paraît-il pas aujourd'hui chimérique[4] ? »

Ce doute, exprimé en termes voilés, semble infliger un démenti au projet triomphal d'une démonstration rationnelle de la foi chrétienne annoncé par la *Logique de la foi*. Il n'est pas impossible de l'interpréter comme un contrecoup des débats intellectuels de Bouillard avec Eric Weil, dont la *Logique*

---

1. *Ibid.,* p. 26-30.
2. ID., *Vérité du christianisme*, « De l'apologétique à la théologie fondamentale » (1973), p. 131-147, cité p. 143.
3. *Ibid.,* « La tâche actuelle de la théologie fondamentale » (1972), p. 149-179, spécialement p. 160-176.
4. *Ibid.,* « Blondel dans nos débats actuels » (1974), p. 71-81, cité p. 71-72.

de la philosophie s'était imposée à lui depuis longtemps à la fois comme un modèle et un défi, ainsi que le suggèrent le titre et maintes expressions de la *Logique de la foi*. Présentant sa pensée aux lecteurs des *Archives de philosophie* en 1977, il se montrait sensible à la place qu'elle fait à la catégorie Dieu («Dieu y entre comme concept organisateur d'un discours»), qui fait l'objet de nombreuses «reprises» dans la suite de ce discours, et qui, ayant échappé à l'enfouissement dans l'Absolu hégélien, revient dans la catégorie finale de la Sagesse en tant que «présence de l'éternité dans le temps de l'histoire», une présence où Weil, dit-il, «recueille à sa manière le sur-être indicible de la tradition philosophique». Et Bouillard de conclure, tout en se défendant de récupérer la pensée de Weil au profit de la foi, acceptant même de la tenir pour «athée»: «Héritière de la tradition occidentale, cette œuvre a conservé et transposé la fonction globale qu'elle y a reconnue à l'idée de Dieu. Aux yeux du logicien de la philosophie, Dieu est devenu le sens présent; affirmer Dieu, c'est poser que le discours a un sens»[1]. Il estimait donc que la philosophie, telle que la concevait Weil, ouvrait un espace de liberté à la religion et qu'une «double convergence» entre l'une et l'autre devenait possible dans «le dépassement de la rationalité scientifique et technique» et «dans un effort vers le sens»; il en relevait une dernière preuve dans le fait que la *Logique de la philosophie*, parvenue à son terme, fait place au langage de la poésie et donc aussi bien à celui de la foi, ainsi que nous l'avions noté: «En ramenant le croyant à la poésie fondamentale de son langage, le discours du logicien rend possible du point de vue philosophique, et nécessaire du point de vue théologique, une herméneutique qu'il n'avait pas à élaborer lui-même, mais dont les meilleurs théologiens éprouvent l'urgence, celle qui doit relayer le fonctionnement imaginaire de la représentation religieuse par son fonctionnement symbolique»[2].

---

1. H. BOUILLARD, *Vérité du christianisme,* «Philosophie et religion dans l'œuvre d'Eric Weil», p. 233-316 (= *Archives de Philosophies* 40 [1977] 543-621), p. 237-238, 273, 296-297, 297-302, 303 (la dernière citation).

2. *Ibid.,* p. 306-311 (cité p. 311). Bouillard cite ici (p. 310) les noms de théologiens catholiques et protestants indiqués plus haut.

LE DEUIL DE DIEU   257

Sans nous attarder à confronter cette interprétation avec
la pensée de Weil, nous pouvons remarquer qu'elle se retourne
contre elle-même, car s'il est vrai que la pensée de la transcendance fonctionnait dans la tradition philosophique comme
recherche du sens, elle a bien été ainsi comprise par Kant et
Hegel et s'est du coup résorbée dans la pure immanence du
« discours infini et fermé sur lui-même dont l'homme est la
voix et l'oreille », dit Weil, l'homme en qui « le Tout – qu'on
l'appelle monde ou histoire ou Dieu – se trouve et se regarde [1] ».
Et s'il est vrai que la Sagesse philosophique accepte de dialoguer avec la poésie ou la foi, c'est en tant qu'elles parlent un
langage différent du sien et non pour qu'elles lui fassent
concurrence, car « Il n'y a pas de retour à la poésie fondamentale par le discours, sinon par son achèvement réel, et la
révélation poétique, qui est compréhension créatrice, doit être
comprise toujours de nouveau par le discours » [2]. Bouillard
l'avait peut-être pressenti quand il parlait d'un « fonctionnement symbolique » du discours théologique. Il n'est pas interdit
de penser que son long commerce avec Weil ait fini par
ébranler son ancienne assurance. Dans le dernier article qu'il
écrivait l'année de sa mort, se disant frappé par l'indifférence
généralisée des philosophes d'aujourd'hui à l'égard de l'idée
de Dieu, il déconseillait le retour à la théologie naturelle de la
tradition classique, « qui identifie Dieu avec l'absolu et l'être »,
et recommandait de préférence les tentatives des penseurs
croyants, tel Blondel, qui « analysent la rationalité interne à
la foi chrétienne », tout en ajoutant : « Mais ce sont encore,
à certains égards, des discours de chrétienté ! » [3]. Voulant aller
plus loin, pour sa part, et garder le lien avec ce monde
incroyant, il préconisait de prendre appui sur la pensée d'Eric
Weil, pour ce motif qu'elle « présente un concept philosophique de la transcendance délié de toute conviction religieuse
et par là même approprié à notre monde séculier [et] nous offre
aussi un moyen de coordonner cette transcendance à la transcendance religieuse qu'implique la vie de foi. En effet, le

_____

1. E. WEIL, *Logique de la philosophie*, p. 325 (ouvrage cité, p. 232,
n. 2).

2. *Ibid.,* p. 422.

3. H. BOUILLARD, *Vérité du christianisme*, « Transcendance et Dieu
de la foi » (1981), p. 317-320, 345-347, 350-351.

258   DIEU QUI VIENT À L'HOMME

discours cohérent de la philosophie, à la fin de son parcours, ramène au langage spontané, où il découvre son origine [1]. » Et il concluait : « Certes, seul le croyant peut incorporer sciemment la transcendance philosophique à l'expérience religieuse. Mais le chemin qui conduit le philosophe au sens, à *l'éternité de la présence dans le temps de l'histoire*, peut devenir un lieu où saisir, par la foi et l'expérience théologale, le sens concret du poème de la Bible : la présence de Dieu qui se révèle en Jésus Christ [2]. »

Le discours de Henri Bouillard nous paraît particulièrement significatif de la situation présente des rapports de la raison et de la foi tant sous leur aspect positif que sous leur aspect négatif. En positif, le dialogue a été renoué entre une philosophie, qui s'est départie de son ancien dogmatisme, et une théologie, mieux assurée de sa foi que ne l'était la théologie libérale. La philosophie ne prétend plus dire le dernier mot sur l'être ni sur le monde, sur la raison ni sur la liberté, elle n'écarte pas d'avance ce que la foi en pense, elle ne nie pas *a priori* la réalité de Dieu. La théologie se sent plus à son aise sur le terrain de l'existence, que fréquentent les philosophies nouvelles, que sur celui de l'ancienne métaphysique, et s'entraîne à déployer la rationalité de l'existence croyante et des attitudes religieuses. En négatif, la philosophie ne s'inquiète plus guère du problème de Dieu, elle accepte de le tenir pour une énigme à laquelle elle n'a plus accès, elle ne se laisse pas entamer par les argumentations du discours religieux. La théologie, après avoir repris goût à ses anciennes démonstrations de style philosophique, semble y renoncer et chercher un nouveau type de rationalité, plus symbolique, plus proche de l'expérience religieuse et du témoignage. En positif comme en négatif, on paraît s'orienter de part et d'autre vers un échange désintéressé d'où la violence serait bannie, selon le vœu d'Eric Weil, et où philosophie et théologie rivaliseraient en recherche pratique du sens pour le bien commun de l'humanité.

---

1. H. BOUILLARD, *Vérité du christianisme*, p. 332-333.
2. *Ibid.*, p. 350 (j'ai mis en italique une citation implicite de Weil, souvent reprise par Bouillard).

V

RELECTURE : LA LEVÉE DU VOILE

À la fin de ce long périple à travers la philosophie européenne, des débuts de la modernité à la période contemporaine, quels résultats pouvons-nous enregistrer sur le front des débats entre la foi et la raison ? Les combats se sont apaisés, ne laissant en fin de compte, on vient de le constater, ni vainqueurs ni vaincus. La philosophie ne retentit plus guère du cri de la mort de Dieu, elle a libéré l'idée de Dieu des filets de la raison, elle la voit se profiler loin au-delà du champ des phénomènes dont elle observe la prise de conscience, mais elle ne conduit plus à cet au-delà, si ce n'est en s'en remettant à la poésie ou à la foi. La théologie (catholique, mais aussi protestante pour une assez large part) a fortifié sa volonté de défendre la rationalité de l'acte de foi, elle s'est annexé le domaine de la philosophie de la religion, mais elle semble se résigner à ne plus imposer ses argumentations à la raison incroyante. Ce qui a diminué l'agressivité d'une partie de la philosophie à l'égard de la foi – la perte de confiance dans l'étendue du pouvoir de la raison – a pareillement ébranlé la puissance des « raisons » dont la théologie avait coutume de munir la foi. Elle se réjouit cependant que l'idée de Dieu résiste à l'agnosticisme de la philosophie, pour ce motif que la croyance vient de la religion et non de la raison savante. L'observation est juste, dans certaines limites, mais elle a son revers. L'idée de Dieu que véhicule la religion naturelle, d'abord, n'est pas totalement étrangère au domaine de la raison, même si elle relève du mythe plus que du raisonnement ; ensuite, si elle s'imposait facilement tant que la religion était puissante et répandue, elle a perdu de sa vigueur et de son emprise à mesure que la religion perdait du terrain. Les raisons de croire n'ont peut-être pas disparu, mais il n'y a plus de consensus religieux pour les accréditer.

Henri de Lubac n'avait pas tort de remarquer : « Les voies qu'emprunte la raison pour aller à Dieu sont des preuves, et, en revanche, ces preuves sont des voies[1]. » Aux temps de chrétienté les preuves de l'existence de Dieu n'ont jamais démontré que ce que tout le monde croyait d'avance : elles indiquaient et formalisaient sous mode d'argumentations métaphysiques une expérience religieuse de la nature par laquelle les esprits s'élevaient vers Dieu sur la base de la foi au Dieu créateur de l'univers et fin de l'homme ; le rapport de l'homme à la nature ayant changé par la suite, notamment du fait de la science et de la technologie, ces preuves ont perdu leur valeur démonstrative, indépendamment même de la critique philosophique dont elles ont été l'objet, elles n'en restent pas moins des « voies » toujours praticables pour ceux qui continuent à trouver dans la nature un accès au « sacré » ; les argumentations de type anthropologique mises en avant par les apologistes d'aujourd'hui renvoient, elles aussi, à des expériences de finitude ou de transcendance qui peuvent tenir lieu de « preuves », mais à la condition qu'on s'en serve comme de voies qui conduisent les êtres humains à se dépasser et qu'on les suive jusqu'au bout, c'est-à-dire à condition qu'on y perçoive un appel et qu'on y réponde par un engagement de tout l'être et de toute la vie, faute de quoi on reste en chemin sans atteindre le terme. La foi trouve sa force dans l'agir et sa certitude dans le sens qu'elle répand sur tout ce que le croyant fait et vit. Quoi qu'il en soit des expériences et des raisonnements que chacun peut faire, une certitude individuelle est toujours fragile et mal assurée tant qu'elle n'est pas sentie largement partagée par d'autres, car nul n'évitera de se dire, avec Maurice Merleau-Ponty, qu'il ne peut pas avoir raison seul sans les autres ; la foi se passe assurément de l'approbation de l'opinion publique, elle ne peut pas pour autant se donner des certitudes qui, pour être rationnelles, devraient être en principe universalisables. S'il est devenu plus difficile de nos jours de croire en Dieu, ce n'est pas que les esprits soient plus exigeants sur le plan de la rationalité, c'est, encore une fois, qu'ils sont moins religieux, et il ne s'agit pas ici de la religiosité subjective, mais de l'objectivité sociale et culturelle de la religion qui s'est effondrée, laissant subsister des croyances impuissantes à soutenir les anciennes certitudes de la foi. L'homme aurait-il cessé d'être « à l'écoute du Verbe »,

---

1. Cité p. 242, n. 1 (*Sur les chemins de Dieu*, p. 92).

LE DEUIL DE DIEU

ainsi que le voyait Karl Rahner ? La Parole de Dieu n'est jamais montée à l'oreille intérieure de l'homme, en tant qu'appel de Dieu à le trouver au plus intime de soi-même, sans passer par un consensus religieux qui identifiait sous ce nom ce qui était expérimenté comme puissance d'illimitation, ouverture sur l'infini, avant de devenir ce que Henri Bouillard appelle « le sur-être indicible de la tradition philosophique ». C'est la même « tradition spirituelle », selon Hans Urs von Balthasar, tradition tout ensemble religieuse, poétique et philosophique, enfouie dans la mémoire collective de l'humanité, qui fait appréhender en tant que « mystère » de l'esprit et de l'être ce que les phénoménologies d'aujourd'hui ne savent plus percevoir comme le « désir naturel de voir Dieu » si souvent allégué par Henri de Lubac. L'homme actuel se souvient du fond de son être d'avoir été depuis son enfance à l'écoute du Verbe, d'avoir fait ses humanités à l'école du Logos jusqu'au seuil de l'âge adulte, pour parler sur le modèle des Pères, et cette tradition reste la *voie* par laquelle des esprits s'élèvent à la pensée de Dieu, sans fournir au plus grand nombre la *preuve* de la réalité que recouvre un si vieux souvenir.

Si nous étions partis à la recherche de quelque démonstration inexpugnable de l'existence de Dieu, le résultat auquel nous avons abouti, sans être nul, aurait de quoi décevoir : prise globalement, la philosophie contemporaine est loin d'imposer à quiconque l'affirmation de Dieu à titre d'obligation raisonnable, quoiqu'elle permette aux croyants de tirer de ses analyses une solide justification de leur foi, nous venons de le voir. Mais tel n'était pas notre objectif. Le chrétien sait bien que Dieu ne peut pas tomber sous nos évidences rationnelles, et notre problème ne concernait pas la simple croyance naturelle en Dieu de façon indéterminée, mais le lien entre la philosophie et la révélation chrétienne en tant que telle, que nous nous proposions d'aborder. Plus précisément, notre préoccupation portait moins sur la croyance, à fortifier, que sur l'incroyance, à comprendre et à prendre en compte, et moins sur le fait de l'incroyance en général que sur le mouvement historique, continu et croissant, qui écartait la pensée occidentale de ses sources chrétiennes, comme si la tradition de la philosophie moderne était le lit dévié et desséché par lequel se serait écoulé et évaporé le flot d'intelligibilité qu'avait longtemps charrié la tradition chrétienne. Rappelons ce qui fut notre point de départ : le procès intenté au père de la modernité d'avoir fait le lit de l'athéisme en soumettant la réalité de Dieu au doute méthodique pour mieux la démontrer. S'il s'avérait, en effet, que le seul contact avec une raison émancipée avait ébranlé le christianisme jusqu'en son fondement, qui est l'existence *sensée* de Dieu, le sens pour l'homme de la présence de Dieu, alors la philosophie, qui aurait perdu le sens de Dieu et qui chercherait désormais le sens de tout, du monde, de l'histoire, de l'existence humaine hors de la pensée de Dieu, serait devenue la preuve vivante, elle qui fut chrétienne dans les débuts de son histoire moderne, qu'aucune communication *sensée* ne serait plus possible entre la raison critique et la foi chrétienne. Nous avons donc cherché des « prolégomènes » à la foi dans le but, non de la fonder en raison, mais de tester les liens de communication entre la pensée occidentale et le christianisme – condition nécessaire pour ouvrir l'intelligibilité du discours de révélation dans sa dimension d'universalité en tant qu'il se montrerait communicable à tous dans la langue de la raison commune, – condition nécessaire aussi aux croyants formés par l'esprit de la modernité pour accorder à la révélation le plein assentiment de leur raison. – Qu'avons-nous appris, à cet égard, de notre parcours à travers la philosophie ? Ce n'est plus le résultat seul qui est ici en cause, mais l'ensemble de la démarche.

Descartes n'avait pas l'intention de soustraire les esprits à la révélation pour fonder la croyance en Dieu sur la seule raison, Spinoza non plus. L'un et l'autre avaient l'ambition proprement philosophique d'établir le fondement de la « science », et c'est dans ce but qu'ils voulaient s'assurer, différemment l'un de l'autre, de la capacité de la raison de penser Dieu par elle-même. Ils réclamaient donc la « liberté de philosopher », c'est-à-dire d'étendre la réflexion dans la totalité du domaine accessible à la raison, sans être empêchés de le faire par des arguments d'autorité, par des objections tirées de la révélation, comme si tout ce à quoi touche celle-ci était interdit aux inquisitions de la raison. Mais la religion (juive, protestante, catholique) s'est opposée à ces revendications, soutenue par le pouvoir politique qui appuyait sur elle son droit divin. Cette attitude répressive va détacher de la révélation et retourner contre la religion nombre d'esprits jaloux de l'autonomie de la raison, et sera responsable pour une bonne part de l'incroyance qui déferle au XVIIIᵉ siècle sous la forme, d'abord, du déisme ou de la religion naturelle ou raisonnable. Nous avons aussi noté que les proclamations d'athéisme, au siècle suivant, étaient souvent synonymes d'une volonté de s'affranchir de la sujétion aux autorités ecclésiastiques et, par voie de conséquence, à la révélation dont ces dernières excipaient pour se soumettre les esprits, et que les accusations d'athéisme, réciproquement, dénonçaient souvent toute attitude critique envers les textes révélés ou les dogmes qui en étaient tirés ou l'autorité religieuse qui les promulguait. Le traitement philosophique de l'idée de Dieu n'est donc pas la première cause de la perte de la croyance, et nous avons reconnu, avec Dietrich Bonhoeffer, que la volonté d'émancipation de la raison ne peut pas être assimilée purement et simplement à une révolte contre l'autorité de Dieu, alors que l'Évangile appelle les hommes, bien au contraire, au sentiment de leur dignité et à la liberté. L'effondrement de la religion n'est pas dû d'ailleurs, uniquement ni principalement, à des causes idéologiques, mais, ainsi que l'explique Marcel Gauchet, au fait que l'État s'est progressivement substitué à elle pour prendre en charge les liens de l'individu avec le groupe et ceux de la société avec son histoire et son environnement naturel, et à la perte d'influence subie de ce chef par l'institution religieuse. La doctrine chrétienne a elle-même puissamment favorisé cette évolution en promouvant l'émancipation de la personne et la sécularisation du domaine temporel, tandis que l'alliance des Églises et des États, ressentie comme oppressive (ainsi que cela se voit encore plus nettement vers le milieu du XIXe siècle), poussait les individus à libérer les comportements sociaux et politiques des liens religieux. La prise en compte des facteurs complexes qui ont entraîné le déclin du christianisme occidental est de nature à alléger le contentieux de la foi et de la raison et à faciliter la reprise du dialogue entre l'une et l'autre, surtout quand la foi, revenant à sa source évangélique, se rend davantage consciente qu'elle n'est pas faite seulement de croyances ni de dogmes, moins encore de « raisons », mais qu'elle repose fondamentalement sur une Parole qui la convoque à une certaine action dans le monde, à la suite du Christ et avec la force de l'Esprit, et qui prend sens dans cette action en donnant sens à la vie du croyant. Ayant réfléchi à tout cela, la foi peut se réconcilier avec la raison, en lui rendant justice et en reconnaissant les excès d'autorité de la religion, et reprendre confiance en soi, en renonçant à s'imposer par la puissance des raisonnements et en se convainquant qu'elle tient sa vérité de la Parole de Dieu et ses promesses d'avenir de l'Esprit de Dieu.

Sous la pression de cette réflexion, nous nous étions demandé si nous ne devions pas, cédant aux objurgations de Karl Barth, fausser compagnie à la philosophie moderne et ouvrir immédiatement le livre de la Parole de Dieu. Mais nous aurions dû alors renoncer à rouvrir le dialogue avec le monde devenu incroyant, du fait que nous ne pourrions plus lui parler dans la langue de la raison commune, accepter le divorce définitif de la tradition chrétienne et de la tradition philosophique, et la foi, se repliant sur elle-même et se résignant à son aphasie, se serait sentie défaillante de ne pas oser affronter l'incroyance dans son camp et de n'être plus capable d'y porter témoignage à l'Évangile. Nous avons donc continué à chercher ce qui était advenu à l'idée de Dieu dans la philosophie moderne et contemporaine, à seule fin que ne s'interrompe pas, de notre fait, la communication entre l'Évangile et ce monde qui reste le nôtre. Il ne s'agissait pas de dissimuler le langage de la Croix sous les parures de la sagesse philosophique, comme Heidegger feint de le reprocher aux théologiens, mais de lui permettre de s'adresser au monde dans la langue qui forme les esprits de notre temps.

Soumis à la critique de nos modalités et possibilités de connaître, Dieu est jugé par Kant inconnaissable à partir de notre expérience du monde, et cependant pensable dans la dialectique d'une liberté promise à un bonheur illimité mais assujettie à une obligation morale inconditionnelle. Hegel refuse cette disjonction, il ouvre à l'Esprit de Dieu la totalité du sensible et de l'histoire, au risque que l'être de Dieu disparaisse dans la substance du monde et que l'esprit de l'homme ne soit plus discernable de celui de Dieu. C'est du moins ce qui lui est reproché par ceux qui se liguent, de tous côtés, contre « le Système », théologiens qui voient réapparaître le spectre du panthéisme et le dogme se diluer en philosophie, philosophes qui voient inversement la Raison transfigurée en théophanie et la liberté pliée aux nécessités du Concept. C'est alors qu'est annoncée la mort de Dieu, du Dieu de la religion par Feuerbach, qui récupère sa divinité au profit de l'essence de l'homme, du Dieu de la métaphysique par Nietzsche, qui le voit s'engloutir avec elle pour laisser advenir le Surhomme,

LE DEUIL DE DIEU

tandis que Kierkegaard attend lui aussi la fin du christianisme mais sauve sa foi au prix de l'angoisse. Marquée par l'angoisse, une « philosophie nouvelle » vient à naître, tout occupée du sujet individuel et de son être-au-monde, enclose dans la phénoménalité et la finitude, qui pense s'être débarrassée de Dieu ou, du moins, ne plus avoir affaire à lui ; la pensée de Dieu, cependant, revient la hanter, soit qu'elle refasse ouvertement surface dans des courants spiritualistes qui retrouvent les chemins de la « philosophie pérenne », soit qu'elle s'insinue, de multiples façons, dans les entrelacs de la nature et de l'esprit, ou dans les profondeurs secrètes d'une existence que le temps ne cesse de défaire et de refaire, ou à l'horizon de la rencontre de l'autre, ou à l'extrême bord de l'ouverture de l'Être. Aux prises avec le sacré, le philosophe laisse la parole au poète, au devin ou au prophète, et laisse le croyant à ses prières. Le théologien est rarement invité à tenir discours à son tour, mais d'avoir suivi le débat lui donne le droit et le moyen, quand Dieu est relégué dans l'inconnaissable, de lever le voile du Dieu inconnu qui, sans s'imposer triomphalement à la raison, se prête à rendre compte, dans le secret, de ce qui se dérobe à notre connaissance de l'homme et de son monde. Car Dieu n'est pas absolument inconnaissable à la raison, puisque sa proximité, si imperceptible qu'elle soit, se laisse soupçonner – non pas sentir à la façon d'un objet, mais pressentir et interpeller comme une présence qui advient – dans cette zone d'ombre et de mystère qui enveloppe notre pensée du monde et de l'homme à mesure qu'elle s'étend aux confins les plus lointains de l'existence et de l'être. L'inconnu de Dieu s'atteste sous le même voile qui nous cache l'inconnaissable de notre être-au-monde ; Dieu parle, mais ne se fait pas connaître à la raison autrement que par l'appel à lever ce voile, appel à écouter la révélation.

Mais, avant d'aller plus loin, pour ne pas courir le risque d'opposer trop vite, et de façon irrémédiable, la révélation à la raison, on doit se demander de quel Dieu il s'agit quand la philosophie parle de Dieu, ne serait-ce que pour en dire qu'elle ne le connaît pas : Dieu de la raison ou Dieu de la révélation, Dieu des philosophes ou Dieu de Jésus Christ ? Peut-être devrons-nous admettre que la religion farouche de Pascal nous a abusés par une opposition aussi radicale. Certes, des philosophes ont parlé de Dieu avant le christianisme ou en dehors de lui ; certes, un déisme purement rationnel a existé aux temps de chrétienté ; mais c'est bien du Dieu de Jésus que la plupart des philosophes européens ont voulu parler, que ce soit pour l'affirmer ou pour le rejeter. Tous, en effet, étaient chrétiens de naissance et de formation, voire même par la pratique religieuse, à commencer évidemment par Descartes, dont l'intention déclarée était de porter à la révélation chrétienne le concours et le secours de la raison, à l'exception du juif Spinoza, bien entendu, mais il faisait référence, lui aussi, au Dieu de la Bible et il appelait Jésus « la bouche de Dieu ». Nous n'avons pas oublié que Karl Barth comptait Kant et Hegel, parmi d'autres philosophes, au nombre des « théologiens chrétiens » ; de fait, le premier, par son criticisme, a nui davantage à l'idée de Dieu du déisme qu'à celle du Dieu créateur, et le lien qu'il établit entre la pensée de Dieu, la liberté humaine et l'espérance est d'inspiration nettement chrétienne ; quant au second, l'influence sur sa dialectique des dogmes chrétiens de la Trinité, de l'Incarnation, de la Rédemption, de l'habitation de l'Esprit Saint dans l'âme est absolument impressionnante. Il n'est pas jusqu'au Dieu rejeté par Feuerbach et Nietzsche qui ne porte la marque du christianisme : c'est le « Dieu pour moi » de Luther, auquel le premier fait appel, et que le second trouve « humain trop humain ». « Herméneutique athée du christianisme », proteste Henri de Lubac ; peut-être, et même sans doute, encore ne doit-on pas méconnaître que cet avatar de l'idée de Dieu est le travestissement d'un modèle proprement chrétien. Si l'on descend vers les philosophes plus contemporains, on peut penser que le Dieu qu'ils déclarent ne pas pouvoir connaître ni nommer est celui de la métaphysique antérieure, donc chrétienne ; ou s'ils entrevoient une possibilité de concevoir Dieu en remontant aux origines de la tradition philosophique occidentale, ou en deçà d'elle, on pourrait avoir affaire, soit à une réminiscence de la religiosité païenne (ainsi que le craint Balthasar à propos de Heidegger quand celui-ci parle du dieu ou des dieux ou du sacré sous l'inspiration de Hölderlin), soit à une attente « prophétique » du Dieu qui s'annonce au-delà de l'autre sans se laisser approcher (ainsi chez Lévinas). Cette traversée de la philosophie donne finalement raison à Eric Weil de dire que « Hegel marque la fin d'une époque de la conscience occidentale »,

LE DEUIL DE DIEU 267

quand l'homme se pensait en fonction de l'absolu de Dieu[1], non que cela ne se soit pas produit depuis, en positif ou en négatif, mais en ce sens que la pensée de l'homme en lien avec Dieu, qui est une pensée d'origine chrétienne, quand elle réapparaît dans la philosophie de notre temps (mais elle n'y revient positivement que chez des «philosophes chrétiens»), est une résurgence de la tradition philosophique qui a trouvé son achèvement dans le Savoir absolu hégélien.

Que la philosophie occidentale ait en vue le Dieu du christianisme, cela ne veut pas dire, il s'en faut, qu'on puisse aisément reconnaître, dans son ensemble ou dans tel ou tel de ses représentants, la plénitude et la pureté de l'idée de Dieu tel qu'il se révèle en Jésus Christ. Pas seulement parce que ce n'est pas le propos des philosophes d'expliciter le sens de cette révélation, ou que leur manière d'en parler s'en écarte, mais plus fondamentalement parce que l'idée de Dieu du christianisme ne peut pas être identifiée absolument à la vérité de Dieu manifestée en Jésus. Aucun enseignement des Écritures ne définit formellement l'identité du Dieu de Jésus ni ne contient l'intégrité de sa révélation ; partout présente, elle a besoin d'être rassemblée de tous côtés et d'être conceptuellement élaborée ; elle est mélangée à des enseignements venus de l'Ancien Testament qui ne concordent pas en tous points avec ceux du Nouveau ; elle est recueillie par les premières communautés chrétiennes dont les représentations de Dieu, par l'intermédiaire de leurs milieux d'origine, juifs ou païens, puisent au plus ancien et au plus universel de la conscience religieuse de l'humanité ; des pensées philosophiques, venues d'écoles anciennes ou récentes, d'Athènes, de Rome ou d'ailleurs, sont très tôt utilisées pour rendre le Dieu chrétien plus familier aux élites cultivées contemporaines des origines chrétiennes[2]. C'est donc une idée composite de Dieu qui est véhiculée par la tradition religieuse du christianisme, devenue de plus en plus complexe au fil des élaborations théologiques, et c'est d'elle que va hériter la philosophie moderne : un bien-connu de Dieu, où l'idée du Dieu révélé en Jésus se mêle à celles du Dieu de la Bible, du Dieu des religions, du Dieu de la raison.

---

1. Voir les références données p. 233, n. 1.
2. Nous avons évoqué ce problème p. 93-97.

268 DIEU QUI VIENT À L'HOMME

Il est facile, et vain, de reprocher aux premières générations chrétiennes d'avoir recouru aux catégories de la philosophie grecque pour exprimer leur foi en Dieu, au lieu de
s'en tenir à la pureté (supposée) du sentiment religieux et des
écrits inspirés – comme si le nom de Dieu était tombé directement du ciel dans la bouche de Moïse ou de Jésus, indemne
de toute représentation produite par l'esprit humain. Aussi loin
qu'on puisse le traquer dans les Écritures juives (ou dans
quelque autre Livre sacré), ce nom est déjà lourd d'histoire,
grevé des significations que les premières civilisations
humaines lui donnaient dans leurs approches tâtonnantes du
divin. Quand les disciples de Jésus le recueillent de sa bouche,
ils l'entendent naturellement en conformité avec leurs préjugés
religieux, ceux de leur pays et de leur temps, d'autant, répétons-le, qu'aucune explication théorique ne leur est donnée qui
conviendrait en propre au Dieu de Jésus, sinon à lui seul, à
l'exclusion de toute autre notion. L'identité authentique de ce
Dieu devait être apprise de la relation singulière que Jésus,
par ses paroles, ses actes et tout ce qui lui arrivait, établissait
entre lui et Dieu, et semblablement des liens insoupçonnés
qu'il fondait dans sa personne et qu'il tissait et manifestait
par son histoire entre Dieu, le monde et les hommes. Cette
connaissance de Dieu ne pouvait pas être acquise par la seule
contemplation ni par le seul effort de la réflexion, il fallait
encore et surtout que les croyants s'engagent eux-mêmes par
leur propre action dans cette histoire de Dieu avec nous et
qu'ils éprouvent le sens de ce qu'elle réalisait en eux. On ne
doutera pas que les disciples de Jésus, et les chrétiens des
temps postérieurs, en aient fait l'expérience, mais c'est autre
chose de découvrir conceptuellement la signification que cette
expérience recouvrait, et autre chose encore de la traduire en
discours cohérent et surtout intelligible à ceux à qui ils annonçaient l'Évangile. Sitôt qu'elle retentit, la prédication d'un
Dieu incarné et crucifié suscite l'accusation d'athéisme et
nécessite des « corrections » par référence au Dieu invisible et
innommable ; plus tard les premières élaborations doctrinales
seront accusées de faire retour aux représentations païennes,
et il paraîtra nécessaire de mettre la divinité de Dieu à l'abri
des outrages que son lien à la chair de Jésus lui fait encourir.
Pour tous ces motifs, on a pris, et on gardera pour critère des
représentations de la foi le bien-connu, l'universellement
connu de Dieu. N'en concluons pas trop vite que l'idée de

LE DEUIL DE DIEU 269

Dieu s'écarte irrémédiablement de sa signification religieuse (qu'il ne faut pas confondre avec sa référence historique à Jésus) dès qu'elle s'exprime dans une catégorie philosophique, car il n'y a pas de fossé entre l'une et l'autre. Le passage de la multiplicité des dieux archaïques, mêlés aux phénomènes de la nature et proches des hommes, au monothéisme spiritualiste est significatif du mouvement irrépressible par lequel l'esprit religieux, à mesure qu'il épure son idée du divin, isole Dieu de ce qui l'entoure, le met à l'écart du créé – « éloigne-toi de moi, pécheur » –, et l'élève infiniment au-dessus du monde jusqu'à le rendre inaccessible autrement que par la prière ; le culte rendu au Dieu Très-Haut conduit insensiblement à la conception de l'être « tel que rien de plus grand ne peut être conçu », déjà répandue chez les penseurs latins du temps de Jésus[1], et il n'y a pas loin de cette idée à celle du « sur-être indicible de la tradition philosophique », celui qu'Anselme adorait en l'identifiant au Dieu de Jésus, celui dont Descartes a fait la théorie.

Quand donc Descartes entreprend de démontrer l'existence de Dieu, il le fait avec la même idée de Dieu dont se servaient les théologiens quand ils traitaient de la nature de Dieu et de ses attributs, ou du Dieu créateur et de son action dans le monde et à l'égard des hommes, ou de l'être trinitaire et de son lien subsistant à l'humanité du Christ ; il s'agit d'un concept métaphysique qui vérifie plusieurs propriétés définies abstraitement : unité, simplicité, immuabilité, infinité, etc., censées déterminer la relation de Dieu au monde, au temps et à l'homme sans que cette relation introduise en lui de changement. Ce concept était à la fois philosophique, par sa provenance et sa régulation, et théologique, puisqu'il était utilisé pour rendre compte de la révélation ; – rationnel, en tant que la divinité était soumise par nécessité interne à des principes *a priori*, et religieux, en tant que ses attributs de puissance, bonté, prescience, etc., répondaient aux sentiments, aux attentes et au culte des croyants envers Dieu comme jadis envers leurs dieux. Telle est l'idée de Dieu dont le criticisme kantien avait signé l'acte de décès, sous son aspect proprement métaphysique, et avec laquelle Hegel avait rompu à son

---

1. Voir les indications données p. 99, n. 1.

tour, pour lui substituer une notion qu'il estimait plus conforme à « la religion absolue » qu'était pour lui le christianisme, mais l'ancienne idée n'avait pas disparu pour autant ni du langage des théologiens ni de celui des philosophes. C'est sur la base du concept métaphysique de Dieu que Feuerbach interprète la pensée profonde de Hegel comme un athéisme qui subvertit le christianisme en identifiant Dieu à l'homme, et que Nietzsche voit l'« anthropocentrisme religieux » du christianisme, tel qu'il était systématisé par Hegel, conduire à « la mort de Dieu ». Chez l'un et l'autre, l'idée de Dieu de l'ancienne métaphysique et celle du « Dieu pour nous » du christianisme se détruisent mutuellement en découvrant soudain leur apparente incompatibilité. Les philosophies nouvelles qui se disent agnostiques mais non athées font d'ordinaire référence, quand elles nomment Dieu, à l'idée de Dieu de l'ancienne tradition philosophique : c'est lui qui a disparu de la culture contemporaine. Celles qui ouvrent plus ou moins explicitement sur du « sacré » ou du « transcendant » renvoient (le plus souvent sans le nommer) au Dieu de *la* religion par-delà toute religion, découvrant, en quelque sorte, une intuition nouvelle de la religiosité originaire, qu'on s'abstiendra de dire païenne parce qu'elle provoque à l'extase plus qu'elle ne « relie » à un être divin – à moins qu'elle ne relie proprement à « rien ». C'est notamment le cas chez Heidegger, qui se réjouit de voir la « théologie de l'absolu », trop étroitement lié à l'être du monde, sombrer dans le « vendredi saint spéculatif » du système hégélien. Il est donc légitime de conclure, avec Eric Weil, que la transmission de l'idée chrétienne de Dieu dans la philosophie occidentale, avec toute la complexité que nous lui avons reconnue, s'arrête à Hegel, qui tente de la refonder autrement, mais qui n'est suivi, ni par les philosophes de la « post-modernité », qui ne savent plus penser « Dieu », ni par les théologiens qui, même s'ils fréquentent ces derniers, reviennent finalement, l'avouant ou ne l'avouant pas, à l'idée de Dieu de la « philosophie pérenne », conservée par quelques « philosophes chrétiens » de notre temps, voulant ignorer qu'elle est réduite à l'état de dépouille mortelle depuis Kant et Hegel.

Or il est symptomatique d'observer que les théologiens qui vont chercher chez Heidegger une inspiration susceptible d'ouvrir les voies à une nouvelle théologie fondamentale, lui

LE DEUIL DE DIEU 271

sont avant tout reconnaissants de les avoir délivrés de Hegel. C'est donc qu'ils estiment, eux aussi – reprenant à leur façon la critique de l'athée Feuerbach contre Hegel –, que sa pensée de Dieu est la plus opposée à la foi, qu'elle porte en germe la mort de Dieu, et cela parce qu'elle est censée absorber Dieu dans la finitude du monde et du temps et, inversement, transfigurer l'esprit de l'homme en Esprit divin. Ce jugement est dicté, chez eux aussi, par la prédominance d'une idée métaphysique de Dieu. Il est de fait que la pensée de Hegel peut être à bon droit appelée philosophie (ou théologie) de la mort de Dieu, puisqu'elle est basée très intentionnellement sur la signification de l'incarnation et de la croix, mais c'est en ce sens qu'il la disait chrétienne et rejetait les accusations d'athéisme ou de panthéisme : il y a manifestement une contradiction quelque part. C'est alors que nous devons entendre la question posée par Hegel, selon Gérard Lebrun [1] : de quel Dieu parlez-vous ? en quel langage parlez-vous de lui ? Le langage traditionnel concevait Dieu comme l'Être suprême et nécessaire, posé au sommet de l'Être commun et cependant en dehors, et ce langage hautement métaphysique était en même temps religieux puisqu'il interdisait à Dieu toute limitation et variation, mais non d'intervenir dans le monde en vertu des causes finales (celles que Spinoza dénonçait comme indignes de Dieu). Tel est le Dieu que Kant avait déclaré *inconnaissable* à notre entendement rivé aux phénomènes du monde, reportant dans l'anthropologie la possibilité de le *penser*. Hegel renonce donc à ce bien-connu de Dieu, mais non à sa connaissance objective, qu'il entend puiser dans la religion chrétienne et élaborer dans le champ de la logique spéculative, et il montrait ainsi que la *signification* chrétienne du mot Dieu supprime son extériorité par rapport au monde et à l'histoire (dont la *signification* aussi change conséquemment). Mais les théologiens ne voient que confusion des *objets* (de l'Incréé et du créé) là où leurs concepts ne sont plus rigoureusement séparés et crient à la subversion de la foi chrétienne, prenant une fois de plus le préjugé métaphysique de l'ancienne tradition, le bien-connu de Dieu, pour critère du langage religieux : on se sent prisonnier d'un lacis de contradictions.

---

1. Et relayée différemment par P.-J. Labarrière, voir p. 180-184.

Le problème, pour nous, n'est pas de revenir au conflit des interprétations de Hegel, il est de sortir de ces contradictions, qui ne menacent pas seulement le langage de la philosophie, mais également celui de la théologie. Il y a intérêt, pour cela, à prendre acte de sa mise en cause par Hegel sur trois points[1] : la théologie doit se désolidariser de l'ancienne métaphysique spéciale qui avait Dieu pour objet et qui a été déconstruite par Kant, car le langage de l'être n'a rien à nous apprendre sur Dieu ; – elle refusera sa bipartition en théologie rationnelle et théologie de la révélation : Dieu est Esprit et il s'est fait homme, il n'est pas une région de l'étant séparée du monde des étants ; – la théologie réunifiée à la foi s'identifie à la philosophie spéculative : elle devient le discours circulaire où la vérité se manifeste en sa totalité. Le théologien ne suivra pas Hegel sur le troisième point, car son but n'est pas, comme celui du philosophe, de construire le Système de la Science, il est pratique autant que théorique : c'est de connaître la « science » du salut, qui vient de Dieu, et d'enseigner les voies du salut. Les deux autres avertissements n'en gardent pas moins leur utilité : c'est de la révélation du salut, qui se fait sur le terrain de l'histoire, que le théologien apprendra la signification du mot Dieu, et non du bien-connu que les théologies rationnelles (ou fondamentales) continuent à véhiculer ; c'est pourquoi le langage théologique sera construit sur la base du récit biblique, non sur le modèle d'une Logique. Ce faisant, la théologie n'évitera pas les contradictions qui viennent d'être soulevées du côté de la philosophie et qui relèvent précisément de la manifestation de Dieu dans une histoire du salut à laquelle il s'est rendu présent jusqu'à y prendre corps. Finalement, c'est le mystère même de Dieu, tel qu'il s'est révélé, qui éclate en contradictions quand la raison philosophique (qui régente aussi la théologie) entreprend de le concevoir selon ses seuls préjugés, et ce sont ces contradictions qui ont abouti à expulser son concept de la philosophie de notre temps. Du même mouvement qu'elle les a soulevées, la philosophie renvoie la théologie à la révélation pour y affronter ces contradictions et travailler à les résoudre ; à juste titre, puisqu'elle a tiré elle-même de la révélation, à travers la tradition du christia-

---

1. Voir G. LEBRUN, *La Patience du concept* (ouvrage cité p. 180, n. 2), p. 161-164.

nisme, l'idée de Dieu qui s'est décomposée dans les soubresauts de la métaphysique.

La raison d'être et la signification de notre parcours philosophique doivent apparaître maintenant plus clairement, quand
il nous conduit au point où va commencer notre étude théologique de la révélation. Depuis la modernité, époque de leur
séparation, la théologie considérait la philosophie en étrangère
et en rivale, qui s'était emparée de l'idée de Dieu pour la
rejeter en fin de compte. En réalité, et l'histoire en témoigne,
la tradition philosophique occidentale est, pour une large part,
tributaire de la tradition chrétienne, parvenue jusqu'à nous
par une double filière, divergente depuis Descartes, théologique d'un côté, philosophique de l'autre, religieuse des deux
côtés mais différemment, d'une religiosité davantage marquée
par la foi chrétienne d'un côté, par la simple croyance naturelle en Dieu de l'autre. Cette dépendance de la tradition philosophique à l'égard de la tradition chrétienne se vérifie sur
beaucoup de points, dont nous n'avons pas à nous occuper
présentement, à commencer par la conscience aiguë du *moi*
qui se pose face à Dieu dans le *Cogito* cartésien, mais surtout
sur le plan de la connaissance de Dieu, qui s'est si longtemps
élaborée rationnellement au sein même de la religion chrétienne. Il a fallu que le monde, l'histoire et le moi changent
de *signification* du fait de l'évolution des sciences et de la
société pour qu'il en aille de même de celle de Dieu, désormais exilé par la raison *pure* du lieu concret où il se tient pour
faire le salut du monde et de l'histoire. Cela ne veut pas dire
que le rapport du moi au monde et à l'histoire a cessé d'être,
de ce fait, le lieu de la manifestation de Dieu, cela veut dire
que le regard de l'esprit doit changer pour reconnaître cette
manifestation là où elle se fait. C'est sans doute pour ce motif
que Hegel voyait la philosophie spéculative accueillir, mais
aussi absorber la théologie de la révélation. Or, s'il est *logique*
pour le philosophe, du lieu où se situe sa *theôria*, d'unifier la
pensée de la foi avec la *nécessité* du concept, l'*acte* de foi,
lui, saisi sur le lieu de son effectivité concrète, dans la singularité et la temporalité de la décision qui le produit, n'est foi
véritable que par l'autoposition de la *liberté* humaine face à
l'autoposition de la liberté divine ; il n'est acte de religion que
par le lien, advenu spontanément des deux côtés, qui relie ces
deux libertés. Eric Weil disait que le cercle du Savoir absolu

274   DIEU QUI VIENT À L'HOMME

ne laisse au philosophe que deux portes de sortie : celle de
l'*action* raisonnable dans le monde et celle du *sens*, éprouvé
comme unité effective du discours et de la vie et choix de la
liberté dans les limites de la condition humaine[1]. La même
appréciation peut être portée, en termes équivalents, du point
de vue de la foi : celui qui a cherché la pensée de Dieu dans
la philosophie, comme nous l'avons fait, qui a vu ses traces
disparaître à l'époque contemporaine ou s'évanouir au-delà
de la ligne de l'horizon, et qui, rebroussant chemin à son tour
jusqu'à Kant et Hegel, observe où et comment il a perdu ces
traces, ne peut échapper au tourbillon des contradictions qui
l'assaillent autrement qu'en faisant un saut dans la révélation
pour se mettre à la suite de Jésus, recueillir sa propre pensée
de Dieu de l'*acte* de le suivre, et en éprouver la vérité par le
sens nouveau qu'elle donne à sa liberté dans le monde. Cette
démarche n'est pas une fuite de la foi devant la raison pas
plus qu'une dénégation de la raison. Les hésitations de la philosophie, d'une part, la montrent préoccupée autant qu'incertaine de la question de Dieu, il n'est pas en son pouvoir de la
trancher par un jugement définitif de vérité, car l'idée de Dieu
ne lui appartient pas en propre, elle est plus ancienne et universelle que la philosophie, et la pensée occidentale l'a reçue en
grande partie de la tradition chrétienne ; c'est pourquoi la
philosophie renvoie finalement et « logiquement » à la révélation celui qui avait commencé à chercher Dieu sur ses terres.
La révélation, d'autre part, ne distille pas un enseignement
purement théorique et tout fait d'avance, comme si elle était
une source de connaissance concurrente de la philosophie ; elle
provoque celui qui l'interroge à une décision de liberté, elle-
même liée à la gratuité de la manifestation de Dieu au croyant,
et c'est à la mesure et par le canal de son engagement à la
suite de Jésus qu'elle répond à ses questions ; mais elle n'y
répond pas sans le renvoyer, réciproquement, à la raison
commune dont la philosophie est le modérateur, afin que les
vérités de la foi deviennent la *propre* connaissance du croyant
en passant par les mêmes chemins par lesquels le discours
humain se construit et se communique[2]. Ainsi les rapports de

---

1. Voir p. 233.
2. Ces réflexions complètent la réponse à l'objection de la « double
vérité », faite à propos de G. Morel (p. 240), et seront développées, le
moment venu, par l'analyse théologique de la révélation et de la foi.

LE DEUIL DE DIEU 275

la foi et de la raison dans l'individu croyant se modèlent sur leur interrelation dans la pensée occidentale.

Nous avons commencé notre recherche de Dieu par la tradition philosophique, parce qu'elle est une voie par laquelle *aussi* s'est répandue la tradition chrétienne, voie devenue au fil des temps plus universelle que celle de la religion et de la théologie, voie de la raison commune qui normalise la pensée occidentale, y compris celle des croyants chrétiens, voie universelle parce qu'elle structure les moyens de communication du discours humain. Nous avons ainsi abordé la question de Dieu du point de vue le plus universel, le plus actuel, le plus ouvert, plutôt que de nous confiner, d'entrée de jeu, dans le provincialisme chrétien. Nous l'avons examinée sous l'aspect qui concerne le plus grand nombre de gens aujourd'hui et qui interpelle le plus fortement les chrétiens, celui de l'absence de Dieu. Nous avons du fait même instauré un dialogue avec le vaste monde de l'incroyance, qui ne parle pas le langage de la foi chrétienne, dialogue que nous n'allons pas interrompre en ouvrant maintenant la révélation, car nous l'interrogerons avec les questions de l'incroyance désormais inscrites dans notre esprit. Nous voulions comprendre comment la tradition chrétienne avait fini par se perdre dans les sables de l'incroyance, ou, dit en d'autres termes, plus troublants pour la foi, comment elle avait engendré un tel phénomène, à ce jour encore peu perceptible en d'autres aires religieuses, surtout sous sa forme philosophique. Ce parcours, qui n'a pas cherché à donner à la foi un fondement rationnel indû, a néanmoins constitué les prolégomènes les plus naturels et les plus nécessaires à l'ouverture de la révélation ; « pro-légomènes », en tant qu'ils ont déjà commencé la lecture de la révélation par les pages qui se donnent à lire en premier lieu, qui s'exposent en un premier temps aux regards les plus nombreux, celles qui racontent sa dissolution dans la pensée contemporaine ; naturels, parce que la réminiscence de l'histoire de l'idée chrétienne de Dieu dans les temps modernes, sous quelque forme ou déformation qu'elle se propage ou se dilue, appartient de plein droit à la théologie et que l'appréciation de cette histoire relève de son jugement ; nécessaires enfin, pour orienter les recherches à venir du point de vue que commande cette modernité et que requiert l'actualité de la pensée de la foi.

Il nous est ainsi apparu que la tradition philosophique avait décollé, pour ainsi dire, de l'idée chrétienne de Dieu le bien-connu dont l'avaient revêtue le rationalisme et la religiosité que véhiculait la tradition chrétienne, que véhiculent donc toujours, à des degrés divers, la théologie et la religion chrétiennes – un rationalisme qui ne tient pas tant à l'ontothéologie si décriée de nos jours qu'à la volonté impérialiste de démontrer les bases de la foi pour l'imposer au plus grand nombre de gens possible ; – une religiosité plus orientée vers le sacré (ce mélange de fascination et d'effroi que suscite l'éclat voilé de la divinité, le *numineux* analysé par Otto[1]) que formée par la manifestation historique de Dieu en Jésus. La philosophie renvoyait ainsi à la théologie l'image de la déformation que celle-ci infligeait à l'idée de Dieu. Il est juste aussi de dire que l'idée de Dieu, sortie de son cadre originel, tendait à se déformer d'elle-même en perdant les caractères spécifiques qu'elle tenait de la révélation. Mais la philosophie n'a pas pu longtemps soutenir seule une pensée devenue inconsistante, qui a fini par se dissiper d'elle-même. Ce Dieu qui est mort n'est donc pas authentiquement, malgré son origine chrétienne, celui qui s'est révélé en Jésus, c'est le Dieu de la religion et de la raison dont la tradition chrétienne avait revêtu le Dieu de Jésus. Ce disant, gardons-nous bien de condamner cette tradition, car c'était bien le Dieu de Jésus qu'elle adorait sous ce revêtement, un vêtement qu'elle n'avait d'ailleurs pas fabriqué elle-même de toutes pièces, nous l'avons dit, mais qu'elle avait trouvé préparé d'avance dans les esprits auxquels elle proposait la foi chrétienne et prêt à l'accueillir. Tant que la religion et la foi chrétiennes maintenaient vivant le lien à Dieu par Jésus, Dieu était bien adoré dans sa vérité chrétienne ; il n'en allait plus de même à mesure que ce lien se relâchait, puis se rompait. Mais quand il ne restait plus du Dieu chrétien que le survêtement du Dieu de la religion et de la raison, autant dire que le Dieu de Jésus s'en était retiré et qu'il n'en restait plus qu'une abstraction, ce qui justifiait Feuerbach de l'appeler un fantôme, et Nietzsche de dire que c'est nous qui l'avons mis à mort.

---

1. R. OTTO, *Le Sacré*, p. 22 et s. (ouvrage cité p. 99, n. 2).

LE DEUIL DE DIEU 277

Le chrétien peut donc cesser de pleurer son Dieu et déposer ses voiles de deuil : ce n'est pas le Dieu de la foi chrétienne qui est mort, ce n'est que son reflet, une idole qui donnait l'illusion d'être en vie sans l'être vraiment. – Piètre consolation, dira-t-on, qui n'empêche pas de mesurer l'étendue du rétrécissement de la foi. Certes. On déplorera surtout la souffrance qu'en éprouvent tant de nos contemporains, qui ne sauraient même pas l'attribuer à la perte de la foi, mais qui en ressentent une solitude péniblement masquée par tant de retours à un religieux frelaté. Mais on ne doit pas réduire à cette constatation pessimiste la formidable révolution que représente la rupture de la modernité et que la philosophie s'est efforcée, pour sa part, d'analyser. Le ciel des croyances religieuses, sous lequel était née l'humanité et s'abritait encore la société occidentale, s'est effondré, entraînant dans sa chute ce qui s'était conservé dans le christianisme de religiosité archaïque et grégaire, ce qui n'avait pas été vivifié en lui par la nouveauté de la foi chrétienne, malgré les objurgations adressées par saint Paul aux récents convertis pour qu'ils « se dévêtent de l'homme ancien »[1]. Mais une humanité nouvelle a surgi, ou est en voie de surgir de cet effondrement, qu'on ne dira pas meilleure que l'ancienne, si ce n'est qu'elle a osé penser et effectuer sa liberté. Puisque nous savons le rôle joué par l'Évangile dans ce surgissement[2], il est légitime d'espérer que la nouveauté de la foi chrétienne puisse pareillement s'y mettre en lumière et attirer à elle les esprits des temps nouveaux : autre motif de quitter les voiles de deuil pour regarder l'avenir bien en face avec la confiance de la foi.

Encore faut-il penser la nouveauté du Dieu qui se manifeste à une foi nouvelle quand il s'est dévêtu des vêtements anciens du Dieu des religions et de celui de la raison. Il nous faudra ici affronter une ultime contradiction. Nous venons de dire que le Dieu Très-Haut de la religion s'identifiait conceptuellement à l'Être suprême de la raison, cet Être reconnu si

---

1. Comme il en est dans les évangiles (ainsi de la parabole du vin nouveau et des outres vieilles en Mt 9, 17), l'opposition ancien/nouveau chez Paul ressortit au domaine religieux autant qu'éthique, par exemple dans Col 3, 9-11.
2. Voir p. 120-130.

grand que rien de plus grand ne puisse être conçu. Or, les
« prolégomènes » que nous avons suivis jusqu'à ce point nous
mettent en demeure d'introduire dans le concept du Dieu manifesté en Jésus la propriété absolument inouïe de se laisser
ignorer, méconnaître, nier, mettre à mort. Le plus grand bénéfice, peut-être, que nous puissions retirer du parcours maintenant achevé, c'est qu'il nous a préparés à chercher et accueillir
une révélation qui, loin d'avoir la clarté de l'apparaître qui
semble attachée à ce mot, soit propre au contraire à rendre
raison de l'obscurité dont elle s'est laissé recouvrir dans
l'histoire. Ici donc, Dieu se dépouille du voile de la Sagesse
philosophique, impuissante, dit Paul, à parler le langage de la
croix. Il ne s'ensuit pas que la théologie cesse définitivement
de faire route avec la philosophie. Le vœu secret du philosophe, disait Eric Weil, c'est que la violence disparaisse du
monde. Le théologien qui renonce aux discours impérialistes,
bardés de démonstrations et de raisons nécessaires, fait sien le
même vœu : il sait que Dieu se révèle en vue de la réconciliation des hommes entre eux et que cette annonce ne peut se
faire que dans un langage de gratuité. Il faut encore aller plus
loin. Quand il accepte la possibilité de n'être pas connu et
laisse aux hommes la liberté de le reconnaître ou non, ne cherchant plus à séduire ni à effrayer, Dieu se dépouille également
des voiles sous lesquels apparaissaient les dieux de l'Antiquité,
il se manifeste dans la réalité profane de la chair de Jésus où
sa divinité se rend comme telle inconnaissable. Dieu « se
dévoile » au sens où il « quitte le voile » de la vie religieuse[1],
il sort de religion ; et s'il faut aussi garder à ce verbe la signification de rendre manifeste ce qui était auparavant caché, la
révélation de Dieu en Jésus est le dévoilement de son être
secret le plus profond : de son humanité, de son être-pour-nous.

---

1. Sens du verbe « dévoiler » attesté depuis le XVIe siècle par référence au « voile » de la religieuse (XVe), d'après *Le Robert... historique*,
article « Voile », p. 4107.

CHAPITRE II

DÉVOILEMENT DE DIEU DANS LE CORPS DU CHRIST

I. Révélation et religion

II. Jésus révélateur de Dieu

III. La tradition de la foi

IV. Dieu révélé dans la foi au Christ

L'examen de l'idée de Dieu dans la tradition philosophique occidentale nous a renvoyés à la révélation chrétienne, où elle prend sa source, pour y apprendre de quelle expérience de Dieu elle est l'expression et à quel Dieu elle porte témoignage. Nous passons ainsi sur un versant plus spécifiquement théologique de notre étude. En d'autres termes, nous nous proposons d'étudier la tradition chrétienne dans le langage que l'Église chrétienne considère comme le sien propre, celui de la théologie issue et porteuse de la révélation confiée à sa garde. Ce changement de langage appelle quelque explication.

Dès l'introduction du chapitre précédent, alors que nous pénétrions dans le champ de la philosophie, je disais que mon intention était de réfléchir et de parler en théologien. Je voulais dire par là que je n'ambitionnais pas de faire œuvre d'historien ni d'interprète de la philosophie, et que l'intérêt qui me guidait était celui d'un croyant – non la prétention de juger des doctrines philosophiques d'un point de vue censé supérieur à celui de la raison, mais le souci de comprendre ce qui était advenu à la foi chrétienne dans sa traversée de la culture moderne. Ce parti pris théologique ne nous a pas empêchés de lier dialogue avec la raison philosophique, qu'elle se dise critique, dialectique, existentielle ou phénoménologique, et cela d'autant plus que l'histoire de la philosophie ne nous est pas apparue indépendante de l'aventure de la religion chrétienne sur l'aire de diffusion de la pensée grecque. Aussi avons-nous recueilli avec attention la mise en question qu'elle nous adressait : en quel langage parlez-vous ? C'est pourquoi le changement de registre, par lequel nous chercherons à répondre à cette interpellation, n'annonce pas une rupture avec la raison philosophique, mais entend bien rester en lien avec elle dans l'exploration d'un domaine où cette dernière n'a pas manqué de puiser, au moins dans le passé, sur lequel il lui arrive même de porter des jugements, bien qu'elle ne le revendique pas pour sien, sinon même le répudie comme une terre vide de connaissances possibles. Ce souci d'un dialogue à maintenir, de la part de la foi, n'est pas d'ordre apologétique, ni préoccupation de se disculper ni ambition de convaincre, c'est le simple désir de tenir un discours cohérent, intelligible à quiconque, vérifiable dans certaines limites. Cette volonté, qui est son vouloir-vivre, commande à la foi de parler le langage de la raison commune. Alors même qu'elle avoue puiser tout ce qu'elle sait à une mystérieuse «Parole» divine, elle ne se résout pas à ne parler qu'une langue ésotérique, celle de la ferveur ou de l'extase, dans laquelle d'aucuns voudraient la confiner, mais elle entend parler un langage responsable, auquel il puisse être répondu du dehors, capable de répondre de lui-même et de communiquer avec l'étranger, dans une langue connue de tous, qui ne peut donc être que celle de la raison, même si celle-ci n'est pas qualifiée pour arbitrer souverainement les cohérences de la foi ni outillée pour vérifier ses assertions jusqu'en leur fondement ultime ni apte à comprendre par connaturalité tout ce que l'autre lui dit. Les rapports de la foi et de la raison sont certes litigieux, nous en sommes maintenant bien informés, et il ne peut en aller autrement du fait de la disparité de leurs origines respectives. C'est un motif de plus pour la foi, qui ne se résigne pas à ne pousser que des cris ou des soupirs, non seulement de parler la langue de tous, mais encore de s'adresser à tous et de parler avec eux, quels qu'ils soient. Voilà pourquoi l'approche plus spécifiquement théologique, qui sera désormais la nôtre, ne donne pas congé à l'entretien que nous avons noué avec la philosophie.

Le langage de la foi s'appelle la théologie, et sans doute devrait-elle, sitôt qu'elle entre en scène, se présenter. Il est courant depuis Kant de différencier, d'un côté, une théologie rationnelle ou naturelle ou philosophique et, de l'autre, une théologie de la révélation, souvent dite révélée, souvent immédiatement identifiée à la foi. Nous avons vu des philosophes mettre en doute que la foi soit apte à parler raison, et la théologie à tenir un discours cohérent, ce qui revient ou bien à expulser la théologie révélée du champ critique de la raison, ou bien à interdire à la philosophie de s'occuper des choses dites théologiques, parfois à prendre ces deux partis en même temps. C'est encore un problème discuté par les philosophes de savoir si la théologie doit être comptée ou non au nombre

DÉVOILEMENT DE DIEU 283

des sciences ou si, reconnue en tant que science de la révélation, elle a quoi que ce soit à dire sur les choses dont s'occupent ès qualités les autres sciences. La philosophie n'est certes pas dépourvue de compétence pour poser ce problème, mais il appartient à la théologie et il est de son devoir d'y répondre la première en disant ce qu'elle est, ce qu'elle sait et ce qu'elle fait, et comment elle connaît et procède. La question relève de cette branche de la théologie qu'on appelle «fondamentale» et elle sera, pour une part, l'objet de ce chapitre. Pour une part seulement, car il ne se bornera pas aux aspects épistémologiques de la théologie et se situera de façon privilégiée sur le terrain de la christologie, mais une part notable, puisqu'il envisagera la globalité de la révélation, qui est par excellence le «fondement» de la théologie. Au reste, il ne suffit pas de considérations *a priori* pour dire en quoi elle consiste, et nous laisserons la théologie se définir peu à peu en montrant comment elle travaille, en exposant successivement : la source de ses connaissances, qui définit son essence, et qui est la révélation ; – le site historique où celle-ci s'effectue et s'offre à nos vérifications, et c'est l'événement du Christ ; – son mode de transmission jusqu'à nous, par lequel la révélation organise son discours et contrôle ses cohérences, et le mode de réception par lequel elle se donne à connaître de nous et se rend intelligible, à savoir par la tradition de la foi ; – enfin l'objet central de la théologie, qui structure toutes ses parties, Dieu, Dieu dans sa relation à lui-même, au monde, à l'histoire et aux hommes – ce Dieu que nous étudierons plus tard sous sa formalité trinitaire.

Il pourrait paraître plus logique de commencer à définir la théologie par son objet, conformément à son étymologie : science de Dieu. Mais un doute subsisterait sur sa modalité, sur le genre de connaissance qu'elle propose, puisqu'il existe deux sortes de théologie totalement hétérogènes, on vient de le rappeler. Il est donc plus scientifique de la classer d'abord dans le système des sciences en partant de sa différence formelle, qui inclut d'ailleurs son objet matériel : la théologie est la science de Dieu qui vient de Dieu même par révélation. Par là aussi, elle marque son hétérogénéité par rapport à l'usage premier du mot chez les anciens Grecs, qui désignait l'étude des êtres divins sur la base des mythes et des oracles transmis par voie orale. De fait, les premiers théologiens chrétiens n'usaient pas de ce mot, ils se disaient adeptes de la « philosophie du Logos », c'est-à-dire de la vraie Sagesse puisée directement à sa source, le Logos de Dieu, que les penseurs de la Grèce, disaient-ils, ne connaissaient que « par conjecture », établissant ainsi une parenté, traversée par une discontinuité radicale, entre la connaissance rationnelle de la vérité et celle qui vient de la révélation. L'usage chrétien du mot, appliqué d'abord à l'étude des textes sacrés, à la fin de l'Antiquité romaine, puis à celle des doctrines tirées de ces textes, au Moyen Âge, montre bien, autant par son caractère tardif que par sa destination, la signification spécifique de la théologie en tant que science de la révélation. C'est donc bien ce sens qu'il faut établir en premier lieu.

On pourrait encore objecter, cependant, qu'il vaudrait mieux partir de la personne du Christ, de qui les chrétiens reçoivent immédiatement la révélation qui leur est propre. Concrètement, c'est bien ce que nous ferons, s'il s'agit de décrire et d'établir le fait lui-même de la révélation. Mais, s'il s'agit de définir son concept, des difficultés se présentent, qu'il est plus commode, sinon plus logique, d'aborder au préalable, précisément à cause de leur caractère *a priori*. Le christianisme, en effet, ne peut pas revendiquer *a priori* la propriété exclusive de la révélation, ni en tant que fait ni même sous tel mode particulier, car le phénomène se rencontre ou peut être allégué en d'autres religions, sinon en toutes, bien avant le Christ. Un précédent existe, qui se prête à une théorie préconçue du phénomène de révélation, censé lié à l'universalité du fait religieux. La révélation chrétienne accepte-t-elle d'entrer dans ce cadre général, ou réclame-t-elle un traitement spécial lié à sa singularité historique ? Telle est la question, préliminaire, que la philosophie de la religion pose à la théologie chrétienne, et la réponse à cette question tracera le cadre de la recherche qu'il faudra ensuite mener dans le cas du Christ. Ainsi notre nouvelle démarche prendra-t-elle sur le sujet de la révélation la suite directe de celle que nous venons de faire sur la croyance en Dieu dans la philosophie contemporaine.

Nous commencerons donc par confronter *révélation et religion*. L'idée de révélation divine a ceci de paradoxal qu'elle s'applique à un être situé par hypothèse au-delà de toute expérience sensible, qui semble ne pas pouvoir se manifester lui-même, sinon, indirectement, par le sentiment de sa présence et de son action à l'intérieur du cœur suscité par l'expérience religieuse. S'il en est ainsi, la révélation paraît coextensive au fait religieux, médiatisée par lui, et il est tentant de la concevoir comme un phénomène universel dont la révélation chrétienne ne serait qu'un cas particulier, ayant certes ses caractéristiques propres, qu'on pourrait légitimement estimer supérieur à tout autre, mais non radicalement différent ni, à plus forte raison, unique. Ainsi a-t-on raisonné dans le sillage de la philosophie de la religion et de la théologie libérale du XIXᵉ siècle. Or, la théologie traditionnelle, sous la mouvance de la foi en l'incarnation, considère la révélation chrétienne comme un événement absolument unique, parce que dans le Christ Dieu *se donne lui-même* à connaître, une fois pour toutes, une seule fois ; cette croyance s'est exprimée chez les contemporains, par réaction contre la tendance précédente, par les termes d'automanifestation et d'autocommunication. Ce débat nous ramènera donc à ce moment historique et logique autour duquel s'étaient nouées nos recherches philosophiques, et qui orientera également notre approche du Christ.

Pour reconnaître de quelle façon *Jésus est révélateur de Dieu*, nous examinerons ensuite quelles paroles, quels actes, quels « signes » l'accréditent dans cette fonction et manifestent la présence de Dieu en lui, nous interrogerons surtout l'événement fondateur de la foi chrétienne, celui de la mort de Jésus, de sa résurrection et du don de son Esprit à la première communauté chrétienne, et nous chercherons comment Dieu se révèle lui-même en révélant Jésus comme son Fils : « Celui-ci est mon Fils bien-aimé : écoutez-le ». Nous nous trouverons ici sur le terrain christologique, exploré par mon livre précédent *L'homme qui venait de Dieu*. Mais notre observation sera centrée sur l'histoire de Jésus en tant que narration historique, d'un côté, histoire de révélation, de l'autre, et sur la figure de révélation qu'elle donne à Dieu quand Jésus est montré « chargé de nos infirmités et de nos maladies » et quand l'annonce de l'Évangile sort du cadre religieux du judaïsme, où elle avait pris naissance, et « passe » aux Nations païennes.

Cet examen nous aura appris comment Jésus a été reconnu, dans le passé, par des témoins directs ou indirects, comme un personnage à la fois objet et porteur d'une intervention divine particulière, d'un acte de révélation. Il ne nous aura pas appris comment nous pouvons, *nous aujourd'hui*, recevoir, de sa personne et de son événement, la même révélation expresse de Dieu. Ce qui s'est passé en Jésus est porté à notre connaissance par les écrits des apôtres et la prédication de l'Église, encore devons-nous y ajouter foi pour que s'accomplisse en nous, à notre tour, la communication que Dieu fait de lui-même à ceux qui croient en son Fils. L'événement de révélation comporte donc un autre versant, *la tradition de la foi*, comprise en tant que participation à la foi des apôtres qui nous donne de communier personnellement à leur propre expérience de révélation. Mais on peut pressentir que la foi des chrétiens ne va pas nécessairement jusque-là, jusqu'à les engager dans une rencontre directe avec le Christ ; elle s'arrête souvent à l'intermédiaire, textuel ou oral, qui leur parle du Christ, ils croient à ce qui est raconté de lui dans les évangiles, parce que cela est écrit, à ce que l'Église en enseigne, parce qu'elle a autorité pour le faire. Du point de vue de cette simple croyance, qui n'a pas encore fixé son regard sur Dieu qui vient au-devant de chacun dans le Christ, Dieu reste enveloppé dans les voiles de la religion, la révélation, dans la médiation de la religion qui la transmet, elle n'est pas l'objet d'une autocommunication de Dieu au croyant, elle reste au niveau de l'expérience religieuse telle qu'on peut en faire en d'autres religions. En observant par quelle évolution le christianisme est devenu religion (rivale du judaïsme), puis a transporté la foi en Dieu dans le domaine de l'être, nous verrons comment la tradition chrétienne a accueilli et véhiculé ce bien-connu de Dieu, religieux et philosophique, auquel s'est affrontée la modernité occidentale. Mais la théologie contemporaine, porteuse de l'actualité de la tradition, et marquée par le phénomène de la « mort de Dieu », interroge sous un horizon nouveau d'intelligibilité la révélation qui s'est faite en Jésus. Cette réflexion de la tradition chrétienne sur elle-même, qui entraîne une réinterprétation de l'idée de Dieu, nous conduira à une relecture phénoménologique du chemin de la foi, des évangiles au dogme à travers l'articulation des deux Testaments, propre à éclairer le sens épistémologique de l'acte de croire dans son rapport au comprendre. Les réflexions que nous aurons à mener à ce propos sur la foi redoubleront celles que nous faisions, à la fin du chapitre précédent, sur la nécessité de passer du bien-connu à l'inconnu de Dieu, pour connaître sa vérité telle que lui seul peut la révéler, par-dessous les voiles de la religion, au prix d'une conversion que les apôtres, à la

DÉVOILEMENT DE DIEU 287

suite de Jésus, assimilent à une renaissance, à l'acte de renaître de la vie que Dieu communique par sa présence.

Ainsi éclairés sur la démarche de la foi et sur la possibilité, *pour nous aujourd'hui*, d'adhérer à l'annonce des apôtres transmise par l'Église, nous ferons retour à l'événement historique de Jésus pour le considérer, non plus sous son aspect événementiel, mais en sa vérité la plus profonde, en tant qu'automanifestation de *Dieu révélé dans la foi au Christ*. En donnant à Jésus son nom théologal de Christ, nous effectuons bien une démarche de foi : nous le reconnaissons comme le vrai révélateur de Dieu, tel qu'il est présenté par les évangélistes et les apôtres, tel qu'il est confessé par la première communauté chrétienne. Mais nous rejoignons cette foi à partir de notre propre histoire. La relecture, toujours recommencée, de notre quête de Dieu nous rend sensibles à « l'irruption » de sa révélation quand la proclamation de sa mort par la culture contemporaine est reconduite jusqu'au site de la mort de Jésus : il apparaît alors que la vérité de Dieu est bien de se tenir là en celui qui meurt. Sous cet éclairage, la révélation se fait accueillir comme acte de donation, don tout ensemble de la foi et du sens, du salut et de la vie. Car elle n'est pas appréhendée en elle-même tant qu'elle reste extérieure à Dieu, tant qu'elle est seulement vue comme un acte produit par Dieu, dont Dieu serait l'auteur sans en être le *sujet*, c'est-à-dire sans la subir lui-même en lui-même. En d'autres termes – et là est la spécificité du concept chrétien de révélation –, dire que Dieu se révèle en Jésus, cela veut dire que quelque chose arrive à Dieu, il lui arrive de passer par où Jésus est passé pour se mettre et se tenir en relation vivante, en communication de vie avec les hommes ; mais cela ne peut être perçu du croyant que par l'acte de passer à son tour par le même chemin, le même événement de mort et de résurrection, pour recevoir de Dieu ce que Dieu lui tend à travers le Christ. Alors se dévoile l'inconnu de Dieu : il est *Ce qui arrive* à Jésus et à nous, Événement de la vie qui sort de la mort ; il est *trinité*, relation à l'autre, de même qu'il *est-pour-nous*, relation de Père à Fils selon le lien de Dieu à Jésus, et relation du Père et du Fils à l'Esprit Saint selon le lien de Dieu à l'humanité comprise dans la dimension totale du corps du Christ.

Il devrait nous apparaître, en définitive, que les difficultés à concevoir la révélation sont les mêmes que celles que nous avons rencontrées à propos de la croyance rationnelle en Dieu, et qu'elles sont liées à l'idée qu'on se fait de Dieu. Si l'on pense Dieu comme le Très-Haut, le Tout-Autre, l'Être infini, on voit mal comment l'homme, qui tire de l'expérience ses connaissances et ses certitudes, peut le concevoir et même s'assurer de son existence. Si on le pense comme le Tout-Puissant, l'Absolu enfermé en lui-même, l'Éternel soustrait au devenir, on l'imagine mal se rendre présent dans les limites du temps et de l'espace pour se faire connaître des hommes. Mais nous faisons alors, des propriétés que nous lui attribuons, autant de conditionnements qui limitent ses possibilités de manifester sa présence. La considération de son lien au Christ nous apprendra, à l'inverse de ces idées préconçues, qu'il peut se révéler dans les limites du temps et de l'espace parce qu'il habite déjà notre monde et notre histoire, et qu'il est possible à chacun, pour ce motif, de le connaître par le pressentiment de sa révélation au vif de l'existence – perspective qui ouvre en effet de nouveaux et vastes espaces de réflexion.

Mais une chose est de pressentir Dieu – le chapitre précédent portait sur ce point –, une autre chose de le rejoindre, ou plutôt de se laisser rejoindre par lui sur le chemin que va ouvrir ce nouveau chapitre. Quand la révélation se fait histoire, elle ne peut être accueillie en vérité que par celui qui pense et oriente sa propre histoire dans une recherche du sens qui est, non moins immédiatement, une démarche éthique. À cet égard, la théologie serait école de sagesse pratique plus que science théorique. Disons plutôt qu'elle se fait science en ouvrant les voies de la sagesse. C'est sans doute ce que pensaient ces anciens théologiens chrétiens qui se faisaient appeler *philosophes*, ce qui veut dire amis de la sagesse, mais également, comme on le comprenait en ces temps-là, chercheurs de vérité et, en cela même, compagnons de route de la science philosophique. Nous poursuivons dans le même esprit sur les terres de la théologie le chemin que nous avions commencé de tracer sur celles de la philosophie.

I

RÉVÉLATION ET RELIGION

Le mot « révélation » est d'un usage fréquent en théologie chrétienne, où il sert à désigner ce que la religion chrétienne tient pour son fondement divin, ce qu'elle a, en principe, de spécifique, d'unique, d'exclusif : la vraie, la seule et authentique manifestation de Dieu dans l'histoire, celle qui s'est faite de manière définitive dans la personne et l'événement de Jésus Christ, après avoir été préparée et annoncée par le destin particulier du peuple hébreu, révélation dont les récits et les enseignements sont contenus dans les livres inspirés de l'Ancien et du Nouveau Testament. Cependant, l'usage de ce mot n'est pas propre à la théologie, il appartient au vocabulaire religieux le plus général, il est souvent employé par les sociologues, phénoménologues, philosophes et historiens du fait religieux pour exprimer le sentiment du sacré ou du divin qu'ils découvrent dans toutes les religions sous des formes très diverses, les manifestations de la divinité dont elles font état, les traditions qu'elles font remonter à leurs origines, les expériences du sacré qui ont lieu dans leurs cultes, les livres sacrés où certaines puisent leurs doctrines. Entre cet usage religieux commun, qui se donne pour universel, et l'usage chrétien, qui se voudrait singulier, le conflit ne pouvait manquer d'éclater et éclata, en effet, à mesure que se développèrent les sciences des religions, dès le XVIIIᵉ siècle et surtout au XIXᵉ et jusqu'au XXᵉ siècle. Du point de vue de ces sciences, le christianisme entre dans le cadre général du phénomène religieux, ses prétentions à la singularité sont logiquement injustifiables, la révélation ne peut être d'une nature différente chez lui et ailleurs, et il doit renoncer à revendiquer une intervention historique de la divinité à son seul bénéfice. Face à ces attaques, les théologiens ont réagi différemment : les uns, en faisant des concessions à ces sciences mais en défendant la suprématie du christianisme, soit sur le plan de la religion mais sans lui accorder le bénéfice d'une révélation particulière, soit en lui accordant le caractère de révélation parfaite mais sans identifier absolument la personne de Jésus à la révélation qui se produit en lui et qui perd du même coup son caractère de totale proximité ; d'autres théologiens ont défendu les positions traditionnelles, en soutenant avec rigueur la singularité de la révélation chrétienne, parfois en accentuant son hétérogénéité et son exclusivisme, ailleurs en s'attachant à la montrer en lien avec la condition naturelle et l'histoire universelle de l'humanité. Du premier côté, nous trouverons des théologiens protestants allemands, tels Ernst Troeltsch, autour de 1900, et Paul Tillich, après la Première Guerre mondiale, tous deux rangés dans le camp « libéral », bien que le second ait tenu à s'en distancer ; de l'autre côté, Karl Barth, dont nous connaissons la lutte contre le libéralisme, et la plupart des théologiens catholiques, parmi lesquels nous citerons Hans Urs von Balthasar et Karl Rahner. L'exposé de ces discussions, qui mettent d'abord en cause la possibilité même d'une révélation de Dieu dans un événement historique particulier, et par contrecoup les rapports de la théologie avec la philosophie, aidera à préciser en quel sens nous parlerons, ultérieurement, de la révélation qui s'est faite en Jésus Christ.

La révélation dans l'histoire des religions (Troeltsch).

Le terme « révélation » est souvent associé à celui de « manifestation » dans des sens très voisins ; le premier signifie plus particulièrement le dévoilement du mystère, la communication en paroles d'un secret jusque-là caché, le second, l'extériorisation, l'apparition du divin sous des signes visibles, son épiphanie ; la révélation s'accompagne habituellement d'une manifestation qui permet de reconnaître la présence de Dieu sous des signes de sa puissance, et se fait ainsi de l'extériorité de sa venue vers l'intériorité de sa présence [1]. Cette définition, prise dans sa généralité, convient au christianisme autant qu'aux autres religions, y compris à celles du paganisme, les plus étudiées par les premières sciences du phénomène religieux. Le sentiment d'une révélation, au sens d'automanifestation de

---

1. Voir Stanislas BRETON et Jacques MARELLO dans l'ouvrage collectif *Manifestation et Révélation*, Paris, Beauchesne, coll. « Philosophie », 1976, p. 41-52 et 64-69.

DÉVOILEMENT DE DIEU 291

Dieu, paraît inscrit au plus profond et au plus originel de la croyance religieuse, elle-même comprise comme une expérience de Dieu, c'est-à-dire précisément comme la conscience (individuelle ou collective) d'une manifestation de sa présence ou de son intervention. Ainsi, la prière, expression fondamentale de la croyance, traduit la confiance que la puissance supérieure peut et va répondre favorablement à la demande du groupe qui l'implore. Tels et tels phénomènes naturels sont considérés spontanément comme des œuvres, fastes ou néfastes, de cette puissance, marques de sa présence ou de son intervention, et la prière cherche à en obtenir la répétition ou à la conjurer. La croyance est à la fois réponse et appel à l'automanifestation de Dieu. Le culte peut être conçu comme l'institution d'un système de signifiants au moyen desquels l'homme entre en communication avec la divinité, ainsi qu'en témoigne le personnel nombreux, à l'œuvre dans toutes les religions anciennes, d'aruspices, d'augures, de devins, de prophètes, de sorciers chargés d'interpréter les messages de Dieu. Il peut s'agir de messages délivrés au moyen de signes rituels (« sacramentels ») ; le rite fondamental des sacrifices d'expiation, par exemple, n'est pas qu'un appel adressé à Dieu, il contient aussi sa réponse, car c'est Dieu qui fait l'expiation en manifestant s'il accepte ou refuse l'offrande[1]. Il peut aussi s'agir de messages en paroles, d'oracles divins recueillis dans des sanctuaires par des prêtres ou des prophètes, comme la Pythie ou la Sibylle. Les nombreuses manifestations de la divinité au moyen de phénomènes naturels ont facilement accrédité l'idée que les dieux cherchaient à entrer en relations de paroles avec les êtres humains, à les « enchanter », pour leur communiquer leurs ordres ou solliciter leurs dons[2].

---

1. Sur l'intervention de Dieu dans le sacrifice : Gerhard VON RAD, *Théologie de l'Ancien Testament*, Genève, Labor et Fides, vol. I, 1963, p. 237-239. – Sur la prière comme rite de communication avec la divinité : Marcel MAUSS, *La Prière* (1909), dans *Œuvres,* vol. I, Paris, Éd. de Minuit, 1968, p. 357-366 ; Jean CAZENEUVE, *Les Rites et la condition humaine*, Paris, PUF, 1958, p. 378-379.

2. CLÉMENT D'ALEXANDRIE, *Le Protreptique*, I, 1-8, invite les païens à se laisser attirer par les chants du vrai Logos, nouvel Orphée, qui les délivrera de l'enchantement des idoles (S.C. 2, Paris, Éd. du Cerf, 1949, p. 52-62).

292   DIEU QUI VIENT À L'HOMME

On peut conclure légitimement de cette rapide description, sans se prononcer sur la réalité ni sur la nature de ces phénomènes, et quelque explication qu'on en donne ensuite, qu'une idée de révélation est immanente à la pratique religieuse, en ce sens que la religion est vécue comme l'automanifestation de Dieu, le lieu, le réseau symbolique, le voile sous lequel Dieu se présente de lui-même et se donne à connaître. C'est ainsi que les hommes pieux vénèrent dans les temples la Gloire, l'Ombre de Dieu, comme une trace de sa présence.

L'analyse de l'idée de révélation sur la base du fait religieux explique que la raison humaine ait tardé si longtemps à demander à la philosophie des preuves de l'existence de Dieu : qu'en avait-elle besoin, tant que la religion le révélait, rendant sa présence manifeste ? Dès que nous voyons la raison philosophique s'en inquiéter, nous devons présumer, au contraire, que cette présence est devenue moins « voyante », parce que la religion commence à perdre de son emprise sur les esprits. Nous en avons fait la constatation : les premières démonstrations proprement dites de l'existence de Dieu coïncident, en gros, avec les premières revendications d'autonomie de la raison qui veut soustraire le plus possible son domaine, qu'elle estime coextensible à celui de la nature, à l'interventionnisme autoritaire, à « l'hétéronomie » de la religion, chrétienne en l'occurrence. Cette raison n'est pas forcément irréligieuse, mais elle entend vérifier par ses propres moyens tout ce qu'il lui est donné de connaître. Sans s'attaquer tout de suite à l'idée de révélation, elle commence par contester les signes surnaturels, miracles et prophéties, invoqués par le christianisme et cette critique, qui se généralise autour de 1700, menée au nom des sciences historiques, naturelles, philosophiques, ne tarde pas à rejaillir sur l'idée même de révélation[1]. Mais c'est aussi, plus généralement, une nouvelle façon d'étudier le christianisme qui est à l'origine de la remise en cause de cette notion.

Au cours du XIXe siècle, des changements épistémologiques importants se produisent dans la théorie de la religion. Au lieu qu'elle soit étudiée dans son rapport au christianisme

_____

1. Voir Paul HAZARD, *La Crise de la conscience européenne, 1680-1715*, Paris, Fayard, 1961, « chap. II. La négation du miracle », p. 142-164.

DÉVOILEMENT DE DIEU 293

d'une part, à l'idée de Dieu et à la foi en Dieu d'autre part, c'est-à-dire, d'un côté comme de l'autre, au lieu d'être abordée spéculativement dans son intériorité, dans son lien à la rationalité, en tant que sentiment et expression d'une transcendance, elle est maintenant de plus en plus considérée dans son rapport à la culture et à la société, comme formation et production sociale et comme idéologie et axiologie d'une société déterminée. L'étude de la religion échappe donc à la philosophie de l'esprit, d'autant que s'impose le sens de la temporalité de la raison humaine et de toutes ses créations, et elle tombe désormais sous la coupe des sciences sociologiques et historiographiques ; la philosophie de la religion, qui avait la charge d'en élaborer le concept, devient dépendante de l'histoire et de la sociologie des religions. Il en ira de même de l'étude du christianisme, qui se fera sous l'angle de son appartenance au fait religieux en général, dans le cadre de ses interactions et interdépendances avec la culture et la société, et ses doctrines et ses pratiques seront examinées du même point de vue. La théologie va donc se trouver confrontée avec ces nouvelles sciences du christianisme. Alors qu'elle avait l'habitude de présenter ses doctrines, croyances et pratiques sous leur aspect purement interne et surnaturel, en rapport avec la personne du Christ, en tant qu'émanations d'une révélation divine, régies par la seule grâce de la foi révélée, elle devra tenir compte du regard étranger de ces sciences sur son domaine propre, qui ne lui est plus réservé. C'est l'époque où se multiplient les recherches exégétiques et historiques sur les écrits et traditions néotestamentaires et sur les origines chrétiennes. La théologie se voit obligée de confronter ses méthodes, dénoncées comme «dogmatiques», non scientifiques, contraires à l'esprit du temps, avec celles de ces nouvelles sciences. Plus encore que sur le plan des méthodes, elle est mise en cause en son fondement, au sujet de la personne de Jésus, non seulement parce que des faits d'histoire sont opposés à son dogme, mais surtout parce que Jésus est abordé par ces sciences sous un jour tout profane, en simple fondateur de religion, comme un personnage dont on découvre des homologues en d'autres religions. Cette époque, enfin, est celle où la religion chrétienne, abandonnée par de nombreux fidèles, est en situation de déclin. On s'interroge donc sur le christianisme comme sur n'importe quel autre phénomène culturel, sur ses chances d'avenir, sur ses possibilités d'adaptation à la «modernité», sur les « valeurs » qu'il apporte à la culture, sur l'intérêt qu'il représente pour la société, sur sa « pertinence » pour le nouveau monde en voie de formation ; on analyse son « essence » au regard, non de la révélation dont il se dit porteur, mais de l'évolution du phénomène humain ; on examine la légitimité de sa mission et de ses prétentions à l'universalité en fonction de son appartenance à une civilisation historique et à la culture européenne, on met en cause l'absoluité de Jésus Christ au regard de la valeur de la religion qu'il a fondée, sur fond d'histoire des civilisations et sous l'horizon du monde de demain, et on se demande comment sauver la religion chrétienne de la débâcle du dogme christologique. Les dogmes les plus essentiels sont retournés du dedans vers le dehors.

Tel est le contexte effervescent où se situent les réflexions théologiques d'Ernst Troeltsch, des dernières années du XIXe siècle à celles de la « Grande Guerre »[1]. Son intérêt pour nous, un siècle plus tard, tient essentiellement au fait qu'il est l'un des premiers à avoir pratiqué la théologie expressément dans la perspective de la modernité, dont il fut un analyste perspicace[2], et à avoir abordé, sous cet éclairage, les plus graves problèmes auxquels les théologiens n'ont cessé de s'affronter jusqu'à aujourd'hui[3]. Imbu du nouvel esprit scien-

---

1. J'ai esquissé ce contexte, dans le paragraphe précédent et dans celui-ci, sur la base d'un dossier spécial des *Recherches de Science religieuse*, t. 88/2, avril-juin 2000, intitulé *Science des religions ou théologie ? Ernst Troeltsch aujourd'hui* ; en particulier de l'article de Hartmuth RUDDIES sur la conception christologique de Troeltsch, p. 199-212, et de la remarquable étude de Jean-Marc TÉTAZ qui compare Troeltsch et Weber sur le rapport à la modernité, les nouvelles problématiques théologiques et la « théorie du christianisme », p. 223-251. Une abondante bibliographie sur Troeltsch est rassemblée dans ce dossier, où j'ai aussi écrit un bref article sur « le statut et la tâche de la théologie » d'après Troeltsch, p. 185-197.
2. Voir p. 145, n. 1 les références du chapitre I à un dossier antérieur des *RechScRel.* sur Troeltsch.
3. Les principales œuvres théologiques de Troeltsch ont été rassemblées, traduites en français et publiées par Jean-Marc TÉTAZ, dans Ernst TROELTSCH, *Histoire des religions et destin de la théologie*. *Œuvres* III, Paris-Genève, Éd. du Cerf-Labor et Fides, 1996. Les citations que je ferai renvoient à ce recueil avec l'indication du titre abrégé de l'écrit et de l'année de sa première publication.

DÉVOILEMENT DE DIEU 295

tifique, il fut soucieux d'y adapter les méthodes de la théologie. Il est considéré comme le fondateur, à Göttingen, de
« l'École de l'histoire des religions ». Croyant sincère, il avait
le souci de défendre le christianisme tel qu'il le concevait,
non comme un corps de doctrines, mais comme religion, dont
« l'essentiel n'est ni dogme, ni Idée, mais culte et communauté[1] ». Il a donc le souci « apologétique » de soutenir le culte
de Jésus, et il convient de lui en savoir gré, malgré les
reproches, d'ailleurs souvent légitimes, que lui adressera son
grand adversaire Karl Barth. Il consacra de nombreuses études
au christianisme sous cet aspect principalement social et
culturel, études souvent élaborées en collaboration avec son
ami Max Weber, le grand théoricien des sciences sociales de
la religion. Cela ne veut pas dire qu'il se désintéressait des
questions proprement doctrinales ; par exemple, il interprète
l'attente eschatologique du Royaume de Dieu et l'idée de
rédemption dans le christianisme primitif en termes d'opposition entre l'ordre des valeurs religieuses et celui des valeurs
mondaines : c'était bien une question théologique pour lui, et
nous devons lui en donner acte. Nous nous intéresserons ici
à son idée de la révélation, non qu'il en ait fait la théorie, pas
plus que d'un autre dogme, mais parce qu'il la place sous
l'éclairage qui vient d'être rappelé, celui de la problématique
critique dont la modernité a tracé les contours.

Ce que nous retiendrons essentiellement de la science des
religions chez Ernst Troeltsch, ce qui en est l'affirmation de
base, c'est l'impossibilité *a priori* d'une révélation. Cependant,
comme l'origine de la religion y est expliquée en termes de
révélation, dont le sommet est placé dans le christianisme, on
est obligé de donner à ce mot des sens différents selon qu'il
fait l'objet d'un acquiescement, dans sa visée la plus générale,
ou d'un refus ou d'une critique, dans le cas particulier du
christianisme. Troeltsch l'emploie dans un sens positif, pour
affirmer le caractère primitif de la croyance en Dieu, son
déploiement universel à travers toutes les religions du monde,
sa concentration progressive dans le christianisme ; ainsi, dans
ses Thèses sur « L'absoluité du christianisme et l'histoire de
la religion », se propose-t-il « d'examiner le rapport de valeur

_____

1. E. TROELTSCH, « La signification de l'historicité de Jésus pour
la foi » (1911), p. 317.

que la révélation chrétienne de Dieu entretient avec les révélations de Dieu présentes dans les autres religions» et de montrer que le christianisme est «la révélation la plus forte et la plus concentrée de la religion personnaliste»[1]. Il y recourt en savant, qui veut expliquer le fait religieux et qui identifie la révélation de Dieu à l'invocation de son nom dans le cœur du croyant, à l'autodévoilement et autodéveloppement de la conscience religieuse de l'humanité dans les religions historiques; il en parle aussi en croyant, sincèrement désireux de défendre la foi chrétienne contre les négations de la raison, et qui ne doute pas que Dieu ne se révèle réellement dans la religion – mais Dieu compris à la manière déiste[2] comme l'énergie divine, l'esprit transcendant qui soulève la foi de l'humanité, «la profondeur divine de l'esprit humain» qui a atteint son plus haut développement «dans la religion des prophètes d'Israël et dans la personne de Jésus»[3]. En revanche, il s'oppose résolument à la «méthode dogmatique» qui voudrait soustraire le christianisme aux contrôles des sciences historiques et qui fait appel à des faits miraculeux d'une puissance surnaturelle[4] dans l'intention de prouver que cette religion a pour origine un événement absolument singulier de révélation de Dieu, une intervention directe de Dieu dans les phénomènes historiques. C'est ce type de révélation qu'il déclare désormais impensable. Vu le «mode de penser historique» qui a pénétré partout de nos jours, estime-t-il, «il devient impossible de fonder la croyance sur un fait particulier comme tel», car il n'est pas de pensée originale qui ne soit tributaire d'un certain contexte socioculturel[5]. «Dans l'histoire, vouloir avoir l'Absolu en un seul point de façon absolue, c'est une illusion qui n'échoue pas seulement à cause de son carac-

---

1. «L'absoluité...» (1901), p. 66 et 136.
2. On pourrait hésiter à parler de «théisme» ou de «déisme» à propos de Troeltsch: le Dieu auquel il croit est bien le Dieu personnel de la Bible et de Jésus, mais il en parle souvent comme d'une réalité impersonnelle.
3. «À propos de la méthode historique et de la méthode dogmatique en théologie» (1900), p. 58; «L'absoluité...»: la théorie du développement se construit «avec l'idée d'une révélation progressive de l'arrière-fond transcendant de l'histoire», p. 66-67.
4. «À propos de la méthode...», p. 43-53; «L'absoluité...», p. 67.
5. «À propos de la méthode...», p. 47-48.

DÉVOILEMENT DE DIEU

tère irréalisable, mais aussi parce qu'elle est en contradiction interne avec l'essence même de toute religiosité historique » ; en effet, « la science montre que le véritable Absolu [...] n'est aucunement un phénomène ou une révélation historiques, c'est Dieu lui-même [...], c'est le but humain de l'esprit »[1]. On renoncera donc à ériger « un point unique de l'histoire » – la personne de Jésus, ou la première communauté chrétienne – en « centre unique de toute l'humanité » : « C'est parce que la majesté de la croyance en Dieu prophético-chrétienne triomphe de nos âmes que nous reconnaissons Jésus, plutôt que le contraire »[2] ; c'est à ce prix qu'il sera possible de justifier la validité du christianisme « au sein du flux du développement de l'histoire universelle de la religion »[3].

La grande philosophie de l'esprit dont Troeltsch restait imbu lui permettait de parler de l'histoire de la religion en termes de révélation ; l'éclipse généralisée de la religion dans la culture occidentale de la fin du XXe siècle ne le permet plus, ou du moins plus aussi facilement, sans infirmer pour autant l'importance du phénomène religieux, qui continue à réclamer une explication philosophique autant que théologique. À plus forte raison, le « mode de penser historique » invoqué par Troeltsch, auquel les esprits contemporains ne sont pas moins sensibles, même s'ils sont plus réservés sur le point de la « science » de l'histoire, ne souffrirait pas que la théologie en appelle à la révélation comme si le fait chrétien constituait un phénomène absolument singulier et sans lien avec le reste de l'histoire religieuse de l'humanité. Voilà ce qui oblige à se confronter à la critique troeltschienne de l'idée d'une révélation historique particulière.

Est-il possible ou est-il *a priori* impossible que Dieu se révèle à tel moment du temps et en tel point de l'espace, et seulement ici et là, dans telle personne, Jésus de Nazareth, qui deviendrait ainsi l'unique point de communication entre Dieu et l'universalité des hommes pour la totalité de l'histoire ?

---

1. « L'absoluité... », p. 144 et 164.
2. « La signification de l'historicité de Jésus pour la foi » (1911), p. 312.
3. « La dogmatique de l'École de l'histoire des religions » (1913), p. 335-336.

298 DIEU QUI VIENT À L'HOMME

Et est-il possible qu'il le fasse en contraignant les hommes à reconnaître sa présence par l'éclat surnaturel du phénomène historique de sa manifestation ? Plusieurs facteurs semblent jouer dans le jugement négatif *a priori* de Troeltsch, par référence à l'enseignement courant de l'apologétique de son temps : le sentiment que le christianisme a besoin d'une justification rationnelle que ne pourrait pas lui fournir la singularité historique dont il se targue ; le préjugé qu'il n'a pas le droit de se réserver la communion avec la divinité au détriment de l'ensemble de l'humanité ; le refus de l'argument du miracle, jugé offensant pour la raison et contraire à sa vision d'un monde régi par des lois naturelles ; la pensée qu'il est métaphysiquement contraire à la nature de Dieu, l'Absolu, l'Infini, de vouloir· l'enfermer dans un moment du temps et un point de l'espace. La dernière objection est de loin la plus radicale, puisqu'elle se fonde sur l'être même de Dieu, mais elle est enveloppée dans une exigence préalable du « mode de penser historique », par laquelle doit commencer notre examen du problème.

Toute affirmation concernant un point d'histoire doit accepter de se prêter aux contrôles des sciences historiques, sous peine de perdre tout crédit rationnel : ce postulat fondamental de la pensée moderne impose sa pleine légitimité à la pensée religieuse, voilà ce qui doit être concédé à Troeltsch en premier lieu. Les récits religieux qui mettent en scène un envoyé divin chargé de transmettre une révélation céleste abondent en faits miraculeux destinés à cautionner l'autorité divine du messager, ainsi les évangiles rapportent, en garantie de la mission divine de Jésus, les « signes et prodiges » accomplis par lui. Ni la réalité ni la nature de ces faits ne peut être contrôlée par le lecteur lointain de ces récits, leur examen relève de la critique historique et littéraire des textes, et en particulier du genre de textes appelés « récits ». Dans le type d'apologétique que repousse Troeltsch, la réalité du fait miraculeux est censée être indiscutablement établie par le récit qui le rapporte, son caractère contre nature prouve son origine divine, et ce fait a pour finalité d'obliger à reconnaître à son auteur la qualité d'envoyé de Dieu. Cette argumentation n'est plus d'actualité. L'herméneutique moderne des récits (évangéliques entre autres) ne les considère pas à titre de documents historiques « neutres », mais de témoignages croyants : ils authentifient le messager en proclamant que ses « œuvres » viennent bien de Dieu ; c'est pourquoi elles sont souvent présentées comme des « signes », livrés à l'interprétation des témoins, plutôt qu'à titre de « prodiges » qui forcent l'assentiment. Le récit ne témoigne pas de faits « bruts », il en dit le sens, il enveloppe le messager, son message et ses hauts faits du même témoignage de foi, invitation à croire, non directement à ce qu'il raconte, mais à celui qu'il met en scène. Le message est indissociable du fait qui l'accompagne, l'un et l'autre ont même origine divine que le messager, et c'est ce dernier qui leur communique sa propre vérité : voilà ce que dit le récit qui en témoigne. L'interprétation du fait est laissée à la foi que l'auditeur ou lecteur du récit accorde ou refuse au messager dont le récit témoigne. Il n'y a donc pas lieu (à ce stade de notre enquête, car nous y reviendrons aux fins d'interprétation) de disserter sur la nature et la possibilité du fait présumé miraculeux, pris en soi, comme s'il avait pour fonction d'humilier la raison en la contraignant à accueillir le message divin qu'il accompagne. Ainsi que Troeltsch le dit lui-même, la révélation n'est pas dans ce fait, elle est le fait de Dieu qui s'automanifeste en Jésus.

Avant d'examiner s'il est possible à Dieu de se manifester, nous serions tentés de nous demander à quoi nous pourrions reconnaître qu'il se manifeste, dès lors que nous devrions renoncer à en chercher la preuve dans un fait censé extérieur à cette manifestation. Dans quel ordre convient-il logiquement d'aborder ces deux questions ? Il ne s'agit là en réalité que des deux faces de la même question, et la seconde, celle de la cognoscibilité de la révélation, peut être la meilleure voie pour poser le problème de sa possibilité. Car c'est du côté de Dieu que ce problème est double : il y a celui de la possibilité qu'il apparaisse et se tienne ici et là, à tel moment, en tel lieu, par exemple en cet homme Jésus, et il y a celui de la possibilité de se donner à voir et à connaître tel qu'il est en lui-même. La même absoluité et infinité qui interdirait à Dieu de se mesurer aux limites des phénomènes du monde l'empêcherait de se donner un apparaître appréhensible par la connaissance limitée des hommes. La réponse au premier problème viendra de la notion même de révélation, ou d'automanifestation : il ne s'agit pas d'une connaissance acquise, mais donnée gratuitement et librement par Dieu, d'une « monstration » ou « donation »[1], et cela oblige à distinguer l'ordre de la foi et l'ordre du savoir. Cependant, toutes nos connaissances, d'où qu'elles viennent, portent la marque de la contingence de notre condition spatio-temporelle. C'est le second problème qui surgit alors, et la réponse consistera à examiner comment Dieu vient à nous par l'intermédiaire des phénomènes du monde sans y circonscrire sa présence à la manière d'un être-là au monde ici et là.

Dieu n'aurait pas besoin de se révéler si l'homme avait la capacité de le connaître par lui-même tel que Dieu est en lui-même. On pourrait objecter, avec le dogme catholique, que la raison humaine peut facilement connaître avec certitude que Dieu existe – mais c'est le dogme qui l'affirme, au XIXe siècle, non la raison, et pourquoi faire l'obligation de le croire si la raison en a d'avance l'évidence, à moins que ce ne soit parce qu'elle l'avait perdue, ce qui était le cas précisément dès cette époque-là ? De toute façon, nous avons admis que l'homme depuis les anciens temps cherchait à se « relier » à Dieu par la religion, et nous avons remarqué que l'implication du concept de révélation dans celui de religion signifiait que l'homme a le sentiment, quand il se met en quête de Dieu, de répondre à son appel, d'être prévenu par une approche divine. Tel est le fond de l'argumentation de l'apologétique moderne, nous l'avons vu, en faveur de la croyance naturelle en Dieu. De fait, notre première intuition de Dieu nous dit qu'il ne doit pas être rangé au nombre de ces choses du monde qui sont pour nous des objets à connaître, mais traité en sujet, en sujet souverain, qui dispose librement de soi, et qui ne se laisse approcher que de ceux qu'il appelle, ce que la croyance religieuse signifie par la séparation des temps et des lieux sacrés et profanes. Autrement dit, dans la « relation » qu'instaure la « religion », l'initiative vient de Dieu et ne peut venir que de lui ; cela est impliqué par la souveraineté spontanément accordée à cet être auquel est donné un nom divin, et ce nom présuppose qu'un appel est reçu d'ailleurs, d'une « révélation », appel à « se retourner » vers un autre, à « se convertir ». C'est l'expérience de conversion que raconte symbolique-

---

1. Autres termes équivalents à celui de révélation selon S. BRETON, p. 42.

DÉVOILEMENT DE DIEU

ment le récit biblique de la « vocation » d'Abraham, ou qu'évoque la dialectique de Pascal, si souvent citée, mettant ces mots dans la bouche de Jésus : « Tu ne me chercherais pas si tu ne m'avais déjà trouvé » – parce que c'est moi qui étais à ta recherche depuis toujours.

Ne décidons pas pour le moment si une automanifestation de Dieu correspondait effectivement aux premières expériences religieuses de l'humanité ni si on doit en supposer une en toute religion. Troeltsch le fait, tout en différenciant fortement celles qui ne sont que « naturelles » de celles qui se sont élevées au stade « prophétique », les unes et les autres étant semblablement pour lui d'ordre naturel et non surnaturel. La croyance ou la foi semble donc, chez lui, relever de l'ordre du savoir, comme toute autre connaissance rationnelle, sauf qu'elle ne serait pas d'ordre « théorique » mais « pratique », tel le sentiment d'un « commerce avec le Divin »[1], ou l'appréhension d'une « relation vivante avec la divinité »[2]. Cette manière de voir n'en implique pas moins une distinction de la foi et du savoir que Troeltsch postule partout mais n'éclaircit nulle part. Dans le dogme catholique, la distinction est claire, puisque la foi est rattachée à une révélation historique déclarée d'ordre surnaturel, mais ce lien ne peut pas être invoqué ici abruptement alors que la question est posée sur la possibilité *a priori* ou non d'une telle révélation – à moins de rétorquer que la question ne se pose pas puisque la révélation a de fait eu lieu, et de renvoyer ainsi, au miracle d'un côté, à une foi surgie du néant de l'autre, ce qui couperait court à la discussion mais sans répondre à l'objection. Restons donc au niveau du raisonnement *a priori*, de ce qu'on peut déduire du concept de Dieu et de l'expérience croyante quant à la possibilité d'une manifestation de Dieu.

Si Dieu veut se manifester à l'homme, ce n'est pas pour se faire connaître directement, alors qu'il existe, par présupposé, au-delà de nos possibilités de le saisir, c'est pour entrer en lien avec nous, de sujet à sujet, donc pour que nous entrions avec lui « en commerce », en « relation vivante », comme le

---

1. E. TROELTSCH, « Thèses... sur l'absoluité du christianisme... » (1901), p. 67.
2. ID., « La signification de l'historicité de Jésus... » (1911), p. 317.

dit très bien Troeltsch. C'est par ce lien qu'il se fait percevoir, moins en se livrant à notre expérience, comme un objet à connaître, qu'en nous donnant de nous éprouver nous-mêmes reliés à lui, saisis par lui, comme des sujets ordonnés à un autre, touchés et travaillés par une altérité, des sujets « sensés », c'est-à-dire ordonnés à un sens qu'ils ne se sont pas donné à eux-mêmes, qui ne vient pas non plus des choses extérieures, mais qui traverse leur expérience du monde en tant qu'il vient d'ailleurs et conduit ailleurs. Dieu ne se manifeste de la sorte qu'à celui qui se laisse saisir par lui, qui répond à son initiative, qui accueille ce sens, qui entre dans la réciprocité de la relation initiée par Dieu et qui se livre à l'expérience de vivre en lien avec lui, à une expérience de transcendance et d'altérité. Ainsi, dès que nous posons Dieu conformément à son concept d'être adorable, comme un être infini existant en soi et pour soi et n'étant semblable à aucun autre, nous préjugeons qu'il n'est connaissable que par un acte d'automanifestation, comme un sujet qui se pose librement en face d'un autre et non comme un objet que nous pourrions saisir de nous-mêmes, et nous postulons que sa cognoscibilité n'est pas de l'ordre de nos connaissances rationnelles, acquises par l'expérience sensible, mais de l'ordre du désir divin, du don, de la gratuité. Dieu se fait connaître parce qu'il le désire, il le désire, non pour en retirer quelque avantage de l'ordre de l'échange, mais pour nous élever à lui, à un autre type d'existence, et ainsi il ne se fait pas connaître en lui-même, par un jugement d'existence que nous ne pourrions tirer que d'une expérience du monde, mais seulement sous le mode où nous nous éprouvons « transis » par lui, « en transit » vers lui et par lui. C'est le seul mode de cognoscibilité qui soit à la hauteur d'une juste idée de Dieu. Le dogme chrétien appelle « grâce » cet acte tout gratuit par lequel Dieu se découvre à l'homme pour l'attirer à lui, et « foi » le type de connaissance qui correspond à cette grâce. La réflexion sur la possibilité de la révélation appelle un bref éclaircissement de la notion de foi, en tant que la foi est l'intériorité de la connaissance de soi que Dieu *donne* à l'homme, une connaissance qui doit donc s'inscrire dans nos possibilités de connaître.

La foi n'est pas une sorte de connaissance inférieure au savoir rationnel mais de même provenance phénoménale, de l'ordre de la croyance, de l'opinion, du sentiment ou de l'imaginaire ; ni une source de connaissance supérieure à la raison,

DÉVOILEMENT DE DIEU 303

la jugeant sans se laisser juger par elle. Elle est « surnaturelle », non au sens d'un événement « miraculeux » soustrait à l'ordre des choses, mais au sens d'être la perception d'une certaine qualité de l'existence humaine, qui consiste à être « donnée » à elle-même, enveloppée de gratuité, livrée à la liberté du sujet, perception d'une qualité de l'être-au-monde qui est de penser le monde sans que notre pensée du monde soit enfermée dans les limites de l'espace explorable par nos sens. La foi n'excède pas la condition humaine tout en dépassant la mesure de l'être-là, car elle est la perception des limites de l'existence et du monde, mais en tant que ces limites sont bordées d'une altérité qui nous enjoint de les franchir, en tant que « l'extérieur » de la limite est le toucher de l'Illimité. Elle est l'ouverture d'une brèche à travers les clôtures du temps, par où se construit une histoire de la liberté qui échappe aux nécessités des enchaînements phénoménaux. On peut dire encore que la foi est la grâce qui élève l'être humain, non formellement au-dessus de lui-même et à la révélation de vérités supérieures à l'ordre du monde, mais qui l'« élève » à lui-même, à l'ordre authentiquement humain et à la révélation de sa propre vérité, en tant qu'il se découvre par l'expérience religieuse relié à une altérité transcendante. La foi ne connaît donc pas Dieu par un jugement d'existence objectivant analogue à ceux que le savoir rationnel porte sur les choses du monde, mais sa connaissance de Dieu reste enveloppée dans la subjectivité du jugement que le sujet croyant porte sur sa propre existence soulevée par la grâce de la visitation de Dieu. Aussi bien ne dit-elle pas : Dieu « est-là » comme la raison le dit des objets du monde, ni Dieu « existe » comme s'il s'agissait d'une évidence objective et neutre, mais la foi perçoit Dieu en tant qu'il vient vers les hommes, dans son passage silencieux à travers les opacités du monde, et elle part à sa recherche, sûre d'avoir été mise en route par sa grâce mais incertaine de ce qu'elle trouvera sinon même de ce qu'elle doit chercher. À tout moment surprise par sa venue, elle ne se referme pas sur lui comme sur un objet à posséder, elle ne se transforme pas en savoir, elle reste en mouvement. Parce qu'elle est reçue d'un don gratuit, la foi est fondamentalement expérience de liberté. C'est sans doute pour cela que la révélation prend facilement dans l'histoire des religions la figure d'un événement miraculeux, prouvant que « rien n'est impossible à Dieu », ni donc à l'expérience de l'homme qui se livre à Dieu par la foi.

DIEU QUI VIENT À L'HOMME

Le problème de la possibilité ou non d'une révélation se pose, à cet endroit de notre réflexion, sous son autre face, qui est son lien d'inhérence à la contingence de l'expérience phénoménale, lien aussitôt dénoncé comme impensable par la raison : quel que soit le désir de Dieu de se manifester à l'homme, il ne semble pas possible qu'il le fasse, lui qui est l'Absolu et l'Illimité, en circonscrivant sa présence dans un instant du temps et un point de l'espace, ce qui est pourtant la condition pour que nous puissions l'appréhender. Nous avons déjà donné une réponse, en partie sinon en principe, à la difficulté, en disant que la foi ne saisit pas Dieu en lui assignant un être-là au monde, mais il faut la creuser, parce que l'objection met en cause la possibilité de situer la révélation dans l'histoire, de lui attribuer un caractère historique.

Quand le chrétien ou le juif parle de révélation, en effet, il ne se réfère pas simplement à un sentiment purement intérieur de présence de la divinité, il renvoie à un événement notoire, supposé vérifiable, qui s'est produit à tel moment et en tel lieu, et c'est de cette façon qu'elle devient l'événement fondateur d'une religion, objectivement repérable dans l'histoire d'un peuple. Ainsi la Bible situe la révélation du nom de Dieu dans un épisode antérieur à la sortie d'Égypte du peuple hébreu, dans une vision que Moïse reçut sur le mont Horeb, quand il s'entendit appeler par Dieu du sein d'un buisson qui brûlait sans se consumer (Ex 3). Peut-on dire que le récit localise indûment la présence de Dieu, qui ne peut pas être enfermé dans les limites de l'événement raconté, de telle sorte que la scène relèverait de l'imaginaire et ne pourrait pas prescrire de la réalité de l'événement puisqu'il serait impensable ? C'est en effet ce que nous devrions dire si le récit nous obligeait à assigner à la manifestation de Dieu elle-même les limites de la scène qu'il raconte. Mais, quoi qu'il en soit de la réalité de l'événement pris pour exemple, n'oublions pas qu'une révélation ne prend sa pleine effectivité que dans la foi qu'elle suscite et à qui elle s'adresse. Elle n'est donc pas circonscrite par ce qui arrive à Moïse ici et maintenant, mais elle se déploie, de façon en soi illimitée, en suivant le cours de la transmission du récit, dans le cœur et la vie de ceux qui le lisent et qui, à travers lui, se sentent rejoints par elle dans leur propre histoire qui y trouve sens et consistance. L'Absolu qu'est Dieu n'inscrit pas son nom, qui est son être manifesté, dans la phénoménalité du fait merveilleux du buisson ardent, ni dans le récit qui raconte ce fait, ni dans l'Écriture où le récit prend place ; il l'inscrit directement dans la signification que lui donnent ceux qui lisent l'Écriture comme une parole reçue de Dieu, qui accueillent le récit comme un message à eux-mêmes aujourd'hui adressé, et qui se réfèrent à l'événement de l'Horeb comme au point par où ils sont entrés en relation vivante avec Dieu. L'Absolu ne « réduit » donc pas sa présence à la facticité de son apparaître, au moment et au lieu où le récit lui donne figure, à la contingence de son appréhension par l'homme, mais il lui donne de transparaître dans la signification que la foi est invitée à lui reconnaître, car Dieu est Esprit, et c'est par un acte d'apparaître spirituel qu'il se manifeste lui-même à l'esprit de l'homme.

Quoique la présence divine s'inscrive immédiatement dans une signification spirituelle qui n'impose aucune limite à sa manifestation, cela ne l'empêche pas de se lier à un fait historique par la médiation duquel elle se fait aussi connaître comme tel événement particulier de révélation. Disant cela, ne commet-on pas l'erreur de décomposer l'être de Dieu dans la multiplicité de ses automanifestations et de le lier à notre propre contingence, ou ne peut-on éviter cette erreur qu'en renonçant à l'historicité de toute révélation divine ? Mais on doit prendre garde, sous couleur de tenir l'être absolu à l'écart de nos limites, de ne pas le soumettre en fait aux interdits de notre raison, et d'abord à l'interdit de se lier d'aucune façon à notre histoire. Il serait alors aussi illusoire de parler de révélation naturelle ou immanente que de révélation historique, car la première, si elle est réelle, est tout autant que la seconde l'acte de Dieu de se relier à nous en nous donnant de participer à lui, sauf qu'un sentiment purement intérieur ne garantit pas l'effectivité de la présence de Dieu. La seconde ajoute à la première, en plus de cette garantie, l'acte de Dieu de participer lui-même à notre propre histoire, qui réalise plus intensément la finalité de son autocommunication. Aussi avons-nous pu dire que la croyance en Dieu est la postulation implicite de sa venue vers nous.

À bien y réfléchir, la révélation n'est possible que sous le voile du contingent. S'il ne nous paraît pas possible, quand nous raisonnons *a priori*, de penser la coïncidence de l'Absolu et du contingent en un même point, c'est parce que la révélation ne peut pas être pensée, *abstraitement*, comme une possibilité de la nature ou de l'histoire, alors qu'elle dépend de la volonté purement gratuite de Dieu, qu'il ne nous est pas possible de présumer tant qu'il ne se donne pas de lui-même à connaître. Mais une fois que la révélation se fait appréhender, dans la croyance qu'elle suscite, comme une possibilité de la grâce de Dieu, alors la coïncidence de l'Absolu et du contingent cesse d'être impensable, *concrètement*, puisqu'elle s'est réalisée sous le mode d'être la possibilité de Dieu de nous apparaître là où nous sommes. Ce qui est impensable en tant que l'Absolu ne peut pas tomber sous les prises du contingent, ne l'est plus quand le contingent se montre « surpris » par l'Absolu qui se livre, de son côté, à la pure contingence d'un « il est arrivé que... ». Absolu et contingent ne sont pas des réalités incompatibles par elles-mêmes pour la simple raison qu'elles ne sont pas des grandeurs commensurables, elles se pénètrent sans se mélanger, elles s'articulent sans se contrarier. Dieu garde son mode d'être absolu en prenant un mode d'apparaître contingent, il reste ce qu'il est alors qu'il se plie à la condition naturelle d'êtres différents de lui, il garde son existence illimitée quand il la pose dans nos limites, et son illimitation consiste alors à nier qu'il y ait des limites à sa possibilité de coexister avec qui il veut et comme il le veut. Aucune raison *a priori* ne nous interdit donc de penser le concept de révélation historique.

Le déclin des religions comme des grandes philosophies de l'esprit incite à chercher Dieu, aujourd'hui, tant la réalité de son existence que la vérité de son être, dans une éventuelle révélation qu'il aurait donnée de lui-même dans le passé ou qu'il nous donnerait encore. Nous avons entrepris cette recherche pour une raison *a posteriori* évidente, parce que la religion chrétienne s'affirme fondée sur une révélation expresse. Une apologétique déjà ancienne prétendait démontrer les « convenances » d'une révélation, à partir du besoin que les hommes en ont pour se mettre sur le chemin de la vérité, par des arguments *a priori* si pressants qu'ils les obligeaient moralement à en chercher des traces dans l'histoire et à adhérer à la religion qui en offrirait des preuves indiscutables, et qui ne pouvait être que le christianisme. Bien que toute croyance religieuse se laisse interpréter comme portant au fond de soi le vœu implicite d'une manifestation de Dieu, il serait contradictoire d'en déduire la vraisemblance que cette

DÉVOILEMENT DE DIEU   307

révélation a eu lieu, car cela supposerait acquise d'ailleurs la
certitude de l'existence de Dieu attendue de son automanifestation. Aussi nous sommes-nous contentés d'établir, en
réponse aux objections d'Ernst Troeltsch, que la raison ne
démontre pas l'impossibilité d'une révélation de Dieu dans
l'histoire et n'invalide donc pas *a priori* la prétention du christianisme – si ce n'est que ce dernier revendique le privilège
d'une révélation singulière et exclusive, qui peut paraître exor-
bitante, toujours *a priori*, et qui soulève une autre difficulté,
plus anthropologique que métaphysique, laquelle insinuerait, à
l'inverse du motif apologétique ci-dessus allégué, «l'inconve-
nance» d'une révélation aussi particulière du point de vue de
notre «mode de penser historique». Des esprits modernes
peuvent, de fait, y être plus attentifs qu'à la considération
abstraite de la nature divine. Avant donc d'examiner en elle-
même la singularité de la révélation chrétienne, essayons
d'écarter l'objection que sa seule idée suscite.

Une fois admis, en effet, que la révélation de Dieu en un
point limité du temps et de l'espace n'est pas en soi impossible, il reste la difficulté de justifier rationnellement que la relation de Dieu à l'universalité de l'humanité et à la totalité de
l'histoire passe par un point singulier du temps et de l'espace,
unique et exclusif de tout autre à jamais et partout, qui serait
la personne de Jésus Christ. Troeltsch, je l'ai souligné, ne met
pas en doute la supériorité du christianisme, au point de
concéder même que le chrétien puisse le tenir pratiquement
pour la «religion absolue», quoique cela, reconnaît-il, ne soit
pas démontrable, mais il voudrait l'établir précisément par
des arguments rationnels, pour conjurer la désaffection générale des mentalités modernes à l'égard de la foi, et il estime
nécessaire à cette fin d'abandonner la prétention du christianisme d'être l'unique détenteur de la révélation de Dieu dans
l'histoire humaine. De fait, non seulement on ne saurait
trouver d'arguments apodictiques pour établir que Dieu ne
pouvait se révéler qu'une seule fois et en un seul point à toute
l'humanité, mais encore cela paraît contraire à la finalité de
la révélation, c'est-à-dire à sa destination universelle. Notre
époque semble même plus sensible à cet argument que ne
l'était celle de Troeltsch, qui croyait à la capacité de diffusion
universelle de l'idée judéo-chrétienne, véhiculée par la culture
européenne, alors que la nôtre a fait l'expérience de la résistance des cultures et des religions à se laisser pénétrer les

308   DIEU QUI VIENT À L'HOMME

unes par les autres. Les arguments de l'apologétique classique – preuve externe par les miracles, preuve interne par
l'élévation de la doctrine – ne paraissent pas plus persuasifs,
et nombre de chrétiens, cependant imbus de la vérité de leur
religion, renoncent à ses prétentions à l'universalité et à
l'exclusivité. Cela est si vrai que des théologiens se mettent
à explorer les voies qui permettraient de tenir une pluralité
de révélations propres aux diverses religions sans infirmer la
particularité de celle que Dieu a faite en Jésus.

Face à cette difficulté, comment pourrait se poursuivre la
recherche d'une révélation historique de Dieu ? Serait-on
obligé de recourir à la méthode comparative préconisée par
l'école de l'histoire des religions mais réduite à l'examen des
prétentions de chacune à bénéficier d'une révélation, ou
pourrait-on s'en tenir à la seule révélation chrétienne en renonçant d'avance à la singularité qu'elle affiche ? Dans un cas
comme dans l'autre, c'est l'idée même de révélation historique qu'il faudrait abandonner, comme Troeltsch l'a bien vu.
Dans le premier cas en effet, en présence de plusieurs religions supposées révélées, que nous ne pourrions pas embrasser
toutes ensemble, nous manquerions de vrais critères de foi
pour choisir entre elles et nous ne pourrions suivre l'une
d'elles que par motif culturel ; mais, trouvant des contradictions ou de graves dissonances des unes aux autres, il nous
serait finalement impossible de donner notre assentiment à
aucune avec la certitude que réclame la vérité divine. Dans le
second cas, il serait pareillement difficile d'adhérer en plénitude à la révélation de Dieu en Jésus tout en supposant qu'il
s'est révélé différemment ailleurs, alors que la vérité divine
est nécessairement unique et que nous prononçons nous-
mêmes nos jugements de vérité sous l'angle de l'universel.
En définitive, plutôt que de penser que Dieu, qui est unique,
s'autocommunique d'une façon et d'une autre selon les temps
et les lieux, il serait plus respectueux de la divinité que nous
renoncions à l'idée d'une révélation historique, pour nous en
tenir à celle de révélation immanente et naturelle, que Dieu
abandonne à la libre interprétation de la croyance de chacun.
C'est la conclusion à laquelle était arrivé Troeltsch, avec
l'espoir d'établir rationnellement la supériorité du christianisme – espoir que nos idéologies « pluriculturelles » n'auraient
plus la vigueur ou la suffisance de soutenir.

DÉVOILEMENT DE DIEU 309

Dans sa pensée téléologique de l'histoire, il voyait les croyances religieuses de l'humanité, toutes puisées depuis les origines à la même source d'une révélation naturelle de Dieu, irriguer tous les peuples des mêmes eaux, recueillir les purifications des prophètes et se concentrer dans la personne de Jésus pour rassembler finalement tous les hommes dans le «royaume de Dieu» d'une même religion «personnaliste»[1]. Dans cette perspective, c'est la croyance religieuse universelle qui porte la foi chrétienne à la révélation de Dieu en Jésus Christ, à la façon d'une lame de fond émergeant à la surface de la mer[2]. Mais alors cet événement de révélation est moins éclairant par lui-même qu'il n'est éclairé par le fait religieux universel, et son caractère événementiel se dilue dans l'universalité de l'histoire religieuse de l'humanité. Quand l'histoire de la révélation est ainsi ramenée à celle des religions, quand l'excellence du christianisme a besoin d'être établie, à défaut d'un fondement révélé qui lui serait propre, par comparaison avec d'autres religions (et cette méthode établirait sa supériorité, non vraiment son absoluité), non seulement la révélation chrétienne, prise en tant que telle, perd sa singularité, mais encore la révélation de Dieu, prise en soi, en tant qu'elle est *de Dieu*, perd son caractère essentiel, bien attesté dans la Bible, d'unité et de souveraineté, de libre et impétueuse advenue de Dieu, de sommation de sa présence. Identifiée aux religions du monde, la révélation est objectivée, chosifiée, considérée comme un ensemble de paroles et de faits, d'écrits et de doctrines, de préceptes et de rites, de traditions et d'institutions, finalement réduite à l'histoire des cultures, et on en vient à oublier son sens fondamental, qui est l'autocommunication de Dieu, le fait que Dieu apparaisse et manifeste sa présence. Que le mot puisse aussi signifier autre chose, nous aurons à en débattre éventuellement plus tard, mais il doit d'abord être pris en son sens premier et rien qu'en ce sens, en tant qu'il signifie le dynamisme de l'autodévoilement de l'être divin et du surgissement de sa présence, un événement d'autoprésentification.

---

1. E. TROELTSCH, «À propos des méthodes...» (1900), p. 58; «L'absoluité...» (1901), p. 66, 126, 133, 134, 138, 140, etc.

2. Selon le texte cité plus haut: «C'est parce que la majesté de la croyance en Dieu prophético-chrétienne triomphe de nos âmes que nous reconnaissons Jésus, plutôt que le contraire», référence p. 297, n. 2.

310   DIEU QUI VIENT À L'HOMME

Tel est le fond de la critique que Karl Barth adresse à la théorie de la révélation élaborée par la philosophie de la religion, et nous y retrouverons son refus sans concession de la théologie libérale, dans laquelle il avait coutume de ranger, malgré leurs différences, Troeltsch, Tillich, Harnack, Bultmann, et bien d'autres. Voici une déclaration qui vise formellement le chef de «l'École de l'histoire des religions» : «On peut placer côte à côte et comparer une multitude de religions, mais pas une multitude de révélations. On peut reconnaître la valeur universelle de la raison humaine pour connaître et régir les objets de son domaine, mais on ne peut parler de cette raison comme d'une révélation. Qui dit révélation dit révélation *de Dieu*, c'est-à-dire l'acte de Dieu par lequel il se fait connaître et non pas une idée de Dieu que nous acquerrions, donc révélation unique, une fois pour toutes arrivée, irrévocable, et qui ne se répète pas – car la croix du Calvaire ne se répète pas. Dieu est un Dieu unique. Sa révélation est unique[1].» La révélation est donc événement de présence : «La connaissance de la révélation, c'est toujours la reconnaissance du *miracle* de cette rencontre, à savoir de la grâce, de la miséricorde, de l'abaissement de Dieu» ; «elle est connaissance de Dieu et de l'homme, concrètement, dans *l'événement* de l'initiative première et absolue de Dieu» ; elle «n'est rien de moins que Dieu lui-même. Voilà pourquoi elle est un *mystère*» ; «elle est *autorité*», «*parce que c'est Dieu lui-même*»[2]. En beaucoup d'endroits, Barth expose une théologie de la révélation très semblable à celle que développent les auteurs catholiques : c'est la Parole de Dieu, qui est la personne même de Dieu qui parle ; c'est la manifestation de sa Seigneurie, qui est sa souveraine liberté ; c'est l'autodévoilement de sa présence à l'homme[3]. Par la multiplication des références événementielles et topographiques, explique-t-il, la Bible souligne «la

---

1. K. BARTH, *Révélation. Église. Théologie.* Trois conférences, Cahiers du Renouveau, Genève, Labor et Fides, 2e éd., septembre 1964, p. 12-13.

2. *Ibid.*, p. 14-16 (les italiques sont de l'auteur, de même dans les citations qui suivent).

3. K. BARTH, *Dogmatique*, vol. 2, *La doctrine de la parole de Dieu*, Genève, Labor et Fides, 1953, p. 10-21.

DÉVOILEMENT DE DIEU 311

contingence et le caractère absolument unique des révélations qu'elle rapporte » et « affirme par là que la révélation tombe verticalement du ciel » ; son historicité est liée à l'effectivité et à la personnalisation de la rencontre qui a lieu, de la communication qui se fait, de la relation qui se noue entre Dieu et l'homme, « mais pour qu'il en soit ainsi, il faut que l'être révélé soit Dieu lui-même »[1].

Dans la naturalisation de l'idée de révélation opérée par la philosophie de la religion, au nom de la science de l'histoire et de l'histoire de l'esprit, Barth dénonce un héritage de l'*Aufklärung*, les méfaits d'une théologie pervertie en philosophie : « Le rapport de la théologie à la philosophie ne peut devenir positif et fructueux que dès l'instant où la théologie a résolument renoncé, non seulement à être elle-même une philosophie, mais aussi à vouloir démontrer et fonder en principe son existence *à côté* de la philosophie[2]. » Et d'indiquer les quatre tentations auxquelles doit résister la théologie : elle n'a pas à « *choisir* elle-même la vérité qu'elle a à affirmer dans l'Église », ni à « se donner pour une branche ni une application de la science historique », ni « comme une recherche ou un enseignement de la vérité en général », ni à se poser en « réconciliation de l'homme avec Dieu »[3]. On lit en écho dans la *Dogmatique* : « Si, avec la philosophie de l'*Aufklärung*, il fallait comprendre l'événement historique comme le cas particulier d'une vérité générale, comme l'incarnation d'une possibilité universelle, si l'histoire devait être entendue comme le cadre au sein duquel la révélation ne serait qu'un cas particulier dans un genre, alors il nous faudrait renoncer au concept d'historicité aussi catégoriquement qu'à celui de mythe. Quand nous disons que la révélation est un fait *historique*, nous voulons dire qu'elle est un événement, un fait unique, au-dessus duquel il n'existe aucune instance pour le juger ou l'apprivoiser[4]. »

---

1. *Ibid.*, p. 35-37.
2. Id., *Révélation...*, p. 42.
3. *Ibid.*, p. 44-47.
4. Id., *Dogmatique*, vol. 2, p. 34 ; l'historicisme selon Troeltsch, dit Barth, est « la compréhension de l'esprit par lui-même dans la mesure où il s'agit des manifestations de l'esprit dans l'histoire » (p. 33). – Sur les rapports de Barth et de Troeltsch : Henri Bouillard, *Karl Barth*, vol. 1, *Genèse et évolution de la théologie dialectique*, Paris, Aubier, « Théologie » 38, 1957, p. 83-84.

312   DIEU QUI VIENT À L'HOMME

Ces critiques et ces soupçons de Barth donnent à penser que, sous la notion de révélation, c'est aussi la nature de la théologie qui est en cause, sa « scientificité », son rapport à la philosophie, et nous voyons ainsi revenir les conflits que nous avions étudiés entre la revendication d'autonomie de la raison et sa dénonciation de l'hétéronomie de la foi. C'est dans ce climat de débat entre théologie et philosophie que va se poursuivre notre approche de la singularité de la révélation de Dieu en Jésus, en dialogue, cette fois, avec Paul Tillich.

La révélation dans la structure de l'être (Tillich).

Nous revenons donc, pour une brève transition, à ces années d'après la Première Guerre mondiale, en Allemagne, qui furent si importantes pour l'avenir de la théologie, puisqu'il s'agissait, pour elle (du moins du côté protestant), de renouer avec sa tradition par-delà la coupure du libéralisme et de décider simultanément de ce qu'elle pourrait garder, dans ces retrouvailles avec elle-même, de la pensée moderne. Dans le double souci de rester en lien avec les esprits de leur temps et d'édifier une « apologétique » du christianisme qui leut fût adaptée, plusieurs théologiens sollicitaient le concours de la « nouvelle » philosophie. Ce n'était pas le cas de Karl Barth, bien évidemment, mais de quelques-uns de ses collègues ou amis, notamment de Rudolf Bultmann et de Paul Tillich. Tous deux étaient intéressés par les méthodes d'analyse existentiale, celles de Martin Heidegger en particulier, espérant y trouver un adjuvant pour leurs propres recherches sur la transcendance. Mais à l'instar d'Edmund Husserl, qui pratiquait une phénoménologie « méthodologiquement athée », nous l'avions noté, Heidegger, à l'époque où il rédigeait *Sein und Zeit*, professait également que « la philosophie est fondamentalement athée », ce qui signifiait, explique Jean Greisch, interprète qualifié de sa pensée, non la négation de Dieu, mais un état d'esprit « délivré de toute préoccupation et même de la tentation de simplement parler de religiosité » ; aussi ne pouvait-il que décevoir l'attente des théologiens, pour ce motif que l'analyse existentiale s'intéresse à la « transcendance » comprise comme « surpuissance » de l'être, mais « à l'encontre de toute recherche orientée vers un Toi absolu, le bonum, la

DÉVOILEMENT DE DIEU   313

valeur ou l'Éternel »[1]. Heidegger s'en expliqua publiquement
à leur intention dans une conférence, prononcée à Tübingen
en 1927 et l'année suivante à Marbourg, à laquelle assistaient
Bultmann et Tillich, plus tard publiée sous le titre *Phénoménologie et théologie*. Je résume à grands traits l'analyse minutieuse qu'en donne Jean Greisch, seulement pour souligner,
par contraste avec ce que nous verrons chez Tillich, que le
lien d'origine de la théologie à la révélation est, dans l'esprit
de Heidegger, cela même qui l'écarte du champ de l'être
exploré par la philosophie. Celle-ci ne peut pas répondre aux
sollicitations de la théologie, déclare-t-il, car la vision du
monde, qui est la sienne, se tient à distance de la révélation
et de la foi, dont s'inspire la vision du théologien; il y a opposition fondamentale de statut épistémologique entre l'une et
l'autre, du fait que la théologie est une « science positive »[2].
Heidegger expose ensuite l'idée qu'il s'en fait; nous observerons avec curiosité qu'elle se tient plus près de Barth que
de Troeltsch: la théologie n'est pas une science humaine de
la religion, « elle fait partie de l'historicité du fait chrétien »,
elle en dit le sens sur la base de ce qui l'a rendue possible, et
c'est la « christianité », la foi chrétienne, le Christ, le Dieu
crucifié; elle n'a qu'un objet: l'événement de la croix[3]. La
théologie doit se conformer à la révélation chrétienne, qui
n'est pas la communication d'un savoir, mais la participation
à la vie divine par le partage de la condition du Crucifié; elle
explicite la compréhension de l'existence chrétienne en fonction de l'histoire révélée: là est sa positivité, loin à l'écart du
champ de la connaissance; et si elle veut s'ériger en science
« systématique », elle n'a pas d'autre lieu pour le faire que le
lieu néo-testamentaire; bref, elle n'est « science » que de la foi,
science de ce qui est révélé ou cru et du comportement croyant,
mais elle ne doit en aucun cas se poser en concurrente ni en

---

1. J. GREISCH, *Ontologie et temporalité. Esquisse d'une interprétation intégrale de Sein und Zeit*, Paris, PUF (« Épiméthée »), 1994,
« Phénoménologie et théologie », p. 427-454; données historiques et
citations p. 427-430.

2. *Ibid.,* p. 431-436. Une traduction française de cette conférence
a été publiée dans *Archives de Philosophie* XXXII (1969), p. 355-415.
Une édition allemande a paru en 1970 chez V. Klostermann.

3. *Ibid.,* p. 438-440.

partenaire du savoir philosophique, pas même pour proposer un discours rationnel sur Dieu. Heidegger, conclut Jean Greisch, «donne ainsi brutalement congé aux recherches, caractéristiques de l'apologétique du début du siècle, d'une plausibilité ou d'une crédibilité de la foi, préalablement à son acceptation effective»[1]. Or, c'est précisément une théologie «apologétique», mais en cela même «systématique», que Tillich avait l'ambitieux projet de construire.

Paul Tillich nourrissait ce projet dès ses premières années d'enseignement en «théologie systématique», à l'université de Berlin depuis 1919, puis à celle de Marbourg, où il est nommé en 1924; il le poursuit à Dresde, où il occupe une chaire de «science de la religion» fin 1925, et où il donnera en 1928 un cours sur «L'interprétation religieuse de l'être», et plus tard à Francfort, où il devient en 1929 «professeur de philosophie et de théologie»: cette simple titulature suggère que ses intérêts le portaient du côté de la philosophie autant que de celui de la théologie, sans doute à l'intersection des deux, et que l'attention qu'il avait certainement accordée à la conférence de Heidegger n'avait pas suffi à lui en faire retenir la leçon[2]. Il avait cependant subi, au cours de sa formation à Halle, l'influence de Karl Barth, celle aussi de Kierkegaard, et il s'était laissé persuader que le moment était venu de se lancer «à l'attaque» de la modernité antichrétienne et de la théologie libérale, dans laquelle il rangeait Harnack, Ritschl et Troeltsch; mais ce zèle ne l'empêchait pas de subodorer dans la théologie dialectique une «néo-orthodoxie» qui se désintéressait de la culture issue de la modernité, sinon pour lui opposer un non absolu, impropre à ramener au christianisme les nouvelles générations; il cherchait donc à se frayer une voie personnelle entre ces deux tendances contraires de la théologie de son temps. Impressionné par l'apologétique de la toute première théologie chrétienne, qui avait livré un combat sans merci au

---

1. J. GREISCH, *Ontologie et temporalité*, p. 441-447, texte cité p. 444.
2. Ces données historiques (et les suivantes) sont tirées de l'Introduction de Jean RICHARD (p. XI-XVII) à: Paul TILLICH, *Dogmatique. Cours donné à Marburg en 1925*, trad. fr. (de l'allemand) par P. Asselin et L. Pelletier, Paris-Genève-Québec, Éd. du Cerf-Labor et Fides-Université Laval, 1997.

DÉVOILEMENT DE DIEU 315

paganisme et qui avait réussi à le vaincre, mais parce qu'il avait su assimiler les valeurs de la culture païenne, Tillich se convainc que le christianisme devait se mettre à l'écoute des questions de la société moderne pour lui apporter les réponses du message évangélique ; ainsi germait dans son esprit la méthode de la « corrélation » qu'il allait mettre très tôt en œuvre et qui devait progressivement l'éloigner de la théologie dialectique et le rapprocher de l'ancienne théologie libérale[1].

Ces réflexions de Tillich prennent une forme déjà systématique dans le cours de *Dogmatique* qu'il rédige à Marbourg en 1925, à l'époque donc des entretiens de Heidegger avec des théologiens[2]. Il les poursuivra tout au long de sa carrière et de son enseignement aux États-Unis, où il leur donnera une forme définitive dans sa *Théologie systématique*, publiée à Chicago en 1951 avec une dédicace particulière à ses anciens étudiants de Marbourg[3]. Nous nous intéresserons de façon quasi exclusive, dans l'un et l'autre ouvrage, à l'idée de révélation, centrée sur sa venue en Jésus, mais en traitant successivement de l'un et de l'autre pour mesurer les évolutions éventuelles de la pensée de leur auteur. La révélation est bien l'objet essentiel de la *Dogmatique*, définie comme le « discours scientifique qui traite de ce qui nous concerne inconditionnellement » et qui « repose sur la manifestation qui nous est faite de l'inconditionné », puisque « la révélation est l'acte dans lequel ce qui nous concerne inconditionnellement vient à nous » – Tillich souligne ce pronom *nous* qui figure dans ses énoncés (ses « thèses ») en disant qu'il « rappelle le *pour nous* de Luther » et qu'il a une portée « existentielle »[4]. Nous sommes ainsi prévenus, dès le départ, que l'inconditionné, cet être caché qui va se dévoiler, ne signifie pas l'être divin pris strictement en lui-même, mais le mot Dieu pris comme « symbole » (Tillich insiste fréquemment sur le symbolisme

---

1. Toujours d'après J. RICHARD, p. XXIII-XXXIII.

2. L'édition de J. RICHARD reproduit le texte du cours de 1925, lequel, remanié par Tillich de 1926 à 1930, allait s'appeler « Système de la connaissance religieuse », titre qui exprime bien les préoccupations épistémologiques de son auteur, p. XVII-XXIII.

3. P. TILLICH, *Théologie systématique*, trad. fr. (de l'américain) par F. Ouellet, Paris, Planète, 1970, Préface (datée de New York, 1950), p. 15.

4. P. TILLICH, *Dogmatique*, Thèses 1 à 4, p. 3-21 ; cité : p. 3, 17 et 19.

316   DIEU QUI VIENT À L'HOMME

du langage religieux), c'est-à-dire en tant qu'il indique quelque chose de « plus », Dieu en tant qu'il est le fondement du sens et de l'être, Dieu transcendant, sans doute, mais aussi immanent : ce qui vient à nous, comme du dehors, surgit aussi bien du dedans, comme le dynamisme interne de dépassement de notre existence conditionnée vers l'être inconditionné[1]. L'objet de la révélation n'est donc pas exactement ce que Barth désignait comme la Seigneurie ou la Sainteté ou la Liberté absolue de Dieu, ce qui « tombe verticalement du ciel » et ne supporte à aucun degré la judicature de la raison humaine, c'est, indissolublement unie à « Dieu », la « transcendance » de l'être humain ; c'est ainsi que Tillich entend échapper à la pure hétéronomie de la révélation « supranaturelle » (souvent dénoncée par lui) comme à la simple autonomie de la raison naturelle, et les concilier dans « la voie de la foi théonome à la révélation »[2]. On comprend du même coup pourquoi il était si intéressé par l'exploration philosophique de l'être, dont Heidegger s'efforçait de détourner les théologiens de son entourage, ce qui ne pouvait que l'attirer, même malgré lui, dans le sillage de la philosophie libérale de la religion, dont il fait, malgré les objurgations de Barth, un « prolégomène » de la dogmatique[3].

---

1. P. TILLICH, *Dogmatique,* p. 21 (sur le symbole « Dieu »). Dans un écrit de la même époque, *Philosophie de la religion*, trad. fr. de F. Ouellet, Genève, Labor et Fides, 1971, Tillich donne cette définition, p. 111 : « La révélation est l'irruption de la substance inconditionnée du sens à travers la forme du sens. La foi est toujours foi en une révélation, car la foi est la saisie de la substance inconditionnée à travers les formes conditionnées » (j'ai suivi la traduction modifiée de J. Richard dans son Introduction à la *Dogmatique*, p. XLIV).

2. P. TILLICH, *Philosophie de la religion*, p. 115. F. OUELLET explique que la conception de l'Inconditionné (élaborée par Tillich, toujours à la même époque, dans son *Système des Sciences*), qui désigne « non pas une réalité particulière parmi d'autres, mais la dimension de profondeur que possède toute réalité », implique « cette interdépendance réciproque de la religion et de la culture, que Tillich appelle *théonomie* », Introduction, p. III-IV, et il en souligne à la fois la complexité et l'ambiguïté, p. VIII.

3. P. TILLICH, *Dogmatique*, Thèse 1 : « Méthodologiquement, la dogmatique présuppose donc la philosophie de la religion. Ses prolégomènes transposent la généralité de la philosophie de la religion dans l'existentialité et la concrétude de la dogmatique », p. 16 ; Thèse 21 :

DÉVOILEMENT DE DIEU   317

La révélation, pour Tillich, a un caractère factuel et surnaturel : quelque chose arrive, un surgissement se produit, une
rupture, « irruption de l'inconditionné dans le conditionné » ;
il n'y a de révélation que surnaturelle et historique, répète-
t-il ; mais on ne doit pas l'entendre au sens, « supranatura-
liste », où elle aurait lieu dans des événements historiques ou
naturels, mais comme un « ébranlement » qui affecte notre
rapport symbolique à l'ordre des choses, qui met notre propre
existentialité en rapport avec la dimension existentielle du réel,
qui en change la signification, qui nous « convertit » en profondeur, jusqu'à renvoyer au fondement transcendant de l'existence[1]. On ne doit donc pas urger l'aspect événementiel de la
révélation, chez Tillich, pas plus que l'objectivité de son
contenu : elle se fait dans « l'interaction religieuse » du sujet
et de l'objet ; surgissant du fond de l'être et concernant toute
l'humanité, elle est histoire, une histoire unique et continue,
histoire de salut ; en tant que telle, elle est liée à l'histoire des
religions, mais sans se confondre avec elle (ici Tillich se
distancie de Troeltsch), car c'est différemment que « toute
révélation est à la fois révélation fondamentale », comme
« pure et simple irruption de l'inconditionné », « et révélation
du salut », en tant que cette irruption se produit « dans une
voie déterminée »[2]. Cette distinction va jouer un rôle important pour établir le caractère « absolu », « parfait », de la révélation chrétienne : une révélation qui « s'attache à elle-même »,
c'est-à-dire qui voudrait s'imposer de manière absolue et

_____

« En tant que science, la dogmatique fait partie des sciences norma-
tives concrètes de l'esprit. Ses fondements sont la philosophie et
l'histoire spirituelle des religions, y compris le christianisme », p. 99 ;
« On se leurre si l'on croit pouvoir déterminer l'essence de la dogmatique en l'absence totale de la philosophie de la religion », p. 102 ; il y
a un « lien organique » entre les deux, qui « justifie qu'on ait recours à
certains principes de la philosophie de la religion dans les prolégomènes
de la dogmatique », p. 105. – ID., *Philosophie de la religion* : il faut
sortir des deux impasses de la « naïveté religieuse » et de la « naïveté
philosophique », et tenter une synthèse, malgré les échecs qui se sont
produits dans cette voie ; « En effet, il y a dans la doctrine de la révélation et dans la philosophie un point où les deux sont une », p. 10.

1. ID., *Dogmatique*, Thèse 5, p. 22-31 (spécialement p. 27).
2. *Ibid.*, Thèses 6 à 8, p. 31-42 (p. 32 : « La Bible est parole de
révélation, mais elle n'est pas révélation »).

318 DIEU QUI VIENT À L'HOMME

universelle en tant qu'elle est telle voie particulière de salut,
devient « démonique », perverse, et cesse d'être salutaire ; à
l'inverse, « une révélation est parfaite lorsque sa voie de salut
suppose l'ébranlement de toute voie de salut », et c'est le cas
du christianisme, qui est porteur de la révélation parfaite, non
en tant que religion absolue, c'est-à-dire en tant que voie particulière de salut, comme le pensait Troeltsch, mais au contraire
parce que – le Christ étant « la fin de la loi, donc la fin de
l'histoire des religions », c'est-à-dire de toute l'histoire passée
et à venir – le christianisme porte en soi la négation de l'absoluité de toute voie déterminée de salut, et donc de la sienne
propre, et le dynamisme de son autodépassement, et qu'il apparaît ainsi comme l'irruption de l'histoire une et universelle de
la révélation en ce qu'elle a d'inconditionnellement fondamental [1]. Le christianisme ne revendique pas l'exclusivité de
la révélation, pour Tillich, ni même de tout élément de rupture,
caractéristique de la révélation parfaite, mais il n'est de révélation absolument parfaite que là où elle est universelle, et c'est
le propre du christianisme, seul capable d'assimiler et donc
d'ébranler toute voie religieuse et qui se tient ainsi en lien
avec l'ensemble de la révélation qui se prépare ou se réalise
en toute religion et dans toute l'humanité [2].

Cette thèse de Tillich est capitale pour apprécier comment
il conçoit la singularité de la révélation de Dieu en Jésus. Ce
qu'elle a de parfait, d'absolu, de définitif – toutes qualités qu'il
lui reconnaît sans hésitation – ne vient pas de son contenu
doctrinal, ni de l'enseignement de Jésus, ni d'une action salutaire qu'il aurait ou que Dieu aurait accomplie en lui, ni d'un
événement particulier de présence et de manifestation de Dieu
en lui, mais tient uniquement au fait que Jésus a accompli la
loi en la supprimant sans la remplacer, ou plutôt en interdi-
sant qu'une loi religieuse puisse à nouveau se présenter
comme condition absolue d'accès à l'inconditionné. Il est intéressant de remarquer que Tillich lie la perfection de cette révélation à son « genre binaire ou ternaire », au « rythme ternaire
de cet autodépassement », qu'il expose en ces termes : il y a
d'abord la révélation de la loi (contrainte qui cache l'inconditionné et présuppose son dévoilement), puis l'irruption de

_____

1. P. TILLICH, *Dogmatique,* Thèses 9 à 12, p. 42-55 (cité p. 54).
2. *Ibid.,* p. 54-55, et Thèse 13, p. 55-60.

DÉVOILEMENT DE DIEU 319

l'inconditionné à travers la loi supprimée en tant qu'accomplie, enfin «la réalisation de cette irruption en tant que polarité de la réalisation et de l'autodépassement» – trois périodes donc, respectivement appropriées au Père, au Fils et à l'Esprit[1]. Mais ce processus ternaire n'est nulle part décrit sous la forme d'une révélation de la Trinité comme telle ni des personnes divines en particulier – tous dogmes qui relèvent du «mythe» à décrypter, y compris celui de l'union substantielle du Logos à Jésus[2]. Du coup, on est fondé à douter que la révélation du Christ présente aux yeux de Tillich un caractère événementiel vraiment singulier: il ne se produit pas en Jésus un acte de parole de Dieu dont Dieu serait le sujet, ou Jésus, ou le rapport de l'un à l'autre comme de Père à Fils, Jésus n'est pas l'agent d'un acte de révélation; à proprement parler, il ne se produit pas en lui *un* événement de révélation, c'est l'histoire de la révélation, tout entière, qui passe en lui, qui fait irruption à travers lui et qui en sort radicalement changée, à savoir libérée de tout lien à une voie déterminée de salut. L'existence historique du Christ, en tant que partie de l'histoire humaine, ne nous concerne pas inconditionnellement et donc ne nous intéresse pas à titre de révélation passée, censée achevée en lui, précise Tillich, mais seulement à titre de révélation continue, c'est-à-dire «au moment où s'allume pour nous la corrélation révélationnelle, au moment où le Christ nous rompt, nous ébranle et nous retourne, nous et notre christianisme traditionnel»[3]. Mais si une telle corrélation peut s'établir entre nous et Jésus, c'est parce qu'elle peut se raccrocher à l'élément de négativité qui est en lui, et que Tillich souligne fortement: Jésus se présente justement comme la voie qui conduit au Père, non qu'il le serait par lui-même, mais parce que le Père agit en lui[4]; et c'est par ce «Non à soi-même» qu'il «triomphe de la religion rivée à elle-même» et donne au christianisme la certitude de «devenir la religion de l'humanité»[5]. Tillich reconnaît donc que l'événement de

---

1. *Ibid.*, p. 50, 55 et 56.

2. *Ibid.*, p. 59, 68-69, et Thèse 19, p. 91-96.

3. *Ibid.*, p. 34 (noter le *pour nous*).

4. *Ibid.*, p. 44 («là est la frontière infiniment subtile qui sépare le divin du démonique», note Tillich).

5. *Ibid.*, p. 59-60.

Jésus introduit dans l'histoire de révélation un événement de rupture qui lui appartient en propre, et qui consiste dans sa réponse inconditionnelle à l'appel de l'inconditionné surgissant en lui. Ce n'est pas tout ce qu'en dit la théologie traditionnelle, il s'en faut, mais c'est loin d'être dépourvu de signification, notamment s'il s'agit de voir que la révélation de Dieu en Jésus se fait par le dépouillement des voiles de la religion. Nous y reviendrons après avoir examiné comment Tillich, vingt-cinq ans après la *Dogmatique*, traite le même problème dans sa *Théologie systématique*.

Notons en premier lieu, puisque le sujet est débattu dans une longue introduction, qu'il maintient et même accentue sa position sur le rapport de la théologie à la philosophie : toutes deux ont en commun la question de la réalité, celle de «la structure de l'être», dont le théologien doit faire lui-même ou recevoir d'un autre «l'analyse ontologique», de même que le philosophe travaille à partir d'une «théologie implicite» ; le théologien doit être philosophe également par sa «compréhension critique» et par sa préoccupation du *logos* universel, mais son attitude existentielle est déterminée par sa foi[1]. En second lieu, notons les différences les plus voyantes par rapport à la *Dogmatique* : l'objet de la théologie et de la révélation n'est plus défini par «ce qui nous concerne inconditionnellement», mais par «ce qui nous préoccupe de façon ultime», «notre souci ultime» ; au nom de «l'Inconditionné» succède celui du «Nouvel Être» pour désigner l'objet de notre préoccupation ; l'expression «révélation finale» est substituée à «révélation parfaite» pour désigner celle qui a lieu dans le Christ ; la considération de la «révélation de Jésus comme Christ» l'emporte sur celle de «l'histoire de la révélation», dont le «rythme ternaire» n'est plus autant souligné ; enfin, la «révélation finale» n'est plus caractérisée par le dépasse-

---

1. P. TILLICH, *Théologie systématique*, p. 42-47, 52-63 ; mais il faut renoncer au concept de «philosophie chrétienne», p. 64-66 ; voir encore ses considérations épistémologiques sur l'usage de la raison dans la recherche de la révélation, p. 143-208 ; Tillich se propose d'en faire une approche «phénoménologique» et «critique», p. 211-214. On notera qu'il ne fait aucune mention de Heidegger, même pas là où il prospecte l'histoire de la philosophie depuis Kant, p. 187-208.

ment de la loi et de toute voie déterminée de salut, mais par le « sacrifice » de Jésus, fondement de la révélation de Jésus comme Nouvel Être. Ces changements de vocabulaire n'indiquent pas de réels changements de doctrine, ils sont néanmoins significatifs d'une évolution qui se laisse résumer en deux mots : la révélation est davantage centrée sur la personne du Christ et orientée vers l'eschatologie. Avant toutes précisions, il est nécessaire de mettre en lumière le lien entre cette orientation et la question philosophique de la « structure de l'être » que Tillich s'obstine à impliquer dans la théologie de la révélation : « L'objet de la théologie est ce qui nous préoccupe de façon ultime » et « notre souci ultime est ce qui détermine notre être ou notre non-être » ; la « norme matérielle » de la théologie « est le Nouvel Être en Jésus comme le Christ en tant qu'il est notre souci ultime » ; « La révélation est la manifestation de ce qui nous préoccupe ultimement. Le mystère qui est révélé est notre souci ultime parce qu'il est le fondement de notre être » ; « La révélation est la manifestation du mystère de l'être pour la fonction cognitive de la raison humaine »[1]. Le même lien entre l'être et la révélation s'exprime en termes de *logos*, qui signifie la structure de l'être, que la philosophie étudie en tant que logos universel, et la théologie en tant que logos concret, mais c'est le même logos, partout à l'œuvre, « le logos qui devint chair » en Jésus Christ[2]. C'est parce que la révélation concerne le logos de l'être, son sens et son destin, que le théologien s'occupe de la question philosophique de l'être, mais il le fait en croyant *préoccupé* avant tout de son sens *ultime*, de la fin de l'histoire dévoilée dans le Christ comme la vision ou le Royaume de Dieu[3].

L'expression « révélation finale » ou « actuelle » « présuppose une histoire révélatrice » de part et d'autre de l'événement du Christ, « préparation » en deçà, « réception » au-delà, mais « universelle » des deux côtés, de telle sorte que la préparation concerne avant tout l'Ancien Testament mais pas exclusivement, et la réception l'Église chrétienne de la même

---

1. *Ibid.,* successivement : p. 38, 41, 106, 218-219, 252.
2. *Ibid.,* p. 42-47, 66 (c'est pourquoi, ajoute Tillich, « le christianisme n'a pas besoin d'une "philosophie chrétienne" au sens restreint du mot »).
3. *Ibid.,* p. 285-286.

322   DIEU QUI VIENT À L'HOMME

façon ; ainsi Tillich continue-t-il à situer sa théologie entre
orthodoxie et libéralisme, mais curieusement, à mon sentiment, en se rapprochant à la fois de l'une et de l'autre, de la
thèse libérale par l'extension donnée à la révélation, la négation de son contenu doctrinal, et le refus de privilégier le christianisme comme religion du salut, de la thèse orthodoxe en
désolidarisant davantage l'histoire de la révélation de celle des
religions et surtout par l'accentuation du rôle du Christ dans
cette histoire, malgré la distanciation, dont il faudra tenir
compte, entre Jésus et le Christ[1]. Ainsi divisée en trois périodes,
la première désignée par le terme « mystique » d'*Abysse*, la
seconde par la notion « philosophique » de *logos*, la troisième
par le mot « religieux » d'*Esprit*, l'histoire de la révélation se
prête à « une interprétation trinitaire de la vie divine et de son
automanifestation », en tant qu'elle conduit à Dieu, nom
symbolique du fondement de l'être[2] : nous noterons une fois
de plus que le souci de parler le langage d'une philosophie de
l'être écarte toujours autant Tillich du dogme traditionnel, ici
de la Trinité. Il n'empêche que l'événement du Christ est
mieux mis en lumière comme « centre de l'histoire de la révélation », à la fois aboutissement de sa préparation et principe
englobant de sa réception à venir, car la révélation qui continue
après le Christ, sous mode d'être reçue, « se produit toujours
par l'Esprit de Jésus comme le Christ »[3] : « La révélation
possède un fondement objectif inébranlable dans l'événement
de Jésus comme le Christ, et le salut est basé sur le même
événement, car cet événement unit le pouvoir final du salut
à la vérité finale de la révélation. [...] Personne ne peut recevoir la révélation si ce n'est à travers l'Esprit divin, et, si
quelqu'un est saisi par l'Esprit divin, il a reçu le pouvoir salvifique[4]. » Or, Jésus est le « porteur de la révélation finale »
parce qu'il a su se sacrifier à sa mission : « Une révélation est
finale si elle a le pouvoir de se nier elle-même sans se perdre » ;

---

1. P. TILLICH, *Théologie systématique,* p. 259-260 (révélation
actuelle, finale, véritable), 264 (« Le christianisme comme christianisme
n'est ni final ni universel. Mais ce dont il témoigne est final et
universel »), 269-272 et 287-302.
2. *Ibid.,* p. 303-305 (la citation, p. 305, est l'unique emploi d'un
vocabulaire trinitaire dans ce livre).
3. *Ibid.,* p. 280-281.
4. *Ibid.,* p. 284.

DÉVOILEMENT DE DIEU 323

c'est ce qui s'est passé en Jésus : sacrifiant sa chair, c'est-à-dire sa finitude, son existence historique, et renonçant ainsi à s'identifier à la révélation qu'il portait en lui et à s'égaler à Dieu, il est devenu « complètement transparent au mystère qu'il révèle », « uni au fondement de son être et de sa signification », « il est l'Esprit ou la Créature nouvelle »[1]. La révélation de Dieu en Jésus, l'unité de Dieu et de Jésus, le lien du salut universel à la mort volontairement acceptée de Jésus sont fortement affirmés : « C'est la présence de Dieu en lui qui en fait le Christ. Ses paroles, ses actes et ses souffrances sont des conséquences de cette présence : elles sont des expressions du Nouvel Être qui est son être. [...] L'acceptation de la croix, tant pendant sa vie qu'à la fin de celle-ci, est le test décisif de son unité avec Dieu, de sa transparence complète au fondement de l'être[2]. » Mais le sens symbolique de fondement de l'être toujours donné à « Dieu » ne permet pas de comprendre sa présence en Jésus au sens d'unité personnelle avec lui ni d'automanifestation de son être en lui, et la distanciation entre Jésus et Christ, soulignée avec insistance, ne permet pas non plus de comprendre ce qui se passe et se manifeste *en* Jésus comme une révélation faite *par* lui : « Il demeura transparent au mystère divin jusqu'à sa mort qui fut la manifestation finale de sa transparence. Cela condamne une religion et une théologie centrée sur Jésus. C'est comme le Christ et uniquement comme le Christ que Jésus est l'objet de la religion et de la théologie. Et il est le Christ en ce qu'il sacrifie ce qui en lui est seulement "Jésus"[3]. »

Si donc la *Théologie systématique* met la fonction révélationnelle de Jésus en meilleure lumière que ne le fait la *Dogmatique*, elle n'en demeure pas moins éloignée irrémédiablement des positions traditionnelles, telles qu'elles sont formulées par Karl Barth à l'encontre de la théologie libérale. Tillich a bien vu que le Nouveau Testament est entièrement centré sur la reconnaissance de Jésus comme Christ et que la foi dans la révélation consiste à professer avec Pierre que Jésus est le Christ, ce qui légitime en effet de mettre une distinction entre les deux noms qui corresponde à un écart historique :

---

1. *Ibid.,* p. 261-263.
2. *Ibid.,* p. 266.
3. *Ibid.,* p. 264.

c'est en passant par la mort et la résurrection que Jésus devient Christ. Mais l'intention manifeste du Nouveau Testament est de montrer que Jésus *était* déjà Christ depuis toujours, qu'il l'était dans sa *chair*, en tant que cet individu *historique* déterminé, en tant qu'envoyé de Dieu chargé d'une mission qu'il devait accomplir, donc porteur d'un devenir réel, mais dont l'accomplissement à venir était présupposé par la présence de Dieu en lui ; c'est pourquoi la foi consiste à identifier, rétrospectivement, le Christ ressuscité à l'homme crucifié et à recevoir son histoire à titre d'automanifestation de Dieu. Or, remarque Tillich, l'acceptation de Jésus comme Christ par Pierre (Mt 16,16) « fait partie de la révélation elle-même. Elle est un miracle de l'esprit qui correspond à l'extase de l'histoire », ce qu'on peut désigner, inversement, comme « une extase de l'esprit qui correspond au miracle de l'histoire[1]. » Dans son langage, qui exclut tout surnaturalisme, extase et miracle sont des termes interchangeables en tant qu'ils signifient, « corrélativement », que l'esprit est saisi par un événement dont le côté dérangeant (« abyssal ») est perçu comme le « mystère » de l'être qui est notre préoccupation ultime ou inconditionnelle[2]. L'absence de mention de la résurrection de Jésus dans le contexte de la révélation, si contraire au témoignage néo-testamentaire, est significative de la volonté d'écarter de la révélation une intervention expresse de Dieu sur le cours de l'histoire. Plusieurs motivations, héritées d'une histoire culturelle récente, rendent compte de cette attitude : refus du miracle qui dérange l'ordre scientifique de la nature, méfiance envers l'objectivité des récits évangéliques, objections venues de l'exégèse critique, dénonciation des écarts entre le dogme ecclésiastique et la foi primitive. À mon sentiment, la motivation principale vient de l'idée même que Tillich se fait de la révélation : « La manifestation du mystère de l'être ne détruit pas la structure de l'être dans laquelle ce mystère se manifeste. L'extase dans laquelle le mystère est reçu ne détruit pas la structure rationnelle de l'intelligence qui reçoit ce mystère. L'événement-signe qui porte le mystère de la révélation ne détruit pas la structure rationnelle de la réalité dans

---

1. P. TILLICH, *Théologie systématique,* p. 268.
2. *Ibid.,* p. 214-232 (le terme « inconditionnellement » réapparaît dans ce contexte p. 223).

DÉVOILEMENT DE DIEU

laquelle il apparaît[1].» À nouveau refait surface le plus irréductible de la pensée de Tillich, son « souci » théologique
d'une cohérence philosophique : il voit la continuité d'une
même « structure » unir, sans fissure, l'être, l'esprit humain,
toute réalité, naturelle ou historique, et « Dieu » comme fondement de l'être, logos de l'esprit, « profondeur » et « mystère »
de toute réalité, et il en conclut logiquement que la révélation
de cette profondeur ne peut pas introduire de rupture dans une
telle continuité[2].

Rappelons que pour Karl Barth, inversement, la révélation est miracle et mystère en tant qu'elle impose l'*autorité*
de Dieu, « parce que c'est Dieu lui-même »[3]. La notion tilli-
chienne d'un « événement-signe » suffira-t-elle à imposer à la
foi l'autorité de Dieu qui intervient sans dissonance dans cette
cohérence, à faire reconnaître un événement de parole qui ne
surgit pas d'en haut, mais d'en bas ? Comment la révélation
aura-t-elle le caractère d'un événement historique, si elle passe
en Jésus de la même manière qu'elle se fraie son chemin
quand elle se prépare dans le temps et quand elle est reçue
dans la foi, dans la même continuité, par la seule force de propagation d'un mouvement immanent à la structure de l'être, sans
mettre en jeu l'historicité propre de Jésus, c'est-à-dire sans
être ressaisie par l'activité libre et responsable qu'il déploie
de lui-même dans l'histoire ? Je ne pose pas ces questions pour
mettre en cause la foi chrétienne de Tillich, mais parce qu'il
pose un réel problème que nous avons à faire nôtre dès maintenant. Nous devons lui donner raison de ne pas vouloir
imposer la révélation au titre d'une hétéronomie absolue, alors
qu'elle est faite « pour nous », manifestation d'un Dieu qui
est « pour nous », et donc aussi révélation de ce qui nous
concerne, du rapport à lui qui est inscrit au fondement de notre
être. Mais elle ne serait pas le surgissement de ce mystère, si
elle n'appartenait pas aussi à l'histoire de notre liberté, et elle

---

1. *Ibid.,* p. 228.
2. *Ibid.,* p. 231-232 : « La révélation est la manifestation de la
profondeur de la raison et du fondement de l'être. Elle oriente vers le
mystère de l'existence et vers notre souci ultime. [...] Aucun conflit
n'est possible entre des dimensions différentes de la réalité. »
3. Voir ci-dessus p. 310, n. 2.

n'en relèverait pas si elle n'avait pas aussi pour acteur responsable un homme solidaire de notre histoire, et pour sujet un homme capable de nous représenter devant Dieu. Nous chercherons donc à éviter l'hétéronomie, justement dénoncée par Tillich, et à garder, pour cela, son idée d'une révélation de Dieu dans la structure de l'être, mais sans renoncer à la singularité historique de l'automanifestation de Dieu en Jésus. Entre ces deux points, en effet, il y a accord nécessaire, et non contradiction. La révélation de Dieu ne nous intéresse pas, elle n'est pas « pour nous », si elle n'est pas l'autocommunication de l'être divin à l'être humain, mais elle ne l'est pas davantage et elle perd toute discernabilité si elle n'est pas cela avant tout et singulièrement en Jésus, puisque c'est au nom de Jésus et par la foi en lui que nous recevons cette révélation comme présence de Dieu à notre histoire et à notre être. Je ne voudrais donc pas rompre avec Tillich sous prétexte qu'il s'écarte de l'orthodoxie (ce qui n'est pas niable), car il a tracé une voie plus sûre que celle de Troeltsch, à mon jugement, pour réconcilier le christianisme avec la modernité, pour la double ou triple raison que celle-ci s'éloigne de la religion et que Jésus s'en est le premier éloigné et que ceci est lié à cela, plus que Troeltsch n'avait su pressentir ces ruptures et ces enchaînements. Tillich, lui, a su montrer que la voie évangélique du salut est de se dessaisir des moyens de salut, conditionnés par la loi religieuse, au profit de la foi, pour répondre à l'appel inconditionné de Dieu, et que telle est la relation à Dieu ouverte par Jésus sur la croix. C'est une invitation à chercher une conciliation entre l'universalité de la révélation que Dieu fait de lui-même au fondement de l'être humain et la singularité de celle qu'il manifeste par son lien à Jésus.

Un exemple de cette conciliation nous est offert par Karl Rahner, qui, à l'instar de Paul Tillich, fut attentif à l'enseignement de Heidegger sans se laisser convaincre par lui que la théologie devait se détourner du souci philosophique de l'être. De même que Tillich cherchait une voie médiane entre la théologie libérale et la « néo-orthodoxie », le naturalisme et le « supranaturalisme », de même Rahner entreprend de penser la révélation entre l'immanentisme qu'il dénonce dans l'histoire des religions et « l'extrinsécisme » qu'il reproche à la théologie traditionnelle : l'une la réduit à l'évolution des besoins religieux sans lien nécessaire à quelque manifestation histo-

DÉVOILEMENT DE DIEU 327

rique de Dieu, l'autre à un ensemble de faits historiques miraculeux sans lien réel avec l'être ni avec l'histoire de l'humanité. Constatant que le scandale, pour la conscience moderne, marquée par l'humanisme et l'athéisme, c'est moins la présence cachée de Dieu dans les profondeurs de l'histoire humaine que la doctrine selon laquelle « Dieu lui-même trace une voie unique parmi toutes celles dont parle l'histoire des religions », il pose le problème de la révélation dans les mêmes termes que nous a imposés la lecture de Tillich : « Comment la Révélation peut-elle être là partout et toujours, apportant partout et toujours le salut, sans pour autant cesser d'être en un lieu et un temps bien précis, dans la chair du Christ, dans la parole du prophète qui parle à ce moment-ci, dans la lettre de l'Écriture ? Peut-elle être partout le "motif" le plus profond, la véritable force motrice de l'histoire, alors qu'elle est cette action de Dieu, une et libre, [...] instantanée comme un événement qui n'a lieu qu'une fois pour toutes[1] ? »

La réponse de Rahner à cette question consiste à expliquer le sens du mot « révélation » et à distinguer plusieurs acceptions de l'expression « révélation historique » ou « histoire de la révélation ». Il tient d'abord à purifier le concept de révélation de l'idée d'intervention extérieure de Dieu dans le monde et sur le cours de l'histoire, idée que la théologie traditionnelle a trop mise en avant, estime-t-il, qui n'a que trop détourné les gens de la foi chrétienne, et qui aboutit à une absurdité, puisque Dieu ne pourrait pas devenir objet de notre expérience sans se réduire lui-même à l'état de phénomène qui le rendrait d'ailleurs indiscernable des autres objets du monde. La révélation doit être conçue comme l'autocommunication de Dieu à l'homme, c'est-à-dire l'acte de Dieu de s'offrir à l'homme comme sens et destinée de son existence ; cet acte n'est ni une effusion de l'être divin hors de lui (au sens « panthéiste ») ni une intervention soudaine et répétée

---

1. K. RAHNER, « Remarques sur le concept de Révélation », dans Karl RAHNER, Joseph RATZINGER, *Révélation et tradition*, trad. de l'allemand par H. Rochais et J. Evrard, Paris, Desclée de Brouwer (*Quaestiones disputatae* 7), 1972, p. 15-36, cité p. 18. Je m'en tiendrai à ce court écrit de Rahner, parce que son approche du problème de la révélation correspond bien à nos réflexions précédentes et que nous aurons l'occasion d'y revenir plus tard.

dans l'histoire («extrinséciste»), c'est un acte de souveraine liberté, de pur don et amour, c'est une ouverture de l'être de Dieu au plus profond de l'être humain, acte de présence et de proximité, et cet acte est originel et permanent, c'est l'acte qui «confère à l'étant fini lui-même une véritable auto-transcendance active dans son devenir» et que Dieu pose de l'intérieur de sa présence au monde en tant que «principe transcendantal, permanent et vivant, du mouvement même que le monde a en propre»[1]. Dieu se communique tel qu'il est à l'homme tel qu'il est, il se rend présent comme le mystère inaccessible à sa créature, mais que l'homme peut cependant appréhender, par un acte de liberté et de connaissance, comme son propre fondement, le mystère de son être appelé à la trans-cendance ; et l'homme qui répond à cet appel reçoit effecti-vement la communication «gracieuse» que Dieu lui fait de sa propre vie. Telle est la révélation que Rahner appelle «transcendantale», en tant qu'elle se fait dans l'être et la conscience de l'humanité, et qui n'en est pas moins «histo-rique» à ce titre, puisqu'elle se fait au niveau de la condition historique de l'homme. Mais il n'est rien d'historique qui ne monte au langage : toutes les paroles qui expriment la saisie par les hommes du mystère qui les habite et les meut, les noms de Dieu, les croyances, les discours sur Dieu, les religions qui lui rendent un culte, tout cela relève, au sens large, de «l'histoire de la révélation», prise cette fois sur le plan concret et déterminé, phénoménal («catégorial», selon la terminologie rahnérienne). Mais il ne peut se produire de communication pleine et définitive de Dieu que *dans un* homme à qui Dieu se livrerait tel qu'il est en lui-même et *par un* homme qui se livrerait réciproquement à Dieu dans toute la profondeur de son être et qui serait ainsi capable de le recevoir semblable-ment et d'authentifier, du même coup, par rapport à lui-même, la seule «révélation historique» qui, entre toutes les autres, puisse être dite absolument vraie en tant qu'elle préparait la sienne dans la continuité de l'histoire phénoménale. C'est ce qui se passe dans le cas de Jésus, qui doit être reconnu comme événement singulier et définitif de révélation, puisqu'il se fait dans une réciprocité totale de communication entre Dieu et l'homme, elle-même ouverte sur la totalité de l'histoire. Voilà,

---

1. K. RAHNER, J. RATZINGER, *Révélation et tradition*, p. 19.

DÉVOILEMENT DE DIEU 329

dit Rahner, la véritable « histoire de la révélation », que la théologie catholique devrait être capable de comprendre en vertu des dogmes de la création, de la grâce, de l'appel salvifique universel, une compréhension qui sait reconnaître la grâce de la révélation partout et toujours à l'œuvre dans l'histoire, sans que cela relativise ce que l'Église tient pour la révélation authentique qui lui appartient en propre, et sans que cela infirme la singularité de l'événement de révélation en Jésus. Cette histoire est bien la révélation du Dieu trinitaire, du mystère de « l'en-soi du Dieu qui est pour nous », du Père qui se communique à nous, dans le Verbe en qui et par qui il s'exprime, par l'Esprit qui nous le révèle[1]. Et Rahner de conclure : « Si ce qu'on a dit est correct, la Révélation transcendantale et la Révélation catégoriale ainsi que leur histoire coexistent avec *l'histoire spirituelle de l'humanité en général.* Ce n'est pas là une erreur du modernisme, c'est une vérité chrétienne[2]. » Il invite en conséquence la théologie à professer la foi au Christ de telle manière que le christianisme « intègre en lui *toute* communication imaginable, à travers tout le réel » de Dieu au monde, « s'il veut être la religion absolue de tous »[3].

On trouverait des considérations analogues chez Hans Urs von Balthasar, quoique dans un langage différent et dans une tout autre perspective. Il s'intéresse à montrer que la « figure de révélation » se déploie dans l'histoire sous des modalités différentes qui se recouvrent et s'explicitent les unes les autres, dans une dialectique d'« enveloppement » et de « dévoilement », telle que la révélation par grâce se présuppose dans « la révélation de l'être », que celle-ci se dévoile dans « la révélation par la parole », et que la révélation qui se fait dans le

---

1. *Ibid.*, p. 20-24, 26-28 ; p. 29-30 : « ... l'aspect transcendantal de l'accueil originel fait à la révélation et l'aspect transcendantal de la foi sont une seule et même chose, à savoir que l'homme est constitué et gracieusement déterminé par la communication ontologique que Dieu fait de lui-même, et que de façon radicale et libre il s'abandonne à cet existential du *Dasein* » (noter cet emprunt d'un terme heideggérien).
2. *Ibid.*, p. 24 (souligné par l'auteur).
3. *Ibid.*, p. 33. Rahner pose à plusieurs reprises le problème de la révélation en termes équivalents dans son *Traité fondamental de la foi*, trad. fr. de G. Jarczyk, Paris, Éd. du Centurion, 1983, par exemple p. 98-99, 168-172, 179-180. Nous nous référerons ultérieurement à ce traité.

Christ est la consommation de celle qui s'inaugure dans la création du premier homme. La « révélation de grâce », que reçoit « l'enfant de Dieu », « n'est pas l'introduction d'une nouvelle figure (de révélation) au sein du monde créé, mais seulement un nouveau mode de la présence de Dieu dans la figure du monde, une nouvelle intimité de l'union avec lui ». La révélation de la Parole de Dieu dans l'Ancien Testament exprime « la conscience vivante de foi que Dieu habite personnellement dans le monde et spécialement dans le peuple élu ». Dans le Christ enfin, Verbe fait chair, « s'accomplit surabondamment ce que la création avait inauguré : Dieu s'exprime et se présente, l'Esprit libre et infini se crée un corps d'expression dans lequel il peut certes se révéler mais plus encore se dissimuler » ; ici donc « la visibilité de Dieu s'achève dans l'obscurité », quand la parole d'un homme devient le langage de Dieu, et sa chair le voile qui le révèle en l'enveloppant. Balthasar tient à faire remarquer que la singularité de la révélation de Dieu en Jésus, loin d'introduire une rupture dans l'histoire de la révélation pas plus que dans celle de l'humanité, est au contraire appelée par le dynamisme immanent du dévoilement de la présence originaire et universelle de Dieu au monde : de même, dit-il, que la révélation en paroles se situe au-dedans de la révélation de la création, et non à côté, « de même la révélation de l'incarnation est à l'intérieur de la révélation essentielle de Dieu dans l'homme, qui le voile en le révélant comme étant son image et sa ressemblance. Cela veut dire ici que dans le Christ, c'est l'homme qui est dévoilé avec Dieu, parce que Dieu ne se sert pas de la nature humaine comme d'un instrument extérieur, pour exprimer du dehors et d'en haut le Tout Autre qui est Dieu, mais revêt cette nature humaine comme la sienne et s'exprime de l'intérieur par l'organe expressif de cette nature »[1].

Ces réflexions de Hans Urs von Balthasar, comme celles de Karl Rahner, sont évidemment inspirées par le dogme chrétien ; aussi n'est-ce pas le moment de les développer, alors que nous en sommes encore aux considérations préliminaires,

---

1. H. Urs von Balthasar, *La Gloire et la Croix. Les aspects esthétiques de la Révélation.* I. *Apparition*, trad. de l'allemand par R. Givord, Paris, Aubier (« Théologie » 61), 1965, p. 372-390, cité : p. 381, 384, 386 et 387. Nous reviendrons aussi plus tard à Balthasar.

DÉVOILEMENT DE DIEU   331

et plus précisément *a priori*, sur le concept et la possibilité de la révélation. La raison de les avoir introduites en ce débat était de montrer que ces deux théologiens, tout différents qu'ils sont l'un de l'autre, témoignent de l'attention portée par la théologie contemporaine (catholique en l'occurrence, mais elle était la plus controversée sur cette question, Barth excepté) aux problèmes soulevés par Ernst Troeltsch et par Paul Tillich, eux aussi de tendances dissemblables. Soucieux de ne pas glisser sur la pente extrinséciste de la théologie traditionnelle, Rahner et Balthasar, sans crainte d'encourir le reproche d'immanentisme, si souvent allégué depuis la crise moderniste, ont tous deux la préoccupation d'«intégrer», selon le mot du premier, la révélation qui se fait dans l'histoire des religions, d'après Troeltsch, ou dans la structure de l'être, d'après Tillich, à la manifestation de Dieu en Jésus, et ils ne doutent pas de la possibilité de concilier une telle ouverture avec l'unicité de cette dernière, tout en reconnaissant la difficulté, le «paradoxe» de l'entreprise. Telle est l'orientation que nous avons l'intention de suivre à notre tour, parce qu'elle est accordée au motif le plus profond de tenir la singularité de l'événement révélateur de Jésus Christ, motif que nous allons préciser par une dernière réflexion de nature toujours préliminaire.

Quand on compare la révélation chrétienne à d'autres, la comparaison porte souvent sur des réalités dissemblables. Beaucoup de religions disent que Dieu s'est révélé, qu'il a montré sa face ou s'est fait voir sous quelque figure, à tel ou tel personnage, ou qu'il a révélé sa parole ou sa loi, en inspirant un prophète ou un scribe ou en suscitant un législateur ; seul le christianisme ose dire que Dieu se révèle dans un homme qui appartient à l'histoire, et cette audace lui est reprochée comme une insolence par les autres religions, tellement elle le singularise entre elles toutes. Mais cette singularité est fondamentalement le fait de Dieu, qui se dévoile en faisant savoir qu'il est venu à nous et qu'il est là, désormais, dans cet homme. L'affirmation chrétienne de la révélation, quelque contenu que le mot ait reçu par la suite, ne dit rien d'autre du fait, pris en lui-même comme événement historique, elle ne dit que ce fait : Dieu est devenu cet homme. C'est une affirmation énorme, qui réclame, bien entendu, explications et justifications, mais qui n'énonce de soi aucune proposition d'enseignement ou de salut, aucun projet de rassemblement ni de soumission de l'humanité ; tout ce que Dieu peut ou veut révéler, toute la finalité de cet acte est contenue dans ce seul fait : Dieu s'est fait ce que nous sommes, il a pris parole et figure humaines, et, ce faisant, il est entré dans notre histoire et s'est lié à l'humanité. Cet acte est nécessairement unique et définitif, car *ce qui a eu lieu est arrivé à Dieu*, s'est produit en Dieu même et cela ne peut plus ni être effacé ni être refait. Jésus est unique en tant que révélateur de Dieu comme Dieu est unique, car il n'est pas simple porte-parole ou prête-figure de Dieu, il est Dieu révélé dans un homme. La singularité de Dieu se révélant en lui fait la singularité de Jésus révélateur de Dieu. Cet événement unique est nécessairement universel : quand Dieu inscrit sa venue dans le temps et sa personne dans un homme, quelque chose de définitif arrive à toute l'histoire et à toute l'humanité. Cela n'implique de soi, répétons-le, aucun projet impérialiste et totalitaire, aucune violence dont des peuples ou des cultures pourraient prendre ombrage : *c'est Dieu qui se lie à nous*, et non l'inverse ; la singularité de cette révélation serait plutôt de cacher Dieu et de dissimuler l'éclat de sa gloire sous des traits en tout semblables aux nôtres, ainsi que le souligne Balthasar. Voilà ce que dit la théorie chrétienne de la révélation. Il doit paraître évident qu'on ne peut pas la comparer, dans le même sens, à d'autres révélations hypothétiques, mais seulement en édulcorant radicalement ce sens tel qu'il se définit en se faisant dans l'acte même de se révéler : *Verbum caro factum est.*

Cette réflexion nous éloigne, de toute évidence, de la considération générale et *a priori* du concept de révélation, à laquelle nous venons de nous livrer, et nous transporte sur le terrain du dogme chrétien. Selon le terme consacré, le concept central de révélation, dans le christianisme, est défini par l'acte d'« incarnation ». De quelque manière que celle-ci soit exactement comprise (nous aurons à nous en occuper par la suite), elle signifie que Dieu se révèle en s'identifiant à la « forme » sous laquelle il se manifeste, et cette conception est absolument propre au christianisme [1]. Elle lui est propre en tant qu'elle

---

1. On compare abusivement la notion chrétienne d'incarnation aux croyances hindouistes qui parlent de plusieurs divinités comme de manifestations et personnifications diverses de l'être divin impersonnel, ou de « réincarnations » d'anciens dieux dans des dieux nouveaux en qui les premiers prennent une autre existence ; ou aux croyances bouddhistes

DÉVOILEMENT DE DIEU

se répercute nécessairement (même si la théologie ne lui est pas fidèle en tout point) sur la conception de Dieu même, qui est « déabsolutisée » dans la mesure exacte où elle est « historicisée ». Nous retrouvons ici le problème de la coïncidence de l'Absolu et du contingent en un même point. Elle paraît impossible, à juste titre, à qui la pense *a priori* en posant abstraitement Dieu dans la condition de l'absoluité que notre raison lui impose comme une nécessité naturelle dont elle fait une limite. Mais la foi chrétienne n'est pas pure intuition de l'Absolu, elle est l'intelligence de l'événement par lequel l'Absolu se lie et se livre à la contingence de l'histoire. Que cela puisse se faire, il lui est donné de pouvoir le penser quand cela se fait et lui est révélé, et il lui est en même temps donné de penser Dieu comme l'Absolu délié de toute contrainte qui peut et veut se lier à ce qui se passe pour passer ainsi lui-même à l'histoire. Cette idée chrétienne de révélation est rigoureusement dépendante de l'événement historique dont se réclame la foi chrétienne et de la vision de Dieu que ce même événement lui propose. C'est en cela que le christianisme se différencie radicalement des autres religions qui n'ont pas la même expérience historique de Dieu et ne peuvent concevoir que Dieu se révèle autrement que dans sa pure absoluité ; c'est pour la même raison que la révélation chrétienne s'affirme unique en même temps qu'universelle, universelle parce qu'unique.

La différence du christianisme, qui est identiquement son lien à l'historique, indique aussi sa discontinuité par rapport aux autres religions du monde. Il n'est pas douteux que la foi à la révélation de Dieu en Jésus a été préparée par la foi hébraïque au « Dieu qui s'approche », il n'en est pas moins vrai qu'elle ne s'explique que par un véritable retournement vers la personne de Jésus, par le choc historique produit par son événement, car elle est moins marquée par la sublimation de l'idée de Dieu dans l'ordre de ses perfections naturelles que par l'historicisation de la vision traditionnelle de Dieu réinterprétée à travers un événement jusque-là insoupçonnable : son autocommunication au contingent. L'intérêt de

---

dans les « réincarnations » du Bouddha en certains personnages qui ne font que participer à l'esprit et à la sainteté du Bouddha. L'unicité d'un événement historique qui affecte Dieu dans son être même fait toute la différence dans le cas du christianisme.

334 DIEU QUI VIENT À L'HOMME

cette réflexion paraîtra davantage dans la suite de cette étude, quand la révélation se précisera comme événement survenu dans le corps de Jésus.

Une dernière remarque préalable achèvera notre approche du problème théorique de la révélation. Dans toutes les religions dites historiques, la révélation est rejetée dans le passé, souvent dans un passé immémorial, en tout cas lointain, de telle sorte qu'elle est soustraite aux vérifications historiographiques et prend ainsi un aspect mythique. Dans le cas de Jésus, elle est référée à un événement relativement proche et attesté par des récits contrôlables, elle n'en est pas moins fixée dans un passé auquel nous n'avons plus accès autrement que par des recherches historiques, auxquelles nous devrons procéder, et le fait que cet événement soit déclaré unique et non réitérable contribue à l'éloigner de nous, à le réduire au rang de document d'archive, de telle sorte que la révélation de Dieu en Jésus se présente comme un point d'histoire auquel nous devons croire et ne paraît plus être une communication que Dieu nous adresse aujourd'hui encore et qui est la source perpétuelle de notre foi en lui. Il en est ainsi tant que l'événement est perçu comme extérieur à la révélation qui ne ferait qu'y établir son site ; il en va tout autrement quand il en fait partie, du fait qu'il s'est produit en Dieu même et demeure à jamais inscrit dans son être : *Verbum caro factum est*. Du coup, l'événement passé ne fait que situer l'inscription de la révélation dans la visibilité de l'histoire, il ne la clôt pas ni ne l'enclôt. La personne de Jésus est en elle-même ce qui révèle ce qu'il est arrivé à Dieu de devenir en Jésus une fois pour toutes, et cette révélation demeure à jamais offerte à notre contemplation et à notre participation. Il est donc très différent de chercher quelle révélation nous est donnée *par* Jésus ou *en* lui. Mais cette conclusion n'est qu'anticipation de ce qu'il nous faut maintenant établir à partir des témoignages évangéliques et apostoliques.

II

JÉSUS RÉVÉLATEUR DE DIEU

La première section de ce chapitre a cherché à éclairer la notion de révélation et la possibilité d'un événement historique de révélation dans la continuité de la démarche du chapitre précédent, à savoir sur la base des problématiques critiques des philosophies de la modernité et des sciences nouvelles héritières des philosophies de la religion. Nous avons examiné comment des théologiens protestants de la première moitié du XXᵉ siècle avaient essayé de sauvegarder la spécificité et la suprématie de la révélation et de la religion chrétiennes, mais en sacrifiant leur singularité historique pour les fonder rationnellement sur l'universalité du phénomène religieux et sur la structure de l'être et de l'esprit humains ; et nous avons observé comment d'autres théologiens catholiques du même siècle, sur la base de la nouvelle apologétique existentielle décrite dans le chapitre précédent, avaient ressenti la même nécessité impérieuse d'une fondation culturelle et ontologique de la révélation chrétienne, mais ne doutaient pas de la trouver dans la cohérence d'une théologie de la création avec celle de l'incarnation. Résolus de nous engager dans cette voie, nous quittons le terrain des prolégomènes pour établir le fait historique de la révélation sur le propre terrain de la théologie.

Encore faudra-t-il déterminer d'abord le site qui nous servira de point de départ. Plusieurs sites ont été présentés par les théologiens récemment cités : théologies de la création, ou de l'Ancien Testament, qui font remonter la révélation aux origines de l'humanité, ou aux premières « apparitions » de Dieu, ou théologie de l'incarnation, qui définit la présence de Dieu survenant en Jésus ; d'autres viennent à l'esprit spontanément : la résurrection de Jésus, fondement de la prédication chrétienne, ou les récits évangéliques de son histoire. Nous aurons à choisir entre ces différents points de départ et à justifier le choix que nous ferons de partir d'une vision globale de l'histoire de Jésus. Cette histoire sera présentée, non sur le

modèle d'une recherche historiographique, mais sur la base
de la «prédication» qui en est faite par les évangiles. Nous
regarderons le personnage de Jésus, campé sous l'horizon du
Royaume qui vient et non sur fond de religion, puis nous
examinerons la nouveauté de son langage sur Dieu, pour interroger ensuite la révélation de Dieu qui se fait dans les «signes,
prodiges et miracles» accomplis par Jésus. Mais c'est seulement dans l'événement de mort et de résurrection que pourra
être fondée définitivement la révélation de Dieu en Jésus, ainsi
qu'on doit s'y attendre, puisque cet événement est l'objet
central de la prédication évangélique. Toutefois, la révélation
ne consiste pas dans la simple objectivité d'un fait brut : si
Dieu se révèle en se communiquant aux hommes, la communication doit être reçue par nous pour qu'il soit effectivement
révélé en nous ; c'est ce qui se passe quand il vient habiter
par son Esprit dans la communauté des croyants, que Paul
appelle «le corps du Christ». Nous parcourrons donc la révélation qui se fait dans le corps du Christ sous les trois acceptions de ce corps : dans sa chair crucifiée, dans son corps
ressuscité et glorieux, et dans ce nouveau corps que l'Esprit
lui rassemble dans l'Église : c'est dans ces trois sens que ce
chapitre est intitulé *dévoilement de Dieu dans le corps du Christ*.

Telle que la décrit justement Balthasar, la révélation se
fait dans une dialectique d'enveloppement et de dévoilement :
parce que la présence de Dieu est cachée, occultée, dans la
chair mortelle de Jésus, Jésus sacrifie son être fini, son être-
Jésus, pour renaître en corps glorieux, en être-Christ illimité,
et porter à la lumière ce que dissimulait le voile de sa chair
(Tillich a bien vu la nécessité de cette négation, mais sans la
pousser jusqu'à la négation de la négation) ; et il reprend vie
en la donnant à ceux qui reconnaissent sa gloire dans sa chair
livrée à la mort et en les rassemblant pour en faire son nouveau
corps en ce monde. Un autre aspect de sa mort (également
noté par Tillich) est de mettre fin à la loi et d'ouvrir ainsi la
révélation qui se fait en lui à la reconnaissance universelle de
ceux qui recevront son Esprit. Le dévoilement de Dieu dans
le Christ s'achève donc à nouveau dans un enveloppement,
dans ce nouvel être-au-monde que Jésus, portant en lui la
présence de Dieu, prend en son Église, et l'événement de révélation qui est advenu en lui commence à s'accomplir en se
dépassant en histoire de révélation. Voilà pourquoi l'étude
que nous allons faire de l'événement révélateur de Jésus aura

une suite dans les sections ultérieures de ce chapitre : pour recevoir en effet ce qui s'est révélé de Dieu en Jésus, nous ne pouvons pas nous contenter d'un regard extérieur, d'une observation historique, nous devons à notre tour recevoir la révélation dans la foi, comme l'ont fait les premiers chrétiens ; pour cela, nous devrons la laisser venir jusqu'à nous, à travers sa transmission dans l'Église ; encore ne suffira-t-il pas que nous la recevions sur le simple témoignage de l'Église, dans l'objectivité historique que la révélation prend en elle, mais devrons-nous l'accueillir non moins directement de la Parole de Dieu elle-même, telle qu'elle s'est faite chair en Jésus, telle qu'elle s'est prononcée en lui une fois pour toutes dans un événement qui transcende le cours du temps, donc à la fois immédiatement de cet événement et médiatement par la tradition de l'Église. C'est pourquoi, après un premier regard sur *Jésus révélateur de Dieu*, et après avoir observé comment sa révélation nous parvient par *la tradition de la foi*, nous devrons revenir à l'événement historique du Christ à la fin de ce chapitre, pour le relire du point de vue nouveau de notre propre historicité et pour y reconnaître, par-dessous les voiles dont l'a revêtu la religion chrétienne, la vérité cachée et la perpétuelle nouveauté de *Dieu révélé en Jésus* dans l'inconnu de son être-pour-nous, de son être trinitaire.

Cet aperçu des développements à venir n'avait pas d'autre raison d'être que d'annoncer pourquoi le terme de la recherche que nous entreprenons nous verra revenir à notre site de départ, pour achever de dévoiler ce qu'un premier regard fixé sur l'historicité de l'événement ne pouvait découvrir et qui ne pourra « apparaître » qu'à un second regard dans lequel notre propre historicité se sera investie. La parenthèse refermée, commençons par légitimer le choix d'une démarche historique.

Approche de la révélation.

Plusieurs voies d'approche s'offrent à nous à première vue, on vient de le rappeler : création de l'homme, anciennes Écritures, incarnation, ministère public de Jésus, sa résurrection. Par laquelle des cinq devrions-nous logiquement commencer ? En disant « logiquement », nous ne visons pas une démarche qui serait en soi la plus démonstrative, mais qui s'adapterait de plus près au type de recherche que nous avons mise en route. Notre propos est d'étudier la révélation de Dieu en Jésus, non toute autre manifestation possible de Dieu aux hommes, et pas davantage la personne de Jésus prise en elle-même. Autrement dit, il n'est pas de faire un traité de la révélation de Dieu en général, à la façon des conciles Vatican I ou II, ni de construire une christologie, quoique notre objectif ne puisse pas être atteint sans mettre en œuvre l'un et l'autre, mais strictement du point de vue de leur articulation l'un sur l'autre. La « logique » de notre propos sera de rester dans la continuité du discours que nous avons commencé de tenir sur « le deuil de Dieu ». L'obscurcissement de la révélation de Dieu dans la tradition chrétienne nous a conduits à remonter à sa source dans l'espoir, non seulement de retrouver la trace des évidences perdues, mais tout autant d'y découvrir l'explication de leur perte. Là est le fil qui doit nous guider, et que nous devrons à tout moment renouer pour nous recentrer sur la « figure de révélation », selon l'expression de Balthasar, qui transparaît dans la personne de Jésus – mais sans oublier le sens critique ni le sens historique qui sont à la base de l'esprit de la modernité, ainsi que Troeltsch nous l'a rappelé, puisque nous voulons « rendre raison » de notre foi au regard d'une modernité qui l'a répudiée et qui n'en imprègne pas moins l'esprit des croyants d'aujourd'hui. Ce fil conducteur ne nous permet pas de nous installer dans un pur discours de foi, pas plus que dans un discours de pure scientificité historique, mais recommande de se tenir à l'intersection des faits d'histoire et des sentiments religieux qui sont à l'origine de la tradition chrétienne.

Ce préjugé méthodologique devrait éliminer d'emblée les deux premières voies d'approche qui s'étaient proposées à nous, à partir de la création ou des annonces de l'Ancien Testament. Nous en dirons cependant quelques mots pour les situer dans la suite de notre recherche. La remontée à la création de l'homme aurait l'avantage de placer la révélation de Dieu en Jésus sous l'éclairage d'une révélation universelle, ainsi que la théologie contemporaine cherche à le faire, comme nous l'a appris notre brève référence à Rahner et à Balthasar. La remontée aux premières « apparitions » de Dieu dans l'Ancien Testament et aux annonces prophétiques du Christ à venir nous reporterait à l'origine de la révélation reçue par Jésus lui-même et par son entourage et nous situerait à l'intérieur du cadre religieux et historique dans lequel les premiers chrétiens ont reconnu Jésus pour Christ. Aussi bien ne rejetons-

DÉVOILEMENT DE DIEU

nous aucune de ces deux démarches, mais nous les renvoyons à plus tard, la seconde dans la suite de ce chapitre, quand nous examinerons la « réception » de la révélation de Jésus dans la tradition chrétienne à l'aide des Écritures, la première au chapitre suivant, quand nous aurons à parler de la création de l'homme par Dieu Trinité et de sa manifestation dans l'histoire. Mais ni l'une ni l'autre n'est apte à fournir le point de départ que nous cherchons. – Pas la création : car elle peut donner le sentiment d'une présence transcendantale de Dieu dans la structure de l'être humain, et ainsi attester sa révélation au plus profond de la conscience humaine, mais non manifester par avance la « figure » que Dieu prendra dans l'historicité de sa venue en Jésus – à moins de préjuger expressément d'une création dans le Christ, comme le fait saint Paul, mais qui ne devient manifeste que par la rétroprojection du Christ dans l'événement créateur, ainsi que nous le ferons plus tard, mais pas avant d'avoir acquis l'intelligence de sa résurrection en tant que symbole efficace d'une nouvelle création. Encore faut-il ajouter que la notion de « création » est elle-même une donnée de la révélation, son point de départ, sans doute, mais à l'intérieur d'une parole de révélation, car il n'est pas évident que l'origine du monde doive être attribuée à un acte créateur de Dieu ; celui-ci admis, il resterait à expliquer en quoi il consiste, si l'on veut comprendre la création de l'homme en tant que révélation de Dieu dans la structure de l'être humain : tout cela requiert trop d'analyses préalables pour constituer un base de départ. – L'Ancien Testament non plus ne peut en tenir lieu, pour des motifs analogues : faire état des « apparitions » de Dieu aux Patriarches, puis à Moïse, puis aux Prophètes, avant d'arriver à Jésus, reviendrait à suivre la voie de l'histoire des religions, à la façon de Troeltsch, et aboutirait donc, à l'inverse de ce que nous devrions faire, à déterminer la révélation qui surgit en lui par celle qui s'exprime en toute religion, car ce n'est rien d'autre que la continuité évolutive d'une même religion qui rattache le Jésus de la foi chrétienne à l'Ancien Testament sur le plan de l'histoire objective. Et aussi, et d'abord, celle d'une même révélation, a-t-on envie d'objecter ? Sans doute, mais une telle continuité n'apparaîtra qu'après avoir montré que la venue de Dieu en Jésus est sa révélation « parfaite et définitive », de telle manière que l'histoire antérieure du salut se laisse alors reconnaître comme la « préparation » de cette dernière, ainsi que Tillich argumente dans sa *Théologie systé-matique*. Saint Paul avait d'ailleurs averti de ce qui se passe dans le cas contraire : quand on fixe les yeux sur le visage glorieux de Moïse, le même voile qui le recouvrait obscurcit le regard et empêche de contempler la gloire qui resplendit sur le visage du Christ (2 Co 3) ; et il expliquait par ce motif le refus de nombreux juifs de reconnaître Jésus pour Christ. Lui-même et les premiers chrétiens n'ont pas manqué de tirer argument des anciennes Écritures, à la suite de Jésus, mais en les interprétant à la lumière de la nouveauté du Christ : nous procéderons de la même façon, et non à l'inverse.

La remontée à la création et à l'Ancien Testament étant reportée à plus tard, c'est l'incarnation qui se présente à nous pour point de départ, avec des avantages évidents : la défini-tion qui en est donnée dans le prologue de l'évangile de Jean, « le Verbe s'est fait chair », vérifie à la lettre celle de la révé-lation de Dieu en Jésus, telle que Karl Barth l'appréhende immédiatement en tant qu'expression de la Parole de Dieu dans et par la personne de Jésus, et telle qu'elle est consi-dérée par Karl Rahner ou Hans Urs von Balthasar en tant qu'autocommunication de l'être de Dieu à l'être de l'homme, ou autodiction de la Parole de Dieu dans l'esprit humain, présence de Dieu à l'homme qui se réalise singulièrement et se manifeste pleinement et définitivement dans l'homme Jésus, et qui se fait reconnaître, à partir de là, comme présence universelle de Dieu à tout homme en qui il se révèle comme le fondement de l'être, ainsi que l'explique Paul Tillich. Mais Jésus n'est pas « apparu » dans l'histoire en tant que Parole vivante de Dieu, sa parole créatrice, comme s'il surgissait du dehors du monde et d'en deçà du temps, il a été apporté par elle et il l'a habitée du dedans, car « il a habité parmi nous », dit l'évangéliste, et c'est par la foi qu'il a été « reçu » et reconnu en tant que Verbe de Dieu, par ceux qui ont vu et interprété ses « signes », par « nous qui avons vu sa gloire, celle d'un Fils unique de Dieu », poursuit Jean (1, 14), gloire que Dieu lui communiquait par les œuvres et les signes qu'il lui donnait le pouvoir d'accomplir et qu'il a surtout manifestée en le ressus-citant d'entre les morts. L'identification de la naissance de Jésus à la venue au monde de la Parole révélatrice est elle-même objet de révélation et ne peut pas l'être avant que Jésus ne soit reconnu comme l'envoyé chargé de révéler Dieu « en esprit et en vérité ». C'est pourquoi l'incarnation n'est pas mentionnée dans la toute première prédication des apôtres : elle ne pouvait être que la qualification finale de l'événement inaugural de la révélation de Dieu en Jésus. Elle ne peut donc servir de point de départ au type de recherche qui est le nôtre pour le moment. Elle se présentera plus tard à nos analyses, telle qu'elle s'est produite dans le temps, par mode de descente et non de remontée, lorsque le déroulement de l'« économie » trinitaire nous permettra de suivre la venue vers nous du Verbe révélateur, depuis la création du monde, à travers la prophétie de l'Ancien Testament, jusqu'à son « habitation » dans la chair de Jésus et son extension au corps total du Christ. Auparavant, nous avons à reconnaître Jésus en tant que révélateur de Dieu, témoin si véridique que ceux qui reçoivent sa parole pressentent l'immanence en elle de la propre parole subsistante de Dieu et l'imminence de sa venue.

Nous voici renvoyés, par le jeu de ces éliminations successives, à l'histoire de Jésus et à sa résurrection. Un nouveau choix s'offre donc à nous, auquel il convient de s'attarder juste le temps de préciser le sens de notre démarche, puisque nous sommes d'avance résolus à aborder l'un après l'autre, et dans l'ordre indiqué, les deux termes de l'option. Il est clair *a priori* qu'on doit aller de l'histoire vécue à la résurrection qui en est le terme, mais il n'est pas superflu d'y réfléchir un peu avant de se mettre en route. – La résurrection de Jésus n'étant pas un événement de son histoire au même titre que d'autres faits rapportés par les évangiles, on pourrait commencer par la vie de Jésus dans l'intention de s'établir au plus vite sur le terrain de l'histoire et on en viendrait ainsi à penser que les récits évangéliques des faits antérieurs à la résurrection relèvent du même genre d'objectivité historique que celle des autres « faits » dont s'occupent et que vérifient les historiens, alors qu'il est admis communément que ces récits sont des témoignages de croyants qui rapportent les actes et les dits de Jésus en les réinterprétant à la lumière de leur foi pascale. Sachant cela, nous pourrions aussi être tentés de chercher à discriminer, dans les choses rapportées, celles qui s'imposeraient avec le plus de vraisemblance à titre de données empiriques ; mais ce travail nous écarterait de notre propos, qui n'est pas de trouver des preuves « scientifiques », valables pour nous aujourd'hui, en faveur de la foi en Jésus, moins encore de reconstituer sa vie à l'aide de matériaux « authentiques », mais de montrer sur quelles bases les disciples de Jésus l'ont reconnu pour révélateur de Dieu : ce que nous ne pouvons évidemment faire qu'en recueillant leurs propres témoignages de croyants, de même qu'ils n'avaient pas d'autre manière de nous dire qui était pour eux Jésus. – Si en revanche, ayant réfléchi à tout cela, nous décidions de commencer notre enquête par les récits de la résurrection, sous prétexte qu'ils ont « inspiré » tout ce qui est raconté de Jésus, nous tomberions dans une autre illusion, celle de penser que les disciples y ont cru à cause seulement des signes merveilleux qui leur en ont été donnés, comme s'ils venaient tout juste de commencer à croire en lui, alors qu'ils n'auraient pas été à ce point impressionnés par ces signes, s'ils n'avaient déjà cru, avec plus ou moins de force, que Jésus était envoyé de Dieu, qu'il parlait de Dieu en témoin fidèle, qu'il était assisté par sa puissance et s'ils n'avaient mis de longue date leur confiance en lui. En d'autres termes, une foi en Jésus, en sa personne et en sa mission, a précédé et motivé la foi des disciples dans sa résurrection, et cette foi prépascale enveloppe le témoignage rendu à la résurrection autant que la foi postpascale inspire les récits de la vie et du ministère de Jésus. – En commençant par ces récits, nous sommes donc certains d'être bien remontés à la source même de la tradition chrétienne dont nous avons hérité : la révélation de Dieu reçue de Jésus s'origine dans la reconnaissance de sa mission et de sa personne de révélateur. Toutefois, nous sommes conscients que nous ne recueillerons bien cette révélation qu'en recevant les témoignages rendus à sa résurrection : ainsi saurons-nous conduire cette première recherche comme une simple « approche » du site définitif de la révélation.

Ayant choisi de prendre l'histoire de Jésus pour point de départ, il n'est pas superflu d'indiquer, toujours à titre de préalable méthodologique, comment j'envisage de conduire cette recherche : non précisément en historien, mais en théologien, avec cependant l'intention d'exposer l'histoire vraie de Jésus tel qu'il a été reconnu et proclamé Christ[1]. En théologien,

---

1. Je me suis permis de parler à la première personne du singulier parce que j'aborde ici, si brièvement que je le fasse, une question fort débattue entre théologiens et exégètes et que je ne veux pas exposer mon opinion comme si elle était générale et normative. J'ai précisé mes positions sur ce point dans deux articles des *RechScRel*. 88/4

c'est-à-dire en croyant instruit par la foi de l'Église qui cherche à remonter à l'origine de la tradition de foi dont elle a hérité, avec le souci critique de vérifier le point de départ de cette tradition que nous avons vue s'enliser dans les discours sur Dieu de la culture occidentale et perdre l'assentiment de si nombreux fidèles. Ce point de départ, c'est l'ensemble des écrits revêtus, au jugement de l'Église, de l'autorité des apôtres de Jésus, en particulier les quatre évangiles. Il est donc composite, puisque constitué d'écrits de provenances diverses, plus encore qu'il ne le paraît au premier abord, car l'analyse textuelle y décèle l'apport de traditions nombreuses et variées, raccordées entre elles par un jeu embrouillé de rédactions successives. Il n'empêche que ces écrits se présentent unifiés en un tout compact, en un seul et même organon, désigné d'un nom, « Nouveau Testament », significatif d'un projet cohérent, centré sur « un Évangile à quadruple forme, maintenu par un unique Esprit[1] ». Il y aura donc deux façons d'aborder l'origine, du point de vue soit de sa complexité, pluralité et diversité, soit de son unité. Le premier est celui de l'historien des textes qui, dans son travail de remontée aux sources de ces traditions, valorise la différence et la séparation. Le second est celui du théologien qui, se tenant sur la ligne de cohésion et de soudure des traditions et des rédactions, observe comment le principe unificateur du tout, à savoir l'énonciation que Jésus est Christ, recouvre et unifie le sens de tout le divers qu'il rassemble. Il y a fatalement quelque chose d'artificiel dans l'une et l'autre méthode, comme en tout travail qui exige de la technicité : l'une décompose ce qui est réuni en un seul, l'autre fait abstraction du divers. Les deux ont leur légitimité, car il y a eu diversité au point de départ de la tradition, et unité au terme de la mise par écrit ; la diversité, il est vrai, subsiste au terme, en toute visibilité. Mais l'unité du rapport à Jésus visé comme Christ existait, elle aussi, au départ. Il n'y a donc pas lieu de disqualifier une méthode au bénéfice de l'autre, il faut respecter et honorer la finalité de chacune.

(2000), *L'Exégèse et la théologie devant Jésus le Christ*, « L'intérêt de la théologie pour le Jésus de l'histoire », p. 579-597, et « Réponses préalables à quelques interpellations », p. 513-522.

1. Irénée de Lyon, *Contre les hérésies*, livre III, 11, 8.

Toutefois, quand le propos est de dire l'histoire de Jésus, la méthode des historiens jouira d'un préjugé favorable par rapport à celle du théologien. La chose n'est pas contestable et impose au second de s'enquérir des travaux des premiers. S'il s'agit d'établir cette histoire, non telle qu'on la trouve racontée dans les évangiles, mais telle qu'elle s'est réellement passée, entendons, telle qu'il serait possible de la reconstituer par l'exploration des vestiges du passé, l'usage des méthodes historiographiques s'impose de toute nécessité et de toute évidence. Mais le théologien ne se préoccupe pas de *faire*, de refaire scientifiquement l'histoire de Jésus, il la prend telle qu'elle est *déjà faite* dans les évangiles et proposée par l'Église à la connaissance de ceux qui les lisent aujourd'hui, écrite sur le mode d'un témoignage de foi, d'un discours énonciatif retraçant la vie, le portrait, l'enseignement de Jésus en tant qu'il est le Christ. On objectera qu'il est naïf et non scientifique de présenter le récit évangélique comme s'il relatait une histoire en tout point vraie, alors qu'il constitue une profession de foi et qu'il est pris comme tel. Certes, mais le théologien, quoiqu'il se situe sur le terrain de l'histoire, telle qu'elle est racontée, n'entreprend pas d'en faire une étude « scientifique », et ne s'en tient pas davantage à une lecture « naïve », car il ne cherche pas à *restituer* la vérité factuelle de cette histoire, en tant que « critique » de celle qui est racontée, présentée comme une suite d'événements contrôlés les uns par les autres et enchaînés les uns aux autres, il ne prend pas non plus chaque énoncé de foi comme s'il émanait d'un témoignage historique dûment enregistré ; il s'attache à reconstituer le *discours* de foi qui s'élabore et circule d'un récit évangélique à un autre et qui se donne à lire, à qui sait le déchiffrer, comme la texture de tous ces récits, ce qui en fait précisément l'Évangile de Jésus Christ repris dans la prédication vivante de l'Église des origines. Il s'intéresse à vérifier comment Jésus a été identifié en tant que Christ par ses premiers témoins ; et encore faut-il s'expliquer sur ce point : il ne cherche pas à dire comment Jésus a été *compris* ici et là dans le passé, – car ce serait retomber dans la diversité des représentations du Christ qui avaient cours dans telle ou telle communauté des premiers temps du christianisme, selon leur langue, leur culture ou les traditions religieuses auxquelles elles se rattachaient –, il cherche ce qui fait consonner toutes ces représentations dans l'unité d'une même foi, unité dont témoigne le fait qu'elles ont pu être rassemblées dans un même corpus, preuve que ces chrétiens de toutes provenances se reconnaissaient frères dans la foi malgré la diversité de leurs énoncés.

Essayons d'aller plus au fond du problème : le théologien, préoccupé par *l'aujourd'hui* de la foi, n'est pas à la recherche d'un portrait « historique » de Jésus (au sens d'un « tableau d'époque ») qui pourrait s'imposer à l'exclusion de plusieurs autres, plus ou moins différents, que proposent les évangiles, ni d'une représentation théologique du Christ qui permettrait d'accorder la diversité des énoncés testamentaires dans une heureuse symphonie, car il n'ignore pas que cette diversité est la richesse du patrimoine commun des chrétiens, qu'elle est nécessaire à la liberté de la foi, qu'elle relève du mystère du Christ et de l'appel de chacun ; d'une manière ou d'une autre, il ne s'agit pas pour lui de recueillir une image du passé, car il est conscient que l'esprit humain, marqué par la temporalité, ne relit pas le même texte d'un siècle à un autre en lui donnant absolument le même sens. Il cherche à dire comment les chrétiens d'*aujourd'hui*, relisant les témoignages du *passé*, peuvent y reconnaître l'identité d'une même foi, l'unité d'une même figure évangélique de Jésus, reconnaissable *pour nous aujourd'hui*, et y découvrir la vérité du Christ qui s'impose à tous les chrétiens *aujourd'hui comme hier*, parce qu'elle est proclamée dans les évangiles par la même voix qui l'a transmise aux siècles futurs, celle de l'Église, globalement prise comme sujet de la révélation qui lui est adressée, en tant qu'elle est le témoignage vivant suscité au Christ par l'Esprit et devenu le *nous* commun des chrétiens. Ainsi le théologien lira-t-il l'ensemble des évangiles comme une prédication de l'Église qui, du dedans, raconte l'histoire de Jésus en le proclamant Christ, parce qu'il en fait la lecture sous l'inspiration de la foi toujours proclamée par l'Église, mais qui se fait questionnante par ce retour à l'origine, se soumettant au contrôle de l'historicité des évangiles, et retrouvant le souffle et le sens du témoignage originel. Le théologien lit le passé du point de vue et dans l'intérêt du présent, il interroge le passé de la foi du haut du présent pour laisser monter vers ce présent (toujours changeant) les interpellations (les rappels à l'ordre) de la foi du passé. Il observe comment les premiers chrétiens ont compris Jésus pour apprendre à le reconnaître dans une tout autre vision du monde. Ce privilège accordé au présent et au cheminement

346 DIEU QUI VIENT À L'HOMME

de la foi différencie fondamentalement la lecture de l'histoire évangélique faite par le théologien de celle de l'historien.

Reste une lourde inconnue, celle d'une éventuelle contradiction entre l'une et l'autre. Normalement, la contradiction ne viendra pas du théologien, qui se situe sur le plan de la foi et non sur le terrain de l'histoire des historiens ; il risque seulement d'encourir leurs justes reproches, s'il introduit dans sa lecture évangélique des argumentations historiques récusées par ces derniers ou s'il néglige des informations scientifiques dont sa recherche théologique devrait tenir compte. En revanche, on ne peut pas exclure *a priori* que la contradiction soit apportée par l'histoire des historiens. L'hypothèse est si peu à exclure que la science historique s'est intéressée à la « vie de Jésus », tout au long du XIXᵉ siècle et au-delà, en l'opposant au discours « dogmatique » de l'Église, sinon plus encore au despotisme de la religion, juive ou chrétienne, dans une ligne inaugurée par le jeune Hegel[1], imbu de préjugés philosophiques plus tard désavoués par des historiens plus soucieux de faire œuvre « scientifique ». Cette « première quête » aboutit à des portraits si disparates de Jésus et se heurta à la vision si déconcertante d'un prophète d'apocalypse que fut bientôt admise l'impossibilité de reconstituer une vraie histoire de Jésus[2]. Rudolf Bultmann en fit un postulat de ses propres recherches sur

---

1. L'une de ces toutes premières *Vies* est celle que Hegel rédigea dans sa jeunesse à Berne en 1795. Voir Adrien T. B. PEPERZAK, *Le Jeune Hegel et la vision morale du monde*, La Haye, M. Nijhoff, 1960, p. 60-87 (p. 65-66 : « Jésus établit le principe de la vertu », « son enseignement est une prédication de la raison morale et autonome » dans la ligne de Kant) ; et les ouvrages cités dans le chapitre précédent, p. 166, n. 1 : P. ASVELD, *La Pensée religieuse du jeune Hegel*, p. 46-67 (p. 51 : « Jésus y apparaît comme une personnification de l'idéal de la vertu, comme un prédicateur de la religion de la raison, en lutte avec la religiosité juive fondée sur l'obéissance à une législation extérieure fondée sur une révélation ») ; – et p. 167, n. 1, B. BOURGEOIS, *Hegel à Francfort*, p. 11-22 (p. 18 : « Hegel fait proclamer par le Christ lui-même l'idéal de la liberté pratique condamnant l'attitude de l'hétéronomie qui, par sa justification à l'intérieur de la religion positive, confirme l'absolutisme politique »).

2. Lire Charles PERROT, « La quête historique de Jésus du XVIIIᵉ s. au début du XXᵉ », dans *L'Exégèse et la théologie devant Jésus le Christ*, *RechScRel.* 87/3 (1999) 353-372.

DÉVOILEMENT DE DIEU   347

Jésus, centrées autour de son annonce de la fin des temps
(«eschatologie») et de la venue du Royaume de Dieu[1]. Ses
anciens disciples, cependant, sous l'impulsion notable de Ernst
Käsemann[2], estimèrent qu'on ne pouvait pas laisser le fossé
se creuser entre le Jésus de l'histoire et la prédication du Christ
par l'Église des origines («kérygme»)[3], ni laisser l'histoire
de Jésus à l'écart de la théologie, sous peine que le Christ de
la foi ne sombre dans la mythologie, et relancèrent l'enquête
historique, vers les années 1950, la plupart en abandonnant
l'illusion de parvenir à une «biographie» de Jésus et en gardant
l'intérêt de Bultmann pour l'eschatologie, mais en avouant
l'ambition de trouver des points d'ancrage historique du
kérygme apostolique dans la prédication et le comportement
de Jésus[4]. Plus près de nous enfin, une «troisième quête» est
en cours, qui, tout en se défendant de revenir aux illusions de
la première, affiche des ambitions historicisantes plus fortes
que la deuxième, plus de méfiance aussi pour des lectures
théologisantes; elle se base sur de nouvelles sources historiques ou procédures d'analyse, et manifeste un intérêt particulier pour la judéité de Jésus (son insertion dans la société
juive de son temps mieux connue de nos jours) et sa «judaïté»
(son lien religieux au judaïsme)[5]. Telles étant les orientations

---

1. R. BULTMANN (1926), *Jésus,* trad. fr. Paris, Éd. du Seuil, 1968,
p. 49-68 et 195-203; *Le Christianisme primitif dans le cadre des religions antiques* (1949), trad. fr. Paris, Payot «Petite Bibliothèque» 131,
1969, p. 98-106.

2. E. KÄSEMANN, *Essais exégétiques*, trad. fr. Neuchâtel, Delachaux
& Niestlé, 1972, p. 145-173, reproduit la célèbre conférence de 1953 à
Marbourg qui inaugura le «retour à l'histoire» de Jésus.

3. C'est un point sur lequel insiste fortement, avec des accents
différents de ceux de Käsemann, Joachim JEREMIAS, *Le Problème historique de Jésus Christ* (1960), trad. fr. Paris, L'Épi, 1968, *v. g.* p. 35-42.

4. J. A. ROBINSON, *Le Kérygme de l'Église et le Jésus de l'histoire*,
trad. fr. Genève, Labor et Fides, 1961, fait l'histoire de «la nouvelle
question historique» dans l'introduction de son livre, p. 5-29. Voir aussi
Jacques SCHLOSSER, «Le débat de Käsemann et de Bultmann à propos
du Jésus de l'histoire» dans la livraison citée ci-dessus de *RechScRel.*
87/3 (1999) 373-395 et un résumé par D. MARGUERAT dans un autre
article du même numéro cité ci-dessous.

5. D. MARGUERAT, «La "troisième quête" du Jésus de l'histoire»,
dans *RechScRel.* 87/3 (1999) 397-421. L'auteur remarque judicieusement,

348　　　DIEU QUI VIENT À L'HOMME

de la recherche historique sur Jésus, quelle position va prendre le théologien ?

Il ne se prononce pas (à mon sentiment) sur le passé de Jésus tel qu'il s'est passé (et reste enfoui) dans le temps et le lieu où il a vécu, mais tel qu'il est passé (et demeure) dans la prédication de l'Église qui, en le racontant dans les évangiles, affirme son identité, à savoir qu'il est le Christ Fils de Dieu. Cette affirmation, que l'Église proclame en vertu de sa foi à la résurrection de Jésus, donc par l'effet d'un regard rétrospectif sur les événements qu'elle raconte, le théologien n'a pas la prétention d'en faire une vérité historiquement constatable par la prospection du passé de Jésus. Il la tient cependant, d'une certitude de foi, raisonnée mais non historique, pour l'histoire vraie de Jésus : c'est ce que Jésus a fait dire de lui, c'est l'image qu'il a imprimée dans l'esprit des observateurs, c'est le témoignage qu'il s'est fait rendre. Cela, le croyant ne peut l'affirmer que parce qu'il a engagé sa propre vie et sa propre identité dans l'histoire que Jésus projette en avant de lui : l'histoire du passé s'écrit et se vérifie dans le présent. Personne n'entre et ne reste dans l'histoire que par le discours qu'il a suscité et ne cesse de propulser : Jésus n'a pas d'autre histoire que le discours évangélique dont la lettre s'écrit dans l'esprit du croyant. Il n'en est pas moins vrai que cette histoire s'écrit au passé, même dans le présent du croyant, qui professe : « né de la Vierge Marie, crucifié sous Ponce Pilate... » L'histoire reçue dans la foi a donc besoin des repères du passé, que vérifie l'historien, c'est pourquoi le théologien doit y être attentif, non pour munir la foi de certitudes historiques, mais parce que l'affrontement aux vérités historiennes est nécessaire à la véracité de la foi, car le croyant ne pourrait pas être vrai en tenant, l'une par la foi, l'autre par la raison, deux vérités opposées l'une à l'autre ou en fuyant cet affrontement. À cet égard, c'est

---

p. 416, que la nouveauté de cette quête par rapport à la précédente tient au « fait que Jésus est reconstruit à l'aide d'un paradigme de continuité avec son milieu natif », qui « rapproche sourdement la troisième quête de la première ». – Cet article renvoie à un ouvrage collectif coédité par D. Marguerat, *Jésus de Nazareth. Nouvelles approches d'une énigme ?*, Genève, Labor et Fides (« Le Monde de la Bible » 38), 1998, en particulier à la contribution de Vittorio Fusco, « La quête du Jésus historique », p. 25-57.

un acte de foi, pour le théologien, que de s'enquérir des données historiques concernant sa foi [1]. Il peut donc envisager l'hypothèse – qui donne son sérieux au conflit de la foi et de la raison dans lequel nous avait plongés le chapitre précédent – que l'enquête historique sur Jésus se révèle incapable de soutenir la prédication évangélique du Christ ou la contredise même formellement (par exemple, s'il s'avérait que Jésus n'a jamais revendiqué d'autorité relative au royaume qu'il annonçait, ou qu'il n'est sorti d'aucune façon des enclos de la judaïté). En ce cas, la lecture théologique de l'histoire de Jésus s'écroulerait, à plus forte raison le discours dogmatique de l'Église, mais Jésus sortirait également de l'histoire, de celle dont nous avons hérité et que nous vivons, celle de la culture occidentale, il retomberait à jamais dans l'enfouissement du passé, il ne serait plus que l'objet inerte de recherches archéologiques. Mais quelle est la gravité de cette hypothèse? Le théologien ne vit pas dans la crainte qu'elle se vérifie, auquel cas sa foi resterait en l'état d'une croyance dubitative, car il n'a pas de sérieux motifs de redouter une telle contradiction, puisque les historiens admettent dans l'ensemble qu'ils n'ont pas les moyens de reconstruire scientifiquement une biographie de Jésus, qu'une histoire de Jésus, pour s'imposer en vertu de critères sérieux, ne doit pas seulement rendre compte du passé, mais aussi ne pas rendre invraisemblable ce qui a surgi après lui et de lui, c'est-à-dire le fait du christianisme [2], et que les données évangéliques, telles qu'elles sont étudiées et appréciées par le

---

1. Je souscris pleinement aux propos de J.-N. ALETTI dans l'article «Exégète et théologien face aux recherches historiques sur Jésus», dans la même livraison des *RechScRel.* 87/3 (1999) 423-444: «... appliquée à Jésus, la quête historique avoue ses propres enjeux: *il y va de l'ancrage historique de la foi*, ou encore d'une foi qui doit relever le défi de l'histoire, dans la mesure où elle ne peut avoir pour objet un autre Jésus que celui-là même à la rencontre duquel va l'approche historique», p. 423-424.

2. Dans l'article cité plus haut (n. 5, p. 347), D. MARGUERAT ne cache pas, p. 416, que la réinsertion de Jésus dans la judaïté, cherchée par la «troisième quête», n'est pas indemne de «la révision en cours des rapports entre judaïsme et christianisme» («sous le coup de la *shoah*», p. 408), mais elle n'oblige pas, ajoute-t-il p. 419, à «occulter la nouveauté de sa venue» pas plus que celle-ci ne doit tendre à évincer sa judaïté, les deux «doivent être pensées dialectiquement» (p. 420).

350 DIEU QUI VIENT À L'HOMME

plus grand nombre des spécialistes reconnus, restent les meilleures sources de cette histoire et demeurent largement fiables, de telle sorte que le croyant d'aujourd'hui, sans fonder sa foi sur ces témoignages historiques, peut avoir l'assurance raisonnée de croire au même Jésus à qui ils sont rendus[1]. Il est bon de se rappeler, de plus, que l'histoire n'est pas la science « dure » que d'aucuns imaginent, elle ne déterre pas des réalités brutes, elle ne s'écrit qu'avec des bribes d'écritures arrachées au passé et réanimées par les perplexités du présent, elle fait dialoguer les morts avec les vivants ; il y a en elle quelque chose qui l'apparente à la fois à la philosophie et à la théologie : en interrogeant le passé, elle interpelle le destin de l'homme, et elle reporte dans l'énigme de l'origine le mystère de la mort qui approche[2]. L'histoire des origines chrétiennes

---

Et il énonce (en se référant à V. FUSCO, p. 49-56 de l'ouvrage cité p. 347, n. 5) ce double postulat scientifique de « plausibilité » : «... une reconstitution du Jésus historique est historiquement crédible à la seule condition d'être plausible sur l'arrière-fond du judaïsme de son temps et de rendre plausible l'évolution qui conduit de Jésus au christianisme primitif » (p. 417).

1. Tel est le jugement de J.-N. ALETTI, dans l'article cité ci-dessus (p. 349, n. 1), appuyé sur de nombreux exemples, v. g. p. 437 : « Le moins qu'on puisse dire, c'est que la recherche n'a pu (ni sans doute voulu, au moins à partir de la deuxième quête) substituer aux évangiles, qu'on avait déclarés gauchis par leur présupposé de foi, d'autres récits relatant des faits irréfutables, indiscutables » ; et il conclut, p. 442, que « les récits évangéliques sont globalement fiables eu égard au Jésus de l'histoire ».

2. Lire Paul VEYNE, « L'histoire conceptualisante », dans J. LE GOFF et P. NORA, éd., Faire de l'histoire, Paris, Gallimard, 1974, p. 62-92 ; p. 62 : lié au devenir, « l'effort scientifique ressemble plus à l'effort philosophique qu'à l'effort scientifique. L'histoire explique moins qu'elle n'explicite » ; – Michel DE CERTEAU, L'Écriture de l'histoire, Paris, Gallimard, 1975, v. g. p. 57-62 (p. 61 : « Un jeu de la vie et de la mort se poursuit dans le calme déploiement d'un récit, résurgence et dénégation de l'origine, dévoilement d'un passé mort et résultat d'une pratique présente »), p. 117-120 (p. 120 : « En somme, la narrativité, métaphore d'un performatif, trouve précisément appui dans ce qu'il cache : les morts dont elle parle deviennent le vocabulaire d'une tâche à entreprendre »... « avec une mise en scène des relations qu'un corps social entretient avec son langage »).

DÉVOILEMENT DE DIEU 351

n'est ni socle rocheux ni sables mouvants, elle est faite de la même terre, familière et incertaine, sur laquelle se fait et s'écrit la nôtre. Sachant cela, le croyant ne sera tenté ni par la présomption du savoir ni par l'angoisse du doute, il pensera que l'histoire de Jésus se fait et s'écrit chaque jour dans la vie et la foi des chrétiens, et qu'elle restera vivante aussi long-temps qu'ils la raconteront, évangiles en mains, en procla-mant qu'il est le Vivant.

Ces remarques faites sur les modalités de notre approche de l'histoire de Jésus, et après avoir rappelé une fois de plus que nous ne nous intéressons pas au déroulement de son minis-tère ni de son enseignement, non plus qu'aux différentes figures que lui a données la foi des premières communautés chrétiennes [1], mais seulement à la révélation qui se fait en lui, à la manière dont elle est reconnue et relayée par le discours évangélique, à la nouveauté qui se laisse pressentir en elle, nous allons interroger successivement le «personnage» de Jésus, tel que l'ont confectionné les évangélistes, et les traits les plus saillants de son langage sur Dieu, ensuite les signes qui manifestaient que «Dieu était avec lui»; nous observe-rons progressivement de quelle façon la trame de la vie de Jésus est présentée par eux comme un événement annoncia-teur de la révélation qu'il portait en lui et que sa résurrection allait bientôt manifester; et nous aborderons enfin l'événe-ment révélateur proprement dit, celui de sa mort, de sa résur-rection et du don du Saint-Esprit à la communauté apostolique.

Le personnage et son discours.

Un premier trait du personnage de Jésus, tout négatif et néanmoins capital, c'est qu'il n'offre pas le profil d'un fonda-teur de religion ni d'un réformateur religieux, car il attendait et annonçait la venue du règne de Dieu. Parler du *personnage* de Jésus, c'est d'emblée se situer dans le récit; ce n'est pas

---

1. Sur ces deux points, je renvoie à deux excellents ouvrages de Charles PERROT, *Jésus et l'histoire*, et *Jésus, Christ et Seigneur des premiers chrétiens,* Paris, Desclée de Brouwer, coll. «Jésus et Jésus-Christ», n° 11 et 70, 1979 et 1997.

352 DIEU QUI VIENT À L'HOMME

chercher la vérité du sujet derrière le portrait censé le masquer, c'est accepter de le recevoir tel que le narrateur le transmet ; ce n'est pas abdiquer par avance tout sens critique et tenir pour vérité historique tout ce qui nous est rapporté de lui, c'est se situer face à lui tel qu'il s'est fait à jamais *représenter* par ceux qui ont charge de témoigner de lui ; c'est se mettre en posture d'accueillir ce qu'il vient nous révéler, non à titre d'information neutre ou « scientifique », mais comme une interpellation qui attend une réponse de notre part. Recueillir, pour commencer, un trait *négatif* de ce personnage et le tenir pour capital, c'est déjà porter un jugement, c'est avouer un étonnement qui modifie profondément notre approche de Jésus. En effet, nous nous étions portés à sa rencontre sur les pas de l'histoire et de la philosophie de la religion et nous pouvions nous attendre à le voir surgir comme le héros en qui se concentre la révélation disséminée dans toutes les religions du monde depuis les temps les plus reculés, ou comme le messie qui hérite de la révélation véhiculée par la religion de ses pères pour la porter en lui, libérée de toute attache parti-culière, à son expression parfaite et universelle et la retrans-mettre ainsi au monde dans une religion définitive ; et voici que nous nous trouvons devant un homme qui attend lui-même et annonce une révélation à venir, au-delà et en dehors de toute religion, celle du Royaume de Dieu, un homme tourné vers le futur, non vers le passé, et encore vers un futur qui vient au-devant de l'histoire au lieu de la prolonger. L'étonnement que nous en ressentons ne doit cependant pas s'énoncer en termes trop naïfs, ni donc trop absolus, sous peine de manquer la vérité historique. On s'est habitué depuis Alfred Loisy à répéter la célèbre déclaration : « Jésus annonçait le Règne de Dieu, et c'est l'Église qui est venue »[1]. Il est vrai que Jésus n'annonçait pas l'Église, qui est venue, et que le royaume qu'il annonçait, lui, n'est pas venu, mais ces deux propositions ne sont tout à fait vraies qu'accolées l'une à l'autre, car l'annonce

---

1. A. LOISY, *L'Évangile et l'Église*, Paris, A. Picard, 1902, p. 181-182 ; ID., *Jésus et la tradition évangélique*, Paris, É. Nourry, 1910, p. 128-134. Dirigées contre Harnack, qui avait sous-estimé tant la dimension eschatologique de la prédication de Jésus que son implan-tation dans le judaïsme de l'époque, ces analyses de Loisy préludaient à l'exégèse contemporaine, qui les a profondément modifiées.

DÉVOILEMENT DE DIEU 353

du royaume par Jésus était un appel qui, déjà, rassemblait l'Église, et l'Église a continué à annoncer le royaume comme s'il devait achever ce qui était déjà venu en Jésus. C'est sous cette double face que les évangiles, qui ne sont pas de simples documents d'archives mais qui relèvent de la prédication de l'Église primitive, ont composé le personnage de Jésus, initiateur d'un culte nouveau et prophète des derniers temps, ainsi que nous essayerons de le montrer.

Sur les pas de Jésus qui parcourait la Galilée en proclamant que les temps étaient proches, il n'est pas illégitime de dénoter une ébauche d'Église en voie de formation : un ou plusieurs groupes de disciples itinérants, des communautés de fidèles implantées dans des villages, quelques préceptes ou comportements caractéristiques du mouvement qui se propageait autour de lui, sans doute un embryon d'organisation (Pierre et les Douze), peut-être, tout à la fin, un embryon d'institution cultuelle (baptême et repas eucharistique)[1]. Rien de tout cela ne campe Jésus en instaurateur d'une religion nouvelle, pour une raison toute simple et péremptoire, à savoir qu'il en avait déjà une, ses auditeurs et disciples pareillement, et qu'il n'a jamais manifesté, malgré ses démêlés avec les chefs et les maîtres du judaïsme, l'intention de s'en détacher, pas plus que d'en détacher ceux qui le suivaient. À quoi on peut ajouter que le baptême, alors pratiqué par plusieurs sectes ou mouvements, n'avait pas la valeur d'un signe rituel bien précis et que la « fraction du pain », accomplie dans le cadre profane d'un repas domestique, ne jouissait pas non plus de la signification forte d'un acte cultuel proprement dit. La preuve se prolonge quand on considère que les premiers « chrétiens », même en dehors de la Judée et de la Palestine, fréquenteront les synagogues plusieurs dizaines d'années encore après la mort de Jésus et que ceux de Jérusalem se montreront aussi longtemps assidus aux offices du Temple et zélés dans la pratique de la loi juive sans manifester le sentiment d'avoir

---

1. Ne voulant pas entrer dans la discrimination du pré- et du postpascal, de « l'authentique » et du « rédactionnel », je m'abstiens de donner les références et précisions qui aideraient à se situer sur ce terrain. Pour une description sociologique du « mouvement » initié par Jésus, on se reportera à Gerd THEISSEN, *Le Christianisme de Jésus*, trad. fr. Paris, Desclée (« Relais » 6), 1978, notamment p. 25-50.

cessé d'appartenir à leur ancienne religion. Pourrait-on, en ce cas, faire de Jésus un réformateur religieux, l'initiateur d'un mouvement spirituel ou messianique à l'intérieur du judaïsme ? La tentative n'a pas manqué d'être faite, et même bien des fois, mais ce n'est évidemment pas l'image que l'Église en a retenue : Matthieu lui-même (au chapitre 5) peint Jésus en Maître de la loi bien plus qu'en simple docteur ; quand surviendra le débat sur les observances légales (Ac 15), aucun précepte de Jésus ne sera invoqué pour maintenir ses adeptes dans l'obéissance à la loi ; Paul et Jean déclareront avoir reçu de lui un seul précepte, celui de l'amour fraternel, résumé et sommet de la loi, et Paul enseignera sans être contredit que la mort du Christ a affranchi les hommes de la sujétion à la loi. L'épisode de la « purification » du Temple, raconté par les quatre évangélistes, avec son caractère agressif, sa symbolique messianique et son retentissement décisif sur la carrière de Jésus, peut être retenu comme le signe de la conscience définitive de l'Église des apôtres de ne plus relever de l'institution mosaïque et d'être exclusivement fondée sur la personne de Jésus, nouveau temple de Dieu, sur ses enseignements et son souvenir. Ni instaurateur ni restaurateur religieux, Jésus n'apparaît nulle part préoccupé par un grand projet institutionnel, par une œuvre destinée à s'installer dans la durée, par une vue d'avenir à longue portée : son horizon est barré par le Royaume qui vient.

Quelque incertitude qu'on ait sur les données historiques du ministère public de Jésus (dates, durée, déroulement chronologique, géographique, événements contemporains), l'impression qu'en ont gardée les évangélistes est celle d'une « crise » qui s'ouvre et se ferme sous l'imminence du Jour de Dieu. « Le temps est accompli, et le royaume de Dieu est tout proche : repentez-vous et croyez en l'Évangile » – « Prenez garde, soyez vigilants, car vous ne savez pas quand ce sera le moment » (Mc 1, 15 ; 13, 33) : entre ces deux paroles, inaugurale et terminale, le ministère de Jésus se précipite vers son terme, se réduisant à l'épaisseur d'une annonce, prélude au Jour qui vient aussi vite qu'un éclair traverse le ciel. Aussi vrai que son « évangile » se définit lui-même comme la joyeuse nouvelle de ce qui arrive, il n'est pas exagéré de dire que tout l'enseignement de Jésus, tel qu'il est rapporté, notamment ses paraboles, ne fait que répéter cette annonce et presser ses auditeurs

DÉVOILEMENT DE DIEU

de se préparer à cette venue, de même que beaucoup de ses actions en seront l'illustration symbolique, non seulement ses actes thaumaturgiques, signes des « béatitudes » promises aux petits dans le Royaume de Dieu, mais non moins les gestes les plus simples de la vie courante, comme le fait de manger et boire avec les pécheurs et les publicains, signe de l'ouverture du Royaume à toutes catégories de personnes, et aussi du renversement des critères qui y donnent accès, et en cela même actualisation de sa venue sur les pas de Jésus, ainsi qu'il le déclarera au publicain Zachée : « Aujourd'hui le salut est arrivé pour cette maison parce que lui aussi est un fils d'Abraham »[1]. Cette attente, cependant, n'est pas une fuite du monde ni de la vie : il n'entraîne pas ses partisans au désert, comme le firent d'autres « prophètes » de son temps, il les invite à rester chacun à son travail jusqu'au moment où le Royaume viendra à eux, il leur apprend que le service fraternel des autres est le plus sûr moyen d'y être admis, il leur déconseille d'ailleurs de supputer le moment de sa venue, d'en épier les signes, il insinue même que le Royaume est déjà là au milieu d'eux, d'une présence familière quoique indiscernable. Rien d'exalté, donc, ni même d'extatique, dans cette attente ; il n'empêche qu'elle ne s'est pas réalisée. Il n'en est que plus étonnant de voir l'Église en prendre le relais, à une époque où ses fidèles auraient dû se rendre à l'évidence que le Royaume était moins proche que Jésus ne l'avait annoncé. Peut-être partageait-elle à son tour la même espérance d'une venue imminente ? Sans aucun doute, mais comme une promesse toujours en vigueur, un avertissement toujours actuel, c'est-à-dire soustrait à l'usure du temps et donc à la déception des attentes frustrées. En effet, cette annonce n'est plus livrée à l'oralité du discours, rivée

---

1. Mc 2, 15-22 (le texte souligne le retentissement de ces faits sur la renommée de Jésus, qui leur donne lui-même une portée messianique) et Lc 19, 9. – James A. ROBINSON, *Le Kérygme de l'Église et le Jésus de l'histoire*, notamment p. 27, 44 et 124, relève que la compréhension de ces repas de Jésus avec les pécheurs (et des paraboles correspondantes) en tant que signes de « la venue eschatologique de Dieu dans l'activité du Jésus historique » a été déterminante chez Bultmann et dans son école pour légitimer « une nouvelle question du Jésus historique ». – Je me borne à noter le rapport de nos réflexions actuelles avec les débats sur l'historicité de Jésus sans les inscrire dans la même problématique scientifique.

au maintenant de l'échange vocal, la voici désormais confiée à l'écriture, destinée donc à voyager en tout lieu et à être retransmise à perpétuité. Cela veut dire que l'Église s'est résignée à habiter le temps, à s'installer dans la durée, mais elle ne considère pas que la venue du Royaume se fait dans la même durée, qu'elle est mesurée par l'écoulement du temps du monde. Dans sa prédication, le Royaume de Dieu s'identifie à la venue de Jésus dans sa gloire de Fils de l'homme, et celle-ci s'actualise pour tout croyant qui confesse que Jésus est le Christ : c'est ainsi qu'Étienne dans son martyre voit les cieux ouverts et Jésus debout à la droite de Dieu, comme il l'avait annoncé à ses juges la veille de sa mort, Jésus disposant du Royaume de son Père pour ses disciples comme il le leur avait promis ; c'est dans le même sentiment de proximité que les fidèles prenaient ensemble « le repas du Seigneur », annonçant sa mort « jusqu'à ce qu'il vienne », se tenant sous son regard, déjà unis à lui, assis à la même table, préfiguration du banquet du Royaume [1]. Car Jésus ressuscité et parvenu au terme transcende le temps et l'espace, le Royaume qu'il a ouvert en montant sur la croix et en s'élevant jusqu'aux cieux est devenu accessible à toute personne en quelque lieu et temps où elle est située ; son annonce, relayée par la prédication de l'Église, est comprise comme l'appel à le suivre et à le rejoindre par le même chemin et à tout instant, et quiconque répond à cet appel voit le Royaume s'ouvrir à lui « aujourd'hui même » [2]. Ainsi l'Église opère-t-elle la jonction entre le

---

1. Ac 7, 56-57 ; Mt 26, 64 ; Lc 22, 28-30 ; 1 Co 11, 20.26. Lc (22, 15-17) accentue la signification eschatologique de la Cène, tandis que Paul, en insistant sur l'unité de tous ceux qui partagent « le repas du Seigneur » et qui forment ainsi « un seul corps » avec lui, « Juifs ou Grecs, esclaves ou hommes libres » (1 Co 10, 16-17 ; 12, 13), donne au repas eucharistique une ouverture eschatologique analogue à celle des repas de Jésus avec les pécheurs.

2. Conformément à la promesse de Jésus au « bon larron », Lc 23, 43. – J. A. ROBINSON, ayant noté que, pour Bultmann et les autres exégètes de la « seconde quête », les paroles de Jésus qui appellent à une décision à son égard sont comprises comme porteuses de la grâce du royaume, met en valeur l'influence de la conception heideggérienne de l'historicité sur l'interprétation existentiale de l'eschatologie (du Jésus historique et de l'Église primitive) dans cette école : *Le Kérygme de l'Église et le Jésus de l'histoire*, p. 6, 27, 43 (note), 108, 124-130, etc.

DÉVOILEMENT DE DIEU 357

passé historique de Jésus et l'avenir « intempestif » du Royaume. Cette jonction se fait donc *dans* la religion qui s'est fondée sur le souvenir de Jésus, mais elle est faite *par* la reprise de son Évangile et produit son effet en dehors des limites du temps et de l'espace : hors religion.

L'annonce du Royaume par Jésus reprenait les promesses de Dieu faites à Israël et relançait son espérance, mais ne fut pas reçue par ce peuple, du fait qu'elle en reportait l'accomplissement loin au-delà et en dehors de sa religion. Elle récapitulait bien la révélation de Dieu dans l'Ancien Testament, mais en l'arrachant au conditionnement de la religion juive, et, si elle acceptait d'être reprise dans une nouvelle religion, chrétienne, c'était à la condition de n'y être pas à nouveau enclose, puisque la parole de Jésus échappe aux limites du temps et de l'espace. La révélation était arrachée au passé et rejetée dans l'avenir, elle transitait par Jésus, qui en renouvelait et en interprétait la vérité en se projetant dans le Royaume dont il détenait les clés : c'est ainsi qu'il fut reconnu comme le vrai et définitif révélateur de Dieu. Si donc Jésus s'est écarté du judaïsme de son temps, comme en témoigne l'orientation générale des évangiles, ce n'est pas par quelque geste de rupture ou de rejet, dont les évangiles ne témoignent pas malgré les invectives qu'on y trouve contre les chefs et docteurs du peuple juif, c'est par son bond en avant, à travers les clôtures de la religion juive, en direction du Royaume, pour répondre à sa mission, telle qu'il la ressentait, de rendre le Royaume de son Père accessible à tous, sans exclusivisme ethnique ou cultuel ; et si l'Église « primitive » s'est éloignée à son tour, encore plus radicalement, du judaïsme de ses origines, alors qu'elle revendiquait le droit d'y inscrire sa destinée, ce n'est pas par l'effet d'une rivalité cultuelle, mais sous l'impulsion de la mission de Jésus, dont elle prenait la suite, qui lui intimait l'ordre de proposer le Royaume de Dieu à tous les peuples qui n'en étaient pas les héritiers « naturels », ethniques ou religieux [1].

---

1. Sur la situation de Jésus à l'égard du judaïsme de son temps et sur sa prédication eschatologique, on se reportera à l'article de J.-N. ALETTI (cité p. 349, n. 1), p. 424-430, – et au livre de G. THEISSEN cité p. 353, n. 1 (notamment p. 106-127) ; – voir encore Kurt SCHUBERT, *Jésus à la lumière du Judaïsme du premier siècle*, Paris, Éd. du Cerf (« Lectio divina » 84), 1974, en particulier p. 119-133.

358   DIEU QUI VIENT À L'HOMME

Jésus était du même coup reçu dans la prédication de l'Église comme le destinataire de toute révélation antérieure, qui trouve en lui sa vérité et son accomplissement, et on peut dire aussi son commencement, puisque c'est en lui que la révélation prend sa dimension universelle de Parole de Dieu conviant tous les hommes sans exception au salut auprès de lui : il était reconnu comme le révélateur unique et définitif de Dieu, sous la réserve eschatologique de renvoyer la pleine révélation de Dieu au dévoilement de sa gloire de Christ.

Interrogeons maintenant *les paroles de Jésus* au travers desquelles nous pourrions recueillir sa révélation. Redisons qu'il ne s'agit pas pour nous d'inventorier son enseignement, même réduit à son discours sur Dieu, mais d'examiner quelle figure de révélateur lui a donnée la prédication de l'Église en collationnant ses paroles dans les évangiles. Qu'elle lui ait reconnu cette qualité, un indice entre beaucoup d'autres en est la posture de Nouveau Moïse dans laquelle il est peint à plusieurs reprises, notamment quand il instruit les foules sur la montagne, entouré de ses disciples, au début de son ministère. Cette image, toutefois, en dit trop et trop peu : trop, car il n'est pas possible de gratifier Jésus d'un corpus révélationnel comparable à celui que la tradition juive résume dans le seul nom de « Moïse » assimilé à l'ensemble des livres de « la Loi » ; trop peu, car Moïse servait d'intermédiaire à Dieu pour transmettre au peuple ses paroles, tandis que la foi chrétienne voit en Jésus celui en qui Dieu se révèle lui-même et de façon immédiate. La comparaison avec Moïse n'en est pas moins instructive, car elle invite à s'étonner, comme nous l'avons fait précédemment, d'un trait négatif, de ce qui paraît manquer à Jésus pour qu'il soit reçu à titre de révélateur, surtout définitif, à savoir sa pauvreté en enseignements formels, explicites, organisés et, plus précisément encore, en discours *ex professo* sur Dieu[1]. Les évangélistes en conviennent, qui

---

1. Je laisse de côté les discours de Jésus dans l'évangile de Jean, dont le caractère de reconstruction théologique est reconnu. Je ne chercherai d'ailleurs pas à analyser le contenu de ses paroles, même pas celles qui pourraient dissimuler quelques pensées secrètes. Je m'en tiens, comme je l'ai annoncé, à dégager les traits majeurs de sa figure de révélateur, dont les plus déconcertants ne sont pas les moins instructifs.

DÉVOILEMENT DE DIEU 359

remarquent que Jésus parlait toujours en paraboles et avouent qu'il était rarement bien compris, même de ses familiers. De fait, nous ne le voyons pas habituellement préoccupé de dévoiler les profondeurs de l'être divin, ni le mystère de sa propre relation à Dieu, ni de communiquer ses messages à la manière des prophètes, ni d'expliquer l'action de Dieu dans le monde comme saurait le faire un bon pédagogue qui en connaît tous les secrets, ni de commenter les Écritures à la façon des rabbis et des maîtres de la loi. Il se montre plus soucieux d'encourager ses auditeurs à chercher la volonté de Dieu et à s'approcher de son Royaume. Cependant, sans tenir de savants discours sur Dieu, il parle de lui en homme qui le connaît de source, par expérience personnelle, parce qu'il vit dans son intimité, et comme si ses auditeurs, en revanche, tout habitués qu'ils étaient à en entendre parler, ne connaissaient pas Dieu en vérité et avaient besoin de l'apprendre en se mettant à son école, ou plutôt, car il ne tenait pas école à la façon des scribes et des docteurs, en vivant à ses côtés, en marchant « à sa suite », ainsi qu'il en faisait fréquemment l'invitation, pour l'écouter sans doute, mais tout autant pour le voir (Jn 1, 39) et pour s'initier par la pratique à sa propre expérience de Dieu ; et c'est pour avoir partagé de la sorte sa proximité de Dieu que ses disciples l'appelaient avec révérence « rabbi », « maître », et se sont attachés à le présenter comme celui en qui Dieu se révèle de façon toute nouvelle et personnelle [1].

Par la bouche de Jésus Dieu se révèle comme « père ». Bien que ce nom ne fût pas inconnu de la piété juive de l'époque, il prenait un sens tout particulier quand Jésus parlait de Dieu dans le langage habituel des paraboles, qui faisait descendre Dieu du ciel sur terre, qui apprenait à le chercher dans les réalités prosaïques de la vie quotidienne, qui le montrait, tel un père de famille ou un bon maître de maison, tout proche de ceux qui l'invoquent, préoccupé par avance de leurs moindres soucis, non un Dieu lointain qui ne serait accessible que par les médiations sacrées de la religion, des Écritures et de la loi, des purifications et des sacrifices, du sacerdoce et du Temple, mais un Dieu familier et « désacralisé » qui

---

1. Voir Jacques SCHLOSSER, *Le Dieu de Jésus*, Paris, Éd. du Cerf (« Lectio divina » 129), 1987, chap. II, « Les grandes lignes du portrait de Dieu », p. 53-76.

360   DIEU QUI VIENT À L'HOMME

s'approche et se laisse approcher de quiconque en tout temps et en tout lieu. En retransmettant ce nouveau langage sur Dieu – nouveau, encore une fois, moins par son contenu que par son style –, les évangélistes donnent à entendre que Jésus avait acquis la connaissance de Dieu de lui directement, au cœur de son existence de chaque jour, et, relayant ses exhortations à oser la même expérience, ils substituent tacitement la relation à la personne de Jésus aux médiations religieuses accoutumées et autorisées. Jésus invitait les gens à croire en lui, à mettre en lui leur espérance du salut et leur assurance du pardon de leurs péchés, sans les détourner de Dieu ni se mettre à sa hauteur et moins encore à sa place, mais parce qu'il avait la certitude qu'ils pouvaient entrer à travers lui en communication avec Dieu : telle est la conviction qui imprègne les récits évangéliques. C'est ainsi que des esprits malveillants ont pu lui reprocher de « se faire l'égal de Dieu » (Jn 5, 18) – alors qu'il voulait seulement faire bénéficier les autres de sa relation privilégiée à Dieu –, et que ses disciples, interprétant différemment les mêmes paroles, l'ont reconnu comme le vrai révélateur du Père, celui qui « relie » Dieu aux hommes dans la profondeur de leur vie.

La singularité de son rapport personnel à Dieu s'exprimait par sa manière habituelle de parler de Dieu ou de s'adresser à lui en le nommant « Père »[1] ou « mon Père » et de se nommer lui-même « Fils » ou « Fils de Dieu » (ou encore « Fils de l'homme »), en faisant comprendre que son lien à Dieu était différent de ce qu'il est pour l'ensemble des hommes. La mise en lumière de ces dénominations et intonations du langage théologique de Jésus par les évangiles témoigne de l'impression d'intimité avec Dieu qui se dégageait de sa personnalité, en particulier quand il était en prière ou qu'il apprenait à ses disciples à prier « votre Père des cieux » comme il le faisait lui-même. Il n'avait pas besoin pour cela de chercher à parler de soi, à attirer l'attention sur sa personne, comme s'il voulait dévoiler les secrets d'une mystérieuse origine. Sa relation à Dieu, il la vivait dans le présent,

---

1. J. SCHLOSSER, chap. VI, « Abba » (discussion de la thèse de J. Jeremias), p. 179-209. – Voir aussi le beau commentaire du « Notre Père » par Heinz SCHÜRMANN, *La Prière du Seigneur à la lumière de la prédication de Jésus*, trad. fr., Paris, Éd. de L'Orante, 1965.

DÉVOILEMENT DE DIEU 361

dans la conscience qu'il avait de sa mission, de son accomplissement au jour le jour, qui était de conduire les hommes au Royaume de Dieu et même, plus précisément, de le faire advenir jusqu'à eux ; son rapport à Dieu, de fils à père, se construisait en lui comme l'intériorité du lien qu'il avait vocation de nouer, en lui-même, entre Dieu et la multitude de ses enfants d'adoption, et, du fait même que cette relation était liée à sa mission, il la vivait dans le futur, dans l'obscurité du futur, plus encore que dans le présent et beaucoup plus que sous le mode d'une revendication d'origine : voilà comment les évangiles permettent de déchiffrer le lien de Jésus à Dieu. Le dernier message attribué par Jean à Jésus ressuscité : « Je monte vers mon Père qui est votre Père, vers mon Dieu qui est votre Dieu » (20, 17), résume à la fois la ressemblance et la distance qu'il mettait entre sa relation à Dieu et celle de ses disciples, l'articulation de l'une sur l'autre qui était au cœur de sa mission, et la tension de cette mission, comme de toute sa vie, vers le futur qui en serait le dévoilement.

En définitive, quelle est la nouveauté de l'enseignement de Jésus sur Dieu, qu'on devrait attribuer à une révélation personnelle reçue par lui et de lui, parce qu'on n'en retrouverait pas l'équivalent dans les anciennes Écritures ou dans la tradition juive de son temps ? Mais c'est mal poser la question que de l'énoncer en ces termes qui obligent ou à enfermer Jésus dans la judaïté ou à l'en détacher radicalement. Il est évident qu'il puisait son inspiration dans la méditation des Écritures autant qu'il était tributaire de la tradition culturelle et religieuse de son temps, mais ces dépendances ne l'empêchaient pas d'entrer en communication originale avec Dieu. À défaut d'un accès direct à sa conscience, la vraie question est de se demander à quel type d'expérience de Dieu le langage de Jésus renvoyait les auditeurs des prédications évangéliques. Nous en avons déjà noté un trait : ses disciples sont invités à « chercher » Dieu, donc à ne pas se contenter du bien-connu depuis longtemps acquis, à le chercher dans le quotidien de la vie, et pas seulement dans les actes de la religion, à aller à lui familièrement comme à un père prévoyant et indulgent, comme à un Dieu qui s'approche de nous et invite à découvrir son intimité, par-delà les barrières et les intermédiaires que les traditions religieuses dressent et interposent entre la divinité et ses fidèles. Nous y ajouterons un autre trait, auquel les évangiles donnent un fort relief en le plaçant au cœur de l'éthique chrétienne : le Dieu de Jésus est un Dieu qui pardonne à quiconque vient à lui repentant, sans discrimination de fautes ni de caractère ethnique ou religieux, qui ne se connaît pas d'ennemis attitrés, ni d'exclus, ni d'étrangers ; mais ce Dieu ne reconnaît pas pour siens ceux qui ne savent pas pardonner, et, par conséquence de réciprocité, nul ne le connaît en vérité (car il ne se dévoile pas à eux) à moins d'entrer, à la suite de Jésus, dans un comportement éthique qui bannit les barrières entre les hommes, ouvre l'amour du prochain aux dimensions d'une fraternité universelle et en érige le précepte à la hauteur du commandement d'aimer Dieu[1]. Ces traits, positifs, ne prennent pleine signification que si on les prolonge en traits négatifs. Au premier trait correspond une certaine désacralisation de la figure de Dieu, signalée ci-dessus, qu'on peut encore comprendre comme une délocalisation de sa présence : on n'est pas invité à chercher Dieu dans les Écritures (si peu souvent citées par Jésus, alors même que sa pensée en est remplie), ni dans les observances de la loi (souvent détournées, d'après lui, en faux alibis), ni dans le Temple (où il n'est jamais montré en prière) ; Dieu est toujours ailleurs, alors qu'il se rend tout proche, mais en se dissimulant dans le profane, il n'a plus de lieu « consacré ». Au second trait correspond semblablement une perte de la dimension historique et de la figure ethnique du Dieu biblique : si Jésus se réfère sans aucun doute possible au Dieu de ses pères, qu'il nomme (quoique rarement) « Dieu d'Abraham, d'Isaac et de Jacob », à l'inverse, son enseignement ne fait jamais mémoire de l'Alliance[2] ni ne prend appui sur les hauts faits de l'histoire du peuple, à peine mentionnés, tandis qu'il

---

1. Pour le premier trait, voir, par exemple, Mt 6 ; pour le second, Mt 5 ; Lc 10, 25-37 ; Mc 12, 28-34. D'autres traits pourraient être allégués et illustrés, mais notre propos n'est pas d'en faire l'inventaire. – Sur le rapport du portrait de Dieu à « l'amour des ennemis », voir encore J. SCHLOSSER, p. 235-260.

2. Si ce n'est dans les paroles de « l'institution » de l'eucharistie chez Matthieu et Luc, mais non chez Paul (qui en fait le premier le récit) ni chez Marc ; l'authenticité de ces paroles est tenue pour difficile à établir.

DÉVOILEMENT DE DIEU 363

rappelle les bienfaits passés de Dieu envers des païens[1] et annonce que son Royaume leur sera ouvert ; sur ses pas, Dieu déserte le passé, rompt ses attaches, prend la route des Nations et perd toute dénomination, au point que Paul pourra bientôt le présenter aux Athéniens comme le Dieu « inconnu » (Ac 17, 23). Ces traits trouveront leur aboutissement dans les déclarations encore plus tranchantes de Jésus qu'on peut lire dans l'évangile de Jean, quand il avertit ses compatriotes que la descendance d'Abraham ne garantit pas une authentique connaissance de Dieu ou quand il prédit à la Samaritaine que Dieu ne sera bientôt plus adoré dans le Temple de Jérusalem ni dans un autre (8, 55 ; 4, 21). Ainsi Dieu prenait dans la bouche de Jésus figure de nouveauté.

Il serait vain d'objecter que de tels traits, positifs ou négatifs, ne sont pas insolites dans les Écritures prophétiques ou d'anciennes traditions rabbiniques. Ce qui prime, encore une fois, ce n'est pas le contenu même de ces paroles de Jésus, c'est l'acte qu'elles induisent leurs auditeurs à faire, un acte de connaître nouveau, un nouveau type de rapport à Dieu qui introduit à une connaissance nouvelle, donnée par Dieu à qui s'engage dans cette voie. Jésus ne prétend pas livrer des connaissances toutes faites sur Dieu, il invite à ne pas se satisfaire de celles que nous avons par avance, si autorisées qu'elles soient, mais à se mettre en quête de la nouveauté, de l'inconnu de Dieu qui se dérobe à notre regard parce que nous ne savons pas où regarder ni comment, ou peut-être parce que nos yeux sont aveuglés et se fixent là où Dieu n'est pas ou n'est plus et où nous voudrions qu'il se tienne ; aussi indique-t-il, ou plutôt montre-t-il par son exemple en quelle direction regarder et dans quelles dispositions. Autrement dit, il appelle à se « convertir », non seulement de nos comportements passés, mais encore de ce qu'il y a de mauvais ou d'imparfait ou de caduc dans notre façon de connaître Dieu, de l'enfermer dans nos représentations, de mettre la main sur lui. Il faut se dessaisir de nos connaissances pour apprendre de Jésus, et la vraie connaissance de Dieu est au prix d'une nouvelle

---

1. Luc (4, 25-29) souligne l'impact de tels propos sur l'auditoire et sur la suite du ministère de Jésus.

« naissance », comme il le dira à Nicodème (Jn 3, 3). Seuls sont susceptibles d'accueillir la nouveauté de sa révélation, ceux qui se décident au départ et prennent la route à sa suite.

Pour apprécier justement la nouveauté apportée par Jésus, et donc la figure de révélation qu'il a revêtue aux yeux de ses disciples, il faut replacer son langage sur Dieu dans le cadre dominant de sa prédication du Royaume de Dieu à laquelle est lié son appel à la conversion. Il attend la pleine révélation de Dieu de sa venue dans son Royaume. C'est pourquoi la connaissance vraie et définitive de Dieu est reportée dans le futur, et celle qui venait du passé doit se retourner vers l'avenir de Dieu pour être éclairée de sa vérité. Là est la « conversion », la « renaissance » à opérer et à subir, et c'est à ce point de renversement que Jésus intervient et se pose en révélateur du secret des cœurs avant et afin d'être reconnu en révélateur de Dieu. La révélation jusqu'ici reçue de l'histoire de Dieu avec son peuple se trouve reportée, pour y être réinterprétée et innovée en même temps qu'accomplie, dans la nouvelle histoire de Dieu avec Jésus, dans la relation instaurée par Dieu entre son envoyé et le Royaume qui vient, instauration pleinement manifestée et confirmée par l'ultime événement de cette histoire, par la résurrection de Jésus à la lumière de laquelle l'Église relit et retransmet la prédication de Jésus. La tension qui lie son événement à la manifestation à venir de Dieu explique l'obscurité qui continue à envelopper « les mystères du royaume » dans la prédication de l'Église, qui attend toujours ce futur que Jésus n'a pas prétendu décrypter à son profit. Cette obscurité n'empêche pas la nouveauté de Dieu qu'il a apportée de s'y faire sentir : elle s'actualise dans le détachement du passé, la perte des repères, la déstabilisation des comportements religieux, le dépouillement des marques d'identification de Dieu, bref, dans tout le travail de négativité qu'elle exerce sur ceux qui se mettent à l'école de Jésus. Cette nouveauté a été remarquée au temps de Jésus, dont elle a préparé le rejet ; elle le fut également au temps de l'Église primitive, dont elle a précipité l'exode hors du judaïsme. Elle ne cesse d'être engendrée par l'Évangile de génération en génération, car Jésus n'a pas écrit de livre, il n'a pas dicté aux siens d'autre mémorial que celui de son corps livré, il n'a donc pas gravé sa révélation de Dieu dans des traits définitifs et ineffaçables comme Moïse avait gravé et fixé dans la pierre pour la perpétuité des siècles à venir les lois qu'il recevait de

DÉVOILEMENT DE DIEU   365

Dieu ; c'est dans le cœur de ceux qui croient en lui qu'il grave la connaissance de son Père en traits toujours nouveaux et toujours renouvelables, et c'est en découvrant la nouveauté inépuisable de Dieu qui resplendit sur le visage du Christ que les chrétiens, réengendrés fils de Dieu à son image, le reconnaissent pour le révélateur définitif de l'immensité de Dieu[1].

Des miracles et des signes.

Jésus ne donne pas sa révélation seulement en paroles, mais tout autant dans ses actes et dans les faits de sa vie et, avant tout, par les « miracles, prodiges et signes » dont abondent les récits évangéliques et auxquels la première prédication de l'Église n'a pas manqué de se référer comme à des marques par lesquelles Dieu voulait « accréditer » la mission de son envoyé auprès de son peuple (Ac 2, 22). Mais le mode d'inhérence de ces récits, et des faits qu'ils rapportent, à l'événement révélateur pose problème, et l'utilisation qu'on veut en faire demande réflexion[2]. Ces traits merveilleux sont plutôt gênants pour les esprits de la modernité, ils semblent faire appel à la crédulité plus qu'à la foi, sinon même porter ombrage à la foi que réclame la révélation ; nous connaissons l'hostilité des philosophes des Lumières à l'égard de ces récits[3], et nous

---

1. Allusion à 2 Co 3, 7-18. – La nouveauté que Dieu prend en Jésus peut être mise en rapport avec l'interprétation christologique des paraboles dans les évangiles, qui a pour résultat de « rendre Jésus présent » de façon voilée à la venue du royaume : voir dans l'ouvrage collectif (ACFEB) *Les Paraboles évangéliques*, Paris, Éd. du Cerf (« Lectio divina » 135), 1989, la contribution de Daniel MARGUERAT, « La parabole, de Jésus aux évangiles », p. 79-84.
2. Sur ce problème, à nouveau, je prendrai position sans prétendre énoncer l'opinion commune des théologiens ni des exégètes d'aujourd'hui. Mon point de vue ne sera pas celui de l'historien qui va du récit au fait, mais celui du théologien qui interroge le récit, pris comme annonce de Jésus, sur sa fonction révélatrice.
3. B. SPINOZA avait donné le ton dans le chapitre VI de son *Traité des autorités théologique et politique* : sans en nier formellement la possibilité ni le fait, il entend démontrer qu'il « est établi par l'Écriture même que les miracles ne donnent pas la vraie connaissance de Dieu ni n'enseignent clairement la providence de Dieu », *Œuvres complètes*, trad. R. Caillois, Gallimard, coll. « La Pléiade », 1954, p. 701.

366   DIEU QUI VIENT À L'HOMME

avons vu des théologiens tels Troeltsch ou Tillich refuser de
tenir le miracle pour fait révélationnel, ou, en termes inversés
et plus rigoureux, refuser que la révélation se fasse par mode
d'événement miraculeux, compris comme une intervention
divine qui contrarie le cours naturel des choses afin de s'imposer à l'attention des hommes. On peut donc être tenté de laisser
de côté ces récits, avec un bon motif : il est connu que, longtemps avant et après l'époque de Jésus, les biographies païennes
des hommes illustres cultivaient le genre merveilleux, que la
littérature religieuse juive abondait en récits de miracles
accomplis par les envoyés divins, et les écrits chrétiens
apocryphes en traits légendaires ; il n'est donc pas illégitime
de penser que ce style convenu s'est proposé naturellement
aux évangélistes pour tracer le portrait d'un homme jouissant
d'une telle renommée et proclamé prophète [1]. – Peut-on
s'arrêter à ce constat et tenir tous les récits évangéliques de
miracles pour du tissu rédactionnel destiné à enchâsser et à
faire valoir les enseignements de Jésus ? Ce ne serait sûrement pas leur accorder l'importance que leur donnent les évangiles, ni tenir compte de la place qu'ils y occupent, et ce serait
dans bien des cas jeter la suspicion sur des enseignements
inextricablement liés aux faits rapportés. Mais rien n'autorise
à penser que les évangélistes ont inventé ce qu'ils rapportent
et attestent : même influencés ou abusés ici et là par le goût
de l'époque pour le merveilleux, ils n'ont fait dans l'ensemble
que recueillir ce qu'on racontait de Jésus en beaucoup de lieux
et depuis longtemps, et ils l'ont fait avec tout le soin dési-
rable, retranscrivant et regroupant des récits d'avance colla-
tionnés, voire mis par écrit, par les communautés chrétiennes

---

1. Au début du XIXe siècle, le « problème des miracles » portait en
grande partie sur le rapprochement entre les récits évangéliques et les
« modèles de l'Antiquité » : voir Wolfgang TRILLING, *Jésus devant
l'histoire*, trad. fr. Paris, Éd. du Cerf, 1968, p. 131-142. Ce point ne
paraît plus guère préoccuper l'exégèse contemporaine. Je relève néanmoins que l'auteur, admettant une influence littéraire, mais remarquant
que les miracles pouvaient à l'époque être attribués au démon aussi
bien qu'à Dieu, concluait judicieusement que « les miracles de Jésus
sont "ouverts" pour l'interprétation et la foi. La vraie décision ne se
prend pas par rapport à eux et à leur grandeur imposante, mais par
rapport à la personne de Jésus. Ils n'écrasent pas l'homme... », p. 142.

DÉVOILEMENT DE DIEU

qui les conservaient avec grande faveur pour les avoir reçus
de traditions orales transmises par des fidèles de Jésus depuis
des temps immémoriaux (voir Lc 1, 1-3). – Si donc l'on juge
raisonnable de faire confiance à la véracité des évangélistes
en tant que chroniqueurs bien informés, doit-on en conclure
à la réalité historique des faits rapportés ? La question se pose à
un double niveau, critique ou historique d'une part, théologique ou révélationnel de l'autre. – Sur le plan de la critique
historique des récits, la comparaison des traditions, rédactions
et versions entre elles ou encore avec d'autres écrits de
l'époque permettra d'établir la haute antiquité ou le haut degré
d'authenticité de tel ou tel récit ou de rejeter, au contraire, tel
autre comme un doublet, une amplification légendaire ou un
pur emprunt. Mais le fait, pris en lui-même, demeure inatteignable : si haut que l'on remonte dans la recherche des sources,
la dernière strate atteinte est encore du récit, du « on-dit »,
qu'on l'appelle témoignage ou rumeur. S'il en est ainsi pour
tout écrit historiographique, le cas de récits merveilleux pétris
de faits inexplicables pose un sérieux obstacle à un assentiment raisonnable ; dans le cas des traditions évangéliques, la
possibilité de les expliquer, en les prenant à leur source même,
par l'environnement culturel et la crédulité des gens de
l'époque, permet de ne pas accorder crédit à de tels faits sans
offenser la véracité de ceux qui en ont rapporté la renommée.
– Il reste que, du coup, une grande partie des événements qui
concernent le ministère de Jésus serait soustraite à la foi et
retirée de la révélation : un croyant peut-il s'y résoudre ? Ne
devrait-il pas plutôt penser que ces faits ont réellement eu lieu,
malgré leur caractère déconcertant et même suspect, que Dieu
les a voulus pour faire reconnaître Jésus comme son envoyé
et faciliter notre foi en lui, et qu'ils nous ont été racontés pour
nous inviter à accueillir en eux, dans la foi, le témoignage
rendu par Dieu à Jésus ? Cet argument nous situe bien sur le
terrain théologique de la foi à la révélation, mais il évite mal,
tel quel, l'apparence du cercle vicieux : il faudrait être certain
de la réalité du fait miraculeux avant de pouvoir l'interpréter
comme un signe que Dieu nous adresse, car le même fait ne
peut pas requérir la foi en lui et servir à la cautionner du
dehors. – Ou bien l'on veut dire qu'il y a une « économie »
des signes, bien attestée par l'Évangile, qui nous révèle que
Dieu parle en Jésus, et que refuser ces signes revient à se

368   DIEU QUI VIENT À L'HOMME

mettre en dehors de l'économie de la foi. L'argument paraît recevable sous cette forme, encore faut-il s'entendre au préalable sur la compréhension de ces signes. Si on les entend, ainsi que le fait l'ancienne apologétique, celle que récuse la théologie libérale du XXᵉ siècle, comme des phénomènes qui stupéfient les sens, confondent la raison, et ne laissent d'autre alternative que de les assigner à la puissance divine[1], alors l'argument sombre à nouveau dans la contradiction. D'abord, on ne voit pas que cette «économie» divine ait bien rempli sa finalité, puisque tous ces faits miraculeux n'ont pas assuré le succès final de la mission de Jésus; on lit d'ailleurs à plusieurs reprises que des gens les attribuaient à une puissance diabolique qui agissait en lui ou à quelque vertu magique: la crédulité des esprits de cette époque donnait à ces signes (ainsi entendus) moins de force de persuasion que ne l'imaginent nos esprits plus rassis. On doit surtout se demander si une «politique» de prestiges entrait vraiment dans «l'économie» de la mission de Jésus voulue par Dieu: le fait qu'il ne soit pas intervenu pour l'arracher à la mort ni pour entourer sa résurrection de signes éclatants ne porte pas à croire que Dieu ait cherché à assurer le triomphe de son

_____

1. Un bon exemple du préjugé apologétique à l'œuvre dans l'analyse des récits évangéliques de miracles est l'ouvrage de René LATOURELLE, *Miracles de Jésus et théologie du miracle*, Montréal-Paris, Bellarmin-Éd. du Cerf, 1986: du résultat purement négatif des «tests d'historicité» (= on ne peut pas prouver que le récit est fictif et que le fait n'a pas eu lieu) est tirée une conclusion positive (= «il s'est donc passé quelque chose») fondée sur un argument théologique (= il y a eu intervention de la puissance divine). Ainsi à propos de la résurrection de la fille de Jaïre (Mt 9, 18-19 et par.), p. 152: «Nous estimons au contraire (de Bultmann) que, si l'Absolu fait irruption dans l'histoire de l'humanité pour la sauver, il est souverainement intelligible que cette anormale bonté se traduise par des gestes inédits de salut, tels que guérisons, exorcismes, résurrections. Le miracle n'est que l'Évangile de la grâce et du salut en visibilité: homme nouveau, monde nouveau. Ainsi pensaient les apôtres, témoins de Jésus»; – ou à propos de la marche sur les eaux (Mt 14, 22-23 et par.), p. 173: «Il y a eu irruption soudaine dans la vie (des disciples), par Jésus, du *fascinans et tremendum*. Dans la marche sur les eaux, Jésus a révélé le mystère de sa personne, transcendant les éléments de la nature. [...] Le "passage" de Dieu parmi les hommes, en la personne du Nazaréen, est aussi aveuglant qu'éclairant.»

DÉVOILEMENT DE DIEU

envoyé par des moyens de puissance[1] ; et l'attitude plus que réservée de Jésus à l'égard des « signes » qu'on lui demandait (souvent il les accomplissait comme à regret ou en secret, ou interdisait qu'on en parle ou se plaignait qu'on lui en réclamât toujours plus) n'indique pas davantage qu'il y ait systématiquement recouru pour ébranler l'incrédulité des foules. Il faudrait enfin, et ce n'est pas le moins important, s'interroger s'il est convenable, s'il est digne de Dieu de lui prêter l'intention de communiquer avec les hommes par un tel mode de contrainte, qui ne s'adresse ni à leur esprit ni à leur liberté, qui n'est porteuse d'aucune parole sensée, sinon de l'injonction brutale de devoir croire ce dont ils ne peuvent pas se rendre raison. Il est vraiment difficile de reprocher à la théologie libérale le refus d'admettre un fait de révélation conçu sur ce modèle. – On est ainsi conduit, non à récuser ces signes, mais à les interpréter différemment, non comme des phénomènes en eux-mêmes dénués de sens, mais précisément comme des signes chargés d'une signification mise en lumière par le discours qui les proclame. Les évangélistes, en effet, ne les ont pas rapportés à simple titre anecdotique, ils les ont de toute évidence intégrés à la prédication de l'Évangile, dans l'intention d'attester que Jésus est le Christ (Jn 20, 31) ; ces signes font partie intégrante de la révélation que l'Église affirme avoir reçue de lui, et ils nous sont transmis, non exactement pour raconter les détails de l'histoire de Jésus, mais pour faire de la totalité de cette histoire un signe vivant de la révélation qui s'exprime en elle. Si donc les chrétiens doivent croire à ces signes, ce n'est pas par confiance dans la véracité des évangélistes (il n'y aurait là qu'une croyance raisonnable), c'est parce que Dieu parle par ces récits ; aussi la foi ne s'arrêtera pas à la matérialité du fait rapporté, elle ira droit à la vérité qui lui donne valeur de signe, celle qui s'énonce dans la

---

1. Je comprends en ce sens cette réflexion de Paul BEAUCHAMP dans l'article « *Miracle* » du *Dictionnaire critique de théologie*, Éd. par Jean-Yves Lacoste, Paris, PUF, 1998, p. 735 : « Pour la foi, chaque miracle signifie plus qu'il ne montre. Ou bien la série des miracles conduit vers ce plus invisible, ou bien la croix invalide la série des miracles : il ne peut y avoir qu'avancée ou recul. Les miracles sont une pédagogie risquée, un risque inéluctable. D'où le parallèle fortement souligné entre les miracles et les paraboles. »

prédication dont Jésus est l'objet en tant qu'il est représenté sous ce signe[1]. Face à ces récits, la foi ne consiste pas à admirer la grandeur des miracles, ni seulement à professer que Jésus avait la puissance de les accomplir parce que Dieu était avec lui, elle est de croire à Jésus sous la spécificité des signes qui le font reconnaître comme Christ en révélant Dieu présent en lui : c'est ainsi seulement que le fait peut réclamer la foi, quand il est reçu en parole signifiante de Dieu[2].

Sous cette portée générale, la signification des signes varie selon la nature du fait rapporté : actes produits sur des personnes, ou sur des choses, ou en Jésus lui-même. La catégorie de loin la plus nombreuse est celle des guérisons de malades ou d'infirmes et de possédés du démon, deux cas qu'il est permis d'assimiler puisque la maladie ou l'infirmité était généralement attribuée à des causes surnaturelles (châtiment d'un péché, peut-être héréditaire, ou influence d'un esprit mauvais). Un premier point à noter, c'est que les évangiles, quoiqu'ils racontent en détail plusieurs cas de guérison, plus instructifs ou plus retentissants, ne parlent pas des actes thaumaturgiques de Jésus comme d'événements isolés, sensationnels, qui auraient frappé les esprits et retenu l'attention du public à cause de leur caractère exceptionnel, mais ils en font l'occupation la plus ordinaire de ses tournées apostoliques,

---

1. L'analyse sémiotique a mis en lumière la valeur de *signe* du miracle en le mettant en rapport, comme « action symbolique », avec la parabole, elle-même prise comme « action de langage » : voir l'ouvrage du Groupe d'Entrevernes *Signes et paraboles. Sémiotique et texte évangélique*, Paris, Éd. du Seuil, 1977, p. 172-212 (je me suis référé à la p. 181). – Renvoyant à ce livre, Paul BEAUCHAMP, dans l'ouvrage collectif *Les paraboles évangéliques,* Paris, Éd. du Cerf (« Lectio divina » 135), 1989, p. 151-170, développe ce rapport, qu'il illustre de plusieurs exemples : « Comme les paraboles unissent à Jésus ou séparent de lui parce qu'elles émanent de lui, ainsi la vie de Jésus et notamment ses miracles sont des paraboles en actes », p. 157.

2. J.-Y. LACOSTE, à l'article *« Miracle »* du *Dictionnaire* cité p. 369, n. 1, retraçant l'évolution de la théorie du miracle, p. 736-738, montre que, sous l'influence de M. Blondel, E. Le Roy, V. Dechamps, J. H. Newman, P. Rousselot, la théologie s'est écartée de l'idée de *preuve* pour se rapprocher de celle de *signe*, « et on précisera, comme signe *messianique* et *eschatologique* », p. 738.

DÉVOILEMENT DE DIEU

une activité globale, anonyme et sans relief particulier, tellement elle constituait le quotidien de son ministère : « Et Jésus
parcourait toutes les villes et tous les villages, enseignant dans
leurs synagogues, et proclamant l'Évangile du Royaume, et
guérissant toute maladie et toute débilité. Voyant les foules,
il en eut pitié, parce qu'elles étaient fatiguées et prostrées
comme des brebis qui n'ont pas de pasteur » (Mt 9, 35-36).
L'activité de guérison va donc de pair avec le ministère de la
parole, d'enseignement et d'annonce du Royaume, elle en est
l'accompagnement naturel, l'extériorisation, la mise en figure
obligatoire, elle fait partie intégrante de la mission de Jésus,
elle compose son personnage messianique : « Le soir venu, on
lui présenta beaucoup de démoniaques, et il chassa les esprits
d'une parole. Et tous ceux qui allaient mal, il les guérit, afin
que s'accomplît ce qui avait été annoncé par Isaïe, le prophète,
quand il dit : *Il a pris nos infirmités et porté nos maladies* »
(Mt 8, 16-17 citant Is 53, 4). Ce personnage, tel qu'il est mis
en lumière par les évangiles, n'est pas celui d'un homme qui
fait valoir sa puissance extraordinaire pour qu'on reconnaisse
son autorité divine, il est avant tout plein d'humanité, osons
dire de l'humanité la plus spontanée et la plus naturelle, plein
de compassion, et il a précisément la fonction symbolique
d'exprimer la compassion de Dieu envers ceux qui souffrent,
son indignation de l'injustice ou de l'indifférence dont ils sont
victimes, ses consolations, sa promesse de venir les libérer de
leurs souffrances, la proximité où il se tient à l'égard des petits,
bref, l'activité thaumaturgique de Jésus a pour fonction d'illustrer la « bonne nouvelle » qu'il annonçait simultanément en
paroles : « Heureux les pauvres en esprit, car le Royaume des
Cieux est à eux... Heureux les affligés, car ils seront consolés.
Heureux les affamés et assoiffés de justice, car ils seront rassa-
siés... Heureux les persécutés pour la justice, car le Royaume
des Cieux est à eux » (Mt 5, 3-10). Telle est la mission, libératrice de toutes formes d'oppression et de souffrance, dont
Jésus, au début de son ministère, se disait investi par l'Esprit
de Dieu : « Il m'a envoyé annoncer la bonne nouvelle aux
pauvres, proclamer aux captifs la liberté et aux aveugles le
retour à la vue, renvoyer en liberté les opprimés » (Lc 4, 18
citant Is 61, 1-2). Aux envoyés de Jean Baptiste qui lui deman-
dent de sa part s'il est bien « celui qui doit venir », il répondra
en faisant référence aux mêmes « signes » d'avance donnés par
les prophètes : « Allez annoncer à Jean ce que vous entendez

372   DIEU QUI VIENT À L'HOMME

et voyez : les aveugles recouvrent la vue, les boiteux marchent, les lépreux sont purifiés, les sourds entendent, les morts se relèvent, les pauvres sont évangélisés, et heureux celui qui ne se scandalisera pas à mon sujet » (Mt 11, 4-6). Tous ces signes, si divers de nature, relèvent de la même charge de parole, préfigurant et accomplissant ce que la parole déjà fait advenir en l'annonçant : « Si c'est par l'Esprit de Dieu que moi je chasse les démons, c'est donc que le Royaume de Dieu est arrivé jusqu'à vous » (Mt 12, 28).

Ainsi que le suggère le jeu des citations, les récits évangéliques de guérisons se rapportent directement, non aux faits eux-mêmes accomplis par Jésus, mais à d'autres écrits, prophétiques, pris comme annonces et critères de ce que devait faire l'ultime envoyé de Dieu, et il en allait vraisemblablement de même des premières traditions orales qui, avant d'être recueillies dans les évangiles, recouvraient la rumeur de Jésus de sa renommée de prophète. Une herméneutique nourrie de réminiscences bibliques (plus sûrement que d'autres influences littéraires) se mettait à l'œuvre pour interroger sa vraie identité ; c'est pourquoi Jésus mettait en garde contre le « scandale », le danger de chute que pouvait occasionner son activité thaumaturgique, pour des esprits mal intentionnés qui l'auraient comparé aux anciens faux prophètes d'Israël (et ce danger explique son attitude réservée à l'égard des signes qu'on le sommait parfois de produire). Le rapport établi par la prédication de l'Église entre ces deux écritures du même signe, l'annonce et le récit, n'élimine pas la réalité du fait, mais invite la foi à se fixer sur la personne et l'événement de Jésus et à se décider pour lui en tant qu'il s'interprète lui-même en nous adressant ces signes. Il ne nous est pas demandé de croire d'abord à chacun des faits rapportés, pris un par un, et de croire ensuite en lui à cause de ces faits, mais de croire à la figure de révélation que tous ces signes, pris et interprétés ensemble, lui composent par effet de globalité symbolique, en tant qu'ils signifient Dieu révélant sa venue en Jésus. L'aspect merveilleux de la guérison est sans intérêt réel, il provoque au mieux l'étonnement ou l'admiration. Autrement révélatrice est la réalité symbolique des signes, qui montrent Jésus « passant partout en faisant le bien, guérissant tous ceux que le diable tenait asservis, car Dieu était avec lui » (Ac 10, 38). Il s'agit là d'un fait d'histoire, massif, lourd de signification, à savoir qu'il a passé la plus grande partie de sa vie publique au milieu de malades et de pauvres gens, se penchant sur toute souffrance, de quelque nature et origine qu'elle puisse être, s'estimant envoyé par Dieu de façon privilégiée auprès de ceux qui souffrent, pour restaurer leur dignité humaine, les réinsérer dans le réseau des liens sociaux, sans exclusion, libérer l'humanité prisonnière du mal, de la même façon qu'il se disait envoyé aux pécheurs pour montrer que l'amour de Dieu était sans exclusive. Récits de guérisons et récits de repas pris avec les pécheurs publics composent, les uns reliés aux autres, un tableau hautement historique et eschatologique, des deux côtés : ils tissent, en Jésus même, des liens de convivance entre Dieu et l'humanité souffrante et pécheresse, souffrante de ses péchés et pécheresse de produire et de tolérer tant de souffrances ; et ce tableau est richement symbolique, puisque ces liens sont intrinsèques à la mission de Jésus. Ils actualisent et illustrent mieux que tout discours le caractère humain et humanisant du Royaume de Dieu, et, dans toute la mesure où Jésus sera reconnu révélateur du Père présent en lui, ils révèlent le plus inattendu peut-être de Dieu, ce que les théologiens d'aujourd'hui appellent « l'humanité de Dieu », un trait que nous étudierons plus tard en tant qu'il appartient à son être même. Sans doute, ceux qui voyaient ces faits s'accomplir n'en retiraient pas sur-le-champ une telle révélation, mais ils se sentaient préparés à attendre et à recevoir de Jésus une révélation nouvelle de Dieu, différente de l'idée coutumière de la toute-puissance divine, à laquelle l'énergie miraculeuse déployée en Jésus, si elle seule avait été perçue dans sa matérialité brute, aurait seulement renvoyé – sans reste. En recueillant ces signes et en restructurant leur symbolisme, l'Église proclamait déjà la nouveauté déconcertante de cette révélation.

Si nous cherchons maintenant par quelle vertu Jésus opérait ces guérisons, les évangiles proposent une réponse qui devrait nous laisser sans autre question : par la foi. Souvent en effet, quand des gens lui demandaient de les guérir, eux ou quelqu'un de leurs proches, il interrogeait : Crois-tu en moi ? Crois-tu que je peux le faire ? Et quand la réponse venait, et souvent la profession de foi enveloppait la demande de guérison et prévenait l'interrogation de Jésus, alors il disait :

374   DIEU QUI VIENT À L'HOMME

Va, ta foi t'a sauvé, ou : Qu'il vous soit fait selon votre foi ;
il arrivait aussi qu'il rencontrait l'incrédulité et s'éprouvait
incapable de faire des miracles[1]. Jésus ne déployait pas d'autre
« pouvoir » guérisseur que l'énergie spirituelle de sa propre
foi en Dieu, riche de la puissance vivifiante de l'Esprit Saint
qui était en lui, énergie qu'il communiquait à la foi du malade
(parfois par l'entremise de ses proches) pour lui donner la
force de se guérir lui-même[2]. Souvent aussi, notamment dans
le cas de possédés, c'est la puissance de sa parole qui est mise
en valeur ; mais quand il ordonne à l'esprit mauvais de sortir,
il s'adresse bien à l'esprit du malade, qui retrouve l'usage de
la parole parce qu'un autre la lui a adressée en pleine reconnaissance de sa dignité[3]. Un échange de paroles et de regards
mettait en relation la personne du malade, son esprit et sa
liberté, avec celle de Jésus, et la guérison s'accomplissait par
cette communication spirituelle qui s'irradiait dans le corps du
malade (comme le signifiaient parfois des touchers sensibles),
mais en passant par son consentement à l'offre de guérison
qui lui était faite[4]. Sur cette base, on pourra alléguer dans
plusieurs cas (les paralysies ?) l'influence thérapeutique de
l'esprit sur le corps, tandis que d'autres (le retour à la vue ?)

---

1. Quelques exemples : Mt 9, 2.22.28-29 ; 13, 58 ; 15, 28 ; 20, 30-34.
2. J. GUILLET, *Jésus dans la foi des premiers disciples*, Paris,
Desclée de Brouwer, 1995, p. 61-69, souligne que Jésus, dans ses
actions de guérison, est à la recherche de la foi de ceux qui sollicitent
son intervention : c'est lui « qui éveille à la foi et lui donne son nom.
Il peut dire ce qu'est la foi, il la voit naître, il la fait naître. Il peut la
repérer et la qualifier », p. 65.
3. Exemples : Mt 9, 32-33 ; 17, 14-20.
4. Le livre du Groupe d'Entrevernes *Signes et paraboles*, cité
p. 370, n. 1, analyse, p. 187-188, cet aspect communicationnel du
miracle : « [Il] n'apporte rien d'extraordinaire ni de merveilleux. Il ne
met en jeu l'extraordinaire que pour restaurer l'ordinaire de la vie
humaine. Effet de la pitié de Jésus, il réintroduit l'exclu dans le circuit
de la vie courante. [...] Une puissance irrationnelle est à l'œuvre, qui
échappe au jeu des relations humaines. Et pourtant s'il est un fait bien
attesté, c'est que le miracle est pris tout entier dans un contexte dialogal.
[...] Le plus souvent objet de prière ou accomplissement d'un ordre, il
médiatise concrètement les relations entre un "je" et un "tu", soit, en
position interchangeable, Jésus face aux malades. [...] Le miracle n'est
donc pas séparable de ses conditions subjectives d'apparition. [...] Bref,
c'est une action négociée : le miracle fait l'objet d'un contrat. »

DÉVOILEMENT DE DIEU 375

laisseront perplexes sinon dubitatifs. Mais dès qu'on fixe l'attention sur la matérialité du fait raconté, on glisse sur le terrain de la recherche historiographique et critique des sources et des causes. Sur le terrain où notre réflexion a voulu se situer, celui de la prédication de l'Église qui raconte l'événement de Jésus sous la figure du Christ qui *a pris nos infirmités et porté nos maladies*, c'est un autre tableau, à la fois historique et eschatologique, qui nous est présenté, il faut le redire, celui de Jésus au milieu des foules de malades, Jésus qui souffre de la souffrance qu'il écoute et qu'il regarde, et les foules, auparavant prostrées dans la douleur, physique et morale, qui soudain, se sentant écoutées et regardées avec humanité, en éprouvent une radicale consolation, se redressent, secouent leur apathie, se délivrent des secrètes connivences qui attachent le malade à son mal, reconquièrent leur vitalité avec leur dignité, prennent leur destin en main, font face à l'avenir avec une confiance nouvelle et entonnent dans la joie un Hosannah au Fils de David parce qu'elles se sont senties visitées par un Dieu compatissant : « Et s'avancèrent vers lui des foules nombreuses, ayant avec elles des boiteux, des estropiés, des aveugles, des muets, et beaucoup d'autres. Et on les jeta à ses pieds, et il les guérit, de sorte que la foule était saisie d'admiration en voyant des muets parler, des estropiés rétablis, et des boiteux marcher, et des aveugles regarder. Et elle glorifia le Dieu d'Israël » (Mt 15, 30-31). Une humanité nouvelle se met en route sur les pas de Jésus : voilà la vérité de l'histoire, « bonne nouvelle » pour ceux qui la reçoivent dans la foi, que l'Église proclame en racontant les traditions évangéliques.

D'autres signes, de nature différente, qui ont, ceux-là, la particularité d'être des événements fortuits, rares, isolés, reçoivent de la prédication évangélique des significations spécifiques, qui renvoient, en plusieurs circonstances, aux gestes prodigieux accomplis par l'entremise des prophètes d'autrefois, Moïse ou Élie, et qui éclairent du même coup la figure prophétique de Jésus[1]. – Des résurrections de morts : il est

---

1. C. PERROT, *Jésus, Christ et Seigneur...*, ouvrage cité p. 351, n. 1, souligne la portée du « prolongement » que les miracles des prophètes trouvent en ceux de Jésus pour constituer « l'une des premières manières de désigner Jésus dans une action de salut déjà mise en œuvre. C'est une christologie *déjà réalisée*, dans le cadre d'une eschatologie

376 DIEU QUI VIENT À L'HOMME

arrivé à Jésus d'être affronté au spectacle de la mort qui frappe un inconnu à vos côtés ou un être cher, et il est apparu dans ces circonstances comme quelqu'un qui console de la mort et qui a la puissance de la repousser et de la vaincre parce qu'il est en lui-même « la résurrection et la vie », ainsi qu'il le dit à Marthe au moment de rappeler à la vie son frère Lazare (Jn 11, 25). – Des multiplications de pains : il est arrivé à des foules de rester une journée entière dans le désert à écouter Jésus et, bien qu'elles n'eussent pas emporté de vivres en prévision d'un si long séjour, elles n'ont pas souffert de la faim ; elles firent la même expérience que Jésus avait faite auparavant dans le désert, disant que « l'homme ne vit pas seulement de pain, mais de toute parole qui sort de la bouche de Dieu » (Mt 4, 4), et que l'Église à son tour raconte en proclamant « vrai pain de vie » celui qui a rassasié les foules (Jn 6)[1]. – La tempête apaisée, la marche sur les eaux (Mt 8, 23-27 ; 14, 24-33) : il est arrivé aux apôtres, au cours de traversées du lac, de se trouver en danger de mort et d'en sortir indemnes, mais d'en garder une grande frayeur rétrospective ; s'en ressouvenant après la résurrection de Jésus, ils ont acquis la certitude d'avoir échappé à ce danger grâce à la présence de celui qui s'était échappé du tombeau[2]. D'autres souvenirs d'événements vécus

---

eschatologie *en train de se réaliser*, et non plus seulement attendue. C'est une christologie qui sort de l'action, et non pas seulement du discours », p. 155.

1. P. BEAUCHAMP, dans *Les Paraboles évangéliques* (livre cité p. 370, n. 1), p. 160-163, rapproche le miracle des pains en Jn 6, qui fut cause d'une rupture dans le groupe des disciples, de la parabole du grain tombé en terre que Jésus applique à son corps (Jn 12, 24), en montrant que « parabole du Royaume et miracle du Royaume se fondent, se superposent » et se nouent en une « crise » narrative qui « débouche sur la croix ».

2. X. LÉON-DUFOUR, étudiant cet épisode dans ses *Études d'Évangile*, Paris, Éd. du Seuil, 1965, p. 150-182, orientait déjà l'étude des récits de miracles dans la perspective de la catéchèse, surtout christologique, que les communautés voulaient donner sur la base de leur « mentalité biblique » (il se référait, en l'occurrence, au récit de Jonas), recherche qui doit prévaloir, notait-il, sur celle du « fait brut » : « Héritier de la tradition biblique, le disciple de Jésus ne considère pas d'abord un fait dont ensuite il chercherait le sens ; il s'intéresse seulement à des faits significatifs. L'événement oriente immédiatement le spectateur

DÉVOILEMENT DE DIEU

par les apôtres en compagnie de Jésus gardent pareillement, en surimpression, les traces de la réminiscence de l'ultime événement, qui a transformé les premiers sans les déformer, car le dernier s'est révélé être la clé d'interprétation de tous ceux qui l'avaient précédé[1]. Ainsi est-il arrivé à quelques-uns d'entre eux, qui avaient partagé la solitude d'une nuit de prière avec lui, mais en sombrant pour leur part dans le sommeil, d'avoir pressenti le mystère de son intimité avec le Père au point que Jésus leur apparaissait « transfiguré » en gloire (Mt 17, 1-9) ; plus tard, quand il se fit reconnaître d'eux dans la même lumière de résurrection, ils comprirent que Dieu les avait avertis en songe, cette nuit-là, que la fin de toute révélation était venue en Jésus. – Le récit de son baptême par Jean, également décrit en termes de théophanie, montrant « l'Esprit de Dieu descendre sur lui comme une colombe » (Mt 3, 16), préfigure ce que dévoile sa résurrection, à savoir que le ministère de Jésus, inscrit entre ces deux événements, est en totalité événement de révélation. C'est bien cette signification que confirment, chacun à sa façon, tous les autres signes conservés et proclamés par les évangiles.

Si la réminiscence de la résurrection, mais aussi de la mort de Jésus, est particulièrement sensible dans la dernière catégorie de récits que nous avons relevés (sans en faire une liste exhaustive), ils ont l'avantage de montrer que le travail de la mémoire, dans l'esprit des disciples, s'est fait dans les deux sens. Il paraît clair, sans qu'on ait à se pencher sur la matérialité des faits, que plusieurs événements de la vie de leur maître leur avaient laissé un sentiment, je ne dirai pas de *numineux*

---

sur l'homme dont il parle, en lui posant une question [...] C'est ce rapport entre l'événement et la foi des témoins qui forme l'objet complet de la recherche historique » (p. 177). – L'interprétation théologique, elle, s'intéresse surtout au rapport entre l'écriture du récit et son destinataire, auquel l'évangéliste veut présenter Jésus dans une scène significative ; je vais revenir sur ce point.

1. A. MARCHADOUR, *Les Évangiles au feu de la critique*, Paris, Bayard-Éd. du Centurion, 1995, fait cette remarque p. 122 (appuyée sur une citation de X. Léon-Dufour) : « La résurrection a transformé le regard des disciples sur Jésus, ses paroles et ses actes. Vainqueur de la mort, Jésus livre le sens encore obscur des signes qu'il avait faits. Les récits de miracles sont inintelligibles en dehors de la résurrection. »

et *terrifiant* (au sens d'Otto), mais d'*étrangeté*, au sens d'un rapport à l'altérité, et que ces souvenirs sont revenus en force à leur mémoire lors de sa résurrection, facilitant leur foi à cette nouvelle intrusion de la transcendance, guidant la relecture de leur vie commune avec lui, et permettant de la réécrire en histoire de révélation, telle qu'elle s'était manifestée à son terme, pour donner à son passé le sens de l'avenir qu'il préparait. Ces mêmes épisodes ont un autre avantage, plus significatif, me semble-t-il, que celui de configurer la vie de Jésus à celle des anciens prophètes d'Israël : ils fixent le regard sur le corps de Jésus comme lieu et organe de la nouvelle révélation de Dieu. Les récits de ce genre, en effet, le mettent en lumière (au sens propre), soit immédiatement (corps devenu la demeure de l'Esprit, corps transfiguré et glorieux, corps soustrait à la pesanteur des autres corps), soit par la médiation de son action sur les phénomènes de la nature (morts ressuscités, tempête apaisée, pains distribués). Cette lumière vient de la résurrection de Jésus, mais ne laisse pas sa mort de côté, ou plutôt repasse à travers elle, la rendant, elle aussi, glorieuse. Si *étrange* était le contraste entre les signes et les prodiges qu'il accomplissait et l'impuissance dont il fut frappé sur la croix, si fort le contraste redoublé entre l'ignominie de sa mort et la gloire de son relèvement – deux circonstances où il fut livré au silence et à la passivité – que son corps est apparu, sous l'effort de la remémoration, comme le sujet et l'objet d'une révélation qui n'avait rien d'autre à dévoiler que le fait le plus stupéfiant de Dieu se révélant ici et maintenant : la présence de Dieu cachée sous l'obscurité de la chair. La mise par écrit de ce dernier groupe de signes n'a pas pour but de publier *des* épisodes fortuits, qui se seraient produits par hasard, afin de mettre en valeur quelque *action* éphémère de Jésus, due à un influx divin aussitôt disparu ; elle veut le faire connaître *lui-même en son être essentiel*, tel qu'il est apparu aux apôtres en sortant de la mort, tel qu'il était déjà avant de s'y affronter, sans pouvoir être reconnu de ceux qui ne le jugeaient que selon « la chair et le sang ». Reparcourant leur vie passée avec lui, des souvenirs refaisaient surface en eux (rencontre d'un cortège funèbre, journée au désert parmi une foule bientôt affamée, etc.), dans lesquels Jésus *se révélait* à eux (après coup) comme celui qui porte dans sa chair la victoire sur la mort, qui en tire une nourriture qui ne périt pas, qui détient la maîtrise des éléments du monde, etc., et telle est la connaissance vraie, *re*vécue dans la foi et dans le souvenir, dans le ressouvenir de la foi, que les apôtres ont voulu transmettre, *actualisant sous le signe* de l'épisode passé la vérité en soi intemporelle de la chair de Jésus victorieuse de la mort. Telle est la révélation « absolue » – « déliée » des voiles de la religion en passant sous ceux de la chair dans un double mouvement de dépouillement et d'occultation – qui est signifiée plus spécifiquement par les deux scènes du baptême et de la transfiguration, où Dieu désigne Jésus comme celui en qui toute la révélation antérieure, depuis Moïse et Élie, était parvenue à son terme – à son achèvement et à sa disparition – en disant : « Écoutez-le » – alors que Jésus demeurait silencieux, comme il le sera dans sa passion, parce qu'il est transi par la Parole qui en lui s'est faite chair et qu'il n'a plus qu'à montrer que Dieu est là désormais. Des récits aussi singuliers témoignent donc de la foi dans la résurrection qui a permis aux disciples, après coup, de reconnaître les autres faits thaumaturgiques, plus coutumiers, de Jésus comme des « signes » d'une révélation commencée depuis le début de sa mission, et ils nous apprennent en même temps que leur vie commune avec lui a été le terreau nourricier de cette foi, parce qu'elle leur faisait pressentir en toute circonstance la présence de Dieu agissant en lui.

La voie vers la croix, chemin de révélation.

D'autres faits méritent d'être mentionnés dans le registre des signes, quoiqu'ils ne soient pas des prodiges ni des faits insolites et constituent la trame ordinaire de la vie publique de Jésus, en tant qu'ils ne sont pas moins riches de signification, parce qu'ils lui donnent par avance la figure, non plus de sa résurrection mais, à l'inverse, de sa mort, d'une mort reconnue, elle aussi, comme événement de révélation qui accompagne Jésus depuis le début de sa mission et qui se profile à l'horizon de son histoire comme le signe avant-coureur du Royaume qu'il annonçait. Il s'agit ici de faits revêtus d'une résonance religieuse particulière qui l'opposent à la société religieuse où il vivait et qui sont racontés comme la programmation annoncée de l'échec de sa mission. La prise en compte de cette nouvelle série de faits ayant valeur de « signes » nous introduit directement à la considération de l'événement de mort et de résurrection de Jésus dont ils déploient, par anticipation, la figure de révélation. Toute son histoire de Jésus, depuis le début de son ministère public, est racontée en forme de procès, en sorte que son Évangile, la bonne nouvelle du Royaume qui vient, se fond dans l'annonce et l'imminence de sa mort. L'ombre de la mort recouvre la durée entière de sa mission, laquelle, inversement, se réduit à la dimension symbolique de l'épreuve finale. La mission révélatrice de Jésus est vouée à l'échec dès le départ, à l'impossibilité de se communiquer, une fatalité tragique l'entraîne et la précipite vers la destruction finale : telle est la figure de révélation dont nous aurons à décrypter le mystère.

Relevons d'abord les principaux faits caractéristiques de cette situation conflictuelle où il se trouve enfermé. Nous avons déjà signalé l'un d'eux, à cause de son symbolisme eschatologique, celui des repas pris avec les pécheurs et les publicains ; on y ajoutera d'autres faits de même nature où Jésus est montré fréquentant avec compassion des personnes frappées de divers interdits, ce qui ne pouvait être compris que comme des gestes de protestation contre les pratiques d'exclusion pour motifs religieux ; loin de s'en cacher d'ailleurs, Jésus s'en prévalait comme d'une mission divine, se disant envoyé pour « appeler » les pécheurs et non les justes, et par « pécheurs » nous devons toujours comprendre des personnes stigmatisées comme telles, réputées infréquentables par la société religieuse ; il s'agissait certes, de sa part, de l'appel à la conversion, mais aussi au Royaume, de telle sorte que ceux qui se rangeaient dans le camp des « justes » pouvaient s'estimer défavorisés par rapport aux « pécheurs », qui auraient dû en être exclus d'office, et se sentir obligés à se remettre en cause, eux et les assurances de salut qu'ils se prodiguaient à eux-mêmes ; l'autorité qu'il s'arrogeait de pardonner les péchés était également jugée blasphématoire, car elle mettait en question la gestion du salut par l'institution religieuse[1]. Un autre cas de figure consiste dans les guérisons que Jésus pratiquait les jours de sabbat avec prédilection sinon quelque provocation, et on rangera dans le même cas les reproches qu'on lui faisait de tolérer les infractions de ses disciples à certaines

---

1. Jésus, les pécheurs et le pardon des péchés, *v. g.* : Mt 9, 2-4.10-13 ; Lc 5, 21-22 ; 7, 39 ; Jn 8, 3-11.

DÉVOILEMENT DE DIEU 381

règles ou coutumes religieuses : là encore, il s'en justifiait en des termes qui semblaient mettre la loi religieuse au-dessous des obligations de service dues au prochain, dévaloriser les observances traditionnelles concernant le pur et l'impur, et laisser chacun juge de telles dérogations au détriment des autorités religieuses[1]. Dans ces circonstances, et elles étaient fréquentes, on voit se former des groupes d'adversaires, prêtres, légistes et autres notables, pharisiens et sadducéens, qui épiaient les déplacements de Jésus, ses rencontres et ses propos, avec suspicion, qui maugréaient contre lui, discutaient ses avis, l'invectivaient devant les foules, souvent le menaçaient et allaient le dénoncer aux autorités. Or, ces contestations se produisirent dès les premières apparitions de Jésus en public[2] et ne cesseront pas de l'accompagner jusqu'à la fin, au point que sa mission paraît d'avance désavouée, repoussée, condamnée, malgré les signes de puissance qui avaient pour résultat contradictoire de renforcer l'hostilité de ces groupes à son égard. Ainsi sa mission apparaissait placée sous le signe de la mort par l'effet d'une inéluctable et mystérieuse disposition divine, que Jésus tenta à plusieurs reprises, mais en vain, de faire comprendre à ses disciples[3]. Cependant, la menace de mort à tout moment suspendue sur sa tête explique que ceux-ci, quand elle se réalisa, ne cherchèrent pas à l'expliquer par un malheureux concours de circonstances et de tragiques méprises, qui auraient permis d'en exorciser le souvenir, mais comprirent que sa mort relevait du même mystère que sa résurrection, ce qui étendait la révélation à la totalité de l'événement de Jésus, puisqu'il portait depuis toujours ce signe de mort. Une fois de plus, son corps, *chargé de nos infirmités et de nos maladies*, était mis au centre de la figure de révélation, comme s'il était le lieu, le nouveau Temple où Dieu donnait

---

1. Infractions au sabbat ou à d'autres prescriptions et menaces de mort, *v. g.* : Mt 12, 1-8. 10-14 ; 15, 1-7 ; Lc 13, 10-17 ; Jn 5, 5-18 ; 7, 20-24 ; 9, 16. Enseignement relatif au pur et à l'impur : Mc 7, 1-16.

2. Lc 4, 28-30 : le premier discours de Jésus à Nazareth est suivi d'une tentative de mise à mort.

3. Annonces du rejet et de la passion, *v. g.* Mt 17, 12.22-23 ; 20, 17-19 ; 21, 33-45 (parabole des « vignerons homicides » par laquelle les grands prêtres se sentent visés). Elles vont de pair avec l'annonce des persécutions que les disciples auront à subir : Mt 10, 17-18.

rendez-vous aux hommes. C'est ce que signifiait le parallèle
établi par Jésus entre son corps et le Temple, l'un et l'autre
unis et opposés à la fois par un lien de connaturalité et de rivalité tel que l'un devait chasser l'autre et lui ravir sa signification ; ce rapprochement fut effectué symboliquement par le
geste de « purifier » le Temple du commerce qui s'y déroulait,
l'un des tout derniers gestes de Jésus, qui prenait de ce fait la
signification d'un message et qui clôturait en le résumant son
conflit ininterrompu avec l'institution religieuse, au point
d'entraîner la décision de le livrer à la mort ; car cette action
violente, jointe à l'annonce qu'il fit de la prochaine destruction du Temple, fut jugée menaçante pour le lieu saint, et d'elle
viendra l'accusation d'avoir voulu le détruire, lancée contre
lui au cours de son procès et rappelée au pied de la croix, de
telle sorte que ce conflit appartient lui aussi dans sa totalité à
l'histoire de la révélation de Dieu en Jésus[1]. Tels étant les
faits, nous chercherons à en donner une explication théologique, qui doit être située au préalable sur le plan de l'histoire.

Ce conflit ramène, en effet, sur le terrain historique de la
judaïté de Jésus, des causes et des responsabilités de sa
condamnation à mort, des relations de l'Église apostolique
avec le judaïsme. La théologie, malgré son parti pris de ne
pas se situer sur le plan des recherches historiennes proprement dites, ne peut pas ignorer les problèmes qui y sont
soulevés ni éviter de prendre position à leur sujet. Je le ferai
brièvement en rappelant le critère de double « plausibilité »
récemment mis en avant[2]. Les faits conflictuels qui viennent

---

1. L'épisode dit de la « purification » du Temple, raconté par
Mt 21, 12-13 peu avant la passion (ainsi que par Mc 11, 15-18 et
Lc 19, 45-48, qui précisent à ce propos l'intention des grands prêtres
de mettre Jésus à mort) avait une signification messianique sur laquelle
je ne m'étends pas. L'annonce de la ruine du Temple (dans les derniers
discours de Jésus à Jérusalem) sera interprétée, semble-t-il, comme une
menace de destruction : Mt 24, 2 ; 26, 61 ; 27, 39-40 (textes semblables
chez Mc et Lc). Jn 2, 14-22 rassemble cet épisode (situé au début du
ministère de Jésus) avec l'annonce « Détruisez ce sanctuaire, et en trois
jours je le relèverai » et l'explication du symbolisme : « Mais lui parlait
du sanctuaire de son corps ». Sur cet épisode, voir C. PERROT, *Jésus et
l'histoire*, p. 141-150.
2. Voir p. 349, n. 2.

DÉVOILEMENT DE DIEU 383

d'être évoqués, ne peuvent pas ne pas avoir eu de répercussion sur la condamnation de Jésus et impliquent donc une intervention des autorités juives à ce sujet pour motifs religieux ; en effet, vu que ces récits constituent la trame factuelle des évangiles, on ne peut pas de bonne foi nier leur valeur de témoignage historique, et prétendre qu'ils ont été allégués par les communautés chrétiennes dans l'intention de rendre « les juifs » responsables de la mort de leur maître, et eux seuls, et d'en décharger les Romains dont elles voulaient se concilier les faveurs ; on peut d'autant moins avancer cette hypothèse « révisionniste »[1] que ces communautés se montrent soucieuses, dès le lendemain de la mort de Jésus, de coexister paisiblement au sein du judaïsme soit à Jérusalem et en Judée ou en Galilée soit dans la diaspora. Cela dit, la situation politique de l'époque ne permet pas davantage d'écarter la responsabilité des autorités romaines, les seules à jouir du droit de vie et de mort, ni donc d'écarter le jeu de motivations politiques. Il faut d'ailleurs bien délimiter le terrain du conflit et bien voir l'imbrication des motivations politiques et religieuses. Le conflit ne met pas directement en cause (quoi qu'en ait longtemps dit la théologie) la personne de Jésus qui, on le sait, ne s'annonçait pas lui-même : même si la prédication évangélique de l'Église cherche à la mettre en lumière, même si Jésus cherchait à faire reconnaître l'autorité divine de sa mission, on ne saurait dire que les débats entre lui et « les juifs » portaient sur l'origine divine de sa personne[2], signification que ne comportait pas

---

1. Cette hypothèse, qui mérite d'être qualifiée de « révisionniste » au sens actuel du terme, refait régulièrement surface de nos jours dans les débats autour de l'histoire de Jésus sur fond du procès d'antijudaïsme intenté à l'Église et qu'on fait remonter jusqu'aux évangiles. Ce soupçon était l'arrière-plan manifeste de l'émission télévisée *Corpus Christi* (Arte, 1997-1998) (sans que les participants en fussent tous complices, loin de là), dont les auteurs, Gérard MORDILLAT et Jérôme PRIEUR, ont ensuite publié un livre (pamphlétaire), *Jésus contre Jésus*, Paris, Éd. du Seuil, 1999, qui érige l'hypothèse en thèse (*v. g.* p. 255-263 : Jésus brigand ; p. 318-336 : l'antijudaïsme des évangiles). La volonté systématique de dénigrer la valeur historique des témoignages évangéliques rend toute discussion inutile.

2. Cela du moins dans les évangiles synoptiques ; il en irait différemment de celui de Jean, qu'il ne conviendrait pas pour autant d'interpréter dans la perspective des débats trinitaires des IIIe ou IVe siècles.

384   DIEU QUI VIENT À L'HOMME

l'usage messianique des noms de Fils de Dieu ou de Fils de
l'homme[1]. Le conflit ne met pas non plus en cause les fondements du judaïsme, ni l'Alliance ni la loi ni les Promesses ni
le culte ni le sacerdoce, que Jésus n'a jamais attaqués, pas
plus que ses apôtres ne l'ont ensuite fait, et ceux qui se scan-
dalisent de ses invectives contre les scribes et les pharisiens
trouveraient une plus riche matière à scandale dans bien des
discours de bien des prophètes de jadis. Les limites ainsi
posées, le conflit est exactement circonscrit entre les deux
données essentielles des récits évangéliques de la passion, si
on veut bien les lire sous l'éclairage global qu'ils donnent au
procès de Jésus sans s'arrêter aux détails qui peuvent paraître
invraisemblables ou contradictoires : il y a eu au départ une
concertation des autorités religieuses juives qui ont jugé « blasphématoire » l'attitude de Jésus à l'égard du Temple et ont
décidé d'y mettre fin en le déférant au tribunal du procura-
teur romain, et il y a eu au terme le jugement de ce dernier,
décidant de mettre l'accusé à mort pour avoir cherché à se
faire « Roi des Juifs »[2]. L'accusation de blasphémer le Temple
résume bien, comme nous l'avons dit, les griefs des adversaires de Jésus contre son enseignement, qu'ils jugeaient
déstabilisant pour l'institution et pour l'autorité religieuses, et
elle dénonce également, en termes symboliques, ses préten-

Sur le nom de « Juifs » chez Jean, le *Dictionnaire du Nouveau Testament*
de Xavier LÉON-DUFOUR, Paris, Éd. du Seuil, 1975, note p. 327 : « le
terme cesse ordinairement d'avoir une signification ethnique pour désigner la catégorie des incrédules » ; voir aussi Charles L'ÉPLATTENIER
dans l'ouvrage cité p. 385, n. 1 (p. 127-131).

1. Sur ces deux titres, ou encore celui de Seigneur, « éminemment
polysémiques », voir Charles PERROT, *Jésus, Christ et Seigneur...*, p. 221,
174-182, et 222-242.

2. S. LÉGASSE, *Le Procès de Jésus.* * *L'histoire*, Paris, Éd. du Cerf
(« Lectio divina » 156), 1994, au cours d'une analyse compétente et
extrêmement critique des données fournies par les évangiles, admet
que l'épisode du Temple (p. 51-57) et les paroles contre le Temple
(p. 58-64) ont pu contribuer à l'arrestation de Jésus (p. 58, 63 et 72) et
être retenues à charge contre lui quand il comparut devant des grands
prêtres (p. 79) et des membres du sanhédrin qui décident de le déférer
à Pilate (p. 84), par qui Jésus, accusé de fomenter des troubles de nature
messianique, est condamné à mort pour sa prétention au pouvoir royal
(p. 103-106).

DÉVOILEMENT DE DIEU

tions messianiques, jugées blasphématoires en tant qu'elles se retournent contre le lieu sacré de la présence de Dieu. Les grands prêtres pouvaient craindre légitimement que le mouvement populaire autour de Jésus ne dégénère en trouble public qui aurait déclenché de la part des autorités romaines des réactions brutales nuisibles au peuple juif, et ils ont pu décider en bonne conscience de le conduire devant Pilate pour prévenir de vraisemblables représailles. L'accusation religieuse prenait du coup, tout naturellement, une coloration politique, car Rome ne pouvait que se sentir menacée par un mouvement messianique[1]. En fait, aucune donnée évangélique ne permet de faire de Jésus un séditieux, mais le danger existait forcément aux yeux de Pilate dès lors qu'il était dénoncé par des responsables juifs, ce qui dénotait à tout le moins une agitation des esprits autour de l'accusé ; c'est donc très normalement que les évangélistes attribuent aux autorités juives l'initiative du procès et montrent en Pilate un simple exécutant de leurs desseins ; il est possible sinon probable qu'il n'a pas eu besoin, pour prendre le décret fatal, de se laisser forcer la main aussi fortement que les évangélistes le laissent entendre, mais il est non moins certain qu'il n'aurait pas pris position contre un mouvement religieux, au risque de déclencher une émeute, sans recevoir l'aval des autorités religieuses du peuple, et qu'il n'aurait pu s'opposer à leurs desseins sans ouvrir une crise politique. Entre les intérêts religieux de la défense du Temple et les intérêts politiques de la paix publique, l'entente allait de soi. Voilà comment se laissent lire, globalement, les récits évangéliques du procès de Jésus, sans qu'il soit besoin d'y transporter la dramaturgie contemporaine de l'antijudaïsme reproché au fait chrétien, alors que le christianisme n'existait pas encore, pas même autour de Jésus, pas

---

1. Dans l'ouvrage collectif, *Procès de Jésus, procès des Juifs ?*, sous la direction d'A. MARCHADOUR, Paris, Éd. du Cerf (« Lectio divina »), 1998, S. LÉGASSE, p. 34, confirme qu'il n'est pas possible de tenir la hiérocratie de Jérusalem à l'écart du procès de Jésus et que le motif le plus vraisemblable de sa condamnation tient à ses paroles au sujet du Temple à cause de leur résonance politique. – Dans ce même ouvrage, on trouvera une étude de Pierre-Marie BEAUDE sur « Jésus le roi des Juifs » (p. 35-51), et une autre de Jacques SCHLOSSER sur « La comparution de Jésus devant Pilate » (p. 53-73).

plus qu'au temps où se formaient les traditions relatives à ce procès, et que le judaïsme de l'époque, traversé de nombreux courants, dont celui constitué précisément par le «mouvement de Jésus», et divisé en sectes ennemies, précisément au sujet du Temple, n'offrait pas un front uni par opposition auquel un antijudaïsme aurait pu prendre sens[1]. Ajoutons enfin que les apôtres et les évangélistes désamorcent par avance ce reproche d'antijudaïsme en s'efforçant d'eux-mêmes d'alléger ou de relativiser la responsabilité juive dans la mort de Jésus, de deux façons, soit en la faisant partager par la figure énigmatique de Judas, preuve que la «trahison» pouvait aussi bien venir de l'entourage le plus proche du Maître, soit surtout en imputant entièrement sa mort à «un dessein bien arrêté de Dieu», dont les hommes ont été des instruments «ignorants» (Ac 2, 23 ; 3, 17-18), preuve que Dieu accomplissait son œuvre de salut en se jouant des machinations ourdies conjointement par «les nations païennes et les peuples d'Israël» (Ac 4, 27).

Reprenons maintenant, au niveau proprement théologique, l'analyse du conflit qui a conduit Jésus à sa mort, en tant que la prédication évangélique les unit l'un à l'autre pour former ensemble un même récit de révélation. Le premier postulat de

---

1. C. PERROT, *Jésus et l'histoire*, p. 99-115, décrit «la compartimentation» de la société juive du Iᵉʳ siècle, «le clivage des diverses catégories socio-religieuses» dû notamment à «l'envahissement des rites de pureté» (p. 107 et 111), et les divisions au sujet du Temple et des sacrifices (p. 141-144). – Dans *Jésus, Christ et Seigneur...*, p. 163, il souligne que «Jésus surgit au sein d'une contestation des institutions de salut de son temps, plus ou moins virulente selon les cas». – Dans l'ouvrage codirigé par D. MARGUERAT, *Jésus de Nazareth*, (cité p. 347, n. 5) Ed Parish SANDERS, «La rupture de Jésus avec le judaïsme», p. 209-222, signale de graves divisions doctrinales entre sadducéens et pharisiens et entre écoles pharisiennes, sans que cela ait signifié une rupture avec le judaïsme (p. 217), et il conclut qu'il n'y en a pas eu davantage dans le cas de Jésus, si ce n'est que ses disciples ultérieurs ont voulu à tout prix qu'il y en eût une (p. 222). – Mais est-il «plausible» que ceux-ci aient pu fonder sur lui une religion nouvelle au titre d'une rupture avec le judaïsme qui n'avait jamais eu lieu ? Qu'il n'ait pas rompu ne signifie pas qu'il était enfermé dans le même univers religieux ; c'est ce que montrent les conflits relevés plus haut, dont il nous reste à mesurer la portée.

DÉVOILEMENT DE DIEU

cette réflexion, c'est que le caractère religieux de la mise à
mort de Jésus est un élément signifiant de la figure de révélation tracée par le récit évangélique. La réflexion théologique
ne plane pas au-dessus des faits analysés par l'enquête historique, comme si elle se contentait d'en donner une interprétation théorique ou mystique, elle entend bien s'y « incarner »,
c'est pourquoi elle prend au sérieux les motivations religieuses
mises en avant dans le procès de Jésus. Ou bien l'on s'obstine à faire de Jésus un agitateur politique, à l'encontre de
l'ensemble des données historiques en notre possession, ou
bien on accepte de donner tout son poids à ce facteur religieux.
D'aucuns prétendent que ses conflits avec ses adversaires
sadducéens ou pharisiens n'allaient pas plus loin que les débats
d'école entre ces deux groupes (ou d'autres) ou à l'intérieur
de chacun d'eux, mais on ne cite pas de cas d'envergure où
les leaders de ces groupes auraient été dénoncés à l'autorité
romaine pour être mis à mort par elle. Il faut donc que les
autorités religieuses du judaïsme (par quelques personnages
qu'elles aient été représentées) aient elles-mêmes pris très au
sérieux la menace que Jésus, à leurs yeux, faisait peser contre
l'institution religieuse dans son ensemble ; c'est bien ce que
signifie l'accusation relative au Temple, qui fut l'objet et le
mobile de leurs délibérations et de leur dénonciation à Pilate
(quelque forme, juridique ou non, qu'elles aient prise) ; que
la condamnation ait revêtu auprès de ce dernier et de son fait
une motivation politique ne change rien au fondement religieux du procès, d'autant que la situation du pays à l'époque
ne permettait pas de séparer le politique du religieux, ni d'un
côté ni de l'autre. Les évangélistes ont très justement donné
à la construction de leurs récits la forme d'un procès, pour
faire comprendre à leurs lecteurs que les conflits quotidiens
qu'ils signalent entre Jésus et les groupes les plus influents de
la société juive avaient déjà la signification d'un rejet qui allait
le conduire à la mort, parce qu'ils étaient ressentis comme
des menaces de déstabilisation de la religion : l'explication
théologique se tient, en un premier temps, à ce niveau des faits,
pour évaluer la portée de cette menace et en reporter l'analyse
sur la personne de Jésus en tant qu'elle est révélatrice d'un
nouveau type de lien à Dieu.

La religion – toute religion – est travaillée par un besoin
profond et un dynamisme puissant d'intégration et d'exclusion
en vertu de sa mission de « relier » les hommes à la divinité,

mission qu'elle reçoit comme un privilège et qu'elle exerce comme un monopole. Il est donc de sa nature de fabriquer des exclus : se constituant en lieu de salut, elle exclut du salut tous ceux (tous les peuples) qui ne lui appartiennent pas ; elle en exclut aussi, en les excommuniant, ceux de ses membres qui dérogent à ses préceptes et qu'elle déclare «pécheurs». Elle est par nature totalitaire, parce qu'elle considère de sa mission de relier les hommes à Dieu dans la totalité de leur existence et de leurs comportements : elle entend donc régenter la vie sociale, organiser le vivre-ensemble, imposer sa marque à la société, et elle le fait en édictant des interdits nombreux et minutieux (elle interdit, par exemple, la fréquentation des pécheurs, des hérétiques, de certaines catégories de malades), en imposant le respect de ses observances et de ses traditions (ainsi des règles de pureté qui «marquent» l'étendue de son territoire). Elle tolère cependant bien des accommodements, mais c'est elle qui en décide par l'entremise de gens pourvus d'autorité, et elle ne tolère pas que des individus prennent d'eux-mêmes leurs libertés à l'égard de ses règles, ce qui serait attentatoire au lien religieux ; c'est pourquoi elle se réserve le monopole du pardon des péchés, non qu'elle prétende le donner elle-même, mais elle dit où, de quelle façon, à quelles conditions il peut être obtenu de Dieu, ce qui revient à exercer indirectement son pouvoir sur ce pardon. C'est donc encore par nature qu'elle ne peut pas laisser les individus aller librement à Dieu, chercher sa volonté à leur égard, exercer la responsabilité de leurs choix et jugements, inventer leur propre voie vers Dieu : en toutes choses elle impose sa médiation, car elle est la seule voie vers lui, le seul lien entre lui et eux. Sur toute la société dont elle s'estime chargée, elle fait régner l'ordre sacré et la sainteté du Temple : aussi toute tentative d'écarter sa médiation et de passer outre, ou de s'interposer entre elle et Dieu pour rompre le lien qu'elle prétend constituer à elle seule entre lui et les hommes, sera-t-elle incriminée au titre de «blasphème» envers la divinité.

Or, en traçant cette description de la religion, on n'a fait que suivre le déroulé des conflits ci-dessus relevés entre Jésus et les adversaires que ses enseignements et comportements avaient dressés contre lui. Il dénonce les prétentions hégémoniques de la religion : des peuples venus d'ailleurs entreront dans le Royaume de Dieu, des gens qu'elle a chassés de chez elle également, tandis que ceux pour qui elle avait réservé

DÉVOILEMENT DE DIEU 389

les premières places en seront délogés. Il dénonce son emprise totalitaire sur la vie des individus : à chacun de prendre devant Dieu la responsabilité de ses jugements et de ses actes, de décider si un devoir d'éthique ne l'emporte pas sur un précepte religieux, d'alléger son obéissance à Dieu des poids insupportables que la tradition des hommes y a ajoutés. Il pose le principe de la liberté de l'accès à Dieu sans passer par les contraintes des médiations religieuses : « Va, ta foi t'a sauvé », « Qu'il te soit fait comme tu as cru ». Du fait qu'il relativise l'obéissance à la loi religieuse, il donne toute sa force à la loi éthique, il ouvre le champ éthique, tout profane qu'il est, comme un lieu où Dieu se donne à rencontrer, *incognito*, et où la charité fraternelle prend à ses yeux valeur de foi envers sa paternité universelle (Mt 25). L'attitude de Jésus tirait toute sa gravité du lieu d'où il parlait : de sa proximité du Royaume entrevu. Il ne contestait pas l'institution religieuse du dedans, comme cela se faisait dans bien des « mouvements » juifs de ce temps, ni du dehors, d'une autre institution, à la façon dont les Samaritains ou les esséniens combattaient le Temple ou le sacerdoce de Jérusalem, pas davantage du point de vue d'une autre religion dont il aurait porté le projet dans sa tête, mais d'Ailleurs, du lieu utopique où il attendait ce qui devait venir. Aussi sa parole prenait-elle l'accent d'autorité d'un jugement énoncé au nom de Dieu, qui faisait ressortir l'immense distance entre une religion forcément humaine malgré sa légation divine et la juste « adoration de Dieu en esprit et en vérité » que seul Dieu lui-même, intervenant en personne, pouvait instaurer ; tombant de ce haut lieu, sa parole dénonçait l'abus de pouvoir que commettait la religion lorsqu'elle excluait du salut ou, au contraire, y destinait ceux à qui Dieu, inversement, ouvrait ou fermait son Royaume ; à tous, aux petits et aux délinquants, elle donnait l'assurance joyeuse, mais subversive, que Dieu venait de lui-même établir son royaume de justice et de paix dans les cœurs en se jouant des barrières édifiées par la religion. De nombreux auditeurs de Jésus, nous le savons, étaient sensibles à « l'autorité » de cette parole, qui discréditait celle dont se réclamaient les responsables religieux ; pour ce motif, et bien qu'ils la rejetassent, les prêtres, scribes et légistes sentaient que la prédication du Royaume constituait une menace pour la stabilité du Temple, et se confortaient dans la résolution d'écarter à tout prix cette menace. En tout cela, ce n'était pas le judaïsme,

390 DIEU QUI VIENT À L'HOMME

pris en lui-même, qui était en cause, c'était plus que cela, c'était l'essence même de la religion telle qu'elle se réalise sous diverses figures en toutes sortes d'institutions religieuses[1]. L'adossement du procès de Jésus à sa prédication du Royaume confère à son conflit avec ses coreligionnaires sa vraie dimension, universaliste, intègre étroitement ce conflit à sa mission, rattache d'autant plus fortement sa mort à la « logique » de sa mission (au lieu de la laisser en l'état d'énigme historique quand ce n'est pas de simple méprise), et lui donne sa pleine figure de révélation, comme l'indique symboliquement, dans les récits du procès, l'enchaînement au (faux-)témoignage sur le Temple, qui va décider de son sort, de la solennelle annonce par Jésus de la venue du Fils de l'homme[2].

La découverte de la portée révélationnelle de la croix (ou du procès) de Jésus est réservée à ceux qui croient à sa prédication. Il ne dénonce pas de façon absolue les médiations religieuses du judaïsme, pas plus que de quelque autre religion,

---

1. J'avais soutenu en ce sens que « la religion (non le judaïsme) a mis à mort Jésus » dans ma contribution à *La Plus Belle Histoire de Dieu*, Paris, Éd. du Seuil, 1997, p. 123-130.

2. Il est possible que les paroles sur le Fils de l'homme n'aient pas été réellement prononcées par Jésus au cours de ses interrogatoires, elles seraient une « composition christologique » ajoutée par les évangélistes pour l'édification des lecteurs chrétiens. Ainsi S. LÉGASSE, *Le Procès de Jésus*, p. 70-72. Il ne s'ensuit pas qu'elles soient sans rapport avec l'histoire racontée. On peut regretter que le légitime souci critique qui entraîne des exégètes à déconstruire un récit, au point de n'en laisser subsister que de rares données vraisemblablement historiques, insuffisantes pour fournir une explication valable de la mort de Jésus, ne les conduise pas à tenir davantage compte du projet historique global qui s'exprime dans *l'écriture* du récit, malgré ses indubitables défaillances au niveau des références historiques. Que ces paroles sur le Fils de l'homme n'aient pas été réellement prononcées est une chose, qu'on peut admettre, qu'elles n'aient aucun lien avec la réalité historique qui est l'objet de ce procès est une autre chose, qui ne va pas de soi puisqu'on les trouve articulées à une pièce authentique du dossier, le témoignage sur le Temple. Un récit théologique peut *aussi* chercher à dire, à sa façon, la vérité de l'histoire, c'est ce que je vais essayer de montrer. Mais c'est sans doute une conception de l'histoire qui est ici en cause plus que l'analyse historiographique.

DÉVOILEMENT DE DIEU

comme si elles n'avaient aucun sens et aucune valeur, ou comme s'il se préparait à les remplacer par d'autres, il n'enseigne pas en termes exprès que les hommes peuvent s'en débarrasser et aller à Dieu sans passer par elles, en réalité il se substitue à elles – «Détruisez ce temple et je le rebâtirai en trois jours» –, mais sans les détruire formellement, car il ne se situe pas sur le même plan où elles fonctionnent. À vrai dire, les institutions religieuses sont de fausses médiations, de simples intermédiaires : elles ne procurent pas un accès direct à Dieu, elles en sont incapables, Dieu seul peut *se* donner, sans distance et sans mesure. Elles sont utiles en tant qu'elles balisent le chemin vers Dieu, et il serait téméraire de les rejeter sous prétexte qu'elles encombrent inutilement notre cheminement vers lui, qu'on voudrait tout personnel, mais elles ne relient pas directement à Dieu, même si elles le croient et si les fidèles le croient, et ce serait une autre erreur, d'idolâtrie, de leur attribuer ce pouvoir de nous faire rencontrer Dieu en son propre lieu. Leur raison d'être n'est pas là, elle est simplement d'organiser le culte rendu à Dieu, de bas en haut, et de cimenter la vie sociale autour de ce culte (un ethnosociologue ferait passer l'organisation de l'espace social avant celle du culte) ; elles érigent des temples en signes d'une présence de Dieu qui se tient ailleurs, non en lieu d'une présence ici donnée. Or, tout autre est la mission de Jésus, qui est de suppléer à l'indigence foncière de la religion, d'annoncer aux hommes la joyeuse nouvelle, dont aucune religion ne pouvait nourrir le rêve, que Dieu veut se communiquer lui-même à eux, qu'il vient dès maintenant établir sa présence, non seulement au milieu d'eux, comme le suggère métaphoriquement l'espérance eschatologique, mais en eux-mêmes, dans leurs cœurs, et sa mission était de faire advenir déjà cette présence par la foi qu'il suscitait en lui. En effet, il ne réclame pas la foi pour lui-même en plus de celle que nous devons à Dieu, il nous demande de faire passer par lui la foi que nous mettons en Dieu, parce qu'il est un avec Dieu comme un fils avec son père, pour oser avancer librement vers Dieu, sans chercher de garanties ni dans nos mérites ni dans les œuvres de la religion, mais en plaçant notre confiance dans la foi qu'il nous inspire, et il nous invite à nous présenter en son nom devant Dieu, tout pécheurs que nous sommes, dans l'assurance de recevoir son pardon, son amitié, et d'entrer avec Dieu en communion de vie comme il en est de lui-même vis-à-vis de son Père, « moi en eux et toi en moi » (Jn 17, 23). Car Jésus *est* par lui-même la religion « en esprit et en vérité » (Jn 4, 23), le lien, dont les religions de la terre ne sont que l'ombre, qui *relie* Dieu à l'homme au plus intime de l'être de chacun. Tel est le sens ultime de sa mission eschatologique, non de détruire la religion juive ni de la remplacer par une autre, censée meilleure, mais de dévoiler l'illusion religieuse dont les hommes se rendent victimes ; c'est pourquoi il se positionnait lui-même hors religion, comme le lieu vivant par où advient en vérité la communication de Dieu avec les hommes. Les paroles par lesquelles il substituait son corps au Temple entraient rigoureusement dans la *logique* de cette mission. Ce qu'ayant compris, les évangélistes ont enchaîné au témoignage des accusateurs, selon la même logique, l'annonce de sa venue dans la gloire du Fils de l'homme. Ainsi leurs récits, quoi qu'il en soit au niveau de la facticité de l'histoire, restituent la vision globale de l'histoire inachevée de Jésus, qui est celle des croyants.

Cette histoire est inachevée sur terre, en tant que sa résurrection donne à Jésus de la poursuivre en direction du Royaume de son Père, vers où il entraîne à sa suite tous ceux qui acceptent de passer par les mêmes chemins que lui. C'est évidemment la lumière de la résurrection qui confère à sa mort sa pleine signification révélationnelle, en tant qu'elle apporte le jugement de Dieu au procès dont Jésus vient d'être victime (Ac 2, 23-24) ; or, ce jugement, qui est l'ouverture des cieux, est un signe de bénédiction et de pardon, réponse de Dieu à la prière de Jésus, « Père, pardonne-leur, ils ne savent ce qu'ils font » (Lc 24, 34). Il est important de remarquer que les chrétiens, qui auraient eu tout intérêt à chasser de leur mémoire le souvenir si attristant d'une fin aussi humiliante, ont au contraire tenu à le conserver et ont décrit cette mort avec un luxe de détails, je ne dis pas de données historiques, mais de détails circonstanciés, les uns réalistes d'autres symboliques, qui prennent d'autant plus de relief qu'ils clôturent le récit de sa mission, auquel les récits des apparitions du Ressuscité n'ajouteront qu'un prolongement éphémère et énigmatique, qui ne peut qu'attester que l'histoire narrative de Jésus (ce qu'on pouvait raconter de lui) s'était achevée là, sur la croix. C'est la preuve que les évangélistes ont voulu ériger en lieu d'histoire ce qui s'était passé sur le calvaire, en lieu d'histoire théologique, car seule la foi peut dire quelle histoire s'est

DÉVOILEMENT DE DIEU

nouée là en Jésus entre Dieu et les hommes, mais cette histoire est bien réelle cependant, en tant qu'elle s'enchaîne sans fissure à la mission historique de Jésus. Ils dressent la croix comme le lieu où Dieu se révèle en confirmant et éclairant tout ce qu'il avait auparavant révélé de lui-même à travers les paroles et les comportements de Jésus et les « signes » qui l'accompagnaient, les mêmes qui se reproduisent autour de sa croix. Lieu d'infamie au regard de la coutume romaine, qui réservait ce supplice aux esclaves et aux pires criminels, lieu d'impureté et de malédiction au regard de la loi juive, selon laquelle Jésus méritait de finir en blasphémateur, lieu hors religion, la croix est bien le lieu où il devait mourir ainsi qu'il avait vécu, le signe ultime sous lequel il est montré *chargé de nos infirmités et accablé de nos maladies*, mis au rang de ceux avec qui il avait voulu vivre, au rang des exclus, des pécheurs, des impies et même des damnés, conformément à sa mission d'*annoncer aux captifs la délivrance et de rendre la liberté aux opprimés*. C'est sous tous ces signes-là que Dieu se révèle sur la croix, tel que Jésus l'avait annoncé en paroles, en actes et en signes : c'est le Dieu qui vient lui-même chercher les exclus et les pécheurs, là où ils sont, pour les ramener auprès de lui, sans condition, « aujourd'hui même, tu seras avec moi » (Lc 23, 43), le Dieu qui offre son pardon à ceux-là mêmes qui le traitent en ennemi, le Dieu compatissant à toute souffrance, libérateur de toute injustice, réparateur des violences que les hommes se font les uns aux autres, Dieu qui vient se réconcilier avec le monde, sans réclamer de contrepartie, Dieu dont le cœur se montre plus large et plus ouvert que toute enceinte sacrée, et le joug moins contraignant qu'aucune loi religieuse, car c'est celui de l'amour (Mt 11, 28-30). En répondant par un pardon de pure gratuité à la condamnation portée contre Jésus au nom de la loi, Dieu affranchit les hommes de la sujétion à la loi religieuse et de la condition de servitude à laquelle elle les réduit à l'égard de Dieu, et confirme que le plus sûr chemin vers son Royaume est celui que Jésus a enseigné et tracé par son Évangile pour tous les cœurs justement épris de liberté. Un signe en est aussitôt donné : la déchirure du voile du Temple qui interdisait l'accès au lieu symbolique de la présence de Dieu (Mt 27, 51). Dieu se dégage des voiles de la religion et se révèle dans la mondanité d'une chair d'homme frappée de malédiction.

394   DIEU QUI VIENT À L'HOMME

L'événement révélateur : la résurrection.

Le parcours de l'histoire de Jésus nous aura appris que ses disciples acquirent progressivement, de leur contact quotidien avec lui, de sa parole et de ses signes, la conviction qu'il vivait en communion étroite avec Dieu et que Dieu se mettait par lui en communication avec les hommes, mais aussi que cette conviction, telle qu'elle s'exprime en maints endroits des récits évangéliques, porte la marque indubitable d'un travail de mémoire, du souvenir de sa résurrection rétrospectivement projeté sur leurs souvenirs de leur histoire avec Jésus. Il n'y a pas à s'en étonner puisque la foi chrétienne, dès qu'elle surgit, s'énonce en tant que foi au Christ mort et ressuscité et que la prédication chrétienne de l'Évangile ou du Royaume de Dieu se confond avec l'annonce de la résurrection de Jésus « selon les Écritures ». Celle-ci est donc bien le fondement et le centre de la foi en Jésus en tant que révélateur de Dieu, et c'est bien en elle que nous devons trouver l'événement de révélation que nous cherchons. Mais cette affirmation, à peine posée comme le préjugé de base de la foi chrétienne, se heurte à de grosses difficultés auxquelles nous devons apporter une réponse : quelle sorte d'événement est cette résurrection, en quoi et de quoi peut-elle être tenue pour révélation, comment a-t-elle été perçue et comprise par les témoins du Christ, avec quelle certitude et quelle compréhension pouvons-nous à notre tour fonder sur elle notre foi en Dieu ?

La résurrection de Jésus peut-elle être qualifiée d'événement, est-elle un fait qui s'est réellement produit dans notre monde [1] ? Elle n'a pas eu de témoins, elle n'est connue qu'indirectement, par des messages adressés par des anges à des femmes et leur annonçant qu'il était sorti du tombeau, surtout par des « apparitions » à ses disciples à qui *il s'est montré après sa mort à nouveau vivant*. Les messages angéliques

---

1. Je renvoie à mes analyses antérieures sur l'historicité de la résurrection, le témoignage des apôtres, les récits du tombeau vide et des apparitions dans *L'homme qui venait de Dieu*, p. 340-370. Je me livre ici à une herméneutique (critique) de l'annonce, non à une exégèse (historico-critique) des récits et des faits. – Analyse de ces récits dans Pierre GRELOT, *Jésus de Nazareth, Christ et Seigneur*, vol. II, Paris, Éd. du Cerf (« Lectio divina » 170), 1998, p. 353-415.

DÉVOILEMENT DE DIEU

ressemblent à des mises en scène symboliques, les apparitions ne sont, à première vue, guère plus crédibles : comment Jésus, ressuscité en *corps spirituel*, d'après saint Paul, a-t-il pu être vu, entendu, etc. ? Et d'abord qu'est-ce qu'un corps spirituel ? Mais, avant d'examiner le comment et de mettre en doute le témoignage des disciples, il n'est peut-être pas déraisonnable d'admettre ce fait : *il est arrivé quelque chose* qui leur a donné à croire que Jésus reprenait contact avec eux. Car ce fait a pris en eux un caractère vraiment événementiel, il a bouleversé leur vie : ils étaient quasiment muets et morts de peur depuis l'arrestation de leur maître, et ils ont été remis debout, ils ont affronté le public, ils ont retrouvé la parole, ils se sont sentis eux-mêmes revenir à la vie, comme lui ; le sentiment du retour de Jésus à la vie s'est imposé à eux malgré leur incrédulité, comme une expérience dont ils ne pouvaient finalement plus douter, l'obligation d'en témoigner s'est emparée d'eux alors qu'ils ne savaient même pas comment en parler, et la rencontre du Ressuscité est devenue pour eux, au terme, l'impulsion au départ en mission à travers le monde, prenant à travers eux place d'événement majeur de l'histoire du monde. En un second temps, passant par-dessus les circonstances de temps et de lieux et les incohérences des récits d'apparitions, il ne sera pas impossible d'admettre, toujours par hypothèse, que le fait de ces apparitions ne fait pas réellement nombre avec le fait lui-même de la résurrection dont elles sont la manifestation sur le terrain de l'événementialité ; en effet, c'est le propre du vivant de se faire voir, de parler, de nouer relation avec d'autres vivants, le fait de se montrer est inhérent au fait, pour Jésus, de revenir à la vie, c'est le retour à l'apparaître qui signe le retour à l'être ; se donner à voir est *donation* à l'autre de la présence à soi, c'est l'acte même d'ek-sister, de se poser pour l'autre en jaillissant hors de soi. Cela admis, le problème se déplace, des disciples en Jésus : il n'est plus de chercher comment ils ont perçu son retour à la vie, pas davantage comment il s'est passé, mais de comprendre en quoi il consiste. Or, le mot même d'« apparition » fournit un premier élément de réponse : ce ne fut pas un retour à la vie en ce monde, car Jésus ne fit jamais qu'*apparaître*, survenir et disparaître, sans qu'on pût jamais mettre la main sur lui pour le « retenir » (Jn 20, 17), ni le chercher ni le rencontrer par hasard autrement que de sa propre initiative ; il ne fait donc plus partie des vivants de ce monde, du monde des vivants, il ne fait que le traverser pour s'y donner fugitivement en spectacle, il n'y passe que sous le mode de s'y donner un apparaître, à la façon dont Jésus annonçait la venue du Fils de l'homme, aussi rapide « que l'éclair part du Levant et paraît jusqu'au Couchant » (Mt 24, 27). En d'autres termes, nous n'avons pas besoin de tenir les apparitions pour des interventions miraculeuses de la puissance divine, postérieures à la résurrection de Jésus, qui nous permettraient, voire même nous imposeraient d'y croire ; elles ne sont que la résurrection se manifestant, l'acte de Jésus de *se révéler* revenant à la vie, au sortir de la mort, par sa capacité d'interpeller d'autres vivants et de se faire « reconnaître » sans reprendre la figure mondaine qu'il avait abandonnée à la contingence mondaine de la mort. Nous pouvons ainsi écarter de la résurrection, prise comme événement de révélation, l'idée de « miracle » en quoi la raison critique de la modernité voit un abus de pouvoir, un acte de violence indigne de la divinité, dont il faudrait se demander logiquement pourquoi la même puissance divine ne serait pas intervenue plus tôt pour arracher Jésus au pouvoir de ceux qui voulaient le mettre à mort. Le seul fait qu'il ne se soit pas manifesté au *monde*, à *tout le peuple*, mais uniquement à quelques *témoins choisis d'avance* (Jn 14, 22 ; Ac 10, 41) indique que Jésus ressuscité ne vient pas chercher une revanche posthume, ni reprendre une carrière publique, mais simplement se faire reconnaître de quelques-uns de ceux qui pouvaient l'identifier parce qu'ils avaient déjà cru obscurément en lui, cru qu'il avait « les paroles de la vie éternelle » (Jn 6, 68). Ses apparitions se situent sur le trajet de sa montée de ce monde à son Père (Jn 20, 17), elles sont le tracé lumineux de sa traversée de la mort et de l'espace, *du Levant jusqu'au Couchant*, le dévoilement de son être-pour-Dieu qui s'est dépouillé dans la mort de son opacité charnelle. Car si ce n'était pas pour séjourner à nouveau en ce monde, le retour de Jésus à la vie s'est fait ailleurs, dans un autre lieu et un autre temps que ceux du monde, dans le Royaume de Dieu en qui il renaît en Dieu à la vie de Dieu ; il n'a d'attache à ce monde qu'à l'extrême pointe du temps et de l'espace, il est la révélation d'un autre temps, d'un autre lieu, d'un autre mode d'être, d'une autre vie : il appartient à l'événement ultime, « eschatologique », il est le surgissement et l'apparaître de ce qui devait venir.

DÉVOILEMENT DE DIEU 397

Parvenue à ce point, notre analyse ne peut plus progresser sans se demander sur quel fond d'intelligibilité, sur quelle base de croyable disponible, sur quelle réserve de sens, la résurrection de Jésus pouvait prendre sens et être comprise et crue par ceux qui en ont porté témoignage, en telle manière qu'elle nous soit aussi intelligible, connaissable et croyable aujourd'hui. On sait que les apôtres ne comprenaient pas ce que Jésus voulait dire lorsqu'il leur annonçait qu'il devait être tué, puis ressusciter des morts (Mc 9, 32). De fait, la croyance à la résurrection n'était pas générale à cette époque, elle n'était pas un dogme de la foi juive, elle se répandait cependant, notamment grâce à la prédication de Jésus, mais en tant qu'attente d'une reviviscence collective des justes dans le Royaume de Dieu quand il s'établirait sur la terre, croyance bien attestée par la littérature « apocalyptique » qui prenait le relais des anciennes prophéties[1]. C'est dans cette direction que les disciples vont chercher en premier lieu à comprendre, « selon les Écritures », ce qui était arrivé à Jésus, et à eux indirectement. La résurrection de Jésus est ainsi perçue comme l'événement « eschatologique », c'est-à-dire comme l'irruption des derniers temps dans lesquels Dieu vient juger le monde, instaurer son Règne, manifester sa Gloire – signe de sa venue imminente, signe chargé d'un appel de Dieu à la « conversion » pour se préparer à sa venue, à son Jugement, à son Règne. Cet appel a une portée universelle, il concerne toutes les « Nations », elles aussi appelées à se convertir au vrai Dieu, puisqu'il est lié à la fin de ce monde terrestre. L'annonce de cet événement « au monde entier » (Mc 16, 15), la réception de cet appel « jusqu'à la fin des temps » (Mt 28, 20) fait donc partie intégrante de cette révélation tournée vers l'avenir, inauguration d'un nouveau cours du temps plutôt que cataclysme de la fin. Cela ne l'empêche pas d'être ancrée dans un moment du temps bien déterminé et irréversible, celui de la mort de Jésus, qui donne à cette révélation le caractère d'un événement unique et définitif, déjà accompli, à la signification complexe : produit dans l'histoire et découvert dans la foi, passé et à venir,

---

1. P. LENHARDT, « À l'origine du mouvement pharisien, la tradition orale et la résurrection », dans Collectif ACFEB, *Le Judaïsme à l'aube de l'ère chrétienne*, Paris, Éd. du Cerf (« Lectio divina » 186), 2001, p. 123-176.

venu de Dieu et survenu dans la vie d'un homme, tragédie humaine et mystère divin. Lié à de telles circonstances historiques et à un tel déploiement de paroles, l'événement «eschatologique» prendra logiquement sens par rapport à Jésus, à sa vie, à sa prédication et à sa mort, un sens qui ne sera plus le même que celui de l'attente du peuple juif, tout en continuant à s'en réclamer. Mais c'est d'abord par rapport à cet horizon eschatologique que la résurrection de Jésus, réciproquement, prend sens, revêt l'intelligibilité d'un fait de portée historique universelle dont elle est l'événement avant-coureur, prémices d'un destin promis à tous et qui, par la foi, anticipe son accomplissement et opère déjà dans les croyants, à qui la foi communique la vie divine dont vit désormais Jésus, les tenant unis à lui en Dieu. Ainsi sera-t-elle annoncée par les apôtres comme le fondement de la foi et de la vie chrétiennes, par Paul entre autres : « Si nous sommes morts avec le Christ, nous croyons que nous vivons aussi avec lui, [...] considérez que vous êtes morts au péché et vivants à Dieu dans le Christ Jésus » (Rm 6, 8-11) ; Ma vie présente dans la chair, je la vis dans la foi au Fils de Dieu qui m'a aimé et s'est livré pour moi » (Ga 2, 19-20). Sous cet aspect qui concerne tous les hommes, en tant qu'elle appartient au destin universel de l'humanité, que son plein accomplissement est attendu au terme de l'aventure humaine, qu'elle est déjà présente et agissante dans l'existence des croyants à la façon d'une énergie spirituelle, susceptible à ce titre d'une expérience appropriée, celle d'une vie en voie d'être affranchie des pesanteurs du «péché» lié à la mortalité, la résurrection de Jésus est la *révélation* de la réalité transcendante de l'histoire, qui échappe aux limites de la phénoménalité et aux conditions de l'expérience empirique, sans rompre toutefois ses liens avec l'histoire phénoménale d'où elle émerge et dont elle fait et exprime le sens.

La résurrection de Jésus prenait sens, en second lieu, par rapport à sa mort, d'où elle recevait aussi, réciproquement, sa pleine intelligibilité. Sa condamnation à mort au terme d'un procès religieux, motivée par une accusation de blasphème, avait l'apparence d'un juste châtiment édicté au nom de Dieu en application de sa loi ; en conséquence, ainsi que nous l'avions relevé, sa résurrection prenait figure d'un contre-jugement émanant de Dieu même pour rendre justice à son Envoyé. C'est en ces termes que Pierre la présente aux habi-

DÉVOILEMENT DE DIEU

tants de Jérusalem : « Que toute la maison d'Israël le sache donc avec certitude : Dieu l'a fait Seigneur et Christ, ce Jésus que vous, vous aviez crucifié » (Ac 2, 36). Dans le même discours, Pierre expose que la résurrection de Jésus ne doit pas être tenue pour un fait invraisemblable et inconnaissable, bien au contraire, « car il n'était pas possible que la mort le retienne en son pouvoir », et David l'avait annoncée quand il affirmait sa conviction que « Dieu n'abandonnerait pas sa vie au séjour des morts », promesse qui venait de se réaliser dans le Messie son descendant (Ac 2, 24-31). Cette argumentation illustre la façon dont les apôtres ont cherché à comprendre cet événement « selon les Écritures », elle situe ce qui arrive à Jésus dans la suite et dans la logique d'une histoire bien connue, et prévient en même temps une méprise : il ne peut pas s'agir de son retour à la vie terrestre, c'est-à-dire à la condition mortelle, car c'est en Dieu même qu'il reprend vie, de la vie immortelle de Dieu ; comme il est dit souvent ailleurs en termes différents (notamment dans l'évangile de Jean), sa résurrection est conçue comme son élévation et son exaltation dans la gloire de Dieu. D'un côté donc, elle appartient bien à notre histoire et n'est pas totalement incompréhensible ; de l'autre, elle échappe à l'expérience empirique et ne peut être connue que par une révélation reçue de Dieu. Cette révélation est, par nature, acte gratuit et « don » de Dieu, non le fait d'une crédulité spontanée, mais elle requiert, pour être accueillie, une démarche de « conversion » qui prédispose le cœur et l'esprit à se conformer à la pensée de Dieu, à accueillir sa Parole, ainsi que le dit Pierre au terme de son annonce à ses compatriotes : « Le cœur bouleversé d'entendre ces paroles, ils demandèrent à Pierre et aux autres apôtres : "Que ferons-nous, frères ?" Pierre leur répondit : "Convertissez-vous : que chacun de vous reçoive le baptême au nom de Jésus Christ pour le pardon de ses péchés, et vous recevrez le don du Saint Esprit"» (Ac 2, 37-38). Toutefois, même reçue comme jugement de Dieu, la résurrection n'effaçait pas le scandale de la croix et réclamait qu'il en soit rendu compte, d'elle aussi, « selon les Écritures », c'est-à-dire en tant que la mort de Jésus relève, comme sa résurrection, d'un dessein divin, du même dessein. C'est la réflexion que se fait Pierre dans son premier discours à la foule de Jérusalem : « Cet homme qui avait été livré selon le dessein bien arrêté et la prescience de Dieu, vous l'avez pris et fait mourir en le clouant à la croix par la main des impies» (Ac 2, 23). On comprend que les apôtres se soient aussitôt livrés à d'intenses recherches dans les Écritures pour comprendre ce «dessein», selon l'invitation que Jésus leur avait faite (Lc 24, 6-7.25-27), et qu'ils en soient ainsi venus très tôt à donner à sa mort une valeur salutaire, à l'intégrer à l'histoire du salut, et à proclamer que «le Christ est *mort pour nos péchés selon les Écritures*», conformément à la tradition recueillie par Paul après sa conversion, quelques années seulement après les événements (1 Co 15, 3). Dès le début de ses missions apostoliques, Paul place la croix au centre de sa prédication, invitant les fidèles à «entrer en possession du salut par notre Seigneur Jésus Christ, qui est *mort pour nous*, afin que, éveillés ou endormis, nous vivions unis à lui» (1 Th 5, 9-10); il déclare son intention de construire tout son enseignement sur «le *langage de la croix*, folie pour ceux qui se perdent, mais pour ceux qui se sauvent, puissance de Dieu», car «c'est par la folie du message qu'il a plu à Dieu de sauver les croyants» (1 Co 1, 18.21); et il fait de la foi dans la mort du Christ le fondement d'une nouvelle économie de la justification substituée à la loi par la justice de Dieu «en vertu de la *rédemption* accomplie dans le Christ Jésus» (Rm 3, 21-26). Ce n'est pas le moment de développer ce concept de rédemption, il suffit de noter que les apôtres ont associé très tôt mort et résurrection de Jésus dans une même recherche d'intelligibilité scripturaire, puis dans une même annonce salutaire, et qu'ils leur ont donné le sens de constituer, conjointement, un seul et même événement et acte de salut, préparé et accompli sur la croix, achevé et manifesté par la résurrection. Car celle-ci est en elle-même acte salutaire, elle l'est évidemment pour Jésus libéré de la mort, elle l'est absolument et universellement en tant qu'événement eschatologique, ouverture du Royaume des cieux, par où descend sur l'humanité l'Esprit de la vie immortelle, qui apporte avec lui le pardon et la paix de Dieu. C'est donc de la résurrection que vient la qualification salutaire de la mort de Jésus. Mais, réciproquement, c'est aussi de cette mort que vient la valeur salutaire de la résurrection selon sa dimension absolue et universelle qui sera manifestée par le don de la Pentecôte, mettant à la disposition de tous les peuples le salut qui avait été promis au peuple de l'Alliance et qui a été affranchi par la croix des obligations, des entraves et des clôtures de la loi. La mort n'aurait rien de salutaire en elle-même si elle ne s'achevait en résur-

DÉVOILEMENT DE DIEU 401

rection. Qu'elle obtienne une telle issue, cela n'est possible que par une action de Dieu qui dépasse le salut de son seul envoyé, à qui il pouvait éviter cette mort aussi facilement qu'il l'en a libéré. C'est donc qu'il l'a associé à une œuvre de salut qui se faisait en lui mais qui dépassait sa personne, qui établissait le Christ en qualité de Sauveur, qui le faisait dépositaire et acteur du salut de Dieu pour toute l'histoire et toute l'humanité. Sous l'éclairage des Écritures, la gloire de la résurrection de Jésus reflue donc vers sa mort ignominieuse, pour y faire reconnaître l'œuvre puissante de Dieu, accomplissant le salut du monde par un moyen qui confond la sagesse et la superbe des hommes[1]. Cette lumière se concentre sur la personne du Christ, cet instrument choisi par Dieu qui, par une obéissance parfaite poussée jusqu'au total anéantissement de soi, « procure à tous les hommes une justification qui donne la vie » (Rm 5, 18). Il apparaît ainsi que la résurrection de Jésus ne succède pas seulement à sa mort comme si la vie lui était rendue du dehors, mais surgit de sa mort même, comme la victoire naît du combat, sauf qu'ici la victoire naît de la défaite ; elle est moins destruction de la mort que ressourcement de la vie dans la mort, acte de tirer la vie de la mort, de donner la vie en allant à cette extrémité de l'amour qui est de « donner sa vie pour ceux qu'on aime » (Jn 15, 13). Jean l'évangéliste, qui a rapporté ce propos de Jésus, en a donné le signe dans le récit de sa mort, celui du côté ouvert d'où

---

1. B. SESBOÜÉ, *Jésus Christ, l'unique médiateur ** Les récits du salut*, Paris, Desclée (Jésus et Jésus-Christ. 51), 1991, présentant les récits de la passion, p. 186-236, et ceux du Ressuscité, p. 236-249, montre avec finesse l'échange qui se fait d'un groupe de récits à l'autre sur le plan des symboles du salut, par exemple p. 233 : « La victoire remportée par Jésus dans sa manière de mourir se répercute jusque dans l'instrument du supplice. Le bois de mort est devenu arbre de vie. [...] La croix inaugure le Royaume. L'outil de dégradation est devenu le lieu de manifestation de la gloire », ou p. 249 : « Ainsi la résurrection de Jésus révèle-t-elle, en même temps qu'elle l'achève, le salut de l'homme. Ce qu'elle accomplit en Jésus est pour nous. Elle est la parabole en acte et le gage tenu de notre salut. [...] Cette révélation du contenu du salut se fait dans le langage de la vie absolue, d'une vie qui est communion et amour. Car la résurrection annonce la fécondité de l'amour. Elle investit du rayonnement de sa gloire l'image de Jésus en croix. »

402 DIEU QUI VIENT À L'HOMME

jaillissent les symboles de vie, l'eau et le sang (Jn 19, 34), signe de la venue de l'Esprit annoncé sous la figure de fleuves d'eau vive (Jn 7, 37-39) et reproduit dans l'apparition de Jésus montrant la blessure de son côté en soufflant sur ses disciples pour leur donner l'Esprit Saint avant de les envoyer poursuivre sa mission (Jn 20, 20-22). Comme le symbolisait encore la scène de son baptême, quand l'Esprit de Dieu descendait sur Jésus qui remontait de l'eau du Jourdain tandis que la voix du Père le désignait comme son Fils bien-aimé (Mt 3, 16-17), le double événement de sa mort et de sa résurrection prenait la figure de l'événement primordial de la création quand la vie sortait de l'eau agitée par le souffle de Dieu (Gn 1, 1-2), et se faisait ainsi reconnaître comme l'acte de Dieu tirant la vie du monde de la mort de Jésus de même qu'il avait tiré l'univers du néant. Comme jadis la libération des Hébreux, échappés à l'engloutissement dans les flots de la mer, puis dans les sables du désert, signifiait la création par Dieu du peuple qu'il acquérait en le tirant de la mort, de même aujourd'hui, en Jésus passé de la mort à la vie et réapparaissant en Vivant immortel, nouvel Adam, se manifestait un « être nouveau », la « création nouvelle » (2 Co 5, 17) des fils de Dieu prédestinés à la vie éternelle (Ep 1, 5).

Une troisième source d'intelligibilité de cet événement doit être rappelée, simplement rappelée car il serait inutile de s'y attarder après avoir parcouru l'histoire de Jésus : c'était le rapport qui s'établissait dans l'esprit des disciples entre ses « apparitions » et tout ce qu'ils avaient vécu avec lui, l'ensemble de ses paroles et de ses « signes », le travail de mémoire[1] qui faisait ressurgir en eux l'insolite du passé mêlé à celui du présent de telle manière qu'ils prenaient sens l'un et l'autre, l'un par l'autre, dans la manifestation actuelle de l'altérité

_____

1. On trouvera des analyses pleines d'intérêt sur ce travail de mémoire qui se fait dans la composition des Écritures dans l'ouvrage collectif édité par Daniel MARGUERAT et Jean ZUMSTEIN, *La Mémoire et le Temps. Mélanges offerts à Pierre Bonnard*, Genève, Labor et Fides (« Le monde de la Bible » 23), 1991. J'en signale deux, les plus en rapport avec le présent sujet : Jean DELORME, « Parole, Évangile et mémoire (Mc 14, 3-9) », p. 113-125, et Jean ZUMSTEIN, « Mémoire et relecture pascale dans l'évangile selon Jean », p. 153-170.

DÉVOILEMENT DE DIEU

depuis si longtemps pressentie en lui. Par l'effet de cette confrontation, la résurrection perdait l'apparence évanescente d'une pure apparition céleste, d'un événement fortuit, elle faisait corps avec l'histoire entière de Jésus, elle se montrait *com-prise* en elle comme son aboutissement inéluctable, de même que cette histoire se révélait du même coup comme une mission salutaire reçue de Dieu qui ne pouvait manquer d'atteindre son terme en lui. Ainsi le caractère révélateur de l'événement de mort et de résurrection se communiquait à toute la vie de Jésus, laquelle, réciproquement, étendait à cet événement sa lisibilité historique, permettant, avant tout, d'identifier absolument le Ressuscité au Crucifié. La résurrection de Jésus ne s'est donc pas imposée à la prédication indépendamment ni de la reprise de celle de Jésus, de son annonce du Royaume qui donnait corps et sens, historicité et universalité à un événement aussi furtif et singulier, ni de sa passion et de sa mort qui transfèrent sur la résurrection l'oblativité du « pour nous » caractéristique de la révélation chrétienne. Ce « pour nous » n'aurait pas pu se loger sur la croix sans un effort d'intelligence des Écritures qui permît d'y reconnaître la manière habituelle de Dieu d'agir avec les hommes, c'est-à-dire un acte qui relève de son « économie » de salut. Mais cela ne suffisait pas. Faire de la croix l'événement décisif du salut, celui qui finalise et accomplit en totalité l'économie divine du salut, c'était le lier absolument à la personne et à l'histoire de Jésus, c'était associer indissolublement Jésus à Dieu, seul auteur et maître du salut, dans la même foi que Dieu revendique pour lui exclusivement. C'était faire remonter, étendre à la totalité de la mission de Jésus la révélation qui se fait jour dans l'événement de sa mort et de sa résurrection, ou inclure, inversement, cette mission dans cet événement de révélation et de salut. Cela ne peut s'expliquer que par la reviviscence, sous le choc de la résurrection et à la lumière de la relecture des Écritures, de la foi antérieurement mise en lui par ceux qui l'avaient connu.Cette foi est significative du sentiment de la proximité de Dieu, de l'approche de son Royaume que Jésus communiquait à ceux qui le côtoyaient et qui pressentaient en lui un envoyé de Dieu, médiateur entre Dieu et les hommes. Toutefois, la médiation de son corps historique maintenait une distance, une opacité qui empêchait d'appréhender avec pleine certitude et durablement la présence en lui du Dieu sauveur. Quand il invitait ses disciples à mieux le connaître pour concevoir Dieu en vérité, l'un d'eux, Philippe, lui rétorquait : «Montre-nous le Père, et cela nous suffit», et Jésus de lui répondre : «Qui m'a vu a vu le Père» (Jn 14, 7-9). Mais qui pouvait comprendre cette réponse ? Le corps qui se donnait à voir était un obstacle infranchissable à la vision de Dieu, alors même qu'il donnait l'intuition de l'altérité qui était en lui ; il fallait qu'il disparût, qu'il s'anéantisse totalement et qu'il *renaisse d'en haut* (Jn 3, 3), pour que transparaisse, à travers la déchirure de ce voile, la présence qui l'habitait. C'est pourquoi Jésus dut accepter d'être abandonné par son Père, et c'est ainsi qu'il put être reconnu dans la gloire de sa reviviscence en Dieu par ceux qu'il avait auparavant attirés à la foi en lui, et qui crurent d'autant plus facilement que Dieu l'avait ressuscité d'entre les morts qu'ils avaient d'abord cru que Dieu était avec lui et agissait en lui.

Voilà comment nous pouvons rendre compte, sur la base des récits évangéliques et des prédications apostoliques, de l'expérience et de l'intelligence acquises par les disciples de la résurrection en tant qu'événement de révélation. En disant révélation, nous accordons qu'ils n'en ont pas eu une perception sensible ni une connaissance rationnelle, mais qu'elle était pour eux, comme elle l'est pour nous, objet de foi, d'une foi reçue de la grâce de Dieu comme un pur don. En disant expérience, nous entendons que cette révélation ne s'est pas faite par quelque vision imaginaire ou parole céleste, mais par la présentification du Christ ressuscité à l'esprit et au corps des disciples, en telle manière que sa présence, subite et subie, revêtait en eux l'événementialité d'un fait de leur existence, éprouvé en commun et passé au crible d'un dialogue inter-personnel et d'un discours public. En disant intelligence, nous voulons dire que la foi à la résurrection ne s'est pas implantée en eux à la faveur d'une émotion collective ou d'une rêverie mystique, mais par l'effort de lui donner place dans l'espace de leur culture, dans leur compréhension du monde, dans une histoire totale, et de lui donner sens et actualité dans leur propre vie en accueillant en eux la vie du Christ mort et ressuscité. Sur de telles bases, le témoignage des apôtres ne nous donne pas l'évidence d'un fait d'histoire incontestable : il ne s'est jamais donné pour tel. Mais il a le poids d'un fait de vie, éprouvé et raisonné. Il ne suffira pas à nous conduire à la foi : ce ne serait que persuasion humaine. Mais si nous l'accueil-

DÉVOILEMENT DE DIEU

lons comme il mérite de l'être, dans un effort d'intelligence, dans une quête du sens, il pourra nous arriver ce qui leur est arrivé, quoique différemment d'eux car nous n'avons pas le même lien historique à Jésus, de se sentir interpellés par sa parole, invités à cheminer avec lui et à lui faire place dans notre vie : la grâce de la foi est la donation gratuite du sens à qui accepte de se laisser engager, en retour, dans une même gratuité. Objet de révélation, la résurrection de Jésus n'est connaissable, en tant que fait d'histoire, que par la foi seule ; elle est cependant pourvue de repères et de significations qui permettent d'appréhender de diverses façons son appartenance à l'histoire : à celle de Jésus assurément par l'avenir qu'elle lui ouvre au-delà de sa mort, à celle de ses proches qui en ont éprouvé les effets dans leur propre vie et en ont porté témoignage, à celle de tout un peuple dont elle comblait l'attente, à celle d'un nombre immense de croyants qui ont vécu de sa force et dans son sillage, à celle enfin de tous les hommes dont elle exprime l'espérance confuse. Qu'il s'agisse de Jésus ou de nous, la résurrection n'est pas pure réalité céleste, qui n'aurait sens et effectivité que dans un autre monde et un autre temps ; bien au contraire, son poids de vérité est son lien à l'histoire, à la nôtre. Elle ne relève pas de la visibilité de l'histoire, dont elle fait surgir la réalité invisible, accessible au seul regard de la foi, elle n'échappe pas pour autant à toute historicité : non seulement elle se fait raconter comme un événement qui a eu lieu, dûment daté et localisé, attesté et identifiable, mais encore elle se laisse lire comme l'intelligibilité de l'histoire dans laquelle elle est située et elle se donne à croire dans des expériences de foi qui relèvent de la condition historique des croyants. Voilà en quel sens la résurrection de Jésus peut être présentée comme un événement historique de révélation par ceux qui s'en réclament au titre de la foi : ils n'imposent à personne de reconnaître son historicité, ils disent de quelle façon ils s'y rattachent comme à un point d'histoire qui est le fondement de la leur.

Cette foi exige assurément un regard sur le passé, moins pour obtenir des vérifications historiques du fait lui-même que pour apprendre de Jésus et de ses témoins quel sens lui donner pour pouvoir y croire comme à une révélation divine, un sens évidemment lié à son identité personnelle. Ce regard sur le passé doit aussitôt se « convertir » en regard sur le présent, puisqu'il s'agit pour le croyant d'inscrire ce sens dans sa vie, faute de quoi ce qui était foi vivante se résorberait vite en vague croyance. De ce côté, qui est le transfert du passé dans le présent, la foi dans la résurrection n'est jamais définitivement acquise, ne se réduit pas au consentement donné une fois pour toutes à un fait du passé, comme il en est des simples faits de l'histoire empirique, mais est toujours à « réinventer » au prix d'une décision qui accueille dans l'existence croyante ce qui est arrivé jadis à Jésus. Enfin, le retour du passé au présent doit ouvrir le regard de la foi à l'avenir de l'histoire pour que la résurrection de Jésus soit reçue dans sa pleine vérité, qui est universelle. La révélation n'est pas enfermée dans un moment du temps, d'où elle viendrait à tout jamais, elle n'est pas encore venue dans sa pleine réalité ni dans son absolue vérité ; elle requiert la foi parce qu'elle est toujours à venir, parce qu'elle vient aussi de l'avenir, d'où elle doit advenir dans l'existence de chacun de même qu'elle advient pour tous en sens de l'histoire. La résurrection n'est pas ce qui se serait passé jadis pour un seul homme, mais ce qui se passe à tout moment dans les profondeurs de l'histoire où s'achève ce qui est arrivé à Jésus et en lui une fois pour toutes. C'est pourquoi la révélation se reçoit de la foi qu'elle suscite à la résurrection de Jésus reconnue comme semence universelle de vie éternelle. C'est bien parce qu'elle tient sa réalité de cette vérité-là que cette résurrection ne pouvait se manifester comme un fait susceptible d'une simple constatation empirique. En y adhérant, la foi transcende la factualité de l'événement, elle devient intelligence du mystère de l'histoire, intuition de l'être de Dieu. C'est cependant de l'histoire même de ce qui est arrivé à Jésus qu'elle tire cette intelligence, en tant que l'avenir de l'histoire advient ici en lui, sous l'aspect où sa résurrection inaugure la fin des temps. Mais cette vérité ne se découvre pas dans le seul fait de sa sortie du tombeau, elle est la vérité de sa personne, de sa relation à Dieu, de toute sa vie, et de sa mort. De même que les apôtres ont acquis l'intelligence de la résurrection de Jésus au prix de la remémoration de sa présence avec eux, interrogée à travers toutes les Écritures, de même la foi que nous lui portons ne cesse de nous renvoyer à la totalité de son Évangile, projetée sur la globalité de notre histoire, et c'est à ce prix que la foi se retourne en intelligence.

Ce qu'on appelle révélation est donc une réalité fort complexe, qui allie la soudaineté d'un événement à la lenteur

DÉVOILEMENT DE DIEU

d'un processus, qui s'impose avec la force d'une évidence venue du dehors tout en requérant d'être reçue dans l'obscurité de la foi, qui se construit par le labeur de l'intelligence appliquée à la lecture des Écritures et qui se découvre quand la mémoire s'éveille au flux spontané des souvenirs, qui se produit à la croisée d'une foi ancienne, transmise de génération en génération par la loi de la tradition, et d'une foi nouvelle gratuitement donnée à une annonce récente, qui prend conscience en nous d'être reçue d'un don gracieux en même temps qu'acquise au prix d'une douloureuse conversion, et d'être en nous depuis toujours alors qu'elle vient d'y surgir. Il en fut ainsi pour les disciples, malgré le privilège qu'ils eurent d'une rencontre avec le Ressuscité, et pour les premiers chrétiens, bien qu'ils aient bénéficié d'un contact direct avec Jésus avant sa mort et d'une annonce de sa résurrection reçue directement de ses témoins. Notre situation aujourd'hui par rapport à la révélation n'est pas fondamentalement différente. Pour eux comme pour nous, il s'agit d'articuler à l'événement de mort et de résurrection de Jésus, d'un côté, l'interprétation de notre appartenance à l'histoire, de l'autre, une option sur notre avenir. D'un côté et de l'autre, un choix est à faire, une décision est à prendre, qui ouvrent ce passé et ce futur à la transcendance et à l'altérité de la révélation qui se produit dans l'événement du Christ. La lumière qui en émane éclaire et sollicite ce choix et cette décision, sans y suppléer. En ce sens, cette révélation est de tous les instants et toujours à venir.

D'un corps à un autre, le transit de l'Esprit révélateur.

Pour achever l'analyse de la révélation de Dieu en Jésus, il convient de mettre en lumière la place et le rôle de l'Esprit Saint dans ce processus, pour deux raisons d'importance majeure et égale : parce que sa venue est partie intrinsèque de l'événement de révélation et de sa figure, et que son action dans les esprits et dans l'histoire conduit la révélation à son terme en suscitant la foi qui va l'accueillir. Par cette venue et cette action, l'Esprit opère le passage de la révélation, du corps de Jésus, mort et ressuscité, où elle s'exprime et se fait, dans le corps des croyants où elle s'accomplit, prenant ainsi visibilité dans le monde. Elle prendra aussi dans le corps des croyants la forme et le contenu d'un corps de doctrines, et c'est par là principalement qu'elle véhicule l'idée de Dieu dont elle est la manifestation. Nous ne nous sommes pas formellement intéressés dans les réflexions qui précèdent, si ce n'est en passant, au contenu de la révélation de Dieu en Jésus en ce qui concerne la connaissance même de Dieu ; c'est un sujet qui refera surface sans tarder dans la suite de notre étude. Il nous a paru plus urgent de chercher à quelles marques nous pouvions reconnaître le fait que Dieu se révèle en Jésus. Dans la même perspective, il était important de bien voir que la révélation, avant d'être la manifestation conceptuelle ou l'enseignement doctrinal à quoi l'on tend souvent à la réduire, est acte de Dieu, pas forcément prise de parole, même pas par des intermédiaires, mais une intervention dans l'histoire, qui fait savoir qu'il est là, qui a la signification d'un jugement, activité bienfaisante par laquelle il vient au secours des hommes, événement de salut ; Dieu *se* révèle, il communique avec les hommes en *se* communiquant à eux, par une donation de soi qui est donation de vie : c'est l'aspect « existentiel » et « dynamique » de la révélation que le rôle de l'Esprit Saint met le mieux en valeur et qui conduit à la vraie connaissance du Dieu révélé.

Si nous revenons, d'abord, un instant à l'activité de l'Esprit autour de Jésus, nous la voyons déployer une symbolique qui sera déterminante pour donner à la foi le sens de la révélation qui se fait en lui. Ce rôle de l'Esprit se manifeste dans les trois directions dans lesquelles nous avons cherché l'intelligibilité de la résurrection de Jésus. Dans la ligne, d'abord, de son appartenance à l'événement eschatologique : selon l'imaginaire apocalyptique qui inspirait Jean Baptiste, la venue de l'Esprit Saint aux derniers jours, dans le vent et le feu, sera le jugement purificateur exercé par le messie au nom de Dieu, qui inaugurera le Royaume des cieux (Mt 3, 11-12) ; le récit de la Pentecôte, fondé sur le même symbolisme (Ac 2, 1-4), repris de la révélation de Dieu à Moïse sur le mont Sinaï (Gn 19, 16-20), atteste la conviction des apôtres que la montée au ciel de Jésus échappé à la mort est l'inauguration et la révélation des temps nouveaux, le renouvellement de l'univers par le souffle de l'Esprit créateur. Dans la ligne, ensuite, où résurrection et mort de Jésus s'éclairent mutuellement : les symboles johanniques entrecroisés de l'une et de l'autre, plus

DÉVOILEMENT DE DIEU   409

haut relevés, eau vive et sang, ouverture du côté et insufflation[1], attestent la foi que sa victoire sur la mort communique aux croyants la vie immortelle de Dieu qui est la vie selon l'Esprit ; avant même que cette vie ne leur soit distribuée individuellement, la résurrection, qui régénère la création en nouveauté et perpétuité de vie, prend figure de l'acte révélateur par excellence qu'est l'acte créateur : Dieu signe sa venue au monde, par Jésus et dans l'Esprit, par un acte qui est le don de la vie au monde, de sa propre vie ; le signe ambigu du vent et du feu, qui pourrait signifier jugement de condamnation et châtiment, est recouvert du signe de l'eau vive, purification et pardon, fertilité et liberté, retour en grâce, « car Dieu n'a pas envoyé son Fils dans le monde pour condamner le monde, mais pour que le monde soit sauvé par lui » (Jn 3, 17). Dans la ligne, enfin, où la lumière indécise des apparitions se réfléchit sur les « signes » qui accompagnaient le ministère de Jésus, la venue de l'Esprit, au terme, sur ses disciples renvoie à sa descente sur lui lors de son baptême (Mt 3, 16) et confirme que l'Esprit l'avait oint et chargé de nos maladies et de nos infirmités pour nous en libérer ; toute sa vie apparaît ainsi comme la révélation de l'œuvre de libération que Dieu accomplissait en lui par son Esprit, inauguration du régime de liberté qu'il voulait instaurer par la foi au Christ dans l'attente du Royaume. De ces trois façons, le trajet de l'Esprit, du baptême à la mort, de la mort à la résurrection, signifiait que le corps de Jésus était bien le Temple saint qui laissait transparaître la présence de Dieu, maintenant dévoilée, qui l'habitait.

De cette activité déployée en Jésus ou autour de lui, qui constitue l'aspect événementiel et symbolique de la révélation, en tant qu'elle est irruption de gratuité et de liberté dans le cosmos, passons à l'activité subjective et toujours symbolique, non moins constituante, que l'Esprit exerce, sur l'autre versant de la révélation, en ceux qu'il met en relation avec elle pour qu'ils puissent la recevoir les uns des autres en parole humaine et la communiquer les uns aux autres en projet de vie – activité interrelationnelle telle que l'action interne de l'Esprit sur

---

1. Jn 7, 37-39 ; 19, 34 ; 20, 20-22. Commentaire de ces images et du lien de l'Esprit à Jésus : Jean-Pierre LÉMONON, *L'Esprit Saint*, Paris, Éd. de l'Atelier (« Tout simplement » 22), 1998, p. 61-76.

l'esprit des croyants se donne aussi une objectivité historique en les rassemblant dans un corps qui, vivant de l'Esprit du Christ, pourra s'identifier à son corps total. Porté par l'Esprit Saint, l'événement révélateur, initialement logé dans la résurrection de Jésus, se déploie, en aval, dans le temps et l'espace en processus de révélation, de même que nous l'avons vu refluer, en amont, pour recouvrir toute la durée de la mission de Jésus : il se produit d'abord l'expression de l'événement dans la parole humaine qui le proclame et qui devient elle-même parole de révélation, puis la fondation de cette parole dans la communauté croyante qui la reçoit et qui devient le signe vivant que Dieu s'est révélé en Jésus, que la révélation a eu lieu, enfin l'explosion de la communauté par son ouverture au monde, grâce à laquelle la communication de Dieu à Jésus prendra figure et dimension de révélation nouvelle et universelle de Dieu aux hommes. La naissance de l'Église autour d'une table eucharistique ouverte aux Gentils, reproduisant le signe eschatologique des repas de Jésus avec les pécheurs, signera la fin de ce processus de révélation dans son plein accomplissement, passage de l'Esprit du corps propre de Jésus à travers l'ouverture de son corps ecclésial par la médiation de son corps eucharistique.

Reprenons ce processus depuis son point de départ. Dès que se produit la résurrection de Jésus, qui est non moins immédiatement sa « montée » en Dieu et la « descente » de l'Esprit sur terre [1], on peut dire que l'événement révélateur a eu lieu : Dieu s'est manifesté dans le monde par un acte de recréation qui se fait connaître par lui-même comme œuvre et don de Dieu. Il lui manque cependant un élément essentiel

---

1. Malgré les intervalles de temps marqués par les récits évangéliques, la simultanéité de ces trois événements peut être comprise comme un seul et même mystère, une seule et même réalité ontologique qui ne se produit pas dans le temps du monde et qui échappe par conséquent à sa dispersion. Elle me semble bien marquée par le récit de Jean au chapitre 20. Voir le commentaire de ce texte par Xavier LÉON-DUFOUR, *Lecture de l'Évangile selon Jean*, t. IV, Paris, Éd. du Seuil, 1996, p. 221-238, avec cette remarque très juste : « seul Jean, qui situe le don (de l'Esprit) au jour de Pâques, met en valeur *son lien immédiat* avec Jésus ressuscité et glorifié », p. 238 (souligné par moi).

pour que cet événement soit effectivement acte de communication : la parole. Mais l'Esprit est déjà au travail auprès de ceux qui ont connu et suivi Jésus, pour que, dépassant la connaissance qu'ils avaient acquise de lui « selon la chair », ils apprennent à le reconnaître « selon les Écritures » dans la nouveauté de vie qu'il tient de sa participation à la vie même de Dieu, jusqu'à ce que l'expérience d'avoir revu le Seigneur se fasse sentir en eux avec une telle certitude qu'elle leur intime l'irrésistible obligation d'en rendre témoignage. Quand donc Jésus ressuscité se fait dire par eux avec la même force et spontanéité qu'il se faisait voir d'eux, l'événement de révélation est devenu événement de parole [1], parole de révélation : la résurrection de Jésus est publiée au grand jour, et désignée comme acte de Dieu opérant par elle le salut du monde. C'est une parole humaine qui le proclame, mais elle est incorporée à l'acte divin de révélation en tant qu'elle est inspirée par l'Esprit *sans qui nul ne peut dire que Jésus est Seigneur* [2]. C'est une parole qui vient de Dieu plus que d'eux-mêmes, puisqu'elle ne fait qu'exprimer une vérité mise en eux par Jésus et éclairée par son Esprit, parole qui leur est arrachée par le souffle violent de l'Esprit, qui la répand au-dehors avec la même impétuosité ; c'est pourquoi elle sera justement transmise et reçue à titre de parole de Dieu. Ici commence la tradition apostolique en tant qu'instance de révélation, non simple véhicule extérieur à son contenu, mais expression d'un événement-Parole de Dieu qui ne peut s'accomplir en révélation communiquée et communicante autrement qu'en s'énonçant en langage humain [3]. Passant

---

1. Sur « la résurrection comme événement de parole », voir Adolphe Gesché, *Le Christ (Dieu pour penser VI)*, Paris, Éd. du Cerf, 2001, p. 132-135.

2. 1 Co 12, 3. Luc, dans le récit des disciples d'Emmaüs, suggère le travail de l'Esprit qui leur fait reconnaître Jésus (Lc 24, 32 : « cœur brûlant au-dedans de nous »), et, dans le récit de la Pentecôte, attribue manifestement à l'Esprit la prise de parole publique des apôtres et de Pierre (Ac 2, 4.32-33). – Sur ces deux récits comparés à celui de Jean cité ci-dessus, lire les réflexions suggestives de Max-Alain Chevalier, « Pentecôtes lucaniennes et pentecôtes johanniques » dans *RecScRel.* 69/2 (1981) *La Parole de grâce*, p. 301-314.

3. Sur le concept et la formation de la tradition apostolique : Yves M.-J. Congar, *La Tradition et les traditions*, Paris, Fayard, 1960, p. 20-33.

par le langage, la résurrection prend la connotation temporelle d'un fait qui a eu lieu, qui a été constaté, et qui se situe dans le temps des hommes par rapport au temps de son énonciation : « C'est ce Jésus que Dieu a ressuscité, nous en sommes tous témoins » (Ac 2, 32) ; elle entre dans l'historicité du langage et de la mémoire des peuples, elle devient un fait de l'histoire humaine.

Le témoignage apostolique ne peut pas être considéré comme le terme de la révélation tant qu'il n'est pas reçu par d'autres, car le côté selon lequel celle-ci est reçue dans la foi par les apôtres, comme elle l'est par les autres chrétiens, ne fait qu'un chez eux avec l'irruption de sa venue au langage dans le témoignage qu'ils lui rendent ou, peut-on dire, dans l'attestation que la résurrection de Jésus se rend à elle-même en se faisant énoncer par leur bouche. À cet égard, les apôtres sortent de la condition commune aux autres croyants, ils se tiennent dans une position intermédiaire entre l'événement révélateur et les croyants à venir, dans la mesure où l'Esprit Saint les ordonne à être les organes de cette révélation. Celle-ci n'est donc achevée, communication réussie, que lorsqu'elle a été entendue et reçue de ceux auxquels les apôtres destinent leur annonce de la résurrection de Jésus. Mais reçue de quelle façon ? Pas simplement comme on reçoit une information sur quelque chose qui vient de se passer, ni dans un sentiment de crédulité qui n'engage à rien, mais dans un engagement de tout l'être, puisque la foi à la résurrection consiste à s'ouvrir à la vie du Ressuscité ; et puisque c'est la même vie du Christ qui se répand dans tous les croyants, la révélation n'est pleinement reçue que sous la modalité d'une participation communautaire à cette vie, de telle sorte qu'ils en viennent tous à former un seul corps, qui témoignera devant le monde de la résurrection du Christ en tant qu'il se montrera animé de sa propre vie. Quand donc se forme une communauté chrétienne de croyants au Christ ressuscité, alors l'événement révélateur y trouve son accomplissement : il s'est donné un site dans le monde, une existence dans l'histoire, une visibilité dans la société.

Quoique cet accomplissement ne soit pas encore parvenu à sa forme définitive, arrêtons-nous brièvement à la réalité et à la figure que l'événement révélateur de la résurrection prend dans l'existence et dans la communauté des croyants. Il s'agit

DÉVOILEMENT DE DIEU

de deux aspects, qui pourraient apparaître divergents, qui vont prendre une place capitale dans la prédication apostolique et dans l'avenir du christianisme, l'un mystique et intérieur, l'autre social et visible : l'être-avec-le-Christ et le vivre-ensemble en Église. S'il est intéressant de relever ces deux aspects, c'est pour mettre en lumière le lien de l'un et de l'autre avec la révélation ; comme nous ne les avons pas rencontrés dans les récits évangéliques de l'histoire de Jésus, ils résultent tous les deux d'une réflexion de la foi sur l'événement de la résurrection de Jésus. Cette foi n'est pas un simple article d'un credo dogmatique : croire que cela est arrivé à Jésus. Y croire n'a d'importance que parce que chacun doit en vivre, et la communauté doit en témoigner collectivement par un style de vie qui oriente l'histoire vers son terme dans le Royaume de Dieu qui arrive jusqu'à nous dans cette résurrection. La comprendre de la sorte, cela relève de l'horizon eschatologique qui est, comme nous l'avons vu, un élément fondamental de l'intelligibilité de l'événement comme de sa réalité[1]. Car Jésus n'est pas ressuscité dans notre monde mais en Dieu, et sa résurrection est l'extrême pointe par où le règne de Dieu prend déjà effet et consistance dans l'existence des hommes, anticipant par la foi son instauration définitive dans le monde. Dès lors, croire en Jésus ressuscité, c'est anticiper notre propre résurrection en lui, la sienne étant « prémices » de la nôtre selon Paul (1 Co 15, 20), c'est se projeter en lui ou, plus réellement, le laisser venir jusqu'à nous, lier notre sort à sa destinée éternelle, accueillir le don qu'il nous fait de sa vie par son Esprit. Et puisque la vie éternelle sera la communion à Dieu, le partage en commun de sa vie, l'anticipation de la vie ressuscitée doit pareillement se faire en forme de vie commune, en Église, sous sa forme la plus simple qui est la vie de charité fraternelle. Ainsi la foi dans la résurrection de Jésus se vit dans l'existence individuelle du croyant et dans le style de sa vie sociale. Tout l'enseignement de Paul pourrait être cité pour illustrer cette compréhension de la foi, à laquelle l'évangile de Jean fait abondamment écho, et dont on trouve aussi des

---

1. C. H. DODD, *La Prédication apostolique*, trad. fr. Paris, Éditions universitaires, 1964, p. 33-71, souligne la perspective eschatologique de la prédication primitive, dont il note les « tendances futuristes » qui seront atténuées et corrigées, notamment chez Paul, par le « retour » à la vie, à la mort et à la résurrection de Jésus, p. 51-54.

traces dans les autres évangiles par l'effet de la réminiscence pascale. Sans développer cette visée existentielle ou mystique, nous en notons deux traits caractéristiques. Le premier, c'est que la pensée de la résurrection n'abolit pas celle de la mort du Christ, elles s'impliquent, au contraire, mutuellement, car on ne peut accéder à l'une qu'en passant par l'autre : tout saint Paul en témoigne (Rm 6, 8-11 ; Ga 2, 19-20) ; or, vivre dans la mort du Christ, outre son indéniable signification mystique, est le fondement de l'éthique chrétienne comprise, non seulement comme lutte contre les passions, mais plus spécifiquement encore comme refus de la violence et de la volonté de domination et sacrifice de soi à l'autre ou primat de la loi de charité, ce qui se répercute aussi nécessairement dans la vie sociale du croyant. Le second trait, toujours lié à la proximité du règne de Dieu, c'est que la foi au Christ, la vie avec lui s'est substituée au régime de la loi, « car la fin de la loi, c'est le Christ pour la justification de tout croyant » (Rm 10, 4) ; or, les premiers chrétiens sont des juifs religieux, qui pratiquent leur religion dans le judaïsme ; il s'ensuit que l'essentiel de la foi, pour eux, ne se joue pas sur le plan des pratiques religieuses proprement dites [1], mais en projection vers l'avenir du royaume, dans l'espace eschatologique ouvert par la résurrection de Jésus, hors religion. Unis par l'Esprit à son corps ressuscité et unis entre eux par la foi et la charité, ils constituent son nouveau corps historique consacré par l'Esprit en nouveau temple de Dieu (2 Co 6, 16, etc.) : c'est là qu'ils adorent Dieu « en esprit et en vérité » dans l'attente de sa venue. Que la foi se situe fondamentalement au niveau de l'existence croyante hors religion, c'est là une donnée originale et capitale du christianisme tel qu'il surgit de la résurrection de Jésus, mais cela ne peut être perçu qu'au prix d'une difficile libération de la loi, qui suppose la prise de conscience de la révolution historique opérée par l'événement de Jésus dans le régime traditionnel de la religion.

La substitution effective (et pas seulement projetée) du Christ à la loi sera l'étape ultime qui donnera à la révélation de Dieu dans le Christ sa forme définitive. En effet, aussi long-

---

1. Quoi qu'il en soit des pratiques religieuses propres aux premiers chrétiens, il devrait être clair qu'il n'y a pas de religion chrétienne (nouvelle) tant que le christianisme ne s'est pas détaché du judaïsme.

DÉVOILEMENT DE DIEU   415

temps que la foi chrétienne est vécue et pensée au sein du judaïsme, cette révélation ne fait que s'ajouter, d'une part, aux révélations antérieures attestées par l'Ancien Testament, sans prendre un caractère ni de nouveauté radicale ni de fondement absolu, d'autre part, aux promesses faites au peuple d'Israël à qui le bénéfice de la résurrection semble réservé (Ac 2, 39 ; 3, 20.26), sans prendre le caractère universel d'une révélation adressée à tous les hommes et d'un salut offert à tous les peuples sans exclusive et sans autre condition que la conversion à la foi au Christ. Seule l'annonce de l'Évangile aux païens pouvait donner à la mission, à la mort et à la résurrection de Jésus la figure authentique d'une vraie révélation. Sur quoi s'est-elle fondée ? Malgré quelques incursions symboliques en terre païenne, Jésus avait restreint son ministère aux « brebis perdues de la maison d'Israël » (Mt 15, 24) ; et bien qu'il annonçât que le Royaume des cieux serait ouvert aux peuples païens, il n'avait pas laissé entendre aux apôtres, avant sa mort, qu'ils auraient à porter l'Évangile aux Gentils. C'est seulement au moment de les quitter qu'il leur donne mission d'« aller par le monde entier proclamer la Bonne Nouvelle à toute la création » (Mc 16, 15). Le sentiment de l'obligation d'une mission à ce point illimitée ne pouvait résulter, dans l'esprit des apôtres, que de la compréhension de la portée absolue et universelle de la mort et de la résurrection de Jésus en tant qu'événement eschatologique de révélation et de salut qui dépassait infiniment le cadre traditionnel de la restauration d'Israël. Il impliquait du même coup qu'ils auraient à s'affranchir du cadre de la loi, mais cette conséquence ne s'imposa pas immédiatement à eux. L'accès des Gentils au salut, compris comme héritage des promesses faites par Dieu à Israël, pouvait sembler requérir leur intégration au peuple élu, entrevue par les prophètes, moyennant l'observation de la loi, au moins de quelques-unes de ses prescriptions. Le problème se posa au début de l'évangélisation des Gentils, à l'occasion des missions de Paul et de Barnabé, de la rencontre de Pierre et de Corneille, du conflit de Pierre et de Paul à Antioche[1], et il fut discuté par l'assemblée de

---

1. Conflit raconté dans Galates 2. Brillante analyse par Alain BADIOU, *Saint Paul. La fondation de l'universalisme*, Paris, PUF (Collège international de philosophie), 1997, p. 17-31.

416   DIEU QUI VIENT À L'HOMME

Jérusalem[1]. La solution du problème sera lourde de conséquences pour l'avenir du christianisme, lourde aussi de sens
pour la compréhension de sa doctrine. Nous nous y intéressons ici avant tout pour le complément d'éclairage qu'elle
apporte à la révélation de Dieu en Jésus.

La solution, définitive et « théologique », sera apportée par
la méditation de Paul sur la mort et la résurrection de Jésus : la
foi au salut offert par Dieu sur la croix remplace désormais
l'obéissance à la loi comme moyen de justification devant lui[2].
La loi n'est pas annulée ou dépréciée, mais elle n'est plus
nécessaire ni suffisante pour le salut[3], maintenant que Dieu
offre gratuitement son pardon à quiconque met sa confiance
dans la croix. Une seconde conséquence en découle, non moins
importante, non moins mise en lumière par l'apôtre Paul : c'est
que Dieu met son salut à la disposition de tous les hommes,
païens inclus, sans condition onéreuse ; les promesses de salut
faites aux patriarches, que l'alliance mosaïque réservait à la
descendance charnelle d'Abraham, ou à ceux qui en portaient
le signe dans leur chair, celui de la circoncision, sont maintenant étendues à tous les peuples, sans exclusion, sans autre
condition que de se laisser conduire jusqu'au Christ par la
même foi qu'avait Abraham dans la Parole de Dieu[4]. La mort

---

1. Voir l'article de C. PERROT, « Les décisions de l'Assemblée de
Jérusalem », dans la livraison des *RecScRel.* de 1981 signalée ci-dessus
(p. 411, n. 2), p. 195-208.
2. C. H. DODD, *La Prédication apostolique*, p. 54-56 (p. 54 : « Son
interprétation de ces faits est marquée par les catégories eschatologiques »).
3. Reste-t-elle une économie de salut normale pour les juifs ? Cette
question, qui appellerait un débat exégétique approfondi, n'entre pas dans
le sujet dont je traite présentement. – On lira sur ce sujet les analyses
d'une remarquable rigueur et équité de Jean-Noël ALETTI, *Israël et la
Loi dans la Lettre aux Romains*, Paris, Éd. du Cerf (« Lectio divina »
173), 1998, p. 184-199.
4. Rm 4 ; Ga 3. J.-N. ALETTI dans le livre cité ci-dessus fait l'analyse exhaustive de la question de la loi dans *Romains*, en particulier
dans Rm 4, p. 71-100. Il la conclut en remarquant que Paul, quand il
ne craint pas de mettre Abraham dans « la situation négative de pécheur
ou d'impie », entend « donner à la foi toute sa radicalité » et mettre en
relief « la gratuité du rapport qui s'instaure » entre Dieu et la créature
pécheresse, p. 99.

DÉVOILEMENT DE DIEU   417

du Christ se manifeste ainsi comme un événement historique
de révélation de portée universelle, en cela que le salut y est
délié des particularismes religieux, des appartenances et des
traditions nationales. La révélation se détache de la religion
et devient Évangile, Bonne Nouvelle que Dieu n'appartient à
aucun peuple en particulier, qu'il est le Père de tous les hommes,
annonce de la paix entre les peuples par la destruction des antagonismes religieux, promesse de liberté par l'affranchissement
des lois et coutumes religieuses, espérance d'unité de l'humanité entière réconciliée dans la même foi[1]. Tel est l'Évangile
dont Paul se fait le héraut, la mission universelle dont il se
dit investi par le Christ[2], « révélation d'un mystère enveloppé
de silence aux siècles éternels, mais aujourd'hui manifesté et...
porté à la connaissance de toutes les nations pour les amener
à l'obéissance de la foi », « mystère maintenant révélé, [que]
les païens sont admis au même héritage, membres du même
corps, bénéficiaires de la même promesse, dans le Christ Jésus,
par le moyen de l'Évangile »[3].

Il ne fait pas de doute que ce « mystère » de l'appel
universel au salut est intrinsèque à la « révélation » que Paul
a conscience d'avoir reçue du Christ, qu'il est constitutif de
la nouveauté de cette révélation (« maintenant » annoncée,
ignorée avant « aujourd'hui »), qu'il a joué un rôle détermi-
nant dans la conversion de Paul et de sa vocation apostolique,
qu'il est considéré par lui comme l'objet même de son « ministère de réconciliation » (2 Co 5, 18). Cela n'impose pas de
croire que Paul a bénéficié d'une communication céleste, à
lui faite exclusivement et en termes exprès, même si sa
manière d'en parler peut le donner à penser, puisqu'il admet
que ce mystère était de tout temps contenu, quoique caché,
dans « des Écritures prophétiques » qui viennent d'être dévoi-
lées et portées à la connaissance des païens (Rm 16, 25-26).
Il suffit de comprendre qu'il l'a appris de sa méditation de la
croix confrontée aux Écritures. Aux yeux de ce pharisien qui
en avait été jusque-là imbu, la loi, « maintenant » qu'elle avait
servi à dénoncer Jésus, ce Juste par excellence, avait perdu

---

1. Rm 3, 28-30 ; Ga 3, 8-11 ; Ep 2, 14-17 ; Ga 4, 3-5 ; Col 2, 21-23 ;
Ga 3, 28.
2. Rm 1, 5 ; 15, 15.18 ; Ga 1, 11-16 ; Ep 3, 1-3.7-12.
3. Rm 16, 25-26 ; Ep 3, 4-6 ; voir Col 1, 26-27.

418 DIEU QUI VIENT À L'HOMME

tout pouvoir de condamner ou de justifier les hommes devant
Dieu, et donc de les discriminer entre eux. D'autre part et
surtout, l'extrême infirmité du moyen salutaire mis en œuvre
par Dieu sur la croix manifestait un salut d'une égale déme-
sure, c'est-à-dire sans limites ni conditions. L'anéantissement
auquel Dieu abandonnait Jésus manifestait l'excès de son
pardon – réponse à la demande d'épargner ses meurtriers que
Jésus lui avait adressée en l'appelant du nom de « Père »
(Lc 23, 34) – et révélait que Dieu, de son côté, abandonnait
tout ressentiment et « livrait » aux hommes son amour désarmé.
C'était bien la révélation d'une nouvelle économie de salut,
qui bannissait la colère au profit de la grâce, la crainte au profit
de l'amour, qui promettait un salut d'une totale générosité et
gratuité, délié des conditions onéreuses de la loi, offert donc
à tous les hommes sans exception qui se livreraient en retour
avec une totale confiance à l'amour de Dieu tel qu'il se manifeste sur la croix de Jésus[1]. Un nouveau visage de Dieu se
laissait découvrir sous les traits du Crucifié, celui d'un « Père »
universel, qui n'avait plus de préférences pour un « peuple
élu » et qui – sans le répudier – étendait les promesses qu'il
lui avait jadis réservées à tous les peuples, aimés désormais
chacun comme un fils unique, du même amour privilégié. Le
même mystère de salut universel détermine le regard que Paul
porte sur Jésus et, à travers lui, sur tout homme : « Ainsi donc,
désormais nous ne connaissons personne selon la chair. Même
si nous avons connu le Christ selon la chair, maintenant ce
n'est plus ainsi que nous le connaissons. Si donc quelqu'un
est dans le Christ, c'est une création nouvelle : l'être ancien a
disparu, un être nouveau est là » (2 Co 5, 16-17). Paul avait
persécuté la foi chrétienne au temps où il estimait qu'elle allait
à l'encontre des traditions de ses pères auxquelles il était si
attaché. Mais, quand il s'entendit appeler par Dieu à « révéler
son Fils » aux païens, il comprit aussitôt qu'il ne pouvait pas

---

1. B. SPINOZA, *Traité des autorités théologique et politique*, chap. IV
« De la loi divine », oppose fortement le particularisme de la loi religieuse (« hébraïque ») à l'universalisme de l'esprit du Christ, « envoyé
pour enseigner non seulement les Juifs, mais tout le genre humain », de
sorte que son esprit devait être adapté « aux opinions communes à tout
le genre humain et aux enseignements universels », ce que Paul a
compris, ajoute-t-il, en parlant de la libération de la loi, p. 674-675.

DÉVOILEMENT DE DIEU 419

le faire en leur imposant une loi dont le Christ, bien que « sujet de la loi » en vertu de sa naissance charnelle, fut exempté en tant que Fils de Dieu et dont il affranchit pareillement tous ceux qu'il appelait à participer à sa filiation (Ga 4, 4-7). Désormais, Paul ne veut plus enfermer Jésus dans son appartenance ethnique, ni différencier les hommes selon qu'ils sont juifs ou païens, mais les considérer tous sous le rapport de l'identité commune qu'ils sont destinés à revêtir dans le Christ. S'il reconnaît Jésus pour héritier de David « selon la chair », il ne veut plus le connaître que tel qu'il a été « établi Fils de Dieu avec puissance selon l'Esprit de sainteté par sa résurrection des morts » (Rm 1, 3-4)[1]. Aussi le considère-t-il de préférence, sous son rapport à l'humanité, comme le descendant promis à Abraham alors qu'il était encore païen et trop âgé pour espérer procréer, car tous ceux qui professent la foi au Christ entrent par lui dans la descendance d'Abraham, « notre père à tous », et héritent des promesses en partageant sa foi au « Dieu qui donne la vie aux morts et appelle le néant à l'existence »[2]. Cette vision nouvelle de l'histoire du salut, selon laquelle la vie est tirée de la mort, porte la marque évidente de la méditation de la croix. Mais cette méditation n'est pas pure contemplation, elle porte à son tour la marque d'un autre événement historique, l'arrivée jusqu'aux païens de ce qui était arrivé sur la croix. L'annonce de l'Évangile aux Gentils était présupposée par l'universalité du salut opéré par la croix, qui devait être annoncé « à toute créature jusqu'aux extrémités

---

1. C'est la raison, à mon jugement, de ne pas centrer toute la christologie sur le titre « Fils de David », c'est-à-dire sur la judéité de Jésus, malgré la considération qu'il faut certainement lui accorder pour se prévenir contre le risque d'antisémitisme, mais pas au point cependant de retirer à Jésus sa figure d'universalité. Voir le livre attachant, même s'il n'entraîne pas toute ma conviction, d'Anne-Marie REIJNEN, *L'Ombre de Dieu sur terre. Un essai sur l'incarnation*, Genève, Labor et Fides (« Lieux théologiques » 31), 1998.

2. Ga 3, 6-9.16 ; Rm 4, 16-25. – J.-N. ALETTI, *Israël et la Loi...*, p. 100, citant un exégète pour qui la situation dans laquelle Paul mettait Abraham avait dû « scandaliser » les juifs de son temps (voir ici p. 416, n. 4), fait ce parallèle plein de sens théologique : « Quant au scandale relatif à l'image d'Abraham, Paul n'a rien fait pour l'affaiblir, car c'est bien par un autre scandale, celui d'un crucifié, qu'il a pu lui-même entrer dans la logique des voies de Dieu. »

420   DIEU QUI VIENT À L'HOMME

de la terre » ; mais la réception par eux de l'Évangile et du salut
s'est réfléchie sur la croix pour en dévoiler et en accomplir le
plein sens, à savoir la suppression des lois de pureté et d'exclusion et leur remplacement par la loi nouvelle de la communication universelle qui donne sa figure concrète au précepte
de la charité[1]. Le scandale du salut apporté par un blasphémateur sur un bois d'infamie se répercutait sur la naissance
d'une Église ouverte aux pécheurs et aux impurs comme aux
saints, scandale, pressenti par Pierre à Césarée et à Antioche,
qui avait ébranlé la communauté de Jérusalem[2], et auquel
s'ajoutait cet autre scandale qui réservait à un étranger au
groupe des Douze l'annonce plénière de l'Évangile : la révélation s'accomplissait dans la nouveauté apportée par sa
réception. Le juif attablé à côté du païen découvrait et actua-
lisait le sens des repas de Jésus à la table des pécheurs, et
dans ce scandale redoublé l'attente du banquet céleste ouvrait
une voie nouvelle à l'histoire humaine.

En passant par la mort et la résurrection, le Christ a donc
acquis une dimension d'humanité universelle, il est devenu le
frère de tous les hommes, le Premier-né d'une race nouvelle,

---

1. La théologie paulinienne de la loi est souvent discutée en lien
avec les positions supposées de Jésus sur la Loi, sujet que je n'avais
pas voulu aborder sur le plan même de l'histoire mais qu'il n'est pas
inutile de rappeler à propos de Paul. Je le fais en renvoyant à une étude
très équilibrée de Daniel MARGUERAT dans le livre coédité par lui
La Mémoire et le temps cité p. 402, n. 1. Analysant le rapport « Jésus
et la Loi dans la mémoire des premiers chrétiens », p. 55-74, il remarque
que la position complexe de Jésus, chez qui « la prééminence inconditionnelle de l'amour dans la réception de la Torah trouve sa corrélation
dans l'autorité que prend Jésus sur la Loi », p. 70, « a pu être revendi-
quée aussi bien par les tenants d'un christianisme sans Loi que par les
sectateurs chrétiens de la Torah », p. 72-73. En ce qui concerne Paul,
dit-il, d'une part, « Paul a compris que la prééminence de l'amour faisait
déchoir la Torah de son rôle de médiation de grâce », p. 72 ; d'autre
part, « le conflit ouvert avec Israël, aidé par le succès de la mission
païenne [...] le conduit à défendre une théologie du salut hors la Loi »,
p. 73. J'observerai, pour ma part, que ce travail de mémoire s'est fait
(à ce sujet comme sur d'autres), dans un sens ou dans l'autre, sous
l'impact de la nouveauté, refusée ou acceptée, des situations historiques auxquelles les communautés chrétiennes se sont affrontées.

2. Ac 11, 1-9 ; voir plus haut p. 415, n. 1 et p. 416, n. 1.

DÉVOILEMENT DE DIEU

qui transcende tous les clivages hérités de la descendance charnelle, « homme nouveau » (Ep 2, 15 ; Col 3, 10) capable d'une relation personnelle à chacun, car « il m'a aimé et s'est livré pour moi » (Ga 2, 20), tout en créant des liens de fraternité entre tous, car « il est mort pour tous, afin que les vivants ne vivent plus pour eux-mêmes, mais pour celui qui est mort et ressuscité pour eux » (Rm 5, 15). Il est le promoteur d'un « *moi* » invité à s'intégrer à un « *nous* », respectueux des différences de chacun, mais également appelé à s'élargir à « *tous* » sans exclusion de quiconque, vu qu'« il n'y a ni Juif ni Grec, ni esclave ni homme libre, ni homme ni femme, car tous vous ne faites qu'un dans le Christ Jésus » (Ga 3, 28). Cette vision du Christ introduit dans la révélation une anthropologie, une conception de l'homme accordée à la figure humaine de Jésus et à la dimension universelle que prend Dieu dans son rapport à l'humanité de Jésus[1]. La conversion au Christ se déploie en conversion à l'autre, reconnu comme frère, et la foi au Dieu unique, père universel, se prolonge dans une foi en l'avenir de l'humanité prédestinée à s'unifier dans le Christ, aspect anthropologique qui spécifie l'eschatologie chrétienne[2]. L'Évangile

---

1. A. BADIOU (ouvrage cité p. 415, n. 1) impute justement à Paul « la fondation de l'universalisme », thème qu'il développe avec bonheur, par exemple p. 45 : « L'idée profonde de Paul est que discours juif et discours grec sont *les deux faces d'une même figure de maîtrise*. [...] Le projet de Paul est de montrer qu'une logique universelle de salut ne peut s'accommoder d'aucune loi, ni celle qui lie la pensée au cosmos, ni celle qui règle les effets d'une exceptionnelle élection. » Le point de départ de Paul, dit-il encore, c'est « l'événement pur » qu'est pour lui Jésus Christ : « le Christ est *une venue*, il est ce qui interrompt le régime antérieur des discours. Le Christ est, en soi et pour soi, *ce qui nous arrive*. Et qu'est-ce qui ainsi nous arrive ? C'est que nous sommes relevés de la loi », p. 51 (les soulignements sont de l'auteur).
2. Je cite à nouveau A. BADIOU, dont l'analyse philosophique est significative pour la théologie : « La conviction [de Paul], proprement révolutionnaire, est que *le signe de l'Un c'est le "pour tous", ou le "sans exception"*. [...] l'Un est ce qui n'inscrit aucune différence dans les sujets auxquels il s'adresse. [...] Telle est la maxime de l'universalité, quand sa racine est événementielle : il n'y a d'Un qu'autant qu'il est pour tous. Le monothéisme ne s'entend que dans la prise en considération de l'humanité tout entière. Non adressé à tous, l'Un se délite et s'absente. [...] Le particulier ne peut s'y incrire, il relève de l'opinion, de la coutume, de la loi », p. 80 (les soulignements sont de l'auteur).

422   DIEU QUI VIENT À L'HOMME

du Christ devient, en effet, « bonne nouvelle » pour les hommes au plan même de l'histoire dont ils reçoivent la responsabilité. Cet « humanisme » évangélique est caractérisé par l'effacement des frontières entre les peuples comme des inégalités entre les sexes et entre les classes sociales. Utopie assurément, dont Paul lui-même est loin d'avoir énoncé toutes les exigences alors qu'il en posait les principes, mais utopie qui engage le chrétien dans un combat pour l'homme et soutient son espérance d'un monde plus humain [1]. La révélation se montre de la sorte ouverte sur l'avenir de l'humanité, en ce sens qu'elle vient aussi, en même temps que de la résurrection du Christ, du terme de l'histoire, d'une histoire à faire par les hommes et pour eux, du terme d'où est attendue la pleine manifestation du Christ. La « complexité » de la révélation chrétienne, déjà entrevue, s'enrichit ici encore, toujours pour la même raison qu'elle est relative à un individu historique, qu'elle se fait et se manifeste dans l'homme Jésus : la connaissance de Dieu qu'elle donne se détermine en considération de son être « pour nous », la foi en Dieu qu'elle requiert se décide en direction de l'altérité et de la transcendance de l'homme, l'histoire du salut se consomme en tant qu'elle prend sens dans l'avenir qu'elle ouvre à l'histoire des hommes, le lien d'alliance qu'elle noue entre le croyant et Dieu implique l'engagement du croyant envers l'autre homme mais aussi envers la société, l'éthique d'une concitoyenneté universelle qui appartient à la gloire à venir du Christ (Ep 2, 19.22).

La théologie paulinienne du « corps du Christ » est l'expression, en termes d'ecclésiologie, de cette concitoyenneté universelle dans laquelle doit prendre figure l'affranchissement de la loi par le Christ. La révélation de Dieu dans le corps de Jésus livré « pour tous » s'achève et s'atteste en rassemblant les croyants de toutes conditions et de toutes provenances dans un corps social dont chaque membre vit pour tous les autres, en s'effaçant devant eux, en leur donnant de soi, dont tous les

---

1. L'utopie n'est pas sans rapport avec l'eschatologie, rapport mis en valeur de façon suggestive par Gabriel VAHANIAN, « Eschatologie et utopie », dans Jean-Louis LEUBA (dir.), *Temps et eschatologie. Données bibliques et problématiques contemporaines*, Paris, Éd. du Cerf, 1994, p. 273-285.

DÉVOILEMENT DE DIEU 423

membres se « supportent » mutuellement [1], s'aidant les uns les autres à croître et à grandir, à l'image du Christ *portant nos maladies et nos infirmités*, dans un corps qui accepte les différences, mais non les divisions ni les inégalités ni les exclusions, qui croît donc et s'accroît dans la dimension de l'universalité. Sans doute, cela ne s'est-il jamais réalisé complètement, les invectives et les exhortations de Paul à ses communautés en sont la preuve. L'essentiel est que cela ait été vécu à titre d'exigence de foi plus que d'idéal moral, l'exigence de se souvenir et de montrer que le Christ est mort pour tous. C'est donc à juste titre que Paul appelle la communauté « corps du Christ » ; elle est la visibilité permanente de ce que Jésus a été et demeure dans son corps passé par la mort et la résurrection, maintenant affranchi des limites et des particularismes de la chair, elle est l'extériorité de sa présence maintenue en Esprit au milieu des siens [2]. Mais l'exigence n'est pas seulement de témoigner du passé, elle est tout autant de faire advenir le Christ, de lui donner un avenir dans l'humanité qu'il est destiné à « récapituler » en lui, d'achever son œuvre de libération de la loi en œuvrant à la réconciliation et à l'unité de l'humanité. La loi, supprimée par l'amour de ce qui est différent de soi, est maintenue comme loi d'amour : c'est elle qui fait l'unité du corps, et la première mission de la communauté dans le monde est d'y répandre la vie de l'amour [3].

---

1. Expression familière et significative de Paul : Ep 4, 2 ; Col 3, 13 ; etc.

2. Rm 12, 4-5 ; Ep 2, 19-22 ; 4, 16 ; Col 2, 19 ; 3, 15 ; 1 Co 6, 15 ; 12, 12-27. Voir l'ouvrage collectif ACFEB, *Le corps et le corps du Christ dans la première épître aux Corinthiens*, Paris, Éd. du Cerf (« Lectio divina » 114), 1983, notamment un commentaire de 1 Co 12 par Jacques SCHLOSSER, p. 97-110. – Voir aussi Jean-Noël ALETTI, *Colossiens 1, 15-20*, Rome, Biblical Inst. Pr. (« Analecta Biblica » 91), 1981, notamment sur le verset 18a, p. 108-114, dont j'extrais ce jugement qui me paraît confirmer les réflexions présentes : « Ce n'est pas de l'Église comme entité cosmique (ou mythique) que parle le texte, mais d'une *expérience très concrète*, celle de l'apôtre : *Jésus-Christ est reconnu comme le révélateur parfait de Dieu par et dans le Corps* même qu'il s'est agrégé et dont il est l'unique nécessaire » (p. 114, souligné par moi).

3. A. BADIOU, p. 92 : « La loi revient comme articulation pour tous de la vie, voie de la foi, loi au-delà de la loi. C'est ce que Paul appelle

424   DIEU QUI VIENT À L'HOMME

L'unité du corps du Christ, effectuée et mise en voie d'expansion universelle par la loi de charité, est cimentée et signifiée par la réunion de la communauté autour du corps eucharistique. Jésus avait fait ses adieux à ses disciples au cours d'un repas, à forte résonance eschatologique, où il leur avait donné le sens de sa mort prochaine, celui de livrer son corps « pour vous » en nourriture de vie ; c'est souvent durant des repas qu'il leur « apparaissait » après sa mort pour les rassembler à nouveau dans le sentiment de sa présence maintenue au milieu d'eux ; ainsi les premiers chrétiens prirent-ils l'habitude de se réunir autour d'une table pour célébrer le souvenir de sa mort en anticipant dans la foi la réunion avec lui au banquet du Royaume. Saint Paul, qui est le premier à rapporter le récit de la Cène, met un lien fort entre les trois temps de l'eucharistie, le présent du repas, le passé du corps livré à la mort et le futur de la venue du Seigneur, et un lien de réciprocité entre la communion eucharistique et l'édification de la communauté[1]. Observant que Jésus, quand il présente le pain aux disciples, atteste que son corps est livré pour eux, il comprend que tous ceux qui partagent le pain et la coupe communient au corps et au sang du Christ, et il en conclut que, nourris d'un même pain, ils en viennent à former « un seul corps », qui est « corps du Christ ». Il considère donc que la finalité de l'eucharistie, dans l'esprit de Jésus, est de garder ses disciples unis entre eux jusqu'à sa venue par une commune appartenance au Christ : « vous ne vous appartenez plus », dit Paul aux fidèles de Corinthe, puisque « vous êtes, vous, le corps du Christ et membres chacun pour sa part » (1 Co 6, 19 ; 12, 27). Il s'ensuit que le comportement de la communauté eucharistique devient, réciproquement, critère de vérité du repas eucharistique. Or, celle de Corinthe était consti-

---

l'amour » ; p. 93 : « Il revient à l'amour de faire loi pour que l'universalité postévénementielle de la vérité s'inscrive continûment dans le monde, et rallie les sujets à la voie de la vie. La foi est la pensée déclarée d'une possible puissance de la pensée. »

   1. 1 Co 10, 16-22 ; 11, 17-34. Sur ces deux textes, que je vais interpréter librement et sans m'y attarder, et sur les rapports mis entre « le repas du Seigneur » et la communauté, voir les contributions de Jean CALLOUD et de Xavier LÉON-DUFOUR à l'ouvrage collectif cité p. 423, n. 2, respectivement p. 117-129 et 225-255.

DÉVOILEMENT DE DIEU

tuée d'«hommes libres», libres de leur temps, et de beaucoup de petites gens astreints au travail servile, qui arrivaient pour ce motif en retard aux repas de la communauté, que les autres avaient déjà presque achevés, de telle sorte que cette dernière reproduisait en elle les divisions et exclusions de la société civile païenne. Aussi Paul les met-il en garde : «attendez-vous les uns les autres» avant de vous mettre à table, soyez attentifs les uns aux autres, vigilants à rester en lien les uns avec les autres, apprenez à bien «discerner le corps», celui que vous formez quand vous partagez le pain et la coupe en annonçant la mort du Seigneur, sous peine de «vous réunir pour votre condamnation» au cas où votre état de division, quand vous prenez «le repas du Seigneur», porterait un témoi-gnage contraire à ce qu'il a voulu faire en livrant son corps «pour vous» sous le signe du pain partagé. L'annonce eucha-ristique effectue donc un «travail de mémoire» qui actualise le passé du dernier repas de Jésus au milieu des siens dans la vie présente de la communauté rassemblée pour y anticiper la venue future du Seigneur en Juge des derniers temps. À celui qui n'est plus là et qui n'est pas encore là, elle donne une présence en transit dans l'être-ensemble de la commu-nauté qui est un être-avec lui [1], et qui se trouve, du même coup, livrée à la mort de Jésus «pour tous» et projetée dans l'avenir de l'humanité qu'il vient réconcilier en lui-même. Le retour au passé, en effet, ne s'arrête pas à sa résurrection, seulement et indirectement attestée par l'attente de sa venue, il remonte jusqu'à sa mort, mais pour la reconnaître comme la source de la vie, elle-même fruit de l'amour, qui se répand dans la communauté et comme le style de vie, d'une vie donnée et livrée, que celle-ci doit reproduire dans le monde. Ce travail de mémoire est moins l'œuvre de la communauté et de ses membres que celle de l'Esprit dans le corps qu'il rassemble et unifie, de l'Esprit qui fait la continuité et l'identité du corps mort et ressuscité de Jésus à son corps ecclésial destiné à devenir son corps eschatologique, puisque c'est par l'Esprit,

---

1. X. Léon-Dufour, «Les deux mémoires du chrétien», dans *La Mémoire et le temps* (ouvrage cité p. 420, n. 1), p. 146 : «La mémoire cultuelle a pour fonction de reconnaître, de l'Absent, la présence active et permanente. La fonction de la mémoire existentielle est la même : à travers l'action des disciples, elle rend l'Absent présent. »

reçu au baptême, que tous, «Juifs ou Grecs, hommes libres ou esclaves», forment un seul corps (1 Co 12, 12-13).

L'Esprit révèle à la communauté et actualise en elle ce qui est arrivé à Jésus sur la croix. Or, ce qui lui est arrivé, c'est que Dieu «n'a pas épargné son propre Fils, mais l'a livré pour nous tous», montrant ainsi que «Dieu est pour nous» (Rm 8, 31-32). La première communauté unifiée par l'Esprit pour le repas eucharistique est donc la figure historique par laquelle s'achève la révélation de Dieu en Jésus. L'Église transmet cette révélation jusqu'à la fin des temps en célébrant le mémorial eucharistique. En observant comment s'est formée la tradition de la foi, nous verrons de quelle façon, sans doute différente des premiers temps, la révélation sollicite aujourd'hui notre foi. Car la nouveauté des temps que nous vivons conditionne pour nous la possibilité de la recevoir. C'est pourquoi nous devrons à la fin revenir à l'événement révélateur pour l'interroger sous notre propre horizon d'intelligibilité, et découvrir ce qui arrive à Dieu quand il vient se révéler aux hommes en Jésus mort et ressuscité.

III

LA TRADITION DE LA FOI

Alertés par la disparition de la croyance en Dieu, nous étions partis à la recherche de sa révélation aux origines de la tradition chrétienne, et nous avons observé avec soin comment elle avait été identifiée, reçue et annoncée par les témoins de Jésus, ses disciples et ses apôtres, fondamentalement dans sa résurrection des morts et, sous cet éclairage, jusque dans sa mort et dans la totalité de son histoire. Il nous reste à dégager la connaissance de Dieu qui nous est livrée dans cet événement de révélation. Bien des traits du Dieu de Jésus sont apparus, assurément, au cours de l'observation de ce fait : il a pitié de ceux qui souffrent, il appelle les hommes à la liberté, au respect et au pardon les uns envers les autres, il les aime, il veut leur communiquer sa propre vie, etc. Mais tous ces traits concernent l'activité salutaire qu'il déploie pour nous en Jésus ou par son entremise, ils ne dévoilent pas encore son identité profonde, et notamment en quoi elle est liée à cet homme en qui il se manifeste, en quoi son être est concerné par ce qui arrive à Jésus au point de se communiquer par cela même qui se passe ici et maintenant en lui. Pour acquérir cette connaissance, telle que nous la pressentons liée à l'intimité de Dieu avec Jésus, il nous faut accueillir à notre tour dans la foi l'événement par lequel cette révélation nous est donnée. Or, nous avons admis que la révélation, prise comme un fait qui se produit dans l'histoire, se rend *croyable* à ceux qui la reçoivent quand elle prend *sens* pour eux sous l'horizon de leur intelligibilité de l'histoire, horizon mouvant qui ne peut pas être le même pour tous les hommes dans l'évolution des temps. Les premiers témoins de Jésus ont donné foi à l'événement de sa résurrection, qui demandait à s'exprimer en eux et par eux, par l'acte même de lui donner sens selon les Écritures sous l'horizon eschatologique de la fin de l'histoire, le sens d'un futur éclairé par la relecture d'un passé lui-même ouvert par ce qui venait d'arriver à Jésus : ils ont *cru* à ce qui lui arrivait en *comprenant* que cela *devait* se passer ainsi (Lc 24, 25-27 ; Jn 20, 9). Semblablement, la possibilité pour nous aujourd'hui de donner foi au témoignage rendu à Jésus par ses apôtres, après que nous avons examiné sa recevabilité, est liée à la possibilité de donner sens à ce qui lui est arrivé au regard de notre propre intelligence et expérience de l'histoire, ou, en termes de réciprocité, à la possibilité de donner sens à notre histoire en y accueillant le sens donné par les apôtres à cet événement de révélation. Et c'est dans la relecture et l'interrogation du passé de cet événement sous l'horizon de notre histoire que pourra se communiquer à nous, dans la dimension du présent, la connaissance de Dieu dont il est la révélation, du fait que ce qui est arrivé à Jésus se dévoilera comme l'extériorité de ce qui arrive à Dieu en Jésus quand il *se* révéle *là ainsi...* Il s'agit donc de laisser la révélation de cet événement venir jusqu'à nous, portée par la tradition de la foi dont nous avons observé la naissance dans la prédication apostolique, et de la laisser s'accomplir pour nous en prenant sens en nous. En effet, puisque la révélation s'achève à tout moment là où elle est reçue par la foi qu'elle suscite en elle, le sens nouveau qu'elle prend dans la nouveauté des temps est aussi bien celui qu'elle y produit en le tirant directement de l'événement révélateur, sens qu'il porte en avant de soi par le mouvement de s'arracher à son passé pour se communiquer à toute personne humaine.

Or, nous connaissons d'avance les difficultés qui nous attendent en ce moment de l'histoire où nous nous préparons à recevoir la révélation du Christ, car nous y avons réfléchi, du moins à plusieurs d'entre elles, tout au long du chapitre précédent. C'est d'abord le fait que le christianisme a laissé se répandre dans la pensée occidentale une idée de Dieu qui ne porte pas la marque spécifique de la révélation reçue de Jésus, puisqu'elle relève du bien-connu de Dieu, qui est un bien commun à la religion et à la philosophie, dont la rationalité critique de la modernité a fini par se débarrasser. C'est ensuite l'état d'épuisement que manifeste la religion chrétienne, incapable tant de transmettre la foi à de nouvelles générations dans les pays de vieille chrétienté que d'élargir ses espaces de diffusion dans les pays plus tardivement évangélisés. C'est encore l'inintelligibilité dans laquelle est tombée l'idée d'un Dieu tout-puissant, maître des éléments du monde

DÉVOILEMENT DE DIEU

comme des événements de l'histoire, à qui l'on objecte le scandale des violences qui ont ensanglanté le XXe siècle, dont certaines ont même été imputées au christianisme. C'est aussi la contradiction, ressentie plus fortement à notre époque de mondialisation, entre l'identité de visée des croyances en Dieu dans le monde des religions et la particularité de la révélation chrétienne, qui paraît génératrice d'exclusions dont l'Évangile annonçait cependant la libération. On est donc très loin aujourd'hui du climat d'attente du règne de Dieu et d'une réconciliation universelle des peuples entre eux et avec Dieu qui caractérisait la naissance du christianisme. Deux mille ans ont passé, au cours desquels Dieu s'est éloigné des horizons de pensée d'hommes devenus étrangers aux comportements religieux des sociétés anciennes, tandis que se distendait le lien de la tradition chrétienne à sa source et que de nouvelles épistémologies jetaient le soupçon sur des croyances trop étroitement fondées sur l'autorité d'une tradition. Le théologien qui veut témoigner de la révélation de Dieu en Jésus doit prendre en compte tous ces questionnements qui conditionnent la recevabilité aujourd'hui, non plus seulement de l'événement révélateur, ce que nous venons de faire, mais encore de la tradition porteuse de la foi en lui. Il n'est pas possible d'accueillir le premier sans passer par la seconde. Or, la tradition religieuse du christianisme est trop controversée dans son passé, trop incertaine dans son présent, pour qu'un esprit critique puisse s'y engager sans examen préalable. Mais soumettre sa tradition à examen, cela revient, de la part d'un croyant, à s'interroger sur le statut de sa propre foi, elle-même mise en cause dans son lien à la tradition où elle prend naissance. Telles sont les raisons qui motivaient de mettre une distance entre la considération de l'événement de Jésus, proclamé révélateur de Dieu par l'Église du temps des apôtres, et l'appréhension du concept de Dieu livré par cet événement, que nous aurons à dégager, dans une dernière étape, des voiles de la tradition religieuse.

En conséquence, nous allons d'abord rejoindre la tradition là où nous l'avions laissée en l'état de semence jetée par la prédication apostolique dans les premières communautés chrétiennes, nous en descendrons le cours pour observer comment elle est devenue religion en s'appropriant l'héritage de l'Ancien Testament, et « institution du croire » en fréquentant la philosophie, et nous arrêterons ce parcours à la première confession de foi solennelle de l'Église, qui « fixera » son langage pour de nombreux siècles, un discours qui proclame fièrement sa foi au Christ mais en la recouvrant d'une idée de Dieu commune aux religions et aux philosophies. Ainsi aurons-nous jalonné l'histoire chrétienne de l'idée de Dieu, sur son versant théologique et religieux, en amont de sa reprise par la pensée moderne sur son versant philosophique exploré au chapitre précédent. De là nous nous transporterons dans l'actualité qui est la nôtre, pour examiner comment se présente la tradition chrétienne de l'idée de Dieu et quel sens elle prend par rapport à notre histoire récente et à nos interrogations d'avenir. Nous observerons enfin de quelle manière la foi au sortir de la modernité, si elle est parvenue à la traverser sans la rejeter ni s'y perdre, est capable de concilier la liberté critique et la fidélité vis-à-vis de sa tradition, et de renouveler son approche de l'événement révélateur du christianisme, appréhendé dans sa singularité et mieux dégagé de l'histoire de la religion où s'enlisait la théologie libérale du XIXe siècle ; nous retrouverons ainsi, pour essayer de le dénouer, le problème des rapports entre religion et révélation par lequel avait débuté le présent chapitre. Quand l'intelligence de la foi se sera retournée sur sa propre tradition, dans l'acte de naître à sa « majorité », l'événement qui lui a donné naissance pourra s'ouvrir sur sa réalité intérieure, et l'actualité que nous vivons de la « mort de Dieu » nous aidera à reconnaître, comme arrivé à Dieu même, ce qui est arrivé à Jésus, y compris dans sa mort qui, une fois dévoilée, impose aux chrétiens un nouveau langage sur Dieu.

Naissance de la religion chrétienne.

Je n'entreprendrai pas de raconter l'histoire des origines chrétiennes, mais seulement de la comprendre du point de vue de la formation de l'idée de Dieu dont elle sera le véhicule. En parcourant les évangiles, nous n'y avons pas trouvé la charte de fondation d'une nouvelle religion, sinon quelques pierres plus tard intégrées à ses soubassements. Cela ne nous empêchera pas de reconnaître sans ambiguïté que l'Église est bien née de Jésus, pas encore en l'état d'« assemblée », du

DÉVOILEMENT DE DIEU

moins comme «convocation» et instance d'appel[1]. Elle tire origine, en effet, de la mission confiée par Jésus à ses apôtres de «prêcher en son nom la conversion et le pardon des péchés à toutes les nations à commencer par Jérusalem» (Lc 24, 47), mission qui impliquait que l'Église devait naître en s'éloignant, comme jadis Abraham, de son pays d'origine et de sa parenté, en prenant ses distances vis-à-vis du judaïsme, puisque la foi au Christ était mise au-dessus de la loi et de l'Alliance. L'histoire de la séparation entre judaïsme et christianisme est à la fois bien et mal connue, tant les documents qui s'y rapportent se prêtent à des interprétations opposées[2]. Le fait que l'annonce du Royaume de Dieu s'adressait par priorité aux juifs ne favorisait pas, au départ, l'apparition d'une religion nouvelle autonome, et il est bien connu que les premiers chrétiens, juifs pour la plupart, cherchaient à se frayer leur «voie» (Ac 9, 2) en cohabitant avec les autres juifs, même en territoires païens où ils fréquentaient les synagogues. L'hostilité qui s'était manifestée autour de Jésus n'épargnait évidemment pas ses adeptes; si l'espérance d'un prochain «rétablissement du Royaume pour Israël» (Ac 1, 6) avait pu attirer d'assez nombreux juifs à la foi au Christ au début de la mission, bien que l'idée d'un Messie souffrant fût peu répandue chez eux, la frustration de cette attente, bientôt ressentie, ne tarda pas à les en écarter, d'autant que l'orientation de la mission vers les païens ne répondait pas directement à leur espérance messianique. La fréquentation des païens convertis, à qui la foi nouvelle avait tôt renoncé à imposer les observances de la loi, devint vite insupportable à ceux qui y restaient attachés; des conflits éclatèrent, principalement

---

1. Je fais allusion à l'étymologie du mot grec *ekklèsia*, mot absent des évangiles sauf de Mt 16, 18 et 18, 17 dont l'attribution à Jésus est discutée. Voir le *Dictionnaire du Nouveau Testament*, de Xavier LÉON-DUFOUR, au mot «*église*».

2. Entre juifs et chrétiens, mais également entre protestants et catholiques opposés sur la question du «précatholicisme» (organisation hiérarchique et sacramentelle) soulevée notamment par Rudolf BULTMANN, «Les changements de la compréhension de soi de l'Église dans l'histoire du christianisme primitif» (1955), dans *Foi et compréhension*, trad. fr., vol. II, Paris, Éd. du Seuil, 1969, p. 154-166; et par Ernst KÄSEMANN, «Paul et le précatholicisme» (1963), dans *Essais exégétiques*, trad. fr., Neuchâtel, Delachaux et Niestlé, 1972, p. 256-270.

432 DIEU QUI VIENT À L'HOMME

motivés du côté des juifs non chrétiens par l'abandon de la loi (Ac 6, 13-14 ; 8, 1-4), motifs qui suscitaient des échos chez les juifs devenus chrétiens (Ac 15, 1) ; puis la résistance croissante des juifs à la prédication messianique des chrétiens amena ceux-ci à s'éloigner davantage des premiers (Ac 21, 20-21). Les malheurs qui suivirent la révolte de 66-68 – prise de Jérusalem par les Romains, destruction du Temple en 70, dispersion de ses habitants –, poussant les juifs à se raidir sur leurs traditions et à fermer leurs communautés aux étrangers, achevèrent de les séparer des chrétiens irrémédiablement. Le refus massif des juifs de recevoir Jésus pour Messie tient en fin de compte au fait que la prédication de l'Évangile ne se croyait pas obligée de conserver et de propager les traditions religieuses du judaïsme et que la foi au Christ détrônait l'obéissance à la loi comme principe de justification[1]. Même aux yeux des chrétiens zélateurs de la loi, quelque chose était arrivé, avec Jésus, qui avait changé radicalement le cours de la religion en l'ouvrant sur l'universel.

Tant qu'ils habitaient au sein du judaïsme, les chrétiens avaient assurément des réunions de prière et des rencontres communautaires qui leur étaient exclusivement propres, ils célébraient les baptêmes et la fraction du pain, ils avaient un minimum d'organisation sociale et ministérielle. Cela ne paraît pas suffisant pour leur attribuer la conscience de constituer une religion autonome, alors que la plupart n'avaient pas répudié l'autorité de la loi, ils avaient seulement le sentiment de former la communauté des derniers temps, celle que les prophètes avaient annoncée comme « le petit reste d'Israël ». La situation changea pour eux radicalement quand ils furent exclus du peuple d'Israël devenu Synagogue et privés du même coup de la reconnaissance légale dont jouissait le judaïsme de la part des autorités romaines[2], tandis qu'un nouveau rapport au temps de la parousie les encourageait à s'installer dans le temps du monde et à structurer plus forte-

---

1. Sur l'interprétation de Paul relativement à ce point, on se reportera aux analyses innovantes (rhétoriques) de Jean-Noël ALETTI, *Comment Dieu est-il juste ?*, Paris, Éd. du Seuil, 1991, notamment la IIe Partie, « Foi et loi dans l'épître aux Romains », p. 83-134.

2. Sur cette séparation : André PAUL, *Le Fait biblique*, Paris, Éd. du Cerf (« Lectio divina » 100), 1979, p. 36-63.

DÉVOILEMENT DE DIEU 433

ment leur existence dans ce monde hostile. Ainsi les voit-on
vers le milieu du IIe siècle en possession d'un rituel baptismal
bien développé et d'un culte eucharistique dominical dûment
organisé et réglé[1]. Même à ce moment-là toutefois, et malgré
la rupture des liens avec le judaïsme, plusieurs indices donnent
à penser que les chrétiens ne se considéraient pas encore
comme formant une religion au sens alors connu de ce mot,
qu'ils se sentaient différents tant des juifs que des païens mais
sans se situer sur le même plan religieux, mettant leur originalité à être ailleurs : dans plusieurs suppliques adressées aux
empereurs ou à d'autres autorités politiques, ils ne demandaient pas à être reconnus au titre de secte religieuse, mais à
bénéficier de la tolérance accordée aux « écoles de philosophie »[2], et leurs écrivains se flattaient plutôt de ne pas pratiquer de rites comme il est d'usage dans toutes les autres
religions[3]. Sans généraliser ni absolutiser ces indices (que
d'autres textes pourraient contredire ou relativiser[4]), on peut
expliquer cette attitude par la crainte de susciter l'hostilité des
autorités romaines, méfiantes envers les nouveaux cultes et les
spiritualités orientales, plus encore par le fait que l'idée de
religion, à l'époque, était liée au culte sacrificiel accompli dans
les temples, alors que les chrétiens, qui n'en disposaient pas,
n'offraient pas de sacrifices ni de culte public (passant pour
« athées » à cause de cela[5]) et trouvaient même chez les

---

1. JUSTIN (vers 140), 1re Apologie, LXV-LXVII, en donne la
première description détaillée.

2. Ibid., IV ; 2e Apologie, VIII, 1 ; XIII, 2 ; XIV ; – ATHÉNAGORE,
vers 175, s'adresse au titre de « philosophe » à des empereurs eux-mêmes
renommés comme tels : Supplique, V ; XXIV ; – dans les dernières
années du siècle, TERTULLIEN reprend le même type de défense du
christianisme : Apologétique, III, 6 ; XLIX ; Ad Nationes, I, 4-5 ; II, 14.

3. Nombreuses critiques des sacrifices et rites, tant juifs que païens,
les uns étant assimilés aux autres comme indignes de la divinité, dans
les écrits chrétiens du IIe siècle : JUSTIN, 1re Apologie, IX, X, XIII ;
– ATHÉNAGORE, Supplique, XIII ; – Lettre À Diognète, II, 8-10 ; III-IV
(le chapitre V, qui expose les caractéristiques des chrétiens, ne fait
aucune mention de rites).

4. Ainsi les Lettres d'IGNACE D'ANTIOCHE font état d'une hiérarchie à trois degrés, mais elle n'est attestée nulle part ailleurs au cours
du IIe siècle.

5. La disculpation du crime d'« athéisme » est un motif constant
chez les Apologistes : JUSTIN, 1re Apologie, VI, XIII ; etc.

434 DIEU QUI VIENT À L'HOMME

prophètes des arguments pour s'en abstenir[1]. Ce comportement s'explique surtout par la valorisation de l'Évangile comme enseignement éthique, exempt de législation religieuse, par l'intérêt que beaucoup de chrétiens cultivés portaient à la doctrine du Logos et à la personne du Christ en tant que Logos de Dieu, et par l'avantage que trouvait le christianisme à se présenter comme «l'École du vrai Logos» et à vanter sa supériorité sur le plan de la morale, pour mieux se défendre des accusations portées contre lui et mieux pénétrer les milieux païens cultivés, férus de morale stoïcienne et de la philosophie néoplatonicienne du Logos[2]. Plutôt que par un sentiment typique d'appartenance religieuse, l'identité chrétienne des premiers temps se définit par l'obéissance aux préceptes du Christ, la profession d'«écouter» et de «suivre le Logos», la conscience de rendre à Dieu le culte qu'il préfère, celui de la vertu et d'une conduite «raisonnable»[3], à l'exemple d'un certain Ptolémée qui, sommé de dire devant le préfet Urbicus, au risque de sa vie, «s'il était chrétien», «ayant conscience des biens qu'il devait à l'enseignement du Christ, confessa *l'école de la morale divine*»[4].

Un tout autre climat se dévoile quand on ouvre le premier rituel et code législatif chrétien intitulé *La Tradition apostolique* et attribué à Hippolyte de Rome, ouvrage daté de 215 qui témoigne d'un état de choses assurément antérieur et sans doute déjà largement généralisé. Cet écrit sépare nettement le clergé du laïcat, décrit les prières et rites d'ordination des évêques, des prêtres, des diacres, et d'autres membres du clergé, tous

---

1. L'*Épître de Barnabé* (fin du IIe siècle), chap. II-III, est un bon exemple de ce type d'argumentation.

2. Tel est le fond de l'argumentation des apologies de l'époque : JUSTIN, *1re Apologie*, XXI-XXIII ; – 2e, X ; – ATHÉNAGORE, *Supplique*, X-XI ; – THÉOPHILE D'ANTIOCHE, *À Autolycus*, livre I, 7 ; etc.

3. JUSTIN, *1re Apologie*, X, 1 : «Nous avons appris, nous croyons et nous tenons pour vrai que Dieu agrée ceux qui tâchent d'imiter ses perfections, sa sagesse, sa justice, son amour des hommes» ; LXV, 1 : nous prions après le baptême «afin d'obtenir, avec la connaissance de la vérité, la grâce de pratiquer la vertu et de garder les commandements, et de mériter ainsi le salut éternel» (trad. L. Pautigny, Paris, Picard, 1904, p. 17 et 139).

4. ID., *2e Apologie*, II, 13 (p. 153).

DÉVOILEMENT DE DIEU   435

soigneusement différenciés et hiérarchisés, réglemente les conditions d'admission au baptême, les professions interdites pour motif d'impuretés rituelles, les rites, prières et règles de l'initiation et de l'eucharistie, et autres observances relatives aux jeûnes, aux repas, aux heures de prière, etc., tout cela étant prescrit avec minutie. Une telle profusion de rubriques et de disciplines ne permet plus de douter que le christianisme se pense et se présente désormais sans réserve comme une religion de plein exercice. Or, si l'on cherche l'origine d'un apport liturgique et cultuel à ce point massif et organisé, les références explicites et le vocabulaire utilisé ne laissent pas douter un instant qu'il provient d'une prospection très intentionnelle de l'Ancien Testament. Ainsi, la prière d'ordination de l'évêque, se rapportant à l'établissement «des chefs et des prêtres» dans le désert au temps de l'Exode, implore de Dieu la venue de l'Esprit Saint donné par le Christ «aux saints apôtres qui bâtirent votre Église à la place de votre sanctuaire» afin que le nouvel élu «exerce sans reproche votre souverain sacerdoce, en vous servant nuit et jour, qu'il rende votre visage propice et qu'il vous offre les dons de votre Église sainte, etc.»; celle de l'ordination des presbytres se recommande de l'ordre donné par Dieu à Moïse «de choisir des anciens» pour «gouverner votre peuple avec un cœur pur», tandis que les diacres sont ordonnés «pour servir votre Église et pour apporter dans le saint des saints ce qui vous est offert par les grands prêtres établis par vous à la gloire de votre nom»[1]. Ce témoignage, placé sous la haute autorité de «la tradition des apôtres», est révélateur de deux faits d'une grande importance, dont nous allons examiner la signification: l'Église du IIe siècle s'est approprié le corpus scripturaire de l'ancien Israël et, du même coup, s'est établie héritière légitime du culte et de la médiation de salut dont ce peuple avait reçu la charge et le privilège.

Aucun de ces deux faits n'est absolument originaire, il convient avant tout de le rappeler. Ce qu'on tenait jusque-là pour «tradition apostolique» n'était pas un recueil de rites et

---

1. HIPPOLYTE DE ROME, *La Tradition apostolique*, texte établi et traduit par Dom B. Botte, Paris, Éd. du Cerf («Sources chrétiennes» 11), 1946, n° 3, 8 et 9. (Les controverses sur l'identification de l'auteur n'intéressent pas notre propos.)

de règlements mais la doctrine de la foi qui se conservait et se transmettait dans les églises par voie de prédication orale depuis les apôtres qui l'avaient eux-mêmes reçue du Christ avec la charge de l'enseigner : c'est à peu près en ces termes qu'Irénée de Lyon la présentait, une vingtaine d'années avant le livre d'Hippolyte ; il ajoutait que les peuples barbares n'avaient pas besoin de livres pour connaître la vérité dès lors que le Saint-Esprit l'avait gravée dans leurs cœurs par le baptême, et il en donnait aussitôt le résumé, qui est l'une des premières formulations du symbole de foi baptismal[1]. Quand se répandirent les premières hérésies, sous le couvert d'évangiles tronqués ou falsifiés ou d'écrits faussement attribués à un apôtre, c'est à la tradition apostolique qu'on demandait de discriminer le vrai du faux, et on déniait le droit d'argumenter sur les Écritures à ceux dont l'enseignement ne lui était pas conforme[2]. Deux siècles plus tard, en plein débat trinitaire, alors que la théologie s'était amplement développée, Basile de Césarée, discutant avec des adversaires qui « réclament des preuves tirées de textes écrits », en appelle avec ferveur à « la tradition apostolique », « fondement de la foi au Christ », celle qui est reçue de l'enseignement baptismal et qui trouve sa « forme » dans la profession de foi trinitaire à laquelle souscrivent les nouveaux baptisés[3]. La prééminence donnée à une tradition orale aux origines du christianisme s'explique sans doute par le fait que les évangiles et les écrits des apôtres ont mis du temps à se communiquer d'une église à une autre ; elle ne doit pas non plus dissimuler que cet enseignement oral était largement émaillé de citations d'anciennes Écritures, comme on le voit déjà dans les discours et catéchèses retranscrits par les *Actes des apôtres*. Elle n'en est pas moins significative d'une marque d'origine, à savoir du fait que le christianisme, né de l'enseignement uniquement oral de Jésus, transmis de la même manière par les apôtres avant la rédaction des évangiles (les lettres de Paul mises à part), se reconnaît bénéficiaire et débiteur d'un événement de parole, d'une

---

1. IRÉNÉE DE LYON, *Contre les hérésies*, III, 3, 1 – 4,2. De même dans sa *Démonstration de la prédication apostolique*, 3-6.

2. Ainsi TERTULLIEN, *Traité de la prescription contre les hérésies*, XIX-XXI.

3. BASILE DE CÉSARÉE, *Sur le Saint-Esprit* (vers 375), 25-26.

DÉVOILEMENT DE DIEU

nouveauté historique, de la naissance, mort et résurrection de Jésus attesté Fils et Verbe de Dieu et donateur de l'Esprit Saint. Le fait chrétien en tant que tel n'assigne pas fondamentalement sa naissance à une Écriture divine, à une lointaine histoire de salut, à une alliance ancienne avec Dieu, mais à quelque chose qui est survenu, qui a rompu un ordre ancien, qui a créé une nouvelle relation à Dieu. Cela, on va le voir dans un instant, sera fortement contrebalancé par l'enracinement dans les Écritures. Toutefois la « mémoire »[1] chrétienne restera marquée dans le « symbole » des apôtres, la profession de foi baptismale, tant qu'elle se fera par mode d'interrogations et de réponses (« Crois-tu... ? » – « Je crois ») : la tradition se communique de bouche à oreille, comme une bonne nouvelle, comme un témoignage, comme une parole échangée ; c'est la marque propre de l'Évangile, réception et retransmission de l'appel du Christ qui rassemble son Église. De là viendra aussi l'attachement privilégié de l'Église à « la tradition des Pères », « la tradition des Églises » ou « de l'Église », qui sera interprétée à l'époque moderne (du côté catholique) comme une norme autoritaire pour « fixer » la vérité, mais qui devrait être d'abord comprise dans le registre de l'oralité, comme un processus de passation de la parole, le « passage » de la Parole qui engendre les chrétiens, la communication du « mot de passe »[2] grâce auquel ils se reconnaissent tous frères de naissance. De la tradition apostolique ainsi comprise (et délimitée dans le temps[3]), il est juste de dire qu'elle sera le terreau nourricier de la religion chrétienne en tant qu'elle est fondatrice de l'identité et conservatrice de la mémoire des chrétiens, telles qu'elles s'expriment l'une dans la profession

---

1. JUSTIN, *1re Apologie*, LXVI, appelle les évangiles « les mémoires des apôtres ».

2. Précisément d'un « symbole » ; la « règle de l'arcane » au IVe siècle (interdiction faite aux catéchumènes d'écrire le symbole baptismal qui devait seulement être mémorisé), quels qu'en fussent les motifs, est un vestige du privilège encore accordé à l'oralité. Nous reviendrons plus loin sur la tradition.

3. Sous la garantie de la succession épiscopale dans les églises de fondation apostolique, argument invoqué par IRÉNÉE, *Hérésies*, III, 3, 3, et TERTULLIEN, *Prescription*, XXXII, 1-2, mais qui n'avait pas la portée juridique (« d'institution divine ») qui lui sera attribuée bien plus tard (outre que le monoépiscopat ne s'est pas implanté ni généralisé très tôt).

438 DIEU QUI VIENT À L'HOMME

de foi baptismale, l'autre dans le mémorial eucharistique célébré « le jour du Seigneur » ; mais, pour passer de là à un sens plus rigoureux (et plus commun) de la religion, entendue comme espace clos et charte codifiée du salut, comme institution théocratique d'une médiation de salut rattachée à un passé primordial, telle que *la tradition apostolique* d'Hippolyte en donne l'image, un changement culturel était nécessaire : le passage de l'oralité à une écriture prescriptive.

Le recours aux anciennes Écritures, je le rappelais à l'instant, est une composante primitive du fait chrétien sous la modalité de les retourner vers l'identification de Jésus comme Christ. Jésus, le premier, y avait recouru et avait appris à ses apôtres à les lire en tant qu'elles parlaient toutes de lui, annonçant son avènement et tout ce qui devait lui arriver (Lc 24, 25-26.44-48). Étant juifs et leur reconnaissant une inspiration et une autorité divines, les apôtres ont tout naturellement utilisé les Écritures pour prouver que Jésus était bien le descendant promis aux patriarches et à David et le Messie annoncé par les prophètes, et ils le firent sans avoir le sentiment de commettre un détournement d'héritage pas plus que de sens, dans la bonne intention, au contraire, de montrer à leurs compatriotes, « fils des prophètes et de l'alliance que Dieu a conclue avec vos pères », que c'est pour eux et à eux, avant tous autres, que Dieu avait suscité et envoyé son serviteur Jésus pour les combler en lui des bénédictions qui leur étaient par priorité destinées (Ac 3, 17-26 ; 13, 32-33). Dès le temps des Actes cependant, cette utilisation, contredite par les docteurs juifs, prenait un tour polémique (Ac 13, 44-46), qui ne fit que s'accroître à mesure que le plus grand nombre se fermait à la prédication chrétienne. Passés du côté des païens, les missionnaires continuaient à se servir des Écritures, expliquant qu'elles avaient été inspirées par « l'Esprit prophétique », ce que les païens, habitués aux oracles, comprenaient assez bien ; leur antiquité alléguée, sinon même leur antériorité par rapport aux plus anciens philosophes grecs, était un gage d'autorité divine[1] ;

---

1. JUSTIN, *1re Apologie*, XXIII, 1 ; XXXI, 1 ; LII, 1-2 ; LIV ; LIX, 1, etc. L'argument d'antiquité avait largement été utilisé par les apologistes juifs. THÉOPHILE D'ANTIOCHE consacre de longs et savants développements à cette démonstration : *À Autolycus*, livre III, 15-30.

DÉVOILEMENT DE DIEU 439

l'annonce prophétique venait ainsi confirmer, aux yeux des païens, l'affirmation des apôtres que Jésus était le messager, le Verbe, le Fils de Dieu. Mais le déplacement de la mission chrétienne en direction des païens n'avait pas désarmé l'hostilité entre chrétiens et juifs, il avait plutôt attisé, semble-t-il, la rivalité des deux groupes[1]. Aux objections des juifs contre la messianité de Jésus, les chrétiens répondaient en portant l'attaque sur le terrain des prescriptions et institutions mosaïques, bien impuissantes à procurer le salut, selon eux, puisqu'elles n'avaient pas été imposées par Dieu au commencement, ni à tous les peuples, mais seulement à Israël, vraisemblablement à cause de son indocilité, et pour une durée déterminée, car elles devaient prendre fin quand viendrait celui qu'elles annonçaient figurativement, si on savait les comprendre selon leur sens spirituel enseigné par les prophètes[2]. L'argumentation allait loin. À qui appartenaient les Écritures, si ceux qui en étaient détenteurs ne savaient pas les lire ni y obéir ? – «Reconnais-tu ces paroles, Tryphon ? Elles sont déposées dans vos Écritures, ou plutôt non pas dans les vôtres, mais dans les nôtres, car nous nous laissons persuader par elles, tandis que vous les lisez sans comprendre l'esprit qui est en elles[3] ? » Et si Dieu a donné aux hommes dans le Christ une loi nouvelle, universelle et définitive, que reste-t-il de l'ancienne économie du salut ? – « Une loi qui va contre une autre abroge celle qui la précède ; une alliance conclue après une autre l'annule de même[4]. » Au bout pointe la question qui ne va

---

1. Dans l'entourage du juif (samaritain) Tryphon (rabbi Tarphon ?) avec qui discute JUSTIN vers 150-160, il y a des «prosélytes» et des «craignant Dieu»: *Dialogue avec Tryphon* XXIII, 3 ; XXIV, 3. *Ibid.*, XVI, 4 et XVII, 1 : il se plaint de dénonciations auprès des autorités romaines et de calomnies dont les chrétiens seraient victimes de la part des juifs.

2. JUSTIN, *Dialogue*, XIII-XIV: «le bain de la pénitence et de la connaissance de Dieu», XV: «Apprenez donc à jeûner les véritables jeûnes de Dieu» ; XVI: la circoncision ; XVIII, 2: «à cause de la dureté de votre cœur», de même: XXI, 1 ; XXII, 1 ; etc. – L'*Épître de Barnabé* développe semblablement une exégèse allégorique sur le thème de la caducité des institutions mosaïques: 2 (culte), 3 (jeûne), 9 (circoncision), 11 (baptême), 15 (sabbat), 16 (temple), etc.

3. JUSTIN, *Dialogue*, XXIX, 2 ; trad. G. Archambault, Paris, Picard, 1909, p. 129.

4. *Ibid.,* XI, 2, p. 53.

pas cesser de hanter les rapports entre chrétiens et juifs : « Voyons maintenant quel est le peuple qui reçoit l'héritage : celui-ci ou le précédent ? Et l'alliance, est-elle pour nous, ou pour eux [1] ? »

La réponse n'était pas donnée d'avance : puisque les chrétiens refusaient de suivre les observances mosaïques, se réclamaient d'une loi nouvelle, estimaient l'ancienne alliance caduque, qu'avaient-ils besoin de s'encombrer des Écritures jadis données aux Hébreux ? Un nombre assez considérable d'entre eux posa le débat en ces termes et le résolut par la négative, rejetant les anciennes Écritures et retranchant même des évangiles ce qui y renvoyait trop clairement : ce furent les gnostiques de toutes branches et les disciples de Marcion, des écoles qui virent le jour en divers lieux vers 140 ou même plus tôt. Les débats furent longs et âpres, mais des docteurs chrétiens, Justin en tête, puis Irénée, Tertullien ensuite, Hippolyte également, et d'autres, firent front. On peut dire, après coup, que l'issue du conflit ne devait pas faire de doute, pour bien des raisons : Jésus s'était réclamé des anciennes Écritures, le débat à leur sujet mettait en cause l'identité du Dieu créateur comme Dieu unique et bon, la démonstration de la messianité du Christ était en grande partie tirée des prophètes. La réponse de l'Église du IIᵉ siècle à ces attaques portées contre les Écritures juives fut la proclamation de l'unité des deux Testaments ; qu'elle fût prévisible ne diminue en rien son importance historique, principalement sur le plan du devenir-religion du christianisme. Tout d'abord l'Église se dote d'un corpus scripturaire : elle authentifie et rassemble les écrits chrétiens d'origine apostolique, elle les compare aux vieilles Écritures recensées par la Synagogue, elle prouve que ceux-là enseignent le même Dieu créateur que celles-ci, lesquelles annoncent, préparent et préfigurent ce qui est montré accompli par ceux-là, et elle en conclut que les uns et les autres ont même origine divine, qu'ils sont « les deux testaments », « nouveau » et « ancien », d'une même histoire de salut, décrétée et mise en œuvre depuis le commencement des temps et maintenant parvenue à son achèvement. Le grand nom d'Irénée de Lyon mérite de rester

---

1. *Épître de Barnabé*, 13, 1 ; trad. P. Prigent, Paris, Éd. du Cerf (« Sources chrétiennes » 172), 1971, p. 175.

DÉVOILEMENT DE DIEU

attaché à ce vaste inventaire scripturaire que continueront de nombreux autres docteurs[1]. Du fait de cette unification, les écrits chrétiens reconnus canoniques vont jouir à leur tour du nom d'«Écritures», significatif d'inspiration et d'autorité divines, et le rapport de «l'ancien» au «nouveau» établit l'Église en destinataire privilégiée et propriétaire légitime du dispositif entier de la première Alliance. Toujours par voie de conséquence, l'Église se pense maintenant en tant que vrai et nouveau peuple de Dieu, héritier de l'institution sacerdotale et cultuelle de l'ancien (Hippolyte en est témoin). À la même époque, par la discipline et la liturgie de la pénitence publique et de la réconciliation des pénitents, l'Église se dote d'une institution judiciaire et sacramentelle qui pratique l'exclusion («excommunication») et des rites de purification, comme dans l'ancien culte, à la façon d'une clôture qui sépare les «saints» des «pécheurs», le temple saint du monde profane et souillé[2]. Dès que le culte chrétien pourra s'exercer en plein

---

1. On trouve cet inventaire et ce vocabulaire «testamentaire» chez IRÉNÉE dans son traité *Contre les hérésies*, notamment au livre III, par exemple 11, 7-9 (l'évangile «tétramorphe»); 12, 12-15 («les deux testaments»). Le canon juif des Écritures était fixé depuis la fin du Ier siècle; l'établissement du canon chrétien est déjà bien avancé à la fin du IIe siècle (Fragment dit de Muratori).

2. L'établissement d'une seconde pénitence suivie de réconciliation après l'unique baptême «pour la rémission des péchés» a causé une crise grave dans l'Église des premiers siècles et marque une étape importante de son développement en tant que religion. La pénitence publique, en effet, dit TERTULLIEN, le premier à en parler vers 215, vise avant tout à défendre «la sainteté du temple de Dieu» et à punir ceux qui sont coupables de le «violer» (*De Pudicitia*: 19, 25; 20, 1), afin que l'Église se garde «telle une vierge, sans tache de fornication, telle une épouse» (*Ibid.*, 18, 11 citant Ep 5, 25); «Paul le premier a consacré le temple de Dieu [...] et il a édicté une loi rituelle pour garder ce temple inviolé et pur» (*Ibid.*, 16, 1-2 citant 1 Co 3, 16-17). – Même langage chez ORIGÈNE vers 230, qui montre bien l'inspiration vétéro-testamentaire (lois sacrificielles): «Les apôtres et les prêtres qui sont semblables aux apôtres selon le grand-prêtre, ayant reçu la science du culte divin, savent, instruits qu'ils sont par l'Esprit, pour quels péchés ils doivent offrir des sacrifices et quand et de quelle manière, et ils connaissent les péchés pour lesquels ils ne doivent pas le faire» (*Traité de la Prière*, 28, 9).

442   DIEU QUI VIENT À L'HOMME

jour et librement, l'Église développera et expliquera ses rites sacramentels à l'aide d'une riche typologie tirée de l'Ancien Testament, qui servira à la fois à cautionner les nouveaux rites, puisqu'ils étaient annoncés symboliquement, et à montrer leur supériorité sur les rites anciens, par le passage de la figure à la réalité[1]. Une autre innovation importante, beaucoup plus tard (pas avant la fin du VIe siècle), le changement de périodicité canonique de la messe, qui, d'hebdomadaire, devient quotidienne, montre que l'eucharistie perd son caractère premier de commémoration du jour anniversaire de la résurrection du Seigneur pour répondre aux besoins des fidèles et remplir à leur profit la fonction des anciens sacrifices d'expiation pour le péché[2] : encore un glissement significatif dans le champ de la religion. Entre-temps, un événement de grande portée historique, mais aussi théologique, se sera produit : le christianisme aura été reconnu religion d'Empire, jouissant en principe de la même vocation à l'universalité. Vivant sous les mêmes lois, sous la protection des mêmes empereurs, à

---

1. CYRILLE DE JÉRUSALEM, auteur présumé vers 350 des *Catéchèses mystagogiques*, comparant le baptême à la traversée de la mer Rouge, poursuit : « Passe maintenant avec moi des choses anciennes aux choses nouvelles, de la figure à la réalité », *1re Catéchèse*, 3 (trad. P. Paris) ; même remarque à propos de la chrismation comparée à l'onction d'Aaron par Moïse, *3e Catéchèse*, 6. – AMBROISE DE MILAN à la fin du IVe s., réfère l'eucharistie à l'offrande faite par Melchisedech à Abraham, avant de la comparer à la manne, pour « prouver avec le plus grand soin que les sacrements de l'Église sont plus anciens que ceux de la Synagogue, d'une part, plus excellents que la manne, de l'autre », *Des Mystères*, 44.

2. Cette mutation a été étudiée, en rapport avec les travaux de J.-A. JUNGMANN (*Missarum Solemnia*, trad. fr., Paris, Aubier, 1951-1954), par Cyrille VOGEL, « Une mutation cultuelle inexpliquée : le passage de l'eucharistie communautaire à la messe privée », dans *Revue des Sciences Religieuses*, 54e année, n° 3, juillet 1980, p. 231-250. Mon interprétation, que je ne développerai pas, privilégie le changement symbolique de temporalité plutôt que le passage du communautaire au privé (conséquence du premier). L'auteur explique la demande accrue de messes de la part des fidèles par le désir d'obtenir la compensation des peines dues aux péchés et l'angoisse de l'au-delà ; il faudrait certainement ajouter la prière pour les défunts en lien avec la croyance au purgatoire, mais le changement de finalité de la messe est indéniable.

DÉVOILEMENT DE DIEU 443

l'intérieur des mêmes frontières, repoussées à l'extrême limite des pays barbares, les chrétiens prendront de plus en plus l'apparence et la conscience de constituer un peuple uni, chargé d'une mission divine comme l'était l'Israël ancien, mais destiné à recouvrir toute la terre jusqu'à la fin des temps[1]. L'empereur chrétien, reconnu « image » et « lieutenant de Dieu », prend une place et une charge spécifiques dans l'Église, dont il doit assurer la protection, la paix et l'expansion, et les chefs de l'Église, préposés aux choses de Dieu, peuvent se prévaloir d'un pouvoir spirituel dans l'ordre des choses temporelles, et sont ainsi introduits, par voie de réciprocité, dans la société civile en position de magistère[2] : un nouvel ordre chrétien s'instaure, qui tisse les mailles des croyances et pratiques religieuses dans la trame des liens familiaux, sociaux et politiques. Riche d'un passé antérieur à son origine, l'Église s'est installée dans le temps ; son horizon n'est plus bouché par la proximité de la venue du Seigneur, son avenir se déploie à travers la totalité de l'histoire. Quand la pratique de baptiser les enfants dès la naissance sera généralisée, et tenue pour nécessaire à l'entrée dans le Royaume de Dieu[3], le baptême cessera d'être lié à la profession volontaire de la foi et à la conversion à l'Évangile, il ne sera plus qu'un rite d'initiation, comme la circoncision, comme il en existe dans la plupart des religions, rite à la charge des parents,

---

1. On mesure l'impact théologique de la paix accordée aux Églises par Constantin en lisant les explosions de joie qui l'accueillirent dans le livre X de l'*Histoire ecclésiastique* d'EUSÈBE DE CÉSARÉE, par exemple II, 1 : « Tous les hommes étaient délivrés de l'oppression des tyrans et exempts des maux anciens. Chacun de son côté reconnaissait comme seul vrai Dieu celui qui avait combattu en faveur des hommes pieux. Mais pour nous surtout, qui avions placé nos espérances dans le Christ de Dieu, une joie indicible, un bonheur divin s'épanouissaient, etc. » ; trad. fr. G. Bardy, Paris, Éd. du Cerf (« Sources chrétiennes » 55), 1958, p. 79.

2. Sur les liens qui se nouent à partir du IVe siècle entre le pouvoir politique et le pouvoir ecclésiastique, voir Raymond DENIEL, « *Omnis potestas a Deo*. L'origine du pouvoir civil et sa relation à l'Église », dans *RechScRel.* 56 (1968) 43-85, spécialement p. 59-65 pour la période ici visée, sur laquelle je ne m'étendrai pas davantage.

3. Cette évolution s'est produite dans le cours du VIe siècle, sous l'influence notable de la doctrine augustinienne du péché originel.

444 DIEU QUI VIENT À L'HOMME

c'est-à-dire confié à l'autoreproduction d'une société dans ses traditions identitaires. La mutation religieuse du christianisme sera alors en bonne voie d'achèvement : il est enraciné dans la société, il s'accroît et se conserve, comme tout autre peuple, par le jeu de la démographie et de la coutume – sauf qu'il a conscience d'être un peuple à part, peuple de Dieu, sanctifié par ses sacrements et par l'obéissance à sa loi, son unique peuple.

Nous devons maintenant apprécier théologiquement cette évolution de l'Église en tant que religion sous son double rapport au judaïsme, d'abord, à l'Évangile ensuite. Du premier point de vue, il est clair qu'elle s'est faite par l'éviction du peuple juif des privilèges que lui reconnaissait la Bible, sous le mode de se mettre à sa place et de prendre sa place, et que là est la source de l'antijudaïsme chrétien. Mais cet aveu appelle précisions et réserves. Le christianisme n'est pas lui-même à l'origine de l'antijudaïsme, qui existait longtemps avant lui dans le monde romain et païen, peut-être davantage sous la forme ethnique de l'antisémitisme [1]. Ni les prises de position de Jésus ou des évangélistes à l'égard des juifs ou de la loi, pas même celles de Paul, ne peuvent en être honnêtement incriminées : elles restent de l'ordre d'un conflit d'interprétations au sein d'un même monde religieux. L'antijudaïsme ne peut pas davantage être considéré comme une donnée primitive de l'histoire du christianisme : les critiques adressées aux juifs par les écrivains chrétiens du IIᵉ siècle n'excèdent pas les limites des controverses doctrinales, elles peuvent même être iréniques et comporter des louanges au sujet de leur foi et de leur morale. Paradoxalement, nous l'avons signalé, c'est la proclamation de l'unité des deux Testaments qui sera le point de départ du processus antijudaïque du christianisme. Or, elle relève d'une intention irréprochable, celle de défendre la sainteté des Écritures. Mais, du seul fait que l'alliance de Dieu avec le peuple d'Israël était déclarée « ancienne » et entièrement ordonnée à la venue du Christ et

---

1. S. W. BARON, *Histoire d'Israël*, t. I, éd. fr. V. Nikiprowetzky, Paris, PUF (« Sinaï »), 1956, p. 255-264. L'auteur en donne pour motifs principaux l'expansionnisme des juifs et le particularisme de leur mode de vie et cite en exemple plusieurs écrivains romains.

DÉVOILEMENT DE DIEU

à ce qui devait s'ensuivre, l'histoire d'Israël devenait le « passé » de l'Église, les Écritures hébraïques passaient aux mains de ses véritables destinataires, toutes les institutions qui en dépendaient ou bien étaient censées caduques ou bien tombaient, sous une forme différente, dans l'héritage des chrétiens, qui se voyaient ainsi investis du titre de nouveau peuple de Dieu. Cependant, la dégradation du principe de l'unité des deux Testaments en processus de fait antijudaïque n'était pas absolument inévitable. Le conflit aurait pu s'arrêter à un acte de spoliation spirituelle, peut-être même s'en tenir à une rivalité pacifique, les uns se réclamant de l'héritage « selon la chair », les autres de l'élection « selon l'esprit », conformément à la dialectique inaugurée par Paul. Mais la polémique alimentée par les traités *Contre les juifs* qui se multiplient au IIIᵉ siècle [1], en partie provoquée par les agressions venues du côté adverse, ne facilitait pas le rapprochement entre les deux camps qui se flattaient d'être le « vrai Israël » chacun à l'exclusion de l'autre ; du moins les hostilités se cantonnaient habituellement dans le champ de la rhétorique. La situation change quand le christianisme, devenu religion d'Empire vers le milieu du IVᵉ siècle, en vient à constituer un peuple, une société religieuse consciente de soi en tant que telle et apte à recourir à la puissance de l'État pour défendre sa foi ou ses prérogatives. Désormais, le peuple des chrétiens pouvait être tenté de faire valoir, au besoin par la force, ses droits de peuple de Dieu et de ne pas tolérer qu'un autre les lui conteste, ne serait-ce que par sa présence trop revendicative ou trop marquée à ses côtés. On sait comment cette revendication va tristement se traduire dans les faits. L'évolution politique qui en est responsable ne doit pas masquer le rôle de deux facteurs théologiques. D'un côté, le processus de l'antijudaïsme chrétien ne sera que l'application par les chrétiens et à leur profit de l'idéologie juive du peuple élu du Dieu unique : il est évident qu'il ne peut pas y en avoir deux, l'un chasse l'autre. Ce qui est ici à critiquer, ce n'est pas, comme ce fut récemment la mode, le concept du monothéisme, censé détenir le virus de

---

1. L'un des premiers est celui de TERTULLIEN (vers 215 ?), qui ne manque pas de revendiquer déjà le droit des chrétiens de se considérer comme le vrai « peuple de Dieu », par exemple *Adversus Judaeos*, III, 12-13 ; IX, 22.

la violence dont le polythéisme aurait été merveilleusement préservé, illusion que l'histoire se charge de démentir; c'est l'idée qu'un peuple particulier serait le propre peuple de Dieu, l'unique représentant du Dieu unique, ou encore c'est un monothéisme de type particulariste[1]. Le christianisme, lui, se dit peuple universel de Dieu; il aurait pu y prétendre sans violence, en se rappelant que l'universalisme selon l'Esprit dont il se réclame, d'après Paul, se refuse, pour sa part, à l'exclusivisme où tombe le particularisme selon la chair et la lettre. Ici intervient le second facteur: à partir du moment où le christianisme, à l'instar des autres religions, affirmit son emprise sur une société, s'y incarne jusqu'à s'identifier à elle, il est vite tenté, dans la mesure où il en a le pouvoir, de faire régner dans l'ordre temporel le nouvel ordre spirituel voulu par Dieu, la royauté du Christ; et de même que le peuple d'Israël se considérait comme le fils chéri du Dieu unique, de même l'Église se concevra, dans les limites toujours extensibles de son existence terrestre et de son implantation dans la société, comme le peuple unique du Fils unique de Dieu. Ce qui nous amène à évaluer maintenant le devenir-religion du christianisme d'un autre point de vue, par rapport à l'Évangile.

Posons d'abord en principe que ce processus n'est pas critiquable au simple motif que le christianisme ne serait pas immédiatement sorti de l'Évangile en l'état de religion. Nous en avons reconnu les germes authentiques dans le précepte de baptiser, le mémorial eucharistique, l'institution des Douze, et il serait injustifiable de reprocher à l'Église d'avoir développé ces germes pour mieux vivre sa foi: autrement dit, il ne peut pas s'agir pour nous de proposer la «religion intérieure» comme la seule forme authentique de vie évangélique[2]. Ce dont on peut lui faire grief, c'est d'avoir construit son édifice religieux en prenant ses repères dans la loi ancienne, qu'elle rejetait par ailleurs, plutôt que dans l'esprit

---

1. Comme l'a bien vu A. Badiou dans l'ouvrage cité p. 415, n. 1.
2. A. HARNACK, *L'Essence du christianisme* (1900), trad. fr. Paris, Fischbacher, 1907, p. 320-329, loue la Réforme luthérienne d'avoir «rendu la religion à elle-même», à savoir à l'Évangile et à l'expérience religieuse, à la Parole de Dieu et à la foi. – Réduction contre laquelle protestera Alfred LOISY, *L'Évangile et l'Église*, Paris, Picard, 1902, notamment dans son chapitre sur «le culte catholique», p. 177 s.

DÉVOILEMENT DE DIEU 447

évangélique : ainsi, de s'être dotée d'un sacerdoce conçu pour le service du temple plutôt que pour le ministère de la parole ; d'avoir adopté une discipline pénitentielle davantage inspirée des règles de pureté et d'expiation que des exemples donnés par la conduite de Jésus avec les pécheurs et de ses appels à la gratuité et à la miséricorde ; d'avoir méconnu l'unicité du sacrifice de la croix en soulignant l'effet expiatoire de la messe ; d'avoir confié l'avenir du christianisme à des traditions rituelles et sociétales au risque d'oublier qu'il était fondé sur un testament nouveau de liberté ; c'est surtout d'avoir voulu instaurer la royauté du Christ par des moyens de pouvoir qu'il avait d'avance écartés et en oubliant qu'il ne s'était préoccupé, lui, ni de restaurer la royauté d'Israël ni d'instaurer le Royaume de Dieu sur terre. Mais peut-on jamais juger l'histoire ? Ce sont là des critiques plus que de vrais reproches, des jugements que nous pouvons et devons faire aujourd'hui pour tracer les voies nouvelles dont nous avons besoin dans des temps nouveaux, mais qui perdent leur sens si l'on s'en sert pour incriminer les chrétiens des temps passés : vivant dans un monde religieux, ils ont naturellement emprunté à l'Ancien Testament ou même au monde païen les modèles religieux qu'ils ne découvraient pas, d'avance disposés à leur usage, dans l'Évangile. Si l'on rassemble les données ci-dessus énumérées, on observe que la tradition chrétienne s'est très tôt employée à se donner les structures rigoureuses d'une religion de salut, multipliant les moyens, les signes rituels, les garanties de l'accès au salut, mais aussi rendant du même coup ses conditions plus onéreuses par les disciplines qui en réglementaient l'usage et le rendaient obligatoire. Il est possible que les signes du salut inspirent d'autant plus confiance que le risque est plus grand et le prix plus élevé. On touche là, semble-t-il, à l'un des ressorts les plus profonds de la religiosité, l'angoisse du salut, liée à la question du sens de l'existence, angoisse que partageaient les populations païennes à l'époque où le christianisme leur lançait ses appels[1]. On est

_____

1. E. R. DODDS, *Païens et chrétiens dans un âge d'angoisse*, trad. fr. H. D. Saffrey, Claix, Éd. de La pensée sauvage, 1979, retraçant *l'expérience religieuse de Marc Aurèle à Constantin* (sous-titre du livre), met en lumière les motifs de pessimisme et de peur auxquels s'accordait et répondait le christianisme : « Il ôta des épaules des individus le fardeau

448   DIEU QUI VIENT À L'HOMME

alors en droit de se demander s'il ne retombait pas sous une
nouvelle loi de servitude et de crainte, égale, sur ce point, à
celle dont le Christ, par son Esprit, «nous a libérés pour que
nous soyons vraiment libres», dit Paul (Rm 8, 15 ; Ga 5, 1) ;
ou si la préoccupation angoissée de faire son salut ne trahit
pas un manque de foi dans la rédemption acquise par Jésus
une fois pour toutes au profit de tous les hommes en sorte que
rien, dit encore Paul, «ne pourra nous séparer de l'amour de
Dieu manifesté en Jésus Christ» (Rm 8, 39). Rappelons une
réflexion de Paul Tillich que nous avions soulignée au
passage[1] : «une révélation est parfaite lorsque sa voie de salut
suppose l'ébranlement de toute voie de salut» ; autrement dit,
la révélation du salut apportée par Jésus est absolue, définitive et universelle en cela même qu'elle déabsolutise à
l'avance même la voie du salut chrétien issue de lui, précisément parce qu'elle révèle l'amour inconditionné que Dieu
voue à tous les hommes dans la personne de son Fils. Il n'est
pas interdit de regretter que la tradition chrétienne ait cru
devoir s'imposer, si tôt, en tant que voie de salut unique et
obligatoire, onéreuse pour ses fidèles et exclusive de toute
autre[2], et plus tard en tant que religion officielle, d'autant
plus contraignante qu'elle disposait du pouvoir du glaive, et
qu'elle se soit posée du même coup en rivale du judaïsme dans
la conquête religieuse du monde romain et hellénistique[3].

—————

de la liberté : un seul choix, un seul choix irrévocable, et la voie du salut
était ouverte» (p. 150). Jugement trop partial pour rendre raison de la
propagation du christianisme, mais qui est vérifié par son penchant à urger
menaces et remèdes de salut pour satisfaire à la demande qu'il ressentait.

1. Au début de ce chapitre, p. 318, n. 1.

2. Même si l'axiome «Hors de l'Église, point de salut» a été
énoncé en son temps (par Cyprien) à l'adresse de chrétiens qui s'étaient
séparés de leurs communautés, il n'en exprime pas moins la pensée
traditionnelle de l'Église concernant la nécessité de ses sacrements.

3. S. W. BARON, *Histoire d'Israël*, décrivant la formidable expansion du judaïsme à travers le bassin méditerranéen jusqu'au Ier siècle
de notre ère, insiste sur les succès de la «mission juive» qui faisait de
nombreux prosélytes et convertis parmi les païens, p. 233-248. Ce
mouvement, qui se ralentit sans doute après la guerre de 66-70, et plus
encore après l'insurrection de 135, a fatalement joué un rôle important dans les rapports entre juifs et chrétiens, excitant la rivalité d'un
côté comme de l'autre.

DÉVOILEMENT DE DIEU   449

Citons encore une réflexion d'Irénée, bien éloignée de tout
antijudaïsme : les apôtres n'enseignaient pas un autre Dieu que
celui de la loi, « mais ils donnaient un Testament nouveau de
liberté à ceux qui, d'une manière nouvelle, par l'Esprit Saint,
croyaient en Dieu » ; s'ils ont hésité un temps, en effet, à
circoncire les Gentils et s'ils continuaient à pratiquer, pour leur
part, les observances légales dont ils les dispensaient, c'est
bien la preuve que, pour eux, la loi de Moïse venait du même
Dieu qui est le Père du Christ ; « s'il en avait été autrement,
ils n'auraient pas eu une telle révérence à l'égard du premier
Testament, au point de ne pas même vouloir manger avec les
gentils » [1]. Cette déclaration d'Irénée montre à quelle profondeur le besoin d'une loi est inviscéré dans l'esprit religieux,
tellement est lourd à porter le fardeau de la liberté, et suggère,
avec le recul du temps, que le zèle pour la loi de son dieu est
le facteur le plus profond des antagonismes religieux, qui a
suscité l'antijudaïsme des chrétiens après avoir motivé l'anti-
christianisme des juifs, tellement la religiosité lie la loi à la
croyance. En effet, à prendre à la lettre cette déclaration (vraisemblablement en outrepassant la pensée de son auteur), la
coexistence entre juifs et chrétiens aurait dû être possible,
chaque groupe vivant sous un régime différent dans la foi au
même Dieu ; or, cela n'a pas été. Si cela n'a pas pu se réaliser
dans les faits, c'est, pour une part, parce que les chrétiens,
gratifiés de la liberté, n'ont pas su respecter celle des autres,
oubliant de quel Esprit ils étaient renés ; pour une autre part
et en sens contraire, parce que, méconnaissant leur propre
liberté, ils se sont constitué une loi nouvelle qui supprimait
l'ancienne tout en s'en inspirant ; dans un cas comme dans
l'autre, oublieux du Dieu d'amour ou revenus au Dieu de la
loi, on peut craindre qu'ils n'avaient pas encore suffisamment
appris à « croire en Dieu d'une manière nouvelle, par l'Esprit
Saint ». Encore une fois, ces réflexions ne cherchent pas à
juger ce qui s'est passé, mais à jalonner notre route de demain
en revenant sur celle du passé.

---

1. IRÉNÉE DE LYON, *Contre les hérésies*, livre III, 12, 14-15, trad.
A. Rousseau, Paris, Éd. du Cerf, 1984, p. 334. Il commente les décisions de l'Assemblée de Jérusalem (Ac. 15) et les démêlés de Pierre
et de Paul à Antioche (Ga 2).

L'idée de Dieu dans la tradition chrétienne.

L'idée de Dieu véhiculée par le christianisme initialement et au cours des siècles passés n'a pas été celle que nous pouvons aujourd'hui dégager de l'événement révélateur du Christ, mais celle qu'il a reçue ou élaborée en se constituant et en se transmettant comme religion sur la base des Écritures et en milieu de mentalité païenne et de culture hellénistique. Ce jugement, tout négatif, ne signifie aucunement que la pensée de Jésus aurait été si tôt oubliée, méconnue ou trahie, vu que Jésus n'a jamais donné un enseignement formel sur Dieu et qu'il appartient à la foi des chrétiens d'identifier le Dieu qui s'est révélé en lui en méditant sur son événement. Il n'est pas douteux qu'ils ont de tout temps fait référence à celui que Jésus avait désigné comme son Père et qui fut ensuite déterminé comme Dieu trinitaire, et qu'ils ont eu très tôt conscience de l'originalité de leur foi en Dieu, que des débats internes se chargeraient vite de produire au grand jour. Cela admis, il ne s'ensuit pas qu'ils aient remis en question la notion commune de divinité qui s'exprime dans le nom de Dieu, quels que soient ceux qui le prononcent, notion qui était déjà dans leur esprit avant qu'ils ne soient chrétiens et qu'ils utilisaient spontanément quand ils parlaient du Dieu de Jésus. Quel que fût leur sentiment de la nouveauté chrétienne, il n'allait pas jusqu'à leur faire éprouver le besoin d'innover radicalement un concept qui leur servait de truchement, de préalable, de bien-connu auprès des juifs comme des païens. Notre intention est de montrer que le christianisme primitif, par son usage des Écritures et pour les besoins de sa prédication auprès des païens, ensuite par réaction contre les hérésies dualistes, s'est très tôt approprié une idée de Dieu qui appartient au fonds commun des religions, qu'il développera plus tard à l'aide de la philosophie pour élaborer son dogme trinitaire. Ainsi s'est introduit dans la religion chrétienne un bien-connu de Dieu dont la modernité occidentale devait s'emparer avant de le rejeter, celui-là même dont le christianisme d'aujourd'hui éprouve le besoin de se dégager en cherchant à frais nouveaux quel Dieu s'est révélé en Jésus.

Une première évidence s'impose à notre esprit : l'attitude des premiers chrétiens ne pouvait pas être la nôtre, à nous qui vivons dans un monde où Dieu a perdu pour beaucoup de gens

DÉVOILEMENT DE DIEU 451

évidence et signification. Ceux d'origine juive croyaient au Dieu de la Bible et la religion juive avait formé leur idée de Dieu. Ceux d'origine païenne croyaient aussi d'avance à la divinité et en avaient une notion venue de leurs cultes ou, pour quelques-uns, de l'enseignement philosophique. Le premier problème de la prédication chrétienne auprès des juifs ou des païens n'était pas de leur apprendre à croire en Dieu, mais au Christ; c'est pourquoi sa préoccupation essentielle n'était pas d'approfondir l'identité du Dieu révélé en ou par Jésus, qui ne pouvait être autre *a priori* que celle du Dieu de la Bible. Les missionnaires qui s'adressaient à leurs anciens coreligionnaires juifs campaient sur le terrain des vieilles Écritures pour mettre en lumière le témoignage de Dieu annonçant Jésus comme son envoyé et son fils. Cette démonstration supposait acquise la conviction que Dieu s'était révélé aux patriarches, à Moïse et aux prophètes et que l'Écriture est la Parole de Dieu; il suffisait d'y ajouter le témoignage des apôtres et évangélistes certifiant que le Dieu de nos pères avait assisté Jésus de sa puissance et l'avait finalement arraché à une mort injuste. Quand ils s'adressaient aux païens, les prédicateurs devaient d'abord les sortir du polythéisme; ils utilisaient pour cela les mêmes arguments que les apologistes juifs: les païens eux-mêmes mettent un Dieu suprême au-dessus de tous les autres, celui qu'ils appellent «Dieu des dieux»; n'est-ce pas avouer que la divinité est unique, qu'elle appartient à celui-là seul qui exerce la souveraine domination sur toutes choses, et à qui revient-il de commander à tous les êtres sinon à celui qui les a tous créés? À cette argumentation qui lie la *divinitas* à la *dominatio*, le nom *deus* à celui de *dominus*, Tertullien[1] ajoutait le «témoignage de l'âme», de l'âme «naturellement chrétienne», en ceci que, éduquée par la nature, formée par Dieu même, sans avoir été instruite ni par les livres des philosophes ni par ceux de Moïse, elle croit spontanément en un seul Dieu, tout-puissant, qu'elle invoque en disant «Dieu est bon», «Dieu me voit», «Dieu te le rendra», preuve que, même chez les païens, l'âme croit au Dieu de Moïse, à celui des chrétiens[2].

---

1. TERTULLIEN, *Ad Nationes* II, 4-5; *Adv. Hermogenem* 4; 6; 11; 17-18. *Adv. Marcionem* I, 3-4; 7.

2. ID., *De Testimonio animae*, 2; 5; 6; *De Corona*, 6; etc. – Qu'on me permette de renvoyer à mon livre *Théologie trinitaire de Tertullien*, vol. III, Paris, Aubier («Théologie» 70), 1966, p. 694-707.

« Car avant la prophétie est l'âme, et de l'âme depuis le commencement la conscience de Dieu est la dot, la même [...]. Dieu a ses témoignages : tout cela que nous sommes et en quoi nous sommes. Ainsi prouve-t-il et qu'il est Dieu et qu'il est le seul : puisqu'il ne se laisse pas ignorer[1]. »

Le plus gros obstacle à la prédication chrétienne ne viendra pas du polythéisme mais du dualisme. La rencontre du christianisme avec des courants philosophiques selon lesquels tout ce qui est provient d'une matière mauvaise, informe et éternelle, et avec des courants de spiritualité orientale qui opposaient un principe bon et un principe mauvais, la lumière et les ténèbres, permettait en effet, dans les débuts du IIᵉ siècle, de dire que le Dieu créateur et législateur de l'Ancien Testament est un dieu mauvais et méchant et que le Père du Christ n'est pas ce dieu-là mais un autre, jusque-là inconnu, qui ne s'était manifesté par aucune activité dans le monde ni dans l'histoire et qui s'est révélé pour la première fois en Jésus, lequel a témoigné pour ce motif que les juifs ne connaissaient pas le vrai Dieu dont il est le fils. C'était le premier affrontement du christianisme au pessimisme radical et au problème du mal, et le rejet du Dieu de la loi mosaïque se recommandait évidemment du rejet de la loi juive par les chrétiens. La réaction des docteurs chrétiens consistera à lier l'affirmation de l'unité des deux Testaments à la proclamation de « la règle de vérité ». Ainsi, dit Irénée : « Pour nous, nous gardons la règle de vérité selon laquelle il existe un seul Dieu tout-puissant qui a tout créé par son Verbe, a tout organisé et a fait toutes choses de rien pour qu'elles soient, selon ce que dit l'Écriture : *Par le Verbe du Seigneur les cieux ont été affermis, et par le Souffle de sa bouche existe toute leur puissance*, et encore : *Tout a été fait par son entremise et, sans lui, rien n'a été fait* [...]. C'est par son Verbe et son Esprit que Dieu fait tout, dispose tout, gouverne tout, donne l'être à tout. [...] C'est lui le Dieu d'Abraham, d'Isaac et de Jacob, au-dessus duquel il n'est point d'autre dieu. C'est lui le Père de notre seigneur Jésus Christ[2]. » Cette règle de vérité,

---

1. ID., *Adv. Marcionem* I, 10.

2. IRÉNÉE, *Contre les hérésies* I, 22, 1, p. 104 (cite Ps 32, 6 et Jn 1, 3) ; énoncé semblable en III, 11, 1 sans l'expression « règle de vérité ». L'affirmation que Dieu a tout créé *ex nihilo* repousse l'idée qu'il

DÉVOILEMENT DE DIEU 453

poursuit Irénée, est contenue dans toutes les Écritures, anciennes ou nouvelles, et résume « l'enseignement des apôtres », « la tradition des apôtres »[1] : « Pour nous, suivant le Seigneur comme unique et seul vrai Maître et prenant ses paroles pour *règle de vérité, tous et toujours nous entendons d'une manière identique* les mêmes textes[2], en ne reconnaissant qu'un seul Dieu, Créateur de cet univers, qui envoya les prophètes, qui fit sortir son peuple de la terre d'Égypte et qui, dans les derniers temps, manifesta son Fils pour confondre les incrédules et réclamer le fruit de la justice[3]. » Cette règle de vérité est celle qui est « reçue par le baptême »[4], c'est la foi, « reçue des apôtres », « en un seul Dieu, Père tout-puissant, qui a fait le ciel et la terre, et en un seul Christ Jésus, le Fils de Dieu qui s'est incarné pour notre salut, et en l'Esprit Saint, qui a proclamé par les prophètes les économies [...] du Christ Jésus[5] ». Ce n'est pourtant pas exactement le Symbole baptismal qui professe distinctement, en trois articles séparés, la foi trinitaire au Père, au Fils et au Saint-Esprit[6], puisque, dans la plupart des cas, la règle de vérité se contente de mentionner la foi au seul Dieu Créateur et à son Fils unique le Christ, souvent même en mentionnant ce dernier dans une

---

se serait servi d'une matière mauvaise, selon la doctrine d'Hermogène que Tertullien a combattue dans un traité qui porte son nom.

1. *Ibid.,* II, 27, 1 ; 28, 1 ; III, 2, 1 – 3, 1 ; 12, 6 ; 15, 1. Ces textes mentionnent l'expression « règle de vérité » sans en ramasser le contenu dans une formule brève. Cette règle n'est pas seulement donnée comme un résumé des Écritures, mais tout autant comme un principe d'herméneutique pour accorder les anciennes et les nouvelles et notamment pour expliquer celles qui seraient moins claires, comme les paraboles sur lesquelles les hérétiques argumentaient avec prédilection (*ibid.,* II, 27, 1).

2. J'ai mis en italique une phrase qui aurait pu inspirer VINCENT DE LÉRINS (mais il ne cite pas Irénée) : *quod ubique, quod semper, quod ab omnibus traditum est* (*Commonitorium,* III). Vincent (autour de 400) transfère à la tradition catholique ce qu'Irénée dit de l'interprétation des Écritures.

3. *Ibid.,* IV, 35, 4, p. 533.

4. *Ibid.,* I, 9, 4.

5. *Ibid.,* I, 10, 1 ; III, 1, 2 (formule binaire) ; 4, 2 (le « Symbole des Barbares », formule binaire).

6. Comme dans la *Démonstration de la prédication apostolique,* 6-7, du même IRÉNÉE, qui énonce l'*ordo dispositionis fidei nostrae.*

454 DIEU QUI VIENT À L'HOMME

proposition relative, de telle sorte que l'affirmation de la foi porte «principalement» sur l'unicité de Dieu et sa désignation comme créateur. C'est donc moins une profession de foi qu'une règle doctrinale destinée à rejeter les hérésies dualistes[1]. Le Dieu des chrétiens était ainsi formellement identifié au Dieu de l'ancienne révélation, à celui qui est révélé par la création, et non formellement par l'événement de Jésus.

Nous nous sommes attardés quelques instants à Irénée pour mesurer l'impact de la lutte contre le dualisme sur la formation de l'idée chrétienne de Dieu. Pour la première fois dans leur histoire encore si courte, la possibilité était offerte aux chrétiens, sinon de choisir leur Dieu, du moins de réfléchir à l'idée qu'ils en avaient. Ils l'ont fait, mais pour légitimer et renforcer leur assentiment initial au Dieu de la Bible et pour identifier formellement la foi en Dieu propre au Nouveau Testament à celle de l'Ancien. Ce choix nous paraît, aujourd'hui, s'imposer avec tant d'évidence que nous en oublions de remarquer que la nouveauté de Dieu, tel qu'il s'est révélé en Jésus, est restée, de ce fait, irrémédiablement voilée. Certes, nous ne cherchons pas à imaginer qu'il aurait pu en aller autrement, nous voulons seulement prendre nous-mêmes conscience de ce qui s'est passé dans la conscience des chrétiens de ces temps-là et qui restera gravé dans la tradition par eux léguée. Une immense gratitude est due à Irénée et à ses émules pour nous avoir délivrés du «Dieu nouveau» imaginé par les gnostiques, un dieu sans rapport avec le monde ni l'histoire. Mais nous devons voir en même temps que la crainte d'un «autre» dieu «inconnu» les a, et nous a du même coup, irrésistiblement détournés de scruter la nouveauté que pouvait cacher la manifestation de Dieu dans la chair d'un homme (que les gnostiques, d'ailleurs, méprisaient profondément), et noter que cette crainte a pour longtemps fixé le fondement de la pensée chrétienne de Dieu dans un bien-connu qui ne devait rien à son apparition historique en Jésus. Assurément, c'est à un Dieu «révélé», celui de la Bible que

---

1. On retrouve la même alternance d'énoncés binaires et ternaires chez Tertullien. Voir mon livre (cité p. 451, n. 2), vol. I, p. 75-86, – et lire Bernard SESBOÜÉ et Joseph WOLINSKI, *Le Dieu du salut*, vol. I, Paris, Desclée, 1994, p. 78-100 (B. SESBOÜÉ).

DÉVOILEMENT DE DIEU   455

renvoient les anciens docteurs chrétiens, mais à un Dieu dont les représentations bibliques portent l'empreinte de la vieille religion hébraïque, qui n'est pas essentiellement différente des autres – tous les historiens des religions en conviendront. L'idée de Dieu y était certes infiniment plus juste et plus pure que dans les cultes païens : Dieu unique, créateur, législateur, pourvoyeur de biens ; mais ces traits se retrouvent aussi, à des degrés divers, en d'autres religions, disons plus justement qu'ils constituent un fonds commun de religiosité. Ainsi avons-nous vu Tertullien en appeler, par-delà la Bible, au « témoignage de l'âme » instruite « naturellement » par Dieu pour persuader les païens qu'ils croient, eux aussi, sans bien s'en rendre compte, à un seul Dieu, qu'ils le reconnaissent maître de tout, juge souverain, bienveillant envers les hommes, et qu'ils adorent, sans le savoir, le même Dieu que Moïse et les chrétiens – un Dieu dont le concept s'exprime, pour l'essentiel, dans le nom de « père tout-puissant », nom commun, de fait, au paganisme comme à la Bible grecque et, plus tard, au christianisme le plus ancien[1]. L'appel au témoignage de l'âme n'est pas si éloigné de la « révélation naturelle » chère à l'École d'histoire des religions et véhicule une même idée de Dieu, qui balance entre « théisme » et « déisme », qui renvoie à un passé primordial, au dieu des origines, dieu des traditions patriarcales et ethniques, dieu lié à l'histoire d'un peuple, dieu de la religion auquel chacun est « relié » personnellement et socialement par la loi qu'il donne et par le culte qui lui est rendu[2]. Une fois qu'il se fut constitué en religion héritière de celle de l'Ancien Testament, le christianisme n'éprouva pas de gêne à identifier le Dieu de Jésus au Dieu des pères du peuple hébreu pas plus qu'au Dieu des dieux des croyances païennes, auquel se substituera le Dieu chrétien quand le christianisme deviendra religion d'Empire. La remontée aux origines par la filière d'une tradition immémoriale, authentifiée par une Écriture censée être la plus ancienne de toutes, se prêtait à

---

1. Sur ce nom et sur celui de « seigneur », voir p. 94-95.
2. Sur le mot « religion », voir p. 100. – TERTULLIEN, *Adv. Judaeos*, II, 1-6, pour prouver la caducité de la loi mosaïque en tant que loi particulière, remonte au précepte donné par Dieu à Adam et Ève dans le Jardin d'Éden, et y montre la loi primordiale et vraiment universelle, qui contient en germe tous les préceptes du Décalogue.

456 DIEU QUI VIENT À L'HOMME

donner au Père de Jésus l'autorité d'un Dieu connu depuis toujours, Dieu unique que tous les hommes adorent dans le secret de leur cœur alors même qu'ils ignorent son lien à Jésus. Dieu gagnait en universalité, celle de la croyance religieuse, celle de la notion commune du Dieu commun, ce qu'il perdait du point de vue de la singularité du Dieu venu à l'homme à tel moment de l'histoire. Non qu'il *perdît* réellement le propre de la révélation chrétienne qui s'exprime dans les dogmes de l'Incarnation et de la Trinité et qu'Irénée a su énoncer dans des formulations admirables, mais en ce sens que l'historicité de sa révélation ne pouvait et ne pourrait pas prendre forme dans le concept même de Dieu tant que ce concept serait maintenu dans un bien-connu *a priori* inconciliable avec toute nouveauté : comment inscrire dans l'idée d'un Dieu qui « ne se laisse pas ignorer », dit Tertullien, ce qui lui est arrivé en Jésus et de son fait ?

Encore n'avons-nous pris en compte jusqu'ici que l'élaboration doctrinale et langagière de l'idée de Dieu. Or, celle-ci s'exprime aussi et se façonne davantage dans les attitudes et pratiques religieuses. À mesure qu'il se constituait en religion, en s'inspirant de celle de l'Ancien Testament, le christianisme se façonnait un sentiment de Dieu analogue, sous des traits particuliers, à celui qui s'exprime en d'autres religions : Dieu lointain et redoutable dont l'approche est interdite autrement que par l'institution sacerdotale, Dieu de domination dont la loi est urgée et les châtiments rappelés par l'institution pénitentielle, Dieu qu'on peut apaiser et se rendre favorable en lui offrant un culte sacrificiel, Dieu qui règne sur son peuple par l'intermédiaire d'un Prince dont il sacralise l'autorité, Dieu qui perpétue son règne par la continuité et la force des traditions familiales et sociales. Se confectionnant une figure religieuse, qui ne trahissait peut-être pas l'esprit de l'Évangile mais qui n'y avait pas non plus, comme telle, ses racines, adoptant avec elle une idée de Dieu venue du fond des âges par les voies les plus diverses, le christianisme s'exposait à de futures contestations et révisions critiques qui donneront naissance à bien des déchirements, plus tard à la Réforme, et à d'autres conflits de nos jours. Il liait si étroitement la croyance en Dieu à l'autorité d'une religion, elle-même adossée à la puissance politique, qu'un temps vint où des hommes voulurent se libérer de l'une pour s'affranchir de l'autre : ce fut le drame de la « mort de Dieu » que nous avons

DÉVOILEMENT DE DIEU 457

étudié. Ce drame est à mettre au compte d'une idée aliénante du Dieu de la religion dont la tradition chrétienne ne sut pas se purifier quand elle devint insupportable aux esprits de la modernité. Entre-temps, l'idée du Dieu de la raison philosophique s'était mélangée à celle du Dieu de la religion pour finir par succomber avec elle dans le même drame; il nous reste à observer cette autre mutation de la tradition chrétienne.

La rencontre de la tradition chrétienne avec le Dieu de la philosophie remonte presque à ses commencements; plutôt que d'un «emprunt», il s'agit d'un phénomène culturel des plus normaux. Elle s'est produite dès le temps des Pères Apologistes, appelée notamment par la doctrine du Logos, mot caractéristique de la philosophie et de la théologie stoïciennes qui constituaient la formation de base d'un grand nombre de chrétiens cultivés des premiers siècles. Le savant helléniste A. J. Festugière résume en ces termes l'idée de Dieu des stoïciens: «Loi suprême, il est Nécessité. Principe d'intelligibilité, il est logos. Cause animatrice, il est pneuma, *spiritus*. Quelque appellation qu'on lui donne, ce Dieu immanent reste corporel, on ne quitte pas la physique. Le stoïcisme est, très conséquent avec lui-même, un «panthéisme matérialiste»; ce Dieu, néanmoins, «hérite des traditions religieuses de la Grèce. Assimilé à Zeus, il prend figure de Dieu personnel. De là naît, à travers tout le stoïcisme, une foule d'équivoques[1]» – des équivoques qu'on retrouve, par voie de conséquence, dans la théologie chrétienne de l'époque, utilisatrice de toutes ces notions, empressée cependant à dénoncer, autant qu'elle le peut, ce matérialisme et cet immanentisme et à leur opposer la pureté de la pensée biblique de Dieu. Dans cette formation de base, on fera aussi entrer l'influence, directe ou indirecte, de Platon, cité par la plupart des anciens écrivains chrétiens. Pour Platon, dit encore Festugière, «l'idée de divin implique l'idée d'être»; Dieu est l'Être par excellence, le premier Être, l'Idée du Bien, le sommet de l'être et de l'idée, il est nécessairement immuable et éternel: «L'immuabilité, c'est l'être. Or l'immuabilité inclut l'éternité. Ce qui ne change point ni ne commence ni ne finit. Ce qui *est*, est toujours. L'éternité de

_____

1. A. J. FESTUGIÈRE, o. p., *L'Idéal religieux des Grecs et l'Évangile*, Paris, Gabalda («Études bibliques»), 1932, p. 70-72.

458 DIEU QUI VIENT À L'HOMME

la sorte est au cœur même de l'être[1]. » Cette conception de
l'être divin, inengendré, incorruptible, impassible, indivisible,
etc., se trouve chez de nombreux Pères, grecs ou latins ; elle
est la base du « platonisme » qu'on leur attribue couramment[2].
Voilà assurément de quoi fortifier l'accusation – s'il faut la
retenir comme telle – d'*ontothéologie* lancée contre leur théologie. Je ne m'y attarderai pas, cependant, pour ce qui concerne
ses commencements. Les premiers écrivains chrétiens, en effet,
tout en utilisant les penseurs grecs à des fins aplogétiques,
pour repousser les idées du paganisme, ne leur ont point
demandé systématiquement les moyens d'élaborer une doctrine
spéculative de la divinité, qu'ils ne cherchaient d'ailleurs pas
à faire : l'enseignement de la Bible leur suffisait amplement ;
ils ont su les louer pour avoir dit telle ou telle chose juste, par
exemple que Dieu est esprit, immuable, éternel, mais la plupart
du temps ils leur reprochaient leurs erreurs[3], entre autres leur
matérialisme ou leur déterminisme (même s'ils n'en étaient
pas eux-mêmes totalement indemnes). Quelle que fût leur
ouverture d'esprit, ils n'abordaient pas ces penseurs sans
méfiance, voyant en eux avant tout des païens – à l'exception
peut-être de Socrate, martyr, à leurs yeux, de l'unicité de Dieu.
La méfiance ne fit que s'accroître avec l'apparition des
premiers hérétiques qui se targuaient de philosopher ; traiter
les philosophes en « patriarches des hérétiques » devint un
lieu commun de l'hérésiologie depuis Tertullien[4]. Écoutons
ses célèbres apostrophes : « Ô misérable Aristote ! Toi qui leur
as enseigné la dialectique, maîtresse dans l'art de construire
et de détruire, versatile dans les affirmations, contraignante
dans les conjectures, etc. » Et encore : « Qu'y a-t-il de commun
entre le philosophe et le chrétien, disciples l'un de la Grèce,
l'autre du Ciel, entre celui qui détruit et celui qui édifie, entre

---

1. A. J. FESTUGIÈRE, *L'Idéal religieux...*, p. 43-45.

2. G.-L. PRESTIGE, *Dieu dans la pensée patristique*, trad. fr. Paris,
Aubier (« Les Religions » 10), 1955, p. 25-44, rassemble quelques citations de Pères anciens sur l'être divin sous le titre « Éléments de théisme ».

3. *Ibid.*, p. 44-66, en cite de nombreux exemples sur le thème de la
« transcendance » divine.

4. TERTULLIEN, *v. g. Adv. Hermogenem*, 8 ; *De Anima*, 3. Je renvoie
à mon livre (cité p. 451, n. 2), vol. I, p. 141-143 ; j'y analyse son attitude à l'égard de la philosophie, p. 149-160.

DÉVOILEMENT DE DIEU

celui qui corrompt ce dont il est le voleur, et celui qui rétablit ce dont il est le gardien[1]. » – Où l'on voit que les anciens Pères n'avaient pas totalement oublié, quoi qu'en dise Heidegger, les leçons de Paul détournant les disciples du Christ de la philosophie ! Le procès d'« hellénisation » longtemps fait à la théologie des Pères paraît, à la réflexion, aussi déplacé que le modèle d'« inculturation » que d'aucuns, plus récemment, y admirent, comme s'il y avait motif à les blâmer ou, inversement, à les louer d'avoir partagé la culture la plus répandue de leur temps. Ce n'est donc pas à ce stade d'une théologie à prédominance apologétique ou catéchétique qu'il convient de les soupçonner d'avoir paré le Dieu de Jésus des traits du Dieu des philosophes. Ils n'ont d'ailleurs pas vraiment substitué une notion rationaliste de Dieu à la notion biblique ; s'ils ont glissé de l'une vers l'autre, c'est par le recours à l'idée d'être – Heidegger dit vrai sur ce point. Mais le grief qu'un théologien peut leur faire n'est pas d'avoir utilisé la notion d'être, c'est de s'être laissé détourner par elle, dans la mesure où ils l'ont été, du terrain historique sur lequel se situent le salut et la révélation, et donc la vraie relation de Dieu et de Jésus. Nous observerons ce déplacement à l'occasion des débats trinitaires qui ont préparé ou suivi la définition du concile de Nicée en 325. Sans entrer dans les détails historiques du conflit entre ariens et nicéens ni de l'élaboration des formules trinitaires, conflit et élaboration qui s'étireront sur plusieurs siècles[2], nous viserons à en extraire strictement ce qui se rapporte à la conception de l'être divin pris en lui-même.

---

1. Cité successivement de TERTULLIEN : *De Praescriptione*, VII, 6 et *Apologétique* XLVI, 18. Dans la seconde citation, on reconnaît la théorie des « emprunts » selon laquelle toutes les vérités qu'on trouve chez les philosophes auraient été dérobées aux « livres de Moïse » et communiquées aux païens (soit par des bons anges pour les préparer au christianisme, soit au contraire par des démons pour les en détourner ; ici c'est la seconde thèse qui l'emporte).

2. Ces débats sont racontés et ces formulations analysées avec grand soin dans l'ouvrage de B. SESBOÜÉ et J. WOLINSKI cité p. 454, n. 1. La plupart des termes philosophiques utilisés dans l'ancienne théologie trinitaire ont été recensés et définis, avec références, dans le livre de G.-L. PRESTIGE indiqué ci-contre. – Je me prononcerai sur ces questions seulement au chapitre suivant.

Le débat portait sur la divinité du Christ, et la thèse orthodoxe, fondée sur le titre de Fils de Dieu, qui lui avait été de tout temps décerné, et plus précisément de Fils éternel, selon une appellation plus récente, était de lui reconnaître une divinité en tout identique et égale à celle du Père. Le problème théologique était de passer de l'affirmation biblique du Dieu *unique* à l'énonciation métaphysique d'un Dieu *un* en plusieurs suppôts. Les ariens, s'appuyant sur l'affirmation biblique selon laquelle Dieu n'a pas d'égal et n'est comparable à aucun autre, ainsi que sur la division philosophique de l'être en êtres inengendrés et êtres engendrés, n'accordaient au Fils qu'une nature semblable à celle de Dieu mais créée hors du temps. Les nicéens, se fondant sur la définition physique de la génération en tant que communication de l'être selon l'identité de la substance, soutenaient que le Fils avait reçu l'intégrité de la nature divine avec tous ses attributs, incluant la coéternité et l'indivision de l'être avec le Père. Peu importent la précision des concepts et la justesse des arguments employés et échangés de part et d'autre. Il suffit de remarquer que l'Écriture ne pouvait pas être d'un secours décisif pour trancher ce genre de débat, malgré les appels contradictoires qu'on lui faisait. Nous noterons également que le débat ne pouvait pas se circonscrire au nom biblique de Dieu, Yahvé, nom incommunicable en tant que personnel et nécessairement singulier, mais devait formellement porter sur son nom païen, θέος, nom communicable parce que commun et acceptant de se mettre au pluriel, ce pour quoi la question de son attribution au Christ était inévitablement dévolue à une philosophie de l'être. En stricte théologie biblique, Dieu est un seul en tant qu'il est le seul à être ce qu'il est ; le *propre* de Dieu, par définition, lui appartient à lui seul, c'est d'être unique. À Nicée, le Fils est proclamé « consubstantiel » au Père sur la base d'une autre conception de Dieu posé comme être générique, comme nom de genre, sous la raison du divin ou de la divinité *commune* ; la nature est détachée de l'existant censé solitaire et lui associe d'autres partenaires à qui échoit en héritage ce qu'il a de propre. Cette opération sémantique ne pouvait être conduite à bon terme que grâce à l'aide puissante d'une philosophie de l'être. Elle était argumentée à grand renfort de citations bibliques, mais celles-ci avaient besoin à leur tour d'être interprétées selon les cohérences des catégories de l'être et de se

DÉVOILEMENT DE DIEU

soumettre aux règles du syllogisme. Beaucoup de bonnes âmes déploraient, dans les deux camps, avec plus ou moins de sincérité, que le « misérable Aristote » ait été ainsi promu arbitre des conflits de la foi chrétienne. Que la théologie fût désormais devenue *ontothéologie*, le fait est indéniable. Qu'on soit en droit de parler maintenant d'une *hellénisation* du dogme chrétien, il semble qu'il faille pareillement le concéder[1], quand le terme οὐσία fait son entrée solennelle dans le Symbole de Nicée : le concept de Dieu est sorti du champ de la pensée biblique pour entrer dans celui de la pensée grecque, il quitte le terrain de l'histoire du salut et pénètre sur celui de la logique de l'être. C'est donc ici qu'il est permis de dénoncer l'intronisation du Dieu de la philosophie dans la tradition chrétienne. Encore faut-il le faire à bon escient.

On ne reprochera pas à la pensée chrétienne d'avoir raisonné ni à partir du nom païen de θέος[2] ni en termes d'οὐσία[3] : il était inévitable de parler de Dieu dans la langue de la culture commune et nécessaire de parler le langage de l'être pour dire ce qu'il y a de commun et d'unique entre Dieu et le Christ. Aucune altération de la foi ne saurait être imputée à cette théologie sous prétexte qu'elle serait sortie des limites de son domaine ; cependant, un détournement du *regard* de la foi s'est produit, qu'il est permis de regretter. Ce

---

1. Pas au sens où des historiens des origines chrétiennes de la fin du XIXᵉ siècle dénonçaient, déjà dans le Nouveau Testament, des conceptions païennes de la divinité, par exemple à propos du nom κύριος. Des historiens catholiques récents soutiennent, à l'inverse et avec raison, que les Pères de Nicée ont su éviter de traiter le Logos en être intermédiaire entre le monde divin et le monde créé. Disons que, s'il n'y a pas eu d'hellénisation au sens d'une pénétration de la théologie païenne dans le dogme chrétien (encore faudrait-il être attentif à de possibles infiltrations sous le couvert du nom de « Fils de Dieu »), elle n'est pas moins flagrante (mais légitime) du point de vue de la philosophie. – Je me réserve de prendre position en théologie trinitaire dans le second tome de ce livre.

2. Ce nom était, bien entendu, passé dans la traduction grecque de la Bible.

3. Concept que plusieurs théologiens ou philosophes chrétiens se réjouissent, inversement, de trouver dans le nom Yahvé (Ex 2, 14) et dont ils font la source de la « métaphysique de l'Exode ».

regard s'est fixé sur l'être de Dieu, et désormais la plupart des interrogations théologiques vont se porter sur le terrain métaphysique de l'être : l'ontologie va devenir le champ clos de l'orthodoxie. L'orthodoxie, c'est-à-dire le bien-penser au sujet de Dieu, peut-être même simplement le bien-dire des mystères de Dieu, devient critère de foi et condition de salut, puisque toute expression contraire à celles des conciles sera frappée d'« anathème », entraînant excommunication et, à la limite, damnation. Le questionnement philosophique va devenir envahissant, l'argumentation scripturaire sera incapable d'y répondre, sinon pour apporter quelques confirmations, à vrai dire peu convaincantes dans la plupart des cas, à un raisonnement théologique de plus en plus confiné dans la spéculation métaphysique pour défendre, expliquer, développer des « définitions » de la foi, énoncées dans le même langage. Alors que les questions dogmatiques, au temps des Pères et longtemps encore après Nicée, se décidaient sur la base des « raisons salutaires », des arguments tirés de l'histoire du salut, donc de l'Écriture, avant d'énoncer leurs solutions par le truchement de concepts empruntés à la philosophie, mais seulement en fin de parcours, la théologie, elle, surtout à l'époque scolastique, s'assignant pour tâche majeure le commentaire des définitions du dogme, désertera dans une large mesure le terrain scripturaire pour se situer, en aval du dogme, dans les régions de la métaphysique défrichées au préalable par la philosophie devenue sa « servante »[1]. Mais, répétons-le, ce n'est pas l'usage en soi de la philosophie qui mérite d'être reproché à la théologie, c'est le contrecoup négatif d'un usage excessif, quand elle en vient à se détourner de l'histoire et du monde, auxquels l'Écriture lui ouvre l'accès par le récit du salut que Dieu prépare et accomplit par le Christ pour ses créatures. Du même coup, la théologie en vient à faire abstraction des liens temporels et créaturaux qui unissent l'un à l'autre Dieu et le Christ et à ne plus considérer leurs relations mutuelles que du point de vue de leur être commun, c'est-à-dire d'une éternité et d'une transcendance déliées de tout rapport au temps et au monde. Depuis Nicée, le Christ est considéré de manière privilégiée du point de vue de sa génération éternelle en Dieu ; son

---

1. L'épistémologie de cette nouvelle manière de faire de la théologie sera théorisée déjà au VIe siècle dans les *Opuscula sacra* de BOÈCE.

DÉVOILEMENT DE DIEU 463

lien à l'histoire des générations humaines passe à l'arrière-plan ; l'important est de bien articuler sa personne divine à sa nature humaine afin que la première assume réellement la seconde sans que la seconde introduise quelque altération dans la première. La relation de Dieu au Christ ne suffit donc plus à le lier à notre monde, puisque le Christ est formellement conçu en fonction de son appartenance à l'éternité : il s'est produit dans la pensée chrétienne un désintéressement et un retrait de l'histoire. Quand Dieu est ainsi considéré du strict point de vue de son être en soi et pour soi, c'est alors qu'on peut dire, même s'il est déterminé comme être trinitaire, que la tradition chrétienne est devenue porteuse de l'idée du Dieu de la philosophie : Dieu situé infiniment au-dessus des hommes, infiniment éloigné des contingences du monde, pure transcendance de l'étant qui se tient au sommet de l'être. L'idée de Dieu élaborée par la théologie, mais à partir des concepts de la philosophie, est suffisamment abstraite – extraite de l'histoire du salut – pour faire retour à sa source, quand la philosophie aura secoué la tutelle de la théologie et retiré du concept de Dieu les déterminations que la foi y avait introduites. Ce qui caractérise le concept philosophique de Dieu, ce qui en constitue le « bien-connu », c'est ce que la raison laissée à elle seule peut en dire quand elle se tient dans l'ignorance ou l'oubli de l'histoire du salut et contemple Dieu en lui-même dans son absolu éloignement de toutes choses et sa souveraine indifférence à leur égard. La réflexion théologique arrive au même résultat quand elle s'absorbe dans la contemplation de l'être de Dieu, sans reste, c'est-à-dire hors relation au monde ; l'introduction en lui des « processions » trinitaires ne l'empêche pas de se tenir en état d'aliénation par rapport au monde : il est le Tout-Autre, l'Absolument lointain, « absous », « délié » de tout ce qui n'est pas lui. Telle est l'idée de Dieu dont s'est emparée la raison de la modernité, prenant le relais de la théologie métaphysique, et dont la philosophie posthégélienne a décrété, ou plutôt constaté la « mort » : ce Dieu n'intéressait plus personne, puisque lui-même ne s'intéressait à rien. L'oubli des relations historiques de Dieu au Christ avait préparé de loin l'oubli de Dieu.

Entre les deux idées de Dieu qui en constituent, avons-nous dit, le « bien-connu », provenant, l'une de la religion, l'autre de la philosophie, qu'y a-t-il de commun ? Elles sont, selon toute apparence, fort différentes : la première tient au

464   DIEU QUI VIENT À L'HOMME

sentiment et à la croyance et tire sa force de la coutume et de la société, la seconde vient du raisonnement et s'impose par l'étude et l'enseignement, celle-ci est faite d'abstractions, celle-là de rites et de pratiques, l'une tend à l'adoration, de préférence sous la forme d'un culte public, l'autre à la contemplation intellectuelle et solitaire. Mais il y a de commun aux deux une intuition de l'excellence de la divinité, de sa supériorité absolue, de sa transcendance, qui la situe infiniment à l'écart et au-dessus de toutes choses et de tout conditionnement et qui finit par écraser l'homme et l'enfermer dans son néant. Là encore, la différence joue : la divinité de la croyance religieuse se fait connaître du dehors par sa majesté et sa domination, elle s'est fixé un ordre de finalité, elle n'est pas insensible aux hommages des hommes et se laisse manipuler par le rite, tandis que la divinité de la raison philosophique est connue par ses seules perfections internes, y trouve toute béatitude sans avoir à sortir de soi et se tient insensible à tout ce qui n'est pas elle. D'une manière ou d'une autre, ces deux idées visent la toute-puissance de Dieu, celle d'un Être souverain de qui l'homme reçoit vie et subsistance, ou celle de l'Être suprême qui impose sa nécessité à l'ordre de l'être comme à celui du connaître. Par une voie ou une autre, un temps vient où l'homme se lasse de cette dépendance et abandonne Dieu à son autosuffisance. Le processus de décomposition de ce bien-connu de Dieu, quelle qu'en soit la provenance, a été analysé par notre parcours de la tradition philosophique occidentale. Le parcours de la tradition chrétienne en rend également compte sur le plan théologique : quand la piété religieuse se fixe avec prédilection sur Dieu le Père tout-puissant considéré à part de l'homme Jésus ou sur la divinité de Jésus conçue à part de son historicité humaine et quand la pensée spéculative se fixe sur l'être de Dieu en son éternité extramondaine, dès que le lien de Dieu au Christ et du Christ à l'histoire est coupé ou simplement relâché, dans la mesure où le croyant méconnaît que Dieu est affecté dans son être même par ce qui arrive à Jésus, alors la foi s'écarte de la révélation de Dieu en Jésus, et l'idée du Dieu commun se substitue à la spécificité du Dieu chrétien. Cette perte d'identité s'avère mortelle pour la foi chrétienne : c'est la constatation d'où nous étions partis à la recherche de la révélation de Dieu en Jésus. Le parcours de la tradition de la foi rend raison de cette perte et montre que le propre de cette révélation est à redécouvrir, non dans la simple analyse de la constitution ontologique du Christ, ainsi que l'a fait le dogme, mais à partir des marques que son historicité imprime ou dévoile dans l'être même de Dieu. Le croyant qui a effectué ce parcours est mûr pour s'ouvrir à une autre idée de Dieu que celle qu'il a reçue de sa tradition, et prêt à se livrer, par conséquent, à une approche critique de cette tradition qui lui permette d'aborder la révélation évangélique avec un regard neuf : ainsi se profile le chemin sur lequel il nous reste à progresser.

Vers une nouvelle idée de Dieu.

La modernité peut être considérée comme la prise de conscience aiguë par l'homme de son historicité et un intérêt accru pour l'histoire qui l'a mis au monde et à laquelle il est lié par des devoirs de solidarité. On comprend dès lors que l'homme de la modernité se soit détourné d'une pensée chrétienne qui s'était elle-même désintéressée des réalités historiques, et que le chrétien de la modernité, inversement, qui a réfléchi à ce phénomène qu'on a appelé mort ou éclipse de Dieu ou athéisme, éprouve le besoin de remettre la pensée de Dieu dans l'histoire et de relier Dieu au Christ par les mêmes liens qui unissent les hommes entre eux. Le regard de la foi, qui avait peu à peu quitté le terrain de l'histoire, dans laquelle Dieu se révèle, pour scruter les mystères de l'être éternel et qui, dans le Christ lui-même, considérait avec plus de faveur son enracinement dans l'éternité que son appartenance au temps des hommes, s'est retourné à nouveau de nos jours vers le monde où se déroule l'histoire. Une question du sens s'est intégrée à la parole de la foi, et elle se joue dans le rapport aux choses du temps. Une foi qui se targue d'être fondée sur une révélation faite dans un événement de l'histoire se doit de rendre compte de ce qui se passe dans le cours du temps et cela l'oblige à remettre Dieu dans le temps et à considérer jusqu'à quel point il accepte de s'y impliquer. C'est devenu une question de crédibilité et d'intelligibilité. Nous avions dit en commençant nos recherches que la théologie d'aujourd'hui était contrainte de se placer sous l'horizon de la « mort de Dieu » caractéristique de la nouvelle culture. Cette mort s'était produite sur le terrain de la culture parce que la foi avait déserté celui de l'histoire. La théologie affronte donc l'horizon

466 DIEU QUI VIENT À L'HOMME

de la mort de Dieu en se repositionnant sur le terrain de l'histoire où il était déjà advenu à Dieu de disparaître dans la mort de Jésus. Il convient de s'arrêter à cette évolution de la théologie qui appartient à la période contemporaine de la tradition de la foi ; elle traduit donc des requêtes de foi qui doivent orienter nos propres recherches. Cette évolution avait commencé en même temps que se répandait l'idéologie de la mort de Dieu, cédant à la pression de la modernité tout en cherchant à sauvegarder ce qu'elle pouvait de l'ancienne pensée religieuse ; elle s'est poursuivie en sens contraire, à une époque plus récente, dans un sursaut de foi radicale qui voulait cependant répondre aux justes exigences de l'esprit moderne ; mais, entre-temps, les changements et les impulsions de l'histoire avaient imprimé un cours nouveau à la pensée théologique comme à la pensée philosophique. Nous sommes déjà informés du premier temps de cette évolution, qui concerne la théologie libérale ; un simple rappel fait sous le regard critique de la foi, permettra de mieux apprécier les déplacements qui relèvent de notre actualité théologique. Le terme de ce parcours nous conduira à une nouvelle prise de conscience de la foi par elle-même et à une nouvelle idée de Dieu, dont les traits dominants vont déjà s'esquisser : ceux d'un Dieu souffrant dont l'amour s'étend à toute l'humanité.

La théologie libérale du XIXe siècle, juive comme chrétienne, avait déjà cherché à penser la révélation sous l'horizon de la mort de Dieu, mais en payant le prix fort : voyant que la pensée des temps nouveaux ne supportait plus l'aliénation de la pensée religieuse, elle avait reversé la révélation dans la sécularité de l'histoire en oblitérant totalement le caractère transcendant de la première et en transformant la seconde en mythologie. Le théologien juif Franz Rosenzweig avait dénoncé la contradiction de cette tentative en lui donnant le nom de « théologie athée »[1] : « Au lieu de montrer l'humain saisi par la force du divin – dans l'éternité de la pensée philo-

---

1. Dans un petit article de 1914 resté longtemps inédit et traduit et publié en français par Jean-Louis Schlegel avec une introduction de Guy Petitdemange dans *RechScRel*. 74/4 (1986) 537-557. Nous y avons fait allusion p. 144. Martin Buber (en 1952) appellera cette théologie « éclipse de Dieu ».

DÉVOILEMENT DE DIEU   467

sophique ou dans l'historicité du processus historique[1] –, on
tente désormais, à l'inverse, de comprendre le divin comme
l'autoprojection de l'humain sur le ciel du mythe[2]. Le peuple
est alors l'humaine réalité [...]. C'est ainsi que la théologie de
la vie de Jésus avait cru pouvoir éviter le dur dogme lorsqu'elle visait à toute force l'homme Jésus et uniquement
l'homme. [...] Dans les deux cas[3], du fait qu'on l'explique,
la foi ancienne est posée comme dépassée ; cependant, la
nouvelle foi, le caractère positif[4] de la théologie de la vie
de Jésus et du peuple juif, sont édifiés sur la pierre rejetée de
l'ancienne foi et justement par les maçons qui avaient rejeté
cette pierre. [...] Toutefois, quelque chose demeure, et doit
nécessairement demeurer ; car, en vérité, là où l'idée de Révélation s'est un jour incrustée dans une réalité historique, cette
réalité est à tel point colorée par elle qu'il est absolument
impossible de la récrire sans plus dans un autre sens, comme
d'autres réalités qui n'ont jamais connu le poids de cette idée
lourde de sens[5]. » Rosenzweig était conscient et de la nécessité de concilier la révélation et l'historique et de la difficulté
de cette réconciliation. Aucun juif ou chrétien, concluait-il,
« ne pourra écarter le Dieu dont l'acte historique se soumet
l'historicité de l'histoire[6] » : la difficulté sera de montrer de
quelle façon Dieu s'y soumet, réciproquement, pour que son
acte de révélation puisse être tenu pour réellement historique.
On connaît la réaction de Karl Barth à la théologie libérale,
réaction trop unilatérale, écrasant trop fortement les réalités
historiques sous le poids des réalités transcendantes, pour
donner satisfaction (mais il ne cherchait pas à le faire !) à des
esprits formés à la « pensée historique » devenue désormais
inévitable selon Ernst Troeltsch. Ancien disciple de Barth,

---

1. Rosenzweig vise ici la pensée du XVIIIe siècle : Jésus présenté
comme le Maître de la Raison, et le peuple juif comme l'incarnation
de l'esprit de l'histoire.

2. Il s'agit maintenant de l'avatar romantique de cette théologie
sécularisée, qui fait place au mythe de la personnalité ou du peuple.

3. C'est-à-dire dans le cas du christianisme et dans celui du
judaïsme, le second influencé par le premier.

4. C'est-à-dire réduit à la réalité séculière.

5. J'ai cité quelques lignes de l'article de F. ROSENZWEIG indiqué
ci-dessus dans la traduction de J.-L. Schlegel, p. 551, 552 et 553.

6. *Ibid.*, p. 557.

468 DIEU QUI VIENT À L'HOMME

mais informé de la pensée de Troeltsch, Dietrich Bonhoeffer
rêvait dans sa prison d'un nouveau langage, « non religieux »,
susceptible d'intéresser les hommes aux vérités de la révélation en les montrant ordonnées à l'avenir de ce monde : « Un
jour viendra où des hommes seront appelés de nouveau à
prononcer la Parole de Dieu de telle façon que le monde en
sera transformé et renouvelé. Ce sera un langage nouveau,
peut-être tout à fait non religieux, mais libérateur et rédempteur, comme celui du Christ ; les hommes en seront épouvantés
et, néanmoins, vaincus par son pouvoir ; ce sera le langage
d'une justice et d'une vérité nouvelles, qui annoncera la
réconciliation de Dieu avec les hommes et l'approche de son
royaume [1]. » Bonhoeffer pensait que l'espérance eschatologique des chrétiens devait se traduire dans les « réalités avant-
dernières » de ce monde, en les renouvelant selon l'esprit de
l'Évangile, et que le christianisme serait alors réconcilié avec
le monde, lui portant le salut sans avoir besoin de le ramener
à sa religion [2]. Était-ce ce parler évangélique purement séculier
que cherchait à mettre en œuvre, au lendemain de la Seconde
Guerre mondiale, la *théologie de la mort de Dieu* [3] ? Elle retombait en tout cas dans les mêmes errements que la « théologie
athée » du siècle précédent, prenant acte de la perte de Dieu
dans l'histoire, vidée du fait même d'espérance et même de
sens, comme l'avait prédit Rosenzweig. Bonhoeffer avait clairement vu, pour sa part, à quelles conditions, drastiques, serait
obtenu un nouveau langage chrétien sur Dieu, propre à être
entendu des esprits de notre temps sans la moindre compro-

---

1. D. BONHOEFFER, *Résistance et soumission* (1951), trad. fr.,
Genève, Labor et fides, 1973, p. 309. Je cite ce texte de 1944 d'après
Arnaud CORBIC, *Dietrich Bonhoeffer. Le Seigneur des non-religieux*,
Paris, Les Éd. Franciscaines, 2001, p. 43 ; intéressante « Esquisse d'une
"biographie théologique"», p. 15-34. Nous avions fait référence à
Bonhoeffer au chapitre précédent (p. 78-79, 91-93 et 97).
2. A. CORBIC fait de bonnes analyses de ce thème p. 52 et s.
3. Selon le titre d'un livre de Gabriel VAHANIAN (en 1961) ; à ce
mouvement sont restés attachés les noms de W. Hamilton (« nouvelle
essence du christianisme », 1961), P. van Buren (« signification séculière
de l'Évangile », 1963), J. Hillis Muller (« disparition de Dieu », 1964),
Thomas J. J. Altizer (1964) ; voir Thomas W. OGLETREE, *La Controverse
sur la « mort de Dieu »*, Paris, Casterman, 1968.

DÉVOILEMENT DE DIEU · 469

mission, à la condition de prendre son parti, dans la foi à Jésus crucifié, de l'*impuissance de Dieu dans le monde* : « Voilà la différence décisive d'avec les autres religions. La religiosité de l'homme le renvoie dans sa misère à la puissance de Dieu dans le monde, Dieu est le *deus ex machina*. La Bible le renvoie à la souffrance et à la faiblesse de Dieu ; seul le Dieu souffrant peut aider[1]. »

Citant et commentant ce même texte, Dorothée Solle remarque que le thème de « l'impuissance de Dieu dans le monde », qui se répand « depuis la mort de Dieu », s'impose par le fait que Dieu s'est fait « représenter » en ce monde par le Christ souffrant, à cause de quoi ce thème n'a pas pu être totalement ignoré dans le passé, malgré l'attachement du théisme à la toute-puissance de Dieu ; et elle précise qu'il s'impose de nos jours avec d'autant plus de force que l'athéisme fait son profit de l'échec de la théodicée. « En effet, ce Dieu qui est accusé à cause de la souffrance des innocents, est le Dieu de toute-puissance, le Roi, le Père et le Maître du monde. La pensée moderne l'accuse avec raison [...] Dans toutes les religions les douleurs des hommes ont été une question posée aux dieux tout-puissants et bienheureux ; dans le Christ seul apparaît la conception du Dieu souffrant, ici seulement ce sont les propres souffrances de Dieu qui sont assumées par un homme, depuis le Christ seulement il est devenu évident que nous pouvons tuer Dieu parce qu'il s'est livré à nous[2]. » C'est ainsi que la théologie de la mort de Dieu s'est retournée sur elle-même, devenant, d'athée qu'elle était au départ, post-théiste et donnant naissance à un nouveau parler de Dieu, de la même façon et pour les mêmes raisons que la philosophie de la modernité s'est retournée en « post-modernité ». Un changement du paysage historique s'était produit dans l'intervalle, sinon directement dans la réalité de l'histoire, depuis toujours livrée à la violence, du moins dans la prise de conscience que le développement de la rationalité n'avait pas réussi à transformer cette réalité.

---

1. *Lettre* de BONHOEFFER du 16 juillet 1944 déjà citée p. 93.
2. D. SOLLE, *La Représentation. Un essai de théologie après la « mort de Dieu »* (1965), trad. fr. par A. Liefooghe, Paris, Desclée, 1969, p. 160-162.

470 DIEU QUI VIENT À L'HOMME

Les désillusions amères causées par les tueries du XXᵉ siècle, mettant un terme brutal aux aspirations du XVIIIᵉ siècle à une paix universelle et perpétuelle et aux idéologies du progrès moral et social indéfini du XIXᵉ siècle, n'apportaient pas de démenti seulement aux philosophies rationalistes qui avaient salué la mort de Dieu, mais également à ce qui restait de croyance religieuse au fond des esprits. Elles ont réactivé le vieux scandale, jamais éteint, du mal et de la souffrance objecté à Dieu, à sa puissance, à sa justice, et finalement à son existence, développant ce que Jürgen Moltmann a appelé un « athéisme de protestation »[1], une révolte contre l'indifférence de Dieu aux malheurs des hommes qui conduit à le rejeter et à le nier. Cette protestation, estime Moltmann, provoque la pensée chrétienne à un renouvellement radical, à redescendre du ciel sur terre, de l'éternité dans le temps, et à se concentrer sur le seul point où le scandale du mal peut recevoir, non une explication qui en serait le dénouement, mais du moins une réponse qui permet de le supporter : et c'est la souffrance de Dieu, que doit mettre en lumière une « théologie de la croix ». « L'athéisme plat, pour qui ce monde est tout, est aussi superficiel que le théisme qui affirme l'être de Dieu à partir de la réalité du monde. L'athéisme de protestation qui confronte Dieu et la souffrance, la souffrance et Dieu, conduit au-delà des deux et devient protestation athée contre l'injustice "à cause de Dieu". Dans le cadre de la question qui confronte Dieu et la souffrance, un Dieu qui trône au ciel dans un bonheur indifférent aux autres est, pour la théologie elle-même, inadmissible. [...] Seule une théologie de la croix conduit au-delà de l'athéisme de protestation, car elle comprend Dieu dans la souffrance du Christ comme le Dieu souffrant et s'écrie avec le Dieu abandonné par Dieu : Mon Dieu, pourquoi m'as-tu abandonné ? Car, pour elle, Dieu et la souffrance ne sont plus des contradictions comme dans le théisme et l'athéisme, mais l'être de Dieu est dans la souffrance et la souffrance est

---

1. Pour le distinguer de « l'athéisme métaphysique » : Jürgen MOLTMANN, *Le Dieu crucifié*, trad. fr. de B. Fraigneau-Julien, Paris, Éd. du Cerf-Mame (« Cogitatio Fidei » 80), 1974 (éd. allemande 1972), p. 250-261 ; il cite Dostoïevski (critique de la théodicée), Albert Camus (« révolte métaphysique »), Max Horkheimer (« théorie critique » des idéologies).

DÉVOILEMENT DE DIEU 471

dans l'être de Dieu même, parce que Dieu est amour[1].»
L'athéisme de protestation a donc réveillé dans le siècle écoulé,
tout en refusant Dieu, le problème de Dieu que Feuerbach et
Nietzsche avaient paru supprimer en faisant de Dieu une
simple projection de la pensée de l'homme. Cet athéisme ne
parvient pas à s'accommoder du Dieu de la philosophie, incapable d'aimer autant que de souffrir, car il «n'est que tout-
puissant»[2]. Mais il ne trouvera pas davantage de satisfaction
dans la théologie classique, dans la mesure où, contaminée
par cette idée philosophique de Dieu, elle tient Dieu, et même
la divinité du Fils, à l'écart des souffrances de Jésus. Voilà
pourquoi, estime Moltmann, si elle veut retrouver crédibilité
et intelligibilité, la théologie doit procéder à une véritable
«révolution», qu'il voit déjà se produire tout autour de lui
dans une nouvelle *théologie de la mort de Dieu*, qui n'est
plus athée, mais qui entreprend de penser Dieu à partir de la
mort de Jésus: «Il se dessine aujourd'hui une convergence
dans la réflexion théologique, pour centrer le problème de
Dieu et de la connaissance de Dieu sur la mort de Christ en
croix et pour tenter de comprendre l'être de Dieu à partir de la
mort de Jésus[3].» Cette «révolution» ne conduit pas seulement
à rejeter l'idée philosophique du Dieu nécessaire et absolument parfait de la philosophie, mais tout autant le bien-connu
du Dieu de la religion, l'idée du «Père tout-puissant». On
devine qu'il est plus facile d'énoncer ce programme que de
le réaliser correctement, mais on ne peut contester que la
pensée chrétienne n'a pas d'autre avenir que de s'y engager.

Puisqu'un théologien juif, Franz Rosenzweig, nous a
introduits à ce débat, nous le poursuivrons sur les traces d'un
autre écrivain juif un peu plus récent, Hans Jonas, qui a

---

1. *Ibid.*, p. 260-261.
2. *Ibid.*, p. 254 (à propos du Dieu d'Aristote).
3. *Ibid.*, p. 226. Moltmann cite comme témoins de ce renouveau,
du côté catholique: Rahner, Balthasar, Mühlen, Küng, et du côté protestant: Schlatter, Althaus, Barth (avec une réserve) et surtout Jüngel,
p. 227-234 – j'aurai l'occasion plus tard de citer plusieurs de ces théologiens. Beaucoup d'autres noms de la fin du XXe siècle pourraient être
ajoutés à cette liste, témoignant de la vague de fond qui pousse la
théologie vers de nouveaux rivages.

472   DIEU QUI VIENT À L'HOMME

réfléchi, lui aussi, au problème du mal, à la fois en philosophe et en théologien. Comment peut-on *penser Dieu après
Auschwitz* ? Telle est sa question, significative d'un déplacement capital du concept de Dieu, passé du plan de l'être
cosmique à celui du sens. Si Kant l'a retiré du domaine du
connaître, observe-t-il, il ne le tenait pas moins pour l'objet
le plus éminent de la raison, donc pour un concept *pensable*,
plein de sens, à la condition qu'il montre sa « solidarité avec
la totalité des concepts »[1]. Mais quel sens peut-on lui donner,
si Dieu tolère un acte aussi monstrueux que le génocide de
son propre peuple ? La théologie juive elle-même y renonce,
ou doit accepter que Dieu soit *affecté*, *altéré* « par ce qui se
passe dans le monde »[2], donc un dieu *soucieux*, *souffrant*, qui
ne soit *pas tout-puissant*. Mais peut-elle renoncer à l'idée de
la toute-puissance de Dieu, si bien ancrée dans la Bible, qui
est, avec la bonté, l'un de ses deux attributs essentiels ? Voici
la réponse de Jonas : « Après Auschwitz, nous pouvons
affirmer, plus résolument que jamais, qu'une divinité toute-
puissante ou bien ne serait pas toute-bonne, ou bien resterait
entièrement incompréhensible (dans son gouvernement du
monde, qui seul nous permet de la saisir). Mais si Dieu, d'une
certaine manière et à un certain degré, doit être intelligible (et
nous sommes obligés de nous y tenir), alors il faut que sa bonté
soit compatible avec l'existence du mal, et il n'en va de la
sorte que s'il n'est pas *tout*-puissant. C'est alors seulement que
nous pouvons maintenir qu'il est compréhensible et bon, malgré
le mal qu'il y a dans le monde. Et comme de toute façon nous
trouvons douteux en soi le concept de toute-puissance, c'est
bien cet attribut-là qui doit céder la place[3]. » Ma réponse
n'est pas celle de Job, reconnaît Jonas : « Cette dernière
invoque la *plénitude* de puissance du Dieu créateur, la mienne
son *renoncement* à la puissance », mais « toutes deux sont

_____

1. H. JONAS, *Le Concept de Dieu après Auschwitz. Une voix juive*,
trad. fr., Paris, Payot (« Rivages poche »), 1994, p. 8-9 ; ce livre est la
publication d'une conférence prononcée à Tübingen en 1984.
2. *Ibid.*, p. 24 ; la pensée de Jonas fait un détour par le problème
de la création qui n'est pas indispensable à notre propos et sur lequel
je reviendrai quand j'aurai à en traiter (au chapitre III).
3. *Ibid.*, p. 32-33 ; la dernière phrase fait allusion à la contradiction, exposée p. 28-30, entre la liberté, qui suppose une résistance à
vaincre, et la toute-puissance, qui supprimerait cette limitation.

DÉVOILEMENT DE DIEU 473

louange, car le renoncement se fit pour que nous puissions être[1] ». La théologie se résigne donc à changer de langage, même de celui que la Bible paraissait lui imposer – ainsi que Kant le lui demandait, nous en avions fait l'observation[2] –, et elle s'engage à son tour dans le champ de l'anthropologie où Kant avait engagé de façon irréversible la nouvelle pensée philosophique de Dieu[3]. Nous venons d'enregistrer un cheminement analogue dans la théologie chrétienne de la croix chez Jürgen Moltmann. Nous le retrouvons dans celle d'Eberhard Jüngel, dont un concept favori, celui de « l'humanité de Dieu »[4], dénote une indéniable orientation anthropologique. Renouant avec le thème philosophique de la mort de Dieu, Jüngel souligne que son origine christologique renvoie au fondement de la foi chrétienne, « le Christ, le Dieu crucifié[5] », et donc « exige que l'on comprenne l'unité de Dieu avec l'homme-qui-passe comme identification du Dieu vivant avec Jésus de Nazareth crucifié et l'événement de cette identification comme révélation de la vie du Dieu crucifié » ; « c'est l'identification de Dieu avec l'*unique* homme Jésus *au profit de tous les hommes* que signifie originairement et indéfectiblement le discours sur la mort de Dieu », son « sens premier »

---

1. *Ibid.,* p. 39-40 ; la « thèse » de Jonas est que Dieu « s'est dépouillé de tout pouvoir d'immixtion dans le cours physique des choses de ce monde », et cela dès la création pour que ce monde puisse être « autonome », p. 34-35 ; je dirai plus tard comment l'idée trinitaire permet de soutenir, d'une autre façon, cette « thèse » qui me paraît, à moi aussi, s'imposer face au problème du mal, mais surtout de la liberté.

2. À propos de l'interprétation de Hegel par G. Lebrun et P.-J. Labarrière, chapitre premier, p. 180-183 et 271-272.

3. Selon plusieurs de ses interprètes : M. Heidegger, G. Lebrun, E. Weil, voir chapitre premier, p. 157-162.

4. C'est le titre du chapitre IV du livre de Eberhard JÜNGEL, *Dieu mystère du monde,* t. II, p. 121 ; le sous-titre de ce chapitre, « Une histoire à raconter », indique de surcroît le choix d'une méthode « narrative », donc d'une anthropologie bien située sur le terrain de l'histoire ; je m'étais référé (p. 53) au t. I du même livre à propos du problème philosophique de l'existence de Dieu.

5. *Ibid.,* p. 121, n. 1. L'auteur cite ici une expression de Heidegger, tirée de sa conférence sur *Phénoménologie et théologie* que nous avons commentée au début de ce chapitre, p. 313.

474 DIEU QUI VIENT À L'HOMME

est « d'exprimer l'*humanité de Dieu* »[1]. Jüngel poursuit : « Ainsi compris, ce discours engage dans la tâche de penser Dieu lui-même comme unité de mort et de vie au profit de la vie. Mais, puisque "unité de mort et de vie au profit de la vie" est une périphrase qui exprime l'essence de l'amour en concevant de manière christologique l'humanité de Dieu, il faudra penser *Dieu comme amour.* [...] Mais penser l'être de Dieu comme amour signifie dès lors penser que Dieu est pensable en raison du fait qu'il est dicible et ce fait qu'il est dicible en raison d'une *correspondance* voulue par Dieu lui-même entre Dieu et l'homme. L'analogie de la foi rend Dieu à ce point dicible qu'il se rapproche de l'humanité et en elle de chaque homme beaucoup plus qu'ils ne peuvent eux-mêmes se rapprocher l'un de l'autre[2] ». *Humanité de Dieu, mort de Dieu, Dieu crucifié :* on sent l'ambiguïté de ces expressions, on pressent leur fécondité sur le fond du problème qui les fait surgir, on devine la difficulté de leur maniement théologique. Le moment n'est pas venu de les commenter, mais d'être attentif au renversement de la pensée de la foi que signifie le transfert à l'être de Dieu d'expressions qui, en théologie classique, ne peuvent s'entendre que de Jésus, de l'humanité assumée par le Verbe de Dieu. Cette entreprise, dans laquelle se sont engagés de nombreux théologiens contemporains, témoigne que la foi des chrétiens ne peut plus se soutenir que d'une nouvelle vision de Dieu, qui ne les oblige plus à se tenir à l'écart des « hommes non religieux », et surtout qui n'oblige plus Dieu à surplomber de si haut les souffrances communes à l'ensemble de l'humanité. Dieu est pensable strictement sous la forme où il est « dicible », il ne peut être dit que sous le mode d'une similitude entre lui et nous, cette « analogie de la foi » est celle de l'amour, que la foi découvre dans la souffrance du Christ comme étant celle de Dieu même. La théologie qui cherche à « penser » l'être de Dieu doit retourner à l'événement historique de la croix.

---

1. E. Jüngel, *Dieu mystère du monde,* p. 121 ; les italiques sont dans la traduction que je reproduis (faite sous la direction de Horst Hombourg) ; l'expression « humanité de Dieu » est le titre d'un bref écrit de Karl Barth, ailleurs cité par Jüngel, auquel je me suis référé dans le chapitre premier, p. 147.

2. *Ibid.,* p. 121-122 et 123.

Un nouvel horizon d'intelligibilité de la foi se profile donc, qui assigne à la théologie de nouveaux interlocuteurs, de nouvelles tâches, un nouveau champ, un nouveau langage. Elle ne s'adresse plus aux seuls croyants pour les soutenir dans la foi, elle doit tout autant redonner espoir et sens à tant d'« athées » qui les ont perdus à cause d'un vieux discours de religiosité trop peu critiquée, ce qui ne peut se faire sans dialoguer avec la philosophie et la pensée contemporaines. Elle a pour tâche de repenser la foi pour la rendre compréhensible aux esprits modernes, et également de remédier aux désordres de la société dans lesquels le discours et la pratique de l'Église ont eu leur part de responsabilité. Dans ce but sont apparues, d'un côté, la théologie « herméneutique » de Gerhard Ebeling[1], de l'autre la théologie « politique » de Jean-Baptiste Metz[2] ; elles répondent toutes deux aux démarches philosophiques de la « post-modernité », l'une aux analyses du langage, l'autre aux sagesses pratiques qui veulent débarrasser l'humanité de la violence (selon le but assigné par Eric Weil à la philosophie). Ces théologies nouvelles, qui ont largement fait école, ont choisi l'histoire pour terrain privilégié, spécialement celles qui traitent du Christ et de la Trinité. Elles ont d'abord accepté de se plier aux méthodes historico-critiques qui caractérisent, on le sait, l'esprit de la modernité[3] ; elles se sont surtout résolues à rapatrier le Christ dans l'histoire, c'est-à-dire à replacer le Verbe éternel dans le site temporel de sa révélation, dans le sujet historique Jésus, et à renouer en lui les liens de Dieu à l'histoire, pas seulement au temps du monde mais beaucoup plus à l'histoire vécue des hommes, qui est faite de violences

---

1. Voir René MARLÉ, *Parler de Dieu aujourd'hui. La théologie herméneutique de Gerhard Ebeling*, Paris, Éd. du Cerf (« Cogitatio Fidei » 82), 1975 ; sur le projet d'interprétation non religieuse de Bonhoeffer : p. 158-165.

2. Son but, dit-il, est pratique, c'est de promouvoir l'engagement du « sujet chrétien dans le combat historique pour l'homme » : J.-B. METZ, *La Foi dans l'histoire et dans la société*, trad. fr., Paris, Éd. du Cerf (« Cogitatio Fidei » 99), 1979, p. 68. Il conviendrait également de citer, dans cet ordre, les théologies de la libération qui, nées en Amérique latine, ont essaimé en divers continents. Elles témoignent toutes du changement radical d'orientation de la théologie de notre époque, mais je n'ai ici en vue, immédiatement du moins, que les théologies occidentales.

3. On lira ce qu'en pensait Ebeling dans R. MARLÉ, p. 153-158.

476   DIEU QUI VIENT À L'HOMME

et de souffrances. Le champ épistémologique de la connaissance de Dieu s'est déplacé, ce n'est plus le lieu de l'être
(οὐσία), c'est l'histoire d'un homme souffrant ; Dieu n'est plus
conçu comme le Dieu commun (θέος), ni comme le Tout-
autre, il est le Dieu d'un individu, solidaire à travers lui de
tous les autres, Dieu chargé d'histoire comme Jésus est chargé
de souffrances. Nous avons vu le projet de cette théologie chez
Jüngel et Moltmann. Il conviendrait de nommer à leurs côtés
ces autres grands initiateurs que furent Wolfhart Pannenberg
et Karl Rahner ; le premier a cherché à penser « l'unité d'être
de Dieu et de Jésus », posant en principe que « l'histoire de
Jésus et sa personne appartiennent à l'être de Dieu, à sa divinité »[1] ; le second a énoncé l'« axiome fondamental » de l'identité réciproque de la Trinité immanente et de la Trinité de
l'économie historique du salut[2] ; mais nous les retrouverons
tous dans la suite de notre étude, quand nous essaierons de
progresser sur les sentiers qu'ils ont défrichés. Pour remplir
ces tâches nouvelles sur des chantiers nouveaux, un autre
langage théologique que celui du passé impose sa nécessité.
Nous en avons recueilli les expressions favorites : croix, mort
de Dieu, humanité de Dieu, souffrance, impuissance de Dieu,
amour. Elles sont d'origine biblique : croix, amour..., sauf
qu'elles rendent un son étrange quand, lues au sujet de Jésus,
elles sont soudain comprises de Dieu : souffrance, impuissance... Là est la grande nouveauté dans laquelle la pensée de
la foi se sent obligée de s'engager. Nous avons noté qu'elle
pénétrait ainsi sur le terrain de l'anthropologie : cela ne veut
pas dire, et surtout ne doit pas dire anthropomorphisme ni
anthropocentrisme, nous aurons à y prendre garde. Il est intéressant de remarquer aussi que ce langage puise sa nécessité
dans une exigence d'éthique, à savoir une revendication de
justice : il paraît juste de faire partager par le Père les souffrances qu'il n'épargne pas à son Fils, et par le Créateur celles
auxquelles il abandonne ses créatures. Les souffrances de
Jésus sont identifiées aux nôtres, et inversement. La puissance
de Dieu est déchargée de la responsabilité des unes et des

_____

1. W. PANNENBERG, *Esquisse d'une christologie* (1964), trad. fr.,
Paris, Éd. du Cerf (« Cogitatio Fidei » 62), 1971, p. 194 et 410.
2. K. RAHNER, *Écrits théologiques*, vol. 8, trad. fr., Paris, Desclée
de Brouwer, 1967, p. 120.

autres, mais non sa justice ; cette mise en responsabilité de la justice de Dieu est ressentie comme une requête de son amour pour nous. Une nouvelle idée du salut se fait jour : la sollicitude de Dieu pour le monde qu'il a créé doit « répondre » de l'acte créateur. La théologie est ici sommée de penser Dieu dans le champ de l'éthique, comme Kant l'avait voulu, mais ce champ s'élargit bien au-delà du fondement de l'obligation morale – qui permettait, d'après lui, de penser Dieu sans donner à cette pensée un contenu de connaissance objective –, car il s'élargit au domaine entier de la création et du salut, qui entre, conjointement, dans la pensée de Dieu. La présence de Dieu à l'histoire s'est intériorisée, il ne la fait pas du dehors, en la dirigeant de haut, mais du dedans, en la subissant, en y travaillant, non par une activité interventionniste, mais par une présence responsable de notre liberté : l'être de Dieu demande à être pensé dans l'espace du monde et le temps de l'histoire, à être conçu comme être-pour-nous – la « moralisation » de l'idée de Dieu conduit jusque-là.

Les mêmes idées de justice et d'amour universel, de création et de salut introduisent une autre dimension dans les perspectives actuelles de la théologie, celle des autres religions. La volonté de repousser les violences dont les religions sont si souvent la cause recommande aux chrétiens, soucieux d'agir en sujets responsables de l'histoire de l'Église, de se faire les artisans d'une réconciliation fraternelle entre croyants de toutes religions. Le désir de montrer dans le Dieu de Jésus le Père commun et aimant de tous les hommes demande à l'Église d'élargir les possibilités de salut au-delà de ses propres limites. Cet élargisement met en cause, immédiatement la notion de religion dans son rapport à une révélation, ultimement la pensée de Dieu en tant que toutes les religions se réclament du seul vrai Dieu, médiatement l'être de Jésus et sa fonction de Christ en tant que la révélation chrétienne le pose en unique médiateur entre Dieu et les hommes. Il est donc indéniable que cet horizon, si proche, des religions du monde interpelle la théologie chrétienne sur la question de la vérité en ce qu'elle a de plus profond, sur la conscience, qu'elle tient de ses Écritures et de sa tradition, de détenir l'unique vérité révélée. Cette crise de conscience avait commencé, en gros, vers le milieu du siècle dernier en prenant des formes diverses qui allaient s'élargissant. Il y eut d'abord le mouvement œcuménique de rapprochement

478 DIEU QUI VIENT À L'HOMME

entre les confessions chrétiennes, qui ne mettait en cause que *des* vérités d'un patrimoine dogmatique commun, tout en ébranlant la bonne foi de l'Église catholique d'être l'unique vraie Église du Christ. Il y eut ensuite, à mesure que les horreurs de la Shoah étaient connues et que les chrétiens prenaient conscience de leurs responsabilités dans l'antijudaïsme européen, le sentiment très fort de l'appartenance des deux religions, juive et chrétienne, à une même tradition révélée, qui redonnait vigueur au principe fondamental de l'unité des deux Testaments, si cher à Irénée, mais qui mettait aussi en question la fonction messianique de Jésus, origine lointaine et douloureuse de l'éclatement de leur tradition commune, soudain promue au premier plan de l'actualité théologique, comme nous l'avons vu à propos des recherches sur la judaïté de Jésus. Ce rapprochement fut vite étendu à l'islam, dont la présence en Europe devenait de plus en plus insistante et dont les liens avec le judaïsme et le christianisme constituent une tradition historique fondatrice d'une culture européenne commune ; en la remontant au plus haut de ses sources bibliques, la théologie créa le concept des trois religions abrahamiques, parties prenantes d'un même monothéisme, qui reculait dangereusement les frontières de la révélation dont le christianisme prétendait être l'héritier privilégié, et qui menaçait de réduire Jésus au rôle de fondateur de religion à côté de Moïse et de Mohammed. Malgré ces dangers, le magistère catholique, « repentant » de ses actes d'hostilité du passé, désireux de promouvoir la paix entre les peuples et de témoigner de l'universalité du christianisme d'une façon nouvelle, fraternelle au lieu d'être impérialiste, encourageait les chrétiens à participer activement aux rapprochements ci-dessus évoqués et les théologiens à en fournir les motifs doctrinaux ; il allait même plus loin, élargissant son regard à toutes les religions du monde, légitimant de ce fait l'intérêt des théologiens pour les traditions les plus éloignées du christianisme[1]. Nous connaissons le souci de la théologie libérale de la fin du XIXe siècle d'étendre le concept de révélation à l'histoire entière des religions tout en maintenant l'affirmation de la suprématie

---

1. Vatican II fut le promoteur de tous ces rapprochements en divers documents (*Lumen Gentium,* n° 16 ; *Gaudium et Spes*, n° 22 ; *Ad Gentes*, n° 11 ; et surtout *Nostra Aetate*) ainsi que plusieurs papes (Paul VI, *Ecclesiam suam* ; Jean-Paul II et la rencontre d'Assise en 1986 ; etc.).

DÉVOILEMENT DE DIEU 479

du christianisme, due peut-être à un européocentrisme non critiqué, et nous savons à quel point cette extension fut combattue tant par le magistère romain que par l'orthodoxie protestante. Que le même problème ressurgisse un siècle plus tard et qu'il amène des théologiens chrétiens, de toutes confessions, à abandonner l'idée, non seulement de l'absoluité mais aussi de la supériorité de la religion chrétienne, voilà qui montre l'importance du problème, non encore résolu à cause des résistances qu'il soulève, l'urgence de s'en emparer de nouveau, et voilà qui mesure le chemin parcouru entre-temps par la réflexion théologique et celui qu'il lui reste à poursuivre. Elle a évidemment été aidée dans ce cheminement et elle y est toujours poussée plus avant par une accélération de l'histoire, qu'on appelle « mondialisation » ou « globalisation ».

La « théologie des religions » qui a pris en charge cette réflexion se pose en continuatrice de la « théologie herméneutique », explique Claude Geffré, représentant qualifié de l'une et de l'autre, une fois celle-ci définie comme la « réinterprétation du message chrétien en fonction de notre expérience historique » et en « corrélation (avec) l'expérience fondamentale de la première communauté chrétienne »[1]. Notre actualité, en effet, après s'être affrontée à l'incroyance et à l'indifférence, est marquée par le pluralisme religieux, le retour du religieux, la vitalité des religions, spiritualités et sagesses non chrétiennes, orientales principalement, qui progressent en Occident alors que le christianisme est partout en régression : voilà une question plus redoutable encore que celle de l'athéisme, car elle met en cause la singularité du christianisme, c'est un

---

1. C. GEFFRÉ, *Croire et interpréter. Le tournant herméneutique de la théologie*, Paris, Éd. du Cerf, 2001, p. 91. Je m'inspirerai du chapitre IV de ce livre, intitulé « Le pluralisme religieux comme paradigme théologique », p. 91-109 ; et d'un autre livre du même auteur, *Entretiens* avec Gwendoline JARCZYK, *Profession théologien. Quelle pensée chrétienne pour le XXIe siècle ?*, Paris, Albin Michel, 1999, « IX. À propos du pluralisme religieux », p. 137-155. Claude Geffré est un théoricien reconnu de la théologie herméneutique, à cause notamment de son livre *Le Christianisme au risque de l'interprétation*, Paris, Éd. du Cerf (« Cogitatio Fidei » 120), 1983 et 1988. J'exposerai ses idées sur le pluralisme religieux sans entrer dans les détails et sans prendre position, me réservant de le faire dans le chapitre IV de mon ouvrage.

480   DIEU QUI VIENT À L'HOMME

« signe des temps » auquel le théologien se doit d'être attentif[1]. Le problème exact que pose ce pluralisme, quand on passe du fait au principe, ne se réduit pas au salut (subjectif et individuel) des non-chrétiens ; il porte sur la signification de la pluralité de ces traditions, si on accepte d'y voir un destin historique voulu par Dieu et porteur, en conséquence, de valeurs salutaires positives et institutionnelles[2]. L'intérêt de s'interroger à ce sujet est de déployer dans son universalité le projet de Dieu d'habiter le monde pour lui partager sa vie, projet manifesté dans le christianisme mais dont la réalisation n'est pas enclose dans ses limites[3]. L'enjeu de ce questionnement est anthropologique et éthique : il est de reconnaître que toutes les religions visent à la libération de l'humain, et qu'elles sont en cela même des religions de salut, car la relation à la transcendance, à l'absolu qu'elles ont en charge est par excellence un facteur d'humanité authentique[4]. Une ouverture si généreuse du regard chrétien sur des religions traditionnellement tenues pour fausses entraîne très loin, de toute évidence, et l'on ne s'étonnera pas que des théologiens de cette tendance parlent d'une « révolution copernicienne » ; elle consisterait pour certains à retourner le christocentrisme en un théocentrisme qui ne viserait plus Dieu en tant que Père de Jésus mais Réalité ultime, pour d'autres, à admettre que la « christianité » ou dimension christique de Jésus déborde de toutes parts son personnage historique et la religion qui s'y rattache historiquement[5]. On pressent le risque que cette « révolution » ne ramène, sous des habits nouveaux, loin en arrière, au déisme de la philosophie de la religion des XVIIIe et XIXe siècles ou, plus loin encore, au dédoublement de Jésus

---

1. ID., *Croire...*, p. 92-93, 105 ; *Profession...*, p. 152. On peut être réservé sur ce jugement d'un point de vue sociologique (que signifie le religieux hors religion ?), historique (quelle sera la résistance de ces religions à l'esprit de la modernité et à sa technologie ?), et théologique (l'athéisme est-il un moindre danger que le relativisme religieux ?).

2. ID., *Croire...*, p. 94-95, 99-100 ; *Profession...*, p. 138-139.

3. ID., *Profession...*, p. 148-149, 153.

4. ID., *Croire...*, p. 106-108 ; (*Profession...,* p. 149 : « si par *religieux* on entend ce qui concerne les rapports de l'homme avec le Transcendant »).

5. ID., *Profession...*, p. 144-148 (sont cités les noms de Paul Knitter, John Hick, Raimon Panikkar).

et de Christ pratiqué par la gnose valentinienne. Claude Geffré, qui se contente de présenter le pluralisme religieux comme un nouveau « paradigme » ou « comme question théologique », sans méconnaître l'intérêt de ces vues nouvelles qui méritent qu'on en prenne sagement le risque, y compris celui d'un pluralisme de la vérité, en pose les bornes : une théologie chrétienne des religions, qui abdique le privilège de détenir seule une vérité supérieure à celle des autres, maintiendra et la visée d'un Dieu personnel, personnalisé par sa relation à Jésus, et la singularité de Jésus Christ en tant qu'unique médiateur entre Dieu et les hommes ; ces exigences rendent sans doute difficile le dialogue interreligieux, mais ne doivent pas interrompre la recherche d'un partage de vérité [1]. Ce qui incline à ces vues prospectives, c'est que la théologie des religions n'exprime pas des idées propres à quelques théoriciens isolés, mais correspond à des sentiments confusément répandus chez bon nombre de chrétiens marqués à des degrés divers par l'esprit de la modernité. En se gardant de tomber dans le relativisme religieux si souvent dénoncé par le magistère catholique, encore de nos jours, on conviendra que la revendication de l'Église de détenir seule la vérité absolue et d'être la seule voie de salut pour l'ensemble des hommes n'est plus crédible, sous sa forme dogmatique traditionnelle, dans l'état présent du christianisme d'une part, des théories de la connaissance d'autre part. Or, la vérité chrétienne ne peut pas abdiquer sa visée universaliste, elle doit donc la promouvoir par des voies nouvelles ; en ce sens, le pluralisme religieux est bien un « paradigme » auquel la recherche théologique ne pourra pas échapper, car il entre, avec les autres facteurs, principalement anthropologiques, que nous venons d'examiner, dans le nouvel horizon d'intelligibilité de la pensée de Dieu. Ainsi la théologie est-elle provoquée à reconsidérer l'événement de la révélation de Dieu en Jésus Christ en ce qu'il a de singulier et d'universel à la fois. Mais l'introduction de l'herméneutique dans le domaine de la foi lui pose une double question préalable : dans quelle mesure et de quelle façon la révélation se

---

1. ID., *Profession*..., p. 138 (« pluralisme de la vérité, en quelque sorte »), 143, 150, 154 (chercher « l'universel chrétien entendu comme *christianité*) ; *Croire*..., p. 94, 101-104 (sur le rapport à la vérité et les conditions du dialogue).

laisse-t-elle « interpréter » ? Comment un esprit moderne peut-il comprendre l'activité de la foi ? Cela revient à s'interroger sur le statut de la foi.

Relecture : du croire au comprendre.

Il n'est pas possible aujourd'hui d'examiner le contenu de la foi, pour chercher, face à un nouvel horizon du comprendre, quel est le Dieu révélé en Jésus, sans se demander en premier lieu en quoi consiste la foi quand elle prétend connaître des vérités reçues directement de Dieu. Cette interrogation est récente (relativement) et inéluctable. La réflexion herméneutique s'est imposée à la théologie à partir des analyses du langage, qui ont renouvelé les théories traditionnelles de la connaissance [1]. On s'est rendu compte que le langage (un texte, un récit, un discours, un simple mot) signifie toujours plus qu'il ne dit immédiatement, tant parce qu'il est préformé par une langue qui est le produit d'une tradition orale primitive que parce qu'il exprime, à un moment donné, l'expérience globale d'une société, d'un état culturel, d'une histoire vécue. Il s'ensuit que la compréhensibilité d'un langage change dans l'histoire des peuples comme elle change pour un individu dans le temps de sa vie, surtout quand on passe d'une forme de société ou d'une époque de civilisation à une autre. D'où la nécessité d'« interpréter », c'est-à-dire de « traduire » un langage dans un autre en tenant compte de l'horizon de compréhension propre à chacun des deux pour transmettre le sens du premier sans le « trahir », mais non sans l'« altérer » du seul fait de son passage dans un « autre » mode d'expression. Cette nécessité s'impose particulièrement pour les

---

1. C. Geffré, *Croire...*, p. 12-18, lie « le tournant herméneutique de la théologie » à la « rupture linguistique » constituée par le passage de la métaphysique et des philosophies du sujet à une philosophie du langage, lui-même compris selon son historicité. Se situant dans la ligne de Paul Ricœur (*ibid.,* p. 33-37), il définit la théologie herméneutique par une « méthode » qui « consiste à partir directement de l'Écriture et de ses interprétations dans la tradition pour en rechercher l'intelligence » sur la base du *croyable disponible* de l'intelligence moderne » : *Profession...,* p. 103 et 108.

DÉVOILEMENT DE DIEU 483

langages religieux, tant parce qu'ils viennent le plus souvent
d'un passé auquel nous n'avons plus accès que parce qu'ils
sont éminemment «symboliques», c'est-à-dire riches de relations à des expériences nombreuses et diverses. Ils prennent
sens, en effet, par rapport au mot «Dieu», lequel ne désigne
pas un objet de connaissance sensible mais ce qui se situe au-
delà de toute perception et représentation, de telle sorte que
la relation globale de ceux qui l'emploient à la nature et à la
société entre dans sa compréhension totale[1]. Il est donc clair
que ce nom prendra, à notre époque de mondialisation et de
technologie, une signification symbolique différente de celle
qu'il avait au temps des anciennes civilisations, y compris de
celles dont le langage biblique est le reflet. On ne peut plus
parler de Dieu aujourd'hui comme on parlait autrefois de
l'Être nécessaire ou tout-puissant ou sauveur universel par la
foi au Christ, alors que tant de gens se désintéressent de lui,
que tant d'autres le rendent responsable des tragédies de
l'histoire, et que la résistance des cultures au christianisme
oblige à chercher par quelle autre voie leur parvient le salut :
tous ces paramètres nouveaux rendent normal le recours à
une réflexion herméneutique. Toutefois, la notion de révélation
en rend l'usage périlleux. Si le langage humain, en effet, parce
qu'il est essentiellement temporel, accepte des variations de
sens telles que ce qui était tenu pour vérité à une époque
donnée ne l'est plus ou, du moins, n'est plus compris exactement dans le même sens à une époque postérieure, peut-on
admettre une semblable variabilité dans le champ des connaissances transmises par la révélation, qui sont donc censées venir
de Dieu plus ou moins directement? Les théologies «classiques» de la révélation ou de la foi ne s'y prêtent pas du tout
ou difficilement, du fait d'abord qu'elles ont été élaborées en

---

1. D'après R. MARLÉ, *Parler de Dieu...*, l'herméneutique, pour
Gerhard Ebeling, «est cette discipline que s'impose celui qui se soucie
de "compréhension" et qui porte donc la préoccupation d'articuler une
"parole responsable"» (p. 103); consciente d'être «située dans une
histoire» (p. 104) et «portée par le souci de la responsabilité de la
parole dans son actualité» (p. 107), la théologie herméneutique se
donne pour «tâche la plus élémentaire», selon les termes de G. Ebeling
lui-même, «de vérifier le mot *Dieu* en le confrontant à la situation
fondamentale de l'homme» (p. 108; thème repris p. 165-167).

484 DIEU QUI VIENT À L'HOMME

des temps plus anciens sur les bases d'une épistémologie qui n'avait pas encore intégré les analyses du langage propres aux « sciences de l'homme » contemporaines. Du côté catholique, on professe que le sens de l'Écriture « voulu par Dieu » est conservé infailliblement, c'est-à-dire sans altération, par la tradition et le magistère de l'Église, assistés par le même Esprit qui a inspiré les Écritures[1]. Du côté protestant, qui récuse l'autorité de la tradition (jusqu'à un certain point) et du magistère, on tient néanmoins que la Parole de Dieu se transmet dans la prédication de l'Église identique à ce qu'elle est dans l'Écriture grâce à la lumière de la foi éclairée par l'Esprit Saint[2]. Nous avons cependant constaté, dans notre bref parcours de la tradition, des écarts de sens et de langage par rapport à la réception de l'Évangile par l'Église des origines, et la prédication de l'Église, prise globalement, n'est pas indemne des avatars de la tradition. Aussi la théologie est de plus en plus obligée de tenir compte de l'historicité du langage humain dans lequel s'énonce la « Parole de Dieu ».

Autant dire que les théologies classiques de la révélation ou de la foi sont devenues très problématiques dès qu'on y introduit les théories actuelles de la connaissance et du langage ; mais peut-on se dispenser de recourir à ces théories si l'on veut rendre intelligible autour de nous ce que nous entendons par révélation et foi ? Depuis Vatican II d'ailleurs,

---

1. J. RATZINGER, « Essai sur le problème du concept de tradition », dans *Révélation et tradition* (ouvrage cité p. 327, n. 1), défend la notion catholique de tradition contre l'idée luthérienne « selon laquelle la Parole de Dieu est captive dans l'Église catholique, à cause de sa sujétion à l'autorité du ministère » (p. 43) ; il analyse « le rapport entre révélation et tradition » (p. 54-74) et explique le décret tridentin sur la tradition (p. 77-98).

2. K. BARTH, *Dogmatique*, vol. I (ouvrage cité p. 140, n. 1), § 4, p. 85-120, expose sa thèse des trois formes de la Parole de Dieu (p. 85), énumérées dans cet ordre : prêchée, écrite, révélée, en expliquant que la révélation est en elle-même Parole de Dieu, en tant qu'elle est « la décision divine qui intervient dans la Bible et la prédication au moment où elle les utilise », lesquelles « deviennent » Parole de Dieu de ce fait (p. 114) ; cette thèse, dit-il, n'est pas absolument incompatible avec la thèse catholique de l'épiscopat, mais elle l'est avec celle du pape vicaire du Christ et successeur de Pierre (93-94).

DÉVOILEMENT DE DIEU 485

des voies sont ouvertes pour un élargissement de ces théories[1]. L'idée d'une « hiérarchie » des vérités de la foi est admise, qui évite de mettre les affirmations les plus simples et les plus fondamentales sur le même plan que des énoncés plus élaborés et plus particuliers[2]. Plutôt que de concevoir la révélation sur le modèle d'un enseignement de vérités déterminées, on la définit plus volontiers par l'acte de Dieu de *se* communiquer lui-même, de notifier sa présence[3]. Plutôt que de la fixer à tout jamais dans un langage ancien et intouchable (« sacré » en ces deux sens), mais qui ne parle plus, on tend à la comprendre comme l'interpellation que Dieu adresse aujourd'hui même à quiconque ouvre les Écritures, pour lui en dévoiler le sens, ou qu'il adresse aux croyants par la voix de l'Église pour actualiser les significations de l'Écriture selon les besoins des esprits nouveaux. Ainsi peut-on dire que la révélation s'achève là et quand elle s'auto-interprète dans la foi qu'elle suscite et qui la reçoit. Il semble plus facile de poser, dans ces nouvelles perspectives, le problème du rapport du croire au comprendre, qui paraissait rationnellement insoluble depuis que la philosophie critique avait exclu les objets de la foi de la sphère des connaissances de l'entendement. La foi ne paraissait plus être dès lors qu'affaire de croyance, de tradition, d'autorité – ce qu'une personne de la modernité devenue « majeure », c'est-à-dire, selon les termes bien connus de Kant, « osant penser par elle-même », résolue à faire usage de sa raison, ressent comme une attitude infantile. Comment cette personne parviendra-t-elle à croire ? Ou, si elle est déjà croyante, comment se rendra-t-elle raison de son attitude croyante ? De toutes les questions

---

1. Les grandes lignes des rapports entre Écriture, révélation et tradition selon Vatican II sont présentées dans l'ouvrage collectif *L'Écriture âme de la théologie* (cité p. 115, n. 1) par Pierre PIRET, p. 19-24, et par Christoph THEOBALD, p. 111-115 (avec mention de Léon XIII et Benoît XV).

2. C. GEFFRÉ, *Profession...*, p. 111-112 ; *Croire...*, p. 39-50 « Pour une herméneutique conciliaire » (ouvrages cités p. 79, n. 1).

3. C'est un point sur lequel insiste Karl RAHNER, par exemple dans *Révélation et tradition* (cité ci-contre), p. 15-36, en part. p. 20-24 : dans l'histoire de la révélation, la théologie catholique reconnaît « le mystère profond du Dieu trinitaire, la communication de Dieu tel qu'il est », qui « atteint son sommet... dans l'unique Homme-Dieu » (p. 23).

qui barrent l'horizon de la foi aujourd'hui, la plus urgente, la plus radicale, la plus enveloppante est bien cette simple interrogation de la foi qui fait réflexion sur elle-même : mais qu'est-ce donc que croire, comment comprendre l'acte de croire, en quels termes le croyant rendra-t-il intelligible à lui-même son propre acte de croire ?

Telle est la question qu'il convient de se poser avant d'examiner à quel Dieu il nous est demandé de croire en Jésus. Au lieu d'exposer et de discuter les théories en cours sur la révélation, l'Écriture, la tradition et leurs rapports mutuels ou de chercher à en élaborer de nouvelles, abstraitement et *a priori*, nous reviendrons sur le chemin que nous avons parcouru à travers les évangiles, et examinerons comment peut se faire, pour un esprit imbu des interrogations critiques de la modernité (mais n'est-ce pas le cas de beaucoup de chrétiens d'aujourd'hui ?), l'accès à la foi chrétienne, en réponse à l'appel de Jésus à le suivre, d'abord, puis à l'annonce dont il est l'objet de la part des apôtres. Reparcourant ensuite le chemin de la tradition chrétienne, nous chercherons comment se décide, à partir de l'événement du Christ, la foi aux Écritures, anciennes et nouvelles, en communion avec l'Église qui les présente aux croyants, et par quel processus la foi, devenue théologale, s'enrichit de connaissances et se transforme en savoir. Parvenus par ce parcours phénoménologique à une meilleure appréciation épistémologique des rapports du croire au comprendre, nous serons plus capables de scruter, face aux incertitudes ou aux refus du présent, l'idée de Dieu dissimulée sous la mort du Christ. Nous opérons donc cette relecture du chemin parcouru en partant du préjugé historique, c'est-à-dire évangélique, que devenir croyants en tant que chrétiens, cela consiste à devenir disciples de Jésus, à se rendre « contemporains » de Jésus, comme disait Kierkegaard, et à prendre rang parmi ceux qui le suivent.

Avec cette première décision nous est fournie une notion fondamentale de la foi chrétienne. Elle ne consiste pas à croire d'abord en Dieu, ou à ce que dit l'Église, mais à « suivre » Jésus. Elle a pu commencer par la foi en Dieu : ce fut évidemment le cas de ses premiers disciples, instruits par l'Écriture ; c'est encore ce que pensait Troeltsch, selon qui la révélation immanente de Dieu dans l'histoire des religions devait conduire les hommes à faire confiance au fondateur de la plus

DÉVOILEMENT DE DIEU

parfaite de toutes; mais ce présupposé théiste a beaucoup perdu de son ancienne efficacité, et ne s'impose même pas avec rigueur, puisque Jésus fait savoir qu'il vient révéler lui-même Dieu et avertit que, de toute façon, ceux qui pensent connaître Dieu par avance devront apprendre à son école à le connaître autrement. Faudrait-il alors se tourner vers l'Église? C'est elle, de fait, qui témoigne de Jésus, qui est dépositaire de la foi en lui, et elle rend son témoignage en énonçant la «règle de vérité»: elle croit en un seul Dieu, le Créateur, et en Jésus Christ, son Fils. Ce credo ne fait pas de la foi en Dieu une condition préalable à la foi au Christ, mais une simple composante: dans la perspective d'une pluralité de religions ayant chacune leur dieu, l'Église dit de quel Dieu Jésus est le fils, à savoir du Créateur et Seigneur de toutes choses, Dieu unique. Cela ne signifie pas que la foi en Dieu soit tenue pour secondaire par rapport à la foi au Christ; cela veut dire simplement, mais fondamentalement, que l'Église ne situe pas son Dieu dans le panthéon des divinités célestes, dans le ciel des êtres inengendrés, ni dans une éternité ou une transcendance dont il serait l'unique habitant ou propriétaire, mais en référence à l'histoire: le Dieu des chrétiens est celui de Jésus, comme celui des juifs est le Dieu d'Abraham et de Moïse, avec cette différence capitale cependant que l'identité de Dieu est déterminée par une relation de paternité, exclusive, à l'égard de Jésus et non par un rapport de pure fonctionnalité ou représentativité. Il reste que tout homme est dépendant de l'enseignement de l'Église pour croire à Jésus en tant que Christ Fils de Dieu. Sous cette modalité, sans aucun doute, mais un préambule à la foi est indiqué: la connaissance de Jésus comme individu historique dont les coordonnées sont précisées par le Symbole des apôtres: «né de la Vierge Marie, crucifié sous Ponce Pilate»; et ce préambule n'est pas un préalable extérieur à la foi, il est de nature à y introduire s'il est vrai que Dieu dévoile sa présence en cet individu. Ce prélude renvoie aux évangiles, non formellement en tant que livres inspirés, qu'il faudrait d'abord recevoir au titre de Parole de Dieu, mais en tant que témoignages historiques sur Jésus. La même référence à un donné événementiel, repérable par tous même s'il est transmis et explicité par des croyants, est faite par le premier énoncé de la tradition apostolique (1 Co 15, 1-11), base permanente de la prédication de l'Église, dont une autre forme, simplifiée, fait écho à la rumeur qui se répandait au sujet de

488 DIEU QUI VIENT À L'HOMME

Jésus : « *vous savez...* comment il est passé partout en faisant le bien, guérissant tous ceux que le diable tenait asservis, car Dieu était avec lui » (Ac 10, 38). Ce « préambule » historique de la foi au Christ ne s'exprime pas encore en acte de foi, il n'en pose pas moins les fondations, qui ne sont pas de l'ordre de la *croyance* ni de l'*obéissance* mais, comme le mot l'indique, d'une marche d'*approche*.

— La foi qui est de l'ordre de la *croyance* fait partie des « valeurs » que véhicule une tradition culturelle, du patrimoine identitaire d'une société ; elle ne dépasse guère le stade des opinions « probables », c'est-à-dire de celles qui sont partagées par des personnes « approuvées »[1] ; quand vient à manquer le soutien du groupe ou l'approbation des représentants les plus notables de la culture dominante, alors la foi s'effondre, faute d'enracinement profond dans la personnalité de l'individu. — La foi qui est de l'ordre de l'*obéissance* à une « institution du croire », à l'autorité d'une Église, d'une tradition doctrinale ou d'un corpus de textes sacrés, repose bien, en dernière instance, sur la Parole de Dieu au nom de qui lui est prescrit ce qu'il faut croire, mais, dans la mesure où l'assentiment du croyant n'est pas raisonné, où il ne sait pas pourquoi il croit ceci ou cela, ni où ni de quelle façon cela est révélé, sa foi ne serait motivée que par l'autorité extérieure qui lui prescrit de croire sans communier du dedans à cela même que Dieu lui communique. Cette foi est particulièrement fragile dans une culture dominée par la raison critique, non pour ce motif qu'elle s'abstiendrait de mettre en doute et de contrôler ce qui lui est donné à croire, mais parce qu'elle est impuissante à se donner à elle-même d'autre légitimation que l'obligation qui lui est faite : une qualité intérieure manque à la foi quand la dimension du comprendre est absente du croire, quelque chose qui ne concerne pas la vérification de ce qui est cru mais la véracité de l'acte de croire. — Il en va autrement de l'*approche historique* de Jésus qui se fait par les évangiles. Ce qui lui donne sa valeur, ce n'est pas de favo-

---

1. Je renvoie à Michel DE CERTEAU, qui explique ces termes d'Aristote et les applique au problème du croire dans son rapport au savoir, problème qui se pose ailleurs ainsi que dans le domaine religieux : « L'institution du croire », dans *Le Magistère, RechScRel.* 71/1 (1983) 68-72.

DÉVOILEMENT DE DIEU 489

riser un contrôle historiographique des raisons de croire en Jésus, c'est d'effectuer une rencontre personnalisée avec lui, qui n'est pas un acte de foi définitif, certes, mais qui permet de s'approprier l'appel qu'il adressait à ses premiers disciples, et de commencer à y répondre. L'appel évangélique à la foi est, en effet, invitation à venir à sa rencontre et à marcher à sa suite, à le voir et à l'entendre : « Alors Jésus se retourna et voyant qu'ils s'étaient mis à le suivre, il leur dit : "Que cherchez-vous ?" Ils répondirent : "Maître, où demeures-tu ?" Il leur dit : "Venez et vous verrez." Ils allèrent donc, ils virent où il demeurait, et ils demeurèrent auprès de lui, ce jour-là ; c'était environ la dixième heure » (Jn 1, 38-39). La notation temporelle est significative d'un événement qui a eu lieu, qui a mis en route une histoire, de l'intériorité d'un acte de présence, d'une relation qui s'est nouée entre Jésus et ses deux visiteurs ; le voir s'est prolongé dans un demeurer, un attachement réciproque est né. Il y a donc dans cette rencontre un commencement d'acte de foi, la curiosité s'est muée en intérêt, le plaisir de la visite en désir d'approfondir la connaissance de l'étranger. Une mise en confiance s'est produite : les visiteurs *se fient* à Jésus pour faire route avec lui, ils le prennent pour maître, ils se font disciples – début de la foi à la Bonne Nouvelle.

Le passant d'aujourd'hui qui se met sur les pas de Jésus entend le même appel que les disciples d'autrefois, condition pour le suivre en qualité de disciple : « *Convertissez-vous, le Royaume de Dieu est proche.* » La réponse à cet appel est un engagement pris vis-à-vis de Jésus, elle fait entrer dans une démarche de foi proprement dite ; de simple visiteur du dehors, on devient compagnon de route. – L'appel à la *conversion* prend des déterminations différentes selon l'attitude existentielle de chacun. De toute façon, c'est une invitation à se ressaisir, à se prendre en charge, à se donner une orientation de vie, à se libérer du poids des coutumes, des contraintes sociales, des opinions publiques, des passions dont on est esclave, des clôtures de l'égoïsme, à se laisser porter par un souffle d'Esprit, à « renaître d'en-haut », à « ek-sister » par soi-même comme un être neuf et libre. La conversion prend une figure concrète et positive dans l'observation et l'écoute de Jésus : c'est le respect des petits et des faibles, la compassion fraternelle envers ceux qui souffrent, le souci des autres, c'est de travailler à la libération de toutes les formes d'oppression, de s'écarter des voies de la domination d'autrui et de la violence, de pratiquer le pardon et de savoir le demander, d'entrer dans la voie de l'amour et du service d'autrui. Rien de cela ne fait partie d'un enseignement détaillé ni systématique de la part de Jésus, d'un code de préceptes moraux, il s'agit plutôt de leçons de vie et d'exemples donnés à l'occasion d'une rencontre ou d'un événement, d'incitations qui prennent sens dans l'histoire de chacun, d'une pédagogie de l'existence humaine, d'une éthique de la relation à l'autre ; chacun se sent invité, en suivant Jésus, à se juger soi-même et à exister autrement. – L'appel au *Royaume de Dieu*, aussi mystérieux pour le disciple d'aujourd'hui qu'il l'était pour ceux du passé, même si l'expression leur était familière, prend également figure et sens par rapport aux comportements et aux paroles de Jésus : la figure d'une humanité libérée et réconciliée avec elle-même, le sens d'un avenir gratuit et gratifiant, auquel chacun doit cependant se préparer et travailler, pressentiment d'une espérance qui soulève l'histoire. Dans l'annonce du Royaume de Dieu, l'espérance porte le nom de Dieu, « Dieu » est le nom de la transcendance, mais d'abord d'une espérance : c'est ce qui dépasse infiniment l'homme, mais d'abord ce qui vient à lui, en toute liberté et gratuité, pour le combler de bonheur. Dans la bouche de Jésus, le nom de Dieu prend figure et sens de « père » : ainsi l'espérance du Royaume, *ce qui* vient, *ce qui* est au-delà, se personnalise dans l'esprit du disciple. Ceux d'aujourd'hui, comme ceux du passé, entendent souvent Jésus leur parler de Dieu sans jamais leur donner d'enseignement formel à son sujet, il s'en remet à l'Esprit Saint qu'il leur enverra plus tard pour les conduire à toute vérité : la connaissance de Dieu reste de l'ordre, pour une part, de l'apprentissage quotidien, pour une plus large part, de l'espérance. Ainsi l'approche de Jésus dans son histoire, dans toute la mesure où elle engage à sa suite, est un début authentique de foi en Dieu, sous la forme de l'espérance, à travers la foi en Jésus, comprise comme la confiance mise en lui pour donner vérité à notre existence et la conduire à son terme. Cette foi relève de l'anthropologie et de l'éthique, non encore de la religion ni du dogme ni de la métaphysique, et cela doit être considéré comme une caractéristique essentielle de la foi chrétienne, même si cela est loin d'en épuiser le concept.

DÉVOILEMENT DE DIEU 491

Cette approche historique se termine à la proclamation, par les témoins et envoyés de Jésus, de sa mort salutaire et de sa résurrection en Dieu. L'appel initial « Convertissez-vous et croyez à la Bonne Nouvelle » est repris par les apôtres sous une forme nouvelle, invitation à mourir au péché avec le Christ pour renaître avec lui dans une vie nouvelle, en attendant de partager sa destinée éternelle en Dieu. La foi franchit ici une étape, elle requiert du chrétien l'engagement à lier son existence à celle de Jésus, jusqu'à la mort incluse, dans l'espérance de reprendre vie en lui au-delà de la mort. Même parvenue à ce point, la foi garde l'aspect anthropologique et éthique que nous venons d'analyser, puisqu'elle engage à un certain style de vie et que croire à ce qui arrive à Jésus est inséparable de la foi en l'avenir de l'humanité. Ce croire n'est pas démuni d'un comprendre, car il ne concerne pas uniquement ni immédiatement le mystère de la vie après la mort, qui ne peut pas être pour nous objet de connaissance rationnelle, mais il porte d'abord sur notre vie présente dont il affirme la destination à l'immortalité. La foi dans la résurrection de Jésus exprime, sous le mode d'une espérance de vie illimitée, le *sens* absolu de la vie, déliée de la contradiction de la mort, sens appris de Jésus, du compagnonnage avec lui, sens inspiré par son Esprit, mais éprouvé dans le quotidien de l'existence comme la capacité inépuisable de la vie de se renouveler même en se perdant. L'événement conjoint de mort et de résurrection de Jésus est le « révélateur » du dépassement de la limite pour quiconque engage le sens de sa vie dans sa foi en lui. Jésus est alors considéré comme l'homme parfait, qui accomplit et manifeste la perfection du sens et de la destinée de l'existence humaine, et qui, s'étant rendu par sa mort solidaire de tous les hommes, affranchit de l'assujettissement à la mort tous ceux qui lient leur existence à la sienne par un même style de vie. Voilà comment peut être *compris*, « interprété » en termes d'anthropologie et d'éthique par les esprits de la modernité, ce que Paul proclame au sujet de Jésus sous les noms d'*Homme nouveau* et de *Nouvel Adam*, ou quand il appelle les fidèles à porter la croix de Jésus et à mourir avec lui pour renaître en nouveauté de vie, ou quand il leur enseigne que « Christ les a libérés pour qu'ils soient vraiment libres ». Même ainsi comprise et sans aller plus loin, la foi n'en est pas moins reçue comme un don de Dieu qui transcende l'existence en ce monde : c'est l'appel de Jésus à se convertir en vue du Royaume qui donne au disciple la force de se mettre en route dans une telle direction, quoiqu'il n'en conçoive pas le terme, qui lui révèle l'illimitation de la vie que chacun porte en soi mais sans en avoir conscience faute d'y *croire*, et qui lui donne de consentir, même sous la forme incertaine d'un simple pressentiment, à cet au-delà de la limite que Jésus appelle son Père. D'un tel acte de croire, qui n'est pas le terme mais pourtant le fondement du devenir chrétien, le disciple peut se rendre raison, puisqu'il consiste à *répondre* du sens de la vie que la foi lui dévoile par l'engagement d'existence qu'il a pris. En tant qu'il est nôtre, alors même qu'il vient de Dieu et conduit à Dieu, cet acte est de même nature que nos autres attitudes existentielles et décisions éthiques ; il relève d'une anthropologie inspirée, déclenchée, orientée par l'insertion de notre existence individuelle dans l'histoire de Jésus.

Mais l'annonce de la résurrection de Jésus ne s'arrête pas à ce qu'elle produit et manifeste dans l'histoire humaine, elle remonte jusqu'à sa relation à Dieu, source de ce qui arrive à Jésus, et à nous par voie de conséquence : elle révèle qu'il est le fils du Dieu créateur en qui il reprend la vie qu'il tenait de lui, et c'est ainsi qu'elle révèle Dieu, réciproquement, comme Père de Jésus. Cette annonce ne se borne pas à témoigner de ce que Jésus a fait ou dit dans le cours de sa vie terrestre, d'événements qui relèvent de l'observation empirique, elle en dévoile la vérité profonde du point de vue de Dieu, en tant que Dieu était avec lui, agissait et parlait par lui. Cette vérité n'a pu être dévoilée que par l'Esprit de Dieu qui était en Jésus et qu'il a communiqué à ceux qui devaient être ses témoins ; c'est elle qui a rassemblé l'Église des premiers chrétiens, qui s'est exprimée dans la tradition apostolique et qui est consignée dans les écrits des apôtres et des évangélistes. La foi qui adhère à cette annonce franchit une nouvelle étape et devient proprement théologale, dans le terme qu'elle vise : Dieu uni à Jésus en relation de Père à Fils, et dans son principe : la Parole de Dieu contenue dans l'Écriture, proclamée par l'Église et portée par l'Esprit Saint à l'intérieur des cœurs. Pour être devenue théologale, cette foi n'est pas hétérogène à ce qu'elle était dans son état antérieur, au terme de l'approche historique de Jésus : d'abord, tout en visant Dieu, elle ne quitte pas le terrain de l'histoire, qu'il s'agisse de celle de Jésus ou

DÉVOILEMENT DE DIEU 493

de la nôtre ; ensuite, même si elle dit ou comprend quelque chose de nouveau à son sujet, par exemple sous le nom de Fils de Dieu, elle ne fait en cela que rendre raison d'elle-même. Dans son évolution théologale la foi est devenue capable de reconnaître, ce qu'elle ne savait pas dire auparavant, pourquoi il était juste qu'elle mette sa confiance en Jésus, à savoir parce qu'il est l'envoyé de Dieu, le messager de son amour, sa présence parmi nous, son être-pour-nous. Le passage de l'étape précédente à la nouvelle se fait donc par un processus de reconnaissance du sens de l'acte de croire, par un déploiement de l'intelligibilité interne du croire. Il consiste cependant, en même temps, dans un acte nouveau de communication, plus exactement de communion à un espace commun de foi, qui est l'Église. En effet, l'annonce que Jésus est le Christ, le Fils de Dieu, constitue la profession de foi publique de ceux qui poussent leur engagement à la suite de Jésus jusqu'à devenir ses témoins devant le monde, elle énonce un *nous croyons* par lequel chaque croyant participe à la foi des autres en l'énonçant dans une prise de parole publique – laquelle constitue en toutes matières, d'après Kant, le mode d'expression caractéristique de la rationalité adulte, de la majorité du sujet, ici du sujet croyant. Pour le disciple d'aujourd'hui qui avait engagé sa vie à la suite de Jésus, en solitaire, en parcourant les évangiles, cette nouvelle étape consistera à se sentir et se dire en identité de foi avec d'autres disciples, à reconnaître sa foi dans celle qui rassemblait les premiers chrétiens, dans la règle de foi des apôtres et des évangélistes, et à engager sa vie à la suite de Jésus dans la même profession de foi léguée par ses témoins et envoyés. Ce qui n'était jusque-là qu'appréhension du sens dans un sentiment individuel ressent le besoin de passer au langage pour être « confessé » dans un dire commun[1]. Chaque forme nouvelle d'engagement, en effet, *délivre* le sens impliqué par la précédente, car l'intelligibilité de ce qui est cru se découvre dans la clarté de la décision de croire. Sous sa forme communautaire, la foi est l'assentiment donné formellement à

---

1. On pourrait appliquer à ce propos la distinction de Paul en Rm 10, 9-10 : « Si, de ta bouche, tu confesses que Jésus est Seigneur et si, dans ton cœur, tu crois que Dieu l'a ressuscité des morts, tu seras sauvé. En effet, croire dans son cœur conduit à la justice et confesser de sa bouche conduit au salut. »

la Parole de Dieu reconnue dans les écrits des évangélistes et des apôtres, auparavant lus en tant que témoignages historiques sur Jésus, et lus maintenant comme l'écriture de Jésus qui identifie l'Église en tant qu'elle est son corps, corps parlant. Pour en arriver là, le croyant n'a pas besoin d'une illumination spéciale ; il n'est pas davantage obligé de consentir au préalable à l'autorité de l'Église qui lui présente ses Écritures, car d'où saurait-il qu'elle vient de Dieu ? Mais celui qui, lisant les évangiles, y a entendu et reçu l'appel de Jésus et le témoignage qui lui est rendu, quand il vient à reconnaître, poussé par l'Esprit, le même appel et le même témoignage dans la voix de l'Église d'aujourd'hui, celui-là comprend que les évangiles, où parle l'Église des origines, font partie de l'événement par lequel Dieu se révèle en Jésus, qu'ils en sont l'expression langagière. Les évangiles ne sont pas des écritures tombées du ciel, ils sont les « mémoires des apôtres », disait Justin, la mémoire qu'ils ont gardée de Jésus, le souvenir qu'il a lui-même imprimé en eux avec l'intelligence de sa personne et le sens de son action, avec tout ce que leur dévoilait la foi qu'il leur inspirait, et la même chose doit se dire des autres écrits apostoliques qui proclament ce que les évangiles racontent, qui explicitent la Bonne Nouvelle, l'Évangile qu'est en lui-même l'événement de Jésus. Impression de Jésus en qui Dieu se révèle, ces écritures sont aussi bien la « déposition » que Dieu y fait en faveur de son Fils, c'est pourquoi elles sont reçues par la foi comme l'expression de Dieu, la parole qu'il veut communiquer par leur entremise jusqu'au fond des cœurs, la vérité qu'il révèle de lui-même dans le langage humain. Qu'il y ait entre elles des divergences ne change rien à l'affaire, car elles ne constituent pas un savoir, une somme de connaissances inspirées chacune pour elle-même, et ces divergences, au sein d'un même « Testament », sont la marque de la liberté d'interprétation laissée à la foi dans un espace de reconnaissance mutuelle. L'affirmation que Jésus est le Christ, le Fils de Dieu, comme d'autres du même genre, ne prétend pas dire *ce qu'*il est en lui-même, mais *qui* il est pour le croyant : le représentant de Dieu ; elle n'affiche pas un *savoir*, elle exprime l'*attachement* inconditionné de l'Église à Jésus comme à celui en qui Dieu même se donne à tous par l'acte de le livrer pour tous.

Or, les apôtres et les évangélistes ont témoigné de Jésus en tissant leurs propres discours et écrits dans la trame des

DÉVOILEMENT DE DIEU   495

Écritures anciennes du peuple d'Israël ; ils l'ont fait parce que
Jésus lui-même s'y référait fréquemment, disant qu'elles
parlaient de lui, y lisant son destin annoncé et comme fixé
d'avance par Dieu, se servant d'elles pour s'entretenir filiale-
ment avec Dieu ; transcrivant donc la mémoire qu'ils avaient
de Jésus, ils ont recueilli dans leurs écrits la mémoire qui était
la sienne, et c'est ainsi que les Écritures d'Israël sont devenues
celles de l'Église du Christ, constituant pour elle le Testament
précurseur de celui que Dieu avait prévu de fonder dans son
Fils[1]. Les anciennes Écritures sont donc reçues par les chrétiens comme Parole de Dieu au même titre que les nouvelles,
d'une façon différente cependant pour ceux du temps de Jésus,
pour ceux des temps de chrétienté et pour ceux d'aujourd'hui
qui ont conscience de ne plus appartenir à ces temps-là. Les
premiers croyaient aux Écritures (anciennes) avant de connaître
Jésus et indépendamment de la foi qu'il leur inspirait, et ils ont
affermi leur foi en lui après avoir recueilli le témoignage
qu'elles lui rendaient, selon l'injonction qu'il leur avait faite.
Les deuxièmes, s'établissant héritiers de la religion d'Israël, ont
reçu ses Écritures comme faisant partie de l'héritage que Dieu
leur destinait d'avance, en tant qu'inspirées par lui pour
« préparer » la venue de son Fils et préparer les esprits à croire
en lui ; ils n'avaient donc pas besoin du témoignage de Jésus
pour croire en elles, c'était au contraire le témoignage de ces
Écritures qui s'ajoutait à celui des évangiles pour éclairer et
fortifier la foi en lui. Dans cette perspective, le « Second »
Testament est vu comme l'« accomplissement » du « Premier »,
qui a sa propre consistance en lui-même, puisqu'il soutient et
contient en germe le second. Bien qu'elle soit encore en vigueur,
cette théologie ne paraît plus guère appropriée aux chrétiens de
la modernité ou postmodernité, qui ont le sentiment raisonné

---

1. J. RATZINGER (ouvrage cité p. 484, n. 1), p. 56-70, souligne
justement l'importance de « l'événement christique » pour la réception
chrétienne de l'Ancien Testament et la mise en place de l'autorité de
la tradition ecclésiale dans le Nouveau : « Une chose est claire maintenant : dans la nouvelle économie du salut qui commence avec le Christ,
l'Écriture occupe une place différente de celle qu'elle avait dans
l'ancienne Alliance » (p. 59) ; « La réalité qui survient dans la révélation chrétienne n'est rien ni personne d'autre que le Christ lui-même.
Il *est*, au sens propre, la révélation » (p. 60).

496 DIEU QUI VIENT À L'HOMME

d'appartenir au temps de la fin de la religion, qui ont conscience d'arracher leur foi à la débâcle de la religion, et qui sont conduits à la foi en Jésus par les chemins de l'histoire évangélique et de la tradition apostolique ; ceux-là croient aux anciennes Écritures, comme on vient de le dire, à cause de la mémoire que Jésus en avait et en faisait ; assumant cette mémoire à leur tour, ils les lisent comme le récit de la venue cachée de Jésus à l'histoire ; ils les tiennent pour inspirées par Dieu en tant qu'elles témoignent de l'attente d'un événement à venir et d'une espérance de libération, attente et espérance qui exprimaient l'expérience historique du peuple hébreu soutenu par sa foi et guidé par ses prophètes. Dans cette troisième perspective, c'est la lumière du Nouveau Testament qui reflue sur l'Ancien ; l'effectivité de ce qui est définitif donne raison d'être et consistance à ce qui le précède. Ce point de vue ne peut être, de toute évidence, qu'une interprétation chrétienne, non une lecture directe des Écritures du peuple hébreu ni du déroulement de son histoire, mais une relecture faite à partir d'un événement posé par la foi chrétienne comme point inaugural d'une histoire nouvelle et clé d'intelligibilité de ce qui la précède. Dans la mesure où elle est réfléchie et proclamée comme telle, cette interprétation n'avoue pas de dépendance du fait chrétien à l'égard du judaïsme ancien et reconnaît aux héritiers naturels de ce dernier la pleine légitimité d'une lecture toute différente de leurs Écritures ; elle leur en restitue la propriété et se contente de s'approprier un moment de cette lecture qui en fut la réécriture, celle qui s'est faite dans la mémoire de Jésus et par la transmission de sa mémoire à ses premiers disciples. Qui dit « Premier » et « Second » Testament les range dans un ordre de succession qui n'implique, de soi, aucun lien interne entre l'un et l'autre, qui maintient le Premier en activité sans en faire, en principe, le *passé* de celui qui devait venir en Second – à moins de faire de celui-ci une lecture « judaïsante » qui consiste à poser le Premier comme le *passé maintenu* du Second ; une telle lecture est possible, puisque les auteurs du Second étaient des juifs, mais à condition d'oublier qu'ils s'étaient affranchis de la loi du judaïsme, et avec ce résultat que le Premier n'est maintenu en effectivité que sous la modalité d'être le passé du Second et que ses héritiers naturels en sont dépossédés, en droit, au profit de ceux qui s'en disent héritiers selon l'Esprit : on passe de l'un à l'autre en pleine confusion. Au contraire, quand on dit « Ancien » et

DÉVOILEMENT DE DIEU

« Nouveau » Testament (étant entendu que ce n'est pas le vocabulaire, mais le langage qui importe), l'Ancien est posé comme le passé *maintenu comme supprimé* du Nouveau ; il n'est *supprimé* que pour ceux qui reconnaissent l'alternance d'un Ancien et d'un Nouveau, ce qui n'est évidemment pas le cas des juifs qui se maintiennent sous la loi à laquelle est liée l'Alliance mosaïque, maintenue donc à leur profit ; la suppression ne vaut que pour les chrétiens, à qui il est interdit de retourner sous la loi dont le Nouveau les a affranchis, et cette interdiction est *maintenue* en tant que le danger existe en toute religion de se placer sous la servitude d'une loi ; avec cette réserve, c'est-à-dire à condition de le « christianiser », les chrétiens sont invités à lire l'Ancien Testament comme le passé de la venue au monde de Jésus, comme une écriture d'attente et d'espérance toujours d'actualité pour ceux qui suivent Jésus sur le chemin du Royaume.

L'articulation des deux Testaments l'un sur l'autre, déployant un espace de relecture et d'interprétation, ouvre un lieu d'intelligibilité pour la foi chrétienne, le Nouveau interprétant l'événement de Jésus en le relisant dans l'Ancien. Dans la lecture des Écritures qui se fait en Église, un *entretien* se noue entre, d'une part, tous ceux qui croient au Christ et, d'autre part, les chrétiens d'aujourd'hui, ceux du temps de Jésus et « ceux qui ont d'avance espéré dans le Christ » (Ep 1, 12). Tant qu'il reste dans le champ des Écritures, ce dialogue ne vise pas à élaborer un *savoir* proprement dit, un système de connaissances conceptuelles et d'argumentations démonstratives qui fourniraient des évidences rationnelles, il ne cherche qu'à *entretenir*, à éclairer et fortifier la foi des fidèles. Il n'en sert pas moins à *penser* la foi, à exhiber son intelligibilité, à développer ses ressources de sens, à l'exprimer dans un langage cohérent, en recherchant et en mettant en œuvre les connexions symboliques du langage biblique. Car la foi qui cherche à se penser et à se dire pour mieux comprendre ce qu'elle croit, en explorer le domaine, en approfondir les motifs, exerce une activité rationnelle, tout en voulant la contenir dans les limites et dans l'axe de la révélation. – Mais quelles sont ces limites ? D'une part, la révélation est transmise par des Écritures qui sont un langage humain, plein de significations anthropologiques, cosmologiques, philosophiques, représentatif d'une vision religieuse de l'existence référée à un principe divin. D'autre part, le croyant qui cherche à mieux connaître la révélation le fait en exploitant toutes les connaissances dont il dispose en dehors d'elle, tirées de tous domaines du savoir, au moyen des mêmes instruments conceptuels et méthodes d'argumentation dont use la philosophie dans son domaine. Ainsi est née la théologie, à la rencontre d'une herméneutique, qui est un certain type de lecture et d'interprétation des représentations trouvées dans les Écritures, et d'une philosophie courante, à tout le moins d'une certaine « vision globale du monde » constitutive d'une culture de base, chacune des deux interférant l'une sur l'autre pour traduire les choses de la foi dans un discours à la fois scripturaire et rationnel. C'est à travers ce discours que se transmet la « Parole de Dieu », dont la transmission ainsi retranscrite constitue la « tradition de l'Église ».

Entendue strictement selon l'usage qu'en fait la Bible, la Parole de Dieu est l'appel au salut, l'invitation que Dieu adresse aux hommes pour qu'ils se mettent en route vers son Royaume à la suite du Christ, de même que jadis il appelait Abraham, puis les autres patriarches, à partir en voyage vers le pays où il voulait établir son peuple et que, plus tard, il ordonnait à ce peuple par ses prophètes de « marcher devant lui » dans la fidélité à son Alliance. Le discours de la tradition véhicule la Parole de Dieu en tant qu'il s'aligne dans l'axe du salut et dans la mesure où il en trace le chemin. C'est ainsi que les Pères de l'Église vont élaborer la foi en connaissances conceptuelles au moyen des « *raisons du salut* », par exemple celles-ci : le Christ nous sauve *parce qu'*il est le Fils de Dieu, *donc* à la condition que nous reconnaissions son origine divine ; *mais* il ne peut sauver que ce qu'il a de commun avec nous, *donc* à charge pour nous de respecter sa condition humaine ; il est *donc* nécessaire, pour être sauvé, de bien distinguer ce qu'il a d'humain et ce qu'il a de divin, sans confusion ni séparation ; etc. L'axe du salut est ainsi élargi pour faire place à toutes ces connaissances censées nécessaires au salut parce que « tirées » de la révélation. Or, leur nombre tend à s'accroître indéfiniment, pas uniquement par le jeu des articulations symboliques des Écritures ni des enchaînements des « raisons salutaires », mais beaucoup plus par la force des cohérences logiques des concepts et des catégories de la raison et des règles du raisonnement philosophique. Fatalement, une telle

DÉVOILEMENT DE DIEU

extension des connaissances de foi est de moins en moins contrôlable par l'interconnexion des Écritures et des raisons salutaires, elle entraîne des divergences entre théologiens qui ne raisonnent pas tous de la même façon et qui jugent cependant que la foi de l'Église ne peut pas se comprendre autrement qu'ils ne le font chacun de leur côté ; la profession de foi que l'Église transmet et enseigne à ses fidèles est ainsi mise en cause, ce qui oblige le magistère à intervenir dans ces conflits et à les trancher en « définissant » sa foi par voie d'autorité. Il le fait inévitablement en utilisant le même langage qui alimentait ces conflits, en tranchant des questions de vocabulaire, et c'est ainsi qu'il construit son dogme à la façon d'un *savoir* systématique des connaissances de foi, toutes censées s'imposer à la foi en tant que « vérités révélées », puisque extraites logiquement des Écritures, et toutes censées nécessaires au salut, pour la même raison – sauf que la logique *théorique* de ces enchaînements ne se déduit pas absolument des appels du Christ à le suivre sur le chemin qu'il avait tracé. Plus ou moins explicitement, la prédication de l'Église en vient à enseigner ce savoir dans le même discours par lequel elle transmet la Parole de Dieu et sa règle de foi, et au nom de l'une et de l'autre, et c'est ainsi que le salut se *définit* de plus en plus en termes de savoir. Or, élaboré dans les limites d'une rationalité particulière, liée à une époque, une société, une forme de civilisation, une histoire, une philosophie, ce langage de l'Église est inexorablement exposé à vieillir, c'est-à-dire à ne plus être compris, sinon à être compris de travers, par de nouvelles générations formées à un type différent de rationalité, façonnées par une autre histoire, une autre culture, initiées à une nouvelle vision du monde. Pour défendre son dogme, trop étroitement lié, d'une part à sa règle de foi, d'autre part à sa théologie rationnelle, l'Église se croira obligée de pérenniser les paradigmes rationnels selon lesquels elle l'avait conçu dans des temps anciens et continué à le concevoir dans des temps ultérieurs pour ne pas introduire de rupture dans les cohérences de son discours. Ce faisant, elle entre en conflit avec une rationalité nouvelle qu'elle prétend régenter comme elle le faisait au temps où la religion dominait le savoir, et qu'elle s'évertue à empêcher de croître, dénonçant sa « modernité » comme une erreur et l'éloignant d'elle du même coup.

Nous connaissons les suites de ce conflit pour l'avoir étudié, une première fois du point de vue de la contestation du Dieu du christianisme par la raison moderne, une seconde fois du côté de l'élaboration et de la transmission de cette idée de Dieu. Or, le concept chrétien de Dieu, né du passage (non réfléchi) de l'idée religieuse à l'idée philosophique de Dieu, est tributaire de la même forme de rationalité cosmologique et métaphysique que l'ensemble du dogme chrétien. On peut dire, avec plus de rigueur, que le dogme, dans sa totalité systématique, tire sa rationalité de la notion de Dieu qui préside aux explicitations du discours de la foi. Si donc le dogme chrétien est devenu largement incompréhensible ou douteux ou indifférent à des esprits formés à un autre type de rationalité, le seul recours paraît être de le régénérer à sa source, en redécouvrant l'idée de Dieu qui est restée voilée dans l'événement révélateur. L'Église ne peut pas s'opposer à une réinterprétation de son dogme entreprise avec la volonté de respecter la règle de foi des origines, la même qui a présidé dans la suite des temps à l'énonciation de ses dogmes. Elle le peut d'autant moins qu'on ne lit plus l'Écriture aujourd'hui comme on le faisait au temps des Pères ou des docteurs scolastiques et que le magistère a dû se résigner, pour réconcilier l'Église avec le monde moderne, à une étude des Écritures conduite selon les procédures modernes propres aux sciences de l'histoire et des textes, ce qui aboutit à des interprétations très différentes de celles du passé, qui mettent la théologie dogmatique, si elle reste fidèle aux modèles traditionnels, en conflit plus ou moins déclaré ou camouflé avec l'exégèse et la théologie bibliques. C'est d'ailleurs le motif pour lequel l'Église encourage les théologiens à se tenir plus près de l'Écriture et à centrer leur réflexion sur les « articles » essentiels de la foi, en tenant compte des aspirations et revendications légitimes des croyants d'aujourd'hui et autres personnes de bonne volonté. Ainsi avons-nous vu naître des théologies qui travaillent à réinterpréter la révélation de Dieu selon la « logique » de la Croix et dans des perspectives d'intelligibilité ouvertes sur la modernité. Elles ne le font pas, loin de là, pour accommoder la pensée de la foi aux goûts du jour ni pour critiquer la tradition ou la laisser de côté. Conscientes d'avoir reçu d'elle la foi au Christ et d'en répondre, devant elle, pour le présent, ces théologies nouvelles entendent bien être portées au monde

DÉVOILEMENT DE DIEU

par cette tradition et en être la continuation pour aujourd'hui. Mais conscientes aussi que la tradition parle un langage de foi vieilli et altéré, largement inintelligible, elles cherchent à la régénérer au souffle qui l'a fait naître. C'est dans cet esprit qu'à notre tour, entraînés par le mouvement contemporain de réflexion de la tradition sur elle-même, nous faisons retour vers l'événement fondateur pour en recevoir « l'irruption révélationnelle primitive » de la nouveauté du Dieu de Jésus [1].

---

1. Cette expression est de Paul TILLICH, *Dogmatique* (ouvrage cité p. 314, n. 2), Thèse 15, p. 69-75 (p. 73). Dans l'intention déclarée de se démarquer de la « séparation » protestante entre Écriture et tradition, il tient que « La tradition ecclésiale a un caractère normatif parce qu'elle présente le lien vivant avec l'irruption de la révélation, et qu'elle implique un combat continu contre la démonisation et la profanation de la révélation parfaite » (p. 69). Ce n'est pas le concept catholique de tradition : elle est toujours menacée de « syncrétisme » et de mondanisation (p. 73), elle « n'est aucunement limitée à l'intérieur de l'Église » (p. 75) ; elle est néanmoins « une voie concrète de salut », « norme dérivée », vu son lien intime à l'Écriture et à la tradition apostolique primitive (p. 73) ; « La tradition est étroitement liée à la trajectoire spirituelle qui me porte ; elle n'est donc pas tout simplement identique à la transmission » (p. 74). Ces idées me paraissent fécondes.

IV

DIEU RÉVÉLÉ DANS LA FOI AU CHRIST

Le repliement de la tradition du christianisme sur l'événement fondateur, auquel nous nous sentons entraînés et qui est aussi bien le redéploiement de celui-ci dans celle-là, annonce que nous sommes arrivés au terme de nos recherches, qui se referment sur leur point de départ. De cette dernière étape, nous ne devons donc pas attendre de nouvelles explorations, mais la mise au jour de ce qui s'est produit pour nous, au sujet de la révélation du Dieu de Jésus, dans ce double parcours des évangiles et du discours de foi de l'Église. Pour nous, c'est-à-dire pour la raison croyante qui travaille à se rendre intelligible la démarche de croire, qui s'est livrée au travail de la négativité dans le parcours de son histoire, non pour la simple raison raisonnante à laquelle nous n'avons pas imaginé de démontrer quelque nécessité ou justification rationnelle du croire. Cependant, la recherche d'intelligibilité est à elle seule l'aveu d'un manque et d'un besoin de rationalité ressenti par la foi, et cette motivation s'explique par la négation dont elle est l'objet sous la forme historique de l'athéisme déclaré ou de l'agnosticisme ou de l'indifférence religieuse. Cette négation s'était présentée à nous, dans le mouvement philosophique de la mort de Dieu, comme la dissolution du bien-connu de Dieu, et nous avons ensuite dû reconnaître que la tradition de la foi chrétienne a elle-même véhiculé ce concept commun dont elle nie maintenant qu'il soit propre au Dieu de Jésus. Pour être totalement lucide sur soi, le croyant éprouve donc la nécessité d'intégrer à la révélation cette idée de la mort de Dieu qu'il ressent comme la négation de sa foi. Telle est la première élucidation à laquelle nous devrons procéder. Elle permettra d'appréhender l'événement révélateur en tant que tel, non comme la simple activité par laquelle Dieu intervient dans l'histoire, en se tenant en dehors d'elle, quand il délivre Jésus de la captivité de la mort, mais comme la manifestation de sa présence en lui et, plus encore, en tant que communication de son être à Jésus et à nous. Événement primordial de vie et de mort, de la vie jaillissant de la mort, la révélation se fait en dévoilant et en communiquant l'être trinitaire de Dieu, passage de la vie, de Dieu au Christ et au monde par le Christ, et du Christ à l'Esprit et aux hommes par l'Esprit. Du même acte par lequel il se livre à eux, Dieu révèle que l'amour est son essence, qu'il est ce qu'il est sous le mode d'exister-pour-nous. Nous recueillerons cette ultime révélation comme l'invitation à le comprendre autrement qu'on ne le fait sous le nom de l'Être absolu et nécessaire, c'est-à-dire à intégrer à son être le rapport à l'histoire par lequel il se livre au monde, allant ainsi au-devant de la mort pour donner la vie à ce qui n'est pas. Il ne sera pas possible de développer de si vastes considérations au moment où se termine l'étude de l'événement par lequel Dieu apparaît en Jésus ; nous nous contenterons d'une relecture qui permette de mieux cerner, sur le plan de l'histoire et des Écritures qui en témoignent, cet acte de manifestation, et nous remettrons à la suite de nos recherches le soin d'explorer ce qui y est révélé de l'être de Dieu en lui-même et pour nous.

L'irruption de la révélation de la mort de Dieu.

Partis à la recherche de *Dieu qui vient à l'homme*, nous étions résolus à chercher sa venue en Jésus, de qui la tradition occidentale a appris à croire en Dieu et à le connaître. Mais, à peine mis en route, un obstacle incontournable nous arrêtait, l'annonce que Dieu est mort, qu'il n'était que le rêve de l'absoluité que l'homme veut s'attribuer, ou bien que les hommes l'avaient tué en l'exilant dans le vide du ciel métaphysique. Cette annonce méritait d'être prise au sérieux, vu que tant de nos contemporains y ont succombé, aussi avons-nous exploré les cheminements par lesquels elle s'était répandue, pour nous apercevoir en fin de compte que le dieu disparu n'est pas celui qui s'est incarné dans l'histoire de Jésus, mais le dieu tout-puissant et tout autre des vieilles religions de l'humanité dont la philosophie avait projeté l'idée au sommet inaccessible de l'Être. Notre marche sur les traces de Jésus pouvait alors reprendre. Après enquête sur la légitimité de chercher la révélation de l'absolu dans un événement singulier, nous avons déroulé l'histoire de Jésus, interrogé sa personne, son langage, ses activités, examiné par quelles expé-

DÉVOILEMENT DE DIEU

riences et pour quels motifs ses apôtres avaient cru qu'il était envoyé de Dieu pour le révéler de façon ultime, et nous avons soigneusement étudié comment ils ont perçu, compris, annoncé la mort et la résurrection de Jésus, avec le don du Saint-Esprit qui en est le fruit, en y voyant et proclamant l'intervention décisive de Dieu dans le monde. Il semblait donc que nous avions atteint là le terme de nos recherches. D'où vient alors que, au lieu de les conclure sur-le-champ, nous devions y revenir maintenant après un long détour à travers la tradition de la foi ? La raison en a été indiquée à l'avance, mais a besoin d'être rappelée pour éclairer notre retour au point de départ de cette tradition et s'y insérer : c'est que la révélation ne s'achève que dans la foi qu'elle suscite. Elle n'est pas une donnée brute, une vérité objective cachée sous les mots de l'Écriture, que tout esprit attentif et bien disposé pourrait découvrir, en se laissant guider par ceux qui en sont les dépositaires attitrés, avec l'aide de la grâce divine, qui ne saurait faire défaut à ceux qui remplissent ces conditions. C'est souvent ainsi que sont conçus, sur le modèle de l'objet et du sujet, les rapports de la révélation et de la foi, comme si elles étaient extérieures l'une à l'autre ; c'est pourquoi la réflexion précédente s'est évertuée à jalonner le *chemin de la foi* comme le cheminement par lequel arrive la révélation, c'est-à-dire par lequel *Dieu vient à nous*, puisque la révélation est l'acte de Dieu de *se* communiquer aux hommes, au plus intime de l'esprit et du cœur, elle est son histoire avec eux, le don de sa Présence au fil de la *tradition* vivante de sa Parole. En introduisant la relecture du parcours de la tradition, nous disions, par allusion à Kierkegaard, qu'il fallait se rendre contemporain de Jésus pour se convertir à la foi en lui. En réalité, nous ne pouvons aller à la rencontre de Dieu que chargés, et non allégés, de toute notre historicité, quelle qu'elle soit, à travers laquelle sa Parole nous interpelle. Cette Parole n'est pas une lumière qui tomberait soudain du ciel dans nos cœurs pour nous conduire, telle l'étoile des Mages, à l'événement où gît, cachée dans les plis d'une Écriture, une révélation devenue non moins soudainement croyable et intelligible. La révélation est à la fois parole et histoire, Parole de Dieu mêlée à l'histoire des hommes comme un signe à décrypter, Histoire de Dieu portée par le discours des hommes comme une présence interpellante. Surgissant du passé en direction d'un futur dont elle porte l'avènement, la Parole de

Dieu se fait appréhender comme passage de la mort à la vie, libération des contraintes du passé et accomplissement de ses promesses, pressentiment d'un *sens* gratuitement offert à l'expérience de la liberté ; elle se laisse saisir par la foi quand est prise et à mesure que se confirme la décision (éthique) de s'engager dans le sens où cette Parole entraîne ; la grâce est alors donnée de croire que nous avons été visités par le Libérateur, et nous apprenons à le nommer en communion avec tous ceux qui sont conduits par la même histoire et partagent la même espérance. La révélation s'achève dans la foi qui la reçoit sous le mode d'être *l'irruption* du passé de sa manifestation historique dans le présent où elle reprend vie en lui donnant la vie. Dieu se révèle libéré des voiles du passé mais recouvert du voile de l'avenir – selon la dialectique du dévoilement et de l'occultation exposée par Balthasar –, dans la continuité d'une histoire dont les ruptures signalent le passage d'une altérité transcendante. Il fallait donc la laisser se dérouler jusqu'à nous pour éprouver le saisissement de sa venue.

Les disciples de Jésus et les premiers chrétiens, de religion hébraïque pour la plupart, ont cru en lui sur la base de leur foi préalable au Dieu de la Bible. Héritiers d'une histoire de violences et d'oppressions, leur foi était portée par l'espérance d'une libération, partagée par tout leur peuple, et ils ont cru au Christ comme au libérateur depuis longtemps promis et maintenant envoyé par Dieu. Ils n'avaient pas à recevoir de lui la révélation de Dieu comme si elle ne leur venait pas de plus loin, de la tradition de leurs pères ; ils n'ont pas moins ressenti « l'irruption révélationnelle », pour parler comme Tillich, de la manifestation de Dieu en Jésus : ils ont cru que le Dieu Père de Jésus est celui qui ressuscite les morts et que la résurrection était arrivée dans la sienne pour toute l'humanité. Ils ont donc accueilli la nouveauté du Dieu de Jésus, tout en le reconnaissant comme le Dieu de leurs pères, mais au prix d'une double rupture de leur tradition : ils n'ont pas obtenu de Jésus la restauration de la royauté d'Israël qu'ils attendaient, et ils ont dû abandonner la sécurité de la loi et les garanties dont elle était porteuse pour eux. – Les chrétiens des générations postérieures, d'origine païenne, devaient se convertir au Dieu créateur de la Bible en même temps qu'au Christ, son Fils ; mais on leur apprenait à identifier à ce Créateur le Dieu des dieux souverain qu'ils reconnaissaient confusé-

DÉVOILEMENT DE DIEU

ment, le Père tout-puissant, juste et bon, auquel s'adressait
«naturellement» leur prière; les vieilles légendes des généa-
logies divines servaient aux uns de «croyable disponible»
pour adhérer au vrai Fils unique de Dieu, tandis que des
sagesses philosophiques aidaient d'autres à le tenir pour le
Logos par lequel Dieu conçoit et ordonne l'univers. Ces païens
étaient donc, eux aussi, conduits à la foi en lui par une certaine
continuité de leur histoire, tissée de traditions religieuses ou
philosophiques; la révélation de Dieu en Jésus leur parvenait,
en partie, par des chemins que leurs ancêtres avaient fréquentés.
Ils en ressentaient cependant avec force la nouveauté: unicité
et universalité de Dieu, libération des déterminismes, etc.
Là encore, l'accès à cette nouveauté était conditionné par
une rupture à l'égard des solidarités sociales et ethniques,
auxquelles pourvoyaient les coutumes et les cultes de la cité,
et par la brisure du lien sacré et béatifiant à la nature que
procurait le démonique païen; et l'authenticité de la réception
de la révélation chrétienne était fonction de la sincérité et de
l'étendue de ces ruptures. – Ces continuités et ces ruptures
expliquent, les unes, que s'est répandu dans le christianisme
un bien-connu du Dieu de la religion et de la philosophie, les
autres, que l'irruption de la révélation chrétienne n'a pas cessé
pour autant de se propager. Mais ce bien-connu s'alourdissait
à mesure que la transmission de la foi était confiée à la
coutume et au rite, et il se désagrégeait du même mouvement,
soit qu'elle s'interrompait chez ceux qui ne supportaient plus
les contraintes de la religion, soit que la croyance s'obscurcis-
sait face à de nouvelles épistémologies; tandis que l'irruption
révélationnelle se manifestait par des conversions à l'esprit
évangélique, appelant à de nouvelles ruptures avec l'esprit du
monde, qui provoquaient, par contrecoup, des déchirures du
tissu ecclésial dans la mesure où la chrétienté s'identifiait à
ce monde. – Au terme de cette histoire, où nous sommes, la
révélation de Dieu en Jésus fait irruption par de multiples
voies, de continuité, mais aussi de rupture: par la prédication
de la Parole de Dieu qui se fait dans l'Église, assurément et
en premier lieu, et par sa tradition dogmatique où se prolonge
celle des apôtres; mais également par ce qui s'est infiltré de
l'esprit évangélique dans la modernité et qui n'a pas trouvé à
s'épanouir dans l'Église ou en a été expulsé, par exemple
la reconnaissance de l'autonomie du monde et des droits de la
personne humaine; par les déchirures de la chrétienté qui

508   DIEU QUI VIENT À L'HOMME

témoignent de la liberté évangélique sous le mode de la protestation ; même par la culture de la mort de Dieu, en tant qu'elle dévoile l'inauthenticité du bien-connu de Dieu et pousse à en élaborer d'autres idées ; et donc aussi par les recherches critiques et innovantes de la théologie, qui est l'actualité de la tradition continuée dont elle travaille à dénouer les contradictions. Car le chrétien d'aujourd'hui, double héritier d'une tradition de foi dogmatique et d'une culture de la raison critique, s'il se veut fidèle à l'une et à l'autre, n'évite pas d'en ressentir les contradictions ; et c'est la tâche du théologien d'aujourd'hui de les assumer en toute lucidité, s'il se veut au service de la foi vivante et non simple porte-parole d'un discours du passé oublieux de l'histoire. Car tel est, en d'autres termes, le présent de la tradition vivante de la foi : la conscience de son historicité comme poids et tâche à assumer inéluctablement.

Voilà pourquoi, au terme d'une approche historique des évangiles, que nous avions lus en nous laissant guider par les témoins de Jésus, ayant vérifié et compris les expériences et les motifs qui les ont fait croire en lui, ayant reçu l'annonce des apôtres proclamant sa montée aux cieux en qualité de Fils de Dieu, nous n'avons pas pu nous arrêter là pour accueillir immédiatement en nous leur foi, en faisant *comme si* nous nous tenions à la même place qu'eux et pouvions prendre leur place pour croire *comme* eux. Non qu'il nous serait impossible de croire *ce qu'*ils ont cru, c'est notre *croire*, notre mode de croire qui est différent du leur, comme il l'est pareillement de celui des temps de chrétienté : notre foi n'est plus portée par les mêmes croyances, ni par les mêmes traditions religieuses ou culturelles, ni par les mêmes expériences historiques, ni par le même bien-connu de Dieu. Nous le savions depuis toujours : nous avons commencé notre quête en parlant du deuil de Dieu, parce que nous étions conscients de l'impossibilité de penser la foi comme le faisaient les chrétiens au temps où ils n'avaient pas encore été frappés par ce deuil. Et nous avons prolongé notre enquête au-delà du moment où se formait la tradition des apôtres, parce que nous étions convaincus de la nécessité d'y intégrer la pensée de la mort de Dieu qui s'y est insérée dans le cours des temps et qui ne se laisse pas oublier de ceux qui en ont porté le deuil, même après que leur foi, victorieuse du doute, a abandonné les voiles de deuil. Car la rumeur de la mort de Dieu s'est répandue,

DÉVOILEMENT DE DIEU

écartelant le croire et le comprendre, à la faveur des contradictions entre le récit de la mort de Jésus en croix et l'idée de l'Être tout-puissant et nécessaire, entre les hymnes à la gloire de ce Dieu et les cris d'agonie des « vaincus de l'histoire », entre le triomphalisme du discours archaïque de l'Église et le désarroi des fidèles qui se sentent abandonnés de Dieu. Mais quand la foi accepte de penser tout cela ensemble, comme nous avons essayé de le faire, en tant que ces avatars font partie de son histoire, alors se produit l'irruption de la révélation de Dieu : sous la rumeur de sa mort parvient à la foi le cri de déréliction de Jésus, orchestré par tant de cris d'agonie et d'angoisse, et dans ce cri se fait entendre la Parole de Dieu, seule capable de dénouer ces contradictions parce qu'elle les porte en elle-même, comme le positif et le négatif du rapport de Dieu à l'événement où il se révèle. La Parole fait irruption dans cette révélation scandaleuse : ce qui est arrivé à Jésus, c'est ce qui est arrivé à Dieu même. Ainsi sommes-nous retournés vers l'événement révélateur pour y reconnaître, telle qu'elle est aujourd'hui intelligible sous l'horizon de toute cette histoire, la vérité de Dieu qui y est donnée à croire.

Nous ne revenons pas à cet événement pour y rechercher des preuves de la foi qui nous feraient défaut, par exemple au sujet de la résurrection de Jésus : nous avons sondé le témoignage des apôtres, et nous avons admis qu'elle ne s'est pas produite dans la visibilité du monde d'où il pourrait nous envoyer des signaux de sa présence étant-encore-là. On ne croit pas à la révélation après avoir reçu des preuves de la résurrection et des éclaircissements sur sa nature ; Jésus ressuscite en se révélant parole de vie éternelle, l'événement de résurrection s'intériorise dans la vie du croyant en événement de révélation, et on reçoit celle-ci en entrant dans une histoire de résurrection, de vie nouvelle avec Jésus. Tout cela, nous l'avons appris de l'enseignement des apôtres, et nous ne prétendons pas découvrir par nous-mêmes quelque nouvelle vérité à croire. Nous n'avons pas non plus l'intention de réinterpréter la révélation à frais nouveaux pour la comprendre autrement qu'elle nous a été transmise ; nous avons suivi le passage de la tradition des apôtres dans celle de l'Église, nous avons appris d'elle à déployer l'intelligibilité de la foi dans l'articulation des anciennes et des nouvelles Écritures, et nous avons admis que la foi se donne à comprendre en s'énonçant dans la profession de foi commune de l'Église. Quelque chose de nouveau, cependant, s'est produit dans l'histoire, que les chrétiens des temps passés, à plus forte raison les apôtres, n'ont pas pu prendre en compte dans leur foi, quelque chose qui ne nous permet pas de croire absolument comme eux, et c'est la mort de Dieu : celui dont on disait qu'il ne se laisse pas ignorer, qu'il est l'Être tout-puissant et absolument nécessaire, il lui est arrivé d'être rejeté du domaine du connaissable et même nié, au point que beaucoup se tiennent aujourd'hui dans l'ignorance tranquille de son existence, et que de bons croyants pensent devoir faire l'économie de sa puissance et de sa nécessité pour sauvegarder leur foi en lui. Comment la foi se comporte-t-elle à l'égard de ce fait, et d'abord se sent-elle concernée par lui ? Elle pourrait le traiter comme une tentation à vaincre, un blasphème qui vient de l'esprit d'incroyance, une révolte contre Dieu. Nous avions admis, en effet, que ce dieu dont les hommes avaient cru se débarrasser était celui de la religion et de la philosophie, non le vrai Dieu de Jésus. Il n'empêche que cette idée du Dieu tout-puissant s'est bien répandue dans le cours de la tradition chrétienne et sous le couvert de la prédication de l'Église ; si cette idée a servi à propager la foi au Christ – et comment le nier ? –, peut-on nier que le Dieu de Jésus n'ait été lui-même touché par ce phénomène de la mort de Dieu ? Or, quand nous disons que l'idée de la nécessité et de la toute-puissance de Dieu n'appartient pas à sa révélation en Jésus, nous admettons implicitement que l'annonce de la mort de Dieu contient, peut-être malgré elle, une vérité : à savoir, que le Dieu de Jésus accepte d'être ignoré, rejeté, nié, blasphémé. Cette vérité s'était effectivement présentée à nous quand nous avons ouvert les évangiles, observé Jésus au milieu des pauvres, des malades, des exclus, affirmant qu'il avait été envoyé à eux pour porter nos infirmités et nos souffrances et témoigner ainsi de l'« humanité » de Dieu ; en suivant sa marche vers la croix, nous l'avons vu accepter un destin d'humiliation et de rejet pour révéler l'amour inconditionné de Dieu ; nous avons noté que sa résurrection était exempte de toutes marques d'ostentation publique, de triomphalisme ou de revanche ; et nous avons entendu saint Paul annoncer cette résurrection en excluant le prestige des signes et des raisonnements et en se réclamant seulement de la « folie » et de « la faiblesse de la croix » qui, disait-il, tenait lieu à Dieu de sagesse et de puissance. La rumeur de la mort

DÉVOILEMENT DE DIEU

de Dieu énonce donc une vérité indéniable au sujet du Dieu de Jésus. Qu'en cst-il advenu dans la tradition de l'Église ?

La prédication de la croix ne s'est jamais interrompue, certes, mais sans jamais mettre en cause la toute-puissance divine, loin s'en faut : des guérisons accomplies par Jésus, le discours de la foi a principalement retenu le pouvoir thaumaturgique mis par Dieu à sa disposition ; les humiliations et les souffrances subies par Jésus ont été mises au compte, exclusivement, de l'expiation des péchés et des méchancetés des pécheurs ; son rejet par son peuple a été expliqué par l'ignorance et l'aveuglement, sans qu'on s'interroge beaucoup sur le dessein de Dieu de laisser son serviteur aller à l'échec ; la résurrection de Jésus était comprise, de toute façon, comme la victoire qui effaçait toutes ces humiliations, et le triomphe de l'Église sur le paganisme parut être la revanche finale et définitive de Dieu envers ceux qui avaient humilié son Fils. Que peut-on conclure de ces observations ? Simplement que le bien-connu de Dieu – sa nécessité, sa toute-puissance, son immuabilité, etc. – s'imposait à la prédication de l'Église comme une vérité première qu'il était inconcevable de mettre en cause. Maintenant que ce bien-connu s'est dissous, il devient possible de *penser* que sa négation appartient à la vérité de la révélation de Dieu en Jésus. Ce ne sont pas les hommes qui ont tué Dieu, il n'était pas en leur pouvoir de le nier s'il ne le voulait pas, c'est lui qui s'est laissé nier et rejeter par eux, qui leur en a donné la liberté. Dire cela, pourrait n'être qu'une réaction de défense de la foi, pour ne pas succomber au scandale de la disparition de Dieu. Mais ce n'est pas assez dire, ou c'est une façon d'éviter d'en dire plus. Une fois admis que l'annonce de la mort de Dieu s'est produite dans la tradition chrétienne, qu'elle n'aurait pas été possible sans la prédication de la croix, qu'elle exprime, quoique sous le mode de la simple négation, la vérité de la manifestation de Dieu dans la mort du Crucifié, il paraît permis de *croire* que la négation de sa toute-puissance est une vérité révélée par cette mort, et de la *comprendre* en ce sens : Dieu se révèle en faiblesse et petitesse, en laissant aux hommes la possibilité de l'ignorer, la liberté de le nier. En ce sens, la mort de Dieu n'est pas d'aujourd'hui, elle est la manifestation, maintenant, de celle qui s'est produite voici très longtemps, quand il s'était lui-même livré à la mort sur la croix de Jésus. Quand la mémoire croyante de la mort de Jésus vient à coïncider avec la rumeur blasphématoire de la mort de Dieu, et ses tristes harmoniques que nous avons évoqués, alors fait irruption la scandaleuse vérité de l'événement révélateur, dévoilant ce qui s'y est réellement passé : Dieu était là sur la croix de Jésus, se livrant à la même mort à laquelle Jésus se livrait, pour nous en libérer en nous communiquant sa vie.

Il est possible maintenant de comprendre l'événement de Jésus, dans sa totalité, comme l'événement où Dieu *se* révèle ; il se révèle parce qu'il se tient là, en lien avec Jésus ; il est là en acte de *se* communiquer, par un événement de langage qui interpelle ceux qui se laissent interroger par ce qui se passe et leur est annoncé de la part de Dieu ; il se communique en *se* donnant à croire, car la foi qu'il sollicite est le consentement à la Vérité qui est Vie, sens de la vie, impulsion à vivre qui s'origine dans l'être même de Dieu qui est Esprit. Accueillant cette révélation, la foi reflue de la résurrection de Jésus vers sa mort, ce qui veut dire qu'elle remonte le flux de la vie ressuscitée jusqu'à sa source, en telle manière que la mort de Dieu soit comprise en sa vérité, dans celle de Jésus, non comme négation de Dieu, moins encore comme mise à mort, mais comme le don gracieux de la vie, de sa propre vie. Toutefois, dire que Dieu ne peut pas mourir, ni se donner la mort ni la recevoir, ne doit pas dissimuler la vérité de la mort à laquelle il se livre, à moins de la réduire à une tautologie. Cette vérité, avons-nous dit, c'est qu'en se révélant dans la mort de Jésus, il *donne* aux hommes le pouvoir de le nier. L'explication pourrait encore n'être qu'une façon déguisée de se consoler d'un fait qu'on est bien obligé de constater : qu'elle leur ait été donnée ou non, les hommes ont pris cette liberté. La possibilité de nier Dieu dit la vérité de sa mort à la condition d'être comprise comme un *don* positif, don de la foi et, par là même, du salut. La foi est *donnée* en tant qu'elle n'est pas contrainte, ni par l'évidence d'une révélation qui s'imposerait par des signes de puissance, ni par la menace d'un châtiment encouru par celui qui ne croirait pas et qui serait censé refuser de croire et braver Dieu. L'assentiment à une foi qui n'est pas imposée est un acte de liberté qui inclut la possibilité de ne pas croire ; cet assentiment est d'autant plus fort qu'il accepte l'éventualité de sa négation : il ne repose pas sur des preuves ou des arguments ni sur une opinion commune, il a conscience d'être libre réponse au don de Dieu, sollicitée

DÉVOILEMENT DE DIEU 513

par la gratuité même du don ; il ne manque pas en cela d'être obéissance à la Parole de Dieu, puisqu'il reçoit ce don de la communion à l'Église qui la lui transmet. La gratuité absolue de la donation, c'est d'offrir ce qu'elle donne en permettant de le refuser, sans que le refus soit considéré par Dieu comme offense entraînant châtiment. Ce don est parfait en tant qu'il est inconditionné, puisque, permettant de le refuser, Dieu permet du même coup de le lui rendre rien qu'en l'acceptant, il nous donne de quoi lui donner en retour : il reçoit notre foi en hommage de notre liberté. En nous inspirant de croire en lui de la sorte, librement et gratuitement, Dieu se révèle en toute vérité comme souveraine liberté et gratuité absolue : il n'a pas besoin de nos louanges, il ne cherche pas à se faire connaître pour faire reconnaître sa puissance, moins encore pour prélever un tribut sur nous, il tient pour indigne de lui toute violence envers ses créatures, il tient pour abus de pouvoir ce qu'il leur arracherait par la manifestation de sa puissance, il vient seulement révéler son amour pour leur offrir son salut. Et ce salut, il le propose par le don de la foi.

En effet, quand il inspire de croire en lui par un acte libre et gratuit, qui est l'acceptation de son amour comme sens de l'existence, il donne au croyant de communier à la gratuité, à la liberté, à l'amour qu'il est en son être même, il lui donne sa propre vie en partage. Du côté de Dieu, sauver n'est pas un autre acte que se révéler, un don postérieur conditionné par l'assentiment à ce qu'il révéle, puisqu'il se révèle en se communiquant : il appelle l'amour en refusant la contrainte, la violence et la peur, ou plutôt il infuse ainsi en l'homme son propre amour qui est sa vie. Du côté de l'homme, recevoir le salut, c'est entrer dans une économie de gratuité. Ce n'est pas *faire* son salut, puisque le salut est *donné*, c'est *croire* en lui, croire qu'il est donné dans la foi qui nous est, non pas exactement demandée, mais elle-même donnée. Ce qui est demandé à la foi pour recevoir le salut, c'est d'aller dans le sens où la Parole de Dieu appelle, d'aller de la mort à la vie par le chemin que Jésus a suivi, lui qui est « le chemin, la vérité et la vie » (Jn 14, 6), et en cela consiste l'obéissance de la foi. Elle consiste aussi à *recevoir* la foi comme pur don de Dieu, c'est-à-dire sans réclamer des garanties, preuves, raisons ou signes, sans chercher à se transformer en *savoir*, à acquérir la certitude de savoir ce qu'elle croit comme il en est pour la raison

514   DIEU QUI VIENT À L'HOMME

dans le domaine de ses connaissances naturelles. Il ne s'ensuit
pas que la foi manque d'assurance en elle-même, comme si
elle admettait l'éventualité d'être finalement déçue, de s'être
trompée. Cette pensée peut lui venir, parce que la foi est
démunie de l'appareil ordinaire du savoir, mais la foi la
repousse *en se donnant*, elle ne saurait inclure en soi l'hypothèse d'être dans l'erreur, sous peine de ne plus s'adresser à
la Parole de Dieu et de ne plus se recevoir de lui. La foi se
reçoit et se ressent comme pur don de Dieu en cela qu'elle
accepte d'être démunie d'un savoir humain sur lequel elle pourrait s'appuyer, et elle puise sa certitude dans la conscience
d'être, pour le même motif, pur don de Dieu, non qu'elle
s'estime *posséder* la vérité de ce à quoi elle croit, mais en ce
sens qu'elle s'éprouve « conduite à la vérité tout entière » par
l'Esprit de vérité (Jn 16, 13). Car la révélation vient au croyant
tournée vers l'avenir dans lequel elle ne cesse de s'achever.
Elle lève le voile sur la vérité de ce qui s'est passé dans la
mort de Jésus, en disant que Dieu était là et que Jésus n'y est
plus. Ce disant, elle détruit le bien-connu de Dieu et elle notifie,
bien avant la raison critique, que Dieu n'est pas objet de savoir,
que sa vérité est de l'ordre de ce qui fait vivre, qu'elle se donne
à vivre dans le futur ouvert par la résurrection de Jésus. Mais
il faut accepter de mourir pour accéder au futur. Pour éprouver
la certitude de cette vérité qui est le flux de la vie s'écoulant
en éternité, le croyant doit assumer la mort de Dieu. Il le
fait en acceptant la rupture des garanties qu'il pensait tenir
jusqu'ici du bien-connu de Dieu : la connaissance de l'Être
infini et nécessaire qui parait la foi de l'assurance du savoir,
la protection de sa Toute-Puissance qui récompensait la
soumission de l'esprit. À travers le renoncement à ces fausses
évidences et garanties, la révélation fait irruption : Dieu dévoile
sa présence dans ce qui est arrivé à Jésus.

Dieu dans la catégorie de l'événement.

Dès lors qu'on cesse de concevoir la résurrection de Jésus
comme un acte de révélation compris en ce seul sens qu'elle
aurait Dieu pour cause, mais à distance, révélé seulement par
mode d'inférence – Dieu présent au ciel, décidant de faire sortir
Jésus du tombeau et de l'élever à sa droite en qualité de Fils,
et le faisant savoir aux disciples par une inspiration ou un

DÉVOILEMENT DE DIEU

messager céleste – il ne reste plus qu'à penser, et on devient capable de penser qu'elle révèle Dieu parce qu'il est là présent. Mais comment se tient-il là et sous quel mode manifeste-t-il sa présence ? L'Ancien Testament raconte plusieurs « théophanies », des événements dans lesquels Dieu se serait manifesté sous une forme appréhensible à nos sens, ainsi son « apparition » à Moïse dans le buisson ardent ou, plus tard, sur le mont Sinaï quand il lui donna la loi dans le fracas du tonnerre et de la tempête. Il est vrai que la Bible se fait, ailleurs, hésitante, précisant que Dieu a fait entendre sa voix sans dévoiler sa face, déclarant même que personne ne saurait voir la face de Dieu sans mourir aussitôt[1]. Mais nous ne comprenons pas mieux comment Dieu aurait une parole audible, ni même comment il rendrait sa pensée intelligible à nos esprits en langage humain. De toute façon, le Nouveau Testament ne nous permet pas de faire reposer notre croyance en Dieu sur le fait qu'il se serait réellement manifesté à quelques-uns dans le passé, puisqu'il s'ouvre par cette déclaration péremptoire : « Personne n'a jamais vu Dieu ; le Fils unique, qui est dans le sein du Père, nous l'a dévoilé » (Jn 1, 18). Jésus le confirme en refusant de « montrer le Père » et en ajoutant : « Qui m'a vu a vu le Père » (Jn 14, 9), indiquant par là qu'il n'y a pas d'autre possibilité de voir ou d'entendre Dieu que de regarder et écouter Jésus. Cependant, ni les récits de la passion de Jésus ni ceux de sa résurrection ou de ses « apparitions » aux disciples ne disent que Dieu s'y est montré ni qu'il y a parlé ni même qu'il était là. Ce qui révèle sa présence auprès de Jésus ou avec lui ou en lui, c'est le propre témoignage de Jésus sur son intimité avec Dieu, comme la parole qui vient d'être citée ou celle qu'il prononçait au moment d'entrer dans sa passion, « Je ne suis pas seul, le Père est avec moi » (Jn 16, 32) ; et c'est la prédication des apôtres en maints endroits, ainsi Paul affirmant que « Dieu était là dans le Christ se réconciliant le monde avec lui-même » (2 Co 5, 19). Mais encore, comment concevoir son être-là, ou que mettons-nous sous le nom de Dieu quand nous disons qu'il était en Jésus mourant et ressuscitant ? L'usage d'un nom n'est jamais vide de signification. Dans la bouche de Jésus, de qui nous le recueillons, le nom « Dieu » est celui que la Bible donne au Dieu créateur, auteur

---

1. Ex 3, 2-6 ; 19, 16-24 ; 33, 18-23 ; Dt 4, 11-15 ; 5, 23-26.

516 DIEU QUI VIENT À L'HOMME

de la vie. Mais, ayant renoncé au bien-connu de Dieu, nous nous sommes interdit de le concevoir *a priori* comme l'Être infini et absolu de la philosophie, qui n'a d'ailleurs pas d'être-là en ce monde, ou le Père tout-puissant de la religion, dont les représentations anthropomorphiques et finalistes sont désavouées par la vraie foi autant que par la raison critique. Si Dieu ne se laisse pas appréhender dans le récit de la mort et de la résurrection de Jésus sous la modalité de la présence d'un étant, du moins en première lecture, il reste à le concevoir, sous le mode propre au récit, comme la réalité de l'événement raconté : il n'est pas ce qui est vu, mais il est la vérité de ce qui se passe là, l'invisible de ce qui arrive, ce qui fait que cela a lieu. C'est le fait de la résurrection, pris tel qu'il est en soi (et non tel qu'il s'est passé, puisqu'il n'a pas été vu), qui est compris comme acte, intervention, passage de Dieu, à savoir le passage de Jésus de la mort à la vie éternelle, acte de la Seigneurie divine, acte de création puisque transit du néant à l'être. L'événement révèle Dieu comme « agent », mais sans que l'acteur soit à distinguer réellement de son action, parce que cet événement est rupture d'univers et surgissement absolu, dissolution de l'empire de la mort et explosion de vie, commencement nouveau, création nouvelle, irruption d'éternité. La « sortie du tombeau » de Jésus, comprise « selon les Écritures », porte bien la signature de celui que la Bible désigne comme le Créateur de toutes choses : il arrache Jésus au non-être et lui ouvre l'accès à sa propre vie, il s'empare du non-être que Jésus est devenu pour le retourner en son propre être. Dieu révèle ce qu'il est dans ce passage du non-être à l'être, il est l'événement absolu de ce passage. « Résurrection » est un nom qui convient symboliquement à Dieu ; les Athéniens, à qui Paul annonçait « Jésus et la résurrection », le prirent pour le prédicateur de quelque divinité étrangère (Ac. 17, 18), et Jésus a dit de lui-même : « Je suis la résurrection et la vie » (Jn 11, 25). Il l'est au titre de premier-né d'entre les morts, prémices de ceux qui ressuscitent en lui. À plus forte raison le dira-t-on de Dieu en tant qu'il est source de la vie ressuscitée de Jésus, origine de sa renaissance ou naissance d'en-haut (Jn 3, 3) ; ce qui est ainsi dit de lui en termes d'agir lui convient avant tout au plan de l'événementialité, en tant que la résurrection de Jésus se produit dans le temps : Dieu est ce qui arrive à Jésus, sa sortie de la mort en vie éternelle.

DÉVOILEMENT DE DIEU   517

Le mot « résurrection » connote celui de « mort » : pourrons-nous dire que Dieu était dans la mort de Jésus comme il était dans sa résurrection ? Il semble que nous devons le dire, car la résurrection de Jésus n'est pensable que dans la continuité entre elle et sa mort en même temps que dans la contiguïté de Dieu et de Jésus en ce procès de mort à résurrection : Jésus reprend en Dieu le souffle de vie mortelle qu'il lui rend dans son dernier soupir et que Dieu lui restitue aussitôt en souffle de vie immortelle, et c'est ainsi que Jésus retrouve en Dieu son identité historique, sans interruption autre que ce changement de la mortalité en immortalité, car une vie reçue absolument du dehors n'aurait pas pu lui rendre l'historicité qui fait l'identité de la personne. Mais alors devons-nous dire également que Dieu est l'événement de mort de Jésus comme il l'est de sa résurrection ? Logiquement, nous le devons, d'autant plus que nous avons accepté de reconnaître dans la mort de Jésus la révélation de la mort de Dieu. Nous l'avions dit en ce sens que Dieu, se manifestant dans l'événement du Crucifié ressuscité, se dépouille là de sa toute-puissance et permet aux hommes de l'ignorer et de le rejeter : il se tient là en apparaître de mort-pour-nous, mort à nos yeux, nous laissant le tenir pour mort. S'agissant expressément de sa relation à Jésus, nous devrions le dire maintenant en un sens encore plus radical : considérer Dieu advenant dans la mort de Jésus, prenant pour lui sa mort aussi réellement qu'il est la résurrection advenant à Jésus. Pouvons-nous aller jusque-là ? Une phrase, glanée chez un Père grec, trace la route à suivre : « Le Fils de Dieu est mort, dit-il, comme seul un Dieu peut mourir : en donnant la vie »[1]. La mort, en effet, n'est pas pensable en Dieu sous le mode où elle se passe pour nous, comme une privation de vie qu'il subirait passivement. Elle l'est, par contre, sous le mode du travail de la négativité effectué sur soi-même par celui qui donne de soi à l'autre, qui s'appauvrit en tant qu'il communique ce qui est sien, mais sans se diminuer en quoi que ce soit, ne faisant que partager avec l'autre ce qui était auparavant son bien exclusif, et s'anoblissant, se grandissant, se gratifiant d'autant qu'il élève à soi le donataire devenu son obligé. Dieu se révèle dans

---

1. L'expression (de Cyrille d'Alexandrie) est d'inspiration johannique : Jn 3, 16 ; 5, 21 ; 6, 51 ; 10, 17 ; etc.

l'avènement de la mort de Jésus en tant qu'il lie son être-là à une vie déclinante, d'une part, et qu'il se livre à lui, d'autre part, comme l'impulsion à se livrer lui aussi, à s'offrir volontairement à la mort qu'il subit ; il arrive alors que cette mort, partagée par Dieu et Jésus comme un don réciproque, don et contre-don, se retourne contradictoirement sur elle-même en explosion de vie livrée. Ainsi peut-on penser Dieu comme étant cet événement, divers mais indissociable, de mort et de résurrection qui arrive à Jésus. Et puisque cet événement est salut et révélation, nous le comprenons comme l'instauration d'une communion de vie entre Dieu et les hommes par la foi qu'il insuffle, ce qui lui confère une portée universelle.

Ce qui se passe entre Dieu et Jésus n'a de sens que dans la mesure où cela concerne tous les hommes et est universalisable, c'est-à-dire où cela révèle notre destin. Car la mort arrive chaque jour, elle est le lot de chacun. Et rien ne peut empêcher Dieu de mourir, s'il n'y a pas de recours contre la violence de la mort. Le récit de la résurrection de Jésus serait dépourvu de sens et d'intérêt si elle était due à quelque intervention divine dont il serait l'unique bénéficiaire ; si on le prend pour un récit de la manifestation de Dieu dans sa gloire, on le rabaisse au niveau de la mythologie, puisqu'on en fait un événement purement céleste. Qu'il arrive, à l'inverse, à Dieu de se manifester une fois dans l'aventure humaine de la mort, cela ne peut être que cru et non vu ni su, car Dieu, par hypothèse, demeure invisible en lui-même, mais cela peut être raconté, dès lors que Dieu s'est aventuré dans l'histoire d'un homme, et cela mérite de l'être, puisque l'événement, annoncé comme le salut de tous, donne sens à tout ce qui se passe dans l'histoire du fait de donner vie à tout ce qui passe de vie à mort. Mais comment penser que Dieu « entre » dans la mort ? La mort n'a de réalité que d'être la destination de toutes choses à ne plus être, la mortalité de ce qui ne fait que passer, temporalité, écoulement du temps qui coule en toutes choses qui passent. Rien n'entre dans le temps qui n'y soit déjà, rien ne peut échapper au temps parce que tout ce qui est dans le temps est pétri de temporalité, d'avance façonné et porté par le temps. Cela ne saurait se dire de Dieu, si ce n'est sous le mode où il se révèle comme la résurrection qui arrive à ce qui passe, comme la sur-destination à l'immortalité de ce qui est pré-destiné à la mort, non au titre de destinataire du

DÉVOILEMENT DE DIEU   519

temps, mais de donateur : il est ce qui fait qu'il y a temps, *ce qui se passe* d'invisible, mais de réel et de définitif, en *ce qui passe* sans s'y défaire, ce qui est précisément l'éternelle réfection de la vie à partir de la mort, l'inépuisable générosité de l'événement de résurrection[1].

Ainsi Dieu peut *entrer* dans la mort de Jésus parce qu'il est de tout temps lié à la mortalité de toutes choses, portant le poids du destin des créatures dont il se veut responsable ; mais en Jésus il se lie à un événement singulier de mort effective, qu'il érige en prémices de la résurrection universelle, parce qu'il *suscite* en Jésus un oui inconditionné à la mort qu'il lui destine et qui se retourne aussitôt en oui absolu et universel à la *résurrection* qui lui arrive. Dieu arrive donc à Jésus en sortant du néant, non, bien sûr, qu'il y prenne origine comme il est dit des choses du monde, mais parce qu'il habite dans un monde qui, par opposition à lui, est caractérisé par la privation[2], l'absence, le manque, la négation de ce qui devrait être plutôt que par la positivité de l'être. Dans ce monde de mort, où rien n'arrive à proprement parler puisque rien n'est vraiment, Dieu est la pure positivité de l'événement pur alliée indissolublement à la pure négativité du don absolu, il est tout ce qui arrive à d'autres, promesse de combler ce qui manque au monde pour accéder à la vérité de la vie, annonce de la dissolution de la mort, passage d'un avenir de vie. Étant dans le monde sous le mode de venir lui apporter ce dont est privé tout ce qui existe, il y préserve sa singularité et son absoluité, qu'il maintient également par son lien à Jésus, en tant qu'il est depuis toujours ce qui arrive à destination de Jésus pour s'accomplir en lui. Il entre donc dans la mort de Jésus pour consommer en lui l'aventure humaine de la mort par laquelle il se faisait porter au-devant des vivants, pour consumer en Jésus toute mort ; il assume la mort sous le mode de dissoudre, par sa présence en

---

1. Par les présentes réflexions, que j'envisage de reprendre dans le tome suivant, j'essaie de m'engager, en réponse à l'intuition de E. Jüngel, « dans la tâche de penser Dieu lui-même comme unité de vie et de mort au profit de la vie » (référence p. 474, n. 2).

2. Il n'y a que deux concepts fondamentaux, « Dieu lui-même et en outre le néant, c'est-à-dire la privation », explique Umberto Eco, en citant Leibniz, dans *Kant et l'ornithorynque*, Paris, Grasset, 1999, p. 114.

ce corps mort, les liens de mort qui lient tout ce qui est au monde ; et il sort de cette mort comme l'événement absolu de la vie, qui met au monde la vie « absoute », déliée de la mort.

Ce passage de la mort à la vie est vraiment le lieu où la révélation de Dieu prend sens et effectivité. Dieu ne se révèle pas ici simplement pour faire connaître qu'il existe, réclamer un culte d'adoration ou l'obéissance à sa loi, mais pour faire un bienfait aux hommes, le seul qui leur importe vraiment, la vie dont ils ne font qu'expérimenter la privation. Il se révèle dans un acte de donation absolue : il donne d'être à ce qui n'est pas ; il se fait ainsi connaître comme le Donateur de la vie, le Dieu bon qui n'abandonne pas l'être-au-monde au destin de mort qui le menace. Il ne fait pas ses dons de loin, par un acte de sa toute-puissance, mais il se tient là où nous les attendons, dans le lieu de notre mort dont il dénoue les liens, et au terme, quand il nous ouvre l'accès à sa propre vie, et il se fait ainsi connaître comme Amour, communiant à notre mort pour nous faire communier à sa vie : sa révélation est événement de partage de vie, de son côté comme du nôtre. C'est pourquoi il ne se manifeste pas dans la condition absolue d'un être qui serait le seul à être ce qu'il est et ne pourrait pas être autrement, mais dans un homme à qui il s'est enchaîné par un même destin de mort et de vie, afin de le libérer, et tous les autres avec lui, non seulement de la mortalité dans laquelle le monde les enferme, mais encore de la violence de la mort que les hommes s'infligent les uns aux autres dans une démonstration de puissance illusoire ; il se fait ainsi connaître comme un Dieu-pour-nous, le Libérateur de l'histoire humaine, dans un acte de révélation qui est un événement de cette histoire, porté par elle et la portant au-delà d'elle-même, événement de libération absolue et de réconciliation des hommes entre eux et avec Dieu.

Pour donner sa pleine signification à cette révélation, on n'oubliera pas, enfin, qu'elle se produit symboliquement dans la mise à mort d'un blasphémateur, sur un bois de malédiction, dans un lieu d'exécration – hors religion. La philosophie et la théologie admettent généralement que Dieu se révèle dans le champ des religions, dans l'histoire de la religion. Selon une étymologie que nous connaissons la religion *relie* l'homme à Dieu en le *liant* à lui par une loi cultuelle, morale et ethnique. Cette loi est reçue comme un don de Dieu, un gage de son amour et de sa protection ; l'alliance conclue par Dieu avec le peuple hébreu quand il lui donna sa loi en est la plus belle illustration, surtout si l'on se rappelle que Dieu se flatte de rester fidèle à son alliance alors même que le peuple ne le serait pas. Il n'empêche que ce don n'est pas absolument gratuit, puisque Dieu en attend l'obéissance, les louanges, les marques de gratitude de son peuple, et la glorification de son nom devant les nations étrangères. La loi religieuse, d'autre part, est particulariste et exclusive, elle est facilement impérialiste en tant qu'elle se juge supérieure aux autres et seule voie de salut, et elle entreprend volontiers de supplanter les autres cultes pour honorer son dieu ; pour ces motifs, la révélation religieuse est source de violences et de divisions, elle n'est pas absolument vouée au bien de l'humanité, dont l'objectif apparaît finalement mesquin à l'aune de la cause de Dieu. À l'inverse de cette logique du discours commun, quand il se révèle dans le châtiment d'un hors-la-loi, Dieu dénoue les liens de toute loi religieuse, il se fait connaître dans la sécularité du monde profane, il se donne à expérimenter en tout événement de vie et de mort, dans le quotidien de l'existence, il advient au plus épais des violences humaines tel un événement de pardon et de paix, il offre son salut à tous les hommes indistinctement sans autre obligation ni condition que d'accueillir le don de la vie, mais au prix du travail de négativité par lequel chacun se voue au service de la vie : c'est à ce seul prix que Dieu se révèle en *se* communiquant, universellement. En ressuscitant le Crucifié, Dieu se libère des voiles de la religion, il quitte le voile, il dévoile sa présence au plus profond du monde, du mystère de la mort et de la vie, présence cachée sous la banalité de ce qui passe, telle une vérité fragile et excessive ; vérité plus difficile à connaître, en effet, que les mystères de la religion pour nos entendements rivés aux phénomènes, cependant facile à saisir puisqu'il ne s'agit que de se laisser saisir, en toute gratuité, sans contraintes ni garanties, par ce qui arrive.

Mais peut-on se *représenter* Dieu dans la catégorie de l'événement, à la façon d'un « il arrive » ? Le problème n'est évidemment pas de se former une image mentale de Dieu, mais d'en parler dans un langage qui ait sens pour nous, donc fatalement qui parle de nous, mais en nous faisant signe vers un ailleurs : un langage qui révèle l'inconnu que l'homme est à lui-même, précisément l'inconnu qui arrive au plus secret du monde comme le futur de l'histoire, comme la rumeur de la vie qui s'échappe de la mort. Dieu n'est pensable que mis en rapport avec l'univers et l'histoire ; c'est bien ainsi qu'on a commencé à parler de lui en tant que Maître et Seigneur des hommes et des choses, dans la langue des religions, ou Cause première, dans celle des philosophes, avant de le concevoir « abstraitement » comme l'Être en soi et pour soi. La théologie est habituée à le désigner comme une « personne » et énumère trois « personnes » divines, mais en convenant que ce mot, appliqué à Dieu, est une métaphore [1] ; aussi bien la « théologie négative » préfère dire qu'il est « inconcevable ». En tant qu'il est objet de récit, dans l'un comme dans l'autre Testament, Dieu est désigné comme *celui qui* vient, qui arrive, mais nous pouvons aussi bien comprendre : *ce qui* vient et arrive, puisque lui-même ne se montre pas et qu'on perçoit seulement les signes de sa venue. Sous le concept de « ce qui arrive », Dieu est bien désigné par référence au récit biblique en tant que Dieu révélé ; et il est pensable comme la venue du sens, ce qui donne sens à notre discours sur l'univers et sur l'histoire par sa venue à Jésus : en lui, il apporte la vie à ce qui est-pour-la-mort et un futur au temps qui s'écoule dans le non-être du passé, il est l'avenir inattendu de l'improbable, le dynamisme et la liberté de Ce qui vient. Il est permis de se souvenir ici des méditations de Martin Heidegger sur l'énoncé de Parménide « Il y a *(Es gibt)* de l'Être » : « Comment penser le *Il* qui *donne* être ? », ce « Il énigmatique », qui n'est pas nécessairement une personne, mais ce qui advient telle « une avancée d'être » et « laisse advenir jusqu'à soi », se demande-t-il ? Mais ce dieu que le philosophe voit venir de « l'Ouvert de l'Être », au principe de toutes choses, la théologie le regarde surgir d'une ouverture de l'histoire, d'un récit qui révèle à la foi le mystère de notre présence au monde en éclairant son terme. Ce « Il arrive » se prête encore aux élucidations de Emmanuel Lévinas sur « l'Illéité » : à la réflexion

---

1. Plusieurs théologiens, du moins, en conviennent. Il n'est d'ailleurs pas facile de concevoir Dieu comme un étant « personnel » et de compter trois personnes en lui. Je renvoie au second tome de cet ouvrage les problèmes ontologiques et théologiques soulevés ici et là.

DÉVOILEMENT DE DIEU   523

ontologique de Heidegger sur le Sacré, dans laquelle il détecte
une menace d'immanentisme, Lévinas substitue une réflexion
éthique sur le Il absolu qui se cache au plus profond du Tu,
qui « m'ordonne à autrui », préservant sa transcendance en se
signifiant comme le Tout-Autre[1]. Mais, dans l'événement de
mort et de résurrection de Jésus, Dieu ne se borne pas à laisser
pressentir sa venue dans un lointain inaccessible, il vient au
plus près, en avant de nous, il fait savoir qu'il est déjà là,
s'abaissant à notre condition pour nous élever à la sienne. Sous
ces réserves (importantes), la pensée de ces philosophes sur
le « Il », « il y a », « il arrive », est précieuse au théologien
pour mettre en chantier le nouveau langage sur Dieu dont la
recherche s'impose depuis Kant et Hegel, un langage plus
proche du récit biblique que de la pensée de l'être.

Le « Il » est, en effet, la troisième personne grammati-
cale, qui n'est ni émettrice ni destinataire d'une parole, mais
celle dont on parle, donc celle qui fait parler, « personne de
l'absent », disent des grammairiens, ou « non-personne » pour
d'autres[2], sens qui convient particulièrement au genre littéraire
du récit dont le propre est de faire parler les morts, « l'absent
de l'histoire », celui qui fait l'histoire et qui la fait écrire du
fait même de s'en retirer et de n'être plus là où on croyait le
saisir[3]. Les Pères de l'Église (nous y viendrons dans un
instant) désigneront Dieu et le Christ, sous les noms de Père
et de Fils, comme étant respectivement première et deuxième
personne, en rapportant des paroles par lesquelles le Père,
depuis son éternité, interpelle le Christ et l'appelle à venir
au monde : « *Tu* es mon Fils, aujourd'hui *je t'*ai engendré »
(Ps 2, 7) ; et ils appelleront le Saint-Esprit « troisième personne »
parce qu'il ne parle pas et que ni l'un ni l'autre ne lui parlent
mais parlent de lui entre eux. Ces paroles ne sont que citations fictives à l'intérieur d'un récit total et tirent leur sens de
l'histoire qui met en scène les trois personnages du récit. En

---

1. Références données p. 231 ; sur l'Illéité de Dieu : *En découvrant l'existence...*, p. 202.

2. É. BENVENISTE, *Problèmes de linguistique générale*, t. I, Paris,
Gallimard (« Tel »), 1966, p. 255-257.

3. M. DE CERTEAU, *L'Absent de l'histoire*, Paris, Mame
(« Repères »), 1973, p. 156-167.

réalité, Dieu ne se révèle pas en paroles, il fait parler de lui en faisant annoncer ce qui se prépare et va bientôt s'accomplir : la venue du Christ, le don de l'Esprit ; il *se* communique par *ce* qui arrive, il est l'événement du salut. Le « Il », « Il arrive », convient donc à Dieu, non exactement parce qu'il ferait abstraction des personnes divines, mais plutôt parce qu'il les englobe toutes trois dans un même événement pour nous de parole et de sens, de vie et d'avenir, car il vise, du point de vue que nous offre la résurrection de Jésus, l'acte du Père de venir au monde dans le Christ nous donner part à la vie de l'Esprit. Puisqu'il y est question des hommes, nous sommes aussi partenaires de ce discours-événement divin, englobés, avec la création entière, dans « ce qui arrive » ; à cet égard, le pronom « Il » désigne également Dieu en « personne d'univers »[1], comme la plénitude d'être et de sens que la venue de Dieu apporte à l'univers, qu'il « remplit » de son Esprit (Sg 1, 7), lui qui deviendra à la fin des temps « tout en toutes choses » (1 Co 15, 28). Maurice Merleau-Ponty explique que le monde se parle et s'écoute, se voit et se représente à travers les perceptions et l'esprit de l'homme, dont le corps est membre de l'univers, grâce aux échanges qui se font dans « l'invisible du visible », dans cet « entrelacs d'espace et de temps » qui constitue « la chair du monde »[2]. Ces réflexions peuvent aider à penser que Dieu, compris comme « ce qui arrive » dans le temps par la relation organique de la chair de Jésus à celle du monde, vienne à se révéler au langage en Jésus, faisant corps avec ce qui n'est pas pour le faire être, faisant sens avec ce qui en manque pour le faire parler, et se fasse raconter comme le « salut » qui arrive à l'histoire, non en arrachant l'homme à son univers mais, au contraire, en le « réconciliant » avec lui (Co 1, 20), révélant du même coup, non les seuls mystères de la divinité, mais le « mystère » par excellence (Co 1, 26), qui est présence et venue de l'éternité dans le temps du monde.

---

1. Au sens où les anciens Grecs disaient : « Zeus tonne », « Zeus pleut », là où nous disons : « Il tonne », « Il pleut ».

2. M. MERLEAU-PONTY (cité p. 221-225), *Le Visible et l'Invisible*, Paris, Gallimard (« Tel »), 1964, par exemple, p. 178-191. J'envisage de revenir à ces analyses dans le tome II de cet ouvrage.

DÉVOILEMENT DE DIEU 525

Dieu en disposition trinitaire.

Continuons notre relecture de la mort et de la résurrection de Jésus, en tant qu'événement de révélation, en examinant maintenant comment Dieu peut y être reconnu dans la nouveauté de son être trinitaire proclamée par la toute première prédication chrétienne. Celle-ci annonce en effet, tout de suite après l'événement, que Jésus ressuscite en qualité de Fils de Dieu et qu'il le montre en communiquant aux hommes l'Esprit de Dieu comme son bien propre. Cela est annoncé sous le mode du récit (Ac 2), c'est quelque chose qui vient de se passer, qui est arrivé dans cet événement, qui en fait donc partie. Il est important de le noter : la donnée de base du futur dogme trinitaire de l'Église n'est pas une communication céleste qui dévoilerait le mystère éternel de l'être divin, Père, Fils et Esprit, c'est un événement, pris du côté tantôt de la croix tantôt de la résurrection, qui montre, on pourrait dire qui met Dieu en structure relationnelle, tantôt de Père par rapport au Christ, tantôt d'Émetteur[1] par rapport à l'Esprit, et qui met Jésus réciproquement en relation de Fils et de Coémetteur par rapport, respectivement, à Dieu et à l'Esprit. Les théologiens vont bientôt appeler « Économie » cette « disposition » trinitaire de la révélation de Dieu, étendant à la totalité de l'histoire du salut ce qui apparaît fondamentalement dans un seul événement bien précis de cette histoire. Puis ils détacheront la notion d'être trinitaire de son apparaître historique, de telle sorte que la Trinité, présupposée éternelle, sera censée ne rien devoir à l'événement qui la manifeste[2]. Or, l'Économie de la Trinité, c'est avant tout la « disposition », la « forme » trinitaire d'un événement qui se passe dans le corps de Jésus et qui se produit en se déployant dans un réseau de relations intersubjectives, en passant de Dieu à

---

1. La théologie scolastique parle de la « procession » ou « spiration » de l'Esprit.

2. La théologie patristique des IVe et Ve siècles opposera alors l'« Économie », qui traite des « missions » des Personnes divines dans l'histoire et le monde *(« ad extra »)*, à la « Théologie » qui considère les « processions divines » *(« ad intra »)* et leurs relations réciproques et propriétés à l'intérieur de l'être divin et exclusivement du point de vue de l'éternité : la « pensée de l'être » se substitue à celle de l'histoire.

526   DIEU QUI VIENT À L'HOMME

Jésus et à nous, donnant au transit de Dieu à Jésus la « forme » [1]
de Père, à celui de Jésus en Dieu celle de Fils, et au transit de
Dieu uni à Jésus vers nous la forme d'Esprit, d'Esprit commun
au Père et au Fils.

Le langage traditionnel de la philosophie assigne à Dieu
l'immobilité de l'être et exclut de lui le devenir du temps ;
celui de la théologie ne permet pas de rendre les relations entre
les Personnes divines tributaires des contingences de l'histoire.
Mais quand on éloigne Dieu de l'histoire, jugée indigne de
lui, l'homme, qui se juge responsable de l'histoire, s'éloigne
à son tour de lui – la chose nous est connue. Ce n'est pas une
raison suffisante de s'écarter des langages traditionnels, ni de
s'essayer à des langages nouveaux mais qui ne changeraient
rien aux concepts traditionnels. Le seul problème qui nous
retient ici – mais qui ne peut pas être saisi d'un seul coup
dans sa totalité –, c'est de rendre raison des affirmations de
la foi trinitaire et, puisqu'elles ont leur origine dans l'histoire,
dans celle de Jésus, ce sera de préserver en Dieu même le
caractère événementiel qu'elles lui imputent. Quand quelque
chose arrive à Jésus du fait de Dieu, quelque chose arrive aussi
à Dieu : voilà ce que nous devons chercher à penser sans
déroger à son éternité.

Dieu qui se révèle dans un événement du temps se montre
lié au temps par son lien à Jésus – il est ce qui se passe en
cet homme par ce qui passe de l'un à l'autre : le passage de
Jésus de la mort à la vie par le flux de vie que Dieu lui communique – sans être enfermé dans un moment du temps, parce
qu'il est l'événement de vie qui donne vie au temps en lui
ouvrant un avenir : il est ce qui arrive au temps en le faisant
venir à lui, il vient dans le temps en Maître et Seigneur du
temps, acceptant cependant de lui être lié par quelqu'un qui
est soumis au temps de plein droit. On peut admettre qu'il
l'accepte pour la raison qu'il ne peut pas se révéler autrement : parce que rien ne nous est connaissable qui ne vienne

---

1. Tertullien et plusieurs Latins après lui énuméraient « trois
formes » en Dieu concurremment à l'expression « trois personnes », non
pour les réduire à des apparences ou « modalités », mais pour signifier
leur apparaître individualisant. J'utilise ici ce mot pour montrer de
quelle façon l'événement du Christ porte la marque de l'être trinitaire
de Dieu et la fait apparaître.

DÉVOILEMENT DE DIEU

à nous de la « chair du monde », de l'expérience du réel. C'est un principe épistémologique auquel la théologie ne peut pas se dérober sous peine d'avouer qu'elle ne parle pas un langage de ce monde, intelligible aux êtres de ce monde, mais quelque langage divin entendu à travers une fracture du temps, à la manière de Moïse regardant Dieu par l'anfractuosité d'un rocher. Il y aura lieu d'expliquer comment Dieu se tient dans le temps. Mais nous pouvons noter maintenant, puisqu'il est lié au temps sans lui être soumis, que Dieu vient de tout temps à Jésus, qu'il est depuis toujours en destination de se révéler en lui, et que le lien de paternité par lequel Dieu se révèle en Jésus transcende le moment du temps où il se manifeste.

Quand nous parlons de l'« éternité » de Dieu, alors que nous recevons la révélation de son existence, sans la présupposer connue d'avance, de l'événement de la résurrection de Jésus, nous ne devons pas emprunter subrepticement cette notion à la philosophie ni au langage des religions usité par les livres de la Bible, comme s'il allait de soi que Dieu, s'il existe, ne peut être que soustrait à tout devenir. L'éternité, qui est la mesure de l'être de Dieu, se révèle avec lui-même et, telle qu'elle apparaît dans la résurrection de Jésus, en sortant de la mort et en donnant la vie à ce qui n'est plus, elle se fait connaître, non comme antériorité et longévité de vie – vieillesse d'une vie qui se prolonge indéfiniment, mais comme jaillissement soudain de vie, d'une vie surgie de nulle part, source d'une vie qui se communique à d'autres – jeunesse d'une vie qui se donne de naître. Ce que nous appelons « éternité », du point de vue de la révélation qui se fait dans la résurrection, ce n'est pas un état, une possession, c'est un acte souverain de donation, l'acte de Dieu de se donner d'être en donnant la vie à ce qui n'est pas, et cet acte « définit » Dieu en excluant de lui toute limitation dans l'existence tant en deçà qu'au-delà de cet acte. Que cet acte se produise dans le temps où Jésus meurt et ressuscite, ne lui impute aucune limite, puisqu'il se produit par son propre dynamisme en sortant du non-être, qui n'a pas la puissance de borner l'être qu'il borde. La révélation de Dieu dans cet événement dévoile la présence de l'éternité qui se cache dans la dispersion des temps sans se dissoudre en eux, présence qui est le « mystère » de l'être en perdition dans le néant du temps, mais promis à la vie éternelle par la puissance du don qui l'a fait sortir du néant, promesse parvenue à son accomplissement dans la résurrection de Jésus, prémices de la « restauration » universelle.

Dieu est ce don de vie qui arrive à Jésus, et qui arrive en même temps au monde par Jésus, dans l'événement de sa résurrection, qui est un acte d'engendrement en tant qu'il est la communication de sa propre vie que Dieu fait à Jésus. Toutefois, pour que Dieu, qui se révèle là dans la catégorie de l'événement, de ce qui arrive, soit reconnaissable en forme de Père, il est nécessaire de le montrer en relation personnelle avec Jésus, en relation de père à fils et, pour cela, de revenir à la contiguïté de Dieu et de Jésus dans la continuité de sa mort et de sa résurrection. Puisque Dieu se révèle dans le passage même de Jésus de la mort à la vie, il ne vient pas seulement à lui pour le ressusciter, il vient aussi de lui, il sort de ce corps livré à la mort, il était donc déjà en lui, se tenant auprès de lui comme un autre, comme cet interlocuteur à qui Jésus s'adresse sur la croix, disant : « Mon Dieu, pourquoi m'as-tu abandonné ? » (Mt 27, 46), ou : « Père, en tes mains je remets mon esprit » (Lc 23, 46), ce qui permet à Paul de dire que « Dieu n'a pas épargné son propre Fils mais l'a livré pour nous tous » (Rm 8, 32), livré comme quelqu'un dont il pouvait disposer parce que Jésus s'était lui-même mis à sa disposition. Quand on remonte ainsi, en sens inverse, le passage de la mort à la vie qui se révèle être, du côté de son terme, Événement de Dieu-Source de vie, Dieu-Événement prend en amont la « disposition » d'une relation entre deux individus en échange de paroles, en communion de vie et de mort, et celui à qui Jésus dit « Tu » prend la même « forme », le même apparaître structurel de « personne » parlante. Il est vrai qu'on n'entend pas la voix de l'interlocuteur de Jésus, on la perçoit cependant, dans la parole de Jésus, comme l'appel auquel Jésus ne fait en réalité que répondre, l'appel de celui qui l'a conduit jusqu'à ce point extrême et qui l'invite maintenant à s'en « remettre » totalement à lui, à venir à lui à travers la mort. Cet autre avec lequel Jésus « correspond » prend ainsi la forme d'une « première personne », celle qui a l'initiative de la parole, celle qui dit « Je », qui commande, celle qui « autorise » et donne à Jésus une parole de Fils : la personne du Père. « Ce qui arrive » à Jésus prend la forme corrélative d'une présence autre : « Non, je ne suis pas seul, car le Père est avec moi » (Jn 16, 32).

Cet événement de parole entre Dieu et Jésus est significatif de ce qui se passe dans leur être propre et qui les noue

DÉVOILEMENT DE DIEU

existentiellement en relation de Père et de Fils. Quand Jésus s'abandonne à la mort dans l'élan de se livrer à Dieu jusqu'au bout, Dieu de son côté se livre totalement à celui qu'il nous livre pour être la vie du monde. Il se produit donc une communion entre eux dans le même acte, poussé à l'extrême, de se donner l'un à l'autre. Ce qui se passe en Jésus a son retentissement dans l'éternité de Dieu présent en lui ; à l'acte de Jésus de s'anéantir complètement en Dieu répond l'acte de Dieu de s'ouvrir à un autre, de recevoir dans son éternité celui qui lui remet, qui lui confie son dernier instant de vie, c'est-à-dire aussi bien l'acte de communiquer sa propre vie à cet être qui disparaît dans la mort et de disparaître en lui. Dieu prend ainsi une forme d'existence nouvelle ; celui qui était Principe de sa propre vie devient être-pour-un-autre, Source de la vie d'un autre à qui il donne sa propre vie pour le faire exister éternellement en soi et pour exister en lui dans une relation de Père à Fils. Jésus, de son côté, reprend vie en communauté d'existence éternelle avec Dieu, retrouvant en lui l'identité de son être historique qu'il lui avait continûment « remise » tout au long de son existence, mais l'assumant maintenant pour l'éternité d'une coexistence avec Dieu, ne cessant pas d'être-pour-le-monde et de vivre dans le temps du monde, mais dans l'invisible du monde, non plus comme l'héritier encore sous la tutelle des « éléments du monde » (Ga 4, 1-3), mais comme le Fils à qui le Père a tout « remis » et qui reçoit maintenant la pleine « disposition » de son héritage pour être la vie de ce monde auquel il continue d'être lié pour l'éternité. Ainsi Dieu et Jésus deviennent Père et Fils, au sens propre, dans une communication de vie qui les fait exister l'un pour l'autre.

Or, ce qui se passe pour Jésus sur la croix ne fait que sceller définitivement l'offrande qu'il avait faite à Dieu de sa vie, de son projet de vie depuis le début de son existence, lui qui n'a jamais été occupé qu'à chercher la volonté de Dieu et à lui obéir, ainsi que le racontent les évangiles. Semblablement, ce qui se passe là pour Dieu est la réalisation du choix éternel qu'il avait fait de Jésus pour être celui en qui il se réconcilierait le monde, conformément à la conscience que Jésus avait de sa mission selon le témoignage des évangiles. Quand nous voyons Dieu sortir de la mort de Jésus, nous comprenons qu'il vient de Jésus parce qu'il était avec lui depuis que Jésus est venu au monde, et qu'il l'a lui-même « envoyé » (Ga 4, 4) pour venir au monde avec lui. Ainsi Dieu est-il reconnu Père de Jésus par l'acte de le mettre au monde de toute éternité, et Jésus Fils de Dieu depuis le commencement de son existence sous le mode particulier d'avoir été « engendré de la volonté de Dieu » (Jn 1, 13). Du coup, l'événement de révélation de Dieu, qui s'était premièrement situé dans la résurrection de Jésus, puis plus exactement dans son passage de la mort à la vie, qui s'était ensuite étendu à tout ce qui s'est passé sur la croix, se trouve maintenant reporté jusqu'au moment de l'entrée de Jésus dans le monde, et c'est toute la durée de son existence historique qui se fait reconnaître comme événement de révélation, c'est-à-dire comme l'apparaître corporel et temporel de la présence de Dieu au monde en Jésus. La venue de Jésus au monde est bien l'entrée de Dieu dans le phénomène de l'histoire sous le voile de la chair de Jésus, surgissement de Dieu passant de la chair du monde dans le corps de Jésus, corps parlant dans lequel et par lequel Dieu se donne la possibilité d'entrer en communication avec les hommes : « En ces jours qui sont les derniers, Dieu nous a parlé par le Fils, qu'il a établi héritier de toutes choses... » (He 1, 2), « Qui m'a vu, a vu le Père » (Jn 14, 9).

Jésus est en toute sa personne et toute son histoire le révélateur de Dieu qui s'exprime en lui et par lui, il est sa Parole vivante ; il est dieu sous le mode d'être l'extériorité, la visibilité, la transparence de la présence de Dieu au monde, d'appartenir à l'événement de sa venue au monde, de former avec Dieu l'événement extatique qui arrache le temps à sa dissolution dans la mort, événement d'éternité qui assume le temps en se projetant en avant de lui, en avenir d'éternité pour tout ce qui vit sous la loi de la mort. Dieu n'est pas présent en Jésus d'une simple présence locale, comme l'idole dans son temple, mais par l'acte de l'appeler à exister pour qu'il soit sa présence au monde, ce qui implique, d'une part, que Dieu engage sa propre existence éternelle dans l'historicité de l'être-là de Jésus au monde, d'autre part, qu'il lui donne de communier à sa propre vie. La naissance de Jésus est donc événement de Dieu qui arrive au monde, en tant qu'elle est, selon la « disposition » trinitaire de cet événement, d'une part, révélation et « kénose » du Père qui « s'anéantit » dans un homme, dans l'enfant qu'il donne au monde en prenant la « condition » de son existence temporelle, d'autre part, révélation et

DÉVOILEMENT DE DIEU 531

« envoi » du Fils de Dieu dans cet enfant d'homme qui vient au monde en recevant « le rang qui l'égalait à Dieu », mais sans le « retenir jalousement » pour soi, puisqu'il est déjà livré au monde par l'acte du Père qui se livre à lui (Ph 2, 6-7).

Puisque l'acte éternel d'exister de Dieu ne peut pas être limité par le temps, sa venue au monde en Jésus n'est pas limitée par le moment de sa naissance mais surgit de la profondeur des temps ; c'est une question que nous aurons à examiner plus tard. Une autre question se pose pour le moment : qu'a donc produit de neuf, pour l'un comme pour l'autre, l'événement de la mort et de la résurrection de Jésus, si le lien du Père au Fils se révèle, au moment où il se produit dans cet événement, fondé dans l'éternité de Dieu et dans la totalité de l'existence de Jésus ? La réponse à cette question amène à « compléter »[1] la « disposition » trinitaire de Dieu dont nous n'avons encore pris en compte que la relation binaire de Père à Fils sans faire mention de l'Esprit Saint. Pour introduire cette dernière, nous devons revenir au côté rédempteur de cet événement, en tant qu'il se termine au don du Saint-Esprit.

Ce qui se produit de neuf, en effet, dans la relation de Jésus à Dieu, quand il meurt et ressuscite, tient à la solidarité de son histoire avec celle des hommes et à la prédestination que Dieu se donne en lui à venir à nous-mêmes en qualité de Père et qui devient effective grâce à cet événement. Jésus meurt pour ceux à qui il avait voulu révéler et remettre la paternité de Dieu, celle-là même que Dieu dévoilait et répandait dans l'intimité de sa conscience et de son être. Selon la mission qu'il avait reçue de lui, il accepte de mourir pour témoigner de l'amour que Dieu vouait en lui à tous ses frères humains et les en rendre bénéficiaires. Il est ainsi arrivé que Jésus est devenu Fils de Dieu – ce qu'il était déjà selon la « disposition » éternelle de Dieu – au titre de Premier-né d'une multitude de frères, d'hommes devenus fils de Dieu, ses cohéritiers – ce qu'il devait devenir par son obéissance et ses abaissements et qu'il devient maintenant par sa résurrection qui ouvre à tous les hommes l'accès à la maison de son Père ; et

---

1. Le verbe « compléter » est appliqué habituellement par les Pères grecs à l'Esprit Saint, le plus souvent pour spécifier son rôle dans l'« économie » trinitaire dont il est « l'achèvement » « parfait ».

il arrive semblablement à Dieu, qui s'y disposait de tout temps, de devenir « aujourd'hui », dans le Christ mort et ressuscité, Père d'une multitude de fils, du fait même d'être devenu le Père de cet homme « qui m'a aimé et s'est livré pour moi »[1]. Dieu se révèle Père d'un Fils unique par l'acte même de se faire en lui Sauveur des hommes, c'est-à-dire de rendre Jésus participant du don de l'éternité qu'il lui « remet » pour qu'il en fasse communication à tous ses frères humains. Il ne se révèle pas pour lui-même, pour faire connaître l'essence éternelle de sa divinité, mais pour sauver, dans un acte sauveur ; il sauve les hommes par l'acte de se révéler, dans l'un d'eux, solidaire de son destin et donc, par extension, du leur, en devenant avec lui, mais pour tous, un seul événement de révélation et de salut, d'amour et de vie. Mais c'est ici qu'intervient l'Esprit Saint, car il est en lui-même le don de Dieu, le don de la vie éternelle, extension à toute l'humanité de la présence de Dieu en Jésus et de sa Paternité en adoption filiale universelle, et c'est de cette façon que la révélation de Dieu en Jésus son Fils s'achève par l'envoi de l'Esprit et sa venue en nous.

Nous avons pu parler, sans mentionner l'Esprit, de l'intimité de Dieu et de Jésus parce qu'elle ne met directement en cause que la relation du Père au Fils : c'est ainsi que l'évangile de Jean, qui parle abondamment de leur unité, ne mentionne guère l'Esprit que dans les « discours d'adieux » de Jésus à ses disciples, assez manifestement écrits sous l'horizon de sa remontée auprès de Dieu ; de même est-il possible de parler de la réconciliation de Dieu avec le monde par la croix de Jésus sans nommer l'Esprit, ainsi que Paul le fait bien souvent. Les évangiles synoptiques mentionnent l'intervention de l'Esprit dans la naissance de Jésus, sa venue en lui au moment de son baptême, son rôle dans les activités thaumaturgiques de Jésus ; mais ils semblent en dire trop et trop peu à la fois, trop car Jésus paraît avoir besoin de l'Esprit comme s'il ne disposait pas d'une puissance propre en tant que Fils de Dieu[2], trop peu car ils ne montrent pas une communion d'existence entre l'un et l'autre semblable à celle qui unit le Père au Fils.

---

1. Jn 1, 12 ; Rm 8, 29 ; He 2, 10-11 ; 3, 6 ; Ga 2, 20.
2. Cette objection reviendra souvent dans les débats du IVe siècle entre ariens et nicéens.

DÉVOILEMENT DE DIEU

L'Esprit ne paraît pas présent dans la mort de Jésus, à moins d'interpréter qu'il s'agit de lui là où il est dit que Jésus « rendit l'esprit » ou « remit l'esprit à son Père ». Son rôle est plus souvent affirmé dans la résurrection de Jésus comme dans la nôtre – sans que cette mention soit obligatoire ni pour l'une, ni pour l'autre[1]. À s'en tenir à ces silences ou « omissions », on serait tenté de penser que le rôle de l'Esprit n'est qu'occasionnel et secondaire. Deux faits majeurs nous détrompent, qui attestent l'omniprésence de l'Esprit Saint, là même où son nom n'est pas prononcé, et son rôle capital dans l'économie de la révélation et du salut, si on n'oublie pas que ce salut est de l'ordre de la vivification. – Le premier de ces faits est d'ordre historique : les quatre évangiles, qui se terminent par le récit de l'envoi des disciples dans le monde, munis par Jésus de la puissance de l'Esprit pour poursuivre sa mission de révélation et de salut, attestent que la venue de l'Esprit dans l'histoire est le terme et le but de la mission de Jésus ; le récit de la Pentecôte dans les *Actes* le confirme, en précisant que sa venue sur les Apôtres témoigne de la résurrection et de l'exaltation de Jésus qui « a reçu du Père l'Esprit Saint, objet de la promesse, et l'a répandu » (2, 33) ; d'autres récits des *Actes* montrent l'activité de l'Esprit dans la naissance des premières communautés chrétiennes[2] ; à quoi on ajoutera les nombreux témoignages de Paul attribuant à l'Esprit les dons des charismes et des ministères dans les communautés et par-dessus tout le don de l'unité et de la charité fraternelle entre leurs membres (ex. 1 Co 12). – Le second fait majeur est d'ordre plus intime et plus « ontologique » : le récit de la Pentecôte explique que cet événement est le signe du « don du Saint-Esprit » que les croyants reçoivent au baptême pour la rémission de leurs péchés et qui est donc destiné à se répéter indéfiniment (Ac 2, 38) ; Paul précise la nature et la finalité de ce don en enseignant formellement que Dieu a envoyé son Fils « afin de nous conférer l'adoption filiale. Et la preuve que vous êtes des fils, c'est que Dieu a envoyé dans nos cœurs l'Esprit de son Fils qui crie : Abba, Père » (Ga 4, 4-6) ; et Jean enseigne semblablement et avec la même force que Dieu a

---

1. Exemples : Rm 1, 4 ; 8, 11 ; – Ac 3, 15 ; 10, 40 ; – Rm 6, 4-11 ; 1 Co 15, 15-22 ; 2 Co 4, 14.

2. Par exemple, lors de la conversion du païen Corneille : Ac 10, 44.

envoyé son Fils dans le monde afin de nous faire connaître que «Dieu est amour», que son amour «s'accomplit» en ceci que «Dieu demeure en nous» (1 Jn 4, 7-12), et que cette présence de Dieu en nous est l'œuvre de l'Esprit: «À ceci nous connaissons que nous demeurons en lui et lui en nous: il nous a donné de son Esprit» (4, 13).

Le contraste entre l'enseignement manifeste du Nouveau Testament, qui met dans le don de l'Esprit toute la nouveauté de l'Alliance dont le Christ est le médiateur, et ses silences flagrants et répétés, là où on s'attendrait à ce qu'il soit question de l'Esprit à propos de Jésus ou de nous, est significatif de son mode de présence et d'action. Apparemment, il n'est pas nécessaire pour que Dieu se révèle en Jésus, même pas en tant que Père, ni pour donner à Jésus les moyens de sa mission, ni pour le sauver de la mort, ni pour nous obtenir le pardon du Père, ni pour nous ouvrir les portes de sa maison: la puissance du Père et son amour pour son Fils suffisent à expliquer tout cela. Mais la mission de Jésus n'a pas d'autre raison d'être que le don de l'Esprit. D'un côté l'Esprit est en trop, de l'autre il est tout. C'est que sa nécessité n'est pas de l'ordre de la causalité, mais de l'amour, c'est-à-dire du don, de l'excès, de la surabondance, de la gratuité[1]; la discrétion même de sa présence en Jésus et de son action en nous témoigne de l'intériorité de sa mission et de son être: il est ce qui rejaillit en nous de l'illimitation de l'amour du Père pour Jésus; c'est pourquoi son rôle apparaît mieux en nous qu'en Jésus, mais révèle son intimité avec Jésus.

Le don de l'Esprit a sa visibilité dans l'événement de Pentecôte, en tant qu'il suscite le premier témoignage public rendu à la résurrection de Jésus, puis dans la mission des apôtres et la naissance des premières communautés chrétiennes à qui il donne l'impulsion et qu'il soutient de sa puissance; c'est ainsi qu'il appartient à la révélation historique de Dieu en Jésus. Il ne la double pas, il n'y intervient pas en second, il n'y ajoute rien; il la complète selon sa visibilité historique, mais seulement en tant qu'il est l'extériorisation de la résurrection de Jésus, son retentissement dans des paroles qui l'annoncent; il l'intériorise surtout, en tant qu'il donne la

---

1. Le nom «don» est typique chez les Pères, grecs comme latins, pour caractériser la «propriété» personnelle de l'Esprit.

DÉVOILEMENT DE DIEU

foi au Christ – car « nul ne peut dire : Jésus est Seigneur, s'il n'est avec l'Esprit Saint » (1 Co 12, 3) –, et l'intelligence de ses enseignements – car « l'Esprit Saint, que le Père enverra en mon nom, vous enseignera tout et vous rappellera tout ce que je vous ai dit » (Jn 14, 26). L'Esprit Saint achève donc la révélation par sa venue, tout en la prolongeant indéfiniment par son action illuminatrice dans les cœurs et les esprits des hommes. D'une façon et de l'autre, il « complète » la disposition trinitaire de cet Événement de vie qu'est Dieu : il est ce qui nous arrive de Dieu sous la forme de la communion de vie et d'amour du Père et du Fils, de leur Souffle commun.

Que peut-on dire de la « personne » de l'Esprit Saint sur la base du passage de Jésus de la mort à la vie, toujours considéré comme l'événement qui révèle Dieu ? Il « descend du ciel » en même temps qu'il sort du corps de Jésus ; il est le Souffle de Dieu qui recueille le souffle expiré par Jésus pour le ressusciter en Dieu (Rm 1, 4) et il est en même temps le Souffle inhalé dans ses disciples par Jésus ressuscité pour les ramener à la vie de la foi en leur communiquant la mission et le pouvoir qu'il avait reçus du Père (Jn 20, 20-22) ; il est « donné » ou « envoyé » par le Père, mais « au nom » de Jésus, donc comme Esprit du Fils, en même temps que par Jésus, mais de la part du Père, donc comme Esprit du Père (Jn 14, 16.26 ; 15, 26). Il était donc présent en Jésus avant sa mort, tant comme don du Père que comme son bien propre, ainsi que Jésus parle de l'Esprit à venir : « Lui me glorifiera, car c'est de mon bien qu'il recevra et il vous le dévoilera. Tout ce qu'a le Père est à moi. Voilà pourquoi j'ai dit que c'est de mon bien qu'il reçoit et qu'il vous le dévoilera » (Jn 16, 14-15). « Bien » commun et indivis du Père et du Fils, l'Esprit est ce que le Père communique à Jésus de sa propre vie, mais qu'il lui donne en le lui abandonnant pour que cela soit sa « chose » propre, laissée à sa totale disposition, un bien que Jésus peut retourner au Père, sous le mode de l'action de grâce, en reconnaissant que cela vient de lui, non toutefois comme un débiteur qui rembourse sa dette, mais comme un donateur qui fait cadeau de ce qui lui appartient à un autre et qui, ainsi, « se fait égal à Dieu » (Jn 5, 18). L'Esprit est ce don parfait, parfaitement gratuit et discret, de l'amour qui fait oublier qu'il se donne au point de se recevoir de celui à qui il s'est donné ; il est cette redondance de la divinité du Père dans le Fils qui se renverse en réciprocité de présence, en parfaite immanence de l'un dans l'autre, ce qui permet à Jésus de dire : « Je suis dans le Père et le Père est en moi » (Jn 14, 11), et encore, s'adressant au Père et parlant de ses disciples : « Tout ce qui est à moi est à toi et tout ce qui est à toi est à moi, et je suis glorifié en eux » (Jn 17, 16). Cette dernière parole de Jésus donne à comprendre que cet excès de la vie du Père en Jésus qu'est l'Esprit rejaillit semblablement de Jésus à nous par le don du même Esprit, qui instaure une semblable réciprocité de présence du Père et du Fils en nous et de nous en eux : « Comme toi, Père, tu es en moi et moi en toi, qu'eux aussi soient en nous [...]. Je leur ai donné la gloire que tu m'as donnée, pour qu'ils soient un comme nous sommes un : moi en eux et toi en moi, afin qu'ils soient parfaits dans l'unité et que le monde reconnaisse que tu m'as envoyé et que tu les as aimés comme tu m'as aimé » (Jn 17, 21-23). Ainsi l'Esprit est dans l'Église (et, d'une autre façon, dans l'humanité) la reproduction de ce qu'il accomplit dans le Christ.

L'aptitude à la compénétration qui caractérise tant la présence que l'action de l'Esprit fait la difficulté de le concevoir comme « personne ». Esprit du Père ou Esprit du Fils, il semble manquer d'individualité et de personnalité[1] parce qu'il ne s'appartient pas à lui-même, si ce n'est qu'il ne cesse, étant dans l'un, d'être en même temps Esprit de l'autre, et c'est ainsi qu'il établit sa différence et préserve son indépendance. On le conçoit dans le registre du « commun » comme un bien inerte, alors qu'il est un dynamisme d'intercommunion. Il n'est pas personne au plan linguistique sous le mode d'être l'interlocuteur des deux autres, car il ne dit pas « je » et on ne lui dit pas « tu », mais de les mettre en état d'interlocution, car il est le Souffle qui porte la parole de l'un à l'autre et la fait demeurer en chacun. Il n'est pas personne au plan ontologique sous le mode de l'être-en-soi-et-pour-soi[2], il

---

1. La remarque en avait été faite par AUGUSTIN, *De la Trinité*, livre V, chap. XI : « Esprit Saint » n'est pas un nom propre ni relationnel, mais dit *ce que* sont communément le Père et le Fils.
2. La fermeture de la « personne » sur soi est caractéristique de la conception grecque de l'« hypostase », tandis que la théologie latine évoluera davantage vers le concept de « relation ». Je traiterai plus en détail de ce point dans le volume à suivre.

DÉVOILEMENT DE DIEU 537

l'est par son intersubjectivité, par le fait d'établir entre Père et Fils des relations d'interdépendance et d'initier de l'un à l'autre l'échange du contre-don. Étant la surabondance de l'être et de l'amour du Père dans le Fils, il est en celui-ci la marque de son appartenance au Père et l'impulsion à tout lui « remettre » ; et il est dans le Père le lien qui l'attache indéfectiblement à celui qui a mis en lui toute sa confiance. Il n'est pas le « troisième » de la Trinité sous le mode de s'ajouter à l'un et à l'autre des deux autres pour faire trois, mais de faire communiquer l'Unique avec l'Unique, d'être le passage et le retour de l'un à l'autre, tout en les tenant à distance l'un de l'autre afin qu'ils restent toujours en échange sans fusionner l'un avec l'autre. Il est aussi, dans le Père comme dans le Fils, l'appel des autres et l'appel de l'étranger, leur relation à *de* l'autre, leur destination à un ailleurs, car il est dans le Christ le commandement du Père qui l'envoie dans le monde pour y devenir le Premier-né d'une multitude d'enfants de Dieu, et il est dans le Père la prière du Fils qui le supplie d'adopter pour fils tous ses frères humains. Ainsi est-il l'extrême pointe de la disposition trinitaire par laquelle s'opèrent la pénétration de Dieu dans le monde des hommes et leur incorporation à Dieu. Il est la diffusion de l'amour du Père pour le Fils unique dans le multiple et le différent, et l'unification de la multitude dans le Premier-né. En cela l'avènement de l'Esprit participe de la mort de Dieu : il est la communication de Dieu hors de soi, à ce qui n'est pas « saint », et sa venue dans les terres païennes est la sortie de Dieu hors des lieux sacrés dans lesquels la religion confinait et voilait la sainteté de Dieu.

La venue de l'Esprit de Dieu dans le monde était annoncée par les prophètes, comme le pressentiment de l'approche de Dieu au plus près des hommes, sans qu'il fût cependant conçu réellement distinct de Dieu, car, dans l'Ancien Testament, l'Esprit personnifie simplement l'universalité du regard et de l'action du Créateur dans le monde [1]. Quand il est répandu par le Père dans la chair naissante de Jésus, il est ce jaillissement

---

1. Le nom « Esprit Saint » paraît caractéristique du Nouveau Testament. L'Ancien Testament parle de l'Esprit, l'Esprit de Dieu, ou du Seigneur, et n'emploie l'expression « esprit saint » que rarement, uniquement dans le grec et sans en faire un nom personnel.

d'amour que le Père lui « abandonne », pour ainsi dire en nue propriété, pour que Jésus soit dès maintenant son Fils, vivant en communion d'existence avec lui, et aussi pour qu'il le devienne par la capacité qui lui est donnée d'aimer Dieu librement comme un fils aime son père. S'abaissant à devenir Esprit d'un homme, l'Esprit Saint acquiert la particularité d'être l'Esprit de cet individu-Fils de Dieu qui est le Christ. Il s'humanise en lui, il participe à son ministère, il le soutient dans ses abaissements et ses souffrances, il se mêle à son souffle mortel et, quand Jésus, étant passé par la négation de la mort, ressuscite en homme universel, l'Esprit Saint, accompagnant le passage de Jésus de la mort à la vie, acquiert la capacité de se répandre partout en tant qu'Esprit de cet homme parfait devenu Prémices d'une race nouvelle, en tant qu'Esprit de l'humanité régénérée des enfants de Dieu. Son habitation en nous reflète sa manière d'être « personne » : il est l'écho intérieur de la parole du Christ, « car il ne parlera pas de lui-même, mais ce qu'il entendra, il le dira et il vous dévoilera les choses à venir », à savoir « ce qu'il recevra de mon bien » (Jn 16, 13-14) ; il se mêle à notre esprit au point de devenir nôtre, mais en nous insufflant la parole du Fils à son Père, telle une identité d'emprunt d'avance donnée mais toujours à s'approprier : « Vous avez reçu un Esprit de fils adoptifs qui nous fait nous écrier : Abba ! Père ! L'Esprit en personne se joint à notre esprit pour attester que nous sommes enfants de Dieu » (Rm 8, 15-16) ; il est et il agit en nous en Esprit à la fois du Père et du Fils, il est la réciprocité de la présence du Père en nous et de nous dans le Père (1 Jn 4, 13), il est et il fait notre appartenance au Christ et notre destination au Père (Rm 6, 11).

Quand donc le souffle de la résurrection répand l'Esprit de Dieu « sur toute chair »[1], quelque chose arrive au monde, telle une Nouvelle Alliance de Dieu avec le monde. Éveillant dans les cœurs la foi au Christ, l'Esprit rassemble les croyants en un seul corps dont il fait le corps du Christ (1 Co 12, 12.27), où revit la chair du Ressuscité à jamais réunie à la chair du monde. De ce corps dont il fait son temple selon sa particularité d'Esprit du Christ (1 Co 6, 19), mais un temple ouvert

---

1. Selon la prophétie de Joël citée par Pierre dans son discours de Pentecôte, Ac 2, 17.

aux hommes de toutes provenances (1 Co 12, 13) selon la dimension d'universalité du Christ ressuscité, il se diffuse en tout lieu et au plus profond de l'humanité en tant qu'Esprit du Père : affranchissant les hommes de la loi religieuse (Ga 4, 3-5) et appelant en toutes langues les hommes de toutes races (Ac 2, 5-11) à cette liberté nouvelle de la foi au Christ (Ga 5, 1.13), il ne cesse de régénérer la chair du monde et d'y témoigner de l'amour de Dieu. Il met « toute la création en travail d'enfantement » (Rm 8, 22), et la révélation de Dieu dans le Christ s'achève en se prolongeant, au regard des croyants, dans la révélation d'un monde nouveau dont le « mystère » était jusque-là caché : « Si quelqu'un est dans le Christ, c'est une création nouvelle : l'être ancien a disparu, un être nouveau est là » (2 Co 5, 17).

Dieu dans la nouveauté de son être-pour-nous.

La nouveauté du monde se dévoile au croyant dont la pensée s'est affranchie tant de la cosmologie des « éléments du monde » que du passé primordial des mythologies religieuses et qui accepte de connaître Dieu dans la nouveauté de sa révélation en Jésus. Cette nouveauté, ce n'est pas simplement que Dieu est Trinité, en soi et pour soi, mais qu'il l'est en se déployant dans une histoire destinée à s'achever en lui, parce que lui-même existe-pour-nous. En effet, ce qui s'offre à la contemplation de la foi quand la paternité de Dieu se révèle dans la mort et la résurrection de Jésus, ce n'est pas une pure génération céleste qui ne concernerait les hommes d'aucune façon, c'est le « mystère » de l'adoption filiale de l'humanité par Dieu dans l'homme qu'il élève à sa droite en qualité de Fils unique et premier-né ; et ce qui est montré par le don du Saint-Esprit répandu en toute chair, ce n'est pas davantage l'émission céleste d'un être divin, mais le mystère de la régénération du temps en vie éternelle par le même Esprit de Dieu qui a relevé Jésus d'entre les morts. Ce n'est pas en parlant de lui que Dieu se révèle, mais de nous, en dévoilant la vérité du monde et de l'histoire ; cette vérité, c'est qu'il aime le monde et qu'il est présent à l'histoire ; il la révèle en *se* communiquant par le Fils qu'il nous « livre » et l'Esprit qu'il nous « donne » ; il se montre ainsi « essentiellement » préoccupé de ne pas abandonner ses créatures à la mort, mais de tirer de leur mortalité même des ressources de vie qui leur permettent de renaître en nouveauté de vie. La génération du Christ comme Fils de Dieu se passe au cœur du monde, dans un événement de l'histoire, et semblablement l'émission de l'Esprit comme Esprit de Dieu et du Christ ; c'est ainsi que l'une et l'autre sont conjointement et immédiatement la régénération du monde et de l'histoire, qu'elles ne pourraient être autrement. C'est la seule raison qu'ont les hommes de s'intéresser aux mystères divins et le seul moyen pour les chrétiens de penser et de rendre pensable la foi qu'ils vouent indissolublement à Dieu et au Christ.

En « ce qui arrive » au monde et dans le temps, c'est bien l'être éternel de Dieu qui se révèle dans la trinité de ses Personnes, ainsi que l'enseigne le dogme de l'Église. Mais ce qui se manifeste dans l'histoire et en lien avec elle n'est connaissable que dans la perspective de cette relation *maintenue* à l'histoire. Le lien de paternité de Dieu à Jésus est montré fondé dans l'éternité, antérieurement à sa manifestation dans le temps, car l'être de Dieu est sa venue à Jésus ; ce lien s'est cependant noué à un moment du temps, moment fondateur de la foi au Christ et constitutif de sa divinité, puisque la relation de Jésus au Père est identiquement son passage de la mort à la vie et n'est connue que par cet événement. Le Nouveau Testament, en effet, que nous avons parcouru dans sa globalité, ne contient pas d'enseignements formels sur ce que la théologie appelle les « processions éternelles » des Personnes divines ; on peut les trouver mentionnées, de manière plus ou moins allusive, dans quelques écritures, rares et isolées et d'interprétation difficile, où la « préexistence » du Christ paraît affirmée[1], mais il n'est pas de bonne méthodologie, aujourd'hui, de fonder des « vérités » importantes de la foi sur des textes trop pauvrement attestés et des arguments trop facilement critiquables. Si l'on pense que la nouveauté spécifique du Nouveau Testament consiste dans la révélation trinitaire, on doit l'établir en toute rigueur sur l'enseignement le plus central et le plus obvie de l'Évangile ; et c'est le récit de l'événement pascal, fondement de la prédication apostolique, affirmant que Jésus a été établi Fils

---

1. La question de la « préexistence » viendra en discussion dans le chapitre III (du volume II).

DÉVOILEMENT DE DIEU

de Dieu en suite de sa résurrection et par l'effet de l'humilité et de l'obéissance qui l'ont conduit jusqu'à la mort sur une croix [1]. La théologie doit remonter du temps à l'éternité, pour autant qu'elle y est conduite par la révélation ; mais elle n'a pas le droit d'écarter, de ce qui *est* éternellement en Dieu, ce qui s'est *fait aussi* dans le temps, lorsqu'elle ne connaît l'être de Dieu que par ce qui lui advient dans son rapport à nous.

La radicale nouveauté de la manifestation de Dieu en Jésus, c'est donc de révéler qu'il existe-pour-nous : « Si Dieu est pour nous, qui sera contre nous ? Lui qui n'a pas épargné son propre Fils mais l'a livré pour nous tous, comment, avec son Fils, ne nous donnerait-il pas tout ? » [2]. Il ne suffit pas de prendre ce « pour nous » pour un acte de simple condescendance, ainsi que le fait habituellement la théologie, hantée par la crainte de troubler l'immobilité de l'essence divine ; il faut le comprendre en ce sens que *Dieu existe en rapport avec nous*, et cela au plus intime de sa vie, de son être-pour-soi, à savoir de son existence trinitaire, puisqu'il se donne un Fils, tiré de lui-même dans son éternité, du même acte par lequel il nous le donne en venant à lui dans le temps. Il en est ainsi, « essentiellement », parce que « Dieu est amour » et que son amour « s'accomplit » en nous quand on s'aime les uns les autres de l'amour qu'il révèle par l'envoi de son Fils au monde et qu'il communique par le don de l'Esprit (1 Jn 4, 7-17). Il n'est d'amour que d'un autre et que par la sortie de soi vers l'autre, amour de ce qui est autre. Là est la nouveauté de la révélation : Dieu n'est pas l'Être infini dont la perfection serait de se garder pur de tout rapport au contingent, ainsi que le pensent les philosophes, ou qui n'a de rapport au monde que par des activités de puissance ou de compassion, comme il en est pour les religions ; il est en soi, selon son être éternel, et pour soi, selon son existence trinitaire, ce qu'il est pour nous et avec nous en advenant au temps. L'inconnu de Dieu, que

---

1. Rm 1, 4 ; Ph 2, 8-9 ; Jn 12, 23.
2. Rm 8, 31-32. E. JÜNGEL, (référence p. 53, n.1), t. I, p. 344, a pleinement raison d'attirer l'attention sur l'intérêt de ce verset paulinien qui donne « la possibilité de penser Dieu » « en tant qu'amour » : « Son identification avec l'homme Jésus en tant qu'événement particulier et unique est la *révélation* de l'*être* éternel de Dieu » (les italiques sont dans le texte).

la révélation substitue au bien-connu de la philosophie et de la religion, c'est ce rapport de l'en-soi au pour-nous, ou encore de l'en-soi au pour-soi que Dieu tient de lui-même éternellement et qu'il tire de nous, souverainement et sans discontinuité, par sa venue dans le temps.

Les gnostiques du IIᵉ siècle n'avaient pas totalement tort de soulever le problème du Dieu inconnu et nouveau qui se révélait en Jésus, mais ils avaient imaginé que cette nouveauté était celle d'un être purement céleste qui s'était toujours préservé de tout contact avec le monde, qui restait inconnaissable alors même qu'il y envoyait son Fils, un Fils qu'il tenait à l'écart même de la chair dans laquelle il se manifestait. Irénée a sauvé la foi chrétienne en démontrant que la nouveauté du Dieu chrétien, par opposition à ceux des philosophes et des religions païennes, était, au contraire, d'être en souci de la créature par lui « façonnée », de se préoccuper de ce qui passe de la vie à la mort au point de s'y joindre lui-même, de se rapprocher des hommes, de se faire connaître intimement par son Fils, et de « récapituler » dans son incarnation toute l'histoire des hommes ; et pour préserver la foi de l'aliénation dans la gnose, il interdisait de spéculer sur ce qui se passait dans le secret de la divinité, sur ses processions, émanations ou générations, et de se contenter de ce que Dieu révélait dans « l'économie » historique de ses relations avec les hommes par son Fils et son Esprit. Les théologiens n'ont pas imité sa prudence, ils se sont intéressés aux mystères de l'éternité plus qu'aux réalités de l'histoire, et c'est ainsi que l'idée de Dieu a fini par s'obscurcir dans les spéculations de la métaphysique. La tâche de la théologie aujourd'hui – et de nombreux théologiens se sont engagés dans cette voie –, c'est de réconcilier l'en-soi de Dieu et son pour-nous, son éternité et sa présence au temps. C'est la condition pour réconcilier la pensée de la modernité avec la révélation chrétienne comprise sous cet éclairage nouveau. C'est aussi la condition pour fonder sur Dieu même et l'autonomie et la consistance du monde.

Le problème n'est pas de sauver seulement la « pensabilité » de Dieu pour l'homme d'aujourd'hui, mais tout autant celle de l'homme lui-même. Il suffit de songer que l'humanité, depuis qu'elle a entrepris de penser son histoire et sa présence au monde et qu'elle a laissé des traces de cette recherche, s'était toujours conçue en rapport avec la divinité,

DÉVOILEMENT DE DIEU 543

toujours vue en compagnie des dieux, puis de Dieu, pour qu'on se demande avec effroi ce qu'il adviendra d'elle à partir du moment où elle accepte de se penser dans l'oubli de Dieu. C'est tellement vrai que nous avons vu la philosophie à nouveau hantée par l'idée de Dieu, à qui elle avait signifié son congé et après avoir annoncé sa mort, et inquiète par contrecoup de la consistance d'un univers à qui elle a retiré son fondement : « Qu'est-ce qui fait qu'*Il y a* temps et être ? » Entre le *Je suis* du livre de l'Exode et le *Il y a* de la recherche philosophique contemporaine – deux mots significatifs, l'un, de l'omniprésence du divin qui refoule dans le néant tout ce qui passe, l'autre, de sa disparition dans le flux du contingent –, entre ces deux moments s'est déroulé un parcours de pensée, conjointe et confuse, de Dieu et de l'Être dont le philosophe et le théologien portent ensemble la responsabilité, pour des motifs parfois semblables parfois opposés. C'est pourquoi le second n'a pas le droit d'abandonner au premier en totalité le « souci de l'être ». Sa préoccupation n'est donc pas uniquement de « sauver » la pensée de Dieu malgré l'oubli où le tient l'homme de la modernité occidentale, c'est tout autant de dire que l'homme qui oublie Dieu reste pensable, du point de vue de la foi chrétienne, parce qu'il ne cesse pas d'être sauvé par « Ce qui arrive » au monde jusqu'à la fin des temps – et ces deux préoccupations constituent (sans doute, car cela reste à montrer) une seule et même tâche pour la théologie.

À partir du moment où nous entreprenons de concilier l'en-soi et le pour-nous de Dieu, nous quittons, non absolument le terrain de l'histoire dans laquelle Dieu se révèle, mais la méthode d'approche historique que nous avions adoptée pour observer le dévoilement de la révélation, de l'avénement de Jésus jusqu'à nous en passant par la tradition de la foi chrétienne. Un autre point de vue s'impose désormais, celui de l'être de Dieu considéré à la fois dans l'éternité de son acte d'exister-pour-nous et dans le déploiement trinitaire de son pour-soi, tel qu'il se fait sans discontinuité dans l'immanence de la divinité et dans l'extériorité de l'histoire. Des questions nouvelles, que nous avons signalées à plusieurs reprises, se posent sur un plan ontologique et à la rencontre de l'éternité et du temps, dont on pressent la complexité. Déjà dans la dernière section de ce chapitre, quand l'étude de la révélation est passée, du versant où *Jésus* apparaît en *révélateur*

544   DIEU QUI VIENT À L'HOMME

de Dieu, au versant sur lequel se donne à déchiffrer l'identité du *Dieu révélé dans la foi au Christ*, nous avons avancé plusieurs propositions qui posent des difficultés au regard d'énoncés similaires du dogme. Le surgissement de ces questions indique que nous devrons emprunter, pour y réfléchir, une méthode d'approche spécifiquement différente de celle que nous avons suivie jusqu'ici, un type d'analyse propre à la théologie dite dogmatique ou spéculative ou systématique. C'est ce que nous ferons dans la suite de notre étude, dont je vais jalonner en quelques mots les principales lignes de recherche.

Le lecteur aura compris que le second tome de cet ouvrage devra aborder des aspects techniques du dogme, ceux qui ont fait l'objet d'âpres débats au cours des siècles, qui ont été « définis » par plusieurs conciles, finement analysés dans les écoles théologiques et discutés entre elles, et que continue à affiner inépuisablement la théologie « spéculative » en tenant compte des nouvelles exégèses bibliques et des nouveaux courants de la pensée philosophique. Il s'agira d'abord, évidemment, du dogme trinitaire strictement dit : origines ou « processions » et activités dans le temps ou « missions » des Personnes divines, leurs relations et propriétés, la constitution de l'être divin, mais aussi d'autres dogmes, pour autant que la Trinité y est impliquée et que la pensée de Dieu-pour-nous demande d'y être substituée à son bien-connu : création, incarnation, rédemption. Toutefois, nous avons prévenu de notre intention de ne pas nous laisser enfermer dans des analyses métaphysiques, moins encore dans les débats du passé, de ne pas perdre de vue le rapport de Dieu à l'histoire et au monde, principalement son lien à Jésus, qui passe par l'histoire et par le monde, et de veiller à ne jamais rompre la corrélation qui noue inextricablement la question de Dieu et celle de l'homme et de son destin. Nous y sommes d'ailleurs engagés par notre propos même d'étudier le rapport entre l'en-soi éternel de Dieu et le devenir temporel de son être-pour-nous. Notre projet est donc d'exposer *le déploiement de la Trinité de Dieu dans la chair du monde*, dans un nouveau chapitre qui traitera du lien entre les processions du Verbe et de l'Esprit et la création du monde, d'une part, et entre les missions de l'un et de l'autre et la germination de la chair de Jésus dans le cours des générations humaines, d'autre part. Cette étude devrait nous conduire à élaborer un concept d'incarnation approprié tant

DÉVOILEMENT DE DIEU

à la venue de la Trinité de Dieu vers Jésus dans l'histoire qu'à notre approche précédente de l'événement de Jésus par les récits évangéliques ; et puisque nous aurons rencontré, en parlant de la création, les problèmes du mal et de la souffrance, du péché et de la liberté, nous devrons semblablement élaborer un concept de rédemption adapté à cette avancée trinitaire de Dieu vers l'homme et propre à répondre à toutes ces interrogations qui ont suscité à notre époque, ainsi que nous l'avions noté, un « athéisme de protestation ». En bref, étant remontés, dans le présent chapitre, de l'événement révélateur de Dieu en Jésus jusqu'à son être éternel, nous aurons, encore et toujours, à raconter l'histoire de Dieu dans le chapitre suivant, mais cette fois en la redescendant de l'éternité jusqu'au temps de sa manifestation en Jésus.

Revenus à l'histoire de Dieu en Jésus, nous la prolongerons, à travers la mission de l'Église dans le monde, jusqu'à l'actualité qui est la nôtre en ces premières années du troisième millénaire de l'ère chrétienne devenue l'ère commune, et jusqu'à l'horizon du futur où s'arrête notre regard, là où les hommes d'aujourd'hui voient poindre des temps nouveaux, là où le chrétien guette la venue du Royaume de Dieu et de sa révélation définitive. C'est une tranche d'histoire qui relève de la théologie « dogmatique » en tant qu'elle concerne la mission (invisible) de l'Esprit Saint, celle de l'Église, et l'orientation vers « les derniers temps » (ou « eschatologie »). Mais elle n'intéresse pas moins tout homme, croyant ou non, qui scrute l'avenir du christianisme et celui d'un monde qui se pense maintenant sans Dieu ; et, de ce point de vue, elle appartient également à l'histoire que nous vivons et qui va de l'avant, et qui se laisse en partie « raconter », en partie « prospecter ». C'est ce qui sera fait dans un dernier chapitre que je pense intituler « La naissance de Dieu », pour ce double motif qu'il s'agira, d'abord de l'annonce par l'Église de ce Dieu nouveau récemment révélé en Jésus, puis de son annonce aujourd'hui en termes nouveaux à des hommes nouveaux qui ont oublié le Dieu de leurs pères. Je voudrais placer ce chapitre tout particulièrement sous le signe de l'Esprit Saint Paraclet, que Jésus, à la veille de sa mort, avait donné à ses disciples comme « consolateur » et désigné pour être son « suppléant » auprès d'eux, celui qui les conduirait à la plénitude de la révélation. Il ne paraît pas que l'Église ni la théologie aient porté une grande attention ni à ce rôle de consolateur dévolu à l'Esprit ni à sa fonction de suppléance ; il semble, au contraire, que la mission de l'Église et la théologie de la révélation se soient développées dans une perspective résolument « christocentrique ». Il sera donc intéressant d'étudier l'une et l'autre sous un éclairage « pneumatologique » et je ne pense pas qu'il s'oppose, loin de là, aux nouvelles théologies de la croix et de l'humanité de Dieu, dont nous avons salué l'apparition. Nous aurons donc à parler du mode d'être de l'Église et de sa présence au monde en son état actuel de déclin et de dissémination, de sa mission dans un monde largement déchristianisé et auprès des autres religions du monde. Ce sont des questions qui se posent à tout chrétien et auxquelles on ne voit pas encore de solution ; nous serons donc obligés de les aborder dans un esprit d'inventivité. Et nous n'oublierons pas que, au-delà de l'Église et du christianisme, il s'agit du destin nouveau de l'humanité, sous l'horizon de la mondialisation, et surtout sous celui du « deuil de Dieu ». « Naissance » est un mot dont la signification est pleine d'avenir et d'espoir : c'est dans cet esprit que nous voudrions achever notre recherche en revenant à son point de départ, pour remplacer les plaintes du deuil par les consolations de l'attente.

INDEX

On trouvera ci-après trois index, scripturaire, onomastique et thématique, où seront répertoriés :

1) les principaux textes bibliques cités ou commentés (ils sont mis dans l'ordre habituel de la Bible),

2) les noms des philosophes, théologiens et autres écrivains cités et ceux des auteurs des livres consultés (les références sont indiquées dans les notes),

3) les principales notions et rubriques pouvant faciliter des recherches sélectives dans cet ouvrage.

Les renvois sont faits à la page (ou à une suite de deux pages s'il y a continuité) où se trouvent ces textes, noms ou notions. La page est mise en caractères romains ou italiques, selon que le mot répertorié se trouve dans le texte ou en note (le renvoi au texte n'est pas répété si le mot se trouve aussi dans une ou plusieurs notes de la même page) ; ou encore en caractères gras quand il a paru utile de signaler les renvois les plus importants.

Index scripturaire

Matthieu
3, 16 : 377, 379, 409
4, 4 : 376
8, 16-17 : 371, 375, 381, 393, 423
8, 23-27 : 376
9, 2 : *380*
9, 18 : *368*
9, 35-36 : 371
11, 4-6 : 372
14, 22 : *368*
15, 24 : 415
15, 30-31 : 375
16,16 : 324
17, 1-9 : 377, 379
21, 12-13 : *382*
24, 27 : 396
27, 46 : 528

Marc
2, 15-22 : *355*
15, 34 : 92-93
16, 15 : 415

Luc
4, 18 : 371
19, 9 : *355*
23, 46 : 528
24, 34 : 392
24, 47 : 431

Jean
L'évangile de Jean en général :
    358, 383, 384, 399
1, 13-14 : 332, 334 340, 530

1, 18 : 515
1, 38-39 : 359, 489
2, 14-22 : *382*, 391
3, 3 : 364, 516
4, 21-24 : 392
5, 18 : 360, 535
6, 1 s. : *376*
7, 37-39 : 402, 409
12, 24 : *376*
14, 7-9 : 404, 515, 530
14, 11 : 536
14, 26 : 535
16, 13-15 : 514, 535, 538
16, 32 : 515, 528
17, 10 : 536
17, 21-23 : 536
19, 34 : 402, 409
20, 17 : 395, 386
20, 20-22 : 402, 409, *410,* 535

Actes
2, 22-38 : 365, 386, 392, 399,
    411, 412, 533
10, 38-41 : 372, 396, 498
15, 1-11 : 487
17, 18 : 516

Romains
1, 3-4 : 419, 535
3, 21-26 : 400
4, 1 s. : *416, 419*
5, 18 : 401
6, 8-11 : 398, 414
8, 15-22 : 448, 538, 539

INDEX SCRIPTURAIRE

8, 31-32 : 426, 528, 541
10, 4 : 414

1 Corinthiens
3, 16-17 : *441*
10, 16-22 : 424
11, 17-34 : 424-425
12, 3 : *411*, *423*, 535
12, 12-13 : 426, 539
15, 28 : 524

2 Corinthiens
3, 17-18 : *365*
5, 16-19 : 418, 515, 539

Galates
2, 19-20 : 398, 414
3, 6-9 : 419
3, 28 : 421

4, 1-7 : 124, 419, 529, 530, 533
Éphésiens
3, 4-6 : 417
5, 25 : *441*

Philippiens
2, 6-7 : 531

Colossiens
1, 15-20 : *423*

1 Thessaloniciens
5, 9-10 : 400

Hébreux
1, 2 : 530

1 Jean
4, 7-13 : 534

Index onomastique

À *Diognète* : *87*, *433*
ADORNO T. : *116*
ALETTI J.-N. : *349, 350, 357,*
416, 423, 432
ALQUIÉ F. : 156, 160, *162, 242*
ALTIZER J. T. T. : *468*
AMBROISE DE MILAN : *442*
ANDIA Y. DE : *238*
ANSELME DE CANTORBÉRY : **48-**
49, 52, *57, 58, 60,* 68, 99, 144,
150, 167, 205, 241, 269
ARISTIDE : *87*
ARON R. : *42, 45, 49*

ARVON H. : *196, 197, 199, 200,*
201
ASVELD P. : *138, 139, 166, 167,*
238, 346
ATHÉNAGORE : *433, 434*
AUBENQUE P. : 174
AUGUSTIN : *49, 55,* 57, *58, 60,*
99, 241, 250, *536*

BADIOU A. : *415, 421, 423, 446*
BALTHASAR H. Urs VON : 22,
243-244, **249-251,** 255, 261,
266, 290, **329-331,** 332, 336,
338, 340, *471,* 506

BARON S. W. : *444, 448*

BARTH K. : 22, 34, 37, 48, 53, 133, **137-140,** *141,* **142-152,** 153-154, 163, 164, 165, 178, 192, 194, 218, 219, 227, 228, *231,* 244, 247, 251, 263, 266, 295, **310-312,** 314, 316, 323, 325, 331, 340, 367, 467, *471, 474, 484*

BASILE DE CÉSARÉE : 436

BAUER B. : *196,* 208

BAYLE P. : *73,* 135, 200

BEAUCHAMP P. : *369, 370, 376*

BEAUDE P.-M. : *385*

BEAUJEU J. : *44*

BENOIST J. : 222, 226

BENVENISTE E. : *88, 95, 100, 108, 523*

BERGSON H. : *224,* **225,** 250

BERNARD M. : *227,* 228

BISER E. : *117*

BLOCH E. : 172, *193, 195, 196, 201, 206, 216, 222*

BLONDEL M. : 37, **223-224,** 225, 239, 241, 242, *245,* 248, **252-253,** 255, 257, *370*

BOÈCE : *99, 462*

BONHOEFFER D. : **78-79,** 82, 91, 92, *97,* 111, *120, 146,* 148, 263, **468-469,** *475*

BOTTÉRO J. : *12, 43, 44, 45*

BOUILLARD H. : 22, 37, *49,* 133, **148-152,** 163, 223, *242,* 244, 247, 248, **251-258,** 261, *311*

BOUREL D. : *145*

BOURGEOIS B. : *137, 167,* 178, *346*

BRETON S. : *290,* 300

BRUAIRE C. : *168, 170, 178*

BRUCH J.-L. : *163, 164*

BULTMANN R. : 22, 133, 139, **145-147,** 149, **151-152,** 163, **244-246,** 251, 310, 312, 346-347, *355, 356, 368, 431*

CAILLOIS R. : 61, *62, 63, 64*

CALLOUD J. : *424*

CAMUS A. : 222, *470*

CARNOIS B. : *155*

CAZENEUVE J. : *291*

CERTEAU M. DE : *100, 102, 350, 488, 523*

CHEVALLIER M.-A. : *411*

CICÉRON : *99,* 100

CLÉMENT D'ALEXANDRIE : *86, 88, 291*

COLIN P. : *141, 142*

COLLINS A. : 59

CONGAR M.-J. : *411*

CORBIC A. : *468*

CORSET P. : *146*

CYPRIEN : *448*

CYRILLE D'ALEXANDRIE : *517*

CYRILLE DE JÉRUSALEM : *442*

DELANGLADE J. : *238*

DELORME J. : *402*

DENIEL R. : *443*

DESCARTES : 22, 36, 41, 48, *49,* **51-61,** 62, *63,* 66, 67, 68, 72, *73,* 74, 76, 133, 135, 142, *143,* 144, 150, 153, *164,* 167, *180,* 198, 199, 205, 212, 220, 225, 231, 240, 262, 266, 269, 273

DHORME E. : *94, 95*

DODD C. H. : *413, 416*

DODDS E. R. : *95,* 117, *447*

DUBARLE D. : 177

DUMÉRY H. : 239

DUMONT L. : *120*

DURKHEIM É. : *46,* 230

EBELING G. : 255, 475, *483*

ECKHART (Maître) : 173

ÉCO U. : *519*

ÉLIADE M. : *43*

ENGELS F. : 222

ENTREVERNES (Groupe d'-) : *370, 374*

INDEX ONOMASTIQUE

Épître de Barnabé: *434, 439, 440*
EUSÈBE DE CÉSARÉE: *443*

FESTUGIÈRE A.-J.: *43,* 457
FEUERBACH L.: 22, 37, 58, 78-79, 148, 173, 176, 192, 193, 195-199, **200-206,** 207, 208, *209,* 211, 212, 216, 220, 222, 242, 266, 271, 276, 471
FICHTE J. G.: 58, 137, 166, 226
FREUD S.: *211,* 244
FUSCO V.: *348, 350*

GALILÉE: 75
GAUCHET M.: 36, 82, **103-110,** *111, 112, 113, 115, 117, 120,* 123, 126, 194, 204, 263
GAUVIN J.: *144*
GEFFRÉ C.: *116, 242,* 479-481, *482, 485*
GESCHÉ A.: *411*
GIRARD R.: *126*
GISEL P.: *145,* 147
GOETHE: 138, 208, 250
GOGARTEN F.: 139
GREISCH J.: *67, 229, 235, 253,* 312-314
GRELOT P.: *394*
GROSOS P.: *134, 135, 138, 139*
GUEROULT M.: 54, 55, 56, 57, 61, *63*
GUILLET J.: *374*
GUSDORF G.: *60, 75, 76, 134, 135, 137*

HAMILTON W.: *468*
HANKEY W. J.: *50*
HARNACK A.: *47, 121,* 310, 314, *352, 446*
HAZARD D. P.: *59, 291*
HEGEL: 22, 37, *49,* 66, 68, 121, 132, 133, 137, 138, *139,* 141, 144, 153-154, 159, *162,* 163,

165-189, 191, 193, 194-197, *199,* 200-203, 205, 206, 208-209, *211,* 212-213, *218,* 220, 231, 233, 237, 239, 240, 242, 244, 250, 253, 257, 264, 266, 269-271, 272, 273, 274, 346, 523
HEIDEGGER: 22, 37, 49, 66, 67, 68, 152, 157-159, *162,* 163, 173-174,*180, 199,* 209-210, *216,* 217, *218, 219, 222,* **228-230,** *231,* 232, 233, 234, **235-238,** 240, 241, 243, 244, 245, 246, 247, 248, 249, 250, 251, 252, 264, 266, 270, 312-314, 315, 316, 326, *356,* 459, 522
HÉRACLITE: 237
HERDER J. G.: 138, 139
HERVIEU-LÉGER D.: 104
HINRICHS D.: *218*
HIPPOLYTE DE ROME: 434, *435,* 436, 438, 440, 441
HÖLDERLIN: 137, 237, *238,* 249, 250, 266
HORKHEIMER M.: *116, 470*
HUSSERL: 222, **225-226,** 227, 239, 312
HYPPOLITE J.: *168,* 176-177, 178, *200, 206*

IGNACE D'ANTIOCHE: *433*
IRÉNÉE DE LYON: *343,* 436, *437,* 440, *441,* 449, 452-453, 454

JACOBI F. H.: 138, 166
JALABERT J.: *49, 74*
JARCZYK G.: *176,* 178-179, *479*
JASPERS K.: *108, 216, 219,* **227,** *233,* 240, 249, 250, 253
JEANNIÈRE A.: *237*
JEAN-PAUL II: *478*
JEREMIAS J.: *347, 360*
JONAS H.: *222,* 471-473

JÜNGEL E. : **53-54,** *55,* 57, 58, *60, 69, 70, 73, 74, 79, 143,* 147, 148, *167,* 198, *202,* 206, *207, 231, 471,* **473-474,** 476, 519, *541*
JUNGMANN J. A. : *442*
JUSTIN : *47, 433, 434, 437, 438, 439,* 440, 494

KANT : 22, 37, *49, 58, 62,* 67, 68, *77,* 121, 132, 133, 136, 138, 140, *141,* 144, **153-164,** 165, 166, 167, 170, 178, 180, 181, 185, 186, 191, 200, 206, 220, 221, 232, 239, 242, 247, 248, 257, 264, 266, 270, 271, 272, 274, 282, *346,* 472, 473, 477, 485, 493, 523
KAPLAN F. : *164*
KÄSEMANN E. : *145,* 347, *431*
KAUFMANN F. X. : *117*
KEPEL G. : *113*
KIERKEGAARD : 37, *164,* 192, 195-198, 199, *209, 211,* **212-219,** 220, 221, *227, 228,* **243-244,** 245, 253, 265, 314, 486, 505
KOYRÉ A. : 54, *55, 56, 57*

LABARRIÈRE P.-J. : *176,* 179-180, 183, *191, 271*
LACTANCE : 100, 101
LADRIÈRE J. : *116*
LAGNEAU J. : *238, 242*
LATOURELLE R. : *368*
LEBRUN G. : 156, *159, 162,* 180-182, 271, *272*
LEDURE Y. : *208*
LÉGASSE S. : *384, 385, 390*
LEIBNIZ : *49,* 66, 68, 73-74, *75, 77,* 138, 206, *519*
LÉMONON J.-P. : *409*
LENHARDT P. : *397*

LÉON X. : *138*
LÉON-DUFOUR X. : *376, 377, 384, 410, 424, 425, 431*
LÉON XIII : *141*
LESSING G. E. : 138, 139
LÉVINAS E. : **230-232,** 240, 266, 522
LIBÉRA A. DE : *48*
LITT T. : 173
LOCKE J. : 59
LOISY A. : *142,* 352, *446*
LOTZ J.B. : *229*
LÖWITH K. : *173, 193,* 195, *196, 197, 198, 206,* 208, *209, 213, 214, 215, 216*
LUBAC H. DE : 22, *205,* 222, **242-243,** 247, 249, 255, 259, 261, 266
LUGARINI L. : *173*
LUTHER : 67, *164,* 197-198, *203, 216,* 244, 266, 315

MACHEREY P. : 61, *62, 63, 64, 65*
MALET A. : *245*
MALEVEZ J. : 245
MARCEL G. : *216,* 222, 227, *242,* 252, 253
MARCHADOUR A. : *377, 385*
MARÉCHAL J. : 242, 247
MARELLO J. : *290*
MARGUERAT D. : *84, 347, 348, 349, 365, 386, 402, 420*
MARION J.-L. : 53, *54, 55, 56, 57, 58, 60,* 66-67, *68, 99*
MARLÉ R. : *245, 475, 483*
MARTY F. : 157, 159, *160, 162*
MARX : 176, 195-197, 199, *203, 205,* 206, 212, 220, 222, 233, 242
MAUSS M. : *89, 291*
MENDELSSOHN M. : 135
MERLEAU-PONTY M. : *216, 220,* 221-225, 235, 239, *243,* 260, 524

INDEX ONOMASTIQUE

MÉRY M. : *166*
METZ J. B. : *247*, 475
MOINGT J. : *12, 16, 44, 113, 116, 126, 390, 394, 451, 454*
MOLTMANN J. : *222*, **470-471,** 473, 476
MORDILLAT G. : *383*
MOREAU J. : *135, 136, 138*
MOREL G. : *206, 209*, 239-240, *241, 274*
MULLER J. H. : *468*

NEUFELD K. H. : *252*
NEWTON : 76, 154
NIEL H. : *168, 169, 181*
NIETZSCHE : 22, 37, 58, 67, 68, *69*, 192, 193, 195-197, 199, 203, **206-212,** 215, 216, 217, 220, 221, 222, 264, 266, 270, 276, 471
NILSSON M. P. : *94, 108*

OGLETREE T. W. : *468*
ORIGÈNE : *441*
OTTO R. : *46, 99*, 276, 378
OUAKNIN M.-A. : *12, 44, 86*
OUELLET F. : *316*

PANNENBERG W. : 255, 476
PARMÉNIDE : 236
PASCAL : 164, 265, *301*
PAUL A. : *432*
PAUL VI : *478*
PEPERZAK A. T. B. : *167, 346*
PERROT C. : *346, 351, 375, 382, 384, 386, 416*
PETITDEMANGE G. : *65, 75, 466*
PIE IX : 140, *141*
PIRET P. : *485*
PLACES E. DES : *43*
PLANT R. : *171*
PLANTY-BONJOUR R. : *168, 170*
PLATON : *46*, 249

PLONGERON B. : *135, 136, 141*
POMEAU R. : *135*
POULAT É. : *100*, 104
PRESTIGE G.L. : *458, 459*
PRIEUR J. : *383*
PUECH H.-C. : *47*

RAD G. VON : 117, *118, 291*
RAHNER K. : 22, 37, 229-230, *245,* **246-249,** 255, 261, 290, **326-329,** 330, 338, 340, *471,* 476, *485*
RATZINGER J. : *327*, 484, 495
RÉGNIER M. : *168*
RENAN E. : 141
RENAULT L. : *50*
RESWEBER J.-P. : *216, 245, 247*
RICHARD J. : *314, 315*
RICŒUR P. : 159, 162-163, 225-226, *227*, 244-245
RIVIÈRE C. : *100*
ROBINSON J. A. : *347, 355, 356*
ROSENZWEIG F. : 144, 205, 220, *221*, 466-468, 471
ROUSSEAU : 137
ROUSSELOT P. : 247, *370*
ROUSSET B. : *171*, 174-175, *176*
RUDDIES H. : *294*

SANDERS E. P. : *386*
SARTRE J.-P. : *216, 219, 222*
SCHELLING : 137, 138, 166, *213*, 216, *237*, 250
SCHLEGEL J.-L. : *466, 467*
SCHLEIERMACHER : *46*, 133, **139-140,** 145, 151, 186, 196, 250
SCHLOSSER J. : *359, 360, 362, 385, 423*
SCHOPENHAUER : 207, 208, 221
SCHUBERT K. : *357*
SCHÜRMANN H. : *360*
SESBOÜÉ B. : *401, 454, 459*
SIMON H. : *105*

SIMON J.: *170*
SIMON R.: *77*
SOLLE D.: 469
SPINOZA: 22, 36, 41, 51, *58,* **61-77,** *86,* 89, 94, 121, 133, 135, 136, 138, 139, 153, 167, 201, 204, 205, 237, 262, 266, 271, *365, 418*
STRAUSS D.: *141,* 208

TEILHARD DE CHARDIN P.: *251*
TERTULLIEN: *48, 87,* 98, *99,* 100, *436, 437,* 440, *441, 445,* 451, *453, 454, 455,* 458, *459, 526*
TÉTAZ J.-M.: *294*
THEISSEN G.: *353, 357*
THEOBALD C.: *115, 116, 253, 485*
THÉOPHILE D'ANTIOCHE: *434, 438*
THOMAS D'AQUIN: **49-50,** *57,* 58, 60, 66, 68, 143, *229,* 240, 241, 247, 252
TILLICH P.: 139, *229,* 255, 290, 310, **312-326,** 327, 331, 336, 340, 366, 448, *501,* 506
TILLIETTE X.: *58*
TOLAND J.: 59
TRILLING W.: *366*
TROELTSCH E.: 36, 111, *120,* 139, 144, *145,* 290, **294-299,** 301, 302, 307, 308, *309,* 310, *311,* 314, 317, 318, 326, 331, 338, 339, 366, 467, 468, 486
TROTIGNON P.: *217, 237*

VAHANIAN G.: 104, *146, 422, 468*
VALADIER P.: *207*
VALLIN P.: *145*
VAN BUREN P.: *468*
VANCOURT R.: *168, 178*
VEYNE P.: *350*
VINCENT DE LÉRINS: *453*
VIRGOULAY R.: *68*
VOGEL C.: *442*

WAGNER: 208, *242*
WAHL J.: *212, 216, 217,* 218-219, *221,* 227
WEBER M.: 84, *88,* 107, *294,* 295
WEIL E.: 22, 160-161, *162,* 220, 230, **232-235,** 240, 241, 252, **255-258,** 266, 270, 273, 278, 475
WOLINSKI J.: *454, 459*

ZAC S.: *72*
ZAHRNT H.: *78*
ZUMSTEIN J.: *402*

Index thématique

Agnosticisme: 142, 223, 235, 239
Analogie: 142, 147, 157
Angoisse: 158, 213-216, 243-245, 265
Anthropocentrisme: 139-140, 146, 202, 208, *249*

Anthropologie: 147, 153, 157-161, 193, 196, 199, 202-203, 230, 244, 421, 473, 476, 491, 542-543
Antijudaïsme: 444-446. – Voir: *Judaïsme*

INDEX THÉMATIQUE   555

Apologétique : 139, 142, 217, 241, 247, 252, 253-255, 298, 300, 306, 308, 314, 335, 368. – Voir : *Preuves, Prolégomènes*
Apparitions : – Voir : *Jésus*
Athéisme : 53-54, 63-64, 68, 73-75, 78, 138, 141, 144, 155, 156, 164, 169, 172, 173, 174, 177, 180-182, 187, 188, 192, 194, 195, 196-198, 200-202, 203, 204, 205, 206, 207, 210-212, 218, 221-223, 226, 229, 232, 239, 242-243, 312, 327, 466, 470-471
Aufklärung : 116, 117, *118, 121,* 132-135, *136,* 137, 138, 141, 144-145, 148, 153, 166, 177, 182, 189. – Voir : *Lumières*

Baptême : – de Jésus : 353, 377 – des chrétiens : 443, 453

Corps :
– de Jésus : *376,* 378-379, 381, 404, 410
– du Christ : 410, 412, 422-423, 424-426
Création : 338-339
Croyance : 33-34, 41, 76-79, 88-91, 261-263, 300-301, 488
– Voir : *Foi*

Déisme : 59, *60,* 73, 164, 266, 296
Dieu :
– concept (idée ou pensée) : *55,* 57, 64, 67, 74, 82, 98-99, 162-164, 169-170, 174-175, 180, 184, 186, 193, 242-243, 267-269, 270-271, 276, 450-451, 454, 457-460, 463-465, 471, 477, 507, 510-511, 516, 520, 522, 523, 541
– existence, – Voir : *Éternité, Preuves, Trinité*

– « Humanité de Dieu » : 147, 373, 473-474, 510
– « Impuissance de Dieu », – Voir : *Puissance*
– « Mort de Dieu » : 22, 25, 66, 104, *167,* 173, 192, 195, 208-212, 270, 465-466, 468-469, 471, 510, 517
– Voir : *Croyance, Liberté, Royaume*
Dualisme : 47. – Voir : *Gnose*

Économie (trinitaire) : 525, *531,* 537. – Voir : *Trinité*
Écritures :
– dénomination : 440-441, 494
– interprétation : 71-72, 146-147, *375*
– usage : 372, 397, 403, 438-439, 442, 447, 495
– Voir : *Testaments*
Église : 126-127, 413, 430-437. – Voir : *Corps, Judaïsme, Tradition*
Eschatologie : 320-321, 397-398, 413
Esprit-Saint : 127-130, 188, 407-412, 523, *531,* 532-539, 545
Éternité (de Dieu) : 526-527, 531, 540-541
Eucharistie : 126, 353, *362,* 424-426, 442
Évangile : 84-86, 87-89, 120-125, 358-365.– Voir : *Paraboles, Récits, Royaume, Universalisme*
Existence (philosophie ou pensée de l'–) : 212-216, 219, 225, 227, 245, 258, 315
Fidéisme : 145, 149, 245
Fils de Dieu : – Voir : *Père*
Fils de l'homme : *390*
Finalisme (finalité) : 64-66, 69-70, 77, 156-157, 161

556 DIEU QUI VIENT À L'HOMME

Foi :
– en Dieu : 39, 84-87, 217-218, 227, 239-241, 281-282, 301-303, 486-487
– en Jésus (et à sa résurrection) : 373-374, 378-379, 403-404, 404-407, 413, 414, 486-489, 492-493, 508-511. – Voir : *Liberté, Poésie*

Gnose : *47,* 440, 452, 454, 542
Guérisons (de Jésus) : 372-379. – Voir : *Miracles*

Hellénisation : 461
Historicisme : *311.* – Voir : *Jésus*
Humanisme : 206-206, 235-236, 254, 422

Incarnation : 109, *111,* 112, 127, 179, 182, 184, 202, 340-341
Incroyance : – Voir : *Croyance*

Jésus :
– apparitions : 394-396
– histoire : 342-351
– judaïté et rapport au judaïsme : 347, 382-386, 390
– ministère public : 351-355
– procès : 379-386
– résurrection : 341-342, 397-404, 516-517
– Voir : *Baptême, Corps, Foi, Guérisons*
Judaïsme (Église et –) : 357, 431-433. – Voir : *Testaments*
Juifs : *384, 416*

Kérygme : 347
Kurios : 95, 461

Liberté :
– de Dieu : 69-70, 154, 513

– de la foi : 191, 345, 448-449, 512-514
– de la raison : 59, 61, 71-74, 77, 194, 262
– éthique : 155, 159-161, 164, 178-179, 214, *236,,* 239, 263
– politique : 204
Logos : 237, *291,* 319, 320, 321, 322, *461,* 507
Loi (juive) : 416-417, *418, 419, 420,* 422-423
Lumières (les –) : 76-78, 82, 91, 98, 114, 116, 118, 133-135, 147, 153, 164, 165, 167, 175, 185, 194, 365

Miracles : 69-70, 296, 298-299, 308, 365-370, 372, 396. – Voir : *Signes*
Modernisme : *141,* 142, 145
« Modernité » : 18-19, 22, 34, 97, 108, 110-111, 115, 120-122, 147, 202, 205, 293-294, 314-315, 469, 475.– Voir : *Lumières*
Monothéisme : 44-45, 83, 108, *421,* 445

Nihilisme : 207, 210, 217, 228, 230

Ontothéologie : *60,* 156, 174, 209-210, 228, 461

Panthéisme : 63-64, 78, 136, 138, 139, 140, 141, 172, 174, 201, 226, *237*
Paraboles : *359, 370*
Péché : 208, 215
Pénitence (publique) : 441
Père (et Fils) : 359-361, 527-530, 531-532
« Père tout-puissant » : – Voir : *Puissance*

INDEX THÉMATIQUE 557

Personnes (divines) : – Voir : *Trinité*
Philosophie :
 – de la religion : 138, 140, 170-172, 176-179, 182, 218
 – et religion : 239-241, 247-248, 293, 310
 – « p. chrétienne » : 223-225, 227, 242, 252-253
 – « p. nouvelle » : 199, 201, 216, 219, 220-221
Poésie (et foi) : 234, 236-238, 241, 251, 256-257, 265
Précompréhension : 146, 149, 151, 163, 246
Preuves (de l'existence de Dieu) : 32, 48-52, 62-64, 144, 148, 150-152, 155-156, 163, 167-168, 185, 240, 243, 248, 250, 292
Prolégomènes (ou « *Praeambula fidei* ») : 140, 142, 153, 192, 247, 262, 275
Puissance (de Dieu) : 93, 94-95, 97, 373, 468, 472-473, 507, 510, 513

Rationalisme : 140-142, 221, 235
Récits (évangéliques) : 341-342, 351-352. – Voir : *Miracles*
Religions :
 – École de l'histoire des – : 295, 308
 – origines : 42-43, 45-46
 – déclin : 73, 100-102, 105-107, *108,* 112-115
 – christianisme et – : 387-392, 414, 520-521
 – Voir : *Philosophie, Théologie*
Résurrection (de Jésus) : – Voir : *Jésus*
Révélation :
 – chrétienne : 284-288, 301-303, 304-306, 310-311, 327-

330, 504-506, 512-514. – Voir : *Trinité*
 – naturelle : 140, 147, 290-292, 295-297, 308-309
Royaume de Dieu : 354-358, 364, 373, 388-390, 397, 490

Sacré : 99, 236, *238,* 251
Signes : 369-371
« Surhomme » : 209, 210, 228
Syllabus : 140
Symbole : 315-316

Temple : 353, 354, 362, 363, 382, 384-385, 387, 388, 389, 390, 391, 392, 409, 414
Testaments : 339-340, 440-441, 444, 452, 455, 495-497
Théologie :
 – conception et méthode : 283-284, 293, 497-501. – Voir : *Ontothéologie, Philosophie*
 – dialectique : 133, 142, 144-145, 255, 315
 – herméneutique : 475, 482-483
 – libérale : 121, 141, 145, 147, 258, 315, 326, 369, 466-467
 – naturelle : 58, 140, 147-149, 246, 251, 259
 – politique : 71, 74-75, 79, 125, 136-137, 204
 – des religions : 477-481
Tradition :
 – apostolique : 411-412, 436-438
 – ecclésiale : 286, 500-501, 508
Transcendance : 227, 231, 249, 252, 256-257, 312
Trinité :
 – Personnes divines : 522-524, 536, 538, 540.– *Voir :*

Esprit-Saint, Père (et Fils)
– révélation trinitaire : 476, 525, 539, 540-542

Universalisme : (de l'Évangile) : 415-423

Utopie : *422*

Vatican I : 141, 143, 148, 149
Vatican II : 122, 485

Table des matières

DU DEUIL AU DÉVOILEMENT DE DIEU

Introduction 7

CHAPITRE PREMIER. – LE DEUIL DE DIEU

Sommaire 31

I. La perte de la croyance 41
    De la croyance religieuse à la croyance
        philosophique 42
    L'idée de l'Infini dans le moi pensant (Descartes) 51
    Penser Dieu sans mettre la nature à l'envers
        (Spinoza) 61
    La liberté de philosopher (Spinoza, suite) 70

II. Le retrait de la religion 81
    Foi et croyance, Évangile et religion 82
    Du « père tout-puissant » au « dieu bouche-trou »... 93
    L'ère de « la sortie de la religion »
        (Marcel Gauchet) 103
    De la nouveauté évangélique à la modernité 115

III. La pensée de Dieu en question 131
    Penser Dieu dans le champ de la raison 134
    L'idée de Dieu à l'horizon d'une éthique de liberté
        (Kant) 153
    La révélation dans l'histoire de l'esprit (Hegel) ... 165
    Penser Dieu dans le champ du langage
        (Hegel, suite) 180

IV. Du rejet à l'attente de Dieu 191
    La « mort de Dieu » (Feuerbach et Nietzsche) 193
    Une pensée de l'existence ouverte 212
    L'homme ouvert à l'appel de Dieu 238

V. Relecture : la levée du voile 259

CHAPITRE II. – DÉVOILEMENT DE DIEU DANS LE CORPS DU CHRIST

Sommaire	281

I. Révélation et religion	289
La révélation dans l'histoire des religions (Troeltsch)	290
La révélation dans la structure de l'être (Tillich)...	312

II. Jésus révélateur de Dieu	335
Approche de la révélation	337
Le personnage et son discours	351
Des miracles et des signes	365
La voie vers la croix, chemin de révélation	379
L'événement révélateur : la résurrection	394
D'un corps à un autre, le transit de l'Esprit révélateur	407

III. La tradition de la foi	427
Naissance de la religion chrétienne	430
L'idée de Dieu dans la tradition chrétienne	450
Vers une nouvelle idée de Dieu	465
Relecture : du croire au comprendre	482

IV. Dieu révélé dans la foi au Christ	503
L'irruption de la révélation de la mort de Dieu	504
Dieu dans la catégorie de l'événement	514
Dieu en disposition trinitaire	525
Dieu dans la nouveauté de son être-pour-nous	539

Index scripturaire	548
Index onomastique	549
Index thématique	554

Derniers titres parus :

168. J.-M. R. TILLARD
Chair de l'Église,
chair du Christ.
Aux sources de
l'ecclésiologie
de communion

169. J. L. SEGUNDO
Qu'est-ce qu'un dogme ?

170. J. DUPONCHELLE
L'Être de l'alliance

171. J. MOLTMANN
Jésus, le Messie de Dieu

172. A. GRILLMEIER
Le Christ
dans la tradition
chrétienne, t. II / 2

173. A. CARR
La Femme dans l'Église

174. G. ROUTHIER
La Réception
d'un concile

175. Y.-M. BLANCHARD
Aux sources du Canon

176. J. MOINGT
L'Homme qui venait
de Dieu

177. O.-H. PESCH
Thomas d'Aquin.
Grandeur et limites de
la théologie médiévale

178. E. ARENS (éd.)
Habermas
et la théologie

179. Gh. LAFONT
Histoire théologique
de l'Église catholique

180. J. FANTINO
La Théologie d'Irénée

181. J. S. O'LEARY
La Vérité chrétienne
à l'âge du pluralisme
religieux

182. P. FRUCHON
L'Herméneutique
de Gadamer :
platonisme et modernité

183. D. GONNET
La Liberté religieuse
à Vatican II

184. Y. CONGAR
Église et papauté

185. W. G. JEANROND
Introduction
à l'herméneutique
théologique

186. G. GANOCZY
Dieu, l'homme
et la nature

187. Y. TOURENNE
La Théologie
du dernier Rahner

188. J. DUPUIS
Homme de Dieu,
Dieu des hommes

189. P. LATHUILIÈRE
Le Fondamentalisme
catholique

190. V. HOLZER
Le Dieu Trinité
dans l'histoire

191. J.-M. R. TILLARD
L'Église locale

192. A. GRILLMEIER
Le Christ
dans la tradition
chrétienne, t. II / 4

193. Gh. LAFONT
Structures et méthode
dans la « Somme
théologique »
de saint Thomas
d'Aquin

194. J.-Cl. LARCHET
La Divinisation
de l'homme
selon saint Maxime
le Confesseur

195. G. PROUVOST
Thomas d'Aquin
et les thomismes

196. Fr. MARTIN
Pour une théologie
de la lettre

197. J.-Cl. BASSET
Le Dialogue
interreligieux

198. D. LEDUC-FAYETTE
Pascal et le mystère
du mal

199. J.-P. WAGNER
La Théologie
fondamentale selon
Henri de Lubac

200. J. DUPUIS
Vers une théologie
chrétienne du
pluralisme religieux

201. J.-L. SOULETIE
La Croix de Dieu

202. J. RIGAL
L'Ecclésiologie
de communion

203. R. COSTE
Théologie de la paix

204. S. ROBERT
Une autre connaissance
de Dieu

205. J.-G. BOEGLIN
La Question
de la Tradition dans
la théologie catholique
contemporaine

206. G. MÉDEVIELLE
L'Absolu au cœur
de l'histoire.
La notion de compromis
chez Ernst Troeltsch

207. Cl. ROYON
Dieu, l'homme
et la croix

208. J.-Cl. LARCHET
Maxime le Confesseur,
médiateur entre l'Orient
et l'Occident

209. I, CHAREIRE
Éthique et grâce

210. G. COMEAU
Catholicisme
et judaïsme dans
la modernité

211. M. SAINT-PIERRE
Beauté, bonté et vérité
chez Hans Urs von
Balthasar

212. J. MOLTMANN
L'Esprit qui donne
la vie

213. D. J. HALL
Être image de Dieu

214. E. A. JOHNSON
Dieu au-delà du
masculin et du féminin.
Celui/Celle qui est

215. J.-Fr. CHIRON
L'Infaillibilité
et son objet

216. Fr. NAULT
Derrida et la théologie

217. R. COSTE
Les Dimensions sociales
de la foi

218. A. BIRMELÉ
La Communion
ecclésiale

219. Fr. EUVÉ
Penser la création
comme jeu

220. J. MOLTMANN
La Venue de Dieu

221. M. AEBISCHER-CRETTOL
Vers un œcuménisme
interreligieux

222. J. MOINGT
Dieu qui vient
à L'homme, t. I

A été achevé d'imprimer en mars 2002
par Normandie Roto Impression s.a.
à Lonrai (Orne)
pour le compte des Éditions du Cerf
–
Composition et mise en pages :
DV Arts Graphiques à Chartres

Imprimé en France
N° d'édition : 11754 – N° d'impression : 020465
Dépôt légal : mars 2002